V&R

Kulturen des Entscheidens

Herausgegeben von
Jan Keupp, Ulrich Pfister, Michael Quante,
Barbara Stollberg-Rilinger und Martina Wagner-Egelhaaf

Band 1

Kulturen des Entscheidens

Narrative – Praktiken – Ressourcen

Herausgegeben von
Ulrich Pfister

Mit 11 Abbildungen

Vandenhoeck & Ruprecht

Dieser Band ist im Rahmen des Sonderforschungsbereichs 1150 »Kulturen des Entscheidens« entstanden und wurde auf seine Veranlassung unter Verwendung der ihm von der Deutschen Forschungsgemeinschaft zur Verfügung gestellten Mittel gedruckt.

SFB1150
KULTUREN DES
ENTSCHEIDENS

Bibliografische Information der Deutschen Nationalbibliothek:
Die Deutsche Nationalbibliothek verzeichnet diese Publikation in der Deutschen Nationalbibliografie; detaillierte bibliografische Daten sind im Internet über http://dnb.de abrufbar.

Umschlagabbildung: Bartholomeus van Bassen: The Ridderzaal of the Binnenhof during the Great Assembly of 1651, ca. 1651. Rijksmuseum Amsterdam | wikimedia Commons

Satz: textformart, Göttingen | www.text-form-art.de
Druck und Bindung: ⊕ Hubert & Co. BuchPartner, Göttingen
Printed in the EU

Vandenhoeck & Ruprecht Verlage | www.vandenhoeck-ruprecht-verlage.com

ISSN 2626-448X
ISBN 978-3-525-35689-0

Inhalt

Vorwort 9

Ulrich Pfister
Einleitung 11

Entscheiden beobachten

Michael Quante und Tim Rojek
Entscheidungen als Vollzug und im Bericht.
Innen- und Außenansichten praktischer Vernunft 37

Robert Schmidt
Entscheiden als retroaktives Regelfolgen 52

Narrative und Reflexionen

Martina Wagner-Egelhaaf
Trauerspiel und Autobiographie.
Handeln und Entscheiden bei Goethe 71

Isabel Heinemann, Sarah Nienhaus, Mrinal Pande und Katherin Wagenknecht
Heirat, Hausbau, Kinder.
Narrationen von Familienentscheidungen 90

Praktiken des Entscheidens

Helene Basu
Praktiken des Finanzmarkts.
Ressourcen des Entscheidens in ethnografischer und
populärer Literatur über das Börsenhandeln 119

André Krischer
Die Co-Produzenten der Entscheidungen.
Materielle Ressourcen in englischen Gerichtsprozessen
des 18. Jahrhunderts 142

Alexander Durben, Matthias Friedmann, Laura-Marie Krampe, Benedikt Nientied und André Stappert
Interaktion und Schriftlichkeit als Ressourcen des Entscheidens (ca. 1500–1850) 168

Gewalt, Gunst und Normen als Ressourcen des Entscheidens

Birgit Enzmann, Silke Hensel und Stephan Ruderer
Von ›alternativloser Gewalt‹ bis zum Ausdruck des ›allgemeinen Volkswillens‹.
Gewalt als Ressource in Entscheidensprozessen im postkolonialen Argentinien und Mexiko 211

Barbara Stollberg-Rilinger
Gunst als Ressource?
Personalentscheidungen am Wiener Hof des 18. Jahrhunderts 230

Maximiliane Berger, Clara Günzl und Nicola Kramp-Seidel
Normen und Entscheiden.
Bemerkungen zu einem problematischen Verhältnis 248

Experten

Michael Grünbart
Nutzbringende Ressourcen bei kaiserlichem Entscheiden in Byzanz . . . 269

Stefanos Dimitriadis, Florin Filimon, Konstantin Maier, Sebastian Rothe und Sita Steckel
Expertenentscheidungen in der Vormoderne.
Politisierung von Expertise und Konkurrenz der Experten in politischen Entscheidungsprozessen des lateinischen und byzantinischen Mittelalters 287

Claudia Roesch
Experten in der Moderne am Beispiel des reproduktiven Entscheidens in den 1960er bis 1980er Jahren 314

Information und Planung in formalen Entscheidungsverfahren

Constanze Sieger und Felix Gräfenberg
Information als Ressource des Entscheidens
in der Moderne (1780–1930).
Entwicklungen und Konstellationen in preußischen Zentralbehörden
und westfälischen Lokalverwaltungen 333

Stefan Lehr
Volkswirtschaftliches Planen im Staatssozialismus.
Die Wirtschaftspläne in der sozialistischen Tschechoslowakei (1945–1989) 356

Matthias Glomb
Verwissenschaftlichte Politik?
Planung und Entscheidung in der bundesrepublikanischen
Bildungspolitik der 1960er und frühen 1970er Jahre 371

Schlusskommentar

Uwe Schimank
Kulturelles am Entscheiden.
Ein Kommentar aus soziologischer Perspektive 387

Autorinnen und Autoren 405

Vorwort

Der vorliegende Aufsatzband basiert auf Beiträgen zu einer Tagung, die der SFB 1150 »Kulturen des Entscheidens« am 24.–26. Mai 2017 zum Thema »Ressourcen des Entscheidens« durchgeführt hat. Wir danken der DFG sowohl für die Förderung unserer Forschung als auch der Tagung und des gegenwärtigen Bandes. Für die sorgfältige Redaktion des Bandes sei Paul-Simon Ruhmann herzlich gedankt.

Ulrich Pfister

Einleitung

Der vorliegende Band ist aus einer Tagung des SFB 1150 »Kulturen des Entscheidens« hervorgegangen. Er stellt erste Ergebnisse eines größeren Vorhabens dar, nämlich Entscheiden als genuinen Gegenstand der historisch und vergleichend ausgerichteten Geistes- und Kulturwissenschaften zu etablieren. Die hier versammelten Beiträge stammen dementsprechend aus einem breiten interdisziplinären Feld. Neben der Geschichtswissenschaft, der die größte Gruppe der AutorInnen zuzurechnen ist, sind die Germanistik, die Judaistik, die Ethnologie, die Volkskunde, die Philosophie sowie die Soziologie beteiligt. Zwei an den Anfang gestellte Beiträge widmen sich der grundlegenden Frage, wie Entscheiden aus einer geistes- und kulturwissenschaftlichen Perspektive untersucht werden kann. Die empirischen Studien erstrecken sich chronologisch vom byzantinischen und lateinischen Mittelalter bis zur Gegenwart, inhaltlich beziehen sie sich unter anderem auf Entscheiden im Zusammenhang mit Lebensereignissen, Gerichtsverfahren sowie mit der Vergabe von Ämtern. Eine Reihe von Beiträgen widmet sich schließlich dem Entscheiden von Herrschern beziehungsweise dem Entscheiden in Herrschaftsverbänden und modernen politischen Gemeinschaften.

Im Folgenden werden zunächst einige für die Analyse von Kulturen des Entscheidens nützliche Begriffe entwickelt und in Beziehung zur herkömmlichen Entscheidungsforschung gesetzt. Die weiteren Abschnitte wenden sich dann den Schwerpunkten der einzelnen Beiträge dieses Bandes zu, nämlich den Narrativen und den Praktiken des Entscheidens sowie schließlich verschiedenen Arten von Ressourcen, die Akteure beim Entscheiden zum Einsatz bringen. Mit der Analyse dieser drei Gegenstände lassen sich erste Schneisen ins komplexe Thema der Kulturen des Entscheidens schlagen. Mit den Narrativen wird Entscheiden auf der Ebene der Sinnstiftungen, mit den Praktiken auf derjenigen der praktischen Umgangsweisen und mit den Ressourcen auf der Ebene der Ermöglichungsbedingungen betrachtet. Zentrale Aspekte des Entscheidens als eines sozialen Vollzugs lassen sich damit unter verschiedenen Perspektiven beleuchten; aus der Zusammenschau der verschiedenen Beiträge ergeben sich erste Erkenntnisse über die Art und Weise, in der sich Kulturen des Entscheidens zwischen verschiedenen sozialen Orten unterscheiden und wie sie sich im historischen Wandel verändert haben.

1. Entscheidung, Entscheiden und Kulturen des Entscheidens

Die meisten gängigen Ansätze der Entscheidungsforschung zielen darauf ab, das Ergebnis von Entscheidungen zu erklären und damit deren Ursachen zu ergründen. Sie unternehmen dies oft mit Hilfe formaler Modelle des Entscheidungshandelns. Ein klassischer Ansatz dieser Art ist die Theorie der rationalen Entscheidung (*rational choice*), die ursprünglich vom vollständig informierten, über eindeutige und stabile Präferenzen verfügenden nutzenmaximierenden Akteur ausging. Spätere Varianten dieser Richtung haben dieses Grundmodell in verschiedener Hinsicht modifiziert, insbesondere mit Hilfe des Konzepts der begrenzten Rationalität und durch die Berücksichtigung der Entscheidung unter Unsicherheit.[1] Ein neuerer Ansatz kommt aus der empirischen Verhaltensforschung, in der Entscheidungen in Experimenten anhand der Beziehung zwischen variablen, aber kontrollierten Bedingungen und der Handlungsweise der Probandinnen und Probanden untersucht werden. Heuristiken und verschiedene Arten von Verzerrungen (*biases*) erweisen sich in dieser Sicht als Hauptbausteine für eine Theorie zur kausalen Erklärung von Entscheidungen verstanden als Resultate.[2]

Die Analyse von Kulturen des Entscheidens zielt demgegenüber darauf ab, Entscheiden als sozialen Prozess aus einer Perspektive der teilnehmend berichtenden Objektivierung zu beschreiben (s. Beitrag Quante / Rojek). Das Augenmerk richtet sich somit nicht auf die Entscheidung als Ergebnis des Entscheidens, sondern auf den handlungsförmigen Prozess des Entscheidens.[3] Dieser Perspektivenwechsel impliziert auch, dass man den Gegenstand, das Entscheiden, nicht als selbstverständlich voraussetzt. Will man das Ergebnis von Entscheidungen erklären, so sind Letztere immer bereits da oder werden – so in der Verhaltenspsychologie und der experimentellen Volkswirtschaftslehre – im Forschungsprozess selbst erzeugt. Möchte man hingegen das Entscheiden beobachten, so muss man sich zunächst vergegenwärtigen, dass dieses nur eine Handlungsform

1 Gary Becker, The Economic Way of Looking at Life, Nobel Lecture, December 9, 1992, <https://www.nobelprize.org/nobel_prizes/economic-sciences/laureates/1992/becker-lecture.pdf> (Stand: 19. März 2018); James S. Coleman, Foundations of Social Theory, Cambridge, Mass. 1990; Dietmar Braun, Theorien rationalen Handelns in der Politikwissenschaft, Opladen 1999; Hartmut Esser, Soziologie. Spezielle Grundlagen, Bd. 1: Situationslogik und Handeln, Frankfurt a. M. 2002.

2 Gerd Gigerenzer / Peter M. Todd, Simple Heuristics that Make us Smart, New York 1999; Richard Thaler / Cass Sunstein, Nudge. Wie man kluge Entscheidungen anstößt, Berlin 2009; Daniel Kahneman, Schnelles Denken, langsames Denken, München 2012.

3 Allgemein hierzu und zum Folgenden s. Barbara Stollberg-Rilinger / André Krischer (Hg.), Herstellung und Darstellung von Entscheidungen. Verfahren, Verwalten und Verhandeln in der Vormoderne, Berlin 2010; Barbara Stollberg-Rilinger, Cultures of Decision-Making, in: German Historical Institute London. Annual Lectures 36 (2016), S. 1–51; Philip Hoffmann-Rehnitz u. a., Entscheiden als Problem der Geschichtswissenschaft, erscheint in: Zeitschrift für Historische Forschung 2018, hier Abschnitt I.

unter mehreren darstellt. Entscheiden ist somit nicht selbstverständlich, sondern voraussetzungsvoll, und die Frage, *ob* Akteure in einer bestimmten Situation entscheidensförmig handeln, stellt die erste hauptsächliche Blickrichtung eines Ansatzes dar, der Entscheiden als prozesshaften sozialen Vollzug in den Blick nimmt.

Worin besteht nun das Spezifische, das Entscheiden von anderen Handlungsformen unterscheidet?[4] Entscheiden bezieht sich erstens auf die explizite Erzeugung von alternativen Handlungsoptionen zu einem bestimmten Gegenstand oder Thema, zweitens auf die explizite Bewertung dieser Alternativen, sowie drittens auf die kontingente Selektion einer dieser Alternativen. Letztere beinhaltet eine Entscheidung; der Begriff des Entscheidens ist umfassender und schließt alle drei genannten Vorgänge mit ein. Das Erzeugen von Handlungsalternativen und deren Bewertung sind dabei zwar auf das Hervorbringen einer Entscheidung gerichtet, münden aber nur bei erfolgreichen Entscheidenshandlungen in ein Entscheidungsresultat.

Diese Definition beinhaltet drei Gesichtspunkte, die den gegenwärtigen Ansatz von anderen Zugängen zum Thema unterscheiden. Als erstes hebt sie die Explizitheit der Thematisierung von Alternativen, von Vorgängen ihrer Bewertung sowie der Selektion einer Option hervor, denn sie bildet die Grundlage für die Geltung des Entscheidens. Hierfür reicht bereits die Kommunikation über Entscheiden aus, wobei Explizitheit durchaus auch *ex post* hergestellt werden kann. Dies ist etwa dann der Fall, wenn ein Familienmitglied behauptet, die Entscheidung für das Ziel des nächsten Urlaubs sei schon beim Abendbrot am vergangenen Sonntag gefallen. In anderen Fällen kann Entscheidungshandeln beobachtet werden, und es hinterlässt wenigstens fragmentarische Zeugnisse. Beispiele sind das formlose Deliberieren und Abwägen (als Art und Weise der Bewertung alternativer Handlungsoptionen) oder das förmliche Entscheidungsverfahren, die jeweils Beschlüsse und je nachdem auch Protokolle und Akten hinterlassen. Rückblickende Zuschreibung, teilnehmende Beobachtung, Erinnerungen und in Medien festgehaltene Zeugnisse bilden die Grundlage für Geltungsansprüche von Entscheidensprozessen – Entscheiden ist das, was den involvierten Akteuren als Entscheiden gilt. Ob Geltung von vornherein feststeht – zum Beispiel als Folge dessen, dass sich Akteure auf ein formales Verfahren einlassen – oder im Nachhinein zugeschrieben wird, ist dabei variabel.

Zweites Merkmal ist die Offenheit der Beziehung zwischen der Erzeugung und der Bewertung von Handlungsalternativen einerseits sowie dem Treffen einer Entscheidung andererseits. Es gibt keinen theoretischen Grund dafür, dass das Erzeugen und Bewerten von Handlungsalternativen zwingend ins Treffen einer Entscheidung mündet. Auf der einen Seite kann Entscheiden enden, ohne dass eine Entscheidung gefällt wird: Die Selektion kann vermieden werden, je nachdem sogar mit einer expliziten Nicht-Entscheidung, wenn es sich im Zuge der Bewertung von Alternativen herausstellt, dass eine Entscheidung negative

4 Zum Folgenden vgl. ebd., Abschnitt II.

Folgen hätte. So entschied die römische Kurie in der Frühen Neuzeit gelegentlich, ein Verfahren ohne Entscheidung zu beenden – der Heilige Stuhl beschloss, eine von Missionaren an ihn herangetragene Frage nicht zu beantworten.[5] Eine Entscheidung lässt sich aber auch aufschieben oder verlagern; sie kann einfach im Sande verlaufen. Auf der anderen Seite existieren formale Verfahren, die auf das zwingende Hervorbringen einer Entscheidung hin angelegt sind. Ein Beispiel ist das Rechtsverweigerungsverbot in der modernen Rechtspflege.[6]

Das letzte zentrale Merkmal des hier vertretenen Konzepts stellt seine dezisionistische Akzentuierung dar, die es besonders deutlich von vielen entscheidungswissenschaftlichen Ansätzen abhebt: die Kontingenz des Entscheidens. Es lassen sich nur Probleme entscheiden, für deren Lösung keine Ableitung aus existierenden Normen oder aus einem Kalkül zur Verfügung steht.[7] Da somit das Treffen einer Entscheidung keinesfalls mit der vorgängigen Evaluation von Alternativen zusammenfällt, stellt die eigentliche Selektionshandlung einen Einschnitt nicht zuletzt im Prozess des Entscheidens selbst dar. Mit der Entscheidung in Beziehung stehende Wortfelder und Metaphern – *decisio*, *krisis*, ›Beschluss‹, ›Urteil‹, das Schwert des Jüngsten Gerichts, der Scheideweg und so weiter – machen das unmittelbar anschaulich. In konkreten Entscheidungshandlungen kommt dieser Hiatus in manchmal symbolisch ausgestalteten Übergängen zwischen der Entscheidungsvorbereitung und der Selektionshandlung zum Ausdruck, so etwa beim Schließen der Diskussion und dem Übergang zur Abstimmung in einer Sitzung.

Die kontingente Natur der Selektion unter Alternativen impliziert, dass zu einem gegebenen Problem auf der Grundlage von Kalkül oder der Kombination von Normen abgeleitete Schlüsse keine Entscheidungen darstellen. Es lohnt sich somit, Entscheidungen im gegenwärtigen Sinn abzugrenzen von Wahlakten, die durch implizites Kalkül oder auch Heuristiken zustande kommen.[8] In unterschiedlichem Ausmaß entscheidungstheoretisch unterfütterte Techniken zur Ableitung einer als richtig geltenden Wahl – aus religiösen oder rechtlichen Normen beziehungsweise auf der Basis eines Optimierungskalküls – stellen vielmehr

5 Vgl. Christian Windler, Praktiken des Nichtentscheids. Wahrheitsanspruch und Grenzen der Normdurchsetzung, in: Wolfram Drews u. a. (Hg.), Religion und Entscheiden. Historische und kulturwissenschaftliche Perspektiven (erscheint Würzburg 2018).

6 Vgl. Marie Theres Fögen, Rechtsverweigerungsverbot. Anmerkungen zu einer Selbstverständlichkeit, in: Cornelia Vismann / Thomas Weitin (Hg.), Urteilen / Entscheiden, München 2006, S. 37–50.

7 Vgl. Hermann Lübbe, Zur Theorie der Entscheidung, in: Collegium Philosophicum. Studien Joachim Ritter zum 60. Geburtstag, Basel 1965, S. 118–140; Heinz von Foerster, Ethics and Second Order Cybernetics, in: Cybernetics and Human Knowing 1 (1992), S. 9–20; Niklas Luhmann, Die Paradoxie des Entscheidens, in: Verwaltungs-Archiv 84 (1993), S. 287–310, hier S. 289; ders., Organisation und Entscheidung, Wiesbaden [3]2011, S. 228 f.

8 Ähnlich Uwe Schimank, Entscheidungsgesellschaft. Komplexität und Rationalität der Moderne, Wiesbaden 2005, S. 43–48.

Mittel entweder zur Maskierung der einer Entscheidung innewohnenden Kontingenz oder zur methodischen Beseitigung von Entscheidungsproblemen dar.

Aus dem Gesagten folgt, dass Entscheiden alles andere als selbstverständlich und durchaus voraussetzungsvoll ist. Damit ein Entscheidensprozess stattfinden kann, müssen Akteure deshalb mehrere Dinge zustande bringen. Die Art und Weise, in der sie dies angehen, begründet die für einen Ort des Entscheidens – sei es ein Regierungsapparat, der Hof eines Herrschers, ein Gericht, ein Paar am Küchentisch, oder ein fiktionaler Text – spezifische Kultur des Entscheidens. Drei Vorgänge erscheinen dabei für das Hervorbringen von Entscheidensprozessen und damit als Elemente von Kulturen des Entscheidens besonders bedeutsam: Die Herauslösung einer Sphäre expliziten Entscheidens aus dem Alltag und ihre Rahmung als solche, weiter die Ausgestaltung von Institutionen des Entscheidens, schließlich die eben schon angesprochene Bewältigung der Kontingenz einer Entscheidung.

Der erste Vorgang bezieht sich auf das Herauslösen einer Sphäre expliziten Entscheidens aus der selbstverständlichen, nur begrenzt hinterfragten Lebenswelt des Alltags. Entscheiden setzt voraus, dass Akteure für ein bestimmtes Handlungsfeld Kontingenz zulassen und bereit sind, für die Erzeugung und Bewertung von Alternativen Zeit aufzuwenden beziehungsweise sozialen Stress auf sich zu nehmen. Entscheidungsgegenstand und Entscheidungssituation müssen deshalb aus einem Alltag, der durch habituelles Verhalten, Routinen und die Befolgung von Traditionen geprägt ist, herausgelöst werden. Dies erfordert, dass Menschen entscheidungsförmiges Handeln an sich kennen und in Anspruch nehmen können und dass der fragliche Gegenstand als einer Entscheidung zugänglich oder gar als einer Entscheidung bedürftig erachtet wird. Beides ist nicht selbstverständlich; ob bestimmte Themen entscheidungsförmig behandelt werden können oder gar müssen und wie dies geschieht, unterscheidet sich zwischen Gesellschaften und unterliegt historischem Wandel.

Das Herauslösen einer Entscheidungssituation aus dem Alltag basiert auf ihrer Rahmung als solcher.[9] Einerseits leistet die Rahmung eine Situationsdefinition; Rahmen ermöglichen den Beteiligten eine Antwort auf die Frage: »Was geht hier eigentlich vor?«[10] Die Rahmung einer bestimmten Situation als Entscheidungsfeld kann dabei auf verschiedene Weise erfolgen: Sie kann in einer

9 Zur nachfolgenden Unterscheidung zwischen Rahmung als Situationsdefinition und Rahmung als Festlegung des relevanten Deutungshorizonts s. Art Dewulf u. a., An Interactional Approach to Framing in Conflict and Negotiation, in: William A. Donohue u. a. (Hg.), Framing Matters. Perspectives on Negotiation Research and Practice in Communication, New York 2011, S. 7–33, hier S. 8–11.

10 Vgl. Herbert Willems, Rahmen und Habitus. Zum theoretischen und methodischen Ansatz Erving Goffmans, Frankfurt a. M. 1997, S. 35. Zum Begriff der Situationsdefinition s. unter anderen Esser, Soziologie (wie Anm. 1); Ingo Schulz-Schaeffer, Die drei Logiken der Selektion. Handlungstheorie als Theorie der Situationsdefinition, in: Zeitschrift für Soziologie 37 (2008), S. 362–379.

Gruppe von Anwesenden oder in einem größeren Kollektiv ausgehandelt oder auch einseitig festgelegt und durchgesetzt werden.[11] Wie oben erwähnt werden vor allem fluide Entscheidungssituationen, wie etwa die Beratung am Familientisch, dagegen manchmal auch erst nachträglich in einer retrospektiven Sinngebung gerahmt.[12] Dasselbe gilt für die Schilderung von Entscheidenssituationen in autobiographischen Zeugnissen. Demgegenüber können bei formalen Verfahren situationsdefinierende Rahmen *ex ante* gegeben sein, sodass man regelrecht in sie eintreten kann; Beispiele sind das Gerichtsverfahren oder das Gesetzgebungsverfahren.

Andererseits bezieht sich die Rahmung eines Felds des Entscheidens auf den Deutungshorizont, in den ein Problem gestellt wird. Rahmen in diesem zweiten Sinn stellen Salienzstrukturen dar, das heißt, sie heben bestimmte Aspekte im Sinnhorizont, in den ein zu entscheidender Gegenstand gestellt wird, besonders hervor und rücken andere Aspekte in den Hintergrund.[13] Sie beinhalten überdies kausale Geschichten, die einerseits Ursachen beziehungsweise VerursacherInnen eines Problems benennen und andererseits durch Wenn-dann-Aussagen den Raum umschreiben, in dem sich Handlungsoptionen entwickeln lassen. Dies erlaubt nicht zuletzt die Imagination zukünftiger Zustände, die durch Entscheidungen erreicht werden sollen. Insgesamt bestimmen somit die Strukturen des Deutungshorizonts maßgeblich die inhaltliche Ausgestaltung von Entscheidungsfeldern etwa in Unternehmen oder in der Politik.[14] Beispielsweise gibt die Meinung, dass Armut primär durch Faulheit verursacht wird, eine ganz andere Richtung sozialpolitischer Intervention vor als eine Erklärung von materieller Bedürftigkeit durch gewerbliche Konjunkturzyklen.

Die zweite Grundlage für das Stattfinden von Prozessen des Entscheidens besteht in der Entwicklung und dem Vollzug von darauf bezogenen Institutionen. Entscheidensförmiges Handeln wird von Akteuren nicht in jeder Situation neu entwickelt, sondern folgt Skripten und Routinen sowie habitualisierten Verhaltensweisen. Wird die Frage danach, was hier eigentlich vorgeht, mit »Entscheiden!« beantwortet, dann wissen Akteure in der Regel, welche Handlungsweisen der Situation angemessen sind und von ihnen erwartet werden; zugleich richten sie spezifische Handlungserwartungen an andere. Entscheiden stützt

11 Vgl. Werner Vogd, Ärztliche Entscheidungsprozesse des Krankenhauses im Spannungsfeld von System- und Zweckrationalität. Eine qualitativ rekonstruktive Studie unter dem besonderen Blickwinkel von Rahmen (»frames«) und Rahmungsprozessen, Berlin 2004; vgl. auch nochmals Dewulf u. a., Interactional Approach (wie Anm. 9).

12 Vgl. Karl E. Weick, Der Prozess des Organisierens, Frankfurt a. M. 1995, S. 194 f.

13 Als Übersicht über dieses zweite in der Kommunikations- und der Politikwissenschaft verbreitete Konzept s. Jörg Matthes, Framing, Baden-Baden 2014.

14 Siehe zum Beispiel Deborah Stone, Causal Stories and the Formation of Policy Agendas, in: Political Science Quarterly 104 (1989), S. 281–300; John W. Kingdon, Agendas, Alternatives and Public Policies, New York ³2011; Jens Beckert, Imagined Futures. Fictional Expectations in the Economy, in: Theory and Society 42 (2013), S. 219–240.

sich somit auf Institutionen im Sinn von Handlungserwartungen, die Akteure an sich selbst und andere stellen und die verbindliche Geltung beanspruchen.[15] Eine derart allgemeine Fassung des Begriffs schließt sowohl formale als auch informelle Institutionen ein.

Entscheiden kann in sehr unterschiedlicher Weise institutionalisiert sein. Man kann etwa differenzieren zwischen einer Entscheidungsfindung im Rahmen des Palavers, einer Entscheidung durch Autorität, durch Externalisierung oder auch durch formale Verfahren.[16] Beim Palaver (der Begriff ist nicht pejorativ gemeint) ist das Interaktionsfeld wenig strukturiert; Entscheiden ist deshalb nicht eindeutig als solches definiert, der Übergang zwischen Beratung und dem Treffen einer Entscheidung ist diffus. Dass es zu einer solchen kommt, ist auch keineswegs sicher, ja sogar eher unwahrscheinlich. Anders beim Entscheiden, das sich auf Autorität stützt. Die Entscheidung gründet in diesem Fall auf Eigenschaften, die einer Person zugeschrieben werden: auf Charisma, politisch-sozialem Status, überlegener Machtposition oder Amtsgewalt – auf Faktoren jedenfalls, die außerhalb der Sachlogik des Entscheidens selbst liegen. Durch den Einsatz von Autorität aber lassen sich im offenen Gespräch auftretende Blockaden lösen und Kontingenz legitimieren; dass eine Entscheidung getroffen wird, ist in dieser Konstellation eher zu erwarten als in einem Palaver. Eine Alternative zum Einsatz von Autorität besteht im Rekurs auf eine externe Instanz, also in der Verschiebung eines Problems aus dem Kontext des mit ihm befassten sozialen Zusammenhangs mittels Externalisierung. Bei den externen Instanzen kann es sich um eine höherstehende Behörde, den König, den Papst oder Gott handeln.

Der Einsatz formalisierter Verfahren verändert den Prozess des Entscheidens in vielerlei Hinsicht grundlegend. Es kennzeichnet die Moderne, dass sie das Entscheiden in besonders vielen Kontexten formalisiert – was nicht bedeutet, dass es nicht auch vorher formale Verfahren gegeben hätte. In formalen Verfahren wird Entscheiden an generalisierte Normen gebunden, die ohne Rücksicht auf ein konkretes Entscheidungsproblem gelten. Im Unterschied zu den drei bisher genannten institutionellen Formen des Entscheidens sind Verfahren durch entschiedene Entscheidungsprämissen gekennzeichnet. Dies meint, dass die Festlegung von Entscheidungsproblemen, das Vorgehen bei der Erzeugung und Bewertung von Alternativen zusammen mit der Selektion einer Alternative in unterschiedlichem Ausmaß selbst Resultate vorgängiger Entscheidungen darstellen. Als Folge davon lässt sich Entscheiden selbst durch Verfahren intern differenzieren. Entscheiden kann über mehrere Runden und Arenen verteilt werden, in denen sowohl die alternativen Handlungsoptionen zunehmend genauer spezifiziert als auch der Raum möglicher Optionen zunehmend verengt wird,

15 Vgl. Esser, Soziologie (wie Anm. 1), Bd. 5: Institutionen.

16 Ausführlich zum folgenden Hoffmann-Rehnitz u. a., Entscheiden als Problem (wie Anm. 3), Abschnitt III.

sodass sich die Selektion einer bestimmten Handlungsalternative allmählich konkretisiert.[17]

Empirisch kommen die vier genannten institutionellen Formen oft in Kombination vor. Das Entscheiden im Umfeld von Herrschern konnte beispielsweise das Palaver der Berater (für das Erzeugen und Bewerten von Handlungsalternativen) mit der Autorität des Monarchen (für die Selektion einer Handlungsoption) kombinieren. Der Einsatz des Loses in Wahlen als Form der Externalisierung erfolgte meist im Rahmen entschiedener Entscheidungsprämissen in Verfahren, denn anders hätte es gar nicht zu einer inhaltlichen Aussage führen können.[18]

Als drittes wichtiges Element von Kulturen des Entscheidens ist die Bewältigung der einer Entscheidung innewohnenden Kontingenz zu nennen. Entscheidungen stehen unter einer immanenten legitimatorischen Herausforderung.[19] Die vorher erzeugten, aber nicht gewählten Alternativen werden durch eine Entscheidung nämlich keineswegs vernichtet, sondern bleiben sowohl für die Beteiligten als auch für ihr Publikum im Sinnhorizont der Entscheidung präsent. Angesichts der oben herausgestellten Kontingenz einer jeden Entscheidung gilt es, die gewählte Alternative zu erklären, zu rechtfertigen und zu begründen. Sie hat sich entsprechend dem jeweiligen Kontext als mit dem göttlichen Heilsplan vereinbar, als richtig, vernünftig oder als letztlich alternativlose Ableitung auszuweisen; auch dass sie von der mit ausreichend Autorität ausgestatteten Person beziehungsweise nach den geltenden Verfahrensregeln getroffen wurde, leistet einen Beitrag zur Legitimierung einer Entscheidung.

Zusammengenommen stellen die sozialen Techniken des Umgangs mit den drei beschriebenen Vorgängen, die Entscheiden hervorbringen, Kulturen des Entscheidens dar, die für einen sozialen Ort, an dem entscheidungsförmig gehandelt wird, jeweils spezifische Ausprägungen annahmen und annehmen. Kulturen des Entscheidens konkretisieren sich als sprachliche und nicht-sprachliche Vollzüge, die es aus einer Perspektive der teilnehmend berichtenden Objektivierung zu verstehen gilt. Die Beiträge dieses Bandes nehmen drei Aspekte von Entscheidensvollzügen in den Blick: Narrative, Praktiken und die bei ihrem Vollzug zum Einsatz kommenden Ressourcen. Mit diesen Zugängen wird Ent-

17 Vgl. Niklas Luhmann, Legitimation durch Verfahren, Darmstadt 1969; Carol H. Weiss, Knowledge Creep and Decision Accretion, in: Knowledge. Creation, Diffusion, Utilization 1 (1980), S. 381–404; Michael Howlett, Analyzing Multi-Actor, Multi-Round Public Policy Decision-Making Processes in Government. Findings from Five Canadian Cases, in: Canadian Journal of Political Science 40 (2007), S. 659–684; vgl. auch den Beitrag von André Krischer in diesem Band.

18 Vgl. Barbara Stollberg-Rilinger, Entscheidung durch das Los. Vom praktischen Umgang mit Unverfügbarkeit in der Frühen Neuzeit, in: André Brodocz u. a. (Hg.), Die Verfassung des Politischen, Berlin 2014, S. 63–83; Wolfgang Eric Wagner, Der ausgeloste Bischof. Zur Situation und Funktion des Losverfahrens bei der Besetzung hoher Kirchenämter im Mittelalter, in: Historische Zeitschrift 305 (2017), S. 307–333; Beitrag von Durben u. a. in diesem Band.

19 Vgl. Luhmann, Paradoxie des Entscheidens (wie Anm. 7), S. 305.

scheiden auf drei Ebenen untersucht, nämlich auf derjenigen der Sinnstiftungen (Narrative), der praktischen Umgangsweisen (Praktiken) sowie schließlich der Ermöglichungsbedingungen (Ressourcen).

2. Entscheiden beobachten

Den Studien, die sich Narrativen, Praktiken und Ressourcen des Entscheidens widmen, sind zwei Beiträge vorgelagert, in denen es um die methodischen Herausforderungen einer geistes- beziehungsweise kulturwissenschaftlichen Theorie des Entscheidens und ihre Möglichkeiten, Entscheiden zu beobachten, geht.

Der Beitrag von Michael Quante und Tim Rojek schlüsselt aus philosophischer Perspektive eine für die Zwecke einer eigenständigen geistes- und kulturwissenschaftlichen Entscheidungstheorie hinreichende Differenz zwischen den herkömmlichen zumeist sozialwissenschaftlich-ökonomischen Entscheidungstheorien und einer geistes- und kulturwissenschaftlichen Zugangsweise auf. Die Autoren zeigen, dass das Berichten aus einer hermeneutischen Teilnehmerperspektive die Grundlage für eine kulturwissenschaftliche Theorie des Entscheidens bereithält. Sie erlaubt in ihrer Berichtssprache den Einbezug von askriptiven, emotiven und beschreibenden Ausdrücken, die mentale Gehalte in ihrer sozialen Konstituiertheit, ebenso wie die sie leitenden Normen und Regeln umfasst. Durch den Rückgriff auf spezifische, über lebensweltliche Verstehensleistungen hinausgehende hermeneutische Verfahren, im Sinne einer Kunstlehre des Verstehens, erfasst eine kulturwissenschaftliche, hermeneutisch teilnehmende Perspektive Entscheiden als Folge von Handlungssequenzen. Der Rückgriff auf hermeneutische Regeln ist dabei vielfältig und nicht mit einem spezifisch mentalistischen hermeneutischen Programm, etwa im Sinne des frühen Dilthey verbunden, sondern anti-mentalistisch konzipierbar.[20] Damit ist die gesuchte Unterscheidung zu den decision-sciences hergestellt, die sich auf die Beobachterperspektive und damit rein kausal-funktionale Erklärungen verlässt. Dadurch gerät der Eigensinn unserer normativ und regelhaft strukturierten sozialen Praxis aus dem Blick, die zum Gegenstand zu machen gerade die Geistes- und Kulturwissenschaften befähigt sind.

Aus der Perspektive einer anti-individualistischen Soziologie betont auch Robert Schmidt die basale Rolle unserer lebensweltlichen Teilnehmerperspektive. Als Alternative zu individualistischen Sozialtheorien entwirft er einen praxeologischen Ansatz, in dem das Mentale nicht negiert wird, sondern adäquater verstanden wird, indem unter Rückgriff auf Wittgenstein und Theodore Schatzkis handlungsphilosophische Überlegungen das Mentale und die Rede über Mentales als ›verkörpertes Denkhandeln‹ und damit als etwas Öffentliches und Beobachtbares statt als etwas Privates und Unbeobachtbares konzipiert wird. Es gilt

20 Vgl. Carl Friedrich Gethmann / Thorsten Sander, Anti-Mentalismus, in: Carl Friedrich Gethmann, Vom Bewusstsein zum Handeln, München 2007, S. 203–216.

also nicht, das Mentale abzulehnen, sondern es angemessen zu verstehen. Unter Rückgriff auf Beispiele der Ethnomethodologie Harold Garfinkels arbeitet er im Folgenden heraus, dass eine praxeologische Perspektive einen präziseren Blick auf die Handlungssequenzen erlaubt, die faktisch zu Entscheidungsresultaten führen und die nicht mit der retroaktiven Inszenierung derselben als rational, folgerichtig und vorgeplant verwechselt werden dürfen.

Eine so aufgestellte Praxeologie harmoniert in ihrem anti-mentalistischen, sozial-externalistischen und handlungstheoretischen Grundlagen weitgehend mit der wissenschaftsphilosophischen Zuordnung, die Quante und Rojek für eine eigenständige geistes- und kulturwissenschaftliche Beobachtung von Entscheidensprozessen vorschlagen. Dass sich eine solche, aus der Soziologie kommende Praxeologie auch für historische und ethnologische Untersuchungen fruchtbar machen lässt, zeigen insbesondere die Beiträge in der Sektion »Praktiken des Entscheidens«, die diesem methodologischen Pfad folgen.

3. Narrative, Reflexionen und Semantiken

Wenn man sich nun der Frage zuwendet, wie Entscheiden als sozialer Prozess abläuft, so fällt der Blick zuerst auf sprachliche Vollzüge. Diese bestehen in erster Linie aus Erzählungen, die ebenfalls eine prozesshafte Struktur aufweisen, oder sie rekurrieren auf solche.[21] Erzählungen gründen ihrerseits auf Narrativen als konventionalisierten Erzählmustern, die in der Regel einer kausal-temporalen Erzähllogik folgen. Als typisierte Muster fassen sie Mengen von Erzählungen auf einer hohen Abstraktionsebene relativ zu (impliziten oder expliziten) Identitätsbedingungen zusammen. »Ich habe so entschieden, weil mich Gott gelenkt hat« und »Wir haben so entschieden, weil sich Option X als die Variante mit dem höchsten Nutzen erwiesen hat« sind zwei hoch abstrakte Entscheidungsnarrative. Als Rechtfertigungsnarrative leisten sie einen Beitrag zur Bewältigung der einer Entscheidung innewohnenden Kontingenz, wobei je nach sozialem Ort einzelne Narrative unterschiedlich angemessen und legitim sind; das zweite genannte Grundnarrativ passt in ein modernes Unternehmen besser als das erste. Kulturen des Entscheidens sind damit wesentlich Erzählgemeinschaften, die mit verstandenen und akzeptierten Entscheidungsnarrativen operieren.

Entscheidensnarrative werden einerseits im Vollzug und in der erzählenden Mitteilung einer Entscheidung als Teil ihres retroaktiven Vollzugs konkretisiert; die Erzeugung der Begründung einer Gremienentscheidung oder eines Gerichts-

21 Zum erzähltheoretischen Hintergrund des Nachfolgenden s. insbesondere Wolfgang Müller-Funk, Die Kultur und ihre Narrative. Eine Einführung, Wien ²2008; Albrecht Koschorke, Wahrheit und Erfindung. Grundzüge einer Allgemeinen Erzähltheorie, Frankfurt a. M. 2012; Ansgar Nünning, Wie Erzählungen Kulturen erzeugen. Prämissen, Konzepte und Perspektiven für eine kulturwissenschaftliche Narratologie, in: Alexandra Strohmaier (Hg.), Kultur – Wissen – Narration. Perspektiven transdisziplinärer Erzählforschung für die Kulturwissenschaften, Bielefeld 2013, S. 15–53.

urteils zählen dazu (Beitrag Schmidt). Andererseits liegen auch dem retrospektiven Erzählen von Entscheidungen spezifische Narrative zugrunde. Solche Erzählungen finden sich beispielsweise in Chroniken und anderen Formen der Tradierung von Geschichten, in Selbstzeugnissen autobiographischer Art oder in durch ForscherInnen geführten narrativen Interviews. Auch fiktionale Texte beinhalten Erzählungen über Entscheidungen. Erzählungen von erinnerten beziehungsweise fiktionalen Entscheidungen stellen für die Forschung oft den wichtigsten Zugang zur Beobachtung des Entscheidens dar. Darüber hinaus bilden sie einen Ort der Reflexion des Entscheidens und sie stellen Modelle und Rezepte bereit, in deren Licht Rezipientinnen und Rezipienten ihre eigenen Entscheidungen wahrnehmen, gestalten und reflektieren können. Dies gilt nicht zuletzt für Darstellungen des Entscheidens in der Mythologie; Beispiele sind Herkules am Scheideweg, das Urteil des Paris und so weiter.[22] Nicht selten erweisen sich mythologische Entscheidensszenarien als überaus komplexe Reflexionen der Problematiken, die dem Entscheiden innewohnen.

Erzählungen erinnerter Entscheidungen reproduzieren nun nicht einfach das Vergangene, sondern konstruieren daraus eine sinnhafte und vielleicht auch interessante und spannende Biographie mit einer spezifischen erzählerischen Struktur. Dies zeigt insbesondere die diesbezügliche Analyse von Goethes ›Dichtung und Wahrheit‹ durch Martina Wagner-Egelhaaf. Eine autobiographische Erzählung weist zwei Zeitperspektiven auf: den rückschauenden Blick des erzählenden Beobachters in die Vergangenheit und das Fortschreiten der erzählten Biographie in die Zukunft. Entscheidungen stehen an der Schnittstelle der beiden Zeitlinien: Durch die ihnen unterlegten Gründe schaffen sie sinnhafte Vergangenheit, über die inhaltlichen Festlegungen definieren sie den Zukunftshorizont einer neuen biographischen Phase. Auf diese Art und Weise erweisen sich biographisch sinnvolle Entscheidungen aber meist erst in der Rückschau als solche; Lebensentscheidungen – nähert man sich ihnen über retrospektive Narrationen – sind das Ergebnis einer biographischen Konstruktionsleistung, die ihrerseits durch die Erfahrung der Lebenszeit seitens der erzählenden Person geprägt wird.[23] Im Fall von Goethes ›Dichtung und Wahrheit‹ kann darüber hinaus gezeigt werden, wie eine zentrale Lebensentscheidung, die nicht nachvollziehbar begründet werden kann, im intertextuellen Bezug auf ein anderes Narrativ, das des Grafen Egmont, dramatisiert und damit literarisch plausibilisiert wird.

Narrative des Entscheidens führen auch eine Semantik des Entscheidens mit.[24] Zwei Aspekte erscheinen vor dem Hintergrund der Beiträge dieses Ban-

22 Siehe demnächst Helene Basu u. a. (Hg.), Mythen und Narrative des Entscheidens (erscheint Göttingen 2018), sowie Martina Wagner-Egelhaaf, Herkules – (k)ein Entscheider?, in: Philipp Hoffmann-Rehnitz u. a. (Hg.), Semantiken und Narrative des Entscheidens (erscheint Göttingen 2018).

23 Ähnlicher Befund auf der Basis narrativer Interviews bei Gunter Weidenhaus, Soziale Raumzeit, Berlin 2015.

24 Hierzu demnächst Hoffmann-Rehnitz u. a., Semantiken und Narrative (wie Anm. 22).

des besonders wichtig. Der erste bezieht sich auf die Entscheiden ermöglichende Handlungsmacht, das heißt auf die Fragen, wer über welche Gegenstände entscheiden darf beziehungsweise kann, und auf welchem Weg diese Ermächtigung erlangt wird. Der Beitrag von Isabel Heinemann, Sarah Nienhaus, Mrinal Pande und Katherin Wagenknecht zeigt dies anhand von Entscheidensprozessen, die im Zusammenhang mit unterschiedlichen Lebensereignissen stehen: der Eheanbahnung von Frauen sowohl im deutschen Bürgertum des 19. Jahrhunderts als auch in Indien am Übergang zum 21. Jahrhundert, anhand der Debatten um die Legalisierung der Abtreibung in den USA in den 1980er Jahren sowie anhand des Hauserwerbs von münsterländischen Paaren in der Gegenwart. Die Aushandlung einer Semantik der berechtigten und legitimen Entscheidung durch das Individuum erfolgt dabei im Spannungsfeld zwischen (hier: patriarchalen) Machtverhältnissen, gesellschaftlichen Normen und Ansprüchen auf Autonomie beziehungsweise Selbstverwirklichung. Über die Semantik von Handlungsmacht bewirken Narrative des Entscheidens, dass grundsätzlich keineswegs selbstverständliches Entscheiden (siehe oben) in bestimmten Konstellationen und für bestimmte Arten von Akteuren als angemessen und legitim gilt. So entwickelt das autobiographische Ich in Fanny Lewalds Lebensgeschichte in Auseinandersetzung mit ihrer Familienkonstellation und fiktionalen Biographien von Frauen ein Narrativ, das ihr Entscheidungsmacht über ihre Heirat verleiht. Ein gegenläufiges Beispiel betrifft den Bau eines Eigenheims durch junge Paare in einem münsterländischen Dorf der Gegenwart; angesichts der Einbettung der Lebensführung in eine lokale Lebenswelt folgt der Weg zum Eigenheim hier deutlich ausgeprägter einem kulturellen Dispositiv als bei Paaren, die in Kleinstädten oder Städten wohnen und diesen Übergang im Lebenslauf stärker entscheidungsförmig gestalten.

Der zweite Aspekt, bezüglich dessen Semantiken des Entscheidens differieren, betrifft das Vorhandensein eines expliziten Entscheidungsbegriffs. Vor allem in der Vormoderne trifft man auf Narrative des Entscheidens, die mit einer unausdrücklichen Begrifflichkeit des Entscheidens operieren.[25] Eine Reihe von Beiträgen des vorliegenden Bandes sprechen diesen Sachverhalt an. Ein Beispiel sind die von Michael Grünbart untersuchten byzantinischen Fürstenspiegel, die zwar von Vorgängen sprechen, bei denen verschiedene Alternativen in Betracht gezogen werden – wo also Entscheidungshandeln im hier gemeinten Sinn thematisiert wird –, ohne das aber explizit so zu nennen. Stattdessen wird dieses Handeln mit Begriffen nachdenklichen Abwägens beschrieben oder als Urteil, Ratschluss etc. bezeichnet (*apophasis, bulē, doxanta, psēphos, skepsis*); nur bei der Bezugnahme auf das göttliche Gericht schwingt der Begriff *krisis* mit. Es stellt sich die Frage, was das über die damalige Kultur des Entscheidens aussagt. Mit

25 Vgl. ebd., Beitrag von Tim Rojek, Redehandlungstheoretische Überlegungen zur Semantik und Performatorik von ›Entscheiden‹; allgemein vgl. Katharina Jacob, Linguistik des Entscheidens. Eine kommunikative Praxis in funktionspragmatischer und diskurslinguistischer Perspektive, Berlin 2017.

anderen Worten: Die Klärung der kulturspezifischen Begrifflichkeit im Sprechen über das Entscheiden stellt einen wichtigen Schlüssel für das Verständnis von Kulturen des Entscheidens dar.

4. Praktiken

Vor dem Hintergrund des eben Gesagten ist es sinnvoll, die Analyse von Kulturen des Entscheidens nicht allein auf Sprechakte und darauf aufbauende Redeweisen auszurichten, sondern auch in einer Perspektive anzugehen, die sprachliche und nicht-sprachliche Vollzüge in ihrer Gesamtheit in den Blick nimmt. Hierbei lässt sich am oben erörterten Sachverhalt anschließen, dass Entscheiden institutionalisiert ist. Entscheidensförmiges Handeln wird somit von Akteuren nicht in jeder Situation neu entwickelt, sondern folgt Skripten und Routinen sowie habitualisierten Verhaltensweisen. Entscheiden besteht im Aufführen eines sozialen Dramas: Die Akteure wissen auf der Bühne Bescheid, haben Vorstellungen zum Plot, verfügen über Skripte, kennen wenigstens ihre eigene Rolle und können Letztere mehr oder weniger gut aufführen.[26] Dies alles legt es nahe, Entscheiden aus einem praxeologischen Blickwinkel zu betrachten (siehe auch nochmals den Beitrag von Robert Schmidt).

Aufbauend auf einem älteren Praxis-Begriff können Praktiken als ein »typisiertes, routinisiertes und sozial ›verstehbares‹ Bündel bezeichnet werden«.[27] Drei Merkmale sind für sie konstitutiv:[28] Erstens beinhalten sie zwar Sprechakte, sind aber zugleich verkörpert, an Materialitäten und Artefakte zurückgebunden,

26 Erving Goffman, Wir alle spielen Theater. Die Selbstdarstellung im Alltag, München [10]2011; Victor Turner, Dramas, Fields and Metaphors. Symbolic Action in Human Society, Ithaca 1975; Dennis Brissett/Charles Edgley, Life as Theater. A Dramaturgical Sourcebook, New York 1990. Speziell auf Gerichtsverfahren bezogen: Cornelia Vismann, Das Drama des Entscheidens, in: Dies./Weitin, Urteilen/Entscheiden (wie Anm. 6), S. 91–101.

27 Andreas Reckwitz, Grundelemente einer Theorie sozialer Praktiken. Eine sozialtheoretische Perspektive, in: Zeitschrift für Soziologie 32 (2003), S. 282–301, hier S. 289.

28 Für das Folgende s. neben Goffman, Wir alle spielen Theater (wie Anm. 26) sowie Reckwitz, Grundelemente (wie Anm. 27) vor allem Pierre Bourdieu, Le sens pratique, Paris 1980, Kap. 3; Theodore R. Schatzki, Social Practices. A Wittgensteinian Approach to Human Activity and the Social, Cambridge 1996; ders. u. a. (Hg.), The Practice Turn in Contemporary Theory, London 2001; Gregor Bongaerts, Soziale Praxis und Verhalten. Überlegungen zum Practice Turn in Social Theory/Social Practice and Behavior. Reflections on the Practice Turn in Social Theory, in: Zeitschrift für Soziologie 36 (2007), S. 246–260; Robert Schmidt, Soziologie der Praktiken. Konzeptionelle Studien und empirische Analysen, Berlin 2012; Andreas Reckwitz, Kreativität und soziale Praxis. Studien zur Sozial- und Gesellschaftstheorie, Bielefeld 2016. Aus der Perspektive der Geschichtswissenschaft s. insbesondere die Sammelbände von Arndt Brendecke (Hg.), Praktiken der frühen Neuzeit. Akteure, Handlungen, Artefakte, Köln 2015; sowie Dagmar Freist (Hg.), Diskurse – Körper – Artefakte. Historische Praxeologie in der Frühneuzeitforschung, Bielefeld 2015; aus handlungsphilosophischer und askriptivistischer Perspektive: Anne Mazuga, Ausdruck und Zuschreibung, Berlin 2013, S. 299–352.

wozu neben Instrumenten auch Medien, Körper und physische Räume zählen. Zweitens entfalten sie sich in der Zeit, das heißt, sie können als Vollzüge beobachtet und nicht auf Resultate reduziert werden. Drittens gründen sie auf praktischem Wissen. Dies kann ein Wissen um Bedeutungen, ein Rezeptwissen oder ein motivationales Wissen sein (»ein impliziter Sinn dafür, ›was man eigentlich will‹«).[29] Gleichzeitig ist es aber nicht vollständig explizierbar und stellt insofern immer auch Routine, Know-how und praktische Kompetenz dar. Auf Praktiken bezogenes Wissen ist deshalb intelligibel und beobachtbar; es äußert sich in körperlichen »doings and sayings«, als »verkörpertes Denkhandeln«.[30]

Die Beiträge dieses Bandes, die den Akzent auf Praktiken des Entscheidens legen, betonen zunächst die Bedeutung der praktischen Kompetenz für den Vollzug des Entscheidens. Helene Basu zeigt dies anhand der Beratungsliteratur für nicht-professionelle Trader an heutigen Wertpapierbörsen. Die Aneignung der in diesem Genre dargestellten Rezepte verspricht den LeserInnen einen praktischen Sinn, der es ihnen erlaubt, auf einem Feld zu bestehen, das meist durch professionelle Händler dominiert und durch eine hohe Verlustwahrscheinlichkeit mit entsprechendem Enttäuschungspotential gekennzeichnet ist. Dabei erweisen sich finanzwissenschaftliche Konzepte nicht als universelle Gesetzmäßigkeiten, sondern als situative Gebrauchsanweisungen, die Akteure zum Basteln (im Sinn des *bricolage*)[31] eines Habitus des Entscheidens über Wertpapieranlagen nutzen.

Ein beim Entscheiden zum Einsatz gelangender Habitus gründet aber nicht nur auf praktischem Wissen, sondern vollzieht sich darüber hinaus im Wechselspiel mit Räumen und materiellen Artefakten, die je nachdem in zweckdienlicher Weise sowohl erzeugt als auch genutzt werden müssen. Im Fall der Börse bezieht sich dies auf die Aneignung und die Verwendung von maschinell erzeugter und verbreiteter Finanzmarktinformation; in den von André Krischer untersuchten englischen Zivilgerichtsprozessen des 18. und 19. Jahrhunderts stellen die Struktur von Gerichtsräumen, die einen Rechtsfall darstellenden Handakten sowie die Notizbücher von Richtern eigentliche »Co-Produzenten der Entscheidungen« dar: Raumstrukturen leisten einen wesentlichen Teil der Situationsdefinition gerichtlichen Entscheidens, Handakten rahmen den Deutungshorizont eines Falls, und mit der Arbeit an ihren Notizen basteln (wiederum im Sinn von *bricolage*) die Richter ihre Bewertung der Sachlage.

Der von Alexander Durben, Matthias Friedmann, Laura Marie Krampe, Benedikt Nientied und André Stappert verfasste Beitrag geht schließlich der Medialität von Praktiken an verschiedenen Orten des Entscheidens sowie ihrem Wandel vom 16. zum 19. Jahrhundert nach. Betrachtet werden die frühreforma-

29 Reckwitz, Grundelemente (wie Anm. 27), S. 292.

30 Schatzki, Social Practices (wie Anm. 28), insbes. S. 89 f.

31 Eingeführt wurde dieser Begriff von Claude Lévi-Strauss, Das wilde Denken, Frankfurt a. M. 1968, Kap. 3.

torischen Disputationen, städtische Ratswahlen in Unna um 1600, das englische beziehungsweise britische Parlament im 17. und 19. Jahrhundert sowie englische Gerichtsprozesse um 1800. Als Leitdifferenz dient die Gegenüberstellung zwischen der mündlichen Interaktion unter Anwesenden und der Nutzung der Schriftform. Die AutorInnen erklären den langfristigen Trend zum vermehrten Schriftgebrauch in Verfahren des Entscheidens mit dessen Potential zur Komplexitätssteigerung in sozialer, zeitlicher und sachlicher Hinsicht: Die Nutzung schriftlicher Medien diente dazu, Abwesende in einen Entscheidensvorgang einzubeziehen, erleichterte den Rückbezug auf früheres Entscheiden und unterstützte die Entwicklung mehrstufiger Verfahren. Zwar weist der Einsatz schriftlicher Dokumente und schriftgestützter formaler Verfahren auch eine symbolische Komponente auf: Das britische Parlament unterstrich im 19. Jahrhundert mit demonstrativem Informationskonsum seine Informiertheit nicht zuletzt gegenüber der Regierung, und mehrstufige Losverfahren in den Ratswahlen in Unna um 1600 dienten der augenscheinlichen Durchbrechung informeller mündlicher Kommunikation unter den Mitgliedern der Elite. Mündliche Interaktion unter Anwesenden blieb aber wegen ihrer unverzichtbaren performativen Leistung auch am Ende des Untersuchungszeitraums zentral, denn sie verschaffte einer Entscheidung Geltungskraft und ermöglichte deren Zuschreibung an legitime Entscheidungsträger.

5. Ressourcen

Als letzter und umfangreichster Themenkomplex werden in diesem Band Ressourcen angesprochen, und zwar als Mittel, die Entscheiden sowohl ermöglichen als auch bei seinem Vollzug zum Einsatz gelangen.

Führen wir uns vor dem Hintergrund der eingangs erfolgten allgemeinen Ausführungen zunächst vor Augen, wozu im Entscheiden Ressourcen mobilisiert und eingesetzt werden können oder müssen. Generell dienen sie dazu, Handlungsalternativen zu erzeugen, zu bewerten und eine Option zu selegieren. Konkret heißt das, dass bestimmte Ressourcen etwa dem Erwerb von Handlungsmacht dienen können, die erst entscheidungsfähig macht. Daneben erfordern jeweils die Rahmung einer Situation als Entscheidungssituation sowie die Rahmung ihres Deutungshorizonts den Rekurs auf Ressourcen. Ferner tragen Letztere auch dazu bei, eine bestimmte institutionelle Form des Entscheidens festzulegen und sie zu vollziehen. Dies schließt nicht zuletzt diejenigen Handlungen ein, die bei der Selektion einer Handlungsoption zum Einsatz gelangen. Schließlich helfen Ressourcen, mit der Kontingenz einer Entscheidung umzugehen, insbesondere durch den Einsatz von Rechtfertigungsnarrativen, die eine Entscheidung legitimieren.

Die beim Entscheiden zum Einsatz gebrachten Ressourcen existieren nicht einfach. Es handelt sich bei ihnen vielmehr um materielle und immaterielle Bestände, die Akteure im Zusammenhang mit der Entwicklung bestimmter institutioneller Formen des Entscheidens und deren Vollzug als Teil ihres praktischen Sinns zu Ressourcen machen und als solche sich aneignen. Dieser Vorgang ist selbst Teil vielfältiger Kulturen des Entscheidens. Entsprechend lassen sich zahlreiche Arten von einschlägigen Ressourcen beobachten. Eine nicht abgeschlossene Liste beinhaltet Wissen (praktisches und theoretisches Wissen, im Hinblick auf eine Entscheidung erlangte Information und so weiter), normative Ressourcen (zum Beispiel Wertvorstellungen, Programme, Ideologien, historische Präzedenzfälle, kanonische und juridische Texte), motivationale Ressourcen (wie Bedürfnisse, Affekte, Emotionen), soziale Ressourcen (etwa Macht, Autorität, soziales Kapital wie zum Beispiel Gunst), pragmatische Ressourcen (so zum Beispiel Handlungsskripte und Routinen) sowie materielle Objekte und technische Artefakte (Räume und Raumstrukturen, Medien, technische Systeme und so weiter). Angesichts ihrer Komplexität sind eine Reihe von Ressourcen Gegenstand einer in unterschiedlichem Ausmaß professionalisierten Expertise. Beispiele betreffen theologische, rechtswissenschaftliche, medizinische, technische und soziale ExpertInnen.

Es wurde bereits angesprochen, dass mehrere Beiträge zu diesem Band die Aneignung und den Einsatz von Ressourcen beim Entscheiden thematisieren. Inhalte fiktionaler Texte, moduliert durch die Lektüre beziehungsweise durch intertextuelle Referenzen, helfen Akteuren bei der Konkretisierung von Entscheidungsnarrativen (Beitrag Wagner-Egelhaaf und Abschnitt zu Fanny Lewald-Stahr in Heinemann u. a.). In diesem Sinn fungiert etwa der halb-erfundene Brief eines Freundes, den Goethe am Anfang von ›Dichtung und Wahrheit‹ zitiert und in dem Goethe aufgefordert wird, seine Autobiographie zu schreiben. Der fiktive Brief geht auf einen früheren Brief von Schiller zurück, in dem Schiller Goethe ebenfalls ermuntert, sein Leben aufzuschreiben. Indem Goethe diesen Brief fiktional verändert an den Beginn von ›Dichtung und Wahrheit‹ stellt, wird er zur Ressource der Entscheidung, seine Autobiographie zu schreiben. Auch Ratgeberliteratur kann als Entscheidensressource dienen, denn sie stellt für Anlageentscheidungen von KleinanlegerInnen und Daytradern, aber auch in vielen anderen Lebensbereichen eine Grundlage für den Erwerb praktischen Sinns dar (Beitrag Basu). In Gerichtsverfahren bilden wie erwähnt Räumlichkeiten und die kompetente Arbeit an schriftlichen Dokumenten wichtige Verfahrensressourcen (Beitrag Krischer); auf Finanzmärkten sind technische Informationssysteme, ihre kompetente Beherrschung sowie das Selbst-Management wichtige Ressourcen für das Treffen einer Anlageentscheidung (nochmals Beitrag Basu).

Die Studien von Enzmann et al., Stollberg-Rilinger und Berger et al. behandeln zunächst Gewalt, Gunst und Normen als Ressourcen des Entscheidens. Zwei weitere Gruppen von je drei Aufsätzen widmen sich der Rolle von Experten und Expertise in Prozessen des Entscheidens sowie schließlich dem Einsatz von Information und Wissen im politischen Entscheiden sowohl auf nationaler als auch lokaler Ebene.

Auf der gesellschaftlichen Ebene erfolgt der Einsatz physischer Gewalt in der Regel im Umfeld von Machtkonflikten. Anhand eines Vergleichs zwischen

Argentinien und Mexiko am Beginn der postkolonialen Ära zeigen Birgit Enzmann, Silke Hensel und Stephan Ruderer, dass je nach politischer Konstellation Gewalt in ganz unterschiedlicher Weise in Kulturen des Entscheidens einging. In den nur lose miteinander verbundenen argentinischen Provinzen wohnte dem Gewalteinsatz ein Potential der Konflikteskalation inne, was geregelte Entscheidungsprozesse erschwerte, wenn nicht verunmöglichte. In Mexiko waren dagegen Selbstvertretungsorgane seit der Kolonialzeit relativ gut ausgebildet, aber es mangelte an einer Vermittlung zwischen lokaler und nationaler Ebene. *Pronunciamentos* (Erhebungen beziehungsweise deren Androhung mit politischen Forderungen von Gemeinden oder einzelnen Machtträgern) spielten deshalb im politischen Prozess eine wichtige Rolle. Der Einsatz von oder die Drohung mit Gewalt war dabei seitens machtunterlegener Akteure ein erfolgreiches Mittel, um ein Thema an sich oder eine bestimmte Handlungsoption überhaupt auf die politische Agenda zu setzen. Darüber hinaus beeinflusste die Gewaltandrohung eines an einem Entscheidungsprozess Beteiligten die Bewertung einzelner Handlungsoptionen. Gewalt stellte hier somit eine relevante soziale Ressource in Prozessen des Entscheidens dar.

Ähnliche Zusammenhänge lassen sich auch für andere soziale Ressourcen in Zusammenhängen mit stärker institutionalisierten Machtverhältnissen vermuten. Eine zusätzliche Wirkungsweise zeigt Barbara Stollberg-Rilinger für den Einsatz von sozialem Kapital in der Form herrscherlicher Gunst in Personalentscheidungen am Wiener Hof des 18. Jahrhunderts. Personalentscheidungen wurden im Rahmen feierlicher Promotionen an höfischen Festtagen als Gnadenerweise des Monarchen beziehungsweise der Monarchin inszeniert. Gunst kehrte somit die Kontingenz einer Entscheidung in legitimer Weise heraus. Dies hing mit der Rolle der Ämterpatronage bei der Sicherung der Machtstellung des Kaiserhauses gegenüber dem Adel zusammen: Der Herrscher war auf die Loyalität und die Einsatzbereitschaft des Adels angewiesen und vergalt diese durch die Vergabe von Prestige, Einfluss und Einkommen versprechenden Ämtern. Diese Austauschbeziehung war in eine Gabenökonomie eingebettet: Leistungen standen nicht mit unmittelbar erfolgenden äquivalenten Gegenleistungen in Beziehung, sodass sie ein Netz permanenter Verpflichtungen spannen, das der Herrschaftssicherung diente. Die kontingente Gunst des Monarchen war somit ein positiv konnotiertes und legitimes Mittel zur Erhaltung und Erweiterung einer Herrschaftselite. Damit sie allerdings so wirken konnte, hatte Gunst auch zugänglich zu sein. Loyalität und Einsatzbereitschaft an den Tag legende Akteure mussten die berechtigte Hoffnung tragen können, dafür auch mit Ämtern belohnt zu werden. Der nicht immer gelingende praktische Sinn beim Einsatz der Gunst in Personalentscheidungen bestand deshalb darin, eine Balance zwischen Erwartbarkeit und Kontingenz, zwischen Gerechtigkeit und Gnade, zu finden.

Anhand von Fallstudien zu herrschaftlichen, religiösen und rechtlichen Normen loten Maximiliane Berger, Clara Günzl und Nicola Kramp-Seidel das »problematische Verhältnis« zwischen Normen und Entscheiden aus. Durch die Rückführung einer Festlegung auf allgemeine Normen können Entscheidungsträger zwar den Vorwurf der Willkür entkräften und auf diese Weise mit der Kontingenz umgehen, der eine Entscheidung unterliegt. Gegenüber diesem Rekurs auf Normen in Rechtfertigungsnarrativen ist aber festzuhalten, dass allgemeine Normen eine immer überkomplexe konkrete Situation nie vollumfänglich zu strukturieren vermögen, und Normenkonkurrenz kann selbst Anlass für die Entstehung eines Entscheidungsproblems geben.[32]

Es kommt somit in der praktischen Entscheidungsfindung vor allem darauf an, mit Normen geschickt umzugehen. Wie dies geschehen kann, zeigen die Autorinnen anhand von Responsen von Salomon Adret, einem herausragenden jüdischen Gelehrten an der Wende zum 14. Jahrhundert, zu Fragen der religiösen Lebensführung, anhand eines vor Kaiser Friedrich III. ca. 1470 ausgetragenen Konflikts um Marktprivilegien sowie anhand von Begründungen zivilgerichtlicher Urteile durch den Verweis auf andere Urteile in deutschen Staaten um die Mitte des 19. Jahrhunderts. In diesen Fällen wurde Normenkonkurrenz durch die Verlagerung einer Problembetrachtung von relativ spezifischen Normen auf die Ebene allgemeiner Normen bewältigt, wobei solche Abstraktionsschritte beim relativ unbestimmten rechten Willen des Herrschers enden konnten. Lücken in spezifischen Normen wurden dadurch ausgefüllt, dass Urteilsbegründungen früherer Autoritäten zur Entwicklung einer nachvollziehbaren Auslegung allgemeiner Normen im spezifischen Fall genutzt wurden. Die ausschließlich im jeweils geltenden (religiösen, rechtlichen) Normensystem verankerte Begründung der eigenen Auslegung stellte somit den Schlüssel für die legitime Normanwendung im Entscheiden dar. Die Veröffentlichung und Verbreitung von Urteilsbegründungen von Autoritäten oder (im 19. Jahrhundert) von Gerichten unterstützten einen solchen regelhaften (und damit selbst wieder normativ gestützten) Gebrauch von Normen in der Entscheidungsfindung.

Manchmal weisen das Erzeugen und die Bewertung alternativer Handlungsoptionen eine erhebliche Komplexität auf, sodass das Zusammenwirken mehrerer Akteure gefragt ist. Hier kommen Experten ins Spiel. Dies trifft etwa für die Handhabung von Rechtsnormen zu; entsprechend stellen Juristen eine bereits früh auftretende Art von Experten dar. Schon in der Vormoderne existierten aber weitere Gruppen, deren Expertise als Ressource des Entscheidens diente. In ihren Beiträgen zum griechischen und lateinischen Mittelalter thematisieren Michael Grünbart sowie Stefanos Dimitriadis, Florin Filimon, Konstantin Maier, Sebastian Rothe und Sita Steckel unter anderem das Angebot von Prophezeiungen beziehungsweise von Weissagungen durch Geistliche, besonders Mönche, und Vertreter der Geheimwissenschaften (Astrologie, divinatorische

32 Allgemein vgl. Tobias Herbst, Die These der einzig richtigen Entscheidung. Überlegungen zu ihrer Überzeugungskraft insbesondere in den Theorien von Ronald Dworkin und Jürgen Habermas, in: Juristenzeitung 67 (2012), S. 891–900; Cristina Bicchieri / Ryan Muldoon, Social Norms, in: Edward N. Zalta (Hg.), The Stanford Encyclopedia of Philosophy (Spring 2014 Edition), <http://plato.stanford.edu/archives/spr2014/entries/social-norms/> (Stand 28. März 2018); Hillard von Thiessen / Arne Karsten (Hg.), Normenkonkurrenz in historischer Perspektive, Berlin 2015.

Techniken) sowie den Rat, den Militärführer bezüglich des Vorgehens auf Feldzügen erteilen. Expertentum konnte auf praktischer Erfahrung oder persönlichen Eigenschaften gründen und war damit an ein Individuum gebunden. Vor allem seit dem 12. Jahrhundert entstand im lateinischen Westen darüber hinaus ein Expertentum, das auf von der konkreten Situation gelöstem und unter einer größeren Gemeinschaft geteiltem Wissen basierte sowie auf der Kompetenz, es im Einzelfall anzuwenden. Dieser Vorgang war eng mit der Entwicklung von Universitäten und der Ausdifferenzierung einzelner Wissensbereiche, besonders des Rechts, der Theologie und der Medizin, verbunden.[33]

Die Wahl einer bestimmten Art von Expertise hängt bei differenzierten Wissenssphären von dem Feld ab, in dem ein Entscheidungsproblem auftritt – Rechtsfragen werden von Juristen behandelt, Fragen der öffentlichen Gesundheit von Stadtärzten –, grundsätzlicher aber auch von der Ausgestaltung von Handlungsmacht. Wird der Lauf der Dinge als vom göttlichen Heilsplan oder vom Schicksal vorherbestimmt gesehen, dann ist es wichtig, über den richtigen Zeitpunkt einer Handlung zu entscheiden, während die Aufgabe, unterschiedliche Handlungsoptionen auszuloten, in den Hintergrund tritt. Entsprechend wird in einer solchen Situation auf Experten zurückgegriffen, die Gottes Ratschluss ergründen können oder divinatorische Techniken beherrschen. Gleichzeitig fällt aber die starke Konkurrenz zwischen verschiedenen Gruppen von Experten sowohl im byzantinischen als auch im lateinischen Mittelalter auf. Weltliche Spitzenbeamte verleumdeten Geistliche, die den byzantinischen Kaiser mit Prophezeiungen eindeckten, und militärische Desaster wurden darauf zurückgeführt, dass der Herrscher, statt seinen Offizieren zu vertrauen, auf einen unfähigen Astronomen gesetzt hatte; verschiedene Schulen von Bologneser Rechtsgelehrten rivalisierten um die Gunst von Friedrich Barbarossa. Die Nutzung von Expertise als Ressource des Entscheidens gründete somit lange auf einem persönlichen Vertrauensverhältnis zwischen Entscheidungsträger und Ratgeber, und der Einbezug in Prozesse des Entscheidens bildete umgekehrt ein Mittel zur Befestigung der Kompetenzfelder von Experten. Eine deutlich andere Situation findet sich dagegen in den stärker formalisierten Entscheidungsverfahren der spanischen Inquisition im Übergang zum 16. Jahrhundert, in denen lokale Rechtsgelehrte von vornherein festgeschriebene Rollen übernahmen und sowohl juristischen Sachverstand als auch Kenntnisse der lokalen Verhältnisse in die Bewertung von Prozessakten einbrachten.

Die Moderne ist einerseits durch eine Vervielfältigung von Feldern gekennzeichnet, in denen Expertise zu Prozessen des Entscheidens hinzugezogen wird,

33 Allgemein vgl. Frank Rexroth, Systemvertrauen und Expertenskepsis. Die Utopie vom maßgeschneiderten Wissen in den Kulturen des 12. bis 16. Jahrhunderts, in: Björn Reich u. a. (Hg.), Wissen, maßgeschneidert. Experten und Expertenkulturen im Europa der Vormoderne, München 2012, S. 12–44; Martin Kintzinger / Sita Steckel (Hg.), Akademische Wissenskulturen. Praktiken des Lehrens und Forschens vom Mittelalter bis zur Moderne, Bern 2015.

andererseits greifen Experten stärker in den Alltag ein: Ingenieure und Betriebswirte verändern Arbeitswelten, medizinisches Personal und SozialarbeiterInnen unterstützen die alltägliche Lebensführung.[34] Die Studie von Claudia Roesch zur Rolle von ExpertInnen sowohl bei der gesetzlichen Regelung als auch bei der Durchführung von Abtreibungen in den USA und in der BRD in den 1960er- bis 1980er-Jahren legt nahe, dass im 20. Jahrhundert die inhaltlichen Kompetenzfelder von ExpertInnen vergleichsweise klar festgelegt waren; Auseinandersetzungen drehten sich vielmehr um ihre Stellung in Prozessen des Entscheidens.[35] In den 1960er-Jahren wirkten juristische und medizinische Experten auf eine Abschaffung der geltenden Abtreibungsverbote hin; Expertise fungierte somit in den 1960er-Jahren als wichtige Ressource zur Rahmung politischer Debatten um die Reform des Sexualstrafrechts. Die im Zuge der Liberalisierung getroffenen Regelungen wiesen die Entscheidung über einen Schwangerschaftsabbruch zunächst weitgehend dem behandelnden Arzt zu. Unter dem Druck teils der Frauenbewegung, teils der Klientinnen selbst entwickelte sich der Vollzug mindestens in der BRD bis Ende der 1970er-Jahre dahin, dass schwangere Frauen die Entscheidung zum Abbruch selbst fällten und die vorgeschriebene Beratung lediglich deren Durchsetzung diente. Expertise wurde somit zu einer Ressource, die in erster Linie die praktische Umsetzung einer Entscheidung ermöglichte.

Information und ihre Verbindung mit entscheidungsrelevantem Wissen, die Pläne als komplexe politische Entscheidensprozesse zu erzeugen erlaubt, stellen das letzte in diesem Band behandelte Thema dar. ›Information‹ meint die im Zusammenhang mit einem kommunikativen (das heißt sprachlichen oder nicht sprachlichen) Akt erfolgende Veränderung der sinnhaften Repräsentation des für einen Akteur relevanten Weltausschnitts. Daten (verstanden als strukturiertes Korpus von Zeichen) allein stellen somit noch keine Information dar, sondern erst die durch ihre Übermittlung und Verarbeitung erfolgte Änderung der Repräsentation der Umwelt. Daten müssen für den aufnehmenden Akteur Neuigkeitswert haben; die zweite Übermittlung desselben Datenkorpus beinhaltet keine Information mehr.[36] Beim Entscheiden stellt Information zunächst eine Ressource bei der Konstituierung eines Entscheidensproblems sowie bei

34 Neben Lutz Raphael, Die Verwissenschaftlichung des Sozialen als methodische und konzeptionelle Herausforderung für eine Sozialgeschichte des 20. Jahrhunderts, in: Geschichte und Gesellschaft 22 (1996), S. 165–193 s. unter anderen Kerstin Brückweh u. a. (Hg.), Engineering Society. The Role of the Human and Social Sciences in Modern Societies, 1880–1980, Basingstoke 2012.

35 Grundsätzlich ähnliche Verläufe, die sich allerdings nur auf politisches Entscheiden beziehen, finden sich in der Atomenergiepolitik und der Umweltpolitik; s. Frank R. Baumgartner / Bryan D. Jones, Agendas and Instability in American Politics, Chicago ^{2}2009; Frank Fischer, Citizens, Experts, and the Environment. The Politics of Local Knowledge, Durham, NC 2000.

36 Zu diesem Informationsbegriff vgl. unter anderen Niklas Luhmann, Soziale Systeme. Grundriss einer allgemeinen Theorie, Frankfurt a. M. 1984, S. 102–104; ders., Organisation und Entscheidung (wie Anm. 7), S. 56–58.

der Erzeugung und Bewertung von Handlungsalternativen dar. Darüber hinaus diente und dient der Verweis auf die Nutzung von Information dazu, den Anschein von Willkür auszuräumen, das heißt Kontingenzlücken zu schließen.

Constanze Sieger und Felix Gräfenberg untersuchen, wie staatliche Zentralbehörden und lokale Verwaltungen in Preußen zwischen dem späten 18. und dem frühen 20. Jahrhundert Information erzeugten und beim Entscheiden einsetzten. Die Gegenüberstellung mit anderen Beiträgen zu diesem Band legt einen langfristigen Wandel der Semantik von Information und im Zusammenhang damit auch ihres Gebrauchs als Ressource des Entscheidens nahe. Vom 15. zum 17. Jahrhundert waren Entscheidungsträger oft der Auffassung, sie könnten sich bei der Bewertung von Handlungsoptionen auf vollständige und wahre Information stützen. Beispielhaft zeigt sich das an Kaiser Friedrich III. (Beitrag von Berger u. a.) sowie der spanischen Inquisition (Dimitriadis u. a.). Falsche und/oder unvollständige Information konnte als Grund für Fehlentscheidungen angegeben werden. Information stand hier somit in enger Beziehung zur Kontingenzbewältigung. In den deutschen Territorien begannen Obrigkeiten im Verlauf des 18. Jahrhunderts Information demgegenüber zunehmend für die aktive Sondierung von Entscheidungsproblemen zu verwenden. Dabei hatten sie sich verstärkt mit der Selektivität von Information zu befassen: Der der Information zugrundeliegende Datenkranz war nicht mehr selbstverständlich gegeben, sodass er lediglich erfasst und als Information übermittelt zu werden brauchte. Angesichts einer zunehmend proaktiven Festlegung von Entscheidensproblemen setzten sich Entscheidungsträger verstärkt damit auseinander, wie Daten zu erzeugen waren, dass sie sich als Informationsgrundlage für Prozesse des Entscheidens nutzen ließen.[37] Wie Sieger und Gräfenberg anhand des staatlichen Straßenbaus zeigen, wurde deshalb vom späten 18. zum frühen 19. Jahrhundert die Regulierung der Informationsgewinnung zunehmend dazu genutzt, Entscheidungsprozesse zu strukturieren, zu vereinfachen und teilweise von den Zentralbehörden zur Territorialverwaltung zu verlagern. Entsprechend entstanden auch in anderen Politikfeldern bei den nachgelagerten Behörden Entscheidungsroutinen, die sich auf Information als zentrale Ressource stützten. Das schließt allerdings nicht aus, dass Information nach wie vor auch als symbolische Ressource zur Legitimierung von Entscheidungen herangezogen wurde.

Aktive Problemsondierung ist ein Kernelement planenden Entscheidens, und wenigstens im Bereich der Politik bildet die Verbindung von Information und Wissen – vor allem Wissen über die Struktur eines Weltausschnitts und die

37 Für eine Übersicht zur Kategorie der Information in der Vormoderne vgl. Matthias Pohlig, Marlboroughs Geheimnis. Strukturen und Funktionen der Informationsgewinnung im Spanischen Erbfolgekrieg, Köln 2016, S. 32–38; zentral für das vorgetragene Argument Arndt Brendecke u. a., Information als Kategorie historischer Forschung. Heuristik, Etymologie und Abgrenzung vom Wissensbegriff, in: Dies. (Hg.), Information in der Frühen Neuzeit. Status, Bestände, Strategien, Berlin 2008, S. 11–44; Lars Behrisch, Die Berechnung der Glückseligkeit. Statistik und Politik in Deutschland und Frankreich im späten Ancien Régime, Ostfildern 2016, insbesondere S. 120–191.

darin geltenden kausalen Zusammenhänge – die Grundlage für Planung.[38] Experten spielen in diesem Zusammenhang meistens eine wichtige Rolle. Mit der Entwicklung von Kulturtechniken der Zukunftsgestaltung erlebte planerisches Entscheiden in der Politik in den mittleren Jahrzehnten des 20. Jahrhunderts einen vorläufigen Höhepunkt.[39] Dabei ist zwischen der Politikplanung in den parlamentarischen Regimes des Westens und der Wirtschaftsplanung in staatssozialistischen Ländern zu unterscheiden. Für die letztere Variante untersucht Stefan Lehr am Beispiel der Tschechoslowakei in der Zeit von den späten 1940er- bis zu den 1980er-Jahren das Verhältnis zwischen der Planungsvorbereitung und der eigentlichen Entscheidung für bestimmte zu erreichende Eckwerte der Wirtschaftsentwicklung im Politbüro. Er gelangt zu dem Schluss, dass die Wirtschaftspläne in hohem Maße Rationalitätsfassaden darstellten. Neben den technischen Schwierigkeiten, die sich der zeitgerechten Planerstellung unter sich rasch ändernden Umweltbedingungen entgegenstellten, betont er vor allem die geringe Autonomie der Planungsbehörde: Einerseits legte das Politbüro als maßgebliches Entscheidungsgremium gelegentlich inkonsistente Eckwerte nach politischen Kriterien fest; andererseits gelang es der Planungsbehörde nicht, die Einrichtung einer auf ihre Bedürfnisse zugeschnittenen Wirtschaftsberichterstattung durchzusetzen.

In der Bundesrepublik stellte während der 1960er- und 1970er-Jahre die von Matthias Glomb untersuchte Bildungspolitik eines der wichtigsten Felder der Politikplanung dar. 1970 wurde mit der Bund-Länder-Kommission für Bildungsplanung (BLK) ein Gremium geschaffen, das die bislang unverbindliche Planungsarbeit von wissenschaftlichen Sachverständigengremien um eine von den Regierungen sowohl auf Länder- als auch auf Bundesebene getragene politische Bildungsplanung erweiterte. Glomb zeigt, dass Bildungsplanung nicht nur als Instrument einer Entideologisierung und Rationalisierung der Bildungspolitik gedacht war, sondern darüber hinaus Schwächen in der Politikkoordination zwischen Bund und Ländern kompensieren sollte. Genau letztere stellte auch die Achillesferse der BLK dar: Ihre Pläne waren für die Länder nicht verbindlich, sodass sie nur in wenigen Ländern und auch dort nur teilweise in bildungspolitischen Entscheidungen umgesetzt wurden.

Sowohl in der staatssozialistischen Wirtschaftsplanung als auch in der westlichen Politikplanung standen somit informations- und wissensbasierte Handlungsempfehlungen in einem gebrochenen Verhältnis zu politischen Prozessen; Information und Wissen stellten durchaus problematische Entscheidungsres-

38 Vgl. Schimank, Entscheidungsgesellschaft (wie Anm. 8), S. 313–336.

39 Vgl. Rüdiger Graf/Benjamin Herzog, Von der Geschichte der Zukunftsvorstellungen zur Geschichte ihrer Generierung. Probleme und Herausforderungen des Zukunftsbezugs im 20. Jahrhundert, in: Geschichte und Gesellschaft 42 (2016), S. 497–515; Lucian Hölscher, Die Zukunft des 20. Jahrhunderts. Dimensionen einer historischen Zukunftsforschung, Frankfurt a. M. 2017; Joachim Radkau, Geschichte der Zukunft. Prognosen, Visionen, Irrungen in Deutschland von 1945 bis heute, München 2017.

sourcen dar. Dieser Befund stellt zumindest einen von mehreren Erklärungen für den Bedeutungsverlust planerischen Entscheidens auf staatlicher Ebene seit den 1980er Jahren dar.

6. Schluss

Im Licht der Beiträge dieses Bandes erweisen sich soziale Prozesse des Entscheidens als komplexe, voraussetzungsvolle Vorgänge, die durch hohe Diversität und ausgeprägten historischen Wandel gekennzeichnet sind. Dass Akteure entscheidungsförmig handeln, ist keineswegs selbstverständlich. Hierzu muss für ein bestimmtes Thema ein Deutungshorizont entstehen, der verschiedene Handlungsoptionen zulässt oder gar ihr Suchen einfordert, und das Handlungsfeld ist als Entscheidungssituation zu rahmen. In einer langfristigen Perspektive hat sich der soziale Raum, in dem entscheidungsförmig gehandelt wird, ohne Zweifel erheblich ausgeweitet; Elternschaft und Wirtschaftsplanung sind Beispiele dafür. Vermehrt haben Akteure nicht mehr nur reaktiv entschieden, sondern Entscheidungsprobleme aktiv sondiert. Parallel dazu erwarben individuelle Akteure vermehrt Handlungsmacht, über ihr Leben zu entscheiden. Eine wichtige Grundlage all dieser Vorgänge stellte die Entwicklung von Entscheidensnarrativen dar, die vermehrt eine ausdrückliche Begrifflichkeit des Entscheidens mitführten. Letzteres erlaubte nicht zuletzt die Entwicklung von formalen Verfahren, die sich auf entschiedene Entscheidungsprämissen stützen. Damit ließ sich Entscheiden über mehrere Runden und Arenen hinweg organisieren und somit die Komplexität von Entscheidensprozessen steigern. Formalisierung stellte auch ein Mittel dafür dar, Entscheidensprozesse systematisch auf das Hervorbringen einer Entscheidung in einer angebbaren Frist auszurichten.

Dieser Wandel ging mit Veränderungen der Mittel einher, die Akteure beim Entscheiden einsetzen, sowie der Inhalte des praktischen Könnens, das Akteure dabei praktizieren. Vor allem am Beispiel des byzantinischen Mittelalters tritt uns eine Situation entgegen, bei der die im Entscheiden eingesetzten Ressourcen oft an die personengebundene Kompetenz von geistigen Führern und Sehern geknüpft waren. Besonders mit dem Aufkommen von Universitäten gewannen hingegen im lateinischen Mittelalter vermehrt Experten für differenzierte Wissenssphären, wie zum Beispiel die Theologie, das Recht und die Medizin, für Entscheidensprozesse an Bedeutung. Schriftlichkeit war seit dem späten Mittelalter einerseits in Gestalt der Aktenführung ein wichtiges Mittel, um Entscheiden verfahrensförmig zu organisieren. Andererseits stellte sie die Grundlage für die Nutzung von Information in Entscheidensprozessen dar. Die kompetente Arbeit an schriftlichen Unterlagen sowie der situationsgerechte Umgang mit zunehmend auch maschinell erzeugter Information wurden deshalb im Laufe der Neuzeit immer wichtiger im Hinblick auf ein entscheidungsbezogenes praktisches Können. Gleichzeitig relativieren die Beiträge dieses Bandes für die Zeit seit etwa 1800 die Bedeutung von formalen Regeln, von Expertise und Information in den

Kulturen des Entscheidens der Moderne: Ein Kollektiv betreffende performative Entscheidungsakte bleiben in erheblichem Ausmaß an die Interaktion unter Anwesenden gebunden, und sowohl Information als auch das Befolgen formaler Regeln besitzen oft eher einen symbolischen denn einen pragmatischen Wert für das Entscheiden. Der historische Wandel der eingesetzten Ressourcen führte nicht zu einer grundlegenden Transformation von Kulturen des Entscheidens, sondern erhöhte in erster Linie deren Komplexität und Diversität.

Entscheiden beobachten

Michael Quante und Tim Rojek

Entscheidungen als Vollzug und im Bericht

Innen- und Außenansichten praktischer Vernunft

> Meine Einstellung zu ihm ist eine Einstellung zur Seele. Ich habe nicht die *Meinung*, daß er eine Seele hat.
> *Ludwig Wittgenstein*

1. Einleitung

Entscheidungen alleine oder gemeinsam vorzubereiten und zu fällen stellt einen paradigmatischen Bereich der praktischen Vernunft dar. Es handelt sich hierbei um die Fähigkeit, sich für oder gegen die Ausführung einer Handlung zu entscheiden. Philosophisch umstritten ist, ob es sich beim Entscheiden selbst ebenfalls um eine Handlung oder aber um ein selbst nicht handlungsförmiges Geschehen handelt.[1] Die praktische Vernunft ist Gegenstand zahlreicher nichtphilosophischer Disziplinen und einiger Subdisziplinen in der Philosophie. Seit dem Aufstieg der Naturwissenschaften und ihren erfolgreichen kausal-funktionalen Modellen sowie den ihnen in ihrer Konstitution historisch nachfolgenden Geistes- beziehungsweise Kulturwissenschaften sind die methodologischen Debatten um den adäquaten Zugriff auf den mit der praktischen Vernunft verbundenen Phänomenbereich von diversen Leitunterscheidungen geprägt. Mit ihnen wird jeweils versucht, entweder eine naturwissenschaftlich-beobachtende oder eine geisteswissenschaftlich-teilnehmende Perspektive auf die praktische Vernunft als adäquate, erschöpfende oder gar als einzig zulässige durchzusetzen.[2] Dieser Streit durchzieht zugleich die Philosophie selbst, die sich teilweise der szientistisch-beobachtenden und teilweise der hermeneutisch-teilnehmenden Perspektive verpflichtet weiß, sich letztlich aber auf keine dieser Perspektiven

1 Vgl. Alfred R. Mele, Motivation and Agency, Oxford 2003; Lawrence H. Davis, Theory of Action, Englewood Cliffs, NJ 1979; Michael E. Bratman, Intention, Plans, and Practical Reason, Cambridge, Mass. 1999.

2 Zu dem wissenschaftstheoretischen und wissenschaftspolitischen Streit zwischen Geistes- und Naturwissenschaften beziehungsweise den ihnen unterstellten, leitenden methodologischen Annahmen s. Georg Henrik von Wright, Explanation and Understanding, Ithaca 1971, Kap. 1; Dirk Hartmann, Wissenschaft, Geisteswissenschaft, Philosophie, in: Ders. u.a. (Hg.), Methoden der Geisteswissenschaften. Eine Selbstverständigung, Weilerswist 2012, S. 17–32; Athena Panteos / Tim Rojek, Einleitung, in: Dies. (Hg.), Texte zur Theorie der Geisteswissenschaften, S. 9–23, Stuttgart 2016.

reduzieren lässt. In vielen (philosophischen wie außerphilosophischen) Disziplinen ist darüber hinaus eine Verquickung beider Perspektiven zu konstatieren, wodurch sich aus philosophischer Sicht eine undurchschaubare Gesamtkonstellation ergibt.

Stellt man, wie dies für das Forschungsprogramm des Sonderforschungsbereichs *Kulturen des Entscheidens* geschieht, die sogenannten *decision sciences* den Geistes- und Kulturwissenschaften gegenüber, ist aus Sicht der Philosophie, welche diesem Beitrag zugrunde liegt, zweierlei festzuhalten: *Zum einen* lässt sich die Philosophie keinem der beiden Lager zuordnen. Deshalb kann sie, so der Anspruch unserer Überlegungen, eine reflexive oder auch Metaperspektive auf die Opposition Entscheidungswissenschaften versus Geistes- und Kulturwissenschaften einnehmen.[3] Diese mag helfen genauer zu bestimmen, entlang welcher Dimensionen sich die vorausgesetzte Differenz beider konkretisieren lässt.[4] Damit würde auch deutlicher, wie weit und in welchem Sinne eine geistes- und kulturwissenschaftliche Konzeption des Entscheidens den Entscheidungswissenschaften »eine andere Perspektive zur Seite zu stellen« vermag (wie es in der Zusammenfassung des Forschungsprogramms des SFB formuliert wird).[5]

Zum anderen wird bei einem Blick auf die Aufzählung, mittels derer die *decision sciences* inhaltlich bestimmt werden, schnell klar, dass diese Disziplinenfamilie mit Blick auf die oben genannten Leitunterscheidungen hybrid ist. Genannt werden paradigmatisch »die Wirtschafts- und Politikwissenschaften, aber auch bestimmte Bereiche der Kognitions- und Sozialpsychologie, der Neurobiologie und der Soziologie«,[6] so der Forschungsantrag des SFB, gehören hinzu. Festgehalten wird dabei: »Die Geistes- und Kulturwissenschaften zählen hingegen nicht dazu«.[7] Methodologisch muss zumindest prima facie die Distanz zwischen Politikwissenschaft und Neurobiologie fundamentaler anmuten als die zwischen Ersterer und den Kulturwissenschaften. Und mit Blick auf bestimmte Bereiche der Wirtschaftsgeschichte scheint die methodologische Distanz zwischen Geisteswissenschaft und Wirtschaftswissenschaft geringer zu sein als die beider zur Neurobiologie. Man könnte daher vermuten, dass die Opposition *decision sciences* versus Geistes- und Kulturwissenschaften nicht entlang

3 Zu dieser Auffassung von Philosophie vgl. auch Panteos / Rojek: Einleitung (wie Anm. 2), S. 9 f.

4 Zu einer detaillierteren Verhältnisbestimmung der *decision sciences* zum geistes- und kulturwissenschaftlichen Programm des SFB 1150 vgl.: Philip Hoffman-Rehnitz u. a., Diesseits von methodologischem Individualismus und Mentalismus. Auf dem Wege zu einer geistes- und kulturwissenschaftlichen Konzeption des Entscheidens. Reflexionen der Dialektik einer interdisziplinären Problemkonstitution, in: Michael Quante / Tim Rojek (Hg.), Interdisziplinarität in den Geisteswissenschaften (erscheint 2018).

5 Kulturen des Entscheidens. SFB 1150. Finanzierungsantrag 01. Juli 2015–30. Juni 2019, Münster 2015, S. 6.

6 Ebd., S. 7.

7 Ebd.

der oben erwähnten Leitunterscheidungen verläuft. Doch diese Lesart wird im Forschungsprogramm des SFB explizit zurückgewiesen: Die vermutete Distanz wird in den »Ansätzen und Methoden«[8] der gegenübergestellten Disziplinenfamilien verortet. Aus Sicht der Philosophie ist dies kein überraschender, wohl aber ein interessanter Befund, dem es systematisch nachzugehen gilt. Da die Philosophie keiner dieser beiden Familien angehört, kann sie möglicherweise einen Beitrag dazu leisten, die zu vermutenden Gemeinsamkeiten und die unterstellten Unterschiede klarer zu explizieren. Dies zumindest soll im Folgenden versucht werden.

In diesem Beitrag wollen wir unter Verwendung von drei Leitunterscheidungen die systematische Opposition zwischen den *decisions sciences* einerseits sowie den Geistes- und Kulturwissenschaften andererseits herausarbeiten. Anschließend werden wir dann auf der Grundlage dieses philosophisch gewonnenen Befundes als Fazit einige Konsequenzen identifizieren, die sich aus diesem Befund für den Kontext einer kulturwissenschaftlichen Auseinandersetzung mit dem Phänomen menschlichen Entscheidens und den Anspruch einer komplementären geistes- und kulturwissenschaftlichen Konzeption ziehen lassen.

Die drei Leitunterscheidungen, mithilfe derer wir versuchen wollen, die gesuchte Opposition philosophisch aufzuhellen, werden in der Theoriebildung und in der Diskussion häufig abgerufen. Sie sind für unser Selbstverständnis als Handelnde, aber auch als Vertreter diverser methodologischer Zugänge zum Phänomenbereich des Entscheidens grundlegend. Dasjenige Phänomen, das durch sie getroffen werden soll, erscheint dabei als so evident, dass die Leitunterscheidungen selbst selten explizit reflektiert werden. Sie gehören, zumindest aus Sicht einer philosophischen Handlungs- und Subjektivitätstheorie, zu unserem alltäglichen und philosophischen Unterscheidungswissen, das wir eher aktiv gebrauchen anstatt es reflexiv zu befragen.[9] Die drei Begriffspaare, derer wir uns in diesem ersten Teil bedienen, dienen jeweils zur Unterscheidung zwischen zwei Perspektiven. Ihr hoher Grad an lebensweltlicher Plausibilität erschwert es, sie philosophisch klar in den Blick zu nehmen. Wir werden dies im Folgenden nur so weit tun, wie es für unsere Fragestellung relevant ist. Die drei Perspektivunterscheidungen, die für unsere Zwecke systematisch erhellend sind, kommen in der Philosophie der Gegenwart häufig zum Einsatz, wobei ihr Gehalt und ihr Status zumeist nicht erläutert werden. Es handelt sich um

- Vollzugs- versus Berichtsperspektive
- Eigen- versus Fremdbericht
- Teilnehmer- versus Beobachterperspektive

8 Ebd.

9 Zu dieser Auffassung von Begriffen und Begriffsgeschichte vgl. Gabriel Gottfried, Kategoriale Unterscheidungen und ›absolute Metaphern‹. Zur systematischen Bedeutung von Begriffsgeschichte und Metaphorologie, in: Anselm Haverkamp / Dirk Mende (Hg.), Metaphorologie. Zur Praxis von Theorie, Frankfurt a. M. 2009, S. 72–74.

Diese drei Unterscheidungen sind für die Frage, ob sich die Beschäftigung mit praktischer Rationalität beziehungsweise Vernunft[10] als Teilgebiet der Philosophie an naturwissenschaftlichen oder an hermeneutisch-teilnehmenden Methoden orientieren oder aber auf die Ausarbeitung einer völlig eigenständigen Methodik setzen sollte, relevant.[11] Deshalb erlauben sie auch einen klärenden Zugriff auf die gesuchte Opposition zwischen Geistes- und Kulturwissenschaften auf der einen sowie den *decision sciences* auf der anderen Seite.[12] Es geht uns hierbei um eine grobe Vorstrukturierung und Ordnung der obengenannten Leitunterscheidungen zur Explikation der gesuchten Differenz. Deshalb blenden wir vertiefende und die Unterscheidungen in ihrer Komplexität entfaltende Aspekte im Folgenden aus.

2. Vollzugs- versus Berichtsperspektive

Akzeptiert man unseren Ausgangsbefund, demzufolge sich die Philosophie nicht innerhalb der Opposition *decision sciences* versus Geistes- und Kulturwissenschaften verorten lässt, dann markiert diese Unterscheidung den für unsere philosophische Perspektive zentralen Differenzpunkt.

Als methodisch basale Voraussetzung der Unterscheidung von Vollzugs- und Berichtsperspektive gilt die Differenz zwischen handlungsmäßig unverfügbarem Geschehen (das Rauschen des Windes, die Drehung der Erde um die

10 Für die Zwecke dieses Beitrags unterscheiden wir terminologisch nicht weiter zwischen Rationalität und Vernunft. ›Rationalität‹ fällt daher auch nicht einfach mit Zweck-Mittel-rationalem Handeln zusammen, da dies bereits eine Verkürzung auf eine spezifische Form der Rationalität darstellt.

11 Neben dem Gebiet der praktischen Vernunft sind zahlreiche weitere philosophische Disziplinen von den Fragen betroffen, ob sie sich methodologisch an den Natur- oder Kulturwissenschaften orientieren sollten. Zu denken wäre etwa an die philosophische Psychologie, die Philosophie des Geistes, die Sozialphilosophie oder die philosophische Anthropologie. Zu Letzterer siehe Michael Quante, Die Perspektiven der Anthropologie, in: Arto Laitinen u. a. (Hg.), Sisäisyys Jasuunistautuminen, Jyväskylä 2014, S. 169–171.

12 Die in der Literatur vermutlich meistgebrauchte Unterscheidung von Erste-Person- und Dritte-Person-Perspektive ist dagegen nicht nur wenig hilfreich, sondern verwirrt die Debatten sogar auf vielfältige Weise. So ist beispielsweise unklar, ob auch die Pluralformen mit gemeint sind. Zumeist wird, aber auch nur für diese Seite der Unterscheidung, die Singularversion (Selbstbezugnahme mit ›ich‹) unterstellt. Damit kommen Intuitionen ins Spiel, die einerseits mit dem Phänomen des Selbstbewusstseins sowie andererseits epistemologisch und methodologisch mit dem Verfahren des sogenannten methodologischen Individualismus enggeführt werden. Die Debatte um Kollektive Intentionalität zeigt erhebliche Unterschiede zwischen den beiden Indexwörtern ›ich‹ und ›wir‹ auf. Vgl. hierzu Hans-Bernhard Schmid, Wir-Intentionalität. Kritik des ontologischen Individualismus und Rekonstruktion der Gemeinschaft, Freiburg ²2012, S. 15–32; David Schweikard, Der Mythos des Singulären. Eine Untersuchung der Struktur kollektiven Handelns, Paderborn 2011.

eigene Achse) und *Handlungsvollzügen*. Auf diese Vollzüge sind nun erst einmal zwei grundsätzliche Perspektiven möglich. Zum einen die Akteursperspektive desjenigen, der eine Handlung vollzieht und sich damit als Handelnder erfährt. Diese Perspektive ist die Vollzugsperspektive. Sie lässt sich von einer objektivierenden Außenperspektive, der sogenannten Berichtsperspektive, unterscheiden. Hierunter fällt sowohl der Bericht über eigene als auch über die Vollzüge anderer, wie sie sich in Natur-, Sozial-, Kultur- und Geisteswissenschaften gleichermaßen finden (siehe dazu 2.).

Die Vollzugsperspektive kann nicht restlos getilgt und in die Berichtsperspektive aufgelöst werden, sodass »die Selbstzuschreibungen in der Vollzugsperspektive (Askriptionen) nicht restlos auf die Fremdzuschreibungen in der Berichtsperspektive (Deskriptionen) reduzierbar sind.«[13] Diese Selbstzuschreibungen beim Handlungsvollzug sind, weil intersubjektiv zugänglich, redehandlungstheoretisch zu rekonstruieren. Damit wird allerdings nicht unterstellt, dass beim Handeln permanent entsprechende Selbstzuschreibungen bewusst ›mitlaufen‹. Auf Nachfrage sind wir aber im Fall absichtlichen Handelns in der Lage, eine Selbstzuschreibung desjenigen, was wir gerade tun, abzugeben.[14]

Für unsere Überlegungen ist diese Unterscheidung deshalb folgenreich, weil sie eine prinzipielle Grenze zu allen berichtenden Zugängen offenlegt. Die Vollzugsperspektive, die sich in einer philosophischen Handlungs- und Redehandlungstheorie konzeptionell entfalten lässt, markiert die Differenz zwischen der Philosophie und dem hier als Oppositionspaar vorausgesetzten Tandem von *decision sciences* einerseits sowie Geistes- und Kulturwissenschaften andererseits. Die Vollzugsperspektive zugunsten der Berichtsperspektive aufzuheben, ist nur bei Strafe eines Vollzugswiderspruchs möglich.[15] Dieser besteht darin, die Vollzugsperspektive[16] (zum Beispiel »Ich verspreche dir jetzt, dich morgen zu besuchen.«) mit der Berichtsperspektive (zum Beispiel »Paul versprach Wilhelm eben, Wilhelm morgen zu besuchen.«) zu verwechseln. Während der erste Satz die Vollzugsperspektive ausdrückt und mit dieser Redehandlung unter geeigne-

13 Carl-Friedrich Gethmann, Die Erfahrung der Handlungsurheberschaft und die Erkenntnisse der Neurowissenschaften, in: Dieter Sturma (Hg.), Philosophie und Neurowissenschaften, Frankfurt a. M. 2006, S. 221.

14 Dieser Zusammenhang wird begrifflich, das heißt logisch-semantisch, durch die Bedeutung von ›absichtlich‹ hergestellt.

15 Zu einer detaillierten Analyse des Vollzugswiderspruchsarguments vgl. Michael Quante, Das Argument des Vollzugswiderspruchs. Annäherungen an Carl Friedrich Gethmanns pragma-zentristische Subjektivitätstheorie, in: Georg Kamp / Felix Thiele (Hg.), Erkennen und Handeln. Festschrift für Carl Friedrich Gethmann zum 65. Geburtstag, München 2009, S. 41–62.

16 Die Vollzugsperspektive wird in unserem Beitrag stets in der ersten Person Singular wiedergegeben; ob es auch sinnvoll ist, eine Vollzugsperspektive des ›wir‹ zuzulassen, diskutieren wir hier nicht weiter. Zweifellos lauern hier aber Anschlussprobleme, die durch die Unterscheidung von Erste- und Dritte-Person-Perspektive verschleiert werden.

ten Äußerungsbedingungen ein Versprechen gegeben wird, wird mit dem zweiten Satz kein Versprechen gegeben, sondern *über* ein Versprechen berichtet.[17]

Plausibilisieren lässt sich die Unterscheidung zwischen Vollzugs- und Berichtsperspektive durch den Umstand, dass zwar jedes Berichten einen Vollzug, aber nicht jedes Vollziehen einen Bericht darstellt.[18]

Alle an der Berichtsperspektive orientierten Wissenschaften müssen die Fehlannahme vermeiden, sie könnten die Vollzugsperspektive vollständig suspendieren, denn damit verlöre auch ihr eigenes Handeln (des wissenschaftlichen Beschreibens und Berichtens, Argumentierens usw.) seinen Sinn.[19] Denn auch dieses ist ein Redehandeln und hängt von den gesetzten Zwecken, die durch die wissenschaftlichen Berichts- und Beschreibungs*vollzüge* erreicht werden sollen, ab. Daher kann keine Entscheidungstheorie, die in der Berichtsperspektive verbleibt, das Phänomen Entscheiden vollständig erfassen. Es geht also vielmehr um eine methodisch kontrollierte Ausblendung; diesbezüglich sind *decision sciences* und Geistes- wie Kulturwissenschaften erst einmal im gleichen Boot einer me-

17 Sprechakttheoretisch ist der erste Satz kommissiv, der zweite hingegen repräsentativ. Unter die Kommissiva fallen etwa Verben wie: versprechen, garantieren, schwören, verabreden, sofern sie logico-syntaktisch an der Performatorenstelle eingesetzt werden (»Ich *verspreche*, dich xy«). Unter die Repräsentativa fallen etwa: berichten, mitteilen, informieren und so weiter, sofern sie logico-syntaktisch an der Performatorenstelle eingesetzt werden. Für eine mögliche Taxonomie von Sprechtakttypen siehe: Götz Hindelang, Einführung in die Sprechakttheorie. Sprechakte, Äusserungsformen, Sprechaktsequenzen, Berlin [5]2010, S. 42–48. Die Unterscheidung zwischen Vollzugs- und Berichtsperspektive darf jedoch nicht mit derjenigen zwischen kommissiven und repräsentativen Sprechakten konfundiert werden. Das Beispiel dient lediglich der Anschaulichkeit. Auch wer einen repräsentativen Sprechakt ausführt, könnte die Vollzugsperspektive darauf einnehmen, die sich sprachlich so ausdrücken ließe: »Ich berichte gerade, dass Paul dem Wilhelm eben versprochen hat, ihn morgen zu besuchen.« Zur Rede von Performatoren vgl. Carl-Friedrich Gethmann / Geo Siegwart, Sprache, in: Ekkehard Martens / Herbert Schnädelbach (Hg.), Philosophie. Ein Grundkurs, Bd. 2, Reinbek bei Hamburg 1991, S. 581 ff.

18 Auf diesen Umstand hat insbesondere Peter Janich hingewiesen und ihn für einen handlungs- und sprachphilosophischen Aufbau einer philosophischen Sprache ausgewertet, bei dem die Sprachphilosophie als Redehandlungstheorie methodisch der Handlungstheorie nachgelagert ist; vgl. Peter Janich, Sprache und Methode. Eine Einführung in philosophische Reflexion, Tübingen 2014, S. 7–9.

19 Eine philosophische Explikation der Vollzugsperspektive muss neben der bereits angedeuteten Gefahr, diese auf die singuläre (private oder innere) Perspektive des Ich zu verkürzen, noch eine weitere Gefahr abwenden: Aus der Unmöglichkeit der vollständigen Objektivierung kann nicht darauf geschlossen werden, es handele sich bei der Vollzugsperspektive um ein rein expressives Phänomen, welches nonkognitivistisch aufzufassen sei. Diese Tendenz kommt in unserem Kontext, der Analyse des Entscheidens, zumeist in Gestalt des irrationalen Dezisionismus daher. Mit Blick auf die evaluativen Gehalte der Vollzugsperspektive liegt aus der Berichtsperspektive der Fehlschluss nahe, es müsse sich hierbei um rein subjektive Expressionen handeln, die keiner intersubjektiven Begründung zugänglich sind. Mit anderen Worten: Die Grenzen des durch Berichte Objektivierbaren sind nicht die Grenzen der praktischen Vernunft; vielmehr ist die Vollzugsperspektive selbst als sozial konstituierte Dimension unserer geteilten Lebensform anzuerkennen.

thodisch kontrollierten Objektivierung des Handlungs- und Entscheidungsvollzugs. An dieser Stelle lässt sich deshalb keine Differenz zwischen beiden Wissenschaftsgruppen festmachen.

3. Eigen- versus Fremdbericht

Aus Sicht der Philosophie gehören also beide, *decision sciences* wie Geistes- und Kulturwissenschaften, zu den objektivierenden, der Berichtsperspektive verpflichteten Zugängen. Kompliziert wird die Unterscheidung zwischen Vollzugs- und Berichtsperspektive durch eine besondere Unterart der Berichte: die Eigenberichte. Obwohl man, wie sich gleich zeigen wird, mittels dieser Unterscheidung die Opposition (*decision sciences* versus Geistes- und Kulturwissenschaften) nicht bestimmen kann, müssen wir auf diesen Sonderfall kurz eingehen. An ihm lässt sich zumindest erkennen, dass es sich bei der Objektivierung durch Berichte um einen methodologischen Perspektivwechsel handelt und nicht um einen Wechsel des Bezugsobjekts.

Eigenberichte sind Berichte des Akteurs über sein Handeln wie beispielsweise der folgende:

»Ich habe Wilhelm versprochen, dass ich ihn morgen besuche.«
(geäußert von Paul zu t*).[20]

Hierbei handelt es sich nicht um den Vollzug einer Versprechenshandlung, dem Geben eines Versprechens, sondern um einen Eigenbericht. Die sprachliche Ausdrucksverleihung der Vollzugsperspektive ist als Handlungspräsupposition mithin zu unterscheiden von der in einem Bericht dargestellten Proposition, d. h. des Sachverhalts, in unserem Fall, dass ein Versprechen, Wilhelm morgen zu besuchen, von Paul gegeben worden ist. Jede vollzogene Handlung lässt sich prinzipiell vom Handelnden sprachlich ausdrücken, wobei der Vollzug am Performator explizit abzulesen wäre wie in folgendem Fall:

»Ich *vollziehe* gerade das Schreiben eines Textes.«
(geäußert von Tim zu t).

Dies gilt auch für den Vollzug von Berichten:

»Ich *vollziehe* gerade das Berichten über mein Schreiben eines Textes zu t.«
(geäußert von Tim zu t).

Eine Sonderklasse der Eigenberichte bilden Introspektionen, sofern man sie nicht mentalistisch,[21] sondern redehandlungstheoretisch als *Expressiva* rekonstruiert.

20 Wenn die Äußerung wahr sein soll, muss t* zeitlich nach t (dem Äußerungszeitpunkt des Versprechens, das Paul Wilhelm gegeben hat), liegen.

21 Vgl. Carl-Friedrich Gethmann / Thorsten Sander, Anti-Mentalismus, in: Carl-Friedrich Gethmann, Vom Bewusstsein zum Handeln. Das phänomenologische Projekte und die Wende zur Sprache, München 2007, S. 203–216.

Oberflächengrammatisch hat man dann zu unterscheiden zwischen Äußerungen wie »Ich bin sauer!« gedeutet als Bericht über innere Zustände einerseits und gedeutet als kommunikative Bekundung andererseits. Verfolgt man eine antimentalistische Rekonstruktion der in unserem Kontext relevanten mentalen Gehalte, dann sind introspektionistische Äußerungen generell als Bekundungen zu kommunikativen Zwecken zu rekonstruieren.[22]
Der Unterschied zwischen Selbstaskription und Eigenbericht hängt eng mit der Differenzierung zwischen Berichts- und Vollzugsperspektive zusammen. Äußert Paul den Satz:

»Ich habe Wilhelm gestern versprochen, Wilhelm zu helfen.«
(geäußert von Paul zu t*),

dann nimmt Paul die Berichtsperspektive ein. Hier gibt er einen Eigenbericht über sein am gestrigen Tage abgegebenes Versprechen. Macht man den Performator der Aussage explizit, vollzöge Paul den folgenden Bericht:

»Ich behaupte, dass ich Wilhelm gestern versprochen habe, Wilhelm zu helfen.«
(geäußert von Paul zu t*).

Für beide Äußerungen gilt, dass diese prinzipiell falsifizierbar sind. Paul kann sich also, vorausgesetzt, dass er nicht lügt, hinsichtlich der Abgabe des Versprechens am Vortag irren. Beispielsweise könnte es sein, dass er die SMS, in der er Wilhelm das Versprechen gegeben hat, indem er schrieb:

»Ich verspreche dir, dass ich dir morgen helfe.«
(geäußert von Paul zu t),

irrtümlich gar nicht an Wilhelm geschickt hat, sondern an Peter. Damit wäre eine der Vollzugsbedingungen für Kommissiva verletzt und mithin wäre gar kein Versprechen zustande gekommen. Paul irrt sich also, wenn er behauptet, er habe Wilhelm ein Versprechen gegeben.

Selbstaskriptionen dagegen sind nur durch den Autor, der sie äußert, selbst revidierbar, sie sind jedoch nicht falsifizierbar. Nur der Autor selbst befindet darüber, welchen Performator er einer Äußerung von sich zuschreibt. Diese Selbstzuschreibung ist weder durch den Bericht eines dritten noch durch einen

22 Wir lassen mit der obigen Formulierung offen, ob es mentale Gehalte gibt (zum Beispiel Stimmungen wie Langeweile oder Melancholie), die sich redehandlungstheoretisch nicht rekonstruieren lassen. Der Anti-Mentalismus ist mit dieser These verträglich, weil er nicht auf die Annahme festgelegt ist, es gebe keine privaten, inneren, mentalen Zustände. Er behauptet vielmehr, dass diese in den für unsere kooperativen Zwecke relevanten Teilen intersubjektiv kontrolliert über eine Handlungs- und Sprachphilosophie eingeholt werden können. Behauptet wird also nicht die Nichtexistenz einer mentalen Innensphäre, wohl aber ihre pragmatische Funktionslosigkeit für kooperationsrelevante Bereiche. Siehe Carl-Friedrich Gethmann, Reden und Planen, in: Ders., Vom Bewusstsein zum Handeln. Das phänomenologische Projekt und die Wende zur Sprache, München 2007, S. 194.

Eigenbericht *über* diesen Performator einholbar.[23] Ein Revisionsfall läge etwa vor, wenn Paul die Äußerung

»Ich werde morgen um 19.00 Uhr am Kino sein.«
(geäußert von Paul zu t),

nachträglich dahingehend revidiert, es habe sich nur um eine Vorhersage, nicht aber um ein Versprechen gehandelt, um Missverständnisse aufgrund der Oberflächengrammatik zu vermeiden.

Selbstaskriptionen von Performatoren lassen sich aus diesem Grunde nicht in die Berichtsperspektive auflösen, da in jedem Bericht ein anderer Performator der Äußerung vorgeschaltet ist als im Vollzugsfall. Die Aussage

»Ich entscheide mich, einen Aufsatz zu schreiben.«
(geäußert von Paul zu t),

ist nicht reduzierbar auf die Berichtsperspektive eines Wissenschaftlers Peter, der sagt:

»Paul entscheidet sich, einen Aufsatz zu schreiben.«
(geäußert von Peter zu t*).

Hier vollzieht der Wissenschaftler Peter die Äußerung eines Berichts, während Paul, der Autor der ersten Äußerung, sich auf etwas festlegt. Diese Differenz bleibt auch in dem Fall, in dem es sich bei dem Wissenschaftler, der den Bericht abgibt, um den sich entscheidenden Paul selbst handelt, bestehen.

Für unsere Zwecke ist festzuhalten, dass die Berichtsperspektive sowohl auf die eigenen Handlungen (und Entscheidungen) als auch auf das Handeln (und Entscheiden) anderer Akteure anwendbar ist. Damit ist klar, dass es nicht die Objektivierung durch Bericht als solche sein kann, welche die gesuchte Differenz zu den *decision sciences* ausmacht. Schauen wir nun, ob die dritte Unterscheidung uns hilft, diese Differenz zu den Geistes- und Kulturwissenschaften zu bestimmen.

4. Teilnehmer- versus Beobachterperspektive

Bei der Unterscheidung zwischen Teilnehmer- und Beobachterperspektive geht es um praktische Einstellungen, die wir primär gegenüber anderen Menschen, und nur in speziellen Konstellationen auch gegenüber uns selbst, einnehmen.

23 Solche Selbstzuschreibungen sind allerdings, weil diese Äußerungen in sozial gerahmten Kontexten vollzogen werden, durch Dritte kritisierbar. Eine solche Kritik verändert die Selbstaskription zwar nicht, unterzieht sie aber einer normativen Kritik, wodurch eine sozial basierte Zurechnung auch gegen die Selbstaskription möglich wird (dies ist etwa bei Vorwürfen der Fahrlässigkeit der Fall).

Es handelt sich mithin um Praxen und nicht um divergierende Blickwinkel auf Phänomene, die lediglich zu theoretischen Zwecken unterschieden werden. Da es sich um praktische Einstellungen handelt, gehen mit ihnen Emotionen und Affekte einher. Diese lassen sich, zum Beispiel in wissenschaftlichen, aber auch in therapeutischen Kontexten, systematisch aufgrund methodologischer Vorannahmen ausblenden. Bei der teilnehmenden Einstellung handelt es sich um eine lebensweltliche *default*-Einstellung gegenüber anderen Menschen. Wir nehmen diese Einstellung nicht für spezifische Zwecke ein und tun erst als Reaktion auf eine Beobachtung so, als ob wir auf jemand sauer wären, oder uns mit ihm freuen würden. In unserer Praxis nehmen wir Handlungen direkt übel oder machen andere Menschen ernsthaft für ihr Handeln verantwortlich (wir schließen nicht von einer neutralen Beobachtung auf eine wertende Einstellung).[24] Die methodologisch motivierte Ausblendung (oder Abschattung) dieser reaktiven Einstellungen innerhalb wissenschaftlicher Kontexte ist daher gegenüber der Teilnehmerperspektive eine nachgelagerte Abstraktion. Sie betrifft jedoch wiederum beide Opponenten, *decision sciences* sowie Geistes- und Kulturwissenschaften, gleichermaßen und kann daher ebenfalls nicht als Indikator der gesuchten Grenzziehung dienen.

Als Gegensatzpaar wird die Unterscheidung von Teilnehmer- und Beobachterperspektive an einer für uns entscheidenden Stelle unklar, wenn man sie mit der Unterscheidung von Vollzugs- und Berichtsperspektive gleichsetzt. Unter die Objektivierungen der Berichtsperspektive fallen sowohl naturwissenschaftlich-erklärende Beschreibungen (zum Beispiel eines Neurobiologen) als auch verstehende Interpretationen eines nicht-involvierten und nicht-teilnehmenden Soziologen oder Ethnologen. Eine Physikerin beschreibt ein Fußballspiel als physisches Geschehen, das durch Gesetze strukturiert sein mag, nicht aber als durch Regeln normativ geordnete Praxis. Eine Soziologin oder Ethnologin dagegen beschreibt es als kontextuell geformtes Verhalten relativ zu sozialen Normen und Konventionen, die für die beobachtete Gruppe als geltend unterstellt werden. Beide Berichtsweisen enthalten sich jeder expliziten Wertung und eigenständiger Normsetzung gegenüber dem beobachteten Geschehen, sind also in diesem Sinne deskriptive Objektivierungen.[25]

24 Daher fällt unser lebensweltliches Normalfallverhalten gegenüber anderen Menschen in der Teilnehmerperspektive auch nicht mit der Einstellung zusammen, die wir etwa gegenüber Schachprogrammen einnehmen, wenn wir Sätze äußern wie zum Beispiel: »Aha, ich sehe, worauf er hinaus will, er plant in zwei Zügen meine Dame zu bedrohen.« Hier ist es für uns, um das Spiel gegen das Programm bestreiten zu können, hilfreich, es so zu behandeln, *als ob* es sich um einen absichtlich und vorausschauend handelnden Menschen handeln würde. Wir behandeln Menschen im Alltag aber nicht so, *als ob* sie Akteure wären, sondern sie sind Akteure.

25 Ausgenommen sind selbstverständlich diejenigen Normen und Werte, die einzuhalten notwendig ist, um hermeneutischen Zugriff auf das Geschehen nehmen zu können. Diese stellen selbst aber keine Bewertung oder Beurteilung des Geschehens dar. Diese Einschränkung soll lediglich darauf aufmerksam machen, dass die Norm- und Wert-

Mit Blick auf unsere Frage nach den konstitutiven Grundlagen einer geistes- und kulturwissenschaftlichen Theorie von Entscheiden wird an dieser Stelle allerdings etwas Entscheidendes zusammengeworfen. Die Differenz liegt jedoch innerhalb der Berichtsperspektive, sodass wir die Unterscheidung von Teilnehmer- und Beobachterperspektive innerhalb dieses Bereichs analysieren müssen.[26]

Vollzugsperspektive versus *Berichtsperspektive*

↙ ↘

Teilnehmer- versus *Beobachterperspektive*

Die Frage lautet also, wie die Gegenüberstellung von Teilnehmer- und Beobachterperspektive in Form einer Binnenunterscheidung innerhalb der objektivierenden Berichtsperspektive gefasst werden sollte, damit eine geistes- und kulturwissenschaftliche Konzeption des Entscheidens als eine (komplementäre) Alternative zu der Konzeption des Entscheidens, welche den *decision sciences* zugrunde liegt, erkennbar wird.

Die Beschreibungssprachen, Erkenntnisinteressen und Methoden zwischen den unterschiedlichen Disziplinenfamilien weisen erhebliche Unterschiede auf. Zentral ist es, dass die Beobachterperspektive auf kausale und funktionale Erklärungen ausgerichtet ist. Prognostizierbarkeit von Verläufen, durch experimentelle Anordnungen methodisch kontrollierte Wiederholbarkeit von Abläufen, die Entwicklung nomologischer, mathematisch formulierbarer Gesetzeszusammenhänge und rein quantitative Messmethoden: Alles dies ist weder in jeder Naturwissenschaft gleichermaßen stark ausgeprägt noch erschöpft es jede dieser Disziplinen. Überdies ist unklar, ob diese Methoden und Ziele in den Geistes- und Kulturwissenschaften gar keine Rolle spielen sollten.

Mit Blick auf den hier interessierenden Gegenstandsbereich des Entscheidens ist aber klar, dass es die Teilnehmerperspektive als eine hermeneutische – das bedeutet: eine geteilte Lebensform und das handelnde In-der-Welt-Sein des Menschen zum Ausgangspunkt nehmende – Einstellung ist, welche einen geistes- und kulturwissenschaftlichen Zugriff prägt. Die Teilnehmerperspektive bietet uns die Möglichkeit andere Akteure, ihre Absichten, Zwecke und Überzeugungen zum Gegenstand zu machen und damit die soziale Sinndimension von Handeln zu berücksichtigen. Genau dies wird in einer rein kausal-funktionalen Modellierung ausgeblendet, bestenfalls durch die Annahme einer universellen und formalen instrumentellen Rationalität kontextfrei in die Vorbedin-

freiheit des Ethnologen oder Soziologen nicht heißt (und nicht heißen kann), dass die wissenschaftlichen Normen, welche die methodologische Kontrolle seiner Arbeit allererst ermöglichen und dadurch zu einer wissenschaftlichen machen, ebenfalls suspendiert seien. Auch die Verfechterin eines Weber'schen Wertfreiheitspostulats geht bei ihrer soziologischen Arbeit nach methodischen Normen vor.

26 Damit ist über das Verhältnis der Vollzugsperspektive zu der Unterscheidung von Teilnehmer- und Beobachterperspektive noch nichts gesagt. Aufgrund unserer Fragestellung müssen und werden wir dazu in diesem Beitrag auch nichts sagen.

gungen abgeschoben, ergänzt noch durch den als bloßes psychologisches Datum hinzugenommenen subjektiven Dezisionismus, welcher sich in der gegebenen Präferenzstruktur eines Akteurs sedimentiert. Die Teilnehmerperspektive erlaubt dagegen die Integration askriptiver und emotiver Ausdrücke ebenso wie Beschreibungstermini, die mentale Gehalte in ihrer sozialen Verfasstheit sowie soziale Normen erfassen.

Die Teilnehmerperspektive erzwingt dabei nicht die Bewertung solcher Handlungen vom Standpunkt des beschreibenden Teilnehmers und sie erfordert auch nicht die Interaktion zwischen Beschriebenen und Beschreibenden. In der Teilnehmerperspektive begegnen wir Handelnden auch dann, wenn wir sie beobachten, in der Form von prinzipiell verstehbaren Wesen. Wir unterstellen sie als Handelnde und erzeugen damit das sozial aufgespannte Wir der Vollzugs- und Teilnehmerperspektive, innerhalb deren dann Platz ist für Differenz, Fremdheit und Pluralität. Die Perspektive eines Physikers oder eines Sozialwissenschaftlers, der alles in einer rein systemtheoretischen Sprache erfassen will, ist mit dieser Perspektive genauso wenig verträglich wie die eliminative oder reduktionistische Zugangsweise der Neurowissenschaften. Von der Vollzugsperspektive unterscheidet sich die Teilnehmerperspektive dadurch, dass Letztere zwar um die Vollzugsperspektive weiß, selbst aber zum einen Berichte über Vollzüge erlaubt, zum anderen aber ihre eigenen Vollzüge nicht thematisch werden lässt. Da die Teilnehmerperspektive auch diejenige unseres lebensweltlichen Alltags darstellt, in dem wir einen verstehenden Zugang zu uns selbst, anderen Personen und Kulturgegenständen im weitesten Sinne (Tempel, Bilder, Bücher, Straßenschilder, Normen usw.) einnehmen, ergibt sich die wissenschaftliche Teilnehmerperspektive der Geistes- und Kulturwissenschaften nicht ohne Weiteres. Methodisch lässt sie sich erzeugen, indem relativ zu spezifischen Erkenntnisinteressen die zumeist implizit verbleibenden Verstehensleistungen des Alltags im Allgemeinen und für spezifische Gegenstände (zum Beispiel Entscheidungskulturen oder Amtsiegel) im Besonderen explizit gemacht und für die spezifischen Erkenntniszwecke angepasst werden. Die hierfür zuständige Teildisziplin ist die *Hermeneutik*, aufgefasst als Kunstlehre des Verstehens.[27] Während in der allgemeinen Hermeneutik die Regeln unseres alltäglichen und wissenschaftlichen Verstehens explizit gemacht und modifiziert werden, die wir für jegliche Form des Verstehens benötigen, entwickeln die speziellen Hermeneutiken Regeln für spezifische Gegenstandsbereiche. Wir sind gegenüber den meisten Kulturgegenständen zumeist gut darin geübt, diese zu verstehen, oder bei Miss- und/oder Unverständnis auch darin geübt, ein solches zu beheben. Deshalb machen sich die Geistes- und Kulturwissenschaften häufig nicht explizit klar, dass und in welcher Weise sie auf solche Regeln zurückgreifen. Die damit benannte methodisch basale Auf-

27 Zu dieser Auffassung von Hermeneutik grundlegend: Oliver R. Scholz, Verstehen und Rationalität. Untersuchungen zu den Grundlagen von Hermeneutik und Sprachphilosophie, Frankfurt a. M. ²2001.

fassung von Hermeneutik ist nicht mit spezifischen geisteswissenschaftlichen oder philosophischen Konzeptionen des Verstehens oder gar hermeneutischen Programmen, wie denjenigen Heideggers oder Gadamers, zu verwechseln.[28]

5. Fazit: Die Perspektive einer geistes- und kulturwissenschaftlichen Konzeption des Entscheidens

Möchte man sich dem Phänomen menschlichen Entscheidens als Handeln nähern, so bietet sich an, eine sich hermeneutisch verstehende Teilnehmerperspektive einzunehmen, die nicht auf rein kausal-funktionale Erklärungen ausgerichtet ist, aber trotz der hermeneutisch konstitutiven evaluativen Vorgaben die Enthaltung von expliziten Wertungen zulässt. Der so verstandenen Teilnehmerperspektive ist die Vollzugsperspektive vorgeordnet; als eine Form der berichtenden Objektivierung steht ihr dann die Beobachterperspektive als eine andere Form der Objektivierung gegenüber.[29] Berichte, dazu zählen als Sonderfall auch Eigenberichte, lassen sich in der Teilnehmer- und in der Beobachterperspektive konzipieren. Für eine geistes- und kulturwissenschaftliche Konzeption des Entscheidens ist dann die Explikation von Berichten und Eigenberichten in der Teilnehmerperspektive konstitutiv.

1. Durch eine spezifische Ausgestaltung der Leitunterscheidung zwischen der Teilnehmerperspektive als Berichtsperspektive einerseits und der Vollzugsperspektive andererseits lässt sich eine kulturwissenschaftliche Entscheidungstheorie als teilnehmend berichtende Objektivierung einordnen: Sie versucht weder, Entscheidungshandeln auf private, das heißt für Fremdberichte unzu-

28 Ob die Verwendung hermeneutischer Verfahren als Unterscheidungskriterium für die Opposition zwischen Geistes- und Kulturwissenschaften auf der einen sowie den beobachterperspektivisch operierenden Wissenschaften auf der anderen Seite tauglich ist, muss in diesem Beitrag offenbleiben. Um dies zu entscheiden, wäre zu prüfen, ob hermeneutische Verfahren nicht auch bei der Herstellung kausal-funktionaler Erklärungsmodelle zur Erzeugung und Profilierung einer aus der Teilnehmerperspektive der Lebenswelt herauspräparierten Beobachterperspektive eine Rolle spielen. Für unsere jetzigen Zwecke ist es aber auch nicht notwendig, eine generelle Unterscheidung zwischen Geistes- und Kulturwissenschaften einerseits und beobachterperspektivisch verfassten Wissenschaften andererseits zu etablieren.

29 Wir lassen hier offen, ob es noch weitere Formen der Objektivierung gibt (beziehungsweise geben kann) oder ob die Opposition von Teilnehmer- und Beobachterperspektive als Binnenunterscheidung der Objektivierung erschöpfend ist. Genauso unerörtert lassen wir an dieser Stelle die Frage, ob es eine konsistente Synthese von Teilnehmer- und Beobachterperspektive geben kann (eine solche synthetische, aber nicht reduktive oder eliminative dritte Option zu sein hat beispielsweise das Lehrgebäude des Dialektischen Materialismus für sich beansprucht). Schließlich gehen wir auch nicht auf die Anschlussfragen ein, ob und wie innerhalb einer Disziplin Teilnehmer- und Beobachterperspektive methodisch kontrolliert im Verbund eingesetzt werden können.

gängliche, nicht-sprachliche mentale Akte zu reduzieren (Dezisionen als innere, mentale Akte). Noch begreift sie Handeln, wie es eine beobachtend berichtende Objektivierung tut, als reines Naturphänomen, indem Handlungsvollzüge ontologisch und methodologisch mit Naturereignissen gleichgesetzt werden.

Da die Teilnehmerperspektive ebenso wie die redehandlungstheoretischen Unterscheidungen zwischen Vollzugs- und Berichtsperspektive eine Handlungsgemeinschaft präsupponiert, kann Entscheidungshandeln nicht als Ausdruck eines präsozialen Geschehens auf der Grundlage des methodologischen Individualismus konzipiert werden. Eine geistes- und kulturwissenschaftliche Konzeption kann aufgrund ihres Theoriedesigns Entscheidungshandeln nicht als etwas voraussetzen, was in seinem Ursprung privat – im Sinne eines von sozialen Praxen und Institutionen unberührten Inneren – ist.

Auch ein anti-empiristischer Introspektionismus, der für Geistes- und Kulturwissenschaften keine zulässige Methode sein kann, wird vermieden, sobald zwischen Handlungsvollzügen und den (Eigen-)Berichten über solche Vollzüge systematisch strikt unterschieden wird. Der einzelne befindet zwar über seine Selbstaskriptionen, nicht aber über deren öffentliche Geltung. Etwas wird nicht dadurch ein erfolgreiches Versprechen, dass ich selbst bei der Äußerung: »Ich berichte, dass ich verspreche, dass ich dir morgen Zigaretten kaufen werde,« subjektiv davon überzeugt bin, ein Versprechen gegeben zu haben.

Die Vollzugsbedingungen und die inhaltliche Ausgestaltung der Teilnehmerperspektive sind offen für historische Veränderung unserer Üblichkeiten und Praxen; sie lassen auch eine Pluralität kontextsensitiver Deutungen derselben zu. Sie können nicht auf die Berichtsperspektive eines ahistorischen Rationalismus zurückgeführt werden, aus dem heraus sich am Maßstab idealer Rationalität, etwa in Gestalt eines mathematischen oder logischen Kalküls, berichten beziehungsweise prognostizieren lässt, welche Handlungen ein rationaler Akteur als nächstes vollziehen wird. In einem solchen Modell werden nicht nur die Differenzen zwischen normativen Regeln des praktischen Vernunftgebrauchs mit naturgesetzlichen Regelmäßigkeiten konfundiert. Mit dem Anspruch auf eine dem historischen Wandel prinzipiell entzogene Rationalität wird auch ein Fundament unterstellt, das epistemologisch hohe Beweislasten zu tragen hat.

2. Abschließend ist vor zwei Missverständnissen oder Fehlschlüssen zu warnen. Zum *einen* kann die systematische Kritik an dem Anspruch einiger *decision sciences*, eine ahistorische praktische Rationalität zu modellieren, nicht darin liegen, auf die historische Genese solcher Konzeptionen zu verweisen. Eine solche historische oder auch kulturelle Kontextualisierung ist für sich genommen unproblematisch und stellt zweifelsohne ein respektables Erkenntnisinteresse dar. Systematisch kommt es, wenn es um die Opposition zu den *decision sciences* geht, jedoch darauf an, die soziale und historische Dimension des Entscheidens in der Geltungsdimension der Aussagen dieser Konzeptionen selbst auszuweisen. Beachtet man die systematische Differenz dieser beiden Kritiklinien nicht, droht dem korrekten und historisch informierten Hinweis auf die Genese von Entscheidungs- und Rationalitätsmodellen ein Sein-Sollen-Fehlschluss. Ein solcher

liegt vor, wenn aus dem historischen Befund ohne weitere Zusatzprämissen Konsequenzen für die Geltung abgeleitet werden.[30]

Zum *anderen* sollte eine geistes- und kulturwissenschaftliche Konzeption des Entscheidens nicht der Versuchung oder auch dem verlockenden Angebot der *decision sciences* erliegen, die von ihr identifizierten Aspekte als zusätzliche Größen in einer kausal-funktionalen Erklärung von Entscheiden zu begreifen. Es geht nicht darum, den *decision sciences* solche ergänzenden, bisher verdeckten oder übersehenen Parameter für ihre kausal-funktionalen Erklärungsmodelle zur Verfügung zu stellen. Die Alternative liegt nicht in dieser anreichernden Dienstleistung, sondern im konsequenten Beharren auf einer eigenständigen hermeneutischen Perspektive mit ihren genuinen Erkenntnisinteressen und eigenen Adäquatheitsbedingungen.

Eine geistes- und kulturwissenschaftliche Konzeption des Entscheidens, die sich auf die soeben erläuterte Weise versteht, muss die Sinnhaftigkeit alternativer Zugriffe auf das Phänomen des Entscheidens, seien es die der *decision sciences* oder auch die der Philosophie, nicht in Frage stellen. Wenn sie sich ihres eigenen Profils bewusst ist, besteht ihr kritisches Geschäft darin, aufzuzeigen, dass bei unvorsichtiger Ausweitung der Berichtsperspektive oder einer Reduktion der Teilnehmerperspektive auf kausal-funktionale Erklärungen wichtige Gehalte dieses Phänomenbereichs aus dem Blick geraten. Das Entscheiden erscheint in einer bloß beobachtend-beschreibenden Objektivierung dann als ein naturhaftes Geschehen, welches von den Vollzugsbedingungen des handelnden Subjekts, dem wir eine solche Entscheidung zuschreiben, abgelöst wäre. Umgekehrt gilt allerdings auch, dass dieses kritische Geschäft nur gelingen kann, wenn eine solche geistes- und kulturwissenschaftliche Konzeption nicht den umgekehrten Fehler begeht, ihren eigenen Zugriff unzulässig auszudehnen.

Ohne derlei Fehlstellungen lässt sich eine adäquate Theorie aufbauen, wenn man die angemessenen Leitunterscheidungen in der für unsere Zwecke geeigneten systematischen Anordnung wählt. Dies herauszuarbeiten ist, wenn auch nicht der einzige, so doch ein wesentlicher Beitrag der philosophischen Handlungstheorie zur Entwicklung einer geistes- und kulturwissenschaftlichen Konzeption des Entscheidens.

30 Vgl. hierzu Michael Quante, Einführung in die allgemeine Ethik, Darmstadt [6]2017, Kap. VII.

Robert Schmidt

Entscheiden als retroaktives Regelfolgen

1. Einleitung

Entscheiden wird im in den Wirtschafts- und Sozialwissenschaften vorherrschenden methodologisch-individualistischen Paradigma als eine vorwiegend mentale Aktivität verstanden, die sich – ähnlich wie etwa ›Planen‹, ›Abwägen‹, ›Analysieren‹ oder ›Reflektieren‹ – ›im Kopf‹ individueller Akteure (Entscheider) abspielt und dem Handeln vorausgeht – einem Handeln, das in dieser Sicht lediglich vorausgegangene mentale Entscheidungsvorgänge realisiert. Der Erfolg dieses Paradigmas in wissenschaftlichen, öffentlich-medialen und alltäglichen Diskursen ratifiziert die historische Herausbildung einer Kultur der Reflexivierung, die Entstehung von Wahlmöglichkeiten und Entscheidbarkeiten. Dieser Prozess kulminiert im Aufstieg des modernen Entscheidungssubjektes, das sich – wie Ulrich Beck in seiner Zeitdiagnose »Risikogesellschaft« in den 1980er Jahren formuliert hatte – als »Planungsbüro in Bezug auf seinen eigenen Lebenslauf, seine Fähigkeiten, Orientierungen, Partnerschaften usw.«[1] begreifen müsse.

Im Folgenden wird eine von diesem in Alltag und Wissenschaft verbreiteten Verständnis abweichende kulturanalytische und praxeologische Perspektive entfaltet. Sie ist darauf ausgerichtet, mikroanalytische empirische Neubeschreibungen und Neubewertungen tatsächlichen empirischen Entscheidungsgeschehens zu ermöglichen – jener Vorgänge also, die von den Teilnehmern und vom Mainstream der Sozial- und Wirtschaftswissenschaften als in einem mentalen ›Planungsbüro‹ im Inneren von Individuen sich vollziehende, unbeobachtbare und dem Handeln vorgeschaltete Entscheidungen interpretiert und klassifiziert werden. Die Argumentation gliedert sich in die folgenden Abschnitte:

In einem ersten Schritt werden Aufschwung und Verbreitung individualistischer und mentalistischer Konzeptionen des Entscheidens in Wissenschaft und Alltag vor dem Hintergrund eines Angleichungsprozesses zwischen dem in den westlichen Gesellschaften vorherrschenden Kulturmuster des Individualismus und individualistischen sozialwissenschaftlichen Vokabularen erläutert (2). Daraufhin werden soziologische und sozialtheoretische Ansätze zur Dezentrierung des Entscheidungssubjektes skizziert und mentalismuskritische Absetzbewegungen vom vorherrschenden individualistischen Paradigma nachgezeichnet (3). Im nächsten Schritt werden dann eine Praxeologisierung und empirische

1 Ulrich Beck, Risikogesellschaft. Auf dem Weg in eine andere Moderne, Frankfurt a.M. 1986, S. 216f.

Perspektivierung sowie die analytische Entschlüsselung der spezifischen Methodizität von Entscheidungsaktivitäten und -prozessen vorgeschlagen. Dazu beziehe ich mich vor allem auf die von Harold Garfinkel und Saul Mendlowitz vorgenommenen Analysen des tatsächlichen Entscheidungsverhaltens von Geschworenen in Gerichtsprozessen (4). Im vierten und abschließenden Schritt werden mit Bezug auf die vorangegangene praxeologische Neuperspektivierung von Entscheidungsaktivitäten und mit Blick auf Wittgensteins Überlegungen zum Regelfolgen kritische Fragen formuliert, denen gerade angesichts einer häufig beschriebenen Omnipräsenz von Wahlmöglichkeiten und Entscheidungsnotwendigkeiten im Alltagsleben der Gegenwart besondere Relevanz zukommt (5). Diese kritischen Fragen bilden das zentrale Ergebnis, auf das die vorangegangenen Überlegungen zulaufen. Sie sollen, bevor die einzelnen Argumentationsschritte auf sie hinführen, hier bereits formuliert und vorweggenommen werden. Die Fragen lauten: Wie genau werden soziale Aktivitäten von Teilnehmern *ex post* als Entscheidungsfolgen, das heißt als Resultate vorgängiger mentaler Entscheidungen ausgewiesen und berichtbar gemacht? Welche Beglaubigungs-, Legitimations- und Machtwirkungen sind mit diesem *accounting* des Entscheidens und seinen kulturellen Wirklichkeitseffekten verknüpft?

2. Das Kulturmuster des Individualismus und individualistische Soziologien des Entscheidens

Die Soziologie verfügt über eine bedeutende Forschungstradition, die die Beziehungen zwischen Individualismus und Moderne untersucht und den kulturellen Individualismus – in analytischer Distanz – als ein modernes Glaubens- und Wertesystem beschreibt. So beobachtet etwa Durkheim, dass »in dem Maße, in dem alle anderen Überzeugungen und Praktiken einen immer weniger religiösen Charakter annehmen, […] das Individuum Gegenstand einer Art Religion [wird].«[2] Die moderne Gesellschaft verleiht ihren Mitgliedern eine heilige Aura und das Individuum »wird in den Stand der sakrosankten, unantastbaren Dingen erhoben.«[3] Der kulturelle Individualismus der Moderne leitet sich für Durkheim nicht aus individuell-egoistischen, sondern aus kollektiven gesellschaftlichen Gefühlen ab. Er durchdringt das gesamte gesellschaftliche Leben und seine moralische Organisation und fungiert als gesellschaftliche Kosmologie, kultureller Mechanismus der Integration und notwendige Doktrin des modernen Soziallebens.

Die von Durkheim begründete kulturanalytische Forschungstradition zur Kultur des Individualismus wurde in den 1970er und 1980er Jahren von einer

2 Emile Durkheim, Über soziale Arbeitsteilung. Studien über die Organisation höherer Gesellschaften, Frankfurt a. M. 1988, S. 22.

3 Ders., Der Individualismus und die Intellektuellen, in: H. Bertram (Hg.), Gesellschaftlicher Zwang und moralische Autonomie, Frankfurt a. M. 1986, S. 54–70, hier S. 56 f.

Reihe einflussreicher Studien fortgeführt.[4] Auch diese Arbeiten entwickeln – ähnlich wie Durkheim – eine analytische Distanz zum Kulturmuster des Individualismus, um die Konjunktur individualistischer Normen und Deutungsmuster sowie die Grundlagen und den Aufschwung individualistischer Selbstbeschreibungen bestimmter kultureller Milieus zu untersuchen.

Einen aufschlussreichen Grenzfall der Soziologie des Individualismus bildet die etwa zur selben Zeit von Ulrich Beck formulierte Individualisierungsthese.[5] Becks Diagnose belässt im Unklaren, ob unter Individualisierung eine faktische Erosion sozialer Bindungen oder aber neue Formen der Selbstthematisierung in bestimmten sozialen Milieus verstanden werden sollen.[6] Diese Ambivalenz weist darauf hin, dass Beck die analytische Distanz zu den von ihm beschriebenen Phänomenen nicht aufrechterhalten kann. In dem Maße, in dem er selbst zu mythologischen individualistischen Beschreibungsmitteln greift, wird seine Diagnose zum Bestandteil jenes Phänomenkomplexes, den er analytisch zu entschlüsseln beansprucht. Die Individualisierungsthese wird auf diese Weise zu einem Fall von *going native*. Sie gerät zu einer – gerade in individualisierten sozialen Milieus eminent erfolgreichen – individualistischen Beschreibung der Gesellschaft, die die individualistischen Doktrinen und Selbstbeschreibungen sozialer Milieus und Institutionen reproduziert – und als soziologische Individualismus-Analyse misslingt.[7]

In anderen einflussreichen sozialwissenschaftlichen Ansätzen wie der Analytischen Soziologie oder der Rational-Choice-Theorie, in denen individuelles Entscheidungsverhalten eine zentrale Rolle spielt, ist die Distanz und Differenz zum Kulturmuster des Individualismus noch weiter eingeebnet. Der kulturelle Individualismus fungiert hier nicht als Gegenstand, sondern er geht als – als solche nicht problematisierte – Ressource in die jeweiligen analytischen Vokabulare ein.[8]

4 R. Sennett, The Fall of Public Man, Cambridge 1977; Christopher Lasch, The Culture of Narcissism. American Life in an Age of Diminishing Expectations, New York 1979; Robert N. Bellah u. a., Habits of the Heart. Individualism and Commitment in American Life, California 1985.

5 Beck, Risikogesellschaft (wie Anm. 1).

6 Vgl. dazu Hans Joas, Das Risiko der Gegenwartsdiagnose. Beitrag zum Symposium über Ulrich Beck, Risikogesellschaft, in: Soziologische Revue 1 (1988), S. 1–6.

7 Becks Individualisierungserzählung ist also weder wahr noch falsch, sondern selbst ein Produkt jener individualistischen Kultur, zu der sie die analytische Distanz nicht aufbringt, die notwendig ist, um sie als solche zu beschreiben; vgl. dazu auch Alain Ehrenberg, Das Unbehagen in der Gesellschaft, Berlin 2012, S. 20 ff. Anstatt – wie häufig geschehen – eine Gegenmythologie zur Individualisierungsthese zu entwerfen (und zum Beispiel die starken sozialen Bindungen in bestimmten Klassenmilieus zu beschwören), sollte die Soziologie – wie Ehrenberg fordert – eher die Grundlagen des Erfolgs der Individualisierungsthese untersuchen. Sie bestehen nicht zuletzt in ihrer lebensweltlichen Anschaulichkeit, also darin, dass die Beschreibungen die individualistischen Deutungsmuster der Teilnehmerinnen nicht distanzieren oder irritieren, sondern übernehmen und bestätigen.

8 Gleiches gilt für Poppers Wissenschaftstheorie der Sozialwissenschaften. In Poppers methodologischem Individualismus dominiert ein personalistisches Motiv: Im Kampf gegen

Dies versetzt die methodologisch individualistischen Soziologien in die Lage, den durch dieselbe Kultur des Individualismus geprägten gesellschaftlichen Institutionen überaus erfolgreich zuzuarbeiten.

Alle wichtigen gesellschaftlichen Institutionen und Subsysteme wie die Ökonomie, das Recht, die Politik oder das Bildungs- und das Gesundheitssystem werden in den westlichen Gegenwartsgesellschaften durch einen kulturellen Individualismus fundiert. Sie wenden sich an Konsumentinnen, Klienten oder Wählerinnen und sehen individualistische Mitgliedschaftsrollen vor. Individualistische Soziologien schließen hier an, beforschen die Entscheidungen von Marktteilnehmerinnen, Rechtspersonen oder Kundinnen und erheben diese Entscheidungen am einzelnen Individuum. Durch dieses *going native*[9] sind individualistische Soziologien einerseits höchst erfolgreich, denn sie sprechen die Sprache ihrer Auftraggeber, bedienen deren Selbst-, Situations- und Problemdefinitionen und bieten institutionell zugeschnittene Daten und Expertisen. Andererseits drohen sie in ihren wissenschaftlichen und gesellschaftlichen Umwelten aufzugehen und als Gesellschafts- und Reflexionswissenschaften zu verschwinden.

Auf diese Kehrseiten des anhaltenden Erfolgs individualistischer Soziologien, das heißt auf die Distanzverluste und die schwindenden analytischen Kapazitäten soziologischer Gegenwartsanalysen haben in den letzten Jahren einige vielbeachtete Studien aufmerksam gemacht.[10] Dabei wird darauf hingewiesen,

totalitaristische Systeme und Denkweisen soll – ganz im Einklang mit und als Bestätigung von Durkheims Analyse des sakrosankten Status des Individuums in der Kultur der Moderne – der unersetzliche Wert der menschlichen Person verteidigt werden; vgl. dazu Marco Buzzoni, Poppers Methodologischer Individualismus und die Sozialwissenschaften, in: Journal for General Philosophy of Science 35 (2004), S. 157–173.

9 In der Rational-Choice-Theorie wird dieses *going native*, das heißt die Übernahme von kulturellen Teilnehmerdeutungen und Selbstverständnissen in die soziologische Begriffsapparatur, freimütig bekannt und als Vorzug verstanden, der die Akzeptanz individualistischer Soziologien erhöhe. So erläutert Braun in einem Überblicksartikel zur Rational-Choice-Theorie, dass in sozialen Gebilden wie »Gruppen, Organisationen und Gesellschaften […] ein Menschenbild zugrunde gelegt [wird], wonach Individuen tendenziell intentional und anreizgeleitet handeln und deswegen durch hinreichende Strafbewehrungen im Allgemeinen von sozial unliebsamen Verhaltensweisen […] abgehalten werden können.«, s. Norman Braun, Rational Choice Theorie, in: Georg Kneer / Markus Schroer (Hg.), Handbuch Soziologische Theorien, Wiesbaden 2009, S. 395–418, hier S. 395. Die RC-Theorie baut nun – wie Braun erläutert – freiweg auf eben diesem von den sozialen Institutionen kultivierten individualistischen Menschenbild auf: »Es verwundert nicht, dass sich diese Sichtweise des Menschen auch im Rahmen der soziologischen Theoriebildung niedergeschlagen hat. Die Bezeichnung ›Rational Choice‹ (RC) dient als Sammelbegriff für eine Art der Theoriebildung, die den jeweiligen Handlungsträgern […] jeweils bestimmte Intentionen und anreizgeleitetes Entscheidungsverhalten unter spezifizierten Gegebenheiten unterstellt, um daraus resultierende soziale Folgen zu erklären.« (ebd.).

10 Vgl. unter anderem Ehrenberg, Unbehagen (wie Anm. 7); Oliver Marchart, Das unmögliche Objekt. Eine postfundamentalistische Theorie der Gesellschaft, Berlin 2013; Andreas Reckwitz, Die Gesellschaft der Singularitäten, Berlin 2017.

dass der Aufschwung individualistischer Soziologien mit einer »Austreibung des Sozialen aus den Sozialwissenschaften« und der »Umstellung vom Gesellschafts- auf das Marktmodell«[11] verknüpft ist. In der Kulturanthropologie wird beobachtet, dass »das jüngste Eindringen extremer Tendenzen der modernen individualistischen Ideologie in die Disziplin der Soziologie von einer immer größeren Schwierigkeit begleitet wird, in den zeitgenössischen abendländischen Sprachen auszudrücken, was eine Gesellschaft ist.«[12]

Das mit Bezug auf die Individualisierungsthese und den Methodologischen Individualismus aufgezeigte *going native,* das heißt der Verlust der analytischen Distanz zum gesellschaftlichen Mythos des Individualismus[13] sowie die unreflektierte Übernahme von auf der Gegenstandsebene vorherrschenden Kulturmustern und Entscheidungstheorien sind konstitutive Gefährdungen und typische Risiken soziologischer Analysen. Die Soziologie ist als ein Ensemble sozialer Praktiken des *doing science* immer auch selbst Teil ihres Gegenstandes. Dieser Gegenstand, das heißt Sozialität liegt nur als ein veränderlicher, immer schon und immer wieder neu gedeuteter und von den Teilnehmern interpretierter Gegenstand vor. Er existiert nicht getrennt von diesen Deutungen und Interpretationen, in die auch Soziologinnen – als Wissenschaftlerinnen und als Alltagsteilnehmer – involviert sind. Sozialität wird auch den soziologischen Analysen immer nur durch diese Teilnehmerinnendeutungen zugänglich.

Die Soziologie kann diese Deutungen und Interpretationen jedoch nicht einfach übernehmen und reproduzieren. Die Möglichkeit soziologischer Erkenntnis ist vielmehr davon abhängig, dass es gelingt, die Teilnehmerdeutungen ernst zu nehmen und zugleich methodisch eine Distanz zu ihnen aufzubauen, um sie analytisch zu handhaben.[14] Eine soziologische Analyse des Entscheidens muss sich entsprechend darum bemühen, Entscheidungsvorgänge in prononcierter Distanz zu den vorherrschenden individualistischen kulturellen Deutungen nicht als dem Handeln vorgeschaltete, vorwiegend mentale Aktivität individueller Akteure zu verstehen. Sie muss diese Teilnehmerverständnisse auf Distanz bringen und sie als Aspekte der kulturellen Verfasstheit des zu analysierenden Phänomens, das heißt von Vorgängen und Praktiken des Entscheidens untersuchen.

11 Marchart, Das unmögliche Objekt (wie Anm. 10).

12 Daniel de Coppet, zitiert nach Ehrenberg, Unbehagen (wie Anm. 7), S. 346.

13 Vgl. Liza Cortois, The Myth of Individualism. From Individualisation to a Cultural Sociology of Individualism, in: European Journal of Cultural and Political Sociology 4 (2017), S. 407–429.

14 Dafür stehen verschiedene Verfahren bereit. Sie reichen von den epistemologischen Techniken der Konstruktion des Objektes (Pierre Bourdieu u. a., Soziologie als Beruf. Wissenschaftstheoretische Voraussetzungen soziologischer Erkenntnis, Berlin 1991) über die ethnomethodologische Indifferenz (Harold Garfinkel / Harvey Sacks, On Formal Structures of Practical Actions, in: Harold Garfinkel (Hg.), Ethnomethodological Studies of Work, London 1996, S. 160–193) bis hin zu den Verfahren der Ver- und Befremdung (Stefan Hirschauer / Klaus Amann, Die Befremdung der eigenen Kultur. Zur ethnografischen Herausforderung soziologischer Empirie, Frankfurt a. M. 1997).

3. Methodologischer Individualismus und Mentalismus

In den individualistischen Soziologien tritt das Individuum in unterschiedlichen Varianten auf. Es fungiert nicht nur als selbstverständlicher Ausgangspunkt der soziologischen Erkenntnisgewinnung und als kleinste, unteilbare Einheit des Sozialen, sondern häufig auch als sinnsetzende Instanz. Für diese Rolle wird es mit einer inneren mentalen Planungs-, Entscheidungs- und Steuerungszentrale ausgestattet.[15] Solche mentalistischen Konzeptionen unterstellen ein abwägendes, entscheidendes und handelndes Individuum, dessen Handlungen seinem mentalen Inneren zugerechnet werden und als bloße Ausführungen vorgängiger innerer Prozesse (Willens- und Glaubensregungen, Motive, Pläne, Absichten etc.) gelten. Sie bilden eine Gemeinsamkeit so unterschiedlicher individualistischer Vokabulare wie der Sozialphänomenologie und der Rational-Choice-Theorie und sie kennzeichnen darüber hinaus eine gesellschaftlich weit verbreitete Ethnosemantik und *folk theory of mind*.[16]

Dem mentalistischen Individualismus liegt die spezifische Selbsterfahrung des »homo clausus«[17] zugrunde. Diese Selbsterfahrung ist Elias zufolge »etwa seit der Renaissance für immer weiterer Kreise der europäischen Gesellschaften charakteristisch [...]. Es ist eine Erfahrung, die es Menschen so erscheinen lässt, als ob sie selbst, als ob ihr eigentliches ›Selbst‹ irgendwie in einem eigenen ›Inneren‹ existiere, und als ob es dort im ›Innern‹ wie durch eine unsichtbare Mauer von allem, was ›draußen‹ ist, von der sogenannten ›Außenwelt‹ abgetrennt sei. Diese Erfahrung ihrer selbst als einer Art von verschlossenem Gehäuse, als *homo clausus*, erscheint den Menschen, die sie haben, als unmittelbar einleuchtend [...]. Sie fragen sich nicht, was eigentlich an ihnen das abschließende Gehäuse und was das darin abgeschlossene ist. Ist die Haut die Wand des Gefäßes, die das eigent-

15 Wie Rod Watson / Jeff Coulter, The Debate over Cognitivism, in: Theory, Culture & Society 25, 2 (2008), S. 1–17 deutlich machen, sind mentalistische Konzeptionen individuellen Entscheidens und Handelns mit dem methodologischen Individualismus aber nicht notwendigerweise verknüpft. So werden zum Beispiel in der Konzeption Poppers Mentalismus und Psychologismus explizit verworfen; vgl. Karl R. Popper, Die offene Gesellschaft und ihre Feinde, Bd. 2: Falsche Propheten. Hegel, Marx und die Folgen, Bern 1980, S. 114. Poppers Konzept der Situationslogik rückt die Beziehungen zwischen menschlichen Handlungen und ihrer sozialen Umgebung an jene Zentralstelle, die in mentalistischen Vokabularen das mentale Verarbeitungsmodell eines isolierten Individuums einnimmt. Die Gesetze des sozialen Lebens sind Popper zufolge nicht auf psychologische Gesetze reduzierbar. Demgemäß lässt sich keine Handlung allein durch innere, mentale Beweggründe erklären, denn diese Beweggründe stehen immer in Bezug zu sozialen Situationen, Umgebungen und Institutionen; vgl. dazu Buzzoni, Poppers Methodologischer Individualismus (wie Anm. 8).

16 Betram F. Malle, Folk Theory of Mind. Conceptual Foundations of Human Social Cognition, in: Ran R. Hassin u. a. (Hg.), The New Unconscious. Oxford Series in Social Cognition and Social Neuroscience, Oxford 2005, S. 225–255.

17 Norbert Elias, Was ist Soziologie?, München 1970, S. 128.

liche Selbst enthält? Ist es der Schädel, der Brustkorb? [...] Es ist schwer zu sagen, denn im Inneren des Schädels findet man nur Gehirn [...]«.[18]

Die von Elias beschriebene historisch spezifische kulturelle Selbsterfahrung bildet die Grundlage der Vorstellung von einem ›inneren‹ psychischen Apparat, der das ›äußere‹ Handeln und Verhalten ›mental verursacht‹, auslöst und lenkt. Mentale Vorgänge der Zwecksetzung, des Abwägens und Entscheidens wären demnach dem Handeln kausal und zeitlich vorgeordnet.[19] Damit ist eine folgenreiche Vorentscheidung getroffen: Da es lediglich als Realisierung vorab gefasster Pläne und Entschlüsse gilt, wird das tatsächliche Entscheidungsgeschehen auch analytisch vernachlässigt und bleibt empirisch unbemerkt. Im Folgenden sollen daher nun einige wichtige konzeptionelle Absetzbewegungen vom mentalistischen Individualismus und seinen Akteur-Theorien des Entscheidens skizziert werden. Sie bereiten eine praxeologische Neuperspektivierung vor, die das tatsächliche Entscheidungsgeschehen in den Mittelpunkt der Aufmerksamkeit rückt und sich darum bemüht, dessen praktische Logiken, Materialitäten, Ressourcen, impliziten Wissensformen und schließlich seine Methodizität zu entschlüsseln.

3.1 Entscheiden als situatives *decisionmaking*

Eine erste Absetzbewegung führt vom methodologischen Individualismus zum methodologischen Situationalismus und vom individuellen Akteur zu den Situationsteilnehmern.[20] Eine solche situationalistische Dezentrierung des Entschei-

18 Ebd., S. 128. Die Annahme vieler wissenschaftlicher und Laientheorien, Sinnstiftung geschehe in einem mentalen Inneren beziehungsweise im Kopf des Individuums ist vielfach, zum Beispiel als »Dogma vom Gespenst in der Maschine« (Gilbert Ryle, Der Begriff des Geistes, Stuttgart 1969, S. 22) kritisiert worden. Praxeologische Ansätze gehen im Gegensatz zu diesem Dogma davon aus, dass es sich bei Sinnstiftungen um ein öffentliches und beobachtbares Interaktionsgeschehen handelt. Es gibt daher – wie Garfinkel in Übereinstimmung mit Elias anmerkt – keinen Grund, unter die Schädeldecke zu schauen, denn dort ist »nothing but brains.« (Harold Garfinkel, A Conception of, and Experiments with »Trust« as a Condition of Stable Concerted Actions, in: O. J. Harvey (Hg.), Motivation and Social Interaction, New York 1963, S. 187–238).

19 Joas und Knöbl haben diese auf den cartesianischen Dualismus zurückführbare teleologische Struktur wissenschaftlicher und Common-Sense-Handlungstheorien mit Bezug auf pragmatistische Argumente kritisiert. Sie schlagen vor, die bei genauerer Prüfung unplausible Annahme einer ›mentalen Verursachung‹ von sozialem Handeln aufzugeben und entsprechend Wahrnehmung und Erkenntnis nicht der Handlung vorzuordnen, sondern sie als Phasen des Handelns aufzufassen. Motive, Pläne, Entschlüsse und Entscheidungen wären demnach »Produkte der Reflexion in Handlungssituationen und nicht (zeitlich vorhergehende) Ursachen des Handelns.«, s. Hans Joas / Wolfgang Knöbl, Sozialtheorie. Zwanzig einführende Vorlesungen, Frankfurt a. M. 2004, S. 712. Die im Folgenden entwickelten praxeologischen Überlegungen zum Entscheiden knüpfen an diese Revision der kausalen und zeitlichen Logik herkömmlicher Entscheidungstheorien an.

20 Auch Popper führt in seiner Wissenschaftstheorie der Sozialwissenschaften das Konzept der Situationslogik ein. Dieses Konzept dient dazu, mentalistische und psychologistische

dungssubjektes lässt sich zum Beispiel mit Bezug auf die interaktionsanalytische Soziologie Erving Goffmans erläutern. Goffman unterstreicht die Relevanz des Situativen und die Eigenständigkeit sozialer Situationen. Entscheidend für deren analytische Entschlüsselung ist nicht »das Individuum und seine Psychologie [...], sondern [es sind; R.S.] eher die syntaktischen Beziehungen zwischen den Handlungen verschiedener gleichzeitig anwesender Personen. [...] Es geht hier also nicht um Menschen und ihre Situationen, sondern eher um Situationen und ihre Menschen.«[21]

Goffmans methodologisch-situationalistische Perspektive verschiebt die analytische Aufmerksamkeit also vom individuellen Akteur und Handlungssubjekt auf die Eigenschaften der Situation. Denn – so Goffmans These – wir verstehen soziale Situationen und die Eigenlogik des Situativen nicht, solange wir sie vom individuellen entscheidenden und handelnden Akteur aus denken und beschreiben. Das situative *sensemaking* und *decisionmaking* muss als ein überindividuell gemeinsames, konzertiertes, beobachtbares, immer auch körperliches Interaktions-, Darstellungs- und Interpretationsverhalten von Situationsteilnehmern konzeptualisiert werden. Es kann nicht auf innere mentale Vorgänge im Entscheidungs- und Handlungssubjekt zurückgeführt und aus ihnen abgeleitet werden. Im situativen *decisionmaking* werden darüber hinaus immer auch transsituative Rahmungen, Ressourcen und Wissensordnungen situativ verwendet.[22] Goffmans Interaktionsanalysen fokussieren also nicht nur Situationen und ihre Menschen, sondern zugleich transsituative Bedeutungsrahmen und ihre situativen Modulierungen. In der durch Goffman markierten Absetzbewegung vom methodologischen Individualismus wird das Entscheidungssubjekt also durch die dezentrierten Teilnehmerinnen an situierten Praktiken des Entscheidens ersetzt.

3.2 Praktiken des Entscheidens als öffentliche Sinnzusammenhänge

Mit diesem Situationalismus eng verknüpft ist ein Verständnis von situierten sozialen Praktiken des Entscheidens als öffentlichen Sinnzusammenhängen.[23] Soziale Praktiken werden demnach durch gemeinsam geteilte kulturelle Wissens-

Verkürzungen zu vermeiden, um einen eigenständigen Begriff vom Sozialen und seinen Gesetzen zu gewinnen (vgl. dazu auch Anm. 5). Popper kennzeichnet seine Konzeption jedoch ausdrücklich als eine individualistische und nicht als eine situationalistische Methodologie. Individuelle Handlungen gelten damit zwar als situativ beeinflusst, Poppers Ansatz geht aber nicht vom Primat, von der Eigenständigkeit und der Eigenlogik des Situativen aus.

21 Erving Goffman, Interaktionsrituale. Über Verhalten in direkter Kommunikation, Frankfurt a.M. 1986, S. 8f.

22 Ders., Rahmen-Analyse. Ein Versuch über die Organisation von Alltagserfahrungen, Frankfurt a.M. 1980.

23 Vgl. Robert Schmidt, Soziologie der Praktiken, Konzeptionelle Studien und empirische Analysen, Berlin 2012, S. 226–262; ders., Soziale Praktiken als öffentliche Sinnzusammenhänge, in: Phänomenologische Forschungen 2 (2017), S. 159–172.

ordnungen und Sinnmuster integriert. Diese werden unter Bezeichnungen wie *tacit knowledge* (Michael Polanyi), *background knowledge* (John Dewey), *knowing how* (Gilbert Ryle) oder *sens pratique* (Pierre Bourdieu) geführt. Diese Wissens-, Könnens- und Sinnmuster treten stets als Bestandteile von sozialen Praktiken auf. Sie haben zwar auch mentale Komponenten, ihnen kommt aber nicht der Status eigenständiger mentaler Entitäten zu.

Auch die mentalen Bestandteile von praktikenspezifischen Sinnmustern sind in praxistheoretischer Perspektive immer nur als öffentliche und veröffentlichte mentale Bestandteile gegeben. Sie figurieren nur als praktische Ausdrucksformen, als im Vollzug von Praktiken ausgedrückte, in den Interaktionen dargestellte, sich zeigende und bezeugte mentale Phänomene und Zustände.[24] Und zugleich handelt es sich bei sozialen Praktiken immer um für die Teilnehmerinnen Sinn, Wissen und Können ausdrückende Vollzüge. Das Mentale wird in praxistheoretischen Ansätzen also nicht einfach negiert; vielmehr wird sein konventioneller epistemologischer Status revidiert: Mentales figuriert als ein in Praktiken öffentlich manifestiertes Mentales. Praktische Aktivitäten werden von Teilnehmerinnen also immer auch als Evidenzen für mentale Vorgänge und Zustände beobachtet. Auf diese Weise wird Mentales öffentlich *accounted*, das heißt berichtbar und interpretierbar gemacht, zugeschrieben, bezeugt und ratifiziert. Praxeologische Ansätze gehen also davon aus, dass Vorgänge des Abwägens und Entscheidens genauso wie alle anderen Sinnstiftungen sehr wohl immer auch mentale Komponenten haben. Diese mentalen Praktikenbestandteile prozessieren im öffentlichen Vollzug von Praktiken. Sie können vom tatsächlichen öffentlichen Tun und Handeln nicht getrennt, abgesondert und in ein hypothetisches privates Inneres des handelnden Akteurs verbannt werden.

24 Dieser öffentliche Status des Mentalen folgt aus der Kritik mechanistischer Kausalitätsannahmen, die eine mentale Verursachung von Handeln und Verhalten unterstellen. Wie Watson / Coulter, Debate over Cognitivism (wie Anm. 15) erläutern, ähnelt diese in der Ethnomethodologie und zum Teil auch in der Analytischen Philosophie vorgebrachte Kritik dem kritischen Argument, das A. MacIntyre, A Mistake about Casuality in Social Science, in: P. Laslett / W. G. Runciman (Hg.), Philosophy, Politics and Society, Bd. 2, Oxford 1964, S. 48–70 gegen mechanistische Konzeptionen der Beziehung zwischen Überzeugungen und Handlungen vorgebracht hat: Die mechanistische Konzeption unterstellt eine zeitliche Priorität von und eine konstante kausale Verbindung zwischen Überzeugungen und von ihnen verursachten Handlungen. Diese Konzeption beruht auf der Annahme, dass es sich bei Überzeugungen und Handlungen um getrennt voneinander identifizierbare und unabhängig voneinander existierende Phänomene handelt. Wird demgegenüber jedoch angenommen, dass Handlungen Überzeugungen *ausdrücken*, bricht das mechanistische Modell zusammen. Der Ausdrucksannahme zufolge werden Überzeugungen von Teilnehmern als in Handlungen ausgedrückte Überzeugungen betrachtet. Die daraus folgende neue analytische Aufgabe besteht dann darin, zu entschlüsseln, wie genau Überzeugungen in tatsächlichen, spezifischen Handlungen empirisch vorkommen. Wie schreiben Teilnehmerinnen im Prozess des kulturellen *sensemaking* und *decisionmaking* Handlungen Motive, Überzeugungen oder (als vorgängig unterstellte) Entschlüsse zu?

Die skizzierten Dezentrierungen des methodologischen Individualismus, des mentalen Entscheidens und des Entscheidungssubjektes bilden zentrale Verfahrensschritte der Praxeologisierung.[25] Dieses analytische Verfahren zielt darauf ab, durch eine Neuperspektivierung von interessierenden Phänomenen als Ensembles von Praktiken materiale empirische Neubeschreibungen zu ermöglichen und neue Frageperspektiven zu entwickeln. Ausgehend von der Frage ›Wie genau wird Entscheiden eigentlich bewerkstelligt?‹ rückt die Praxeologisierung von Entscheidungsvorgängen ein verteiltes und konzertiertes Geschehen in den Blick, an dem – je nach konkretem empirischem und institutionellem Setting – unterschiedliche ›Entscheidungsträger‹ wie zum Beispiel Beraterinnen, Experten, Anwältinnen, Priester, Seelsorgerinnen, Psychotherapeuten, Medien, Dokumente, Aktenapparate, automatisierte algorithmische und stochastische Prozeduren, Datenbanken etc. beteiligt sind. Die Praxeologisierung kann dazu anleiten, diese Elemente von Entscheidungspraktiken[26] und die Modi ihrer Anschlüsse und Verkettungen zu rekonstruieren.

4. Die Methodizität von ›Entscheiden‹

Die skizzierten praxeologischen Dezentrierungen und Neuperspektivierungen erweitern also den empirischen Blick über das Entscheidungssubjekt hinaus, um die materiellen, technischen, zeichen- und symbolhaften und körperlichen Bestandteile von tatsächlichen Entscheidungsvorgängen herauszuarbeiten. Eine weiterreichende analytische Herausforderung besteht nun aber darin, die spezifische Methodizität und die praktische Logik von ›Entscheiden‹ zu entschlüsseln.

Harold Garfinkel und Saul Mendlowitz haben in ihrer Geschworenenstudie, die mit Bezug auf diese Herausforderung und Fragestellung sehr instruktiv ist, unter dem Titel »Some Rules of Correct Decisions that Jurors Respect«[27] das tatsächliche Entscheidungsverhalten von Geschworenen in US-amerikanischen

25 Robert Schmidt, Praxeologisieren, in: Jürgen Budde u. a. (Hg.), Konturen praxistheoretischer Erziehungswissenschaft, Weinheim 2018, S. 20–31.

26 Der sogenannte *element based approach*, den die Arbeitsgruppe um Elizabeth Shove in Lancaster entwickelt hat, unterscheidet drei Elementklassen von Praktiken: *material* (dazu zählen Dinge, Objekte, Infrastrukturen, Werkzeuge, Geräte und Körper), *competence* (das heißt praktisches Wissen und Können) und *meaning* (dazu zählen die zugleich mentalen, affektiven und kulturell sinnhaften Dimensionen des Involviertseins in Praktiken). Wenn und so lange eine Praktik ›lebt‹ und fortlaufend vollzogen wird, sind diese Elemente integriert und miteinander verbunden. Praktiken sterben jedoch auch ab und verschwinden, wenn und indem die Verbindungen zwischen ihren Elementen erodieren oder zerbrechen. Einzelne Elemente, Artefakte, Dokumente oder Monumente bleiben dann mitunter als Überbleibsel und stumme Zeugen abgestorbener früherer Praktiken bestehen (und werden gegebenenfalls zu Elementen und Trägern neu entstehender Praktiken); vgl. Elizabeth Shove u. a., The Dynamics of Practices. Everyday Life and How it Changes, London 2012.

27 Harold Garfinkel, Studies in Ethnomethodology, Engelwood Cliffs 1967, S. 104–115.

Schwurgerichtsprozessen untersucht. Sie kommen zu dem Schluss, dass das Entscheidungsverhalten der Geschworenen auch dann keiner vorhersagbaren Linie folgt, wenn eine eindeutige Rechtsnorm und ein klarer Tatbestand vorhanden sind. Für die Geschworenen ist es vielmehr immer schwierig, eine Rechtsnorm auf einen Tatbestand anzuwenden. Sie stützen sich im Verfahren auf alltägliche Methoden des ›Zu-einer-Entscheidung-Kommens‹ und zimmern sich erst allmählich ein Bild zurecht, um die Widersprüchlichkeiten der Aussagen der Parteien verstehbar zu machen. Dabei wägen sie relevante gegen irrelevante Gründe, gerechtfertigte gegen ungerechtfertigte Einwände, korrekte gegen unkorrekte Einlassungen, gespielte gegen natürliche Bekenntnisse, glaubwürdige gegen unglaubwürdige Aussagen, persönliche gegen ›allgemein akzeptierte Meinungen, denen jeder normale Mensch zustimmen würde‹ etc. ab. Auf diese Weise bringen sie eine Version des relevanten Geschehens hervor, auf die sie sich schließlich einigen und die allen Geschworenen als ›tatsächlich geschehen‹ gilt.

Die Annahme, dass die Geschworenen – wie alle Teilnehmerinnen in alltäglichen Situationen, in denen Entscheidungen verlangt werden – von vorneherein ein klares Bild davon hätten, wie die Bedingungen aussehen müssen, damit sie diese oder jene Entscheidung fällen, ist also – wie Garfinkel und Mendlowitz zeigen – empirisch nicht plausibel. Es erscheint vielmehr immer erst im Nachhinein so, als ob unter der Bedingung größtmöglicher Informiertheit über das zu beurteilende (Tat-)Geschehen eine Entscheidungsregel angewandt und eine Entscheidungsstrategie befolgt worden wäre. Informiertheit, Regelgeleitetheit, Folgerichtigkeit und Zielgerichtetheit von tatsächlichen Entscheidungsprozessen entstehen als performative Rückprojektionen.

Die Geschworenen legen die Entscheidungsbedingungen und die Entscheidungen immer erst rückblickend fest. Das heißt »the outcome comes before the decision«.[28] Nachdem die Entscheider (das heißt die Geschworenen) das Resultat ihrer gemeinsamen Entscheidung in der Hand halten, machen sie sich rückblickend und methodisch auf die Suche nach dem ›Warum‹ ihrer Entscheidung. Sie verleihen ihren vorausgegangenen Aktivitäten nachträglich den ›offiziellen‹ Charakter einer Abwägung unter der Bedingung größtmöglicher Informiertheit und einer regelbasierten Entscheidung zwischen Alternativen. Dieses Verfahren dient nicht zuletzt der nachträglichen Rechtfertigung der entsprechenden Aktivitäten und Handlungsweisen. Die Geschworenen klassifizieren ihre Aktivitäten – wie Garfinkel und Mendlowitz herausstellen – also immer erst rückblickend als kriterienbasierte Abwägungsprozesse und regelbasierte Entscheidungen. Dies geschieht, um die Ergebnisse dieser Aktivitäten dann im weiteren Verlauf als Resultate von Abwägungs- und Entscheidungsprozessen behandeln und handhaben zu können.

Die rückblickende Suche nach dem entscheidungsgemäßen, absichtsvollen, regelgeleiteten und folgerichtigen Charakter einer Vorgehensweise spielt auch in soziologischen Forschungsprozessen häufig eine wichtige – aber uneinge-

28 Ebd., S. 114.

standene – Rolle. Wie Garfinkel zeigt, steht Forschungshandeln immer unter den Bedingungen von Dringlichkeit und unvollständiger Information: Etwas muss in einer bestimmten Zeit und abgestimmt mit anderen getan werden. Dabei muss das Risiko unerwünschter Ergebnisse gehandhabt und die Vorgehensweisen und deren Resultate müssen gegenüber Dritten (Geldgebern etc.) »in procedures of reasonable review«[29] forschungspraktisch und forschungsökonomisch gerechtfertigt werden. Diese Merkmale, Probleme und Zwänge der Forschungspraxis kennzeichnen auch viele »common sense situations of choice«,[30] sie werden aber von der Methodenliteratur weitgehend ignoriert.

Findige Umgangsweisen mit diesen Problemen und Zwängen der Forschungspraxis bestehen häufig darin, dass dem Forschungsprozess erst, wenn der Forschungsbericht oder der *journal article* geschrieben wird, vorab getroffene Entscheidungen für bestimmte konzeptionelle und methodische Designs zugeordnet werden, aufgrund derer er dann nachträglich als folgerichtig erscheint. In vergleichbaren praktischen Strategien beginnen Forscherinnen aber zum Beispiel auch damit, einen bestimmten Zwischenstand eines Forschungsprozesses als wünschenswert zu betrachten. Sie erklären diesen Zwischenstand dann zum Ziel, auf das alle bislang unternommenen Forschungshandlungen orientiert waren. Der Zwischenstand ›dokumentiert‹ dann vorausgegangene richtige oder kluge forschungspraktische und forschungsökonomische Entscheidungen.

5. Schluss: (kulturelle) Wirklichkeitseffekte des Entscheidens

Die von Garfinkel am Fall der Entscheidungsaktivitäten von Geschworenen herausgearbeiteten Methoden performativer Rückprojektion und seine Überlegungen zu den dokumentarischen Methoden der findigen Interpretation von im Forschungsprozess generierten Daten und Zwischenständen lassen sich mit Bezug auf Wittgensteins Überlegungen zum Regelfolgen weiter plausibilisieren. Insbesondere hinsichtlich des nichtmentalistischen und praxeologischen Verständnisses von regelbasierten Entscheidungsprozessen befinden sich Garfinkels *Studies in Ethnomethodology* in Übereinstimmung mit Wittgensteins Regelauffassung. Um dies aufzuzeigen, soll zunächst eine grundlegende Unterscheidung zwischen regulativen Regeln und konstitutiven Regeln erläutert werden.

5.1 Regulative Regeln und konstitutive Regeln

Gerichtsverfahren bilden institutionelle Regelsysteme, die individuelle Handlungen regulieren und für die Regelmäßigkeit und Stabilität sozialer Beziehungen sorgen. Das Verhältnis zwischen solchen Institutionen und den individu-

29 Ebd., S. 99.
30 Ebd., S. 100.

ellen Handlungen ihrer Mitglieder wird in der Soziologie entweder nach dem zweckorientierten Modell (*homo oeconomicus*) oder nach dem normorientierten Modell der Handlungserklärung (*homo sociologicus*) erläutert.[31] Handelnde wählen und entscheiden sich demnach für diejenigen Handlungen, die ihnen äußere *regulative* Regeln vorgeben. Sie richten sich entweder nach der Regel, ihren Nutzen zu maximieren oder nach der Norm des in der Handlungssituation gesellschaftlich und institutionell Erwarteten und als verbindlich Geltenden. Regulative Regeln und Normen wirken demzufolge also von außen auf die – schon etablierten – Handlungsmöglichkeiten bereits fertiggestellter und voneinander abgeschlossener, selbstbewusster und handlungsfähiger Akteure ein.

Kulturanalytische Zugänge operieren mit einem davon abweichenden Regelverständnis. Sie gehen davon aus, das zweckrationale und normorientierte Handlungen genauso wie selbstbewusste und entscheidungsfähige Handelnde sich erst innerhalb einer symbolisch-diskursiven Ordnung, Wirklichkeit oder Lebenswelt herausbilden, fortlaufend konstituieren und verwirklichen. Bei dieser symbolischen Ordnung handelt es sich um Ensembles konstitutiver Regeln, die die zu regulierenden Handlungen und ihre Protagonisten erst konstituieren und schaffen. Konstitutive Regeln gelten zugleich jedoch nur insofern und insoweit, wie diese Regulierungen und Anpassungen von Handlungen fortlaufend vollzogen werden. Die Geltung konstitutiver Regeln ist also in der sozialen Praxis verankert.

Entscheidende und handelnde Subjekte und soziale Objekte (Beruf, Ehe, Straftat, Gerichtsverfahren, Steuererklärung etc.) haben eine performative Existenz innerhalb dieser »constitutive orders of sensemaking«.[32] Das heißt, sie existieren nur, indem sich Teilnehmerinnen in situierten Praktiken an konstitutiven, gemeinsam geteilten Erwartungen ausrichten und ihre Aktivitäten auf eine Weise auf- und ausführen, dass andere Teilnehmer diese Auf- und Ausführungen als *enactments* dieses oder jenes sozialen Objektes erkennen.[33] Die Regelmäßigkeit eines Gemeinschaftshandelns verdankt sich den kulturanalytischen Zugängen zufolge also nicht einem bewussten und kalkulierten Befolgen von situativ oder institutionell geltenden Regeln, die regulativ von außen auf bereits konstituierte Akteure wirken und eine Anpassung erzwingen.

31 Martin Hollis, Soziales Handeln. Eine Einführung in die Philosophie der Sozialwissenschaften, Berlin 1995; Andreas Reckwitz, Die Transformation der Kulturtheorien, Weilerswist 2000, S. 117 ff.

32 Ann Warfield Rawls, Wittgenstein, Durkheim, Garfinkel and Winch: Constitutive Orders of Sensemaking, in: Journal for the Theory of Social Behaviour 41 (2011), S. 396–418, hier S. 396.

33 Dies., An Essay on Two Conceptions of Social Order, in: Journal of Classical Sociology 9 (2009), S. 500–520.

5.2 Regelfolgen als Praxis

Auch Wittgenstein grenzt sich in seiner Spätphilosophie von einer konventionellen mentalistischen oder intellektualistischen Auffassung ab, die von einem Interpretieren, Deuten sowie einem bewussten oder kalkulierten Befolgen von Regeln ausgeht. Er erläutert zunächst, dass diese konventionelle Auffassung Regeln als abstrakte und hypothetische Entitäten versteht, die unabhängig von ihrer Befolgung existieren. Daraufhin weist er die damit vollzogene Trennung und Aufspaltung des Regelfolgens in Regeln einerseits und ihre Befolgung andererseits zurück. Wittgenstein zeigt, dass eine Regelformulierung niemals als solche selbst bestimmen kann, welches Verhalten mit ihr übereinstimmt.

Die Annahme, dass eine Regel von sich aus, vermittelt über einen Deutungsakt, bestimmen kann, welches Verhalten ihr angemessen ist, führt zur der Paradoxie, dass »jede Handlungsweise mit der Regel in Übereinstimmung zu bringen [ist]«.[34] Denn die Deutung ersetzt im Grunde nur den (ursprünglichen, neu gedeuteten) Regelausdruck. Sie müsste zur Anwendung auf einen konkreten Fall oder in einer konkreten Situation selbst wieder gedeutet werden, oder es müsste eine zusätzliche Regel für die Deutung und Anwendung der Regelformulierung auf den konkreten Fall formuliert werden. Daraus folgt: »Die Deutungen allein bestimmen die Bedeutung nicht«.[35] Für die Konstituierung der Regelforderung, das heißt des von der Regel geforderten Handelns und Verhaltens sind bereits eingespielte Verhaltensweisen und Routinen, »Gepflogenheiten (Gebräuche, Institutionen)«[36] entscheidend: »Darum ist ›der Regel folgen‹ eine Praxis.«[37]

Soziale Praktiken spielen also bei der Etablierung und praktischen Verwirklichung von Regelforderungen die entscheidende Rolle. Regeln werden nämlich nachträglich aus jenem tatsächlichen, expressiven, intelligiblen, öffentlich-sinnhaften praktischen sozialen Verhalten entwickelt, das dann rückwirkend als ›der Regel folgendes‹, regelkonformes Verhalten klassifiziert, anerkannt und beglaubigt wird. Klaus Puhl hat diesen Zusammenhang als »die List der Regel« bezeichnet.[38]

5.3 Entscheiden als retroaktives Regelfolgen

Aus der praxeologischen Perspektive Garfinkels und Wittgensteins können nun einige für die Entschlüsselung von tatsächlichem Entscheidungsverhalten relevante und weiterführende Fragen abgeleitet werden: Welchen Status haben

34 Ludwig Wittgenstein, Philosophische Untersuchungen, Frankfurt a. M. 1967, § 201.
35 Ebd., § 198.
36 Ebd., § 199.
37 Ebd., § 202.
38 Klaus Puhl, Die List der Regel, in: Ulrich Baltzer / Gerhard Schönrich (Hg.), Institutionen und Regelfolgen, Paderborn 2002, S. 81–100.

eigentlich Regeln bei der Herstellung von Entscheidbarkeit in institutionellen und organisationalen Settings (zum Beispiel in Gerichtsverfahren, in der Forschungsförderung, im Forschungsprozess etc.)? Inwiefern und wie genau müssen hier nicht nur die regulativen Regeln und (methodischen) Verfahrensvorschriften, sondern eben auch die konstitutiven kulturellen Regeln analytisch veranschlagt werden?

Mit Bezug auf die skizzierten Konzeptionen Garfinkels und Wittgensteins sind sowohl die Herstellung von Entscheidungsalternativen als auch die Produktion von Regelforderungen (gemäß denen entschieden werden soll) Bestandteile (institutioneller oder organisationaler) Praktiken des Entscheidens selbst. Es scheint aber, als hätten Entscheidungsalternativen und Regelforderungen schon vor dem eigentlichen Entscheidungsprozess (als dessen Voraussetzungen) existiert – ihnen kommt also ein spezifischer retroaktiver Status zu. Bedingungen, Sachverhalte, Entscheidungsalternativen und Regelforderungen entstehen retroaktiv als in den Praktiken des Entscheidens fortlaufend hergestellte und als vorgängig ausgewiesene Bezugspunkte dieser (Entscheidungs-)Prozesse und Praktiken.

In dieser an Garfinkel und Wittgenstein geschulten praxeologischen Perspektive auf das Entscheiden geht es also nicht mehr nur darum, die materiellen Ressourcen und kulturellen Routinen herauszuarbeiten und materiale empirische Neubeschreibungen von Entscheidungsvorgängen voranzutreiben, um zu erhellen, wie diese durch ein Zusammenspiel verschiedener menschlicher und nicht-menschlicher Entscheidungsträger, Artefakte, Medien und Technologien bewerkstelligt werden. Mit Bezug auf die vorangegangenen Überlegungen lassen sich vor dem Hintergrund der in aktuellen soziologischen Gegenwartsdiagnosen häufig beschriebenen Omnipräsenz von Wahlmöglichkeiten und Entscheidungsalternativen im Alltagsleben auch weiterreichende kritische Fragen formulieren: Wie genau werden bestimmte soziale Aktivitäten (von den Teilnehmerinnen genauso wie vom Mainstream der Sozial- und Wirtschaftswissenschaften) im Nachhinein als Resultate vorgängiger regelbasierter Entscheidungen zwischen bestehenden Alternativen und als Entscheidungsfolgen ausgewiesen? Wie genau dokumentieren diese Aktivitäten für die Teilnehmer im Nachhinein vorgängige Entscheidungen? Was lässt sich über die für solche Setzungen und dokumentarischen Methoden konstitutiven Regeln sagen? Welche sozialen Effekte der Verwirklichung, Beglaubigung und Legitimation und welche Machtwirkungen sind mit solchen Setzungen eigentlich verknüpft?

Es spricht einiges dafür, dass sich unter der eingangs beschriebenen kulturellen Hegemonie des Individualismus die institutionellen Settings und Arrangements des *correct decision making* im Alltagsleben der Gegenwart verallgemeinern. Diese Verallgemeinerung macht die Anforderungen, denen sich die Geschworenen in Garfinkels Studie gegenübersehen, zu einer gesellschaftlichen Grundkonstellation. Ständig muss in allen möglichen sozialen Kontexten das Durchführen (*accomplishment*) von Entscheidungen gelingen. Es muss nach von den Teilnehmerinnen anerkannten Regeln und Methoden vollzogen werden, das heißt an Regelforderungen angepasst werden, die in den jeweiligen Entscheidungssettings mitproduziert werden. Kann die Durchführung und Bewerkstelligung solcher Entscheidungen dann aber nicht gerade auch darin bestehen, dass gesellschaftlich zugemutete prekäre oder restriktive Arbeits- und Lebensbedingungen in die Form von Entscheidungsalternativen gebracht werden und die Teilnehmer sich diese Zumutungen methodisch und retroaktiv als Resultate von vorausgegangenen und von ihnen selbst getroffenen Entscheidungen aneignen?

Im Horizont dieser Fragen ist die ähnliche Bauweise von Garfinkels und Wittgensteins Regelauffassung und von Foucaults Machtanalysen bemerkenswert. Darauf hat Klaus Puhl hingewiesen: »Die Art und Weise wie Foucault in seiner Analytik der Macht die Beziehung der Macht zu dem, was sie bewirkt und reguliert darstellt, lässt sich strukturell ähnlich beschreiben, wie die Beziehung zwischen Regel und Regelfolgen bei Wittgenstein.«[39] So wie bei Garfinkel und Wittgenstein Regeln und Regelforderungen in Praktiken konstituiert werden, den Praktiken immanent sind und zugleich regulierend auf sie einwirken, so steht auch die Macht in den Analysen Foucaults zum Bereich ihrer Anwendungen in einem produktiven und immanenten Verhältnis.[40] Sie produziert Wissensformen und Subjekte, die sie reguliert, und sie produziert zugleich sich selbst nur in dem Maße, »in dem es ihr gelingt, sich immer wieder regulierend durchzusetzen.«[41] Dem Zusammenspiel von Regel und Regelfolgen bei Garfinkel und Wittgenstein sowie jenem zwischen Macht, Wissen und Subjekt bei Foucault sind also produktive Wirklichkeitseffekte gemeinsam. Eine kritische Praxeologie muss sich als ein Verfahren bewähren, das solche Wirklichkeits- und Machteffekte, die gerade auch die Praktiken des Entscheidens kennzeichnen, reflektiert und entschlüsselt.

39 Ebd., S. 97.
40 Michel Foucault, Überwachen und Strafen, Frankfurt a. M. 1994.
41 Ebd., S. 98.

Narrative und Reflexionen

Martina Wagner-Egelhaaf

Trauerspiel und Autobiographie

Handeln und Entscheiden bei Goethe

Die griechische Tragödie gilt als das Genre, in dem die Problematik des menschlichen Entscheidens paradigmatisch verhandelt wird. Sehr eindrücklich hat die Forschung gezeigt, wie differenziert und individuell die attische Tragödie die Handlungs- und Entscheidensspielräume des Menschen ausmisst, gerade im Wissen der Charaktere um Schicksalsbestimmung und die Einwirkung göttlicher Mächte. »Hielte man die Götter für eine Art Überinstanz, in der alles menschliche Handeln in gleicher Weise seinen letzten Ursprung hätte«, schreibt etwa Arbogast Schmitt mit Blick auf die verschiedenen Grade göttlicher Beeinflussung in der attischen Tragödie, »dann wäre es irreführend, ja widersinnig, diese Beeinflussung so darzustellen, daß sie dem Menschen einmal mehr, einmal weniger Raum zum eigenen Entscheiden läßt.«[1] Ein ganz anderes Genre als die Tragödie ist die Autobiographie, deren Entwicklung mit der Entstehung des modernen, sich selbst reflektierenden Individuums in Verbindung gebracht wird.[2] Da liegt die Frage nahe, welches die zentralen Lebensentscheidungen des modernen Individuums sind und wie sich das Entscheiden im Medium der Autobiographie darstellt. Betrachtet man Autobiographien als soziale Kommunikationsmedien mit einer spezifischen Gattungslogik und -topik, lässt sich das Entscheiden in der Autobiographie nicht mentalistisch, sondern in seiner sozialen Dimension diskutieren. Das heißt, in der Autobiographie mögen zwar individuelle Entscheidenssituationen dargestellt werden, doch sind diese zugleich kommunikativ vermittelt, einmal ganz abgesehen davon, dass Individualität, gerade auch in der begrifflichen Entgegensetzung zur Sozialität, immer von sozialen Prägungen bestimmt ist.

Autobiographien bieten ein Grundrepertoire biographisch relevanter Lebensentscheidungen: Dazu gehören beispielsweise die Berufsentscheidung, die für die Stellung des modernen Individuums in der Welt von eminenter Bedeutung ist,[3]

1 Arbogast Schmitt, Wesenszüge der griechischen Tragödie. Schicksal, Schuld, Tragik, in: Hellmut Flashar (Hg.), Tragödie. Idee und Transformation, Stuttgart 1997, S. 5–49, hier S. 14.

2 Vgl. Martina Wagner-Egelhaaf, Frühe Neuzeit: Die Erfindung des Individuums, in: Dies., Autobiographie, Stuttgart ²2005, S. 132–145; vgl. Michael Holdenried, Autobiographie, Stuttgart 2000, S. 101 f., 114.

3 Vgl. Dietrich Erben / Tobis Zervosen (Hg.), Das eigene Leben als ästhetische Fiktion. Autobiographie und Professionsgeschichte, Bielefeld 2018; Katharina Lammers, Lebenswerke. Zur Berufsautobiographie in der Gegenwart, Diss. Münster 2017 (noch unveröffentlicht).

Heiratsentscheidungen beziehungsweise Fragen der Partnerwahl, religiöse Entscheidungen, Reiseentscheidungen, bei Schriftstellern und Schriftstellerinnen Werkentscheidungen, aber auch Entscheidungen für die Zeit nach dem Tod des Autobiographen beziehungsweise der Autobiographin, Entscheidungen, die gewissermaßen das Nachleben und den Nachruhm sichern.[4] Nicht zuletzt ist es aber auch die Entscheidung, eine Autobiographie zu schreiben, die in Autobiographien thematisiert wird. Offensichtlich ist es nicht selbstverständlich, sein Leben zum Gegenstand der öffentlichen Mitteilung zu machen. Wenn der Autobiograph oder die Autobiographin nicht als unbescheiden, geltungssüchtig, gar als narzisstisch erscheinen möchte, scheint es der Rechtfertigung beziehungsweise Begründung zu bedürfen.

1. Entscheiden, Zeit und Selbst-Beobachtung

Allerdings lässt sich feststellen, dass Entscheidensszenarien in Autobiographien nicht immer offen ausgefaltet werden; oft muss man sehr genau lesen, um zwischen den Zeilen Entscheidenskonflikte und -strategien zu entdecken. Warum dies so ist, stellt einen wichtigen Diskussionspunkt dar. Die Nachträglichkeit der Autobiographie scheint in diesem Zusammenhang einen Grund für diesen auf den ersten Blick erstaunlichen Befund zu bieten. Einerseits darf vermutet werden, dass Entscheidungskrisen im Rückblick aus persönlichen Motiven verschleiert werden oder aber dass sie nicht zum gewählten Lebensbild einer sich folgerichtig entwickelnden Laufbahn passen. Andererseits aber ist es auch denkbar, dass Situationen des Entscheidens im Rückblick dramatisiert werden, um einem bestimmten Entwicklungsschritt den gehörigen Nachdruck zu verleihen – oder aber dem Text der Autobiographie, der schließlich auch ein literarischer ist, die erforderliche künstlerische Spannung zu geben. In diesem Sinn schreibt Niklas Luhmann:

> »Es mag […] sein, daß viel von dem, was passiert, auch Entscheidung war, aber nicht als solche greifbar ist. Und ebenso können sich umgekehrt Situationen ergeben, in denen sich die Entscheidung aufdrängt, daß es zweckmäßig oder gar unerläßlich ist, etwas von dem, was passiert war, als Entscheidung zu rekonstruieren.«[5]

Das Moment der Nachträglichkeit, dem das autobiographische Schreiben strukturell verpflichtet ist, lenkt die Aufmerksamkeit auf den Faktor der Zeit, mit dem sich nicht zufällig auch die Theorie des Entscheidens auseinandersetzt. So hat

4 Mit Nachlassentscheidungen von Schriftstellerinnen und Schriftstellern beschäftigt sich Sarah Nienhaus im Rahmen des Teilprojekts A 04 »Herkules am Scheideweg? Szenarien des Entscheidens in der autobiographischen Lebenslaufkonstruktion« im Münsteraner SFB 1150 »Kulturen des Entscheidens«.

5 Niklas Luhmann, Soziologische Aufklärung 3. Soziales System, Gesellschaft, Organisation, Opladen 1981, S. 339.

Hermann Lübbe darauf hingewiesen, dass der Faktor ›Zeit‹ für das Entscheiden konstitutiv ist:

»In erster Linie interessiert philosophisch die Zeitlichkeitsstruktur der Entscheidungssituation. ›Entscheidung‹ heißt nicht ohne weiteres der Akt, sich auf eine unter sich ausschließenden Möglichkeiten, deren Vorzüge und Nachteile nicht völlig durchschaubar sind, festzulegen; ein solcher Akt hieße eher eine ›Wahl‹. Zur Entscheidung wird die Wahl erst unter den Wirkungen eines Zwangs, der sie unumgänglich macht. Die Entscheidungssituation hat ihre Schärfe darin, daß in ihr die Entscheidung selbst nur für eine gewisse Zeit hinausgeschoben werden kann: Die Entscheidungssituation ist befristet. Es ist leichter, eine Entscheidung zu treffen, wenn faktisch gar keine Aussicht besteht, sich die Möglichkeiten, zwischen denen sie fallen muß, in ihrem Für und Wider völlig durchsichtig zu machen.«[6]

Es ist also der Zeitdruck, der aus der Wahl eine Entscheidung macht. Auch die Autobiographie, die auf ein Leben zurückblickt, hat es gewissermaßen mit einem Zeitproblem zu tun. Autobiographien sind, so kann man sagen, vom Tod her geschrieben,[7] das heißt im Bewusstsein von der Endlichkeit des menschlichen Daseins. Ohne den Tod hätte das Leben keinen Wert und verdiente nicht aufgeschrieben zu werden. Dabei ist die Zeitstruktur der Autobiographie intrikat: Sie wird rückblickend geschrieben, aus der Perspektive eines erreichten Zeitpunkts im Leben, aber der Rückblick läuft, zumindest im traditionellen Modell der chronologischen Erzählung, zeitlich vorwärts, das heißt (idealiter) wieder auf den Zeitpunkt der Niederschrift zu.[8] In jedem Augenblick beschriebenen Lebens treffen diese beiden Laufrichtungen aufeinander, Rückschau und Vorausschau. Der Erzähler blickt zurück und lässt seine Figur nach vorwärts, in die Zukunft, laufen. Dies bedeutet, dass sich in jedem Moment der Autobiographie der autobiographische Erzähler und die autobiographische Figur begegnen, zwei Instanzen, die systematisch zu trennen sind, im autobiographischen Text aber beständig interagieren, da der Erzähler die Figur entwirft und die Figur die Perspektive des Erzählers zur Darstellung bringen soll. Dennoch: Jeder erzählte Moment der Autobiographie ist von einer doppelten Spannung getragen, einer zeitlichen und einer erzähltechnischen, die ihrerseits in einem Wechselverhältnis

6 Hermann Lübbe, Zur Theorie der Entscheidung, in: Ernst-Wolfgang Böckenförde u.a. (Hg.), Collegium Philosophicum. Studien. Joachim Ritter zum 60. Geburtstag, Basel 1965, S. 118–140, hier S. 130.

7 Vgl. Jacques Derrida, Nietzsches Otobiographie oder Politik des Eigennamens. Die Lehre Nietzsches, in: Manfred Frank u. a. (Hg.), Fugen. Deutsch-Französisches Jahrbuch für Textanalytik, Olten 1980, S. 64–98, hier S. 80.

8 Bernd Neumann hat darauf hingewiesen, dass die klassische Autobiographie des 18. und 19. Jahrhunderts in der Regel mit dem Eintritt in das Berufsleben, der oft mit der Eheschließung zusammenfällt, das heißt mit dem Erreichen einer sozialen Position endet; vgl. Bernd Neumann, Von Augustinus bis Facebook. Zur Geschichte und Theorie der Autobiographie, Würzburg 2013, S. 37.

stehen. In Momenten der Entscheidung kommt diese doppelte Spannung zum Austrag.

Niklas Luhmann hat die Zeitstruktur der Entscheidung folgendermaßen charakterisiert:

»Das vielleicht auffallendste Merkmal von Entscheidungen ist: daß sie etwas Neues in die Geschichte einführen. Sie müssen zu diesem Zweck zwischen Vergangenheit und Zukunft unterscheiden und für die Zukunft eine Komponente vorsehen, die sich nicht aus der Vergangenheit (sondern aus der Entscheidung) ergibt. [...] Was die Entscheidung zusätzlich anstrebt, ist die Konstruktion einer *eigenen* Zukunft (etwa eines Zweckes, den sie erreichen will) und einer *eigenen* Vergangenheit (nämlich ausgewählter Bedingungen, von denen sie ausgeht).«[9]

Bezogen auf die Autobiographie bedeutet das, dass jede im autobiographischen Text dargestellte Entscheidung, eine *eigene* Zukunft und eine *eigene* Vergangenheit erzeugt. Zukunft und Vergangenheit lassen sich vom Moment der Entscheidung her neu lesen. Dies gilt natürlich im besonderen Maße für die Entscheidung, eine Autobiographie zu schreiben. Die eigene Vergangenheit ist die des autobiographischen Erzählers, wie sie rückblickend im Text erzählt wird, aber die Figur, deren Leben erzählt wird, ist nach vorne orientiert, sie lebt und blickt in die Zukunft.

2. Die Entscheidung zur Autobiographie in »Dichtung und Wahrheit«

Im Folgenden soll die Entscheidensstruktur der Autobiographie und speziell Goethes »Dichtung und Wahrheit« mit Luhmanns Überlegungen zum Entscheiden in den Blick genommen werden. Luhmann hat bekanntlich darauf hingewiesen, dass *Unter*scheidungen sich nicht selbst beobachten können und dass es dazu einer Beobachtung zweiter Ordnung bedarf.[10] Dasselbe gilt auch für *Ent*scheidungen, die von der Struktur her auch Unterscheidungen sind, zum Beispiel Unterscheidungen zwischen dem Vorher und dem Nachher, zwischen Vergangenheit und Zukunft. Der autobiographische Erzähler ist ein Beobachter zweiter Ordnung, der die autobiographische Figur, sein früheres Ich, beobachtet. Die Entscheidungen der Figur werden aus der nachträglichen Perspektive des Erzählers dargestellt. Der Erzähler sieht mehr und anderes als die Figur, die im Moment der Entscheidung möglicherweise gar nicht erkennen kann, dass sie

9 Niklas Luhmann, Disziplinierung durch Kontingenz. Zu einer Theorie des politischen Entscheidens, in: Stefan Hradil / Karl-Siegbert Rehberg (Hg.), Differenz und Integration. Die Zukunft moderner Gesellschaften. Verhandlungen des 28. Kongresses der Deutschen Gesellschaft für Soziologie in Dresden 1996, Frankfurt a. M. 1997, S. 1080.

10 Ders., Die Paradoxie des Entscheidens, in: Verwaltungs-Archiv. Zeitschrift für Verwaltungslehre, Verwaltungsrecht und Verwaltungspolitik 84 (1993), S. 287–310, hier S. 294.

sich in einer Entscheidungssituation befindet. Allerdings ist die Unterscheidung zwischen Erzähler und Figur, wie bereits angemerkt, instabil, da der Erzähler die Figur in der Beobachtung erst hervorbringt, Erzähler und Figur ineinander verschwimmen. Der Leser beziehungsweise die Leserin des autobiographischen Texts, aber mehr noch der/die Interpret/in, insbesondere wenn sie oder er systemtheoretisch unterwegs ist, wäre Beobachter/in dritter Ordnung, der/die den Blick auf die Entscheidungsoptionen und -modi des autobiographischen Erzählers einstellt.

Goethes Autobiographie »Aus meinem Leben. Dichtung und Wahrheit«, erschienen zwischen 1811 und 1833, beginnt bezeichnenderweise mit der Schilderung der Entscheidung zur Autobiographie. Goethe berichtet vom Brief eines Freundes, der ihn aufgefordert habe, nun, nach dem Erscheinen von Goethes zwölfbändiger Werkausgabe 1806 bis 1808 bei Cotta, seine Autobiographie nachzuschieben:

»Wir haben, teurer Freund, nunmehr die zwölf Teile Ihrer dichterischen Werke beisammen, und finden, indem wir sie durchlesen, manches Bekannte, manches Unbekannte; ja manches Vergessene wird durch diese Sammlung wieder angefrischt. Man kann sich nicht enthalten, diese zwölf Bände, welche in Einem Format vor uns stehen, als ein Ganzes zu betrachten, und man möchte sich daraus gern ein Bild des Autors und seines Talents entwerfen. [...] Das Erste also, warum wir Sie ersuchen, ist, daß Sie uns Ihre, bei der neuen Ausgabe, nach gewissen innern Beziehungen geordneten Dichtwerke in einer chronologischen Folge aufführen und sowohl die Lebens- und Gemütszustände, die den Stoff dazu hergegeben, als auch die Beispiele, welche auf Sie gewirkt, nicht weniger die theoretischen Grundsätze, denen Sie gefolgt, in einem gewissen Zusammenhange vertrauen möchten.«[11]

Dieser Brief ist fingiert, aber es gibt Äußerungen in einem Brief von Schiller aus dem Jahr 1797, die in die von Goethe hier ausformulierte Richtung gelesen werden können.[12] Goethe begann mit der Arbeit an seiner Autobiographie im Oktober 1809, also zwölf Jahre später.[13] Zwar ist dieser Beginn der Autobiographie nicht explizit als Entscheidenssituation gerahmt, gleichwohl steht hinter dem Einsatz des autobiographischen Projekts eine Entschließung: Das Ansinnen, sein

11 Johann Wolfgang Goethe, Aus meinem Leben. Dichtung und Wahrheit, hg. v. Klaus-Detlef Müller, Abt. 1: Sämtliche Werke, Bd. 14, Frankfurt a. M. 1986, S. 11 f.

12 Vgl. den Stellenkommentar von K.-D. Müller, ebd., S. 1074. Am 17. Januar 1797 hatte Schiller an Goethe geschrieben: »Ich wünschte besonders jetzt die Chronologie Ihrer Werke zu wißen, es sollte mich wundern, wenn sich an den Entwicklungen Ihres Wesens nicht ein gewißer nothwendiger Gang der Natur im Menschen überhaupt nachweisen liesse. [...] Ich möchte aber von den früheren Werken, von Meister selber, die Geschichte wißen. Es ist keine verlorene Arbeit, dasjenige aufzuschreiben, was Sie davon wißen« (Friedrich Schiller, 33. An Goethe, Januar 1797, in: Schillers Werke. Nationalausgabe, Bd. 29: Briefwechsel. Schillers Briefe 1.11.1796–31.10.1798, hg. v. Norbert Oellers / Frithjof Stock, Weimar 1977, S. 35).

13 Goethe, Dichtung und Wahrheit (wie Anm. 11), S. 1001 (Kommentar).

Leben aufzuschreiben, wird an Goethe von außen herangetragen. Die Entscheidung scheint nicht schwierig gewesen zu sein, denn Goethe schreibt: »Dieses so freundlich geäußerte Verlangen erweckte bei mir unmittelbar die Lust es zu befolgen.«[14] Ein Widerstand, auch etwa in Form einer Unentschiedenheit, ist nicht zu überwinden. Dass die Entscheidung nicht schwerfällt, ist indessen nicht weiter erstaunlich, wenn man sich vergegenwärtigt, dass der Brief ohnehin fingiert ist. Die »Lust«, dem brieflich fingierten Ansinnen zu folgen, scheint eine originäre gewesen zu sein. An dieser Stelle offenbart sich jedoch der soziale Charakter der Autobiographie: Der fingierte Freundesbrief ist im Namen eines engeren Freundeskreises geschrieben, hat aber gleichwohl einen weiteren Rezipierendenkreis im Blick, wenn es darin heißt: »Widmen Sie diese Bemühung einem engern Kreise, vielleicht entspringt daraus etwas, was auch einem größern angenehm und nützlich werden kann.«[15] Der größere Kreis ist das spätere Lesepublikum der Autobiographie. Bekräftigt wird diese soziale Dimension der Autobiographie in Goethes anschließender Deliberation: »Denn wenn wir in früherer Zeit leidenschaftlich unsern eigenen Weg gehen, und um nicht irre zu werden, die Anforderungen Anderer ungeduldig ablehnen, so ist es uns in späteren Tagen höchst erwünscht, wenn irgend eine Teilnahme uns aufregen und zu einer neuen Tätigkeit liebevoll bestimmen mag.«[16] In einer ›echten‹ Entscheidenssituation wäre der Freundesbrief eine ›Ressource des Entscheidens‹;[17] im vorliegenden Zusammenhang wird er eher als eine solche inszeniert wie überhaupt die gesamte Konstellation – das autobiographische Ich erhält den Brief eines Freunds und überlegt sich dann, dem dort vorgebrachten Ansinnen zu entsprechen – die implizite Inszenierung einer Entscheidenssituation darstellt und damit auch eine dramatische Dimension aufweist.

›Drama‹ (gr. drãma) heißt ›Tat, Handlung‹ sowie ›Schauspiel‹. Die Wortbedeutung gibt zu verstehen, dass das Drama in erster Linie durch das Moment der Handlung gekennzeichnet ist. In der Theorie des Entscheidens spielt das Verhältnis von ›Entscheidung‹ und ›Handlung‹ eine prominente Rolle. Folgt die Handlung auf die Entscheidung oder ist nicht vielmehr die Entscheidung respektive das Entscheiden selbst schon Handeln? Während der Text zu verstehen gibt, die Entscheidung für die Autobiographie sei aufgrund des Freundesbriefs vor dem Schreibbeginn erfolgt, lassen sich innertextuell Entscheidung und Handlung nicht mehr voneinander trennen, da die Entscheidung mit dem Akt des Schreibens bereits in die Tat umgesetzt ist.

Ein weiterer Gesichtspunkt in Luhmanns Auseinandersetzung mit der Thematik des Entscheidens ist für das Entscheiden in der Autobiographie in syste-

14 Ebd., S. 12.

15 Ebd.

16 Ebd.

17 Vgl. das Forschungsprogramm des Sonderforschungsbereichs Kulturen des Entscheidens, <https://www.uni-muenster.de/SFB1150/forschung/forschungsprogramm.html>, sowie das Programmheft zur SFB-Tagung Ressourcen des Entscheidens (24.–26. Mai 2017), <https://www.uni-muenster.de/SFB1150/ressourcen/> (Stand jeweils: 18. November 2017).

matischer Hinsicht bedenkenswert. Luhmann zufolge bringen Entscheidungen weitere Entscheidungen hervor und begründen sich durch diese;[18] und: Sie lassen sich nur »in der Weise zerlegen, daß sie [wiederum] in Entscheidungen«[19] zerlegt werden. Folgt man dieser systemtheoretischen Logik, muss die entscheidenstheoretische Analyse von »Dichtung und Wahrheit« den Blick darauf richten, welche weiteren Entscheidungen die Entscheidung zum Schreiben der Autobiographie hervorbringt und wie sie sich auf diese Grundentscheidung beziehen lassen.[20] Alle im autobiographischen Text folgenden Entscheidungen erscheinen in dieser systemtheoretischen Perspektive als ›Untereinheiten‹ der Einheit ›Entscheidung zur Autobiographie‹. Dies gilt etwa für Goethes Liebesentscheidungen, bei denen es tatsächlich mehr ums *Scheiden* geht: Der junge Goethe erobert bekanntlich die Herzen junger Damen im Sturm (Charlotte Buff, Friederike Brion, Lili Schönemann), um später Gründe finden zu müssen, die Beziehung wieder zu lösen. Dieses ›Später‹ ist ein lebensweltliches, aber auch ein autobiographisches – und diese beiden Perspektiven müssen nicht identisch sein. Jedenfalls greifen in dieser, zugegebenermaßen radikalen systemtheoretischen Betrachtungsweise alle Entscheidungen notwendig, will sagen: systembedingt, ineinander – und tragen die autobiographische Lebenslaufkonstruktion. Dies soll im Folgenden paradigmatisch an der Schlussszene von »Dichtung und Wahrheit« gezeigt werden, die, bezeichnend genug, ebenfalls, und diesmal expliziter als die Eingangsszene, eine Szene der Entscheidung ist.

3. Eine Berufsentscheidung

»Dichtung und Wahrheit« endet mit einer gleichfalls bedeutsamen Entscheidung, nämlich der Entscheidung, eine Einladung des Herzogs Carl August von Sachsen-Weimar-Eisenach an den Hof nach Weimar anzunehmen. Dies ist der Anfang einer Berufsentscheidung, nämlich in Weimar zu bleiben und ein Hofamt anzutreten. Lebensgeschichtlich geht diese Entscheidung der Entscheidung zur Autobiographie voraus – in der autobiographischen Erzählung folgt sie ihr aber. Das bedeutet, dass die folgenträchtige Entscheidung, das Angebot des Her-

18 Vgl. Luhmann, Disziplinierung durch Kontingenz (wie Anm. 9), S. 1081.

19 Ders., Soziologische Aufklärung (wie Anm. 5), S. 344.

20 Über Goethes religiöse Entscheidungen, die ihn letztlich zu seinem prometheischen Dichter- und Selbstverständnis führen, vgl. Martina Wagner-Egelhaaf, »Du hast dich gegen Gott entschieden«. Literarische Figurationen religiösen Entscheidens (Augustinus und Goethe), in: Ulrich Pfister u. a. (Hg.), Religion und Entscheiden (erscheint Würzburg 2018). Von den Religionsentscheidungen soll hier nicht mehr die Rede sein, aber selbstredend führen sie zu dem Klassiker, der die nun bei Cotta erschienenen Werke hervorgebracht hat, welche im fingierten Freund den Wunsch hervorrufen, nun auch Goethes Autobiographie zu lesen. Die religiösen Entscheidungen erscheinen so als Untereinheiten der Einheit Entscheidung zur Autobiographie; vgl. Luhmann, Soziologische Aufklärung (wie Anm. 5), S. 345.

zogs Carl August, ihm an den Weimarer Hof zu folgen, anzunehmen, mit dazu führt, dass Jahrzehnte später der Gedanke, eine Autobiographie zu schreiben, aufkommen kann. Die Weimarer Berufsentscheidung liegt der Entscheidung zur Autobiographie immer schon zugrunde. Und umgekehrt basiert die Schilderung des dramatischen Schlusses von »Dichtung und Wahrheit« auf der eingangs beschriebenen Entscheidung zur Autobiographie, sodass letzterer erstere grundsätzlich eingeschrieben ist.

In die Entscheidung, Frankfurt in Richtung Weimar zu verlassen, spielt zudem die Entscheidung, das Verlöbnis mit Lili Schönemann zu lösen, hinein. Lili Schönemann war die Tochter eines Frankfurter Bankiers und, so liest man in »Dichtung und Wahrheit«, aufgrund der verschiedenen Lebensverhältnisse kamen die Familien über die Verbindung nicht überein.[21] Um über die Trennung hinwegzukommen, begibt sich Goethe auf Anraten seines Vaters im 18. Buch auf eine Reise in die Schweiz, wo es auf dem St. Gotthardt zu einer weiteren bedeutungsvollen Entscheidungsszene kommt, die an dieser Stelle nicht weiter interpretiert wird.[22] In jedem Fall ist auch diese Entscheidung im autobiographischen Rückblick eine Unterentscheidung der Entscheidung zur Autobiographie wie sie ihrerseits die spätere Entscheidung, nach Weimar zu gehen, bedingt.

Zum ersten Mal wird im 15. Buch von »Dichtung und Wahrheit« von Goethes Bekanntschaft mit dem jungen Herzog Carl August von Sachsen-Weimar-Eisenach berichtet und auch hier schon ist die Rede davon, dass Goethes Vater »nach seinen reichsbürgerlichen Gesinnungen«[23] den Umgang seines Sohns mit den adligen Standespersonen missbilligt. Der Einladung des Herzogs, Goethe möge an den Hof nach Weimar kommen, folgen heftige Kontroversen zwischen Sohn und Vater Goethe, für den es als Bürger der Freien Reichsstadt Frankfurt undenkbar war, seinen Sohn an einem Fürstenhof zu sehen. Als die angekündigte Kutsche aus Weimar, die Goethe aufnehmen soll, aufgrund unvorhergesehener Umstände auf sich warten lässt, sieht Goethes Vater in Carl Augusts Angebot nichts als »einen lustigen Hofstreich«, um den Sohn »zu kränken und zu beschämen«.[24] Goethe indes ist reisefertig und hat sich bereits von den Frankfurter Freunden verabschiedet. Um lästigen Fragen sowie weiteren Besuchen aus dem

21 »So hatte sich auch selbst nach dieser gewonnenen Einwilligung, kein Verhältnis der Eltern untereinander bilden und einleiten können; kein Familienzusammenhang, andere Religionsgebräuche, andere Sitten! Und wollte die Liebenswürdige einigermaßen ihre Lebensweise fortsetzen, so fand sie in dem anständig geräumigen Hause keine Gelegenheit keinen Raum« (Goethe, Dichtung und Wahrheit [wie Anm. 11], S. 767). Die Forschung geht indessen davon aus, dass auch Goethe nicht bereit war, sich auf die Karriere eines Frankfurter Bürgersohns, welche die Verbindung mit Lili erfordert hätte, einzulassen, vgl. ebd., S. 1264 (Kommentar).

22 Vgl. ebd., S. 785, 809–813. In dieser Stelle des 18. Buchs geht es darum, ob die Reisenden (Goethe ist in Begleitung seines Freundes Jakob Ludwig Passavant) den Abstieg nach Italien wagen oder nach Frankfurt zurückkehren. Sie wird im Rahmen einer größeren Studie zu Goethes Szenarien des Entscheidens eingehend gewürdigt.

23 Ebd., S. 701.

24 Ebd., S. 845 f.

Weg zu gehen und freilich auch, um Lili nicht mehr zu begegnen, hält Goethe sich im Haus verborgen und schreibt, auf die Kutsche wartend, an seinem bereits begonnenen Trauerspiel »Egmont« weiter. In dieser Situation verschränken sich der Text der Autobiographie und das Trauerspiel auf gerade im Hinblick auf die Problematik des Entscheidens signifikante Weise. Als der herzogliche Wagen nach Tagen des Wartens immer noch nicht kommen will, setzt Vater Goethe seinem Sohn ein Ultimatum:

»Nur der feste Vorsatz mich wegzubegeben, ihr [Lili Schönemann] nicht durch meine Gegenwart beschwerlich zu sein, ihr wirklich zu entsagen, und die Vorstellung, was für ein seltsames Aufsehen mein Wiedererscheinen machen müßte, konnte mich entscheiden die so liebe Nähe zu verlassen. Noch einige Tage verstrichen und die Hypothese meines Vaters gewann immer mehr Wahrscheinlichkeit, da auch nicht einmal ein Brief von Carlsruhe kam, welcher die Ursachen der Verzögerung des Wagens angegeben hätte. Meine Dichtung geriet ins stocken und nun hatte mein Vater gutes Spiel bei der Unruhe von der ich innerlich zerarbeitet war. Er stellte mir vor: die Sache sei nun einmal nicht zu ändern, mein Koffer sei gepackt, er wolle mir Geld und Kredit geben nach Italien zu gehn, ich müsse mich aber gleich entschließen aufzubrechen. In einer so wichtigen Sache zweifelnd und zaudernd, ging ich endlich darauf ein, daß wenn zu einer bestimmten Stunde weder Wagen noch Nachricht eingelaufen sei, ich abreisen, und zwar zuerst nach Heidelberg, von dannen aber nicht wieder durch die Schweitz sondern nunmehr durch Graubünden oder Tyrol über die Alpen gehen wolle.«[25]

Über die Trennung von Lili Schönemann ist die Szene klar als eine Szene des Entscheidens gerahmt. Bemerkenswert ist allerdings die Formulierung »konnte mich entscheiden«.[26] Goethe entscheidet sich hier nicht selbst, sondern wird von außen entschieden beziehungsweise erhält einen entscheidenden Impuls zur Entscheidung von außen. Er selbst ›zweifelt und zaudert‹,[27] aber umso entschiedener ist der Vater, der nun versucht, eine Entscheidung herbeizuführen.

Johann Caspar Goethe, der in jungen Jahren selbst Italien bereist und sogar eine Reisebeschreibung auf Italienisch verfasst hatte,[28] war früh schon bemüht,

25 Ebd., S. 847. Der Vater spielt hier auf die zurückliegende Schweizreise an. Graubünden wurde erst später, im Jahr 1798, ein Schweizer Kanton, vgl. ebd., S. 1297 (Kommentar).

26 Vgl. dazu das Lemma »entscheiden«, in: Deutsches Wörterbuch von Jacob und Wilhelm Grimm, Bd. 3: E-Forsche, München 1999, S. 596 f., hier S. 597: »man stellte zum acc. der person einen gen. der sache«.

27 Das Zögern ist gleichsam die Kehrseite des Entscheidens oder vielmehr ein integraler Bestandteil desselben; vgl. dazu Joseph Vogl, Über das Zaudern, Berlin [2]2008, S. 24: »Das Zaudern begleitet den Imperativ des Handelns und der Bewerkstelligung wie ein Schatten, wie ein ruinöser Gegenspieler; und man könnte hier von einer Zauderfunktion sprechen: Wo Taten sich manifestieren und wo Handlungsketten sich organisieren, wird ein Stocken, eine Pause, ein Anhalten, eine Unterbrechung markiert.«

28 Johann Caspar Goethe, Reise durch Italien im Jahre 1740. Viaggio per l'Italia, hg. von der Deutsch-Italienischen Vereinigung e. V. Frankfurt a. M., aus dem Italienischen übers. und komment. von Albert Meier unter Mitarbeit von Heide Hollmer, Illustration von Elmar Hillebrand, München 1986.

den Sohn auf Italien zu verpflichten. So schildert Goethe in »Dichtung und Wahrheit«, dass der Vater die Wände des Frankfurter Elternhauses mit ›römischen Prospekten‹ ausgeschmückt hat, die Goethe als Kind täglich vor Augen hatte.[29] Und auch vor der Schweizreise hatte Johann Caspar Goethe versucht, den Sohn zum Abstecher nach Italien zu motivieren: »Ich entschloß mich, begünstigt durch das Zureden meines Vaters, welcher eine Reise nach der Schweitz sehr gerne sah und mir empfahl einen Übergang nach Italien, wie es sich fügen und schicken wollte nicht zu versäumen.«[30] Nun, da der Wagen des Herzogs auf sich warten lässt, hat der Vater (scheinbar) leichtes Spiel und schickt den Sohn, der eigentlich nach Weimar will, nach Italien auf Bildungsreise, um ihm die Weimarer Flausen auszutreiben und ihn auf den eigenen bürgerlichen Lebens- und Bildungsweg zu verpflichten. Goethe muss also los und reist über Heidelberg, wo er bei Madame Delft, einer Freundin des Vaters, Zwischenstation macht. Madame Delft hatte bereits bei der Verbindung mit Lili Schönemann vermittelt. Von ihr heißt es im Text, dass sie »planvoll« ist und nichts »dem Zufall überlassen« will.[31] Sie scheint eine Strategin und Entscheiderin zu sein und beginnt bereits, für den Sohn des Freundes Verbindungen zum pfälzischen Kurfürsten Carl Theodor für die Zeit nach der Italienreise herzustellen und, nachdem sie vom Ende der Verbindung mit Lili gehört hat, eine neue Heirat anzuzetteln. Goethe beschreibt sich selbst dagegen als ›planlos‹: »Dies alles lehnte ich zwar nicht ab, allein mein planloses Wesen konnte sich mit der Planmäßigkeit meiner Freundin nicht ganz vereinigen, ich genoß das Wohlwollen des Augenblicks.«[32] Gleichwohl beschließt er weiterzureisen, als wenige Tage vor seinem geplanten Aufbruch nach Italien eine Stafette[33] aus Frankfurt eintrifft mit der Nachricht, dass der Wagen nun – aufgrund besonderer Umstände verspätet – in Frankfurt eingetroffen sei und der »ausgebliebene Geleitsmann« ihn, Goethe, bitte, ihm »die Beschämung« zu ersparen,[34] ohne ihn nach Weimar zu kommen. Goethe schickt die aufgebrachte Madame Delft, die Sachwalterin der väterlichen Pläne, weg, und erbittet sich »eine Viertelstunde Einsamkeit«.[35] Er steht im wörtlichen Sinn am Scheideweg und es folgen Minuten der Deliberation: »So sehr sich auch mein Verstand und Gemüt gleich auf diese Seite neigte [Weimar], so fehlte es doch meiner neuen Richtung [Italien] auch nicht an einem bedeutenden Gegengewicht.«[36] Obwohl es ihn nach Weimar zieht, erscheint ihm Italien nun plötzlich gleichfalls als ein erstrebenswertes Ziel:

29 Vgl. Goethe, Dichtung und Wahrheit (wie Anm. 11), S. 19.
30 Vgl. ebd., S. 785 f.
31 Ebd., S. 849.
32 Ebd., S. 850.
33 Von it. ›stafetta‹, ›reitender Bote‹, vgl. ebd., S. 1297 (Kommentar).
34 Vgl. ebd., S. 851; der »Geleitsmann« war »Johann August Alexander von Kalb, kursächsaischer Offizier, Kammerrat und später Kammerpräsident in Weimar«, ebd., S. 1297.
35 Ebd., S. 850.
36 Ebd., S. 851.

»Mein Vater hatte mir einen gar hübschen Reiseplan aufgesetzt und mir eine kleine Bibliothek mitgegeben, durch die ich mich vorbereiten und an Ort und Stelle leiten könnte. In müßigen Stunden hatte ich bisher keine andere Unterhaltung gehabt, sogar auf meiner letzten kleinen Reise im Wagen nichts anders gedacht. Jene herrlichen Gegenstände, die ich von Jugend auf durch Erzählung und Nachbildung aller Art kennen gelernt, sammelten sich vor meiner Seele und ich kannte nichts Erwünschteres als mich ihnen zu nähern, indem ich mich entschieden von Lili entfernte.«[37]

Die Entscheidung scheint wieder offen zu sein. Die zitierte Passage gibt den Inhalt der viertelstündigen Deliberation wieder und unterstreicht die ›Entschiedenheit‹, sich überhaupt aus Frankfurt entfernen zu wollen. Goethe muss also, er will weg, aber wohin? Nach Süden oder nach Nordosten? Nach Italien oder nach Weimar? Entscheidenstheoretisch ist es nun bemerkenswert, dass Goethe nicht begründet, warum er sich doch für Weimar entschieden hat, sondern dass er die Szene der Entscheidung dramatisierend zuspitzt:

»Ich hatte mich indes angezogen und ging in der Stube auf und ab. Meine ernste Wirtin trat herein. Was soll ich hoffen? rief sie aus. Meine Beste, sagte ich, reden Sie mir nichts ein, ich bin entschlossen zurückzukehren, die Gründe habe ich selbst bei mir abgewogen, sie zu wiederholen würde nichts fruchten. Der Entschluß am Ende muß gefaßt werden und wer soll ihn fassen als der den er zuletzt angeht? Ich war bewegt, sie auch, und es gab eine heftige Szene, die ich dadurch endigte, daß ich meinem Burschen befahl, Post zu bestellen. Vergebens bat ich meine Wirtin sich zu beruhigen und den scherzhaften Abschied, den ich gestern Abend bei der Gesellschaft genommen hatte, in einen wahren zu verwandeln, zu bedenken, daß es nur auf einen Besuch auf eine Aufwartung für kurze Zeit angesehn sei, daß meine italiänische Reise nicht aufgehoben, meine Rückkehr hierher nicht abgeschnitten sei. Sie wollte von nichts wissen und beunruhigte den schon Bewegten noch immer mehr. Der Wagen stand vor der Tür, aufgepackt war, der Postillion ließ das gewöhnliche Zeichen der Ungeduld erschallen, ich riß mich los, sie wollte mich noch nicht fahren lassen, und brachte künstlich genug die Argumente der Gegenwart alle vor, so daß ich endlich leidenschaftlich und begeistert die Worte Egmonts ausrief: Kind, Kind! nicht weiter! Wie von unsichtbaren Geistern gepeitscht gehen die Sonnenpferde der Zeit mit unsers Schicksals leichtem Wagen durch, und uns bleibt nichts, als mutig gefaßt, die Zügel festzuhalten, und bald rechts, bald links, vom Steine hier, vom Sturze da die Räder abzulenken. Wohin es geht, wer weiß es? Erinnert er sich doch kaum, woher er kam.«[38]

Die Szene erhält ihre Dramatik zum einen durch die sich hochspielende Emotionalität beider Akteure, zum anderen aber auch durch den Zeitdruck, der, wie eingangs vermerkt, in entscheidenstheoretischer Hinsicht die ›Entscheidung‹

37 Ebd.
38 Ebd., S. 851 f.

von der ›Wahl‹ trennt.[39] Den Zeitdruck hat Goethe in diesem Fall allerdings selbst herbeigeführt, indem er, noch bevor der Wechsel der Argumente beendet ist, ›Post bestellen‹ lässt. Der Postillion steht nun also vor der Tür und stößt ungeduldig ins Horn – die Debatte muss beendet werden. In ihrer stürmischen Bildlichkeit steht die Szene im krassen Gegensatz zu dem zuvor behaupteten sorgfältigen Abwägen der Gründe. Dass es schließlich die Zeit ist, die zur Entscheidung führt, reflektiert nicht nur das Bild des ungeduldigen Postillions, sondern wird auch in den herbeizitierten »Sonnenpferde[n] der Zeit« aufgenommen. Angespielt ist hier an den Mythos von Phaëton, der als Sohn des Helios, einen Tag lang die Pferde des Sonnenwagens lenken durfte, von ihnen aber fortgerissen wurde und einen Brand im Weltgebäude auslöste. Um die Katastrophe abzuwenden, schickte Zeus einen Blitz, der Phaëton tötete. Goethe wendet die Szene also ins Mythologische und bindet die biographische Episode in eine vom ›Schicksal‹ bestimmte Lebenslaufkonstruktion ein. Die Tatsache, dass Goethe in diesem dramatischen Moment des Entscheidens mit dem Sonnenwagen des Helios ein mythologisches Bild herbeizitiert, lässt einmal mehr an Luhmann denken, bei dem es heißt: »Das System muß ›Imagination‹ einsetzen. Anders kommt es nicht zu Entscheidungen.«[40] Dies lässt sich so verstehen, dass der unverfügbare Moment der Entscheidung eine Supplementierung durch ein Bild, eine Imago, erfährt, die etwas zur Anschauung bringt, was sich anders nicht fassen lässt.

4. Das Trauerspiel als Medium des Entscheidens

Dass in diesem zugespitzten Augenblick des Entscheidens nun aber gerade das eigene Trauerspiel, »Egmont«, an dem Goethe schrieb, während er auf die Kutsche aus Weimar wartete, zur Ressource für die Darstellung einer weitreichenden Lebensentscheidung wird, ist für die Verschränkung von Autobiographie und Trauerspiel signifikant. Auch wenn die Entscheidung, die Weimarer Einladung anzunehmen, in der Folge zum Antritt eines Hofamts führt und somit zur Berufsentscheidung wird, so hat »Dichtung und Wahrheit« doch die konsequente Entwicklung eines Dichters beschrieben, der wie Prometheus aus eigener Kraft

39 Vgl. Lübbe, Theorie der Entscheidung (wie Anm. 6), S. 130.

40 Luhmann, Disziplinierung durch Kontingenz (wie Anm. 9), S. 1080; vgl. ebd., S. 1084: »Auch der Subjektbegriff gibt nicht genug Führung, wenn man mehr und mehr damit rechnen muß, daß das Subjekt, das für eine Entscheidung verantwortlich zeichnet, sie gar nicht selbst getroffen hat und möglicherweise nicht einmal über die Zeit und den Einfluß verfügt, um sie zu ändern. Vielleicht bietet deshalb der noch nicht ausprobierte Kontingenz-Ansatz bessere Beobachtungsmöglichkeiten. Er könnte zumindest verständlich machen, daß ein System, das mit der Fähigkeit zu entscheiden ausgestattet ist, sich selbst in einen Zustand der strukturellen Indeterminiertheit versetzt, indem es sich nicht durch Logik und nicht durch Kausalwissen weiterhelfen kann, sondern nur durch selektiven Einsatz von Imagination.«

schöpft, sich gewissermaßen selbst zur Ressource wird.[41] Die Tatsache, dass Goethe im Moment der Entscheidung »eine Viertelstunde Einsamkeit« verlangt, unterstreicht den Anspruch, selbst und aus sich heraus zu entscheiden. Gleichwohl wird vielfach externalisiert: im dramatischen Auftritt der Szene mit Madame Delft, im Bild des Sonnenwagens wie im heraufbeschworenen Bild Egmonts.

In Goethes Trauerspiel »Egmont« fallen die zitierten Worte des Protagonisten im zweiten Akt, als sein Sekretär ihn, den Statthalter von Flandern und Artois, mit allen möglichen Fällen, die es zu entscheiden gilt, behelligt. Doch Egmont hat überhaupt keine Lust, sich den Kopf darüber zu zerbrechen, wie in jedem Einzelfall richtig und gerecht zu entscheiden wäre. Goethes Egmont ist kein Entscheider. Peter-André Alt unterstellt ihm eine »intuitiv-naive Weltsicht« und bezeichnet ihn als »spontanes Kind des Zufalls«.[42] Am Anfang hört Egmont dem Vortrag seines Sekretärs noch halbwegs aufmerksam zu und gibt auch die eine oder andere zerstreute Antwort wie »Ich bin des Hängens müde. Man soll sie durchpeitschen, und sie mögen gehn.« oder »Die mag er verwarnen und laufen lassen.«[43] Aber seine Ungeduld steigert sich, und als der Sekretär wissen will, was er dem Grafen Oliva schreiben soll, der sich um den Freigeist Egmont Sorgen macht und ihm dringend zu einer der spanischen Herrschaft gefälligeren Verhaltensweise rät, brechen eben die schon zitierten Worte aus ihm heraus, die im Drama nur geringfügig anders lauten:

> »Kind, Kind! nicht weiter! Wie von unsichtbaren Geistern gepeitscht gehen die Sonnenpferde der Zeit mit unsers Schicksals leichtem Wagen durch; und uns bleibt nichts als mutig gefaßt, die Zügel zu erhalten, und bald rechts, bald links vom Steine hier, vom Sturze da die Räder wegzulenken. Wohin es geht, wer weiß es? Erinnert er sich kaum, woher er kam.«[44]

Der Unterschied zwischen »die Zügel zu erhalten«, wie die Formulierung im »Egmont« lautet, und »die Zügel festzuhalten«, wie es am Ende von »Dichtung und Wahrheit« heißt, ist ein gradueller: »zu erhalten« lässt sich als ›sie gerade noch in der Hand halten zu können‹ lesen, während »festzuhalten« einen entschiedeneren und aktiveren Akzent setzt. Für die vergleichende Figurenzeichnung des Trauerspiel-Helden und des autobiographischen Protagonisten erscheint dieser Unterschied bedeutsam. Seine Entscheidens-Unlust begründet Egmont kurz zuvor folgendermaßen:

41 Vgl. Wagner-Egelhaaf, Literarische Figurationen religiösen Entscheidens (wie Anm. 20); Stephan Berghaus, Das topographische Ich. Zur räumlichen Dimension der Autobiographie in Goethes »Dichtung und Wahrheit«, Würzburg 2015.

42 Vgl. Peter-André Alt, Augenblick und Entscheidung. Funktionen der Zeit im historischen Drama, in: Ders., Klassische Endspiele. Das Theater Goethes und Schillers, München 2008, S. 156–181, hier S. 160.

43 Johann Wolfgang Goethe, Egmont, in: Ders., Dramen 1776–1790, unter Mitarbeit von Peter Huber hg. v. Dieter Borchmeyer, Abt. 1: Sämtliche Werke, Bd. 5, Frankfurt a. M. 1988, S. 459–551, hier S. 489.

44 Ebd., S. 493.

»Scheint mir die Sonne heut um das zu überlegen, was gestern war, und um zu raten, zu verbinden, was nicht zu erraten nicht zu verbinden ist, das Schicksal eines kommenden Tages. Schenke mir diese Betrachtungen, wir wollen sie Schülern und Höflingen überlassen, sie mögen sinnen und aussinnen, wandeln und schleichen, gelangen, wohin sie können, erschleichen, was sie können.«[45]

Planen und Entscheiden werden als Tätigkeitsmerkmale kleingeistiger und subordinierter Menschen dargestellt. Auch Egmonts Gegenspieler präsentieren sich als Entscheider, zum Beispiel Margarete von Parma, die Regentin der Niederlande, die Egmont in seiner unbekümmerten Art für »gefährlicher [erachtet] als ein *entschiednes* [Hervorhebung M.W.-E.] Haupt einer Verschwörung«.[46] Ein ›entschiedner‹ Verschwörer wäre wohl deshalb weniger gefährlich als der Freigeist Egmont, weil seine Pläne rational einsichtig und daher durchschaubar wären. Bei Egmont wissen seine Gegner offensichtlich nicht, woran sie sind. Bei ihm muss man immer damit rechnen, dass er Unvorhergesehenes denkt und tut – und dass dieses, aufgrund seines Vertrauens in den Augenblick, das jeweils Richtige ist. Margarete von Parma steht auf der Seite der Entschließungen. So sagt Wilhelm von Oranien von ihr: »neue Umstände treiben sie zu dem lang verzögerten Entschluß«[47] und Egmonts Geliebte Klärchen: »Sie ist groß, herzhaft, entschlossen.«[48] Der schlimmste Entscheider aber ist der Herzog von Alba, den Karl V. schickt, um den drohenden Aufstand der Niederländer im Keim zu ersticken. Unter dem Vorwand, sich mit ihnen beraten zu wollen – und so wichtige Entscheidungen vorzubereiten –, lässt Alba Egmont und Wilhelm von Oranien, der gleichfalls »in der Rolle des kalkuliert Planenden«[49] gezeigt wird, als Vertreter des niederländischen Adels zu sich kommen. Doch hat er längst entschieden, sie bei dieser Gelegenheit gefangen zu setzen. Oranien, dieses ahnend, erscheint erst gar nicht und als Alba dies erfährt, wird ihm klar, dass ihn seine Pläne und Winkelzüge in eine Situation gebracht haben, in der ihm die Freiheit zu entscheiden benommen ist:

»Ist's rätlich die andern zu fangen wenn er mir entgeht? – Schieb ich es auf und laß Egmont mit den seinigen, mit sovielen entschlupfen die nun, vielleicht nur heute noch, in meinen Händen sind. So zwingt dich das Geschick denn auch, du Unbezwinglicher! Wie lang gedacht! Wie wohl bereitet! Wie groß wie schön der Plan! Wie nah die Hoffnung ihrem Ziele! Und nun im Augenblicke des Entscheidens bist du zwischen zwei Übel gestellt; wie in einen Lostopf greifst du in die dunkle Zukunft: was du fassest, ist noch zugerollt, dir unbewußt, sei's Treffer oder Fehler!«[50]

45 Ebd.
46 Ebd., S. 473.
47 Ebd., S. 495.
48 Ebd., S. 508.
49 Vgl. Alt, Augenblick und Entscheidung (wie Anm. 42), S. 160.
50 Goethe, Egmont (wie Anm. 43), S. 521.

Entscheiden erscheint hier als eine problematische Strategie, die nicht nur Handlungsmöglichkeiten eröffnet, sondern auch verschließt. Das berechnende Planen führt den Planenden in eine Situation, die ihm die Souveränität benimmt und ihm letztlich nur noch das Entscheidungsverfahren des Loses, die reine Kontingenz, das scheinbare Gegenprinzip planend-rationalen Entscheidens, als Möglichkeit bleibt. Anders gesagt: Wer über das Anstehende entscheidet, ist in Gefahr, das große Ganze aus dem Blick zu verlieren und zum Gefangenen seiner eigenen Entscheidungen zu werden. Das ›Geschick‹, das auch die vermeintlich Unbezwinglichen zwingt, spielt an den Schicksalsglauben der antiken Tragödie an, aber, wie bereits ausgeführt, bedeutet die Anerkennung der Schicksalsmacht nicht, dass dem Menschen Handlungs- und Entscheidungsspielräume genommen sind. Im 18. Jahrhundert hat indessen die »›Historisierung der Zeit‹« (Koselleck) längst eingesetzt und zu einer »Temporalisierung der geschichtlichen Komplexität«[51] geführt. In der Tat kann und muss der Mensch Entscheidungen treffen und das Richtige tun. Dies kann er aber nur, wenn er sich der Beschränktheit seiner Einsichten und Möglichkeiten bewusst ist und wenn er nicht seine eigenen Interessen verabsolutiert. Alba erkennt hier sehr genau die Kontingenz des Schicksals bzw. die Schicksalsmächtigkeit des Kontingenten und die darauf gestellte Fatalität des Entscheidens. Mit diesen Einsichten steht er Egmont, seinem Gegner, gar nicht so fern. Egmont aber kann sich über das Verhängnis des Entscheidens erheben – weil er gar nicht entscheidet, jedenfalls nicht im Sinne der Strategen, sondern, wie es im zweiten Akt heißt, ›handelt, wie er soll‹.[52]

Die hinter Egmonts Charakter stehende Theorie liefert Goethe in »Dichtung und Wahrheit«, und zwar in eben dem Kontext, in dem er von seiner Arbeit am »Egmont« berichtet. Es ist das »Dämonische«, das »eine der moralischen Weltordnung wo nicht entgegengesetzte, doch sie durchkreuzende Macht« bildet und das bewirkt, dass von manchen Menschen »eine ungeheure Kraft« ausgeht.[53] Goethe berichtet, dass er

»[...] glaubte in der Natur, der belebten und unbelebten, der beseelten und unbeseelten etwas zu entdecken, das sich nur in Widersprüchen manifestierte und deshalb unter keinen Begriff noch viel weniger unter ein Wort gefaßt werden könnte. Es war nicht göttlich, denn es schien unvernünftig, nicht menschlich, denn es hatte keinen Verstand, nicht teuflisch, denn es war wohltätig, nicht englisch, denn es ließ oft Schadenfreude merken. Es glich dem Zufall, denn es bewies keine Folge, es ähnelte der

51 Alt, Augenblick und Entscheidung (wie Anm. 42), S. 159; vgl. ebd.: »Der Verzicht auf eine spirituelle Zeitkonstruktion bedeutete die Öffnung von Vergangenheit und Zukunft im Hinblick auf den gegenwärtigen Standpunkt des Beobachters und die Interessen, aus deren Blickwinkel er geschichtliches Geschehen interpretierte bzw. prognostizierte.« Es sei vermerkt, dass in der Umkehrung auch vom Standpunkt der Gegenwart Vergangenheit und Zukunft wahrgenommen werden können.

52 »Ich handle wie ich soll«, (Goethe, Egmont [wie Anm. 43], S. 491).

53 Ders., Dichtung und Wahrheit (wie Anm. 11), S. 841.

Vorsehung, denn es deutete auf Zusammenhang. Alles was uns begrenzt schien für dasselbe durchdringbar, es schien mit den notwendigen Elementen unsres Daseins willkürlich zu schalten, es zog die Zeit zusammen und dehnte den Raum aus. Nur im Unmöglichen schien es sich zu gefallen und das Mögliche mit Verachtung von sich zu stoßen. Dieses Wesen, das zwischen alle übrigen hineinzutreten, sie zu sondern, sie zu verbinden schien, nannte ich dämonisch nach dem Beispiel der Alten und derer die etwas Ähnliches gewahrt hatten. Ich suchte mich vor diesem furchtbaren Wesen zu retten, indem ich mich, nach meiner Gewohnheit, hinter ein Bild flüchtete.«[54]

In der griechischen Antike sind Dämonen göttliche Wesen, aber keine Götter. Sie stellen eine göttliche Kraft dar, die mit Hilfe der Götter wirkt. Wie die Heroen sind die Dämonen zwischen Götter und Menschen gestellt.[55] Wenn Goethe schreibt, dass er sich vor diesem dämonischen Wesen zu retten suchte, sagt er damit implizit, dass ihm dieses dämonische Wesen eigne. Indem er jedoch fortfährt und erläutert, dass er sich durch die Flucht hinter ein Bild vor diesem Wesen zu retten suchte, distanziert er sich zugleich von dem dämonischen Wesen. Dieses jegliche Logik des Entscheidens durchkreuzende Bild heißt im vorliegenden Fall: Egmont.[56] Von ihm zieht Goethe die Linie zu seinem eigenen Leben, dem, wie er schreibt, »wenigstens mit einem dämonischen Schein bekleidet[e] Ereignisse« bevorstanden.[57] Indem er »Dichtung und Wahrheit« mit Egmonts Worten enden lässt, hat er Leben und Werk in der von dem fingierten Freund zu Beginn des Textes geforderten Weise zusammengefügt und damit die Entscheidung zur Autobiographie eingelöst. Paradoxerweise wird aber nun ein Bild des Nichtentscheidens zur Ressource des Entscheidens. Es liegt nahe dieses Bild der Imagination, das nach Luhmann den unverfügbaren Moment der Entscheidung überspringt, Goethe zufolge die Rettung vor dem Dämonischen darstellt, mit der von Luhmann in »Die Paradoxie des Entscheidens« eingeführten Kategorie des »integumentum« zusammenzudenken. Rhetorisch gesehen ist das integumentum (dt. ›Verhüllung‹, ›Einkleidung‹) »eine Rede, die in eine mythische Erzählung einen wahren Sinn einschließt […].«[58] Bei Luhmann wird daraus »ein unformulierbares Moment […] der ›subjektiven‹ Willkür, das erst die Entscheidung

54 Ebd., S. 839 f.

55 Vgl. das Lemma »Dämon«, in: Kai Brodersen / Bernhard Zimmermann (Hg.), Metzler Lexikon Antike, Stuttgart ^{2}2006, S. 126.

56 Curt Hohoff verweist in seiner Goethe-Biographie auch auf den Bildcharakter von Goethes Abgang: »Am Schluß von ›Dichtung und Wahrheit‹ hat Goethe den Abschied von Lili und Frankfurt antikisch, nach Pindar, gesteigert im Bild des olympischen Wagenlenkers, der auch bei rasender Fahrt die Herrschaft über die Rosse behält«, s. ders., Johann Wolfgang von Goethe. Dichtung und Leben, München 1989, S. 225.

57 Goethe, Dichtung und Wahrheit (wie Anm. 11), S. 842.

58 B. K. Stengl, »Integumentum«, in: Gerd Ueding (Hg.), Historisches Wörterbuch der Rhetorik, Bd. 4: Hu-K, Tübingen 1998, S. 446–448, hier S. 446. Weiter heißt es bei Stengl: »Der geschichtliche Bericht aus der Bibel (*historica narratio*) ist Grundlage der allegoria, die erfundene nichtreligiöse Erzählung (*fabulosa narratio*) ist Grundlage des I.« (ebd.).

zur Entscheidung macht.«[59] Die Paradoxie lässt sich nun dahingehend auflösen beziehungsweise auch gerade nicht auflösen, dass Egmont, der eben nicht entscheidet, jedenfalls nicht in dem Sinn wie Margarete von Parma, Alba, Goethes Vater oder Madame Delft ihre Entscheidungen treffen, genau deshalb zur Figur, man könnte auch sagen, zum ›Dämon des Entscheidens‹ wird!

5. Schluss

Egmonts Schlussworte, aus der Tragödie in die Autobiographie versetzt, offenbaren hier ihren autobiographie-, aber auch ihren entscheidungstheoretischen Sinn: Während Madame Delft noch vergebens »die Argumente der Gegenwart« vorbringt, in der sich der dramatische Moment des Entscheidens zuspitzt, lässt Goethe mit Egmont den Schicksalswagen bereits in die noch unbestimmte Zukunft davonjagen: »Wohin es geht, wer weiß es? Erinnert er sich doch kaum, woher er kam.« Dieser Zweifel an der Erinnerung und an der Vergangenheit verwundert natürlich, wenn man eben mehrere hundert Seiten Goethe-Autobiographie zu Ende gelesen hat. Man würde vermuten, dass das Geschilderte konsequent auf den Schlusspunkt, der in diesem Fall ein Moment der Entscheidung für die Zukunft ist, hinführt. In der Tat ist eine Entscheidung eine ›decisio‹, ein Schnitt, der einen Neueinsatz ermöglicht, in dem Sinne, dass im Moment des Entscheidens die Erinnerung aussetzt und Vergangenheit neu entworfen werden muss. Jedenfalls öffnet sich hier am Ende von »Dichtung und Wahrheit« ein Scheidepunkt zwischen Zukunft und Vergangenheit, der die genretypische Zeitstruktur der Autobiographie, ihre rückblickende Erinnerungsperspektive und die vorwärtslaufende Handlungsstruktur in einen dämonischen Moment des Entscheidens münden lässt.[60] Vergangenheit und Zukunft überkreuzen sich im Augenblick des Entscheidens, der das autobiographische Ich entpersönlicht und in die Schwebe versetzt zwischen der Frage nach dem künftigen »wer?« und

59 Niklas Luhmann, Die Paradoxie des Entscheidens (wie Anm. 10), S. 295.

60 Karl Otto Conrady plausibilisiert Goethes ›Entscheidung‹ für Weimar folgendermaßen: »Daß er ging und dort blieb, beweist gewiß eins: bloß als Künstler und Advokat alltäglicher Fälle wollte er nicht weitermachen. Insofern trug das Bleiben in Weimar Zeichen einer Abkehr von den Jahren zuvor. Aber auch Folgerichtigkeit ist dem spätestens im Frühjahr 1776 gefaßten *Entschluß*, sich an Weimar und die amtlichen Pflichten zu binden, nicht abzusprechen. Die Vermutung liegt nahe, daß Goethe in der Übernahme öffentlicher Aufgaben eine Chance sah, etwas vom verkündeten Tätigkeitsdrang auf dem Feld konkreten Handelns zu verwirklichen. Viele seiner Äußerungen in Brief und Tagebuch aus den ersten Weimarer Jahren zeugen von dieser Absicht: Schöpferisches, was ihn bisher bewegt und umgetrieben hatte, für das Gemeinwohl praktisch werden zu lassen. Insofern war seine *Entscheidung* für Weimar folgerichtig« (Karl Otto Conrady, Goethe. Leben und Werk, Bd. 1: Hälfte des Lebens, Königstein, Ts. 1982, S. 295 f. [Hervorhebungen M. W.-E.]). Bemerkenswerterweise fasst Conrady Goethes Entscheidung als Entscheidung für konkretes Handeln.

einem unbestimmten vergangenen »er«. Liest man die Frage »Wohin es geht, wer weiß es?« als eine Frage, die der autobiographische Erzähler stellt, ist der Referent des Fragepronomens »wer« ein allgemeiner, unbestimmter, der jedoch den Fragenden, in diesem Fall den Erzähler, mit einbegreift. Heißt es dann aber »Erinnert er sich kaum, woher er kam.« scheint wieder die konkrete autobiographische Figur gemeint zu sein, die sich über ihre Vergangenheit wegsetzt. Das oszillierende »(w)er« erscheint einmal mehr als Treffpunkt von autobiographischem Erzähler und autobiographischer Figur, als Kreuzungspunkt von Vergangenheit und Zukunft im erzählten Moment der Entscheidung. Die Figur erinnert sich nicht und stürmt voran; der Erzähler erinnert sich sehr wohl beziehungsweise hat sich die ganze Zeit in der rückblickenden Erzählung erinnert. Jetzt bricht er seine Erzählung ab, indem er die Zügel in die Hände des dämonischen »(w)er« legt, hält sie damit aber für die Zukunft des Erzählens offen.[61]

Dass Goethe seine Autobiographie mit einem zwiespältigen Egmont-Zitat enden lässt, das den tragischen Tod des Trauerspiel-Helden bereits im Blick hat, ihn jedoch über das durch den Opfertod des Helden bedingte gemeinschaftliche Wohl rechtfertigt,[62] lenkt den Blick nochmals auf den kleinen, doch feinen Unterschied des Egmont-Zitats in der Autobiographie. Hier hält Egmont die Zügel »fest«, zumindest ›fester‹ als im Trauerspiel. Lässt sich das so lesen, dass Goethe im Unterschied zum tragisch endenden Egmont sich die Zügel nicht aus der Hand nehmen zu lassen gedenkt? In einem Brief an Herder vom Juli 1772 hatte Goethe das Wagenlenkerbild als »Symbol künstlerischer Meisterschaft« verwendet.[63]

»Über den Worten Pindars επικρατειν δυνασθαι ist mirs aufgegangen. Wenn du kühn im Wagen stehst, und vier neue Pferde wild unordentlich sich an deinen Zügeln bäumen, du ihre Krafft lenckst, den austretenden herbey, den aufbäumenden hinabpeitschest, und iagst und lenckst, und wendest, peitschest, hältst, und wieder ausjagst biss alle sechzehn Füsse in einem Trackt ans ziel tragen. Das ist Meisterschafft, επικρατειν, Virtuosität.«[64]

61 Die Fortsetzung des Berichts Aus meinem Leben, die Italienische Reise, ist bereits 1816/17, also noch vor der Publikation des vierten Teils von Dichtung und Wahrheit, erschienen. Der vierte Teil von Dichtung und Wahrheit wurde 1831 ausgeführt, aber erst nach Goethes Tod von Eckermann herausgegeben. Zwischen der erzählten Zeit in Dichtung und Wahrheit und der Italienischen Reise tut sich eine Lücke von elf Jahren auf.

62 So heißt es in der Regieanweisung von Egmonts Traumvision im Gefängnis, dass ihn Clärchen, seine Geliebte, *»froh sein«* heißt und *»ihm bedeutet, daß sein Tod den Provinzen [der Niederlande] die Freiheit verschaffen werde«* (Goethe, Egmont [wie Anm. 43], S. 550 [Kursivsetzung im Original]).

63 Ders., Dichtung und Wahrheit (wie Anm. 11), S. 1298 (Kommentar).

64 Ders., Von Frankfurt nach Weimar. Briefe, Tagebücher und Gespräche vom 23. Mai 1764 bis 30. Oktober 1775, hg. v. Wilhelm Große, Abt. 2: Briefe, Tagebücher und Gespräche, Bd. 1 (= 28), Frankfurt a. M. 1997, S. 256. επικρατειν δυνασθαι ist mit ›bändigen können‹, ›sich beherrschen können‹, ›Meister sein‹ zu übersetzen (nach Pindars »Nemeischer Ode«, Vers 4 und 5), vgl. den Kommentar, ebd., S. 776.

Rückblickend, aus der Perspektive des Weimarer Autobiographen, ist ja tatsächlich alles gut gegangen, hat sich die Entscheidung, nach Weimar zu gehen, nachträglich als die richtige erwiesen, sodass schließlich auch die Entscheidung zur Autobiographie mehr als gerechtfertigt erscheint.

Isabel Heinemann, Sarah Nienhaus, Mrinal Pande und Katherin Wagenknecht

Heirat, Hausbau, Kinder

Narrationen von Familienentscheidungen

1. Einleitung

Partnerwahl, Heirat, Hausbau, Kinder – das familiale Leben in modernen Gesellschaften besteht aus einer Kette bedeutungsvoller Entscheidungen für das Individuum. Diese werden jedoch nicht ausschließlich intuitiv getroffen, sondern unter Rückgriff auf diverse Ressourcen des Entscheidens wie zum Beispiel Normen, Alltags- und Expertenwissen, ökonomische Interessen und kulturelle Ordnungen. Der Beitrag fragt disziplin-, epochen- und regionenübergreifend danach, wie und unter Rückgriff auf welche Ressourcen Familienentscheidungen in unterschiedlichen Zeiten und Kontexten narrativ gefasst und tradiert werden: Wie verhandeln und präsentieren Individuen, Paare und Familien die getroffenen Entscheidungen als Heiratsentscheidungen, Reproduktionsentscheidungen, Hausbauentscheidungen? Wie werden diese in der jeweiligen Gesellschaft gerahmt? Welche Unterschiede und Gemeinsamkeiten im Ressourcenzugriff lassen sich zwischen den Epochen und Regionen ausmachen? Was bedeutet dies schließlich für die Tradierung von Familienentscheidungen als solche?

Um diese Fragestellung empirisch aufzufächern, greift der Beitrag auf insgesamt vier Fallstudien zurück, die mehrheitlich den Teilprojekten des SFB 1150 entstammen.[1] Das Besondere dabei ist neben der breiten regionalen Ausrichtung – Deutschland, USA, Indien – auch die dezidiert interdisziplinäre Anlage der Fallstudien, die den Fächern Literaturwissenschaft, Ethnologie, Kulturanthropologie und Zeitgeschichte entstammen.

1 Beteiligt sind folgende Teilprojekte des SFB 1150 »Kulturen des Entscheidens«: A 04: »Herkules am Scheideweg? Szenarien des Entscheidens in der autobiographischen Lebenslaufkonstruktion« (geleitet von Martina Wagner-Egelhaaf, Beitrag von Sarah Nienhaus), A 05: »Zwischen Privatheit und öffentlicher Debatte: Reproduktionsentscheidungen in Deutschland und den USA in der zweiten Hälfte des 20. Jahrhunderts« (geleitet von Isabel Heinemann, Beitrag von ders.), A 06 »Soziale Praktiken und mediale Narrative matrimonialen Entscheidens in Indien« (geleitet von Helena Basu, Beitrag von Mrinal Pande). Das Beispiel von Katherin Wagenknecht entstammt dem Projekt »Der Lauf der Dinge oder Privatbesitz? Ein Haus und seine Objekte zwischen Familienleben, Ressourcenwirtschaft und Museum«, geleitet von Elisabeth Timm, im BMBF-Verbund im Förderprogramm »Die Sprache der Objekte. Materielle Kultur im Kontext gesellschaftlicher Entwicklungen«.

Das erste Fallbeispiel untersucht aus literaturhistorischer Perspektive die Thematisierung der Eheentscheidung durch die deutsche Schriftstellerin Fanny Lewald-Stahr. Diese hatte ihre Entscheidung, keine Versorgungsehe einzugehen und sich den Wünschen des Vaters damit direkt zu widersetzen, ausführlich in ihrer autobiographischen Schrift »Meine Lebensgeschichte« (1861/62) thematisiert. Hier stellt sich die Frage, wie am Beispiel der Eheentscheidung Beruf- und Lebensentscheidung miteinander verknüpft und zugleich von der Schriftstellerin als Entscheidungsprozess beschrieben werden. Fallbeispiel zwei analysiert aus historischem Blickwinkel, wie in den USA der 1980er Jahre Reproduktionsentscheidungen verhandelt wurden, und fragt danach, welche Entscheidungskompetenzen und -möglichkeiten Frauen, die ungewollt schwanger wurden, zugeschrieben wurden. Während die Reagan-Regierung versuchte, Adoption als Alternative zur Abtreibung zu profilieren, und ungewollt Schwangeren jegliche Entscheidungsfähigkeit absprach, widersprachen Frauenrechtlerinnen und erstmals auch diejenigen Mütter, die ihre Kinder zur Adoption freigegeben hatten. Beide Gruppen forderten, Frauen als Entscheiderinnen ernst zu nehmen und ihnen das Recht zur eigenständigen Entscheidung über ihre Reproduktion zuzugestehen – aus unterschiedlichen Gründen. Das dritte Fallbeispiel untersucht aus ethnologischer Perspektive, wie Eheentscheidungen im zeitgenössischen Indien in Bollywood-Filmen thematisiert werden. Hierzu werden zwei Spielfilme aus den Jahren 1999 und 2013 verglichen. Darin zeigt sich eine wichtige Bedeutungsverschiebung von der Akzeptanz arrangierter Ehen als Bestandteil der kulturellen Tradition hin zum Anspruch auf individuelle Selbstverwirklichung. Fallbeispiel vier blickt im Rahmen einer kulturanthropologisch-ethnographischen Untersuchung auf die Entscheidung für den Bau eines Einfamilienhauses und vergleicht hierzu jeweils ein Dorf, eine Kleinstadt und eine vorstädtische Siedlung im Münsterland. Interviews mit Bauherren[2] verdeutlichen, nach welchen Kriterien die Hausbauentscheidung verlief und wie diese im Nachhinein erinnert und berichtet wird.

Allen Fallstudien gemeinsam ist ein dezidierter Blick auf Familienentscheidungen und die Frage, wie Entscheiden abläuft, wer entscheiden darf und auf welche Ressourcen des Entscheidens dabei zurückgegriffen wird. Vor allem aber bieten die Fallbeispiele einen multiperspektivischen Einblick in die narrative Tradierung und gesellschaftliche Rahmung von Familienentscheidungen in unterschiedlichen historischen und geographischen Kontexten.

2 Im Folgenden wird die männliche Form verwendet (›Bauherren‹ statt ›Bauherrinnen und Bauherren‹, ›Einwohner‹ statt ›Einwohnerinnen und Einwohner‹); dies geschieht jedoch nicht unreflektiert, sondern zugunsten der Kürze des Textes.

2. Literatur und Schriftlichkeit als Ressourcen des Entscheidens. Die Eheentscheidung in Fanny Lewald-Stahrs »Meine Lebensgeschichte« (1861/62)[3]

In der autobiographischen Erzählung »Meine Lebensgeschichte« der deutschen Schriftstellerin Fanny Lewald-Stahr (1811–1889) besitzt die Eheentscheidung einen zentralen Stellenwert. Die von der autodiegetischen Erzählerin[4] beobachteten arrangierten Ehen anderer Figuren, die familiären Diskussionen über die eigene Eheentscheidung und die jüdische Konfession sind der Ausgangspunkt für die thematische Ausrichtung ihrer autobiographischen Erzähltexte und ihrer literarischen wie kulturkritischen Texte.[5] Diese widmen sich wiederholt dem Thema der Ehe, der beruflichen Selbstständigkeit von Frauen und dem Privileg einer ›Entscheidensfreiheit‹. Anhand zweier Textbeispiele soll exemplarisch gezeigt werden, wie sich in der Autobiographie Berufs- und Eheentscheidung wechselseitig bedingen und zugleich in ihrer Prozesshaftigkeit eine Familienentscheidung darstellen.

Lewald-Stahrs persönliche Eheentscheidung präsentiert sich im Verlauf des autobiographischen Erzähltextes als ein vielgestaltiger und diskursiver Prozess, der die Altersspanne zwischen fünfzehn und vierzig Jahren umfasst. Konsequent werden die jeweils an diesem Prozess beteiligten Instanzen, Perspektivierungen und Diskurse vorgestellt und die Relevanz eines qualifizierenden Schulabschlusses für Frauen hervorgehoben. Infolgedessen wird in der Diegese eine fundierte Ausbildung zur Grundvoraussetzung für verfügbare Entscheidungsmöglich-

3 Hier und im Folgenden zitiert nach: Fanny Lewald, Meine Lebensgeschichte (Berlin 1861/62), Sonderausgabe, nach der Originalausgabe, hg. v. Ulrike Helmer, 3 Bde., Königstein im Taunus ^{2}1998. Fallbeispiel I und die dort vorgestellten Analyseergebnisse entstammen der Forschungsarbeit »Schreibend entscheiden« von Sarah Nienhaus, die als Promotionsschrift konzipiert ist und im Rahmen des Teilprojektes A 04 entsteht.

4 Schmid spricht von einem diegetischen Erzähler, sobald die Erzählerfigur in der erzählten Welt mitspielt. Ein autodiegetischer Erzähler ist demnach erzählte und erzählende Figur innerhalb der eigenen Lebensgeschichte; vgl. Wolf Schmid, Elemente der Narratologie, Berlin ^{2}2008, S. 86, 87, 320.

5 Vgl. hierzu exemplarisch: Regula Venske, »Ich hätte ein Mann sein müssen oder eines großen Mannes Weib!« – Widersprüche im Emanzipationsverständnis der Fanny Lewald, in: Ilse Brehmer u. a. (Hg.), »Wissen heißt Leben…«. Beiträge zur Bildungsgeschichte von Frauen im 18. und 19. Jahrhundert, Bd. 4, Düsseldorf 1983, S. 368–396, hier S. 370; Brigitta van Rheinberg, Fanny Lewald. Geschichte einer Emanzipation, Frankfurt a. M. 1990, S. 25, 102–104; Gabriele Schneider, Fanny Lewald, Hamburg 1996, S. 24–26; Regula Venske, Nachwort. Fanny Lewald – jüdische Preußin, preußische Feministin, die deutsche Georg Sand?, in: Fanny Lewald, Meine Lebensgeschichte, Befreiung und Wanderleben, hg. v. Ulrike Helmer, Bd. 3, Königstein im Taunus ^{2}1998, S. 300–314; Gudrun Marci-Boehncke, Fanny Lewald. Jüdin, Preußin, Schriftstellerin. Studien zu autobiographischem Werk und Kontext, Stuttgart 1998, S. 134–135; Christina Ujma, 200 Jahre Fanny Lewald. Leben, Werk und Forschung, in: Dies. (Hg.), Fanny Lewald (1811–1889). Studien zu einer großen europäischen Schriftstellerin und Intellektuellen, Bielefeld 2011, S. 7–35, hier S. 7–9.

keiten erklärt. Während ihre Autobiographie erzählstrategisch den Charakter eines Ratgebers annimmt, wird sie für die Rezeption als Ressource des Entscheidens offeriert.[6] Auf einen dargestellten Entscheidensprozess folgen unmittelbar pädagogische Abhandlungen oder Appelle. Die Erzählerin betont mit diesem Erzählverfahren den pädagogischen Auftrag der Autodiegese. Die autobiographische Figur stellt den Rezipienten in unterschiedlichen Zusammenhängen das »Unglück« ungebildeter Frauen und einer dem Stand nach arrangierten Ehe vor.[7] In diesem Kontext schildert die Erzählerin, wie sie sich bereits im Kindesalter eine »Professorin aus Bologna« zum Vorbild setzt und mit dieser Handlung einen Konflikt mit dem Vater auslöst.[8] Das dabei vorgeführte Spannungsverhältnis ist maßgebend für den gesamten Prozess der Eheentscheidung. Primär wird dieser als Aushandlungsprozess zwischen Tochter und Vater und als Emanzipation der Tochter zur unabhängigen Schriftstellerin dargestellt.[9] Zugleich ist die Vaterfigur ein Mentor für die autobiographische Figur, da er den Zugang zu Literatur und Bildungsgütern ermöglicht, verwaltet und reglementiert. In der szenischen Darstellung ausgewählter Passagen des Prozesses ihrer Eheentscheidung emergieren literarische Beispiele stets als Ressourcen des Entscheidens. Die präsentierten Entscheidensnarrative sind konsequent familiär gerahmt.

Bereits im Alter von fünfzehn Jahren trifft die autobiographische Figur eine zukunftsweisende Entscheidung und prognostiziert so die persönliche Verwaltung der Ehethematik. Im Verlauf der Diegese[10] besucht die junge Fanny Lewald-Stahr in Königsberg häufig im Alleingang ihre Tante, die exemplarisch für das warnende Schicksal einer unglücklich verheirateten Frau steht. Das Haus dieser Tante zeichnet sich zugleich durch den freien Zugang zu einer Bibliothek aus. Jegliche Literaturerfahrung ist jedoch an den Vater rückgebunden und so beginnt das Entscheidensnarrativ mit der Präsentation einer Diskussion zwischen der autobiographischen Figur und ihrem Vater über Johann Wolfgang von Goethes Trauerspiel »Die natürliche Tochter«:[11]

»Mein Vater hatte unter den Goethe'schen Dramen eine besondere Vorliebe für die ›natürliche Tochter‹. Es war daher auch eines der ersten, welche ich gelesen, und zwar ihm selbst zum großen Teile vorgelesen hatte. […] [E]r hatte […] mir den Charakter

6 Marci-Boehncke postuliert in diesem Zusammenhang, Lewald »schreibt für andere«, s. dies., Fanny Lewald (wie Anm. 5), S. 127. Der Gesamtkontext des autobiographischen Erzähltextes lässt diese strikte Trennung jedoch problematisch erscheinen.

7 Lewald, Meine Lebensgeschichte (wie Anm. 3), Bd. 1, S. 7.

8 Ebd., S. 89.

9 Lewald-Stahr beginnt sich im Verlauf ihrer Schriftstellerkarriere von der familiären Bitte zu lösen, ihre Texte anonym zu publizieren. Vgl. hierzu exemplarisch: Ebd., Bd. 3, S. 7; Rheinberg, Geschichte einer Emanzipation (wie Anm. 5), S. 108.

10 Die ›erzählte Welt‹ wird mit dem Begriff ›Diegese‹ benannt; vgl. Schmid, Elemente der Narratologie (wie Anm. 4), S. 86, 320.

11 Auf die dominante Position des Vaters verweist auch Regula Venske; vgl. dies., Widersprüche (wie Anm. 5), S. 389.

Eugeniens als einen solchen gerühmt, der sich zu entscheiden und zu bescheiden wisse, was für Frauen doppelt unerläßliche Eigenschaften und recht eigentlich Tugenden wären. Mich ließ das Drama gänzlich kalt. Die langen Gespräche, bei denen nach meiner Meinung alles nur darauf hinauslief, daß ein unglückliches Mädchen sich ohne seine Neigung verheiratete, zogen mich nicht an, […] so flößte mir meines Vaters Ideal von Weiblichkeit, so flößte mir Eugenie mit ihrer Resignation eigentlich nur Widerwillen ein. […] Als ich das gegen den Vater aussprach, tadelte er mich, indem er mir sagte, er bedaure es, daß er mich das Drama habe lesen lassen, ich verstände es offenbar noch nicht. […]. Eines Tages, als ich bei meiner Tante war, brachte ich das Gespräch auf Eugenie und darauf, daß der Vater sie und ihren Entschluß so erhaben fände. Die Tante […] sagte dann ganz kurz: ›Laß Dir doch nichts einreden! Das sagen sie so, weil es ihnen bequem ist!‹ […] ›Es ist Unsinn zu behaupten, daß eine Frau sich an etwas gewöhnen könne, was ihr abstoßend ist. Habe ich mich denn an mein Los gewöhnt? Ich wußte, daß ich mein Todesurteil unterzeichnete, als ich mich verheiratete, und ich habe es ihnen gesagt. Aber sie haben mir alle zugeredet, alle – nun bedauern sie mich alle!‹ […] Mehr noch erschreckte mich der plötzliche deutliche Blick auf das Unglück meiner Tante […]. An jenem Tage aber, in meinem fünfzehnten Jahre, faßte ich den festen Entschluß, mich zu keiner Heirat überreden zu lassen.«[12]

Die Erzählerin inszeniert sich hier als Vorleserin und somit als Wissensvermittlerin. Die gewählte Passage bereitet einen späteren Entscheidensprozess vor und zeichnet sich durch eine Dialogdichte aus. Zahlreich werden innerhalb des Erzähltextes weitreichende Entschlüsse des Vaters vorgestellt, die jedoch von diesem nicht argumentativ erklärt oder legitimiert werden müssen.[13] So erscheint der Vater als eine autonome, unkalkulierbare wie souveräne Figur. Diese Eigenschaften kommen im Erzählverlauf auch den Entschlüssen der autobiographischen Figur zu, präzisieren die Differenz zwischen Entscheiden und Entschluss und aktualisieren gleichfalls eine charakterliche Analogie zwischen Vater und Tochter. Laut Hermann Lübbe kennzeichnet Entschlüsse »eine Form der Herrschaft«, die frei von der »Last« des Entscheidens ist.[14]

Lewald -Stahr spricht in den Dialogszenen dem Vater das Verständnis der von ihr vorgetragenen Literatur ab. Eingeholt wird diese Szene jedoch retrospektiv durch die autodiegetische Erzählerin, die auf diese Weise die Legitimität der damaligen Entscheidensprämissen dokumentiert. Betont wird an dieser Stelle der Verweis auf die Beobachtungsperspektive der Erzählerin. Es ist ihr Blick auf das ›Unglück‹ ihrer Tante, der sie ihre Eheentscheidung kritisch reflektieren lässt. Dabei ist die Analyse der Eugenie für den literarischen Kontext der Autobiographie bemerkenswert, da sich im 19. Jahrhundert eine rege Debatte zur Dar-

12 Lewald, Meine Lebensgeschichte (wie Anm. 3), Bd. 1, S. 163–165.

13 Wenn die Figur des Vaters in der Diegese etwa die Konversion der bereits erwachsenen Kinder zum Christentum oder die Änderung des Familiennamens beschließt (vgl. ebd., S. 194–197, 212–214, 242).

14 Hermann Lübbe, Zur Theorie der Entscheidung, in: Collegium Philosophicum. Studien Joachim Ritter zum 60. Geburtstag, Basel 1965, S. 118–140, hier S. 129.

stellung von Frauen- und auch Männerfiguren zwischen Schriftstellerinnen und Schriftstellern etablierte. Diese wiederum förderte die Diskussion über die Vereinbarkeit von Beruf und Familie für Frauen.[15] Frauenfiguren aus den Werken Goethes und auch »Goethe als Literatur-Figur« bilden in der Autobiographie Lewald-Stahrs kontinuierlich eine Vergleichsfolie und Diskussionsgrundlage.[16] Dabei verläuft Lewald-Stahrs autobiographische Arbeitsphase nahezu parallel mit der ihres späteren Ehemanns Adolf Stahr zu »Goethe's Frauengestalten«, so zeichnet sich die literarische wie literaturwissenschaftliche Arbeit des Ehepaars durch eine beratende Zusammenarbeit aus.[17]

Indem die autodiegetische Figur das Gespräch über die Figur Eugenie mit ihrer Tante eröffnet, spricht es sich in der Autodiegese die Regie und Wissensverwaltung zu. Die direkte figurale Rede der Tante ergänzt das Entscheidensnarrativ. Die Erzählerin Lewald-Stahr konturiert in dieser Passage erstmals einen Entscheidensbedarf, da sie berichtet, wie der Vater die autodiegetische Figur in seinem fünfundzwanzigsten Lebensjahr mit der Entscheidensnotwendigkeit für eine Ehe konfrontiert. Die Diskussion dieser Notwendigkeit vollzieht sich in dem vorliegenden Erzähltext wieder in privaten familiären Räumen, in denen die Erzählerin die Arbeit an und für einen privaten Entscheidensraum schildert. Beate Rössler definiert in ihrer Monographie »Der Wert des Privaten« »*dezisionale[]* Privatheit« als einen »Anspruch [...] von Fremdbestimmen bei Entscheidungen und Handlungen geschützt zu sein«.[18] Im Vergleich vollziehen sich in Autobiographien des 19. Jahrhunderts Entscheidensprozesse bevorzugt in privaten Darstellungsräumen oder in intimen Kommunikationsräumen der Schrift wie dem Brief oder Tagebuch. In der folgenden Textpassage gewinnt das Entscheidensnarrativ einen szenischen Charakter und erinnert an ein Kammerspiel:

»Ich fand meinen Vater allein und sehr bewegt. [...] Der Assessor habe ihn um meine Hand gebeten, und er wünsche und hoffe, daß ich mich bereit finden lassen würde, sie anzunehmen. [...] [I]ch erklärte [...] unumwunden, daß es mir leid tue, meinem Vater seinen Wunsch und seine Hoffnung nicht erfüllen zu können. Er schwieg einen

15 Vgl. Andrea Albrecht, Bildung und Ehe »genialer Weiber«. Jean Pauls »Diesjährige Nachlesung an die Dichtinnen« als Erwiderung auf Esther Gad und Rahel Levin Varnhagen, in: Deutsche Vierteljahresschrift für Literaturwissenschaft und Geistesgeschichte 80 (2006), S. 377–406.

16 Vgl. hierzu auch exemplarisch: Rheinberg, Geschichte einer Emanzipation (wie Anm. 5), S. 28 f.; Ujma, 200 Jahre (wie Anm. 5), S. 13; Alexander Honold u. a., Einleitung, in: Dies. (Hg.), Goethe als Literatur-Figur, Göttingen 2016, S. 7–14.

17 Mit dem verheirateten Adolf Stahr führt Lewald neun Jahre eine Beziehung und heiratet ihn 1855 nach der Scheidung von seiner Ehefrau Marie Stahr; vgl. hierzu exemplarisch: Gabriele Schneider, Unziemliche Verhältnisse. Fanny Lewald und Adolf Stahr – »das vierbeinig zweigeschlechtige Tintentier«, in: Christina Ujma (Hg.), Fanny Lewald (1811–1889). Studien zu einer großen europäischen Schriftstellerin und Intellektuellen, Bielefeld 2011, S. 43–63; vgl. Adolf Stahr, Goethe's Frauengestalten, 2 Bde., Oldenburg 1865.

18 Beate Rössler, Der Wert des Privaten, Frankfurt a. M. 2001, S. 25.

Augenblick und bemerkte danach: ›Überlege Dir die Verhältnisse, mein Kind! Du bist nicht mehr jung, du bist fünfundzwanzig Jahre. [...]. Der Assessor wählt dich um deiner selbst willen [...]; ganz abgesehen davon, daß eine Frau selbst in einer nicht ganz glücklichen Ehe noch immer besser daran ist als ein altes Mädchen‹. Ich fragte, ob der Vater diese letztere Erfahrung an seiner jüngsten Schwester gemacht habe [...]. In mir wogten die verschiedensten Empfindungen auf und nieder. [...] Ich mußte solchen Heiratsvorschlägen ein für allemal ein Ende machen, das fühlte ich. Ich erklärte meinem Vater also, daß nichts mich bestimmen könne, eine Heirat ohne Neigung einzugehen, und sagte, wenn er mich zu einer solchen zu überreden gewünscht, [...] so hätte er mir die Erziehung nicht geben dürfen, die ich von ihm erhalten [...]. Mir sei eine Dirne, die sich für Geld verkaufe, wenn sie nichts gelernt habe und ihre Familie arm sei, nicht halb so verächtlich als ein Mädchen, das genug gelernt habe, um sich zu ernähren, und sich für Haus und Hof verkaufe. [...]. Die[] Vorstellung, daß mein Vater, den ich so unsäglich liebte, mich zu zwingen, mich ins Unglück zu stoßen dachte [...], brachte mich außer mir. ›Du willst mich zwingen, wie willst du das machen, lieber Vater?‹ fragte ich [...]. Meinem armen Vater traten die Tränen in die Augen [...]. Er nahm mich bei der Hand und sprach mit der Stimme, die mir so unwiderstehlich war: ›Fanny! Wer denkt denn daran! Aber ich bitte dich, dein Vater bittet dich darum, diese Heirat einzugehen, du würdest mich und die Mutter sehr glücklich dadurch machen.‹ – Ich fing zu weinen an. [...] ›Quäle mich nicht, lieber Vater!‹ flehte ich, ›ich kann nicht! Ich kann nicht heiraten!‹ [...] ›Also das ist dein letztes Wort, es bleibt bei nein!‹ – ›Ich kann nicht anders!‹ wiederholte ich. ›Gut denn! Also nein! Und ich will hoffen, dass du es später nicht einmal bedauerst.‹ Er küsste mich und ging hinaus.«[19]

›Entscheiden‹ ist in beiden Textbeispielen dialogisch organisiert. Familienstrukturen rahmen den Entscheidensprozess und offerieren zugleich Ressourcen des Entscheidens durch ihr Figurenrepertoire und als Sammelbecken wie Generator von Narrativen. Die Fehlinterpretation des Trauerspiels »Die natürliche Tochter«, die der Vater der autobiographischen Figur attestiert, wird in dieser Szene konterkariert. Die Erziehung und die zur Verfügung gestellte Literatur des Vaters entwickelt in der autobiographischen Figur eine Eigendynamik und so präsentiert diese Passage die Interpretationsleistung des Trauerspiels als eine Emanzipationsleistung. Der Vergleich einer unglücklichen Ehe mit Prostitution wird in der Autobiographie wiederaufgenommen, wenn die Erzählerin ihren Roman »Clementine« bespricht und ihr autobiographisches Entscheidensnarrativ zu einer Abhandlung über Ehen im 19. Jahrhundert umgestaltet. Während sich die Erzählerin an den Schreibprozess ihres Romans erinnert, schildert sie die Passagen zur Ehe als »das Niederlegen eines Glaubensbekenntnisses«.[20] Infolgedessen entwirft und inszeniert die autobiographische Figur das Ideal einer Liebesheirat, das auch leitmotivisch für die narrativierte Begegnung mit ihrem

19 Lewald, Meine Lebensgeschichte (wie Anm. 3), Bd. 2, S. 133–136.
20 Ebd., Bd. 3, S. 13.

späteren Ehemann Stahr wird.[21] Autofiktionales und autobiographisches Schreiben treten in dieser Passage in ein besonderes Näheverhältnis. Die Lektüre ihrer Schriften durch den Vater empfindet das autodiegetische Ich als bestandenen »Freiheitskampf«.[22] Den Entscheidensbedarf wie die Entscheidensnotwendigkeit für eine Ehe beschließt die Erzählerin selbstbestimmt, wenn sie darlegt: »Ich habe mich erst nach meinem vierzigsten Jahre verheiratet«.[23]

3. Abtreibung oder Adoption? Ressourcen reproduktiven Entscheidens in der Reagan-Ära in den USA

In den USA der 1970er und 1980er Jahre wurde engagiert über Reproduktion gestritten. Kristallisationspunkt war die Legalisierung der Abtreibung auf Antrag der Schwangeren durch eine Grundsatzentscheidung des Supreme Court vom 22. Januar 1973.[24] In der folgenden öffentlichen Debatte argumentierten Befürworter der Abtreibung (*pro choice*) mit dem persönlichen Entscheidungsrecht der Mutter, während Gegner (*pro life*) das Lebensrecht des Embryos als schützenswertes Rechtsgut betrachteten. Präsident Ronald Reagan griff in den 1980er Jahren aktiv in diese Auseinandersetzungen ein und versuchte, Adoption als ethisch überlegene Alternative zu profilieren. Daraufhin meldeten sich Vertreterinnen der Frauenbewegung und insbesondere der Bewegung für Abtreibungsrechte zu Wort, aber auch Frauen, die ihr Kind zur Adoption freigegeben hatten und die sich nun in einem nationalen Verein, den Concerned United Birthparents (CUB), zusammengefunden hatten.

Während seiner Amtszeit als vierzigster Präsident der USA ließ Ronald Reagan keinen Zweifel daran, dass er Abtreibung für moralisch falsch und schädlich für die Familie als Basis der Nation hielt. So übertrug er erklärten Abtreibungsgegnern Funktionen im Gesundheitswesen und kürzte die Staatsausgaben für den Gesundheitssektor – mit dem Ziel, die Abtreibungspraxis einzudämmen. 1983 erklärte er anlässlich des zehnten Jahrestags des Urteils des Supreme Court: »Since 1973, more than 15 million unborn children have had their lives snuffed out by legalized abortions. That is over ten times the number of Americans lost

21 Vgl. exemplarisch zum Ideal einer Liebesehe: Peter Borscheid, Geld und Liebe. Zu den Auswirkungen des Romantischen auf die Partnerwahl im 19. Jahrhundert, in: Ders. / Hans Jürgen Teuteberg (Hg.), Ehe, Liebe, Tod, Münster 1983, S. 112–134; Inken Schmidt-Voges, Strategien und Inszenierungen häuslichen Lebens zwischen 1750 und 1820, in: Dies. (Hg.), Ehe – Haus – Familie. Soziale Institutionen im Wandel 1750–1850, Köln 2010, S. 9–27; Schneider, Unziemliche Verhältnisse (wie Anm. 17), S. 45; Monika Wienfort, Verliebt, verlobt, verheiratet. Eine Geschichte der Ehe seit der Romantik, München 2014, S. 8–15, 20f.

22 Lewald, Meine Lebensgeschichte (wie Anm. 3), Bd. 3, S. 14.

23 Ebd., Bd. 2, S. 138.

24 Johanna Schoen, Abortion After Roe, Chapel Hill 2015; Mary Ziegler, After Roe. The Lost History of the Abortion Debate, Cambridge 2015; Marc Stein, Sexual Injustice. Supreme Court Decisions from Griswold to Roe, Chapel Hill 2010.

in all our nation's wars.«[25] Somit setzte Reagan die abgetriebenen Föten den gefallenen Soldaten gleich, erhob sie also in den Rang von Personen, die für die Nation gestorben seien. Zudem bezeichnete er Abtreibung als »infanticide« oder gar »holocaust« und sprach von den Embryos und Föten als Kindern: »These children [...] will never laugh, never sing, never experience the joy of human love; nor will they strive to heal the sick, or feed the poor, or make peace among nations.«[26]

Indem er allein das Lebensrecht des Fötus betonte, schenkte der Präsident den Rechten der Frauen und Mütter auf körperliche Unversehrtheit oder freie Entscheidung hingegen keinerlei Beachtung. Zugleich versuchte er, Adoption als tragfähige Alternative zur Abtreibung zu präsentieren und erklärte Ende 1984 die dritte Novemberwoche (um das traditionell zur Familienzusammenführung dienende Thanksgiving am 24. November) zur ersten National Adoption Week: Ziel sei es, den ungewollt Schwangeren zu verdeutlichen, wie viele Paare verzweifelt auf die Gelegenheit zur Adoption eines Säuglings warteten.[27] Frauen, die eine Abtreibung erwogen, erschienen in seiner Rhetorik nicht als autonome Entscheiderinnen, sondern als Alleinstehende in einer Krisensituation.[28] Durch verschiedene Hilfen und ein funktionierendes Adoptionsprogramm sollte ihnen die Entscheidung abgenommen und der Status ›heroischer Lebensspenderinnen‹ zugesprochen werden.[29]

Angesichts der von Reagan vorgenommenen Weichenstellungen nahm das Thema der *reproductive rights* für die Frauenbewegung eine Schlüsselstellung ein. Die größte Frauenrechtsorganisation in den USA, die National Organisation of Women (NOW), erklärte den Präsidenten zu einem »disaster for women« und monierte, dass die Regierung verstärkt in das Privatleben vieler Amerikane-

25 Ronald Reagan, Abortion and the Conscience of the Nation, in: The Human Life Review, 3.2.1984, <https://www.humanlifereview.com/abortion-and-the-conscience-of-the-nation-ronald-reagan-the-10th-anniversary-of-the-supreme-court-decision-in-roe-v-wade-is-a-good-time-for-us-to-pause-and-reflect-our-nationwide-policy-of-abortion-o/> (Stand: 1. Mai 2017); ders., Abortion and the Conscience of the Nation, Nashville 1984, überarbeitete Neuausgabe, Sacramento, CA 2001.

26 Ronald Reagan, Proclamation 5147 – National Sanctity of Human Life Day, 1984, 13.1.1984, im Internet: <https://reaganlibrary.archives.gov/archives/speeches/1984/11384c.htm> (Stand: 1. Mai 2017). Mit dieser Rede erhob Reagan den elften Jahrestag der Legalisierung der Abtreibung durch den Supreme Court 1984 zum National Sanctity of Human Life Day, der während seiner Präsidentschaft und auch unter seinem Nachfolger George Bush fortan jährlich stattfand.

27 Ders., Proclamation 5280 – National Adoption Week, 1984, 13.11.1984, in: Gerhard Peters / John T. Woolley, The American Presidency Project, <http://www.presidency.ucsb.edu/ws/?pid=39423> (Stand: 1. Mai 2017).

28 Ders., Proclamation 5570 – National Adoption Week, 1986, 13.11.1986, in: Gerhard Peters / John T. Woolley, The American Presidency Project, <http://www.presidency.ucsb.edu/ws/?pid=36726> (Stand: 1. Mai 2017).

29 Ders., Proclamation 5746 – National Adoption Week, 1987, 19.11.1987, in: Gerhard Peters / John T. Woolley, The American Presidency Project, <http://www.presidency.ucsb.edu/ws/?pid=33714> (Stand: 1. Mai 2017).

rinnen eingreife.[30] Insbesondere die National Abortion Rights Action Leage (NARAL), die größte und älteste Institution, die landesweit für Abtreibungsrechte eintrat, kritisierte Reagan als »most anti-choice President in this country's history.«[31] NARALs Unterstützerinnen verstanden Abtreibung als Resultat einer persönlichen Entscheidung, die der Staat nicht regulieren dürfe. Dies zeigte sich besonders anschaulich in der Briefkampagne der Organisation aus dem Jahr 1985 unter dem Slogan »Silent no More«.[32] Ziel der Aktion war es, das Schweigen über Abtreibung zu beenden und zugleich die Entscheidungsfähigkeit der Frauen zu betonen: »We are decent, caring, intelligent women making responsible choices. [...] We will end the silence about abortion. Our stories must be heard.«[33] Tatsächlich berichteten 45.000 Mitglieder und Unterstützer NARALs in Briefen von ihren persönlichen Entscheidungen und Erfahrungen mit einer Abtreibung. Auch diskutierten sie die Frage, inwiefern der Staat in die Familie eingreifen dürfe. So schrieb ein Paar aus Lexington, Massachusetts: »We feel strongly that the government should not be the ›third person‹ in bed with the couple. [...] Reproductive freedom is a vital part of personal freedom.«[34] Eine Frau aus Brighton betonte die Bedeutung des persönlichen Entscheidungsrechtes: »Abortion is not a wonderful choice, but it is one of the few choices that this world currently affords us, and, often, it is the best choice, given the situation.«[35]

NARAL beschloss die Kampagne mit einem öffentlichen Speakout in Washington Ende Mai 1985, bei dem mehrere ausgewählte Frauen über ihre Abtreibungsentscheidung berichteten. Im Anschluss überreichten die Aktivistinnen Präsident Reagan einige der Briefe. Dieser beharrte indes weiterhin darauf, dass Frauen mit Adoptionsvermittlung und finanzieller Unterstützung ermöglicht werden müsse, ihre Kinder dennoch auszutragen. Doch hier hatte der Präsident nicht mit den Frauen gerechnet, die genau diese Erfahrung bereits gemacht hatten.

30 NOW-Broschüre, Women's Truth Squad on Reagan (1983). Schlesinger Library, Harvard University (SLHU) MC 714, Box 78, Folder 16.

31 NARAL National Leadership Caucus 1984, Presidential Election Campaign. SLHU MC 714, Box 83, Folder 3.

32 Anlass war der abtreibungskritische Film »The Silent Scream« des New Yorker Gynäkologen Bernhard Nathanson (einst selbst Betreiber einer Abtreibungsklinik und Mitbegründer NARALs), der eine Abtreibung anhand von Ultraschallaufnahmen ›live‹ zeigte. Dabei war de facto auf den verpixelten Schwarzweiß-Aufnahmen kaum etwas zu erkennen, vielmehr wurde das Geschehen erst durch die Erklärungen Nathansons zur Abtreibung eines Fötus. »The Silent Scream« lief 1984 zunächst im Vorabendprogramm verschiedener Fernsehkanäle. Daraufhin zeigte ihn sogar der Präsident im Weißen Haus.

33 Binder Abortion Rights, Silent No More, NARAL 2/1985. SLHU MC 659, Box 16, Folder 14; vgl. auch das Material in SLHU MC 659, Box 16, Folder 15.

34 H. P. und G. F. P., Lexington, MA, 14.5.1985, an Rep. Stephen Doran, c/o Mass Choice. Die Namen von Verfasserinnen von Briefen, die keine offizielle Position bekleideten, werden im Folgenden anonymisiert.

35 C. B., Brighton, MA, an State Senator Backrack, 8.4.1985. SLHU MC 659, Box 17, Folder 4.

Die sogenannten Geburtsmütter (*birthmothers*) – also Mütter, die ihre Kinder nach der Geburt zur Adoption freigegeben hatten – meldeten sich in den 1980er Jahren verstärkt zu Wort. Sie erklärten, dass Adoption für eine Mutter eben nicht nur eine ›heroische‹ Alternative zur Abtreibung darstelle, sondern auch eine zumeist schmerzliche Verlusterfahrung.

In den USA war es bis in die 1970er Jahre hinein üblich, dass unehelich Schwangere (insbesondere Minderjährige) aus der Mittelschicht ihre Schwangerschaft vor ihrem sozialen Umfeld verheimlichten.[36] Ihre Eltern und Vormünder drängten sie dann dazu, das Kind zur Adoption freizugeben. Mitte der 1970er Jahre organisierten sich erste Geburtsmütter im Verein Concerned United Birthparents Inc. (CUB), der rasch zu einer sichtbaren nationalen Bewegung mit mehreren tausend Mitgliedern avancierte. Vorrangige Ziele waren die Suche nach den aufgegebenen Kindern und die Öffnung der Akten, um Familienzusammenführungen zu ermöglichen.[37]

Das Selbstverständnis der Mitglieder lässt sich gut an der Diskussion um eine Reform des Adoptionsrechtes illustrieren. Als im Jahr 1979 ein nationaler Ausschuss vorschlug, den Ausdruck *birthparent* durch den Begriff *biological parent* zu ersetzen, meldeten sich die CUB-Mitglieder mit Protestbriefen zu Wort. Dabei reflektierten sie zum einen ihre Verlusterfahrung, zum anderen die Spannung zwischen Adoption und Abtreibung – immer vor dem Hintergrund der Frage, inwiefern Adoption eine bewusste Entscheidung darstellte. So berichtete eine *birthmother* aus New Jersey von Zwang: »Many of us were actually forced by our parents, the social worker, the doctor, the lawyer, and others in authority. We were too young or too poor to fight back.«[38] Dagegen beharrte die spätere Präsidentin des CUB, Carole J. Anderson, darauf, eine bewusste Entscheidung getroffen zu haben: »Had I chosen to terminate my pregnancy, neither I nor my son's birthfather would now be birthparents, for there would be no child. It is because I chose to give birth to our son that his birthfather and I are now birthparents.«[39]

Es ist wichtig, das Anderson hier von Adoption als bewusster Entscheidung spricht – obgleich es die Möglichkeit einer Abtreibung ja gleichfalls gegeben hätte. Der Abtreibungsdiskurs erlaubte also den *birthmothers*, ihre Entscheidung, das Kind auszutragen, als menschliche Alternative gegenüber einer Abtreibung darzustellen. Zugleich konnten sich die Frauen so von ihren Erfahrungen

36 Anne Fessler, The Girls Who Went Away. The Hidden History of Women Who Surrendered Children for Adoption in the Decades Before Roe v. Wade, New York 2006; Rickie Solinger, Wake Up, Little Suzie. Single Pregnancy Before Roe vs. Wade, New York 1992.

37 Der Nachlass der Institution findet sich in der Schlesinger Library der Harvard University, zugänglich seit 2015. SLHU MC 630. Die Organisation unterhält auch eine Website, s. <www.cubirthparents.org> (Stand: 1. Mai 2017).

38 Brief von S. M., Merchantville, N. J., 18.6.1979, an Lee Campbell. SLHU MC 630, Box 20, Folder 2.

39 Brief von C. J. A. an Lee Campbell, 21.7.1979. SLHU MC 630, Box 20, Folder 2.

der Machtlosigkeit (gegenüber Eltern und Adoptionsagenturen) sowie von dem mit einer unehelichen Geburt verbundenen Stigma distanzieren und Respekt und Moral für sich beanspruchen.

Als Präsident Ronald Reagan im Jahr 1987 eine Federal Adoption Task Force einsetzte, um die Adoption als Alternative zur Abtreibung weiter zu fördern, rückten die *birthmothers* erneut in den Blick.[40] Der Abschlussbericht der Task Force konzipierte Adoption als Königsweg zur Einhegung zweier unerwünschter Entwicklungen: erstens der Steigerung der Abtreibungszahlen und zweitens der Ausbreitung des Phänomens alleinerziehender Mutterschaft, insbesondere von Teenagern.[41] Gerade letzteres Ziel kritisierten die CUB-Mitglieder mit Verve: Anstatt schwangere Teenager vorschnell zu Adoptionen zu bewegen, solle die Regierung das Entscheidungsrecht der Frau stärken. Zudem sei die zumeist von Männern erhobene Behauptung, »that abortion was worse on women«, unzutreffend und die simple Gegenüberstellung von Adoption als positiver und Abtreibung als negativer Reproduktionsentscheidung verlogen: »[N]obody cared about unwed mothers' relationship to their children until abortion was legalized in 1973. Suddenly, we were carrying a valuable person. Everyone in the pro-life movement jumped on the bandwagon to convince unwed, pregnant women to carry their children to term and then relinquish them to adoption – the ›non-violent‹ alternative.«[42]

Das Unbehagen der CUB-Mitglieder speiste sich primär aus der Erfahrung eigener Machtlosigkeit gegenüber Eltern, Sozialarbeitern und Experten und dem Schmerz über den Verlust des Kindes. Daher plädierten sie dafür, das Entscheidungsrecht der Frau zu stärken, anstatt es zu beschneiden. In diesem Punkt trafen sie sich mit Vertreterinnen der Frauenbewegung und Befürworterinnen der Abtreibung – allerdings aus unterschiedlichen Gründen.

Während Präsident Reagan als Entscheidungsressource die Verantwortung für die Nation und den Schutz des Lebensrechts des Ungeborenen anführte, rekurrierten die Abtreibungsbefürworterinnen auf die Verantwortung der Frau und ihr Wissen, ebenso auf die Trennung zwischen staatlicher Rahmensetzung und individueller Entscheidung. Dagegen verwiesen die Geburtsmütter auf Verantwortung und Mutterliebe als Grundlage ihrer Entscheidung – die man ihnen als jungen Müttern nicht zugestanden hatte. Sie kritisierten aber auch Zwang und Bevormundung als Bestandteil unfreier Reproduktionsentscheidungen. Um das in Zukunft zu vermeiden, müsse Abtreibung weiter zugänglich bleiben. Indem gerade diese Personengruppe sich der Vereinnahmung durch den Präsidenten als ›heroische Lebensspenderinnen‹ verweigerte und stattdessen Respekt ein-

40 Task Force on Adoption Fact Sheet, The White House, Office of the Press Secretary, Santa Barbara, CA, 24.8.1987. SLHU MC 630, Box 19, Folder 1.

41 America's Waiting Children – A Report to the President from the Interagency Task Force on Adoption, November 1987. SLHU MC 630, Box 19, Folder 1.

42 Brief Karen Kottmeier, Denver, CO, CUB Secretary, an Mrs. Pratt, 25.11.1992. SLHU MC 630, Box 17, Folder 1.

forderte, offenbarte sich ein längerfristiger Prozess der Pluralisierung und des Wertewandels im Bereich reproduktiven Entscheidens, der Reagans angestrebte konservative Wende konterkarierte.

4. Narrationen von Liebe und Ehe im Bollywood-Film

Im heutigen Indien ist die Form der Ehe zum Gegenstand von Entscheidungen geworden. Speziell die Legitimität oder Illegitimität einer Liebesheirat – gegenüber einer arrangierten Heirat, die eher das Knüpfen sozialer Bindungen zum Ziel hat als die Berücksichtigung individueller Gefühle – wird mit neuer Schärfe diskutiert. Die damit einhergehenden Verschiebungen von Normen und Werten lassen sich auch im Bereich der Populärkultur festmachen, beziehungsweise werden diese dort überhaupt erst thematisiert und ausgehandelt. Daher fokussiert das folgende Beispiel die Repräsentationen von Liebe, Ehe und Individualität in zwei Bollywood-Filmen, zwischen denen ein Zeitraum von 15 Jahren liegt. Im Detail wird gefragt, wie die Spannung zwischen den Ansprüchen der gezeigten Familien auf Kontrolle ihrer reproduktiven Ressourcen (Austausch von Frauen in arrangierten Ehen) und den Frauen, die ein Recht auf ihre Gefühle anmahnen (das Recht, den Ehemann selbst auszuwählen), in diesen Filmen dargestellt und aufgelöst wird.

In Indien folgen arrangierte Ehen einer kulturellen Logik, die Frauen zu Bewahrerinnen der symbolischen Grenzen patrilinearer Statusgruppen stilisiert. Ehebündnisse können nicht mit einer beliebigen Person und Familie geschlossen werden, sondern nur mit derjenigen, die hinsichtlich ihrer Stellung in der sozialen Hierarchie als passend angesehen wird.[43] Eine Frau in eine übergeordnete soziale Statusgruppe zu verheiraten (Hypergamie) gilt als legitime Praxis, wohingegen die Verheiratung einer Frau an einen Mann von niedrigerem sozialen Status als Schande für die betroffene Familie, Verwandtschaft, Kaste betrachtet wird – daher ist diese Praxis streng verboten. Die Braut selbst wird als Geschenk (eines weiblichen Körpers) betrachtet, welches einer anderen Familie zusammen mit anderen materiellen Werten übergeben wird. Folglich wird die Braut zum Medium für die Bewahrung oder gar Steigerung des sozialen Status einer Verwandtschaftsgruppe. Weder weibliche Individualität oder Handlungsvermögen (*agency*) noch Liebe haben einen Platz in solchen Eheschließungsverfahren.

Klassische indische Texte (*Dharmasastra*),[44] die Beschreibungen von und Kommentare zu Gesetzen, Normen, Werten, Verwandtschaft und Ehe enthalten, listen acht mögliche Formen der Ehe auf, die in einer strikten Hierarchie angeordnet sind: Die höchste Form besteht darin, dass die Familie eines jungen Mannes die Familie eines jungen Mädchens bittet, ihre Tochter dem Sohn zur

43 Louis Dumont, Hierarchy and Marriage Alliance in South Indian Kinship, London 1957.
44 Donald R. Davis, The Spirit of Hindu Law, Cambridge 2010.

Ehefrau zu geben; die niedrigste Form hingegen wird als ›dämonische Ehe‹ beschrieben, worin der Mann das Mädchen entgegen ihrem Wunsch und dem der Familie entführt. In allen acht Eheformen handelt entweder die größere Verwandtschaftsgruppe oder aber ein einzelner Mann, nie aber die Frau, die stets passives Objekt innerhalb der Machtbeziehungen zwischen Männern bleibt. Zudem ist stets von besonderer Bedeutung, zu welcher Art materiellen Austauschs die Ehe führt. Im zeitgenössischen Indien liefert die erste Form den normativen Hintergrund für arrangierte Ehen, die auf den Werten des *kanyadan*, d. h. der ›Gabe einer Jungfrau‹ von einem Mann (Vater) aus einer Familie an einen anderen Mann (Ehemann), beruhen.[45]

Dagegen haben indische religiöse wie volkstümliche Traditionen ein reiches Korpus an Erzählungen von erotischem Begehren und von Liebe hervorgebracht, die jedoch beständig unerfüllt bleiben und letztlich sogar im Tod der Liebenden resultieren können. Liebe wird dabei in unterschiedliche Kategorien unterteilt, von denen nicht alle mit erotischer Anziehung verbunden sind. Verschiedenste Ausdrücke unterscheiden die Liebe einer Mutter von derjenigen eines Freundes oder einer Freundin, eines Gefährten oder einer Gefährtin. Intimes Begehren wird anders beschrieben als die Liebe von Eheleuten. Die Liebe selbst kann hingegen in der Form liebevoller Freuden oder ewigen, tragischen Verlangens erfahren werden.

Seit seiner Erfindung im frühen 20. Jahrhundert hat das sogenannte Bollywood-Kino mit den Spannungen zwischen leidenschaftlicher erotischer Liebe, übersetzt in Hollywood-Romantik,[46] und den Normen einer hierarchischen Gesellschaft, die von jungen Frauen und Männern die Akzeptanz der durch Statusinteressen gezogenen Grenzen verlangt, gespielt. Dabei wurde das Medium des Kinofilms zur bedeutenden populären Quelle für die Konstruktion einer unabhängigen und spezifischen indischen Bildsprache der Moderne.[47] Das breite Repertoire an Bollywood-Filmen hat seither populäre Imaginationen einer stets vergänglichen erotischen Liebe produziert und genährt.[48] Insbesondere die Bollywood-Songs haben eindringlich Verlangen, Sehnsucht und Verzweiflung an der durch Kaste und soziale Klasse erzwungenen Trennung thematisiert.

In der postkolonialen Gesellschaft Indiens wurden arrangierte Ehen sowohl in urbanen als auch in ländlichen Kasten praktiziert, insbesondere innerhalb der aufsteigenden Mittelschicht. Zugleich nahmen Diskurse über Liebesheirat oder Liebe deutlich zu. In den Worten Arjun Appadurais: »marriages have become

45 Lina Fruzzetti, The Gift of a Virgin. Women, Marriage and Ritual in a Bengali Society, Delhi 1982.

46 Eva Illouz, Consuming the Romantic Utopia. Love and the Cultural Contradictions of Capitalism, Berkeley 1997.

47 Arjun Appadurai, Indian Popular Cinema in the Making of a Decolonized Modernity. Annual Conference ›Global Modernisms. Contiguities, Infrastructures and Aesthetic Practices‹, Berlin 2015.

48 In Bollywood-Songs alternativ als *pyaar, priti, prem, sneh, mohabbat, ishq* oder *ulfat* bezeichnet.

the meeting points of historical patterns of socialization and new ideas of proper behaviour«.[49] Wie geheiratet und wie die Ehe repräsentiert werden sollte, wurde ein Gegenstand öffentlicher Verhandlung. Daher stellt sich die Frage, wie die kulturelle Spannung zwischen arrangierter Ehe und Liebesheirat in filmischen Entscheidungsnarrativen ausgehandelt wurde. Dies soll die Analyse zweier Bollywood-Filme klären.

Der Film »Hum Dil De Chuke Sanam« (›Ich gab Dir mein Herz, Geliebter‹) aus dem Jahr 1999 beginnt damit, dass er eine glückliche Familie im ländlichen Gujarat zeigt, die gemeinsam Hindu-Rituale, Feste und eine arrangierte Ehe feiert. Der Plot stellt drei Charaktere in den Mittelpunkt: zwei Männer und eine Frau. Der Liebhaber konkurriert mit dem zukünftigen Ehemann. Die weibliche Hauptfigur wird als selbstsicheres, sorgloses Mädchen gezeigt, das von seinem Vater Musikunterricht erhält. Sie verliebt sich in einen Studenten ihres Vaters, der halb Inder, halb Italiener ist und auf eine Karriere als Musiker hofft. Aus ihrer gemeinsamen Liebe zur Musik und Kunst entwickelt sich erotische Anziehungskraft. Sobald die Familie die romantische Beziehung entdeckt, wird dem Studenten das Haus verboten, und der Abgewiesene kehrt entmutigt nach Italien zurück, wo er mit seiner Mutter lebt.

Mitglieder der Familie betrachten ›sich verlieben‹ (*pyaar*) als großes Risiko, welches soziale Verwerfungen auslösen kann und mit der Sorge vor Missbilligung durch andere, Trennung und Ablehnung einhergeht. Folglich arrangieren die Verwandten des Mädchens ihre Heirat ohne ihr Wissen. Sie finden einen Ehemann, der zum Kasten-Status der Familie passt und außerdem zufällig Rechtsanwalt ist. Die Verhandlungen zur Anbahnung der Ehe werden minutiös geführt und reflektieren den Wohlstand beider Familien, die jeweils ihren sozialen Status bestmöglich inszenieren (ablesbar an Geschenken, teuren Kleidern, wertvollem Schmuck und der Art, wie die Familie der Braut derjenigen des Bräutigams Respekt erweist). Die künftige Braut ist jedoch auffallend abwesend bei diesen Szenen. Die Diskussionen über die Mitgift zeigen ein sehr traditionelles Verständnis von hinduistischen Ehebräuchen, jedoch mit leiser Selbstironie. Angesichts der extravaganten Vorbereitungen für die Ehezeremonie fordert der Vater des Bräutigams denjenigen der Braut, einen ehemals bekannten Sänger, dazu auf, durch Musikeinlagen bei der Zeremonie die Mitgift zu erhöhen. Dies wollte der Brautvater zunächst unbedingt vermeiden, da er bereits vor einiger Zeit seine Gesangskarriere aufgegeben hatte. Die Szene spielt im Beisein der engsten Familienmitglieder, einschließlich des Bräutigams, und verstärkt das Bild der Mitgift als einer unabdingbaren Zahlung, welche zugleich die gute Verheiratung einer Braut in Indien garantiert.[50]

49 Arjun Appadurai, Modernity at Large. Cultural Dimensions of Globalization, Minneapolis 1996, S. 44.

50 Die Zahlung einer Mitgift dient dazu, die messbaren Unterschiede in den individuellen Charakteristika von Braut und Bräutigam sowie zwischen ihren Herkunftsfamilien auszugleichen. Daher wird auf dem indischen Heiratsmarkt die Mitgift als ›Preis‹ für eine

Nach der gegen den Willen der Braut vereinbarten Heirat reist das Paar nach Italien. Während der Reise akzeptiert die Heldin, dass sie nun mit einem Mann verheiratet ist, den sie ursprünglich nicht liebte, nun aber zu lieben beginnt. Als sie dem Musikstudenten wieder begegnet, erklärt sie diesem, bei ihrem Ehemann bleiben zu wollen. Am Ende reicht sie ihrem Ehemann die Ehekette (*wedding chain*), die er ihr umlegt. So vollzieht das Paar die Anerkennung der Entscheidung ihrer Familien, die sie als Ehemann und Ehefrau bestimmt haben.

Die Handlung des Films »Queen« (2013) dreht sich um eine weibliche Protagonistin, ein Mädchen aus der Mittelschicht Delhis, aus konservativem Elternhaus. Ihr Verlobter weist sie einen Tag vor der Hochzeit zurück und begründet das damit, dass ihr sozialer Status nicht zu seinem passe. Sie wird von Schmerz und Scham überwältigt, hofft jedoch auf eine Versöhnung. Mit gebrochenem Herzen entscheidet sie, die Hochzeitsreise nach Paris allein anzutreten. Verschiedene Abenteuer während ihres Aufenthaltes in Europa führen ihr die Möglichkeiten eines selbstbestimmten Lebens als Frau vor Augen – ganz anders als die starren weiblichen Geschlechterrollen in ihrer Herkunftsgesellschaft.

Auf ihrer ersten Reise allein trifft sie Personen, die Individualität und Lebensfreude zelebrieren und freundet sich mit ihnen an. Ihre vertrauten Vorstellungen werden erschüttert, und sie erfährt ihrerseits Freude und Freiheit. Während zunächst ihre Sprache, ihre Kleidung und ihr Benehmen verdeutlichen, dass sie die Normen der indischen Mittelschicht verinnerlicht hat, ändert sie das im Laufe der Reise. Sie teilt das Zimmer mit drei jungen Männern, freundet sich mit einer Prostituierten an und küsst einen Fremden: All dies wäre für ein junges Mädchen ihrer Klasse völlig undenkbar – sie verletzt damit bewusst die gängigen weiblichen Verhaltensnormen. Ohne dass sie es ursprünglich intendiert hätte, führt die Europareise dazu, dass die Protagonistin durch Orientierung an ihren westlichen Freunden kulturelles Kapital jenseits ihrer Herkunftsgesellschaft sammelt. Dadurch ist es ihr möglich, ihre Handlungsoptionen und Entscheidungen strategisch zu vervielfachen – in Richtungen, die zuvor völlig undenkbar für sie waren.

Zwischenzeitlich realisiert ihr Verlobter, dass er sie doch heiraten möchte. Also reist er ihr nach Amsterdam nach, erklärt ihr seine Liebe und bittet sie, zurückzukehren. Sie lehnt jedoch ab, da sie mittlerweile gelernt hat, ihr Leben selbst in die Hand zu nehmen. Gerade durch die Erfahrung kultureller Brüche erscheint die Heldin als selbstständige Frau, die sich nicht dafür entschuldigen muss, einen Verlobten, der ihre Freiheit beschneiden will, abzulehnen. Indem sie in einer fremden Umgebung ihren kulturellen Erfahrungshorizont erweitert und traditionell erwartete Verhaltensweisen ablegt, gewinnt die Protagonistin ein neues Selbstverständnis und besteht darauf, eigene Entscheidungen zu treffen. Anstatt sich in die eheliche Häuslichkeit zu ergeben, gibt sie in einer

›gute Verheiratung‹ betrachtet. Sonia Dalmia/Pareena G. Lawrence, The Institution of Dowry in India. Why It Continues to Prevail, in: The Journal of Developing Areas 38 (2005), S. 71–93, hier S. 71.

dramatischen Szene dem Verlobten den Verlobungsring zurück. Die Schlusseinstellung des Films zeigt ihre Facebook-Chronik mit dem Beziehungsstatus *single*.

Beide untersuchten Filme beschäftigen sich mit dem beständigen Konflikt zwischen kollektiven Normen (arrangierte Ehe) und individuellen Wünschen (Liebesheirat), bieten jedoch höchst unterschiedliche Lösungen an. Fragt man nach Ressourcen des Entscheidens, so zeigt sich, dass im Film von 1999 die Bedürfnisse der Familie – sozialer Status, Ruf, Geschlechterrollen etc. – gestärkt werden, indem kulturelle Praktiken (Horoskop, Mitgift) inszeniert werden, die letztlich eine arrangierte Ehe zum Ziel haben. So werden die individuellen Wünsche der Frau den Regeln des Kastensystems untergeordnet. Der Film endet damit, dass die Protagonistin die Grundidee indischer Ehen akzeptiert: Die Liebe kommt *nach* der Heirat, nicht *davor* – und muss daher nicht als Gegenstand der Entscheidung zwischen den verschiedenen Formen der Ehe betrachtet werden. Die Handlung des Films aus dem Jahr 2013 hingegen besteht nicht auf einer Wahl zwischen Liebe oder arrangierter Ehe, sondern thematisiert geschlechtsspezifische Individualisierungsprozesse. Während die Heldin zu Beginn die Ehe mit einem von ihrer Familie gewählten Ehemann nicht in Frage stellt, entzieht er sich der Vereinbarung. So ist es gerade die Ablehnung durch den Verlobten, welche die Frau in die Lage versetzt, eine Alternative zu entdecken, nämlich zunächst unverheiratet zu bleiben. Obgleich wenige Frauen in Indien diese Option in Betracht ziehen, führt sie ihre Reise nicht nur über räumliche Grenzen, sondern auch aus den Grenzen geschlechtsdefinierter Persönlichkeit hinaus: Die Heldin des Films von 1999 gibt ihre Rebellion auf und wird als sozial zentrierte Persönlichkeit (*socio-centric self*) dargestellt, während die Protagonistin des Filmes von 2013 ein ›fremdes Selbst‹ (*foreign self*) annimmt, was eine individuelle Entscheidungskompetenz voraussetzt, die wiederum auf individuellen Rechten basiert. Beide Filme inszenieren folglich höchst unterschiedliche Prozesse der weiblichen Selbstfindung und der Entscheidungsprozesse im Umfeld der Eheschließung – während der eine familiäre Verpflichtungen privilegiert, insistiert der andere auf Identitätsbildung und Selbstvergewisserung als Entscheidungsvoraussetzungen.

5. Ein Haus für uns bauen. Eine Ethnographie des Entscheidens für die eigenen vier Wände

In Deutschland befinden sich 28 Prozent der Haushalte in freistehenden Einfamilienhäusern; 2015 gab es rund zwölf Millionen solcher Immobilien.[51] Im Jahr 2016 wurden in der Bundesrepublik insgesamt 95.509 Baugenehmigungen

51 Statistisches Bundesamt (Destatis) (Hg.), Wirtschaftsrechnungen. Einkommens- und Verbrauchsstichprobe Wohnverhältnisse privater Haushalte, Wiesbaden 2013, <https://www.destatis.de/DE/Publikationen/Thematisch/EinkommenKonsumLebensbedingungen/Wohnen/EVS_HausGrundbesitzWohnverhaeltnisHaushalte2152591139004.pdf?__blob=publicationFile> (Stand: 4. September 2017). Bundesgeschäftsstelle Landesbauspar

für Wohngebäude mit einer Wohneinheit erteilt. Das sind circa ein Viertel aller in diesem Jahr genehmigten Wohngebäude.[52] Besonders hoch ist der Anteil der Einfamilienhäuser an der Wohnbebauung jedoch in Kleinstädten und suburbanen wie ländlichen Regionen: Oft sind mehr als zwei Drittel des Wohnungsbestandes Einfamilienhäuser.[53] Die hier in Ausschnitten zusammengefasste empirische Studie umfasst drei Untersuchungsgebiete, die sich hinsichtlich ihrer Einwohnerzahl, demographischen Entwicklung und Infrastruktur sowie bezüglich des Immobilien- und Bodenmarkts unterscheiden.[54] Es handelt sich erstens um den ländlich geprägten Ort Ohne, um die kleinstädtische Siedlung Rorup der Stadt Dülmen und drittens um das suburbane Wolbeck, einen Ortsteil Münsters. In jedem Siedlungsgebiet wurden Familien interviewt, die in den letzten zehn Jahren ein Einfamilienhaus neu gebaut haben.[55]

In der Folge soll kurz diskutiert werden, wie die Paare und Familien ihre Hausbauentscheidung berichteten und rahmten, und welche Unterschiede zwischen den verschiedenen Räumen zu beobachten sind. Der Anlass zur Entscheidung für das Einfamilienhaus ist in unterschiedlichen Formen die Familiengründung: Entweder sind im Haushalt bereits Kinder vorhanden oder das Paar

kassen (Hg.), Markt für Wohnimmobilien 2017, Berlin 2017, <https://www.lbs-markt-fuer-wohnimmobilien.de/wp-content/uploads/2016/02/LBS_MfW_2017.pdf> (Stand: 4. September 2017).

52 Statistisches Bundesamt (Destatis) (Hg.), Genesis-Online Datenbank, Baugenehmigungen im Hochbau. Deutschland, Jahre, Bautätigkeiten, Gebäudeart/Bauherr, 31111-0001, <https://www-genesis.destatis.de/genesis/online;jsessionid=0AE3006E8042970EBB089583FE85D57C.tomcat_GO_1_1?operation=previous&levelindex=3&levelid=1504861424420&step=3> (Stand: 7. September 2017).

53 Vgl. Statistisches Bundesamt (Destatis) und Wissenschaftszentrum Berlin für Sozialforschung (WZB) in Zusammenarbeit mit: Das Sozio-oekonomische Panel (SOEP) am Deutschen Institut für Wirtschaftsforschung (DIW Berlin) (Hg.), Datenreport 2016. Ein Sozialbericht für die Bundesrepublik Deutschland, Bonn 2016, S. 260, <https://www.destatis.de/DE/Publikationen/Datenreport/Downloads/Datenreport2016.pdf?__blob=publicationFile> (Stand: 7. September 2017).

54 Die Studie entsteht als Dissertation im Teilprojekt A »Ein Haus für uns bauen: eine Ethnografie tradierter Familienideale im Wandel« im Forschungsverbund »Der Lauf der Dinge oder Privatbesitz? Ein Haus und seine Objekte zwischen Familienleben, Ressourcenwirtschaft und Museum«, Leitung: Elisabeth Timm (WWU Münster, Seminar für Volkskunde/Europäische Ethnologie), gefördert vom Bundesministerium für Bildung und Forschung, Programm »Die Sprache der Objekte – materielle Kultur im Kontext gesellschaftlicher Entwicklungen«, <www.hausfragen.net>, Förderkennzeichen 01UO1504A (Stand: 7. September 2017).

55 In jedem Untersuchungsgebiet wurden sechs bis sieben Familien interviewt. Mit offenen Leitfadeninterviews wurden Erzählungen über den spezifischen Alltag, über die Wohnstandortwahl und die täglichen Praktiken der Bauherren ermöglicht. Zudem wurden jeweils Hausbegehungen durchgeführt, wobei es sich um einen von den Bewohnern initiierten und gestalteten Rundgang durch das eigene Haus handelte. Das in diesem Beitrag verwendete Material wurde, mit Ausnahme der Ortszugehörigkeit, für die Zitation anonymisiert. Alle hier zitierten Interviews wurden von Katherin Wagenknecht geführt.

hat einen bisher noch nicht realisierten Kinderwunsch. Das ist auch der Befund ähnlicher Forschungen in anderen Regionen.[56] Die Befragten stellen den Hausbau und die Familiengründung in einen kausalen wie zeitlichen Zusammenhang.[57] Unterschiede zeigen sich bezüglich der Reihenfolge von Familienzuwachs und Hausbau: Im ländlich geprägten Raum wird zuerst das Haus gebaut, in welches die noch kinderlosen Paare einziehen, die zudem in manchen Fällen noch nicht verheiratet sind. Im kleinstädtischen Rorup wie auch im suburbanen Wolbeck hingegen gestaltet sich die Reihenfolge anders: Zeitgleich zur Bauphase erwartet die Familie Nachwuchs oder hat bereits ein Kind. Dass im ländlichen Siedlungsgebiet die bauliche Form der tatsächlichen Familiengründung zeitlich vorangestellt wird, ist ein Hinweis auf die Selbstverständlichkeit des familialen Lebensentwurfs, der in Ohne mit dem Haus begonnen wird. Während die Paare im kleinstädtischen wie suburbanen Raum mit dem Hausbau auf einen tatsächlichen Bedarf reagieren, nämlich auf die durch Familienzuwachs zu klein gewordene Wohnung, wird diese Entscheidung in Ohne im Vorfeld getroffen.

Ohne ist ein Dorf mit 587 Einwohnern (Angabe für 2016)[58] im südwestlichen Niedersachsen. Die Entfernung nach Münster als nächstgelegene Großstadt beträgt 45 Kilometer. Bis zur Autobahnauffahrt sowie zu den Einrichtungen des täglichen Bedarfs sind es im Schnitt acht Kilometer. In den Jahren 2003 bis 2008 verzeichnete die Gemeinde ein Einwohnerwachstum von zwanzig Personen.[59] In den letzten fünfzehn Jahren wurden zwei Neubaugebiete ausgeschrieben mit insgesamt 26 Baugrundstücken. Der Quadratmeterpreis liegt bei

56 Zum Umland von Hamburg: Marcus Menzl, Leben in Suburbia. Raumstrukturen und Alltagspraktiken am Rand von Hamburg, Frankfurt a. M. 2007. Zu Köln, Leipzig, Münster und Magdeburg vgl. Kathrin Driessen, Akteure, Beweggründe, Triebkräfte der Suburbanisierung. Motive des Wegzugs, Einfluss der Verkehrsinfrastruktur auf Ansiedlungs- und Mobilitätsverhalten, in: Harald Pechlaner / Monika Bachinger (Hg.), Lebensqualität und Standortattraktivität. Kultur, Mobilität und regionale Marken als Erfolgsfaktoren, Berlin 2010, S. 215–228. Angelika Münter, Wanderungsentscheidungen von Stadt-Umland-Wanderern. Regionaler Vergleich der Muster und Motive, Informations- und Wahrnehmungslücken sowie Beeinflussbarkeit der Wanderungsentscheidung in vier Stadtregionen, Münster 2012.

57 Diesen Zusammenhang haben auch andere Forschungen dokumentiert, so etwa Driessen, Akteure, Beweggründe (wie Anm. 56), S. 217: Mit 67 Prozent stellen vor allem Familien in der Expansionsphase (Familien mit Kindern unter sieben Jahren) den größten Anteil an der Stadt-Umland-Bewegung (Ergebnisse auf der Grundlage einer empirisch qualitativ wie quantitativen Erhebung zu 1000 Haushalten am Beispiel der Regionen Köln, Leipzig, Münster und Magdeburg).

58 Kreisverwaltung Landkreis Grafschaft Bentheim, Zahlen Daten Fakten 2017/2018, Nordhorn 2017, <http://www.grafschaft-bentheim.de/pics/medien/1_1501837457/Zahlenspiegel_2017.pdf> (Stand: 4. September 2017).

59 Bürogemeinschaft Honnigfort und Brümmer im Auftrag der Gemeinde Ohne, Dorferneuerung. Gemeinde Ohne, Entwurf April 2009, Haren an der Ems, S. 28.

67,50 Euro.[60] Für die Finanzierung der Neubauten haben die Bauherren laut eigenen Aussagen zwischen 150.000 und 250.000 Euro aufgebracht.

Bei allen interviewten Paaren liegt eine biografische Verbindung zum Ort vor: Mindestens ein Partner stammt gebürtig aus Ohne und ist im elterlichen Wohneigentum aufgewachsen. Diese Erfahrungen von Eigentum werden als prägend beschrieben und dienen zur Begründung der eigenen Entscheidungen für den Hausbau. Eine Mietwohnung war für keine Familie eine Alternative. Die kulturelle Tatsache familialen Wohneigentums in Form eines Einfamilienhauses bestimmt den örtlichen Immobilien- und Wohnungsmarkt, auf dem kaum Mietwohnungen im Angebot sind. Dieser wiederum strukturiert über Angebot und Nachfrage die Entscheidungen der einzelnen Familie.

Die Entscheidung für die Wohnform Einfamilienhaus begründet sich in Ohne doppelt: Zum einen mit Verweis auf die fehlenden Alternativen am Ort, zum anderen durch die Bewertung des Eigenheims als ideale familiale Wohnform. Der Hausbau wird als Fortschritt bezeichnet, der eine Biographie prägt. Frau Müller sieht das Eigenheim als zweiten Schritt nach der Heirat: »Wir haben 2009 geheiratet und dann haben wir gedacht, wir müssen jetzt mal sehen, dass wir dann auch weiter Fortschritte machen.«[61] Anders als die Entscheidung für die Wohnform, die sich als Reproduktion tradierter Familienideale ausdrückt und als persönlicher Fortschritt interpretiert wird, erfolgt die Wahl des Wohnstandortes als intrafamiliale Aushandlung. Für einen von beiden war »irgendwie schon immer klar«, dass man im »Heimatort bleiben möchte«.[62] Woraufhin der Partner bestätigend antwortet, dass er sich »hier schon direkt irgendwie wohl fühlte.«[63] In Ohne gestaltet sich der Bau eines Einfamilienhauses folglich als Selbstverständlichkeit. Diese Selbstverständlichkeit ist mit einer weiteren unausgesprochenen Gewissheit verbunden: Im neu gebauten Haus sind an diesem Ort bereits ein oder zwei Kinderzimmer fertig eingerichtet. Dass aus der Ehe Kinder hervorgehen, ist eine Gewissheit, mit der die Paare in Ohne rechnen. Es ist kein biographisches Ereignis, auf das sie erst nach dessen Eintreten reagieren.[64]

Anders hingegen verlaufen die Entscheidungsprozesse im kleinstädtischen Lebenszusammenhang. Rorup hat 2.270 Einwohner und ist seit 1975 ein Stadt-

60 GGB Grundstücks- und Entwicklungsgesellschaft Landkreis Grafschaft Bentheim mbH, Bauen und Wohnen in Ohne, Bad Bentheim 2016, <http://www.ggb-grafschaft.de/pics/medien/1_1449146227/Verk-Daten-VolkersKamp.pdf> (Stand: 6. September 2017).

61 Ohne, Interview 10, Familie Müller, geführt am 11.03.2016, S. 1.

62 Ohne, Interview 9, Familie Schmeling, geführt am 21.03.2016, S. 1.

63 Ohne, Interview 8, Familie Lutz, geführt am 15.03.2016, S. 2.

64 Ähnliche Befunde haben andere ethnographische Gemeindeforschungen in ländlich geprägten Siedlungen ergeben, u. a.: Anne Juel Jensen, Mutterpflicht und Mütterwünsche. Eine ethnographische Studie in einer schwäbischen Kleinstadt, Tübingen 2006; Gertrud Seiser / Peter P. Schweitzer, Houses, Families, and the Making of Community. The Austrian Rural Case, in: Ders. / Patrick Heady (Hg.), The View from Below. Nineteen Localities, Frankfurt a. M. 2010, S. 109–127.

teil von Dülmen im westlichen Münsterland.[65] Dülmen verzeichnet für die Jahre von 2006 bis 2012 eine Bevölkerungsabnahme um 1.102 Wohnberechtigte.[66] Zwischen dem Ortsteil Rorup und dem Stadtgebiet von Dülmen liegen acht Kilometer Wegstrecke. Das Neubaugebiet, in dem die Interviews stattfanden, umfasst insgesamt 47 Grundstücke. Es handelt sich um das dritte Erweiterungsgebiet in Rorup seit 1980.[67] Der Quadratmeterpreis liegt bei 130 Euro. Für die Finanzierung der Einfamilienhaus-Neubauten wurden, wie unsere Erhebungen ergaben, jeweils zwischen 180.000 und 290.000 Euro von den Bauherren aufgewendet.

In Rorup wohnen sowohl Personen, die bereits hier geboren wurden, als auch Familien, deren Geburtsorte in der näheren Umgebung liegen, aber auch Paare, die sich ohne biografische Verbindung für den Wohnstandort entschieden haben. Die Wohnbiografien wie -erfahrungen sind wesentlich heterogener als im dörflichen Ohne. Auch der Wohnungs- und Immobilienmarkt ist vielfältiger. So gibt es hier einen Markt für Gebrauchtimmobilien und für Miet- und Eigentumswohnungen.[68] Anders als in Ohne bedeutet die Entscheidung für den Wohnstandort Rorup nicht zugleich die Entscheidung für Wohneigentum in Form eines Einfamilienhauses. Fallen also in Ohne beide Entscheidungen zusammen, kommt es bei den Familien in Rorup zu einer Ausdifferenzierung: Zuerst erfolgt die Entscheidung für die eigenen vier Wände.[69] Über den Wohnstandort wird danach entschieden. Die Entscheidung für den Wohntyp Einfamilienhaus erfolgt im Wesentlichen als finanzielle Kalkulation: »Und dann standen wir halt vor der Wahl entweder etwas Größeres zu mieten. Aber es ist halt so, dass wir zu dem Entschluss kamen, dass es für uns sinnvoller ist, ein

65 Stadt Dülmen, Fachbereich 312, Bürgerbüro, Einwohnerstatistik für den Monat Juli 2017, Stand 29.08.2017, Dülmen 2017, <https://www.duelmen.de/fileadmin/user_upload/allgemein/medien/buergerbuero/aktuelle_einwohnerstatistik.pdf> (Stand: 4. September 2017).

66 Stadt Dülmen, 010 Zentrales Controlling, Strukturdatenbericht der Stadt Dülmen, Stand April 2014, 2. Auflage, Dülmen 2014, <https://www.duelmen.de/fileadmin/user_upload/duelmen.de/stadtportrait/strukturdatenbericht_stand_2014.pdf> (Stand: 6. September 2017).

67 Stadt Dülmen, Bebauungsplan Nr. »Schlüters Heide – Erweiterung, Teil II«, Gemarkung Rorup, Stadtbezirk Dülmen-Rorup, Flur 5, S. 4, 1993, <www.o-sp.de/download/duelmen/7738> (Stand: 4. September 2017).

68 Zwar bilden freistehende Häuser mit einer Wohneinheit mit 5.003 Gebäuden den größten Anteil an Wohngebäuden in der Stadt Dülmen, jedoch sind insgesamt 40 Prozent der Wohngebäude insgesamt zu Wohnzwecken vermietet: Information und Technik Nordrhein-Westfalen (Hg.), Zensus 2011 Gebäude und Wohnungen sowie Wohnverhältnisse der Haushalte, Stadt Dülmen mit Stand 09.05.2011, Düsseldorf 2014, <https://www.it.nrw.de/statistik/z/zensus_2011/gemeindeblaetter/G05558016.pdf> (Stand: 4. September 2017).

69 In der qualitativen wie quantitativen Studie zu 1.000 Haushalten und deren Stadt-Umland-Wanderungen in den Regionen Köln, Leipzig, Münster und Magdeburg stellt Driessen fest, dass mit einer Stadt-Umland-Wanderung in über 50 Prozent der befragten Haushalte die Bildung von Wohneigentum verbunden ist; Driessen, Akteure, Beweggründe (wie Anm. 56), S. 218.

eigenes Haus zu bauen, weil wir da ungefähr, ich sag mal, mit der Miete, wo wir sonst lägen, vielleicht einen Tuck drüber sind, aber für uns wirtschaftlich einfach sinnvoller war.«[70] Die Abwägung zwischen Miete und Eigentum wird in Form einer finanziellen Rechnung erläutert. Die monatlichen Mietraten werden den monatlichen Kredittilgungen gegenübergestellt, wobei Letzteres als wirtschaftlich sinnvoller angenommen wird, da es der Bildung von Eigentum diene. Die jahrelange Verschuldung wird also als finanziell vernünftiger dargestellt als monatliche Mietzahlungen.

Während die Entscheidung für die eigenen vier Wände als eindeutige Rechnung erläutert wird, gestalten sich die Entscheidungsprozesse für den Wohnstandort als Kompromisse. Die Entscheidungsfindung ist ein Abwägen verschiedener Faktoren und Alternativen, die zueinander in Beziehung gesetzt werden: »Ich sag mal so, verkehrstechnisch ist das natürlich hier nicht so toll. Du brauchst immer zwei Autos, also selbst, wenn nur einer arbeitet, braucht man zwei Autos. Aber wir sind beide berufstätig, heißt also braucht man sowieso zwei Autos, und da haben wir gesagt, da fahren wir lieber zur Arbeit und wohnen etwas ländlicher.«[71] Das Ehepaar Sattler stellt verschiedene Aspekte gegeneinander und kommt so zu einer persönlichen Hierarchisierung.[72] So wird die Notwendigkeit, zwei Autos zu besitzen, zwar als negativ bezeichnet, jedoch sei es der Familie wichtiger, ländlich zu wohnen.[73]

Beim suburbanen Untersuchungsgebiet handelt es sich um einen Stadtteil von Münster. Wolbeck hat 9.200 Einwohner (Angabe für 2015) und wurde 1975 durch die Gemeindegebietsreform eingemeindet. Zudem wächst der Stadtteil – im Gegensatz zu den beiden anderen Untersuchungsgebieten: Im Jahr 2014 waren in Wolbeck 8.981 Wohnberechtigte registriert, 2015 waren es bereits 9.213.[74] Am nördlichen Rand Wolbecks sind in den letzten zehn Jahren mehrere Baugrundstücke ausgeschrieben worden. Der mittlere Kaufpreis von Bauland für Einfamilienhäuser lag in Münster im Jahr 2015 bei über 300 Euro pro Quadrat-

70 Rorup, Interview 2, Familie Meier, geführt am 18.11.2015, S. 1.

71 Rorup, Interview 5, Familie Sattler, geführt am 19.12.2015, S. 2.

72 Die Wohnstandortwahl gestaltet sich in Rorup als die Abwägung individuen- wie haushaltsbezogener Kosten (Standortkosten, Erreichbarkeitskosten sowie Zeitkosten). Das haben auch andere Studien ergeben, vgl. zum Beispiel Klaus J. Beckmann, Alltagsmobilität und langfristige Standortentscheidungen, in: Stadt Region Land 71 (2001), S. 11–32.

73 Zur Veränderung der Verkehrsmittelnutzung und insbesondere zur Zunahme des motorisierten Individualverkehrs in Folge einer Stadt-Umland-Wanderung s. Kathrin Driessen / Angelika Münter, Wohnen in Suburbia. Muster, Motive und städtische Gegenstrategien, in: Forum Wissenschaft & Umwelt (Hg.), Verbaute Zukunft, Wien 2009, S. 55–66, S. 225.

74 Stadt Münster, Amt für Stadtentwicklung, Stadtplanung Verkehrsplanung Informationsmanagement und Statistikdienststelle, Stadtteilsteckbrief 2015, 87 Wolbeck, Münster 2016, <http://www.stadt-muenster.de/fileadmin//user_upload/stadt-muenster/61_stadtentwicklung/pdf/steckbriefe/Stadtteilsteckbrief_87_Wolbeck.pdf> (Stand: 4. September 2017).

meter.[75] Im Durchschnitt wurden in Wolbeck, nach Aussagen der Befragten, 300.000 Euro für den Neubau aufgewendet.

Die Suche nach Baugrundstücken gestaltete sich hier schwierig. Familie Schmidt suchte drei Jahre nach einem geeigneten Grundstück. Trotz der angespannten Situation war für alle interviewten Familien der Wohnstandort nicht verhandelbar. Herr Schmidt erzählt: »Genau, also hier war eine Zeit lang, als wir bauen wollten, überhaupt kein Grundstück zu haben. [...] Wir haben geschaut in Albersloh, ist auch Kreis Warendorf, auch da haben wir uns Grundstücke angeguckt. Wir sind total froh, das nicht gemacht zu haben.«[76] Ähnlich wie in Ohne ist die Wohnstandortwahl in Wolbeck alternativlos. Die Entscheidung für Wolbeck als Wohnstandort ist eine Entscheidung, für deren Umsetzung ein zeitlicher und finanzieller Mehraufwand in Kauf genommen werden muss. Zugleich ist der Hausbau weniger streng an das Ereignis der Familiengründung gebunden: Zwar provozierte die Familiengründung auch hier in den meisten Fällen eine Veränderung der wohnlichen Situation, jedoch entschieden sich die Familien häufig zunächst dafür, ein Einfamilienhaus zu mieten. Die Ansicht, dass das Einfamilienhaus die ideale familiale Wohnform darstelle, übersetzt sich in Wolbeck nicht unmittelbar in ein Bestreben, Wohneigentum zu erwerben. Vielmehr bedarf es noch der Erfüllung weiterer Voraussetzungen. Erst die unbefristete Arbeitsstelle des Mannes gibt genügend Planungssicherheit, um über die langfristige Bindung an einen Ort nachzudenken, die aus dem Bau eines Eigenheims erwächst: »Da war ich auch in einer Projektarbeit, da war das sowieso klar, dass das zeitlich begrenzt ist, ich bin jetzt zurückgekommen, auch mit einer unbefristeten Anstellung dann und schon auch der Perspektive, dass wir an einem Ort bleiben.«[77] Anders als in den beiden anderen Untersuchungsgebieten spielt in Wolbeck langfristige Einkommenssicherheit eine ausschlaggebende Rolle in den Entscheidungen über Bau- und Eigentumsvorhaben, was jedoch auch an den generell höheren Bau- und Immobilienpreisen dort liegen dürfte. Zugleich zeigt sich hier eine konservative Auslegung der Geschlechterrollen: Es zählt der Verdienst des Mannes als Ernährer der Familie; erst wenn dieser gesichert erscheint, ist ein Hausbau möglich.

In Ohne fallen die Entscheidungen für den Standort und die Wohnform zusammen und funktionieren als Reproduktion lokaler wie familialer Lebensweisen vor Ort. Räumliche Mobilität wird nicht in Erwägung gezogen. Dass die Bauherren in Ohne im Interview nicht primär von finanziellen Abwägungen berichten, bedeutet nicht, dass Geld bei der Bauentscheidung dort keine Rolle spielt. Vielmehr zeigt sich, dass in der Wahrnehmung wie Erläuterung der eigenen Lebensweise anderes im Vordergrund steht. Im kleinstädtischen Kontext wie-

75 NRW Bank (Hg.), Wohnungsmarktbericht NRW 2016. Sonderthema: Wird dort genug gebaut, wo neue Wohnungen gebraucht werden? Düsseldorf 2016, S. 49, <http://www.kas.de/wf/doc/21233-1442-1-30.pdf> (Stand: 6. September 2017).

76 Wolbeck, Interview 17, Familie Schmidt, geführt am 06.10.2016, S. 6.

77 Wolbeck, Interview 17, Familie Schmidt, geführt am 06.10.2016, S. 11.

derum wird die Entscheidung für den Hausbau als eine finanzielle Kalkulation unter Berücksichtigung der ökonomischen Ressourcen erklärt. Die Wohnstandortwahl erfolgt als Kompromiss: In Aushandlungsprozessen werden individuelle wie haushaltsbezogene Kosten in Relation zueinander gebracht. Im suburbanen Neubaugebiet hingegen ist die Entscheidung für ein neugebautes Einfamilienhaus der Familiengründung zeitlich nachgelagert, jedoch trotzdem argumentativ mit dieser verbunden. Bedingung für den Hausbau ist eine langfristige ökonomische Sicherheit. Hinzu kommt, dass die in Ohne lebenden Familien auf familiäre beziehungsweise verwandtschaftliche Netzwerke am Ort zurückgreifen können, die überdies bereits einer der Gründe für die Wohnstandortwahl waren, während solche Ressourcen im kleinstädtischen wie suburbanen Raum nicht die Regel darstellen. Entsprechend spielten familiäre und verwandtschaftliche Netzwerke dort für die langfristige Wohnortentscheidung keine Rolle.

6. Zusammenfassung

Nimmt man nun die Ergebnisse der vier Fallbeispiele zusammen, so zeigen sich folgende Tendenzen in der Tradierung und Narration von Familienentscheidungen:

1) Alle Beispiele zeigen über unterschiedliche Epochen und Regionen hinweg, dass Familienentscheidungen als zentrale Lebensentscheidungen begriffen und tradiert werden, sei es die Entscheidung für oder gegen eine Ehe, für oder gegen ein Kind, für das Einfamilienhaus als familiale Wohnform.

2) Trotz der unterschiedlichen regionalen und historischen Kontexte lassen sich einige Kontinuitäten in den jeweils in Anspruch genommenen Entscheidungsressourcen herausarbeiten. Während Fanny Lewald-Stahr in ihrer Autobiographie einerseits Texte des bildungsbürgerlichen Kanons, andererseits das bürgerliche Ideal der Liebesehe als Entscheidungsressourcen gegenüberstellt, werden im Bollywood-Film die kulturelle Tradition der arrangierten Ehe und Forderungen nach Individualisierung/Liebesheirat gegeneinander abgewogen. Geburtseltern in den USA verweisen in der Diskussion um Abtreibung und Adoption auf leidvolle Verlusterfahrungen der Mutter, die es fortan zu vermeiden gelte; Präsident Reagan dagegen rekurriert auf das Lebensrecht des Embryos, welches durch (pseudo)wissenschaftliche Vorstellungen der Embryonalentwicklung unterfüttert wird. Bei der Entscheidung für den Bau eines Einfamilienhauses hingegen dominieren milieuspezifische Unterschiede: Auf dem Dorf wird nach Tradition gehandelt, nicht entschieden, in der Kleinstadt ist die Entscheidung von ökonomischen Interessen getrieben, in der Vorstadt wird sie von einer Vielzahl an Variablen determiniert, sodass sich kaum eine bestimmte Ressource ausmachen lässt.

3) Die Narration und Tradierung von Familienentscheidungen dient immer auch der Konstruktion und Inszenierung individueller Handlungsmöglichkeiten und Agency. Dies zeigt sich nicht nur bei der Schriftstellerin Lewald-

Stahr, die gegenüber den väterlichen Wünschen ihre Autonomie behauptet, sondern auch bei der Inszenierung des *individual self* im Film »Queen« aus dem Jahr 2013. Auch die Geburtsmütter der 1980er Jahre reklamierten für sich das Recht auf eine bewusste Entscheidung und leiteten daraus die Forderung nach gesellschaftlicher Anerkennung und moralischer Respektabilität ab. Auch die Erbauer von Einfamilienhäusern reflektierten und tradierten ihre Entscheidung als individuell und eigenständig, wenn sie auch bisweilen, wie die Einwohner des münsterländischen Dorfes, deutlich einem kulturellen Dispositiv folgten.

4) Zugleich erweisen sich jedoch auch Limitierungen: Das von Lewald-Stahr beschworene Ideal der bürgerlichen Liebesehe kann für das Individuum auch entscheidungslimitierend wirken, da prinzipiell von einer Deckung zwischen Gefühl und Eheentscheidung ausgegangen wird und sich somit alternative Handlungen (wie die Schaffung außerehelicher Freiräume oder die räumliche Trennung) verbieten. Gleiches zeigt sich auch bei der sukzessiven Privilegierung der Liebesheirat im Bollywood-Film, wenn die Protagonistin zwar entscheidet, aber ihren Gefühlen ausgeliefert ist. Folglich scheint das romantisch und bürgerlich konstituierte Subjekt über mehr äußeren Entscheidungsspielraum zu verfügen, was aber zugleich den inneren Entscheidungsspielraum hinsichtlich der eigenen Gefühle limitiert – anders als in einer ständischen Gesellschaftsordnung oder in einem Kastensystem.

5) Besonders auffällig ist der Befund, dass Familienentscheidungen und die diskursive Vermittlung derselben sich immer auch an dominanten Familiennormen und -werten orientieren, um sie entweder zu bestätigen oder sich bewusst davon abzugrenzen. Dies zeigt sich nicht nur an der Erzählung Lewald-Stahrs, die ihren Verzicht auf eine gesellschaftlich opportune Ehe und Liebe als emanzipatorischen, aber auch Bildungsprozess schildert und damit die Grenzen des zeitgenössischen Weiblichkeitsideals bewusst sprengt (ohne jedoch das Ideal der bürgerlichen Liebesheirat zu hinterfragen). Die Geburtsmütter in den USA der 1980er Jahre konnten sich nicht ohne Weiteres mit Präsident Ronald Reagans Versuch einer konservativen Neuordnung der Familie durch Reduktion der Abtreibungszahlen und Förderung der Adoption identifizieren. Grund war ihre zumeist leidvolle Erfahrung mit Adoption und dem Verlust ihrer Kinder. Stattdessen forderten sie das Recht auf Entscheidung zwischen Adoption und Abtreibung ein und trafen sich in diesem Punkt mit den feministischen Abtreibungsbefürworterinnen – affirmierten zugleich aber auch das Prinzip der Kernfamilie. Die Thematisierung des Umgangs mit arrangierten Ehen im Bollywood-Film hingegen zeigt, wie liberal-individualistische Werte sukzessiv die kulturelle Tradition der arrangierten Ehe verdrängen. Die Erbauer von Einfamilienhäusern im Westmünsterland schließlich lassen eine interessante Abstufung der Gültigkeit familiärer Werte und Normvorstellungen erkennen: Während im Dorf der Bau des Hauses (mit Kinderzimmern!) der Familiengründung vorangeht und damit die Ausrichtung der Ehe auf Kinder überhaupt nicht hinterfragt wird, ist dieser Zusammenhang im münsterischen Vorort nicht mehr so einfach

gegeben. Hier erfolgt der Hausbau auch nach der Familiengründung beziehungsweise ist primär an ökonomische Sicherheiten gekoppelt, was einen deutlichen Unterschied zwischen ländlicher und städtischer Gesellschaft erweist. Folglich, so ist zu resümieren, erbringt die Untersuchung von Familienentscheidungen und deren narrativer Tradierung deutliche Hinweise auf Wertverschiebungen und normative Wandlungsprozesse im Bereich der Familie, offenbart bisweilen aber auch starke Kontinuitäten in den Vorstellungen davon, was eine Familie ist und wie sie zu leben hat.

Praktiken des Entscheidens

Helene Basu

Praktiken des Finanzmarkts

Ressourcen des Entscheidens in ethnografischer und populärer Literatur über das Börsenhandeln

»*Homo oeconomicus* is not behind us, but lies ahead [...]. For a very long time man was something different, and he has not been a machine for very long, made complicated by a calculating machine«[1]

»Geld ist im Wesentlichen der Maßstab der Entscheidung, die ein Mann trifft«[2]

1. Einleitung

Seit Mitte der 1980er Jahre bildete sich der Finanzkapitalismus als ein weltweit dominierendes Phänomen heraus. In diesem Zusammenhang lassen sich zwei Tendenzen beobachten: 1. Die Emergenz des Finanzmarkts als neues Forschungsfeld der Sozialanthropologie und der Soziologie; 2. Eine zunehmende Popularisierung der Börsenspekulation auch in Deutschland, die unter anderem in einem stetig anwachsenden Markt für Ratgeber-Literatur zutage tritt. Die folgende Analyse befasst sich mit Literatur aus beiden Bereichen. Im ersten Fall handelt es sich um ethnografische Studien, die in Handelsräumen (*Trading Rooms*) professioneller Trader an der Wall Street und in Chicago Mitte der 1980er Jahre durchgeführt wurden. Im zweiten Fall wird Ratgeber-Literatur herangezogen, die sich an Amateur-Trader in der Gegenwart (*daytrader*) richtet und auch auf dem deutschen Markt vertrieben wird. Die ethnografischen Studien sind in einer Zeit des Übergangs vom Parkett zum elektronischen Börsenhandel situiert, während die Ratgeber-Literatur die populäre und von technologischen Neuerungen angetriebene Entfaltung des Amateur-Trading seit den 1980er Jahren bis in die Gegenwart reflektiert. Im Fokus dieses Aufsatzes steht die Frage nach möglichen Gemeinsamkeiten und Unterschieden hinsichtlich der Ressourcen des Entscheidens, die von professionellen und Amateur-Tradern jeweils mobilisiert werden.

Professionelle Trader ebenso wie Amateure vollziehen den Börsenhandel in zeitlich eng getakteten Prozessen des Entscheidens (welcher Markt? Kaufen oder

1 Marcel Mauss, The Gift. Forms and Functions of Exchange in Archaic Societies, London 1990, S. 98.

2 Ozark, Netflix, Staffel 1.

Verkaufen? Welches Finanzinstrument?). Wie verhalten sich Trader in solchen Situationen? Als individuelle Entscheider, die ihre Präferenzen abwägen, ihren Vorteil kalkulieren und strategisch an Zweck und Nutzen orientiert handeln? So behaupten es Rational-Choice-Theorien, die mit Modellen ›reiner‹ oder ›begrenzter‹ Rationalität arbeiten und zugleich die wirtschaftswissenschaftliche These des ›effizienten Marktes‹ unterfüttern.[3] Kann man dieses Verhalten als universell menschlich, als quasi natürliche Form des Entscheidens ansehen, wie es Vertreter von Rational Choice postulieren?[4] Das wird von Vertretern der Verhaltensökonomik (Behavioral Finance, Neurofinance) in Zweifel gezogen. Sie argumentieren, dass Trader tatsächlich nur selten rational entscheiden, weil sie die Informationen, die zu einer rationalen Entscheidung führen sollen, kognitiv nicht richtig erfassen und sich insbesondere von Emotionen leiten lassen.[5]

Aus noch einer anderen Perspektive hat sich die Ethnologie mit Rational-Choice-Theorien zwischen den 1950er und den 1980er Jahren auseinandergesetzt und gegen deren Paradigmen vor allem die kulturelle Bedingtheit von Rationalität und Entscheidungshandeln hervorgehoben.[6] Eine weitere Position bildet Pierre Bourdieu. Er entwickelte seine Theorie der Praxis in Abgrenzung zum Strukturalismus auf der einen Seite und zu Rational Choice (und Spieltheorie) auf der anderen. Er hob unter anderem die Diskrepanz zwischen theoretischen Modellen und tatsächlichen Praktiken hervor. Ökonomische Akteure treffen meistens Entscheidungen, die von den Vorhersagen des Modells abweichen: Entweder entscheiden Akteure nicht im Sinne des Modells, weil sie ›praktische Strategien‹ anwenden, oder sie handeln entsprechend moralischen Überzeugungen und erwarten dasselbe von Anderen.[7] Bourdieu sah im *Homo Oeconomicus* der Ökonomie ein »anthropologisches Monster« und eine »extreme Personifizierung einer scholastischen Täuschung (*scholastic illusion*)«, die in einen Zirkelschluss führt: Das von Wissenschaftlern konstruierte theoretische Modell des nach Eigennutz strebenden Individuums wird auf die Forschungsobjekte projiziert und ihre Handlungen werden damit erklärt, dass man ihnen das Modell der Wissenschaftler zuschreibt.[8] Dieser »scholastischen Täuschung« setzt Bourdieu eine Sozialtheorie entgegen, welche die soziale Produk-

3 James G. March/Chip Heath, A Primer on Decision Making. How Decisions Happen, New York 1994.

4 Gary S. Becker, Human Capital. A Theoretical and Empirical Analysis, with Special Reference to Education, Chicago [2]1980.

5 Daniel Kahneman/Amos Tversky, Prospect Theory. An Analysis under Risk, in: Econometrica 47 (1979), S. 263–291; Daniel Kahneman, Schnelles Denken, langsames Denken, München 2011; Christian E. Elger/Friedhelm Schwarz, Neurofinance. Wie Vertrauen, Angst und Gier Entscheidungen treffen, München 2009.

6 Vgl. dazu ausführlich Michael Chibnik, Anthropology, Economics, and Choice, Austin 2011.

7 Pierre Bourdieu, The Social Structures of the Economy, Malden, MA 2010, S. 7.

8 Ebd., S. 209.

tion von Akteuren, Subjekten, Handlungsweisen, Entscheiden, Wissenschaft und Ökonomie rekonstruiert. Bourdieus theoretischer Ansatz eröffnet damit die Möglichkeit, die soziale Produktion des ›economic man‹ in der Praxis zu studieren. Praktiken des Börsenhandels bieten dafür einen geeigneten Rahmen. Die hier zur Diskussion stehende Literatur repräsentiert Praktiken der *sozialen Produktion* des ›economic man‹, an der ökonomische Modelle von Rationalität und Emotionalität beteiligt sind. Modelle des Entscheidens von Rational Choice und Behavioral Finance werden einerseits in der Ökonomie generiert und bilden andererseits Ressourcen des Entscheidens, auf die professionelle und Amateur-Trader im Börsenhandel auf diverse Weise zurückgreifen.

Im Folgenden wird zunächst der theoretische Rahmen der Untersuchung anhand der praxistheoretischen Begriffe ›Habitus‹ und ›Feld‹ erläutert. Daran schließt eine kurze Diskussion dessen an, was unter Spekulation und Trading zu verstehen ist und wie Prozesse der Digitalisierung zur Popularisierung der Börsenspekulation beziehungsweise des Tradings beigetragen haben. In diesem Kontext demonstrieren die Ethnografien von Mitchell Abolafia und Caitlin Zaloom die signifikante Rolle, die Emotionen als Ressourcen des Entscheidens für professionelle Trader spielen;[9] in den Börsenratgebern für Amateur-Trader von Claus Grube *alias* Gerdes und Alexander Elder dagegen werden dieselben Emotionen als Hindernis für den Trading-Erfolg dargestellt.[10] Emotionen sollen mithilfe von Börsentechnologien (Technische Analyse, Charttechnik) und Selbstdisziplinierung als den zentralen Ressourcen des Entscheidens unter Kontrolle gebracht werden.

2. Das Feld des Finanzmarkts

Der Finanzmarkt kann mit Bourdieu als eines von diversen sozialen Feldern erfasst werden, das entsprechend einer spezifischen praktischen Logik generiert und im Habitus der Akteure inkorporiert wird.[11] ›Feld‹ und ›Habitus‹ sind rela-

9 Mitchel Y. Abolafia, Making Markets. Opportunism and Restraint on Wall Street, Cambridge, Mass. 1996; ders., Hyper-Rational Gaming, in: Journal of Contemporary Ethnography 25 (1996), S. 226–250; ders., Markets as Cultures. An Ethnographic Approach, in: The Sociological Review 46 (1998), S. 69–85; Caitlin Zaloom, Out of the Pits. Traders and Technology from Chicago to London, Chicago 2006.

10 Claus David Gerdes, Für Trader. Die inneren Strategien. Gewinne erzeugen mit Traedo-Selbstmanagement und Coaching für Trader, Berlin 2013; Alexander Elder, Come into my Trading Room. Trading mit der Elder Methode, München 2005.

11 Pierre Bourdieu, The Logic of Practice, Stanford, Calif. 1990; Bourdieu entwickelt ein analytisches Vokabular, das die praktischen Dynamiken und die variierenden praktischen Logiken sozialer Felder zu beschreiben erlaubt. Ökonomische Termini wie zum Beispiel kulturelles, symbolisches, soziales Kapital, strategisches Handeln oder Wettbewerb werden aus ihrer ökonomischen Semantik gelöst, wodurch sie als sozial produziert in Erscheinung treten. Das ›ökonomische Feld‹ (ders., Le champ économique, in: Actes de la recherche en

tionale Kategorien und bedingen sich gegenseitig. Weiterhin tritt das Feld des Finanzmarkts als Netzwerk heterogener – menschlicher, technischer und medialer – Akteure in Erscheinung. Finanzmärkte unterscheiden sich von primären Märkten (Produktion, Konsum), in denen Güter und Dienstleitungen produziert und an Konsumenten verkauft werden.[12] Im Finanzmarkt wird die Finanzierung wirtschaftlicher Funktionen der primären Märkte generiert, daher sind die Transaktionen anders beschaffen, als die Formen des Austauschs auf primären Märkten: Es werden keine Güter und Dienstleistungen gehandelt, sondern Finanzinstrumente bzw. Kontrakte (Aktien, Anleihen, Derivate, Futures) und sie bestehen damit aus Investment und Spekulation.[13]

Das Feld des Finanzmarkts wird von asymmetrisch positionierten menschlichen Akteuren strukturiert, die miteinander um Macht sowie um finanzielles, kulturelles und symbolisches Kapital konkurrieren und zugleich in einem Netzwerk agieren, das sie mit nicht-menschlichen Akteuren verbindet.[14] Die Akteure des Finanzmarkts sind: 1. Organisationen, die den Börsenhandel organisieren und beeinflussen, also nationale Zentralbanken, Investmentbanken und -firmen, Hedge-Fonds, Vermögensverwaltungen, Online-Broker sowie Börsenplätze; 2. Investoren, die unterschiedliche Kapitalgrößen kontrollieren, zum Beispiel Staaten, Pensionsfonds, Versicherungsagenturen sowie Privatanleger; 3. Professionelle Trader, die für Investmentbanken und -firmen, Hedgefonds oder als *broker* an einer Börse sowie Einzeltrader, die auf eigene Rechnung handeln; 4. Interne und externe Marktbeobachter, zum Beispiel Analysten, Wirtschaftswissenschaftler, Journalisten, Politiker oder Psychologen 5. Informationen und Medien ihrer Generierung und Verbreitung; 6. Technologische Medien, also Computer, Glasfaserkabel, Internet, Software Programme, Websites 7. Wissenschaftliche Theorien, die die Weltanschauungen oder auch Kosmologien des Marktes produzieren, zum Beispiel atomistischer, effizienter oder ineffizienter Markt; Rationalität/Irrationalität der Marktteilnehmer; Theorien von Behavioral Finance oder Neurofinance (Elger and Schwarz 2009); 8. Professionelle Anlageberater und Ratgeber-Medien, Bücher, Websites oder YouTube tutorials. Die Praxisformen des Feldes des Finanzmarkts werden von einer spezifischen praktischen Logik generiert. Um in diesem Feld zu handeln, bedarf

sciences sociales 119 (1997), S. 48–66) ist nur eines von vielen sozialen Feldern (zum Beispiel Verwandtschaft, Religion, Politik), das gemäß einer spezifischen praktischen Logik operiert, die eine andere ist als zum Beispiel die Logik des ›literarischen Feldes‹ (ders., The Field of Cultural Production. Essays on Art and Literature, Cambrigde 1993).

12 Karin Knorr-Cetina, What is a Financial Market? Global Markets as Microinstitutional and Post-Traditional Social Forms, in: Dies. / Alex Preda (Hg.), The Oxford Handbook of the Sociology of Finance, Oxford 2012, S. 115–134, hier S. 119.

13 Ebd.

14 Bruno Latour, Reassembling the Social. An Introduction to Actor Network Theory, Oxford 2007; Donald MacKenzie / Ian Hardie, Assembling an Economic Actor, in: Donald MacKenzie (Hg.), Material Markets. How Economic Actors are Constructed, Oxford 2009, S. 37–62.

es eines Habitus mit den der Eigenlogik des Feldes entsprechenden Dispositionen. Vom Habitus der Akteure zu sprechen beinhaltet weiterhin eine sozial fundierte Theorie des Subjekts:

»Wenn man vom Habitus redet, dann geht man davon aus, daß das Individuelle und selbst das Persönliche, Subjektive, etwas Gesellschaftliches ist, etwas Kollektives. Der Habitus ist die sozialisierte Subjektivität«.[15]

Der Habitus erzeugt distinkte Praxisformen, indem er in den Akteuren als *opus operatum* (Produkt des Feldes) und *modus operandi* (Erzeugungsprinzip des Feldes) manifest wird. Im Körper treffen die objektiven Strukturen des historisch konstituierten sozialen Feldes auf die subjektiven Weisen der Erfahrung und des Verhaltens und schreiben sich diesen ein, während das Feld umgekehrt von den Handlungen der Akteure hervorgebracht wird. Wie Schwingel richtig bemerkte, handelt es sich beim Habitus keineswegs, wie gelegentlich behauptet, um ein deterministisches Konzept, sondern um ein performatives Prinzip der Möglichkeitserzeugung: »Die Individualität von Praktiken [...] liegt gerade in der akteurspezifischen Nutzung des (gruppen- bzw. klassenspezifischen) Spielraums, der mit dem Habitus verinnerlicht wurde; sie kommt in der jeweiligen Verwendung klassenspezifisch verteilter Ressourcen und Möglichkeiten zum Ausdruck«.[16] Der Habitus schafft den »praktischen Sinn«, den Akteure benötigen, um in verschiedenen Feldern des sozialen Handelns zu agieren, das heißt im Falle des Finanzmarkts spekulieren zu können. Wie die weiter unten diskutierten Texte zeigen werden, schafft der Habitus Distinktionen zwischen professionellen Tradern, die auf einen im Feld des Finanzmarkts erworbenen, praktischen Sinn als Ressource des Entscheidens rekurrieren und Amateuren, die keinen solchen ausgebildet haben.

3. Spekulation und Trading

Investment und Spekulation sind die wesentlichen Aktivitäten an der Börse. Die Spekulation hat spätestens seit dem 19. Jahrhundert einen schlechten Ruf. Es heißt, es handele sich dabei um Geldgewinn ohne Arbeitsleistung, um glücksspielmäßiges Zocken.[17] Bereits Max Weber aber schrieb 1894: »Wer außerhalb der Börse steht, ist leicht geneigt, das Hauptgewicht bei ihrer Beurteilung darauf zu legen, daß hier nicht selten lotterieartige Gewinnste erzielt werden, [...]. Allein es muss vor allem daran erinnert werden, daß der wesentlichste Gesichtspunkt,

15 Pierre Bourdieu / Loïc Wacquant, Reflexive Anthropologie, Frankfurt a. M. 1996, S. 159.

16 Markus Schwingel, Pierre Bourdieu zur Einführung, Hamburg 2000, S. 66; Bourdieu, Cultural Production (wie Anm. 11), S. 67 ff.

17 Urs Stäheli, Spektakuläre Spekulation. Das Populäre der Ökonomie, Frankfurt a. M. 2007, S. 110; Aldo Legnaro u. a., Kapitalismus für Alle. Aktien, Freiheit und Kontrolle, Münster 2005.

unter dem man politisch und sozialpolitisch die Börse [...] betrachtet, die völlig unentbehrlichen Funktion [ist], welche die Börse [und damit die Spekulation] im Wirtschaftsleben zu versehen hat«.[18] Diese Funktion besteht nach Weber in der Bildung von Preisen.

Mehr als hundert Jahre später definiert Karin Knorr Cetina ›Spekulation‹ als kontingentes, auf Zukünftiges gerichtetes Handeln: »in a morally neutral language [speculation] means [...] actions that are forward-looking to envisaged outcomes, then valuations that are based on hopes and promises rather than on present values«.[19] Damit wird der Fokus von der bei Max Weber betonten ökonomischen Funktion der Spekulation auf zukunftsbezogene Erwartungen und Imaginationen verlagert.[20] Die Ungewissheit und Unberechenbarkeit des Zukünftigen aber ist das Signum des spekulativen Entscheidens an der Börse, das mit hohen Risiken und unkalkulierbaren Unsicherheiten verbunden ist.[21]

4. Popularisierung der Spekulation

Mitte der 1980er Jahre setzte die Digitalisierung des Börsenhandels ein. Damit wandelten sich Techniken der Marktbeobachtung, die Knorr Cetina als »scopisch« bezeichnet.[22] Das Medium des elektronisch vernetzten Monitors ›spiegelt‹ Finanzmarkthandeln. Der Begriff ›scope‹ verbindet Hardware, Software, Texte, Diagramme und andere börsenrelevante Inhalte, die Akteuren in einem globalen Markt durch die gemeinsame Plattform ihrer Computer-Monitore zur Verfügung stehen. Auf dem Monitor erscheinen laufend Marktinformationen aller Art, sodass dieser in jedem Moment ein getreues, wenn auch nicht zeitgleiches Abbild des Marktes erstellt. Die scopische Beobachtung bringt so räumlich zerstreute Marktakteure in eine simultan erfahrbare, gerade vergangene Marktsituation, die Trader mittels der Charttechnik entschlüsseln und die eine Voraussetzung für Handelsentscheidungen im Börsenmarkt darstellt. Dies eröffnete auch unerfahrenen Marktakteuren einen Zugang zum Börsenhandel und führte so zu einem neuen Schub der Popularisierung der Spekulation.

Seither wird spekulatives Finanzmarkthandeln in drei Situationen vollzogen: 1. *face-to-face* auf dem Parkett (im ›*pit*‹) in wechselnden Kombinationen mit scopischer Beobachtung und direkter Kommunikation; 2. Als anonymes Trading zwischen *face-to-face* Gruppen von Tradern mit nicht sichtbaren Partnern (zum

18 Max Weber, Die Börse, o. O. 2016 (Originalausg. 1894), S. 9.

19 Knorr-Cetina, Financial Market (wie Anm. 12), S. 122.

20 Vgl. Arjun Appadurai, The Future as Cultural Fact. Essays on the Global Condition, London 2013; Jens Beckert, Imagined Futures. Fictional Expectations and Capitalist Dynamics, Cambridge, Mass. 2016.

21 Siehe zum Beispiel Nassim Nicholas Taleb, The Black Swan. The Impact of the Highly Improbable, New York ²2010.

22 Knorr-Cetina, Financial Market (wie Anm. 12), S. 126.

Beispiel in Investmentfirmen); 3. Im Online-Handel zwischen isolierten Tradern mit unsichtbaren Partnern.[23]

Die Kategorie ›Trader‹ bezieht sich somit auf heterogene Marktakteure, die im indigenen Vokabular des Finanzmarkts in *market makers*, *broker*, *floor trader* sowie *daytrader* unterschieden werden. Im professionellen Bereich handeln die verschiedenen Klassen von Tradern sowohl für das Investmentunternehmen als auch für sich selbst. *Floor trader* handeln auf dem Parkett beziehungsweise im ›*pit*‹. Obgleich der professionelle Börsenhandel prinzipiell kurzfristig operiert, wird die Kategorie *daytrader* hauptsächlich für Amateur-Trader verwendet.

Max Weber hatte einst gefordert, die Börse müsse ihre Türen vor »unberufenen Spekulanten« verschließen, um die Spekulation, »ehrenhaft« praktiziert, nicht ihrer wirtschaftlichen Funktion zu berauben. Es ist anders gekommen. Besonders seit den 1980er Jahren hat eine Normalisierung populärer Partizipation am Finanzmarkt eingesetzt, wodurch Trading an der Börse im Alltagsleben euro-amerikanischer Gesellschaften immer präsenter geworden ist. Für Großbritannien stellt Alex Preda sogar eine identitätsstiftende Wirkung des Tradings fest:

»If it is true that we live now in an economic age, and that ›the new master narrative has abandoned the social for the economic‹ [...] then finance is the master-narrative. To a large extent, economic identities are nowadays defined by financial markets: many people see themselves as small shareholders, as critical shareholders [...] Some are active as day traders, either full time or combining the perceived dullness of a nine-to-five job with the excitement of transactions squeezed in between bouts of office work«.[24]

Auch wenn in Deutschland die Zahl von *daytradern* im Vergleich zu angelsächsischen Ländern vergleichsweise gering ist, so bilden sie gleichwohl ein wachsendes Segment von Marktakteuren.[25] An sie wendet sich der boomende Ratgeber-Markt.[26] Hier trifft man auch Alexander Elder und Claus Gerdes, die Verfasser

23 Alex Preda, Interactions and Decisions in Trading, in: Ders. / Knorr-Cetina, Sociology of Finance (wie Anm. 12), S. 152–168, hier S. 160. Es wird mitunter irrtümlich angenommen, Börsenhandel finde heutzutage nur noch automatisiert, das heißt auf Algorithmen basierend statt und damit handle es sich auch nicht mehr um Entscheidungen. Der algorithmische Handel bildet jedoch nur eine weitere Form des Börsenhandels, er hat menschliches Trading und damit Entscheiden nicht ersetzt (vgl. ebd.).

24 Ders., Framing Finance. The Boundaries of Markets and Modern Capitalism, Chicago 2009, S. 1.

25 <https://www.kagels-trading.de/wieviel-cfd-trader-gibt-es-in-deutschland> (Stand 14. März 2017).

26 Alle heute verfügbaren Medien – Print, Film, Web, Coaching – bieten Börsenwissen für Einsteiger und Fortgeschrittene an der Börse an. Neben Büchern mit Titeln wie »Trading for Dummies«, oder »Beherrsche den Markt« sind wöchentliche Magazine wie »Der Aktionär« sowohl in Papierform als auch *online* verfügbar; außerdem können zahllose unterschiedliche Newsletter für spezielle Börsenstrategien abonniert werden. *Online services* mit Sitz in den USA, Großbritannien und auch in Deutschland offerieren »Börsen-

der Ratgeber-Literatur, die weiter unten behandelt wird. Beide sind mit Büchern, Websites und Coachings auf dem deutschen Markt vertreten. Ihre Angebote richten sich an Akteure an den Rändern und im unteren Bereich des Feldes des Finanzmarkts, an Novizen und fortgeschrittene Amateur-Trader. Elders und Gerdes Publikum sind nicht die Kleinanleger und Börsen-Clubs, deren Entscheidungshandeln Schimank, Walter und Welbers untersucht haben,[27] sondern *daytrader*, die kurzfristig, mit relativ geringem Kapitaleinsatz und zumeist auf Tagesbasis mit Aktien-Derivaten, Futures oder Devisen spekulieren.

Inzwischen hat Elder nicht nur in der Trading-Szene in den USA den Ruf eines erfolgreichen Traders und Ausbilders von Einzeltradern,[28] sondern auch in Deutschland. In einem 2008 geführten Interview antwortete er auf die Frage, worauf ein Trader besonders achten muss: »Ein wesentlicher Schlüssel zum erfolgreichen Traden ist, [eine] strategische Entscheidung [zu treffen].«[29]

Richtig zu entscheiden, wenn es um Spekulation an der Börse geht, stellt jedoch den Ratgebern zufolge ein zentrales Problem für *daytrader* dar. Sie treten gegen professionelle Trader an, die auf im Habitus verankerte Ressourcen des Entscheidens zurückgreifen.

5. Ressourcen des Entscheidens in ethnografischen Narrativen

Mitchell Abolafia führte Ende der 1980er Jahre an der Wall Street in *Trading Rooms* von Anleihe-Händlern ethnografische Forschungen durch.[30] Die Arbeit eines Anleihe-Händlers besteht aus einem andauernden Strom von Transaktionen, bei denen in kurzen Zeitabständen Millionen von Dollar bewegt werden. Jede Transaktion bedeutet eine Entscheidung, deren zukünftige Folgen ungewiss sind – sie kann im Extremfall in einem enormen Gewinn oder einem Totalverlust enden. Anleihe-Händler mobilisieren spezielle *decision-tools*, nämlich kon-

Akademien« und *chatrooms*, in denen Anfänger und Fortgeschrittene Wissen über Finanzmarkt-Aktivitäten und das ›richtige‹, Erfolg versprechende Verhalten für das Trading an der Börse erlernen und sich darüber austauschen können.

27 Uwe Schimank, Against All Odds. The ›Loyalty‹ of Small Investors, in: Socio-Economic Review 9 (2011), S. 107–135; ders., Die »Hyperkomplexität« des Finanzmarkts und die Hilflosigkeit der Kleinanleger, in: Leviathan 39 (2011), S. 499–517; ders. u. a., Zeitprobleme des Entscheidens. Kleinanleger auf dem Finanzmarkt, in: Anna Henkel u. a. (Hg.), Raum und Zeit, Weinheim 2017, S. 212–245.

28 Mit dem Aufstieg des Internet entwickelte Elder eine online Ausbildung (Spike Trade) für »serious traders« für monatlich 29 US-Dollar, s. <https://www.spiketrade.com/> (Stand: 27. November 2017).

29 Elder, Alexander, Interview mit Alexander Elder. Das hat uns der erfahrene Trader erzählt!, <https://www.godmode-trader.de/artikel/interview-mit-alexander-elder-das-hat-uns-der-erfahrene-trader-erzaehlt,992107> (Stand: 27. November 2017).

30 Abolafia, Making Markets (wie Anm. 9); ders., Hyper-Rational Gaming (wie Anm. 9); ders., Markets as Cultures (wie Anm. 9).

zentrierte Wachsamkeit (*vigilance*) und intuitives Gespür für die Marktsituation (*intuition*), die sie als Ressourcen mobilisieren, um die in dieser Umgebung erzeugte Unsicherheit und Ambiguität des Entscheidens zu bewältigen.[31]

Wachsamkeit bezieht sich auf Markt-Expertise und die Fähigkeit, aus der Beobachtung gewonnene Signale zu deuten und Informationen interpretieren zu können, Gespür für den Markt dagegen entspricht dem praktischen Sinn des Habitus, dem ›feel for the game‹. Die Handhabung dieser Entscheidens-Werkzeuge erlernen Trader durch praktisches Tun, durch das Eintauchen (*immersion*) ins Feld. Anstatt durch formale Ausbildung erlernen Novizen das Trading, indem sie erfahrenen Tradern bei der Arbeit assistieren und beobachten, wie diese *trades* entscheiden.

Meisterschaft in Wachsamkeit befähigt Trader, Informationen aus dem unaufhörlichen Strom von Information aus verschiedensten Quellen (Medien, Gerüchte, informelle Gespräche) herauszufiltern, während die intuitive Einschätzung des richtigen Moments eine Kunst sei, wie ein Trader sagt:

»If you have to know how to trade you will never be any good. That's sort of a certainty here. It's not a science, it's an art. People who have to know never make money. You can't learn it. We don't teach it. We just sort of expose people«.[32]

Nicht theoretisches Wissen, sondern die Inkorporierung praktischer Erfahrung ist nötig, um als Trader entscheiden zu können:

»It's the toughest thing«, sagt ein weiterer Händler, »that split second judgement that you have to make. [It] probably comes from some subliminal input you don't even recognize. That's what makes the difference. You can't be trained to do that. You just have to be exposed«.[33]

Und ein anderer betont besonders das sensorisch-körperliche Erleben:

»It's a visceral thing, the brain to mouth reflex. Traders cannot put into words what they've done, even though they may be great moneymakers«.[34]

Wachsamkeit und Intuition sind die wesentlichen Ressourcen des Entscheidens, auf die Anleihe-Händler zurückgreifen. Abolafia sieht darin eine »lokale Form« von *bounded rationality*,[35] die er als »hyper-rationality« im Sinne einer Verbindung von kognitiven und sensorischen Dimensionen bezeichnet.[36]

31 Ders., Markets as Cultures (wie Anm. 9), S. 74.
32 Ders., Hyper-Rational Gaming (wie Anm. 9), S. 237.
33 Ders., Making Markets (wie Anm. 9), S. 20.
34 Ebd., S. 26.
35 Mit dem Konzept der ›lokalen Rationalität‹ differenziert Abolafia dieses von Simons Rational-Choice-Version von *bounded rationality*, die Nutzen-Maximierung durch *satisficing* ergänzt, s. Herbert A. Simon, Models of Man. Social and Rational. Mathematical Essays on Rational Human Behavior in a Social Setting, New York 1957.
36 Abolafia, Making Markets (wie Anm. 9), S. 23.

Dies sind jedoch nicht die einzigen Ressourcen des Entscheidens im *Trading Room*. Eine weitere Kategorie sind *identity tools*. In Anlehnung an Goffman's *practical gamble* als Beschreibung der Börsenspekulation nennt Abolafia die Spekulation der Bond Trader »hyper-rational gaming«.[37] Eine zentrale Ressource in diesem Spiel bildet die Fähigkeit, Emotionen zu kontrollieren und vor anderen zu verbergen, besonders solche, die Verluste betreffen:

»Traders generally agree that the single most important thing for a trader to know is ›how to take a loss‹. This refers to getting out of a losing position. [...] It is either taught by mentors or the market, or the trader is gone«.[38]

Die Kontrolle von Emotionen erfordert Selbst-Disziplin in diesem Spiel des Entscheidens. Dazu gehört insbesondere auch, der Unsicherheit gewachsen zu sein, die sich *nach* einer getroffenen Handels-Entscheidung einstellt, die so lange dauert, bis ›der Markt‹ die Zukunftserwartung erfüllt oder zerstört, bis über Gewinn oder Verlust entschieden ist. Beides wird metaphorisch als Erfahrung körperlicher Gewalt beschrieben, von der sich emotional zu distanzieren Trader trainieren:

»One trader said: ›Trading is like catching bullets with your teeth. You have to dismiss the pressure you are under. If you bought five million bonds you just have to say ›I bought them and now I have to forget them until tomorrow. I can't do anything about them today‹‹«.[39]

Emotionale Kontrolle ist die Voraussetzung dafür, dass Händler die Fähigkeit beherrschen, hohe Risiken einzugehen. Dies wiederum spielt eine wesentliche Rolle für das Image und das symbolische Kapital eines Händlers in der *trading community*. Die Bereitschaft zum Risiko signalisiert seine Unabhängigkeit und Autarkie.[40]

Abolafias Ethnografie zeigt, wie nah der Habitus der Anleihe-Händler dem Modell des *Homo Oeconomicus* der Wirtschaftswissenschaften und der Rational Choice Theorie kommt. So heißt es bei ihm:

»Bond traders' behavior appeared to come closer than I expected to the economists' assumptions of perfect rationality and unambiguous self-interest. [...] [They] bore a striking resemblance to homo oeconomicus: the highly rational and self-interested decision maker portrayed in economists' models«.[41]

Damit bestätigt Abolafia jedoch nicht die Gültigkeit von Paradigmen der Ökonomie und Rational Choice; vielmehr entzieht er ihnen ihre auf den Prämissen

37 Ders., Hyper-Rational Gaming (wie Anm. 9), S. 238.
38 Ebd., S. 239.
39 Ebd., S. 240.
40 Ebd., S. 242 ff.
41 Ders., Making Markets (wie Anm. 9), S. 16.

des Individuums und des atomistischen Marktes beruhenden Grundlagen,[42] indem er die soziale Einbettung von Trading und Entscheiden hervorhebt. In Modellen rationalen ökonomischen Entscheidens kommt die *soziale* Einbettung des individuellen Entscheidens nicht vor. Abolafia betont dagegen, dass die Ressource ›konzentrierte Wachsamkeit‹ nicht allein Sache individueller Kognition ist. Vielmehr ist die Aktivität der wachsamen Marktbeobachtung in soziale Prozesse eingebettet, im Laufe derer Finanzmarktakteure Informationen mit sozial konstruierten Bedeutungen belegen.[43] Die sozialen Interaktionen zwischen Anleihe-Händlern mobilisieren geteilte Wahrnehmungs- und Deutungsschemata bezüglich der Kategorien von Informationen und wie diese als handlungsleitend eingeschätzt werden.

Abolafias Ethnografie bringt somit die performativen Wirkungen eines Habitus im Feld des Finanzmarkts zum Vorschein, dessen Selbstwahrnehmung die eines risikobereiten und nach seinem eigenen Vorteil strebenden männlichen Individuums ist. Die Dispositionen des Habitus aber, die das Streben nach Reichtum mit Ressourcen des Entscheidens verbinden, werden in sozialen Praktiken geschaffen. Sie schreiben sich in den Körper ein und bringen die Wahrnehmungsschemata hervor, denen entsprechend Akteure entscheiden.

Die Wirkungen eines Habitus, der an die Strukturen des Feldes angepasst ist und den Markt zugleich hervorbringt, kommen auch in Caitlin Zalooms Ethnografie zum Vorschein.[44] Zaloom führte Mitte der 1980er Jahre Feldforschungen unter Future-Tradern an der Chicago Board of Trade durch. Trader sind »speculators in the most pure sense – individuals making money purely on the changing prices of financial commodities«.[45] Auch Zaloom fragt nach der Beziehung zwischen dem Modell des rationalen Entscheidens der Rational-Choice-Theorie und dem *doing trading* der Händler, wodurch sie dem Markt seine Gestalt geben und sich selbst als ›den Markt‹ verstehen.

Während konzentrierte Wachsamkeit für Future-Händler ebenfalls eine zentrale Ressource im Prozess des Trading-Entscheidens darstellt, beschreibt Zaloom die familiäre Herkunft der Future-Händler, zumindest Mitte der 1980er Jahre in Chicago, als eine weitere zentrale Ressource des Entscheidens. Viele ihrer Informanten erwarben die Dispositionen eines Trader-Habitus schon in der Familie. In manchen Familien (zum Beispiel irischen) wurde der Beruf des

42 Die Mikroökonomie konstruiert den Markt atomistisch, das heißt als determiniert von der ›perfekten Konkurrenz‹ zwischen einer großen Zahl kleiner Käufer und Verkäufer; diese Auffassung, so Choudhury, nimmt das Preissignal als wichtigste Determinante »of transmitting private, self-regarding motives into public socially oriented behavior. The market becomes a mechanism for the allocation of resources into the channels desired by society«, s. Masudul Alam Choudhury, Economic Theory and Social Institutions. A Critique with Special Reference to Canada, Lanham 1994, S. 31.

43 Abolafia, Hyper-Rational Gaming (wie Anm. 9), S. 247.

44 Caitlin Zaloom, Markets and Machines. Work in the Technological Sensoryscape of Finance, in: American Quarterly 58 (2006), S. 815–837.

45 Dies., Out of the Pits (wie Anm. 9), S. 62.

Börsenhändlers über Generationen hinweg ausgeübt, sodass die Erfahrungen im *Trading Room* einem Trader nur noch den letzten Schliff gaben. Der *Trading Floor* der *Future Traders* erweist sich als ein sozialer Mikrokoskomos, in dem Trader mittels körperlicher Gesten und sprachlicher Zeichen kommunizieren und konkurrieren und auf diese Weise Denken und Handeln in den praktischen Sinn des Habitus eines Spekulanten überführen, der fragt: »How can I conduct myself in a market to draw profit?«[46]

Weiterhin beschreibt Zaloom den *Trading Room* als einen sozialen Raum, in dem übersteigerte Performanzen von kulturell als maskulin klassifizierten Verhaltensweisen als normal gelten. Trader geben sich kämpferisch, konkurrieren miteinander um Geld und soziales Ansehen, äußern sich aggressiv, gewalttätig und in einer sexualisierten Sprache. Zaloom erscheint der erregte Handel und die Konkurrenz »among individuals whose behavior is antagonistic, brash, and frequently outrageous« zunächst dem Modell rationalen Handelns im Sinne des strategischen Abwägens von Optionen zu widersprechen.[47] Es zeigt sich jedoch, dass Future-Händler die Idee des ›Instinktes‹ als Ressource des Entscheidens mobilisieren. In der Eigensicht naturalisieren Trader ihr Verhalten, das sie als ›natürlichen Effekt‹ des Marktes, in den sie eintauchen und den sie schaffen, betrachten. Der Markt appelliert an die als universell angesehenen ›Instinkte‹ des Menschen – Konkurrenzverhalten, Vorteilsstreben und Eigennutz – eine Idee, die rationales Entscheiden mit instinkthaftem Handeln verschmilzt. Sie unterstreicht die schon in der Familie einsetzende Inkorporierung des praktischen Sinns für die Spekulation, bei der es sich, den Wahrnehmungsschemata des Habitus entsprechend, um ›instinktives‹ Entscheiden handelt.

Der Habitus, der dem Ort der Future-Händler im Finanzmarkt entspricht, macht die Arena des Trading zu einer Bühne der Inszenierung von Konkurrenz und dem Verfolgen eigennütziger Interessen. Es ist ein Schauplatz, an dem jeder gegen jeden kämpft. Future-Händler kämpfen nicht nur um Geld und Profit, sondern auch um symbolisches Kapital. Wieder ist es die Risiko-Bereitschaft, die in diesem Zusammenhang ins Zentrum der Selbstwahrnehmung von Tradern rückt. Die Future-Händler beschreiben dabei besonders ihre Lust am Risiko, das in intensiven körperlichen Erfahrungen verankert ist (Adrenalinstoß, Kick im Kopf, Erregungs- und Spannungszustände). Gerade die Zeitspanne höchster Ungewissheit, die sich zwischen einer bereits getroffenen Entscheidung (Ein- und/oder Ausstieg aus einem Trade) und ihren noch nicht realisierten Zukunftschancen einstellt (Differenz zwischen sozialem Erfolg / Verachtung, Gewinn / Verlust), verursacht hier den größten Lustgewinn. Risiken einzugehen verschafft »complete absorption into the action« und ist gleichzeitig mit Gewaltphantasien aufgeladen:

»Bill Buford [einer ihrer Informanten] describes the pleasure of [risk taking with] participating in a riot with […] soccer hooligans. ›I am attracted to the moment when

46 Ebd., S. 5.
47 Ebd., S. 111.

consciousness ceases: the moments of survival, of animal intensity, of violence, when there is no multiplicity, no potential for different levels of thought: there is only one – the present in the absolute««.[48]

Dieses leibliche Eintauchen in die Erfahrung des Risikos – halb Trance, halb Krieg – erfordert auch hier zugleich emotionale Kontrolle und Selbst-Management. Die extreme Erregung und erwartungsvolle Spannung, die das Eingehen von Risiken bei Future-Tradern erzeugt, können nur bei gleichzeitiger Disziplin bewältigt werden. Wie im Falle der Anleihehändler steht dabei die Fähigkeit, mit Verlusten umzugehen, an erster Stelle. Ein Trade, der mit einem Verlust endet, bedeutet nicht zwangsläufig das Gegenteil von Gewinn: »Traders take losses every day. Taking losses is a mark of the risk-taker«.[49] Verluste werden erst dann zum Problem, wenn sie als Zeichen ungenügender Disziplin im Selbst-Management eines Traders gedeutet werden, insbesondere wenn die Angst vor Verlust und Demütigung in körperlicher Selbstschädigung und sozialem Abstieg mündet. Trader aber, die trotz gelegentlicher Verluste regelmäßig Gewinne machen, demonstrieren ihrer sozialen Umgebung, dass sie trotz aller Erregung diszipliniert entscheiden können. Sie behalten die Kontrolle über ihre Emotionen und damit auch über den Markt.

6. Ressourcen des Entscheidens in Narrativen von Ratgebern

Anders als die von Abolafia und Zaloom untersuchten professionellen Trader, die nebeneinander in einem *Trading Room* oder *Trading Floor* handeln und dabei miteinander konkurrieren, handeln Einzeltrader alleine am Computer mit unsichtbaren Transaktionspartnern. Für sie stellt die scopische Marktbeobachtung mittels Technischer Analyse / Charttechnik in Verbindung mit Selbstdisziplinierungs-Techniken die wichtigsten Ressourcen dar, wie die von Börsen-Coaches verfassten Ratgeber deutlich machen.[50]

Alexander Elder migrierte in den 1970er Jahren aus der Sowjet-Union in die USA, absolvierte ein Studium als Psychiater und begann parallel dazu an der Börse als daytrader zu handeln.[51] Er schrieb mehrere Börsenratgeber, darunter *Come into My Trading Room* mit einem praktischen Übungsbuch zu »Trading mit der Elder-Methode«, die 2005 in deutscher Übersetzung erschienen.[52]

48 Ebd., S. 105.
49 Ebd., S. 106.
50 Zur Erfindung der Technischen Analyse vgl. Alex Preda, Framing Finance. The Boundaries of Markets and Modern Capitalism, Chicago 2009, Kap. 5: »From Afar: Charts and their Analysts«.
51 Alexander Elder, Trading for a Living. Psychology, Trading Tactics, Money Management, New York 1993, S. 1.
52 Ders., Elder Methode (wie Anm. 10); ders., Come into My Trading Room. Workbook, München 2005.

In Deutschland gelangte Claus Grube *alias* Gerdes über den Umweg spirituller Erfahrungen zur Börsenspekulation. In den 1970er Jahren reiste er nach einem abgebrochenen Mathematik-Studium nach Japan. Er fand einen Zen-Meisters, der ihm, in der für den Zen Buddhismus typischen Manier der Paradoxie, Mitte der 1990er Jahre auftrug, eine Million Dollar mit Trading an der Börse zu verdienen. Während der Internet-Hausse Ende der 1990er Jahre gelang es ihm tatsächlich, sein Trading-Konto auf eine Million Dollar zu erhöhen, jedoch verlor er diese Summe im darauffolgenden Abschwung ebenso schnell, wie er sie gewonnen hatte.[53] Er gab das Trading jedoch nicht auf, sondern begann, es mit Coaching zu kombinieren. Anstelle einer speziellen Trading-Technik entwickelte Gerdes ein ›wildes‹[54] und hybrides psychologisches Trading-Modell, das Ansätze aus Neuro-Linguistischem-Programmieren (NLP) und Zen-Buddhismus mit der Chart-Analyse vermischt.

Wie die meisten Amateur-Trader machten auch Elder und Gerdes zunächst Verluste an der Börse. Beide begründen ihre Kompetenz als Börsen-Coach mit der Meisterung der Herausforderung, trotz Verlusten weiter zu spekulieren:

»Learning to trade has been a long journey – with soaring highs and aching lows. In moving forward – or in circles – I repeatedly knocked my face against the wall and ran my trading account into the ground. Each time I returned to a hospital job, put a stake together, read, thought, did most testing, and then started trading again.«[55]

Elder betont die Fähigkeit, Rückschlägen zu trotzen und betont, dass die meisten Menschen im Laufe ihrer Sozialisation nicht die erforderlichen Dispositionen des Verhaltens erwerben, um erfolgreich im Finanzmarkt zu agieren:

»We come to the market from different walks of life and bring with us the mental baggage of our upbringing and prior experience. Most of us find that when we act in the market the way we do in our everyday life, we lose money«.[56]

Amateuren mangelt es am praktischen Sinn des Habitus, den professionelle Trader in der Praxis des Feldes inkorporieren, und damit an Ressourcen des Entscheidens. Elder und Gerdes schlagen Verfahren des Selbst-Managements vor, die die Voraussetzungen für eine zielführende Anwendung der Methoden der

53 Klaus D. Grube, Das Zen der ersten Million, Norderstedt 1999.

54 ›Wild‹ ist einer Differenzierung aus der Religionsethnologie und der *medical anthropology* entlehnt; in der *medical anthropology* wird zum Beispiel zwischen ›disziplinierten‹ medizinischen Systemen (etwa Biomedizin, Ayurveda), die staatlich anerkannt sind, und ›undisziplinierten‹ populären Praktiken des Heilens, die keine offizielle Anerkennung genießen und deren Legitimität umstritten ist, unterschieden, vgl. Harish Naraindas u. a. (Hg.), Asymmetrical Conversations. Contestations, Circumventions, and the Blurring of Therapeutic Boundaries, Oxford 2014; William Sax/Helene Basu (Hg.), The Law of Possession. Ritual, Healing, and the Secular State, New York 2015.

55 Elder, Trading for a Living (wie Anm. 51), S. 2.

56 Ebd., S. 38.

Technischen Analyse als instrumentelle Ressource des Entscheidens schaffen sollen. Nicht alle Akteure aber, so der Psychiater Elder, bringen das nötige psychologische Rüstzeug für das Erlernen der Spekulation mit. Menschen (Männer) mit Persönlichkeitsstörungen (zum Beispiel Spielsucht) und mangelnden Fähigkeiten, intra-psychische Konflikte zu lösen, sollten gar nicht an der Börse handeln: »Acting out your internal conflicts in the marketplace is a very expensive proposition«.[57]

Entscheidungsfähigkeit ist »eine der wichtigsten Eigenschaften des Traders«.[58] Die Ursachen von mangelnder Entscheidungsfähigkeit sehen Elder und Gerdes in Emotionen, die im Sinne von Behavioral Finance zu Fehlentscheidungen führen: Gier und Angst, Selbstüberschätzung und Herdentrieb sind einige der zentralen affektiven Kategorien, die Fehlentscheidungen auslösen und deren Macht die Ratgeber brechen wollen.[59] So heißt es bei Grube:

»Gier ist eine Emotion von übersteigertem Verlangen. Verlangen ist eine Emotion des Brauchens von und Streben nach Zuwendung. Statt nach Muttermilch gieren wir nach Börsenerfolg. [...] Das ist nicht grundsätzlich verkehrt. [...] Denn nur wer wirklich gierig ist, wird die Anstrengung aufbringen, ein vollständig durchdachtes erprobtes Handelssystem zu entwickeln und diszipliniert durchzuführen. Problematisch ist nur die kindliche Gier. Seien Sie so gierig, dass Sie Alles wollen und nicht nur Tropfen und Streicheleinheiten. Seien Sie so gierig, dass Sie rechtzeitig die Gewinne sicherstellen. Seien Sie so habgierig, dass Sie die Gewinne sichern und vermehren. [...]«.[60]

Gier ist also dann eine positive Emotion, wenn sie das Verhalten eines Traders in Richtung größtmöglichen Eigennutzes beziehungsweise Gewinn lenkt, der aber nur durch diszipliniertes Verhalten (Handelsplan) zu erreichen ist. Denn der Markt bleibt für Amateur-Trader ein gefährlicher Ort. Während der Amerikaner Elder die Gefährlichkeit des Marktes mit der auch von professionellen Tradern verwendeten Metapher des Kriegsschauplatzes beschreibt, verwendet Gerdes – aus einer von alternativer Spiritualität geprägten Sicht – häufig die Metapher des Ozeans. Die Ratgeber reproduzieren mit diesen Metaphern zugleich die symbolische Maskulinität der Börsenspekulation. Trader sind wie Abenteuer suchende Sportler oder Soldaten im Krieg, die die richtige Munition im Gewehr haben müssen. So bezeichnet Elder seine technische Trading-Strategie als »fünf Kugeln im Gewehr«, während Gerdes Trader mit Surfern vergleicht, die geschickt den Wellen trotzen, anstatt vom Meer verschlungen zu werden. Mit der richtigen Munition kann ein Trader den Gefahren begegnen, die nach Elder vor allem von der »Asozialität« des Marktes und der Aggressivität professioneller Trader erzeugt werden:

57 Ebd., S. 12.
58 Ders., Elder Methode (wie Anm. 10), S. 80.
59 Nicht alle Bücher von Gerdes und Elder enthalten ein Literaturverzeichnis, aber wenn dies der Fall ist, tauchen Kahneman und Tversky regelmäßig auf.
60 Claus D. Grube, Gewinnen beginnt innen, München 2005, S. 81.

»Every trader tries to hit others«, schreibt Elder, »every trader gets hit by others [...] When you trade you compete against the sharpest minds in the world, the field on which you compete has been slanted to ensure your failure. [...] The market is a uniquely harsh environment because everyone is against you, and you are against everyone«.[61]

Die Risiken, die die Spekulation für Amateur-Trader birgt, werden von Elder und auch Gerdes vor allem in der ungleichen Positionierung auf dem Kampfplatz des Marktes lokalisiert. Sie treten gegen mächtige Konkurrenten an. Um in diesem Kampf zu bestehen, müssen Einzeltrader fähig sein, die richtigen Entscheidungen zu treffen – woran sie jedoch meist aufgrund ihrer emotionalen Verstrickung in das Marktgeschehen gehindert werden.

Wenn Amateur-Trader handeln, partizipieren sie an der ›scopischen‹ Praxis der Marktbeobachtung mittels konzentrierter Wachsamkeit. Während aber konzentrierte Wachsamkeit für professionelle Trader eine zentrale Ressource des Entscheidens bildet, birgt sie für Trader eine gefährliche Quelle für Fehlentscheidungen:

»Der Markt hypnotisiert die Trader wie ein Magier, der eine Schlange hypnotisiert, indem er seine Flöte rhythmisch auf und ab bewegt. Je schneller die Kursbewegungen sind, umso stärker werden die Gefühle. Je emotionaler ein Markt ist, umso mehr verliert er an Effizienz...«,[62]

schreibt Elder, während Gerdes dafür im Sinne der Neurofinance, einer auf der Gehirnforschung basierenden Weiterentwicklung von Behavioral Finance, Spiegelneuronen im Gehirn verantwortlich macht:

»Spiegelneuronen [:] Teile des Gehirns sind dazu da, das Verhalten, Fühlen und Denken der Mitmenschen zu simulieren. Trader kennen das gut: Wir sitzen vor der Abbildung des Börsenmarktes auf dem Bildschirm und ›sehen‹ die Masse der ›Kollegen‹, die auch vor der Abbildung des Marktes auf dem Bildschirm sitzen, überall auf der Erde verstreut. Wir meinen zu fühlen, was diese Masse von Menschen, komprimiert als ›der Markt‹, will. Wir müssen nur noch entscheiden können, ob wir mitlaufen oder an die Seite gehen wollen«.[63]

Genau dies zu entscheiden aber ist schwer für einen Trader, der seine Emotionen nicht unter Kontrolle hat – er neigt dazu, dem Herdentrieb zu folgen, zu spät in einem bereits hoch gestiegenen Markt auf weiter steigende Kurse zu setzen, die kurz nach seinem Einstieg zu fallen beginnen. Die hypnotische Wirkung der Marktbeobachtung auf dem Monitor mobilisiert Gefühle von »powerful greed for more gains and a great fear of losing what [he] got«.[64] Damit Trader fähig werden, sich aus der emotionalen Verstrickung in den Markt zu lösen, bieten

61 Elder, Trading for a Living (wie Anm. 51), S. 27, 48.
62 Ders., Elder Methode (wie Anm. 10), S. 20.
63 Gerdes, Für Trader (wie Anm. 10), Kindle-Pos. 223–222.
64 Elder, Trading for a Living (wie Anm. 51), S. 28.

Elder und Gerdes Ressourcen des Entscheidens an, die die Rationalisierung des Verhaltens mit psychologischen Regeln entsprechend den Konzepten von Behavioral Finance (zum Beispiel Herdentrieb) kombinieren. Beide Ratgeber betonen die Fähigkeit, spekulatives Handeln an der Aufstellung von Plänen, auf Technischer Analyse basierenden Handelsstrategien sowie mittels Buchführung über Gründe und Ergebnisse von eingegangen Trades auszurichten. Der Prozess des Entscheidens wird so als Rationalisierung des Verhaltens des Einzelnen durch »Management von Emotionen«[65] und »Selbst-Management«[66] beschrieben. Dies gilt beiden Ratgebern als stärkste Waffe, über die Einzeltrader verfügen.

Trading ist gleichermaßen riskant wie lustvoll, darin stimmen die Ratgeber überein, umso wichtiger ist es für einen Trader, disziplinierte Risiko-Kalkulation (»money management«) in den Prozess des Entscheidens zu integrieren. Risiken des Marktes können nicht kontrolliert werden, Emotionen und das eigene Verhalten dagegen schon.

An erster Stelle steht hier die Angst vor Verlusten. Sowohl Elder als auch Gerdes beziehen sich indirekt auf die These der Verlust-Aversion von Kahneman und Tversky, wenn sie Angst vor den Gefühlen, die Verluste auslösen, als eine zentrale Quelle von Fehlentscheidungen im Trading ausmachen. Elder beschreibt die Dynamik der Verlust-Aversion im Trading so:

»A loser cannot cut his losses quickly. When a trade starts going sour, he hopes and hangs on. He feels he cannot afford to get out, meets his margin call,[67] and keeps hoping for reversal. His paper loss grows until what seemed like a bad loss starts looking like a bargain. Finally, his broker forces him to bite the bullet and take his punishment. As soon as he gets out of a trade, the market comes roaring back«.[68]

Ein Trader, der seine Verlustangst nicht kontrollieren kann, wird verlieren. Um emotionales Verlust-Vermeidungs-Trading zu überwinden ist emotionale Distanzierung erforderlich. Die Ressourcen des Emotions-Managements werden dann mobilisiert, wenn zunächst die Ziele der Spekulation verschoben werden: Weder Gewinn noch die Lust am Spiel, sondern um Selbst-Optimierung soll es gehen. Gerdes formuliert dies im Sinne des Zen-Buddhismus:

»Wir haben [...] Trading als Meditation genutzt und uns dabei beobachtet. Wir haben über uns und die anderen Trader viel gelernt. Wir geben das gern weiter. Das gibt uns ein noch besseres Gefühl als der Gewinn von Geld. [...] Unser letztendliches Ziel: Das Genie freisetzen«.[69]

65 Ders., Elder Methode (wie Anm. 10), S. 65.
66 Grube, Gewinnen beginnt innen (wie Anm. 60), S. 139.
67 »Entwickelt sich ein Terminkontrakt zu Ungunsten des Anlegers, wird der Verlust aus seiner Marge gedeckt. Sinkt dadurch der Saldo des Margenkontos unter die sogenannte Erhaltungsmarge, wird der Anleger aufgefordert, Geld nachzuzahlen«, s. FAZ Börsen-Lexikon, <http://boersenlexikon.faz.net/margin.htm> (Stand: 27. November 2017).
68 Elder, Elder Methode (wie Anm. 10), S. 255.
69 Gerdes, Für Trader (wie Anm. 10), Kindle-Pos. 125, 140.

Unter Genie versteht Gerdes eine Art spirituelle Selbstverbesserung, die den Trader zu einem »Börsen-Artisten« werden lässt, der auf einem Seil tanzt, »das derart hoch und runter schwingt, dass die ganze Menschheit in helle Aufregung gerät«.[70]

Weniger spektakulär formuliert Elder das Ziel der Selbst-Optimierung:

»The goal of a good trader is not to make money, his goal is to trade well. [...] Trying to reach their personal best is more important to them than making money«.[71]

Mit der Verschiebung der Ziele wird eine emotionale Distanzierung erreicht, die den Prozess des Entscheidens von den typischen Markt-Emotionen der Gier und der Angst lösen.

Eine solche Verschiebung der Ziele setzt Elder zufolge »emotionale Intelligenz« voraus.[72] Eva Illouz definiert emotionale Intelligenz als »a type of social intelligence that involves the ability to monitor one's own and other's emotions, to discriminate among them, and to use the information to guide one's thinking and actions«.[73] Emotionale Intelligenz beinhaltet unter anderem das Management von Emotionen.

Das Konzept der emotionalen Intelligenz wird bei Elder zu einer wichtigen Ressource des Entscheidens, die ›intelligentes Trading‹ ermöglicht. Das heißt, dass sich ein Trader von dem hypnotischen Sog des Marktes emotional distanzieren, das heißt seine Emotionen von denen des Marktes unterscheiden kann.

Gerdes und Elder sind beide mit der ökonomischen Theorie des effizienten Marktes vertraut, der sie aber nicht folgen:

»Ein reifer Trader holt sich sein Geld aus dem großen Loch in der Theorie des effizienten Marktes, der Annahme, dass Investoren und Trader rationale Menschen sind. Die meisten Menschen sind nicht rational – nur die Gewinner«.[74]

Gerdes hebt auf die »Umprogrammierung« des Verhaltens durch diszipliniertes Einhalten eines Handelsplans ab sowie auf die regelmäßige Beobachtung von Charts und selbst-motivierenden »Gier-frei-Ritualen«, die den Trader zu einer »rationalen, logisch begründbaren Entscheidung« führen soll. Elder betont ebenfalls Planung, Marktbeobachtung und Technische Analyse als Ressourcen des Trading-Verhaltens. Intelligentes Trading aber wird ihm zufolge letztlich

70 Ebd., Kindle-Pos. 137.

71 Elder, Trading for a Living (wie Anm. 51), S. 11–12.

72 Das Konzept der emotionalen Intelligenz ist dem von Eva Illouz analysierten »emotionalen Feld« entnommen, das sich im Laufe des 20. Jahrhunderts in kapitalistischen Gesellschaften des Westens herausgebildet hat, s. Eva Illouz, Cold Intimacies. The Making of Emotional Capitalism, Durham 2009. Im Sinne der Feldtheorie ist emotionale Intelligenz neben symbolischem oder kulturellem Kapital eine weitere Form des Kapitals, das in ökonomisches Kapital konvertierbar ist.

73 Ebd., Kindle-Pos. 1421.

74 Elder, Elder Methode (wie Anm. 10), S. 20.

in einem Prozess rationalen Entscheidens vollzogen, den er als »Entscheidungsbaum« modelliert.[75]

7. Der Entscheidungsbaum – zwei Lesarten

Damit greift Elder das Modell rationaler Entscheidung von Rational-Choice-Theorien auf. »Decision tree analysis and game theory have been taught in business schools and economics departments for almost forty years«, schreibt Nau.[76] Das Modell des Entscheidungsbaums ist jedoch keineswegs praxisfern, sondern hat sich tief in den *common sense* westlicher Kulturen als ideale Technik der Entscheidungsfindung eingeschrieben. So finden sich im Internet Hunderte von Websites, Bildern von Entscheidungsbaum *flow charts* und *video tutorials*, die die Anwendung dieser Methode der rationalen Entscheidungsfindung für so gut wie alle Bereiche des Lebens sinnvoll erscheinen lassen.[77] So heißt es auf einer Website für Investoren:

»A decision tree is a graphical depiction of a decision and every potential outcome of making that decision. It can range from something simple to a complex undertaking. Decision trees give people an effective and easy way to understand the potential options of a decision and its range of possible outcomes. This helps people identify every potential option and weigh each course of action against the risks and rewards each option can yield«.[78]

Elder wendet das Modell des Entscheidungsbaums an, um den rationalen Prozess des Entscheidens im Trading darzustellen. Handelsplan und Marktbeobachtung führen zum ersten Schritt: Wie hoch kann der Einsatz sein unter der Bedingung, dass für jeden Trade nur 6 % zur Verfügung stehen? Ist bereits zu viel Kapital gebunden, muss sich der Trader gegen den Aufbau einer Marktposition entscheiden. Im zweiten Schritt muss sich der Trader positionieren: Erwartet er ein Steigen oder Fallen des Marktes (Bulle oder Bär?)? Im dritten Schritt gilt

75 Ebd., S. 293 ff.; ders., Trading for a Living (wie Anm. 51). Der Entscheidungsbaum gehört auch zum *tool kit* von Elders Spike Trade online service, s. <https://www.spiketrade.com/guestaccount/> (Stand: 3. Dezember 2017).

76 R. Nau, Arbitrage, Incomplete Models, and Other People's Brains, in: Mark J. Machina / Bertrand Munier (Hg.), Beliefs, Interactions and Preferences in Decision Making, Boston 1999, S. 217–236, hier S. 218.

77 So heißt es auf einer Website: »Theoretically, decision trees can be used for any choice that may arise in everyday life. Struggling to pick the perfect ice cream flavor? Decision tree. Can't decide whether to ride a bike or drive to work? Decision tree. […] However, in practice, a decision tree is practical only where there are too many variables or choices to process mentally, or for really big decisions where it's imperative to choose the option that has the greatest potential«, s. <https://sites.google.com/a/umich.edu/chris-byer-decision-trees/application> (Stand: 3. Dezember 2017).

78 Investopedia, <https://www.investopedia.com/terms/d/decision-tree.asp> (Stand: 3. Dezember 2017).

es zu entscheiden, welche Instrumente auszuwählen sind. Schritt vier gilt dem Abwägen von Chancen und Risiken. Im fünften Schritt muss der Trader sich für ein Zeitfenster entscheiden, das heißt den Beobachtungszeitraum für die Haltedauer des Instruments bestimmen. Der sechste Schritt ist eine strategische Entscheidung für den gewählten Markt; zu überprüfen ist, ob die Einschätzung von Schritt zwei (Bulle oder Bär) für den Gesamtmarkt auch für den gewählten Markt gilt oder ob man besser ganz aus dem Markt bleibt. Schritt sieben markiert eine taktische Entscheidung – an welcher Börse (Liquidität) und wo muss die Stop-Loss-Marke gesetzt werden? Nachdem all diese Schritte des Entscheidens durchlaufen sind und eine Position aufgebaut, verkauft oder nicht eingegangen wurde, geht es zurück zur Marktbeobachtung.

Der Entscheidungsbaum kann jedoch auch anders gelesen werden. Ein größeres Bild entsteht, wenn man das Modell nicht im Sinne eines kognitiven Prozesses liest, sondern darauf achtet, was der Baum über *doing decision making* sonst noch sagt. Von diesem Blickwinkel aus betrachtet tauchen eine Vielzahl von Akteuren auf, die in dem Narrativ des rationalen Entscheidens zum Schweigen gebracht worden sind. Das ist zumindest dann der Fall, wenn man ›Akteur‹ im Sinne der Akteur-Netzwerk-Theorie versteht, das heißt als jede Entität – sei sie menschlich oder nicht –, die andere Akteure zum Handeln bringt und umgekehrt.[79] So gesehen ist der Trader mit seinen kognitiven Fähigkeiten nur ein Akteur in einem Prozess, der diverse Akteure versammelt, über die sowohl die Kognition als auch das Entscheiden verteilt wird.[80]

Der Entscheidungsbaum erzählt auch, wie ein Einzeltrader im, mit und durch ein Netzwerk versammelter Akteure entscheidet. So ist das Trading-Kapital ein Akteur, der im Entscheidungsprozess partizipiert, indem seine Quantität den Aktionsraum des Traders bestimmt. Der zweite Akteur ist ›der Markt‹, der sich in Charts, Indikatoren, Zahlen und elektronischen Analyse-Werkzeugen etc. differenziert. Solche Instrumente materialisieren die Optionen, die sich für einen Trader auftun. Eine dritte Klasse von Akteuren sind die Finanzinstrumente selbst (Aktien, Futures und andere Derivate, Indexfonds, Devisen), die Objekte der Spekulation, die sich in unablässig fluktuierenden Zahlen, Chart-Diagrammen und Text-Informationen im Medium des Bildschirms verkörpern. Der Computer selbst ist ein weiterer wichtiger Akteur, dessen bedeutungsvolle Partizipation im Prozess des Entscheidens besonders dann zutage tritt, wenn er zu langsam oder womöglich kaputt ist. *Doing decision making* versammelt somit zahlreiche Akteure in einem Netzwerk: Computer, Glasfaserkabel, Monitore, Chart Software, Beobachtungs- und Screening-Instrumente, Ratgeber Bücher und Internetseiten. Weitere Akteure in dem Netzwerk sind der Broker, elektronische Mess- und Berechnungsinstrumente des Zeitrahmens, die die Strategie des

79 Bruno Latour, Eine neue Soziologie für eine neue Gesellschaft. Einführung in die Akteur-Netzwerk-Theorie, Frankfurt a. M. 2007, S. 81.

80 Zur verteilten Kognition ökonomischer Akteure s. MacKenzie / Hardie, Economic Actor (wie Anm. 14).

Traders materialisieren, sowie die Börsenplätze, an denen Trades platziert und ausgeführt werden, intelligente Order-Masken, die auf Änderungen des Marktgeschehens selbsttätig reagieren und andere. In der Performanz des Tradings wird der Prozess des Entscheidens über diese versammelten Akteure verteilt. Das leibliche Selbst des Traders, sein gutes oder schlechtes Emotions-Management und seine kognitiven Fähigkeiten werden mit nicht-menschlichen, technologischen Akteuren vernetzt – und der Prozess des Entscheidens wird praktisch in diesem Netzwerk vollzogen.

Elders Narrativ des Entscheidungsbaums erbringt damit zwei wichtige Einsichten: 1. Rational-Choice-Theorien rahmen das Treffen von Entscheidungen als ein rein individuelles, kognitives Verfahren; 2. Die Berücksichtigung von Akteuren, die in diesem Narrativ anwesend sind, aber nicht benannt werden, bringt zum Vorschein, dass der einzelne Trader nur eine Entität in einer Versammlung von am Entscheiden beteiligten Akteuren in einem Prozess ist, der das Entscheiden über diverse Akteure verteilt.[81] Damit ein Trader aber in einem solchen Netzwerk des Entscheidens überhaupt als Entität mitwirken kann, muss er den Habitus des Feldes des Finanzmarkts inkorporieren.

Weiterhin werden die nicht-menschlichen Akteure ebenso für die Spekulation im Feld des Finanzmarkts sozial produziert wie der menschliche Habitus. Insofern erscheint verteiltes Entscheiden als eine spezielle Form sozialen Handelns, das die individualistischen Prämissen von Rational Choice und Behavioral Finance herausfordert. Der Habitus dieses Feldes schafft inkorporierte Dispositionen kalkulierender Rationalität sowie zur Kommunikation mit den technischen Markt-Akteuren befähigende Kognition. In Ermangelung eines im Feld sozialisierten Habitus greifen die Ratgeber auf Modelle aus Behavioral Finance und Rational Choice als Ressourcen des Entscheidens zurück.

8. Fazit

Die hier diskutierten Ethnografien aus der Zeit des Übergangs vom Parkett- zum elektronischen Handel und die Börsen-Ratgeber aus demselben Zeitraum der Popularisierung der Spekulation[82] bringen die praktischen Beziehungen im sozialen Feld des Finanzmarkts zwischen professionellen und Amateur-Tradern narrativ zum Ausdruck. Deren asymmetrische Positionierungen werden in An- und Abwesenheit eines mit dem Feld des Finanzmarkts korrespondierenden Habitus und damit in den unterschiedlichen Ressourcen des Entscheidens mani-

81 Siehe analog dazu »verteilte agency« bei Werner Rammert / Ingo Schulz-Schaeffer, Technik und Handeln. Wenn soziales Handeln sich auf menschliches Handeln und technische Artefakte verteilt, Berlin 2002.

82 In den letzten zehn bis fünfzehn Jahren hat sich der Börsenhandel allmählich von einer rein maskulinen Handlungssphäre in eine zunehmend ethnisch- und gender-diversifizierte Domäne entwickelt, ein Umstand, der in weiteren Forschungen berücksichtigt werden muss.

fest, die professionellen Tradern zur Verfügung stehen und die Amateure erst zu erkennen und anzuwenden lernen müssen.

Die ethnografische Literatur zeigt, wie der Habitus des ›economic man‹ im Feld des Finanzmarkts geschaffen wird und dieses mit hervorbringt. Nicht von ungefähr halten sich Bond- und Future Trader für ›den Markt‹. Die Fähigkeit, richtige Entscheidungen zu treffen, bildet die Quelle für erfolgreiche, das heißt gewinnbringende Spekulation. Professionelle Trader verfügen über Kapital und haben den Habitus des Feldes inkorporiert – ihre wichtigste Ressource des Entscheidens ist der praktische Sinn, der nicht verbalisierbar ist, sondern doxisches Verhalten hervorbringt, in das die Strukturen und Bedingungen des Feldes vollständig im Körper, in seinen Wahrnehmungs- und Denkschemata und seinen *Passiones* eingeschrieben sind. Dazu gehört auch kalkulierende Rationalität, die der Eigenlogik des ökonomischen Feldes generell entspricht. Jedoch handelt es sich dabei nicht um eine Eins-zu-eins-Entsprechung zu dem Modell reiner Rationalität von Rational Choice, sondern um eine begrenzte und lokale Form von Rationalität, die nicht nur Kognition, sondern auch Emotionen und körperlich-sensorische Erfahrungen miteinschließt. Rationalität muss noch nicht einmal bewusst kalkulierend während eines Entscheidungsprozesses mobilisiert werden, sondern kann in Form von leidenschaftlich erregtem Verhalten in ihm zum Ausdruck kommen, das Teil des professionellen Habitus ist. Die dem Habitus innewohnenden Dispositionen rationalen Entscheidens aber kommen spätestens dann zum Vorschein, wenn es um das zentrale Thema der Spekulation geht – das Risiko des Verlusts. Hier mobilisieren professionelle Trader Dispositionen zur emotionalen Distanzierung, die es ihnen ermöglicht, Verluste als Teil des Spiels zu akzeptieren.

Die asymmetrischen Beziehungen zwischen professionellen und Amateur-Tradern lassen sich mit dem Begriffspaar von *agency* und *patiency* im sozialen Feld des Finanzmarktes beschreiben. *Agency* heißt im Kontext der Spekulation: Handlungsmacht, die im Habitus und seinen Ressourcen des Entscheidens in Kombination mit finanziellem Kapital verankert ist; damit verfügen Akteure über Strategien, die den Verlust von anderen in eigenen Gewinn transformieren können. *Patiency* bezieht sich dementsprechend auf Akteure im Finanzmarkt, die weder einen an das Feld angepassten Habitus inkorporiert haben noch großes finanzielles Kapital besitzen; aus ihren Kreisen kommen die »hilflosen Kleinanleger«[83] ebenso wie *daytrader*, die nach kurzer Zeit ihr gesamtes Kapital verlieren.

Die Ratgeber zielen auf eine Ermächtigung von ›Patienten‹ im Finanzmarkt, auf die Verwandlung von *patiency* in *agency*. Amateure sollen mittels des Trainierens von Verhaltensänderungen und des Erlernens von charttechnischen Methoden Ressourcen des Entscheidens erwerben, die dem Feld des Finanzmarktes angepasst sind, obwohl sie nicht darin sozialisiert wurden. In der Imagination der Ratgeber sind die mächtigen, anonymen Gegenspieler immer präsent. Die

83 Schimank, »Hyperkomplexität« (wie Anm. 27).

aggressive Konkurrenz zwischen Männern, die das Feld beherrschen, wird hier nicht unmittelbar selbst, sondern mittelbar als Verlust des Trading-Kapitals erfahren. Amateur-Trader haben die Eigenlogik des Feldes nicht in einem praktischen Sinn für das Treffen von Entscheidungen inkorporiert, sodass die Ratgeber auf Modelle von Behavioral Finance und Rational Choice als Ressourcen des Entscheidens zurückgreifen. Professionelle Trader können sich dagegen das lustvolle Spiel mit dem Risiko leisten. Von Anfang an ist hier eine kleinliche Buchführung zur Risikobegrenzung angesagt, die das Eingehen von Risiken in gewinnversprechendes Management von Emotionen und Selbst-Optimierung sublimieren soll. Damit wird die Voraussetzung dafür geschaffen, um Spekulation im Sinne eines rationalen Prozesses des Entscheidens in der Praxis zu verstehen. Elder nimmt die Paradigmen von Behavioral Finance als Anleitung zur Verhaltensänderung. Er interessiert sich nicht für die sozialwissenschaftliche Kritik an den experimentellen Labor-Methoden von Behavioral Finance, die zweifelt, ob Akteure außerhalb des Experiments tatsächlich wie behauptet entscheiden, sondern sieht die Gültigkeit ihrer Paradigmen in Bezug auf das Verhalten von Amateuren in der Realität bestätigt. Amateur-Trader werden von ihren Emotionen – Gier, Angst, Dabei-sein-wollen / Herdentrieb – getrieben und entscheiden daher irrational. Irrationale Entscheidungen wiederum machen sie zu Verlierern, *patients* im Feld des Finanzmarkts. Um *agents* werden zu können, müssen Emotionen aus dem Prozess des Entscheidens eliminiert werden, Entscheidungen müssen rein kognitiv-rational getroffen werden, gleichwohl aber dürfen sie sich auch nicht den Emotionen des Profi-Risiko-Kriegs hingeben – und der Entscheidungsbaum von Rational Choice zeigt, wie das gehen kann.

Entscheiden erscheint in der Eigensicht der Akteure im Feld des Finanzmarkts als individuelles Handeln. Die Antworten jedoch, die die Literatur auf die Frage nach den *Ressourcen* des Entscheidens in Praktiken der Spekulation bietet, bringen zum Vorschein, dass diese Handlungsform einen *Modus* des Entscheidens bildet, der Handlungen über menschliche und nicht-menschliche Akteure – Emotionen, Monitore und digitale Technologien – verteilt.

André Krischer

Die Co-Produzenten der Entscheidungen

Materielle Ressourcen in englischen Gerichtsprozessen des 18. Jahrhunderts

1. Einleitung

Gerichtliches Entscheiden wird in der anglo-amerikanischen Rechtstheorie gewöhnlich als eine Variante der rationalen Wahl diskutiert. Dabei ist man sich darüber im Klaren, dass von einer perfekt rationalen Wahl keine Rede sein kann, was für die Teilnehmer an der durchaus lebhaften Theoriedebatte insofern ein Problem ist, als es ja vor Gericht immerhin um die Feststellung der Wahrheit geht. Diskutiert werden daher Faktoren, die perfekt rationales oder ›akkurates‹ Entscheiden durch Richter oder Geschworene behindern. Genannt werden in diesem Zusammenhang zum einen strukturelle und institutionelle Restriktionen (wie politische Rücksichten, die Antizipation öffentlicher und medialer Kritik, aber auch konkurrierende Rechtsnormen), zum anderen verschiedene kognitive Verzerrungen im Sinne von Kahneman und Tversky (Selbstüberschätzung, *gender bias*, emotionale Beweisführung usf.).[1] Weitere Aufschlüsse über Rationalitätsbeschränkungen erhofft man sich derzeit von der Verhaltenspsy-

1 John Drobak / Douglass C. North, Understanding Judicial Decision-Making. The Importance of Constraints on Non-Rational Deliberations, in: Washington University Journal of Law & Policy 26 (2008), S. 131–152; Daniel Kahneman / Amos Tversky, Availability. A Heuristic for Judging Frequency and Probability, in: Cognitive Psychology 5 (1973), S. 207–232; dies., The Framing of Decisions and the Psychology of Choice, in: Science 211 (1981), S. 453–458. Weitere Restriktionen, die sich demnach auf die Rationalität juristischen Entscheidens auswirken, sind ökonomische Rücksichten, die soziale Herkunft, Erziehung und Ausbildung der Richter oder ganz allgemein kulturelle und gesellschaftliche Normen und Werte; vgl. etwa James L. Gibson, Environmental Constraints on the Behavior of Judges. A Representational Model of Judicial Decision Making, in: Law & Society Review 14 (1980), S. 343–370; Alex Kozinski, What I Ate for Breakfast and Other Mysteries of Judicial Decision Making, in: Loyola of Los Angeles Law Review 26 (1992), S. 993–1000; Dan Simon, A Psychological Model of Judicial Decision Making, in: Rutgers Law Journal 30 (1998), S. 1–142; Mark Kelman u. a., Context-Dependence in Legal Decision Making, in: The Journal of Legal Studies 25 (1996), S. 287–318; Donald C. Langevoort, Behavioral Theories of Judgment and Decision Making in Legal Scholarship. A Literature Review, in: Vanderbilt Law Review 51 (1998), S. 1499–1540; Lawrence S. Wrightsman, Judicial Decision Making. Is Psychology Relevant?, New York 1999; Dan Simon, A Third View of the Black Box. Cognitive Coherence in Legal Decision Making, in: The University of Chicago Law Review 71 (2004), S. 511–586.

chologie und den Neurowissenschaften. Mit den Worten der Autoren eines neueren, weithin rezipierten Aufsatzes über »Judicial Decision Making«: »In order to understand fully how judges decide cases, we need to understand how the mind works. We need to know how judges perceive the issues involved in lawsuits, how they see competing priorities and available choices, and how they make their decisions. These are the same questions involved in understanding human decision-making in general. Behavioral psychologists and cognitive scientists have studied decision-making for centuries, but our knowledge of the brain's processes is still very primitive.«[2]

Juristisches Entscheiden wird in dieser Theorietradition somit als ein kognitives Problem gesehen, als ein idealerweise vollkommen rationaler Denkvorgang, der aber durch subjektive und äußere Faktoren behindert wird. Ob sich solche mentalen Vorgänge überhaupt untersuchen lassen, wird dabei nicht diskutiert. Die mehr oder weniger rationale Entscheidung bleibt hier eine *black box*, sie wird dem juristischen Handeln von Seiten der Theorie zugeschrieben, aber nicht als ein konkreter Vorgang beobachtet, und sie ist, als mentales Phänomen, jeder Beobachtbarkeit entzogen. Auf ein empirisch belastbares Terrain gelangt man daher erst dann, wenn man juristisches Entscheiden nicht als Denkproblem betrachtet, sondern als einen sozialen, interaktiven Prozess, der unmittelbar beobachtet oder aber zumindest anhand von Quellen dicht beschrieben und rekonstruiert werden kann. Die damit verbundene Frage lautet dann aber nicht: ›Warum ist ausgerechnet diese und keine bessere Entscheidung zustande gekommen‹, sondern vielmehr: ›*Wie* wird entschieden und was sind die Bedingungen dafür, damit dieser soziale Prozess auf- und durchgeführt werden kann?‹.

Eine Antwort darauf lässt sich zunächst mit Hilfe der systemtheoretischen Verfahrenstheorie formulieren, die gerichtliches Entscheiden als fortgesetzte »Verengung eines Möglichkeitsraums« und Zuspitzung von Entscheidungsalternativen darstellt.[3] Diese Verengungen und Zuspitzungen resultieren daraus, dass sich das Verfahren als ein abgegrenztes soziales System konstituiert, das den Beteiligten spezifische Rollen zuweist und sie zugleich auf ihre verbalen oder nonverbalen Beiträge festgelegt, hinter die sie nicht einfach wieder zurückfallen können. Diese Beiträge werden als Selektionen behandelt, aus denen sich Schritt für Schritt eine Verfahrensgeschichte ergibt, die wiederum eine bestimmte Entscheidung immer mehr als unabwendbar erscheinen lässt.[4]

2 Drobak / North, Judicial Decision-Making (wie Anm. 1), S. 132.

3 Niklas Luhmann, Legitimation durch Verfahren, Frankfurt a. M. 1983. Das Zitat stammt von Thomas Scheffer u. a., Starke und schwache Verfahren. Zur unterschiedlichen Funktionsweise politischer Untersuchungen am Beispiel der englischen »Hutton Inquiry« und des »CIA-Ausschusses« der EU / Strong and Weak Procedures. Political Inquiries and Their Different Modes of Operation Based on the »Hutton Inquiry« in the UK and the EU's »CIA Inquiry«, in: Zeitschrift für Soziologie 37 (2008), S. 423–444.

4 Vgl. dazu die Skizze von André Kieserling, Simmels Formen in Luhmanns Verfahren, in: Barbara Stollberg-Rilinger / André Krischer (Hg.), Herstellung und Darstellung von Entscheidungen. Verfahren, Verwalten und Verhandeln in der Vormoderne, Berlin 2010, S. 109–125.

Zur Analyse gerichtlicher Verfahren ist Luhmanns Verfahrenstheorie unentbehrlich. Allerdings hilft sie bei der Untersuchung gerichtlichen Entscheidens im engeren Sinne nur bedingt weiter, weil es ihr eben primär um Legitimations- und nicht um Entscheidungsprobleme geht.[5] Der Fokus der Verfahrenstheorie auf Rollenverhalten und Verstrickungen positioniert das Verfahren zudem im Wesentlichen als ein Sprachspiel, auch wenn Luhmann wiederholt auf die performativen Elemente beziehungsweise die symbolisch-expressiven Dimensionen von Verfahren verweist.[6] Damit gemeint sind die rituellen und zeremoniellen Passagen eines Verfahrens, aber auch die implizite Symbolik, der zeichenhafte Überschuss des Handelns, der von Beobachtern als Selbstdarstellung (etwa des Angeklagten) gewertet werden kann und der in ganz erheblicher Weise jene verstrickenden Effekte aufweist, aus denen sich die legitimierende Macht eines Verfahrens speist.[7] Diese symbolisch-expressiven Dimensionen haben auch kulturwissenschaftliche Forschungen zur Gerichtsbarkeit in den vergangenen Jahren immer hervorgehoben. Wie für kaum eine andere Institution des Entscheidens wurde gerade für Gerichte das konstitutive, unhintergehbare Zusammenspiel von performativen und instrumentellen Variablen aufgezeigt und der Gerichtsprozess als ein »Drama des Entscheidens« beschrieben.[8]

Allerdings waren und sind zur Aufführung und Durchführung von derartigen juristischen Entscheidungsdramen Ressourcen und Faktoren nötig, die auf Ebenen jenseits der Sprache verweisen, die aber bislang eher selten und gerade von Seiten der historischen Forschung noch nicht systematisch in den Blick geraten sind. Gemeint sind damit unterschiedliche Materialitäten. Einige davon fallen beim Blick auf Gerichtsverhandlungen unmittelbar ins Auge: Auf einem 1768

5 Vgl. allgemein zu Luhmanns Interesse am Problem der Entscheidung beziehungsweise des Entscheidens Günther Ortmann, Luhmanns entscheidungstheoretische Erwägungen, in: Soziale Systeme 15 (2009), S. 36–45.

6 Luhmann, Legitimation durch Verfahren (wie Anm. 3), S. 223–232.

7 Ebd., S. 225.

8 Cornelia Vismann, Das Drama des Entscheidens, in: Dies. / Thomas Weitin (Hg.), Urteilen / Entscheiden, München 2006, S. 91–101. Zum performativen Verständnis von Gerichtsverfahren vgl. Willibald Steinmetz, Begegnungen vor Gericht. Eine Sozial- und Kulturgeschichte des englischen Arbeitsrechts 1850–1925, München 2002, S. 467–533; Franz-Josef Arlinghaus, Mittelalterliche Rituale in systemtheoretischer Perspektive. Übergangsriten als basale Kommunikationsform in einer stratifikatorisch-segmentären Gesellschaft, in: Frank Becker (Hg.), Geschichte und Systemtheorie. Exemplarische Fallstudien, Frankfurt a. M. 2004, S. 108–156; Franz-Josef Arlinghaus, Gesten, Kleidung und die Etablierung von Diskursräumen im städtischen Gerichtswesen (1350–1650), in: Johannes Burkhardt / Christine Werkstetter (Hg.), Kommunikation und Medien in der Frühen Neuzeit, München 2005, S. 461–498; Daniel Siemens, »Vor den Schranken von Moabit«. Zur Kulturgeschichte der Weimarer Strafjustiz, in: Paula Diehl (Hg.), Performanz des Rechts. Inszenierung und Diskurs, Berlin 2006, S. 196–210; Rebekka Habermas, Diebe vor Gericht. Die Entstehung der modernen Rechtsordnung im 19. Jahrhundert, Frankfurt a. M. 2008, S. 21; Henning Grunwald, Courtroom to Revolutionary Stage. Performance and Ideology in Weimar Political Trials, Oxford 2012; Cornelia Vismann, Medien der Rechtsprechung, Frankfurt a. M. 2011, hier S. 19–71.

Abb. 1: Der radikale Abgeordnete John Wilkes wird am 20. April 1768 vom King's Bench-Gericht wegen ›aufrührerischer Schriften‹ zu einer Haftstrafe verurteilt, Kupferstich, 1768, BM 1865,0114.662.

gefertigten Stich, der den Prozess gegen den Radikalreformer und Publizisten John Wilkes wegen aufrührerischer Schriften (*seditious libel*) vor der King's Bench darstellt, sieht man nicht nur Akteure, sondern auch Dinge wie den Tisch oder das darauf liegende Schreibmaterial. Auch der Raum selbst gehört zu diesen Dingen.[9] Auf die Bedeutung von Richtertischen haben bereits Michel Foucault und Cornelia Vismann verwiesen. Demnach visualisieren und manifestieren diese die ungleiche Rollenstruktur bei einer Verhandlung: Am Tisch sitzen diejenigen, die entscheiden, vor dem Tisch steht derjenige, über den entschieden wird.[10] Der Tisch leistet demnach einen Beitrag zur symbolischen Ordnung des Verfahrens und seiner Akteure, genauso wie das Zepter, das auf ihm liegt.

Aber es wäre nicht angemessen, die Dinge ›nur‹ unter symbolischen Gesichtspunkten zu berücksichtigen. Die hier verfolgte These ist vielmehr, dass Mate-

9 Mit dem ›spatial turn‹ wurde diese Art der Dinglichkeit bereits intensiv untersucht, allerdings vor allem hinsichtlich der sozialen Konstruktivität des Raumes, aber auch hinsichtlich seiner medialen Qualitäten zur Hervorbringung von (städtischer) Gesellschaft, vgl. dazu unter anderem Susanne Rau, Räume. Konzepte, Wahrnehmungen, Nutzungen, Frankfurt a. M. 2013.

10 Vismann, Medien der Rechtsprechung (wie Anm. 8), S. 164.

rialitäten in *produktiver* Weise beim juristisch-gerichtlichen Entscheiden zum Einsatz kamen, und zwar in einer Art und Weise, die eine klare Unterscheidung zwischen autonomen Denkvorgängen einerseits und ihrer materiellen Basis andererseits schwierig macht. Das im Folgenden relevante Konzept von Materialität stammt dabei aus den neueren soziologischen Praxistheorien. Hier stellt Materialität neben Zeitlichkeit und Körperlichkeit eine Dimension sozialer Praktiken dar.[11] Entscheiden als eine materialisierte soziale Praxis zu beobachten, kann sich als eine wichtige Erweiterung der Verfahrenstheorie erweisen. Sie trägt sowohl dazu bei, ein komplexeres Bild der Entscheidungsvorgänge zu gewinnen als auch dazu, die »mentalistischen Verkürzungen« der Rational Choice-Theorie zu überwinden.[12] Im Unterschied dazu, aber auch zur klassischen Handlungstheorie, verneint die Praxistheorie den Dualismus von Subjekt und Objekt und damit die Vorstellung, dass das Handeln im Kopf der Subjekte in Form von Intentionen beginnt und äußerlich, im Reich der Objekte, bereits gefasste Intentionen lediglich ausgeführt werden.[13] Intentionen werden vielmehr als Bestandteil der Praxis verstanden, nicht als der »unbewegte Beweger der Praxis«, sondern als »inkorporierte Dispositionen«[14]. Sie äußern sich als praktischer Sinn im Hier und Jetzt, in körperlichen Vollzügen und dem gekonnten oder habitualisierten Umgang mit Dingen. Die praxeologische Absage an die klassische Subjekt-Objekt-Dichotomie geht also nicht einher mit einer Ausblendung des Mentalen, wohl aber mit dessen Dezentrierung: »Es wird gefragt, wie mentale Vollzüge und Zustände in Praktiken registriert, ratifiziert, bestätigt und beobachtet werden, wie sie sich in körperlichen doings and sayings manifestieren und wie sie in Praktiken mitwirken.«[15]

11 Im Sinne von Robert Schmidt, Soziologie der Praktiken. Konzeptionelle Studien und empirische Analysen, Berlin 2012, S. 51; vgl. zur bereits laufenden historischen Rezeption der Praxistheorie u. a. Dagmar Freist, Diskurse – Körper – Artefakte. Historische Praxeologie in der Frühneuzeitforschung – eine Annäherung, in: Dagmar Freist (Hg.), Diskurse – Körper – Artefakte. Historische Praxeologie in der Frühneuzeitforschung, Bielefeld 2015; Marian Füssel, Praxeologische Perspektiven in der Frühneuzeitforschung, in: Arndt Brendecke (Hg.), Praktiken der frühen Neuzeit. Akteure, Handlungen, Artefakte, Köln 2015, S. 21–33; Lucas Haasis / Constantin Rieske, Historische Praxeologie. Zur Einführung, in: Dies. (Hg.), Historische Praxeologie. Dimensionen vergangenen Handelns, Paderborn 2015, S. 7–54. Für eine Untersuchung entscheidungsbezogener Vorgänge wurde die Praxistheorie von der historischen Forschung bislang so gut wie nicht fruchtbar gemacht. Unabhängig davon haben aber bereits andere auf dingliche Faktoren von (administrativen) Wissensprozessen hingewiesen, so vor allem Peter Becker / William Clark (Hg.), Little Tools of Knowledge. Historical Essays on Academic and Bureaucratic Practices, Ann Arbor, Mich. 2001.

12 Um eine Formulierung von Robert Schmidt aufzugreifen, vgl. ders., Soziologie der Praktiken (wie Anm. 11), S. 51.

13 Ebd., S. 57.

14 Frank Hillebrandt, Soziologische Praxistheorien. Eine Einführung, Wiesbaden 2014, S. 11.

15 Schmidt, Soziologie der Praktiken (wie Anm. 11), S. 57 f.

Auf unser Problem bezogen heißt das, dass auch gerichtliches Entscheiden nicht als innerer, mentaler Akt eines Richters oder Geschworenen verstanden werden kann. Wenn beim Entscheiden immer auch Objekte beziehungsweise Materialitäten im Spiel sind – und dazu zählt hier auch die Körperlichkeit der Akteure und das in diesen Körpern situierte Know-how –, ist es nicht möglich, diesen Vorgang auf Denkoperationen zu reduzieren – die Dinge stehen einem solchen Reduktionismus gleichsam im Weg.[16] Ich möchte diese Unhintergehbarkeit der Materialitäten bei der Analyse juristischen Entscheidens im Folgenden anhand zweier Gegenstandsfelder deutlich machen, nämlich anhand der Raumstrukturen des gerichtlichen Betriebs sowie anhand des Akten- und Notizbuchmaterials der Anwälte und Richter. Damit geraten Gegenstände in den Blick, die auf eher diskrete Art und Weise an der praktischen Herstellung von Entscheidungen mitwirkten. Meine Beispiele stammen aus der englischen Zivilgerichtsbarkeit des 18. und frühen 19. Jahrhunderts, bei der mündliche und öffentliche Verhandlungen (mit und ohne Geschworene) im Zentrum standen oder aber zumindest die Schauseite der Verfahren darstellten. Man hat es dabei mit einer schon weitgehend ausdifferenzierten, früh-modernen, allgemein akzeptierten Verfahrensordnung zu tun, bei der Anwälte das Geschehen dominierten.[17] Die Prozesse wurden von unterschiedlichen Seiten beobachtet: Ihr Ablauf wurde von professionellen Gerichtsreportern in Wortlautprotokollen festgehalten, in Zeitungen berichtet oder auch von den beteiligten Juristen protokolliert. Sie sind einer historischen Praxeologie insofern zugänglich, als hier Beobachtungen zweiter Ordnung angestellt werden können: Also die Beobachtung der vergleichsweise dichten und ausführlichen Beobachtungen der Zeitgenossen. Diese beobachtbaren Beobachtungen wurden aber nicht nur in Texten, sondern auch in Bildern manifestiert.

16 Pointiert dazu jetzt Fabian Steinhauer, Unreine Rechtslehren. Bruno Latours Untersuchung zum Conseil d'État und der neue Materialismus in den Rechtswissenschaften, in: Der Staat 56 (2017), S. 293–304. Auch für Andreas Reckwitz, Grundelemente einer Theorie sozialer Praktiken. Eine sozialtheoretische Perspektive, in: Zeitschrift für Soziologie 32 (2003), S. 282–301, irritiert die Materialität der Praktiken die Annahmen intellektualistischer beziehungsweise rationalistischer Sozialtheorien.

17 Allgemein zur Entwicklung von englischen Gerichtsverfahren, vornehmlich im Bereich des Strafrechts, John H. Langbein, The Origins of Adversary Criminal Trial, Oxford 2003; J. M. Beattie, Crime and the Courts in England. 1660–1800, Oxford 1986; ders., Scales of Justice. Defense Counsel and the English Criminal Trial in the Eighteenth and Nineteenth Centuries, in: Law and History Review 9 (1991), S. 221–267; David Lemmings, Criminal Trial Procedure in Eighteenth-Century England. The Impact of Lawyers, in: Journal of Legal History 26 (2005), S. 63–70; André Krischer, Der »erlaubte Konflikt« im Gerichtsverfahren. Zur Ausdifferenzierung einer Interaktionsepisode in den englischen Hochverratsprozessen der Frühen Neuzeit, in: Bettina Heintz / Hartmann Tyrell (Hg.), Interaktion, Organisation, Gesellschaft revisited. Anwendungen, Erweiterungen, Alternativen, Stuttgart 2015, S. 201–225.

2. Gerichtliche Raumstrukturen

Die gerichtlichen Verhandlungen fanden ab der Mitte des 18. Jahrhunderts in speziell dafür eingerichteten Räumlichkeiten statt, in der Regel in eigens dafür erbauten Gerichtsgebäuden. Auch die Westminster Hall, seit Jahrhunderten Sitz der englischen Höchstgerichtsbarkeit, wurde entsprechend umgebaut und unterteilt.[18] Die historische Forschung sieht in dieser neuen forensischen Architektur vor allem eine Inszenierung staatlicher Macht und betont die Exklusion des Publikums.[19] Das trifft ohne Zweifel zu – das Publikum wurde tatsächlich auf Balkonen loziert und damit weitgehend aus dem Geschehen herausgenommen. Aber das ist nicht alles. Das in den englischen Gerichtssälen um 1800 standardisierte Interieur fungierte zugleich auch als »diskursiver Automat«,[20] der die unterschiedlich verteilten Mitsprachemöglichkeiten und Schweigegebote arrangierte. Das materielle Ensemble des Gerichtssaals, das auf der Darstellung des *Court of Common Pleas* von Thomas Rowlandson (von 1808) sichtbar wird (Abb. 2), ermöglichte die routinisierte Durchführung verfahrensförmigen Entscheidens, indem es den Beteiligten in für sie offenbar selbstverständlicher, nicht verhandelbarer Weise Plätze und damit verknüpfte Handlungserwartungen zuwies: Reden im Zeugenstand, Flüstern in den Bänken der zuschauenden Juristen im Bildvordergrund, Schweigen bei den auf ihren Aufruf wartenden Zeugen am linken, unteren Bildrand. Die auf dem Bild gezeigte Situation war definiert.

Die Definition von Situationen wird gewöhnlich als Leistung und Resultat interaktiver Aushandlungen[21] oder subjektiver Sinnzuschreibungen behandelt, als »Orientierung der Akteure an gewissen, auch mit Emotionen verbundenen, Vorstellungen und gedanklichen ›Modellen‹, die sie als ›Muster‹ in ihrem Kopf haben«.[22] Demnach gründen Situationsdefinitionen im Mentalen. Entsprechend wird auch der Begriff des Rahmens, als Synonym für definierte Situationen, in aller Regel metaphorisch verstanden und bisweilen in Anführungszeichen gesetzt.[23] Sowohl in der Soziologie der Interaktion als auch in der Handlungs-

18 Clare Graham, Ordering Law. The Architectural and Social History of the English Law Court to 1914, Aldershot 2003, S. 74 ff.

19 Linda Mulcahy, Architects of Justice. The Politics of Courtroom Design, in: Social & Legal Studies 16 (2007), S. 383–403.

20 So die treffende Formulierung von Thomas Scheffer, Materialitäten im Rechtsdiskurs. Von Gerichtssälen, Akten und Fallgeschichten, in: Kent D. Lerch (Hg.), Recht vermitteln. Strukturen, Formen und Medien der Kommunikation im Recht, Berlin 2005, S. 349–376, hier S. 355.

21 So bei Erving Goffman, Interaktion im öffentlichen Raum, Frankfurt a. M. 2009.

22 Hartmut Esser, Soziologie. Spezielle Grundlagen. Sinn und Kultur, Frankfurt a. M. 2002, S. IX.

23 So Ebd.

Abb. 2: Court of Common Pleas, Westminster Hall, kolorierter Stich von Thomas Rowlandson, 1808, aus Wikimedia Commons. Das Publikum schaut hier von Balkonen aus zu, wurde also im Vergleich zu einer älteren Verfahrensweise, wo es mitten im Geschehen stand oder saß, räumlich ein Stück weit exkludiert. In der linken Bildmitte sind zwei Zeugen dargestellt, am linken Rand, hinter einer Schranke, befinden sich weitere Zeugen im Wartestand. Die Geschworenen sitzen – überwiegend schweigend, auch das war um 1800 neu – in ihrer Box am rechten Bildrand.

theorie ist damit ein Gedankending gemeint, aber eben kein Holz. Dabei hat die Rahmung einer Situation jedoch immer ein konkretes, materielles Substrat.[24] Menschen interagieren nie ohne die Co-Präsenz von Dingen, und sei dies nur der Boden, auf dem sie stehen. Genauso wurde auch die Situation im *Court of Common Pleas* dinglich definiert und durch Hölzer gerahmt: durch Bänke, Pulte, Podien, Tische, Schranken, Brüstungen, Logen oder Baldachine.

Diese Materialitäten waren aber nicht nur situationsdefinierende beziehungsweise rahmende Voraussetzungen, sondern auch Produktionsmittel einer Verfahrensweise, die immer wieder aufgeführt werden konnte, bei der zwar der

24 So dezidiert Bruno Latour, Eine Soziologie ohne Objekt? Anmerkungen zur Interobjektivität, in: Berliner Journal für Soziologie 11 (2001), S. 237–252, hier S. 243. Latour verweist dort auch auf die metaphorische Verwendung des Begriffs Rahmen.

Verhandlungsgegenstand, nicht aber die auf Entscheidbarkeit hin angelegte, räumlich fundierte Diskurs- und Konversationsordnung wechselte.[25]

Es wäre indes eine Verkürzung, gerichtliches Entscheiden mit der Interaktion im Gerichtssaal, also auf der Vorderbühne, gleichzusetzen.[26] Wenn sich Entscheiden als Verfahren vollzieht und ein Verfahren nach Niklas Luhmann Entscheidbarkeit durch die sukzessive, gleichsam trichterförmige Verengung des Möglichkeitsraums erzeugt, dann beginnt diese Verengung nicht erst mit der öffentlichen Verhandlung, sondern vielmehr auf einer Hinterbühne mit mehreren Ebenen. Andeutungen müssen hier genügen: Wer im London des späten 18. Jahrhunderts einen Rechtsstreit anstrengen wollte, nahm die Dienste eines *Solicitors* in Anspruch, der wiederum das Verfahren dadurch einleitete, dass er die Klageschrift und das Ladungsschreiben für den Beklagten bei den Gerichtshöfen in Westminster stempeln oder siegeln und registrieren ließ. Während die Solizitoren im 17. Jahrhundert dazu noch unmittelbar vor Gericht gehen mussten, begaben sie sich um und nach 1800 dafür in eine der den verschiedenen englischen Höchstgerichten (*King's Bench*, *Common Pleas*, *Exchequer* und *Chancery*) zugehörigen Schreibstuben. Die Westminster Hall war im Hinblick auf diese administrativen Vorgänge zwischen 1750 und 1780 um einen westlichen Anbau ergänzt worden. Es handelte sich dabei um eine verzögerte Reaktion auf die Prozessflut des späten 17. Jahrhunderts. Zwar erreichten die Zivilprozesse an den englischen Höchstgerichten gerade in der Mitte des 18. Jahrhunderts ihre Talsohle und pendelten sich anschließend auf niedrigem Niveau ein, allerdings handelte es sich fortan um zumeist recht verwickelte Fälle der Londoner Oberschicht, in denen sich der sozioökonomische und technische Strukturwandel dieser Zeit – der industriellen Revolution also – spiegelte. Diese Fälle implizierten einen erhöhten Verwaltungsaufwand im Sinne der Registrierung, Aufbewahrung und Weiterleitung von Dokumenten. Die Gerichtsbeamten (*clerks*) identifizierten dabei einen Zusammenhang zwischen der Effizienz ihrer Arbeit als Zulieferbetrieb für die gerichtlichen Entscheidungsverfahren und den ihnen zur Verfügung stehenden Räumlichkeiten und Büromaterialien (Stühle, Tische, Bücher- und Aktenregale, Papierspender und Handwaschbecken usf.).[27] In den 1830er Jahren war der Punkt erreicht, wo es auch mit den erweiterten Verhältnissen in Westminster nicht weiterging und ein Umzug in einen der *Inns of Court* unausweichlich erschien (Abb. 3). Der Umzug war 1840 abgeschlossen.

25 Im Sinne von Thomas Scheffer, Materialities of Legal Proceedings, in: International Journal for the Semiotics of Law 17 (2004), S. 356–389.

26 Vgl. für eine umfassende Relationierung von Verfahren mit unterschiedlichen sozialen Systemebenen (Interaktion, Organisation und Gesellschaft) ders., Ethnographie mit System am Beispiel von Englischen Strafverfahren, in: René John u. a. (Hg.), Die Methodologien des Systems, Wiesbaden 2010, S. 141–160.

27 Der Architekt Robert Smirke (1780–1867) hatte zum Beispiel die *Clerks* des *Court of Common Pleas* dazu befragt und sie zugleich darum gebeten, Wünsche für die zukünftige Büroausstattung zu spezifizieren, vgl. TNA, Works 12/47, Brief vom 18. Mai 1838.

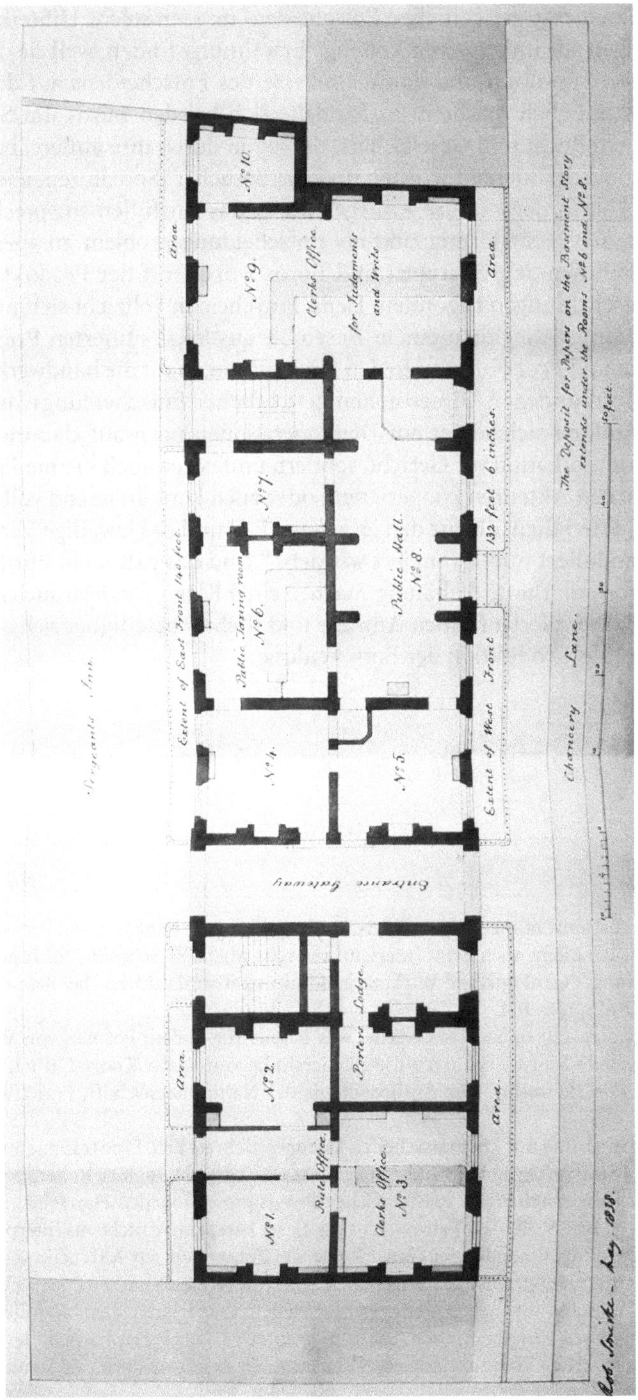

Abb. 3: Hinterbühnen juristischen Entscheidens: Die 1838 in Serjeant's Inn (Holborn, London) eingerichteten Büros des Court of Chancery, TNA Works 12/47/1.

In einer Geschichte gerichtlichen Entscheidens müssen solche Hinterbühnen und die dortigen administrativen Vollzüge Erwähnung finden, weil sie die Veranstaltung von Verfahren und damit Prozesse des Entscheidens auf der Vorderbühne erst möglich machten: Es handelte sich bei den Büros um Schnittstellen zwischen Recht und Gesellschaft, die schon durch ihre äußere, bauliche Gestalt situationsdefinierend wirkten und die Besucher (Solizitoren, aber auch andere Leute) aufforderten, ihre Anliegen durch das Ausfüllen entsprechender Formulare (*writs*) rechtsförmig und als Entscheidungsproblem zu spezifizieren.[28] Bereits in den Schreibstuben und Büros wurde mit der Produktion juristischer Entscheidungen begonnen. Denn Entscheiden vollzieht sich nicht im Denken, sondern vielmehr in einem Ensemble aus lokal situierten Praktiken, Materialitäten und Prozeduren.[29] In den Blick rücken damit die handwerklichen und materialverbundenen Dimensionen gerichtlicher Entscheidungsvorgänge. Diese beschränkten sich weder auf Denkoperationen noch auf elaborierte juristische Kommunikation vor Gericht, sondern umfassten auch kleinteilige, von unterschiedlichen Akteuren kooperierend oder auch konkurrierend vollzogene Arbeiten an Materialien, die für den jeweiligen Fall und das jeweilige Verfahren präpariert, moduliert und arrangiert wurden.[30] Und das galt nicht nur für das formel- und formularhafte Anhängig-machen einer Klage, sondern auch für den weiteren Verfahrensverlauf. Auch Anwälte und Richter beteiligten sich auf ihre Weisen an der Co-Produktion der Entscheidung.

28 Auf diese situationsdefinierende und entscheidungsbezogene Funktion von Verwaltungsarchitektur, vor allem auch beim Interieur, verweist Michaela Schmidt, Im Inneren der Bauverwaltung. Eigenlogik und Wirkmacht administrativer Praktiken bei Bauprojekten, Bielefeld 2016, S. 135–154.

29 Für Entscheiden gilt daher das Gleiche, was bereits für andere Formen von Wissensarbeit festgestellt wurde, vgl. dazu die Pionierstudie von Karin Knorr-Cetina, Die Fabrikation von Erkenntnis. Zur Anthropologie der Naturwissenschaft, Frankfurt a. M. 1984.

30 Ich beziehe mich hier auf Thomas Scheffer, Der hergerichtete Fall. Eine trans-sequenzielle Analyse der Strafverteidigung vor dem englischen Jurygericht, in: Jörg R. Bergmann u. a. (Hg.), »Der Fall«. Studien zur epistemischen Praxis professionellen Handelns, Bielefeld 2014, S. 37–74, hier S. 37: »Der Fall erwächst in dieser Perspektive nicht aus Interpretation oder Entscheidungen, sondern aus einer Reihe von Präparaten: aus Akteneinträgen, Vernehmungsmitschriften, Anstreichungen, Notizen, Skizzen etc. Fallarbeit entspricht einem konstruktiven, handwerklichen Mediengebrauch, dem Präparieren, dem Modulieren und dem Komponieren von Materialien. Die kompetenten Mitglieder vollziehen dies im ethnomethodologischen Sinne entlang von gemeinsamen Praxismustern und strukturellen Präferenzen.«

3. Anwälte und ihre *briefs*

Dass Räume, Vorder- und Hinterbühnen, zu den Materialitäten zählen, dürfte unstrittig sein. Wenn allerdings im Folgenden auch Texte als Materialitäten angesprochen werden, dann erscheint dies zunächst einmal ungewöhnlich. In der Geschichtswissenschaft wird unter materieller Kultur primär der Umgang mit oder die Sammlung von technischen Dingen, die globale Zirkulation oder der Konsum von Gütern sowie der Quellenwert von Dingen verstanden.[31] Bei der Materialität der Texte fokussiert man wiederum vor allem auf die Präsenz und die »Koexistenz von Geschriebenem und seinen materiellen Trägern«.[32] Bei der hier gemeinten Materialität der Texte geht es jedoch nicht um deren Stofflichkeit, sondern um die Frage, wie diese Texte Akteure in den Stand versetzen, ihre Aufgaben und Probleme zu lösen und zu bewältigen.[33] Angesprochen sind damit, im Sinne von Bruno Latour, die *interobjektiven* – und nicht die intersubjektiv-medialen – Dimensionen von Texten.[34] Sie interessieren nicht als Mittel der Kommunikation *zwischen* den Akteuren, sondern als Mittel und Ressourcen *eines* Akteurs bei der Produktion verfahrensrelevanter Äußerungen und Aktivitäten.[35] Materialität und Medialität sind also lediglich unterschiedliche Hinsichten auf die Gebrauchsweisen von Texten, keine substantiellen Qualitäten. Diese Hinsichten schließen sich überhaupt nicht wechselseitig aus: Das hier untersuchte Textmaterial hat immer auch mediale Funktionen, ebenso wie Texte als Medien stets materielle Substrate haben. Eine Analyse, die die materiellen Dimensionen von Texten und Textkonvoluten (Akten) akzentuiert und in den Blick nimmt, hat Latour am Beispiel des französischen Staatsrats (*Conseil d'État*) bereits für eine entscheidungsproduktive Organisation vorgelegt, ebenso Thomas Scheffer für die Arbeit von Anwälten im England der Gegenwart.[36] Materialität ist bei Scheffer dasjenige, das in der Interaktionssituation nicht gemeinsam erzeugt wird (wie etwa intersubjektiver Sinn), das sich vielmehr der »unmittelbaren Gestaltungsmacht direkter Interaktion entzieh[t]«. Es handelt

31 Kim Siebenhüner, Things That Matter. Zur Geschichte der materiellen Kultur in der Frühneuzeitforschung, in: Zeitschrift für Historische Forschung 42 (2015), S. 373–409; Marian Füssel, Die Materialität der Frühen Neuzeit. Neuere Forschungen zur Geschichte der materiellen Kultur, in: Zeitschrift für Historische Forschung 42 (2015), S. 433–463.

32 Thomas Meier u. a., Materiale Textkulturen. Konzepte – Materialien – Praktiken. Einleitung und Gebrauchsanweisung, in: Thomas Meier u.a (Hg.), Materiale Textkulturen. Konzepte – Materialien – Praktiken, Berlin 2015, S. 1–6, hier S. 3.

33 Im Sinne von Thomas Scheffer, Materialitäten im Rechtsdiskurs (wie Anm. 20), S. 351.

34 Ebd.

35 Thomas Scheffer, Neue Materialismen, praxeologisch, in: Behemoth. A Journal on Civilisation 10 (2017), S. 92–106, hier S. 99f.

36 Ebd., sowie ders., Materialitäten im Rechtsdiskurs (wie Anm. 20); ders., Der hergerichtete Fall (wie Anm. 30).

sich um nicht oder kaum noch modifizierbare Vorleistungen, um »diejenigen Komponenten einer Situation, die aufgrund ihres spezifischen Gewordenseins (dem Schreiben von Texten, dem Erlass von Gesetzen, dem Tradieren einer Kultur, dem Trainieren von Körpern) als festgelegt erscheinen. Sie sind der aktuellen Co-Produktion entzogen und stehen selbst als Co-Produzenten der Veranstaltung bereit.«[37] Diese als diskrete Vorleistung zur Verfügung stehende, co-produktive Funktion von Materialitäten habe ich bei den nachfolgenden Beispielen im Auge.

Anwaltliche Arbeit war in England seit dem 17. Jahrhundert arbeitsteilig organisiert: Ein Barrister vertrat vor Gericht einen Fall, den er ausschließlich auf Aktenbasis kannte, denn der Kontakt zum Mandanten verlief allein über einen Solizitor. Dieser nahm den Fall auf (genauer gesagt erzeugte er diesen letztlich erst durch die Anlage der entsprechenden Akte[38]), rekonstruierte die Rechtslage, ermittelte und befragte Zeugen. Dem Barrister wurden diese Vorarbeiten zur weiteren Verwendung in Form einer Handakte, einem sogenannten *brief*, zur Verfügung gestellt.[39] Wir kennen diese *briefs* als Bildtopos in Anwaltskarikaturen, wo sie als Teufelszeug dargestellt werden (Abb. 4 und 5).

Karikiert wird hier zum einen die topische Gier der Anwälte, die am Beginn einer gerichtlichen Sessionsperiode um die *briefs* und damit um die lukrativen Fälle konkurrierten. Zum anderen soll mit dem Beitrag des Teufels insinuiert werden, dass es bei der anwaltlichen Arbeit im Büro nicht nur mit rechten Dingen zuging, sondern dass dabei auch die Wahrheit verdreht wurde. Auch dieser Vorwurf an anwaltliche Arbeit war topisch.

Diese Karikaturen treffen allerdings insofern einen Punkt, als ein Barrister bei seiner Tätigkeit vor Gericht tatsächlich ganz erheblich auf die *briefs* angewiesen war und er sich dort gerade nicht in freier Rede entfaltete. Die Karikaturen ahnen also gewissermaßen, dass die *briefs* dem Barrister eine gewisse *agency* verliehen. Ein gelungener gerichtlicher Auftritt mit *brief* bedurfte tatsächlich auch der Vorbereitung im eigenen Büro. An einem Fall zu arbeiten hieß für einen Barrister ganz konkret, den entsprechenden *brief* zu bearbeiten und auf die kommende Verhandlungssituation hin zu modifizieren.

Der *brief* bestand gewöhnlich aus einer knappen Zusammenfassung des Falls (Sachverhaltsschilderung, rechtliche Einordnung) und einer Synopse, einem Abstract der Zeugenaussagen, die der Solizitor aufgenommen hatte und deren Wortlautprotokolle gegebenenfalls nachgeliefert werden konnten. In den *briefs* finden sich entsprechende Verweise, unter welchem Rubrum diese Protokolle zu finden sind (vgl. Abb. 6, rechts).

37 Ders., Materialitäten im Rechtsdiskurs (wie Anm. 20), S. 351.

38 Für ein medientheoretisch beziehungsweise konstruktivistisches Verständnis eines Falls vgl. Jörg R. Bergmann u. a., Einleitung, in: Ders. u. a., »Der Fall« (wie Anm. 30), S. 9–33.

39 Zu dieser Arbeitspraxis vgl. David Lemmings, Professors of the Law. Barristers and English Legal Culture in the Eighteenth Century, Oxford 2000, S. 24–60.

Abb. 4: The First Day of Term – or, The Devil among the Lawyers, kolorierter Mezzotinto, ca. 1780, BM 1935,0522.1.100.

Abb. 5: A Lawyer and his Agent, koloriertes Mezzotinto, ca. 1780, BM 1935,0522. 1.101.

Obwohl der *brief* die vom Solizitor gefertigten Text- und Informationsmengen bereits auf ein buchstäblich handliches Format von höchstens 20 Seiten reduzierte, konnte er nicht unmittelbar vor Gericht eingesetzt werden. Vielmehr präparierte der Barrister den *brief* im Vorfeld eingehend, und zwar durch Unterstreichungen, Marginalien und Notizen auf der Rückseite. Bei den Notizen ging es beispielsweise darum, einschlägige Präzedenzfälle zu identifizieren (Abb. 7).

Diese Arbeiten am Text, und hier vor allem das unterstreichende Markieren, waren zugleich eine Umstrukturierung des Texts in relevante und weniger relevante Passagen. Jedes weitere Lesen des *briefs* wurde von dieser Umstrukturierung gelenkt. Mit einer Unterscheidung von Scheffer kann man solche Markierungen interpretativ oder aber performativ deuten.[40] Im Fall einer interpretativen Deutung würde man Markierungen und Kommentare dazu nutzen, um das Rechtsverständnis des Barristers zu rekonstruieren. Im Fall einer performativen Deutung lässt sich hingegen fragen, was der Barrister nun konkret mit solchen Hervorhebungen tat: Vielleicht nicht überraschend, aber für eine praxistheoretische Rekonstruktion durchaus bemerkenswert: Zwar wird er wohl nicht sämtliche, aber im Wesentlichen doch die als relevant gekennzeichneten Stellen bei seinen Aktivitäten vor Gericht genutzt haben. Das war möglich, weil die Be-

40 Scheffer, Der hergerichtete Fall (wie Anm. 30), S. 43.

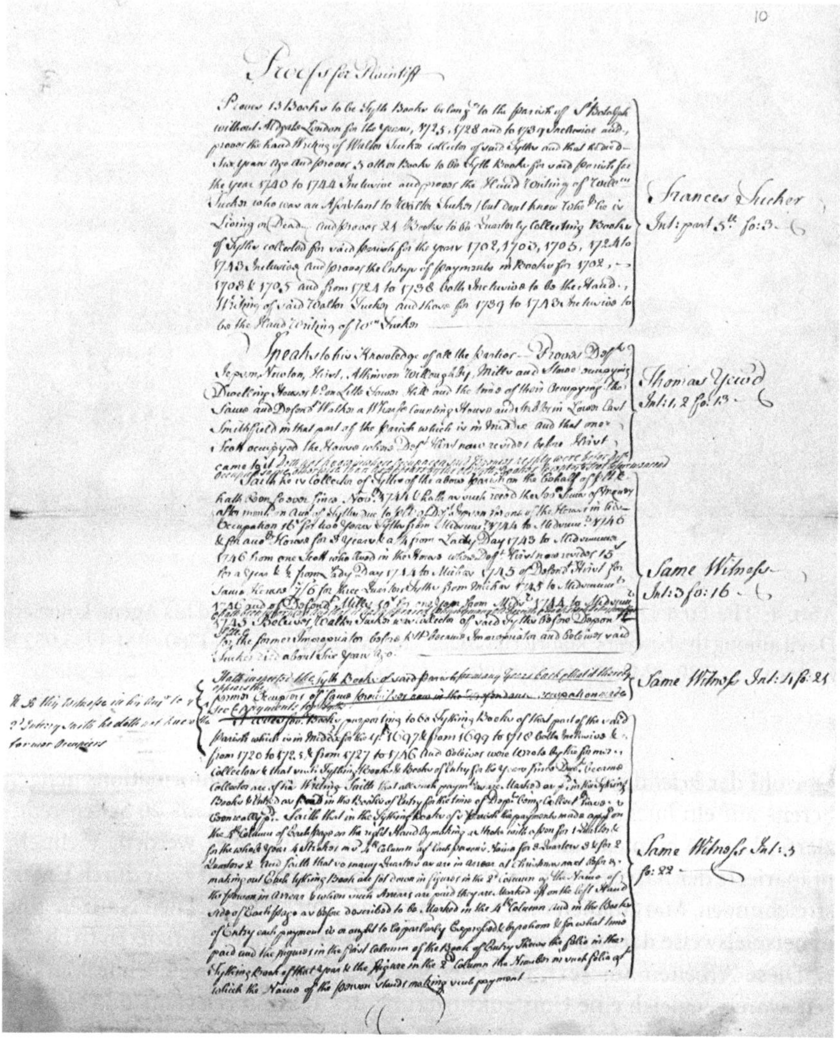

Abb. 6: Seite aus einem ›brief‹ für den Barrister Charles Yorke für einen Prozess vor dem Court of Chancery, 1747, British Library, Add MS 36184.

arbeitungen den Text medial überformten und ihn in »handliche Kondensate« (Scheffer) und eine vor Gericht brauchbare und mobilisierbare Vorauswahl aus Argumenten, Zeugenaussagen und Präzedenzfällen einteilten.

Solches Arbeiten an den Texten gehört nicht etwa nur in den weiteren Kontext von Entscheidungsverfahren. Es handelt sich dabei auch nicht um Nebensächlich- oder Selbstverständlichkeiten, beziehungsweise umgekehrt formuliert: Es ist gerade kennzeichnend für die Praxistheorie, dass sie das »Offensichtliche

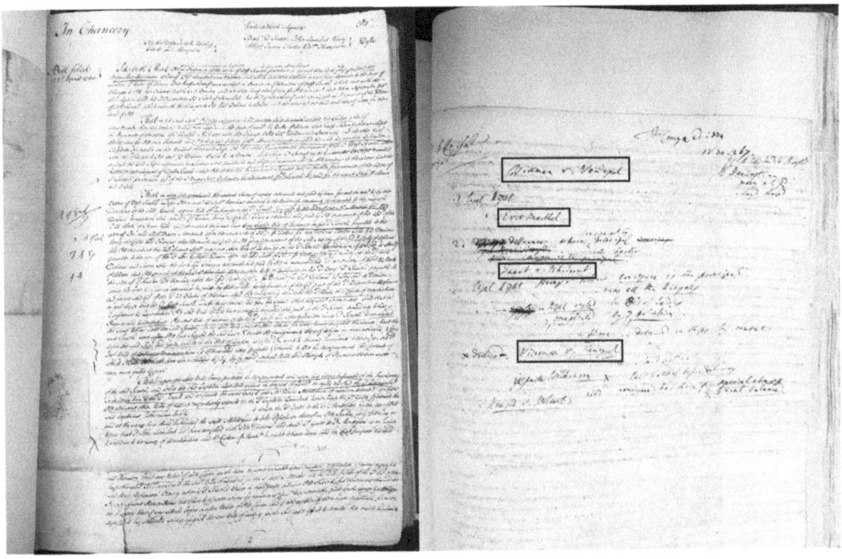

Abb. 7: Seiten aus einem brief für den Barrister Charles Yorke für einen Prozess vor dem Court of Chancery, 1760, British Library, Add MS 36191. In diesem Fall verklagt der aus Livorno stammende Kaufmann Ventura D'Aquila den Bankrott gegangenen Importhändler Benjamin D'Israeli auf die Begleichung seiner Schulden. Auf der Rückseite hat Yorke einschlägige Präzedenzfälle nach dem Muster ›A v. B‹ notiert, hier durch Umrandung hervorgehoben.

zum Problematischen« macht.[41] Entscheiden kann dann jedoch nicht mehr mit finalen Entscheidungen gleichgesetzt, Letztere wiederum können nicht mehr als Output allein von Denkakten verstanden werden. Vielmehr gilt es, Entscheiden als komplexen, nicht linearen, kleinteilig-akkumulativen, auf unterschiedlichen Bühnen und mit wechselnden Akteuren verlaufenden Produktionssprozess aufzufassen. Erst dann nämlich geraten Arbeiten am *brief* selbst als Teil einer spezifischen Praxis des Entscheidens – und zwar auf der Hinterbühne – in den Blick. Die Arbeit am Textmaterial erzeugte Selektionen, die bei der Verhandlung auf der Vorderbühne gerichtlichen Entscheidens mobilisiert werden konnten und die dort dann in öffentlich-offizieller Weise einen Beitrag zur Verengung des Möglichkeitsraums leisteten. Das wäre aber ohne dieses Text-Material, diese Art von materiellen Ressourcen, nicht möglich gewesen. Jedenfalls wurde anwaltliche Arbeit im 18. Jahrhundert auf diese materialverbundene Weise praktiziert.[42] Diese Materialitäten leisteten nicht nur den Transfer von Vorarbeiten aus dem

41 Knorr-Cetina, Fabrikation von Erkenntnis (wie Anm. 29), S. 49.

42 Vgl. zum alltäglichen Umgang der Anwälte mit *briefs* Lemmings, Professors of the Law (wie Anm. 39), S. 45 f. Zur Nutzung von *briefs* auch beim Strafprozess vgl. André Krischer, Die Macht des Verfahrens. Englische Hochverratsprozesse 1554–1848, Münster 2017, S. 486 ff.

Abb. 8: Zeichnung des Court of Chancery mit den Pulten für die Anwälte und dem darauf platzierten Textmaterial aus dem Archiv des Architekten Sir John Soane, Sir John Soane's Museum London, 16/1/3.

Büro ins Gericht.[43] Sie brachten darüber hinaus den Barrister als Teilnehmer der forensischen Entscheidungs-Kommunikation überhaupt erst in Stellung und fungierten deswegen als diskrete »Co-Produzenten« der gerichtlichen Veranstaltung.[44] Dabei reagierten auch die Architekten auf die Unverzichtbarkeit dieses Textmaterials durch entsprechendes forensisches Interieur. Während Anwälte bei Prozessen im 18. Jahrhundert ihre Handakten noch unter dem Arm tragen mussten, zeigt eine Ansicht des von Sir John Soane zwischen 1822 und 1827

43 Scheffer, Neue Materialismen (wie Anm. 35), S. 100f.

44 Ders., Materialitäten im Rechtsdiskurs (wie Anm. 20), S. 351.

umgestalteten *Court of Chancery*,[45] dass den Anwälten nunmehr Pulte mit Ablagen und Schubladen zur Verfügung standen, wo sie ihre *briefs*, aber auch das Beweismaterial (Urkunden) und Nachschlagewerke (*Law reports* und Ähnliches) ablegen und bereithalten konnten (Abb. 8).

4. Richter und ihre *notebooks*

Nicht nur die anwaltliche Tätigkeit lässt sich als eine an Materialitäten zurückgebundene Praxis rekonstruieren, auch richterliches Entscheiden funktionierte auf diese Weise – und leistete damit seinerseits einen Beitrag zur Produktion der Entscheidung.

Richterliche Performanz durchlief im Laufe der Frühen Neuzeit einen erheblichen Wandel. Erschienen Richter auf Federzeichnungen des 15. Jahrhunderts noch als eher entrückte Prozessbeobachter (Abb. 9), so wurden sie im späten 18. Jahrhundert als Schreibarbeiter an unterschiedlichen Pulten und Tischen in Szene gesetzt (Abb. 10), und zwar nicht nur auf Karikaturen, sondern auch in der Praxis. Genauso wie bei den Anwälten gab es also auch bei den Richtern eine Verbindung zwischen Schreibpraxis, Schreibmaterial und dem forensischen Interieur, zwischen körperlichen Aktivitäten und den objektiven Voraussetzungen dafür. An den beiden *Common Law*-Höfen *King's Bench* und *Common Pleas* schrieben Richter mit, um am Schluss des Verfahrens, gestützt auf ihre Notizen, den Geschworenen eine Entscheidungsempfehlung zu geben. Bei der *Chancery* schrieb der Lordkanzler allerdings mit, um seinen eigenen Entscheidungsakt vorzubereiten. Denn im englischen Kanzleigericht entschied der Richter selbst. Er konnte die Entscheidung nicht, wie sonst im *Common Law*-Verfahren, an ein Gremium delegieren und externalisieren. Es war dabei möglich, den Prozess zu unterbrechen, damit sich der Lordkanzler zum Entscheiden zurückziehen konnte. Er konnte aber auch ohne diesen Rückzug entscheiden, obschon eine Unterbrechung von den zeitgenössischen Beobachtern als Ausweis besonderer Gründlichkeit gewertet wurde.

Ob am Richterpult oder in der Nebenkammer: Die Richter des 18. Jahrhunderts nutzten beim Entscheiden Notizbücher, die unter den englischen Juristen weit verbreitet waren und schon in Studienjahren dazu dienten, Prozessverläufe zu Lernzwecken zu dokumentieren.[46] Philip Yorke (1690–1764) zum Beispiel

45 Vgl. dazu Gillian Darley, John Soane. An Accidental Romantic, New Haven 2000, S. 288–290. Sir John Soane gestaltete auch die anderen *Law Courts* in Westminster um, nicht nur auf der Vorderbühne, sondern auch auf der Hinterbühne mit den Büros, Warte- und Umkleideräumen. In diesen Räumen tagten und arbeiteten die obersten englischen Gerichte bis 1882.

46 Am Beginn des 18. Jahrhunderts hatten die *Inns of Court* ihre Funktion als Ausbildungsstätten für Juristen weitgehend eingestellt. An den beiden Universitäten wurde wiederum nur römisches Recht gelehrt. Das *Common Law* zu studieren bedeutete daher – neben

Abb. 9: Kolorierte Federzeichnung der King's Bench im 15. Jahrhundert. Die Richter tragen rote Roben, die Geste des obersten Richters signalisiert Distanz, Inner Temple Library Misc. Ms. 188.

führte solche Notizbücher, seit er 1708 Mitglied von *Middle Temple*, einem der *Inns of Court*, geworden war.[47] Er gewöhnte sich an, die Argumente der Anwälte und die Urteile der Richter stichworthaft zu protokollieren, um diese Notizen dann jeweils abends auszuarbeiten und zu kommentieren.[48] Nachdem Yorke

dem individuellen Studium der Grundlagenliteratur –, es in der gerichtlichen Praxis zu beobachten, zu verschriftlichen und zu reflektieren, vgl. dazu Lemmings, Professors of the Law (wie Anm. 39), S. 131–144.

47 John Campbell, The Lives of the Lord Chancellors and Keepers of the Great Seal of England. From the Earliest Times Till the Reign of King George IV, Vol. 5, London 1846, S. 11.

48 Ebd.

Abb. 10: Handkolorierter Stich der Sitze und Pulte der Richter der Westminster-Gerichte King's Bench, Common Pleas, Chancery und Exchequer, 1816, British Museum 1868,0808.8159.

1715 erst zum Barrister und 1724 dann zum *Attorney general*, also zum höchsten Kronanwalt, berufen worden war, ging er niemals ohne sein *notebook* vor Gericht. Er verfolgte keinen Prozess, bei dem er nicht unter dem jeweiligen Datum stichwortartig das Pro und Contra sowie das Urteil notierte, das in seinen Notizen geradezu zwangsläufig aus dem Prozessverlauf hervorzugehen schien.[49]

Diese entscheidungsorientierte Notizführung, die einen unbeirrbaren Glauben an die Rationalität des Rechts offenbart, führte Yorke auch nach seiner Berufung zum Lordkanzler und damit zum höchsten Richter Englands im Jahr 1737 fort. Aus seiner neunzehnjährigen Amtszeit (1737–1756) beim Kanzleigericht sind 25 *notebooks* mit einer Unzahl an Fällen überliefert, bei denen er nicht selten wegweisende Urteile fällte, aufgrund deren er noch im 19. Jahrhundert als Schrittmacher des Rechts gefeiert wurde.[50] Ohne Frage verkörperte Yorke, der 1733 zum ersten Earl of Hardwicke erhoben worden war, einen geradezu idealen Richtertypus: Er galt als unbestechlich und war offenbar bei den Sitzungen mit

49 British Library, Add MS 36027.

50 Vgl. die monumentalisierenden Biographien von Campbell, Lord Chancellors (wie Anm. 47) sowie George Harris, The Life of Lord Chancellor Hardwicke; with Selections from His Correspondence […], London 1847; Philip C. Yorke, The Life and Correspondence of Philip Yorke. Earl of Hardwicke, Lord High Chancellor of Great Britain, Cambridge 1913.

höchster Konzentration bei der Sache.[51] Während andere Richter die Anwälte häufig unterbrachen, wurde Hardwicke als bemerkenswert guter Zuhörer geschätzt. Auch seine Notizführung blieb nicht unbemerkt. Nicht nur *dass*, sondern auch *wann* er mitschrieb wurde hervorgehoben und als Indiz dafür betrachtet, wie sehr er bei der Sache war und die wichtigen von den unwichtigen Dingen unterscheiden konnte: »his pen always moved at the right time«.[52]

Die *notebooks* waren juristischen Kommentatoren bereits einige Jahre nach Yorkes (bzw. Hardwickes) Tod zugänglich.[53] Sie wurden im späten 18. und im 19. Jahrhundert in verschiedenen Sammlungen von Entscheidungen des englischen Kanzleigerichts oder auch in Richterbiographien in einem inhaltlichen Sinne zu Rate gezogen – als Möglichkeit also, um dem als besonders vortrefflich geltenden Rechtsdenken des Lordkanzlers Hardwicke näher zu kommen.[54] Diese – im Sinne von Scheffer[55] – interpretative Nutzung der *notebooks* fügte sich nahtlos ein in die eingangs skizzierte Vorstellung, wonach juristisches Entscheiden im Wesentlichen ein kognitiv-mentaler Vorgang sei – eine Vorstellung, die sowohl bereits der Rechtswissenschaft des 19. Jahrhunderts zu eigen war als auch noch der modernen Rechtsgeschichte und Rechtstheorie zu eigen ist.

Die Anlage von Hardwickes *notebooks* legt eine solche Reduktion auf inhaltliche Interpretationen allerdings nicht nahe. Hardwickes Rechtsauffassungen erscheinen hier im Wortsinn allenfalls zwischen den Zeilen, es handelt sich bei den Texten der *notebooks* gerade nicht um Rechtskommentare und *legal opinions*, wie sie von anderen frühneuzeitlichen Juristen überliefert worden sind.[56] Untersucht man die Texte hingegen in einem performativen Sinne, dokumentieren sie vor allem das ›Making-of‹ der richterlichen Entscheidungen durch das Sammeln, Arrangieren und Akzentuieren von Informationen bei und nach der Verhandlung. Hardwicke notierte zu einem Fall jeweils die Äußerungen und Erläuterungen der

51 Richterliche Korrumpierbarkeit war in der ersten Hälfte des 18. Jahrhunderts ein großes Thema. Yorkes Patron und Vor-Vorgänger im Amt des Lordkanzlers, Thomas Parker, Earl of Macclesfield, wurde 1725 wegen Korruption seines Amtes enthoben. Ob die Bestechlichkeit unter den Richtern wirklich so groß war oder nur die Sensibilität für das Problem stieg (und damit auch die Wahrnehmung von leuchtenden Gegenbeispielen wie Yorke), ist die Frage; vgl. dazu allgemein Wilfrid Prest, Judicial Corruption in Early Modern England, in: Past & Present (1991), S. 67–95.

52 Zitiert nach Campbell, Lord Chancellors (wie Anm. 47), S. 46.

53 Yorke, Life and Correspondence (wie Anm. 50), S. 432.

54 Zum Beispiel Francis Vesey u. a., Cases Argued and Determined in the High Court of Chancery. In the Time of Lord Chancellor Hardwicke, from the Year 1746–7 to 1755, with Tables, Notes and References 1788; Martin John West, Reports of Cases Argued and Determined in the High Court of Chancery. From 1736 to July, 1739, from the Original Manuscripts of Lord Chancellor Hardwicke and the Contemporaneous Reports, Compared with and Corrected by Lord Hardwicke's Notes, with Notes and References to Former and Subsequent Determinations and to the Register's Book, London 1827.

55 Scheffer, Der hergerichtete Fall (wie Anm. 30), S. 43.

56 Vgl. zum Beispiel Thomas Garden Barnes, Introduction to Coke's »Commentary on Littleton«, in: Allen D. Boyer (Hg.), Law, Liberty, and Parliament, Indianapolis 2004, S. 1–25.

am Prozess beteiligten Anwälte (die ihrerseits wiederum durch *briefs* vorbereitet wurden), die er zugleich durch Unterstreichungen als unterschiedlich relevant markierte. Hardwicke profitierte also von den (vorselektierten) Selektionsangeboten der Anwälte, die er während des Prozesses oder bei der Vorbereitung des Urteils im Nebenzimmer miteinander kontrastieren lassen und auf brauchbare Entscheidungsgründe hin abtasten konnte.

In den gedruckten *law reports*, die die Prozesse nicht nur zusammenfassen, sondern auch die darin getroffenen Entscheidungen als Präzedenzfälle konturieren, ist von diesem ›Making-of‹ allerdings nicht mehr viel zu sehen. Vielmehr erwecken die *law reports* den Anschein, als habe der Richter die dem Prozess zugrundeliegende Streitfrage allein kraft seines immensen Rechtwissens beantwortet. Ein Beispiel dafür: Bei einem Prozess (*Hussey versus Grills*) von 1756 musste zum einen entschieden werden, ob ein Zinslehngut (*copyhold land*) zum Gegenstand eines Testaments gemacht werden könne. Zum anderen war es die Frage, ob dieses Testament durch einen Zusatz, einen *codicil*, abgeändert werden konnte, wenn dieser Kodizill zwar die Handschrift des Erblassers trug, aber nicht vor Zeugen abgefasst worden war.[57]

Auf die erste Frage antwortete Hardwicke laut den autoritativen *English Reports*:

»Copyhold lands are not deviseable by will. Nothing passes out of the surrender till will made; but when it is made, the lands do not pass by the will, but it being the same as if inserted in the surrender, the devisee may come and be admitted on the foot of the surrender and will taken together, the same as if his name had been inserted in the surrender itself. The ground of my opinion in *Tuffnell v. Page* was *equitas sequitur legem.*«

Die Antwort auf die zweite Frage lautete demnach wiederum:

»I am of opinion, that the interest in the customary estate passed by the will, and that the codicil cannot operate as a revocation, though of the hand-writing of the testatrix.«[58]

Demnach ließen sich Zinslehen nicht per Testament vererben, vielmehr musste der gewünschte Erbe als neuer Besitzer in den Lehnsbrief (*surrender*) eingetragen werden. Zudem war der handschriftliche Kodizill wirkungslos, weil er nicht vor Zeugen verfasst worden war. Hardwicke stützte sich in beiden Fällen auf einen von ihm selbst geschaffenen Präzedenzfall, nämlich sein Urteil im Fall *Tuffnell v. Page* aus dem Jahr 1740. Damit bestätigte Hardwicke zugleich den Vorrang des *Common Law* und der Statuten, aus denen sich der Spruch herleiten ließ, vor einer Auslegung und Entscheidung nach Maßgabe der Billigkeit (*equitas sequitur legem*). Die Klage wurde abgewiesen.

Dieser Fall interessiert allerdings hier nicht als Erbrechtsfall, sondern als Beispiel für die Art und Weise richterlicher Entscheidungsherstellung mithilfe der

57 Hussey v. Grills, English Reports, Bd. 27, S. 202 ff.
58 Ebd., S. 203.

notebooks. Denn während Hardwicke von den *law reports* retrospektiv als überlegener Entscheider in Szene gesetzt wurde, der auf die schwierigen Fragen eine jeweils gut begründete Antwort geben konnte, dokumentieren seine Notizen zu diesem Fall, dass die relevanten Informationen tatsächlich von den Anwälten geliefert wurden. Die Anwälte stellten also durchaus nicht nur Fragen, vielmehr trieben sie die Verhandlung durch ihre (im *brief* vorrätig gehaltenen) Beiträge voran. Vor allem durch ihre Aktivitäten wurde der Möglichkeitsraum des Verfahrens immer weiter verengt. Der entscheidende Hinweis auf *Tuffnell v. Page* stammte dabei von Hardwickes Sohn, Charles Yorke, der an diesem Fall als Barrister für den Beklagten teilnahm. Die Punkte der Gegenseite wurden wiederum von William Noel geliefert, der seine bisherige und weitere Karriere im Wesentlichen Hardwicke zu verdanken hatte. Die Einträge im *notebook* für das Jahr 1756 zeigen, wie Hardwicke diesen anwaltlichen Input sammelte, zugleich oder später aber auch überarbeitete und durch Unterstreichungen als mehr oder weniger relevant markierte. Ganz am Schluss skizzierte er dann auch sein Urteil, das den vorliegenden Fall der bereits bei *Tuffnell v. Page* aufgestellten Regel *equitas sequitur legem* unterordnete.[59] Damit erscheint dieses Urteil weniger als dezisionistischer Sprung von den Gründen zum Entscheid,[60] sondern vielmehr als das Ergebnis eines kleinteiligen, akkumulativen Prozesses, des Sammelns und Verknüpfens von Informationen und anderen brauchbaren Hinweisen. Mit Karina Knorr-Cetina kann man diese Phase der Entscheidungs-Produktion als *tinkering*, als Bastelei bezeichnen: »Tinkerer sind Opportunisten. Sie sind sich der materialen Gelegenheiten, die sich an einem bestimmten Ort ergeben, bewußt und nutzen diese für ihre Projekte«.[61] Das Urteil konnte auf der Bühne des Verfahrens zwar als Entscheidung präsentiert werden, doch seine Herstellung vollzog sich als Anfertigung und Kompilation von Materialien im *notebook*, als praktische Erzeugung von Relevanzstrukturen und damit einhergehenden Selektionen, nicht aber als gedanklicher Schlussakt.

An den *notebooks* sieht man, wie rechtliches Denken materiell fundiert wurde, wie vermeintlich geistige Vorgänge – richterliches Entscheiden – tatsächlich untrennbar mit »körperlichen Aktivitäten und Könnensformen« verbunden

59 British Library, Add MS 36069, S. 2 ff.

60 Zum Verständnis von Entscheiden als Sprung über die Rationalisierungslücken vgl. Hermann Lübbe, Zur Theorie der Entscheidung, in: Ernst-Wolfgang Böckenförde u. a. (Hg.), Collegium Philosophicum. Studien. Joachim Ritter zum 60. Geburtstag, Basel 1965, S. 118–140.

61 Knorr-Cetina, Fabrikation von Erkenntnis (wie Anm. 29), S. 65. Der Begriff des *tinkering* stammt aus der Unterscheidung zwischen dem *Bricoleur* und dem *Ingenieur* bei Claude Lévi-Strauss, Das wilde Denken, Frankfurt a. M. 1968, S. 29–36. Demnach löst der *Bricoleur* die jeweiligen Probleme stets *ad hoc* und mit den konkret zur Verfügung stehenden Ressourcen, im Unterschied zum *Ingenieur*, der das Problem planend und mit dazu spezifisch herbeigeschafften Mitteln bearbeitet. Auf das *tinkering* in der juristischen Praxis verweist bereits Scheffer, Der hergerichtete Fall (wie Anm. 30), S. 43.

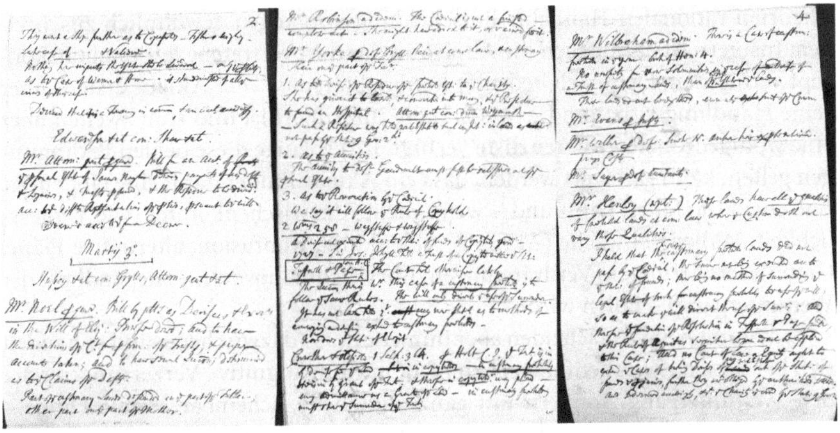

Abb. 11: Seiten aus Hardwickes ›notebook‹ aus dem Jahr 1756 mit den Aufzeichnungen zum Fall Hussey v. Grills. Hardwicke notierte und annotierte hier zunächst die Ausführungen des Klägeranwalts William Noel (rechts), dann die seines Sohnes Charles Yorke (Mitte) und schließlich einige Zeilen für seinen Urteilsspruch. Bei den Notizen zu den Äußerungen von Charles Yorke hat Hardwicke die Erwähnung des Präzedenzfalls Tuffnell v. Page unterstrichen (hier durch eine Umrandung hervorgehoben). Bei den Notizen zum Urteil ist dieser Fall und die daraus herleitbare Regel *equitas sequitur legem* ebenfalls unterstrichen, British Library, Add MS 36069.

waren.[62] Hardwickes Arbeiten mit seinen Notizbüchern lassen sich als interobjektiv beschreiben, als »routinisierte Aktivitäten eines menschlichen Subjekts im Umgang mit Objekten statt mit anderen Subjekten«.[63] Entscheiden erweist sich hier nicht als gedankliches Abwägen von Alternativen, sondern als ein alltägliches Tun und Können, als eine Schriftarbeit, die Hardwicke seit vielen Jahren, seit dem Beginn seiner juristischen Studien, praktizierte und habitualisierte. Die hier sichtbare richterliche Entscheidungspraxis vollzog sich als körperlich-materielle Aktivität, als Schreiben im Notizbuch, in dem man als Historiker nicht nur Spuren des Denkens, sondern den Vollzug des Entscheidens selbst finden kann.

Betrachtet man Entscheiden also aus praxisnaher Perspektive, machen es Materialitäten (und dazu gehört auch die Körperlichkeit der Akteure) unmöglich, diesen Vorgang auf Mentales, auf Denkakte, zu reduzieren. Damit wird aber nicht die Rationalität juristischen Entscheidens in Abrede gestellt, es geht nicht darum zu bestreiten, dass hier auch Denken im Spiel ist. Das Mentale wird nicht mit den Objekten ausgetrieben, sondern vielmehr damit in einen untrennbaren Zusammenhang gebracht. Die auf Materialitäten achtende Argumentation negiert also lediglich die Konzeptualisierung *autonomer* Denkvorgänge, wie sie die

62 Schmidt, Soziologie der Praktiken (wie Anm. 11), S. 57.
63 Reckwitz, Grundelemente (wie Anm. 16), S. 292.

Theorien rationalen Handelns Entscheidungsvorgängen gewöhnlich zuschreiben. Insofern ist damit auch die Absage an das dort vertretene Rationalitätskonzept verbunden. Demnach bedeutet Rationalität, dass »der Akteur erstens über seine Handlungssituation [...] vollständig informiert ist und zum zweiten über eine wohlgeordnete Präferenzliste verfügt. [...] solange diese beiden Bedingungen gelten, kann gefolgert werden, dass ein Akteur immer dann eine eindeutige Entscheidung fällen kann und – wenn nichts dazwischenkommt (wie Vergesslichkeit, Willensschwäche (Akrasia), Ablenkung, Konfusion, alternative Pläne, Gefühlsverwirrungen, Verdrängungen, Ausweichmanöver [...] oder endlich: der Weltuntergang) – fällen wird«.[64]

Es kommt beim Entscheiden aber immer etwas »dazwischen«, und es handelt sich bei diesen Zwischenfällen eben nicht nur um kognitive Verzerrungen oder den Weltuntergang, sondern um ganz alltägliche, scheinbar banale Dinge – etwa Möbel, Tinte, Papier bei den Juristen. Und das sind eben nicht einfach »›rationalitätsfremde‹ Einflüsse«.[65] Diese Dinge gehören zwar nicht zum Rationalitätsbegriff der Theorien rationaler Wahl, sehr wohl aber zur beobachtbaren Rationalität oder Logik der Praxis. Für die Akteure handelt es sich dabei um unverzichtbare Ressourcen, die sich von ihrem Know-how, ihrem praktischen Sinn für das Entscheiden, überhaupt nicht trennen lassen.

5. Ergebnisse

Entscheiden erweist sich in der Arbeit des Münsteraner Sonderforschungsbereichs als ein vielschichtiges Phänomen, das unterschiedliche Hinsichten zulässt und nötig macht. Das gilt auch für die Ressourcen des Entscheidens. Mein Beitrag hat nun nicht nur dafür geworben, Materialitäten als Ressourcen des Entscheidens zu berücksichtigen, sondern auch dafür, Prozesse des Entscheidens entlang von Materialitäten zu rekonstruieren. Das bedeutet, Materialitäten nicht allein in ihren expliziten oder impliziten symbolischen Dimensionen zu fokussieren, sondern auch als Elemente und Komponenten einer sukzessiven, aber dezentralisierten und sequenzenübergreifenden Produktion von Entscheidungen zu betrachten. Der Blick auf die Materialitäten lenkt weg von Kommunikation, Interaktion und Rollenperformanz auf der gerichtlichen Vorderbühne hin zu den Objekten, die solche Performanzen vorbereiten und in der Situation ermöglichen. Zugleich wird der Prozess des Entscheidens aber auch selbst erkennbar als das am Text-Material vollzogene Erzeugen, Modulieren, Präparieren und Arrangieren von Entscheidungsoptionen. Die Entscheidung erscheint in dieser

64 Michael Schmid, Praxistheorie und Entscheidungstheorie – Après la lutte? Anmerkungen zu Pierre Bourdieus Forschungsprogramm, in: Ders. (Hg.), Forschungsprogramme. Beiträge zur Vereinheitlichung der soziologischen Theoriebildung, Wiesbaden 2017, S. 311–377, hier S. 322.

65 Ebd.

Hinsicht wiederum nicht als der dramatische und prekäre Höhepunkt des Verfahrens, sondern als das Produkt einer kleinteiligen, kooperativen und stets handwerklichen Fabrikation. Dabei determinierte das Material weder die Entscheidung noch die Akteure. Es fungierte als Reservoir an Möglichkeiten und Selektionen, anhand dessen die Akteure bei Gelegenheit ihre Beiträge mobilisierten. Das Material verlieh, aber besaß keine eigene, autonome *agency.* Wenn dabei neben Räumlichkeiten und Interieur auch Texte als Materialitäten angesprochen wurden, dann wurde damit auf eine Funktion von Texten verwiesen, die nicht deutlich wird, wenn man diese allein als Medien ansieht: nämlich ihre Funktion als »Co-Produzenten« (Thomas Scheffer) von gerichtlichen Praktiken. Es sollte verdeutlicht werden, dass Texte wie die Handakten der Anwälte und die Notizbücher der Richter nicht der intersubjektiven Verständigung dienten, sondern in interobjektiver Weise funktionierten: Im Umgang mit diesen Dingen formten die Anwälte ihre Beiträge und die Richter ihre Urteile. Insofern wirbt mein Beitrag auch, im Anschluss an innovative rechtssoziologische Arbeiten, für eine praxistheoretische Erweiterung der Verfahrenstheorie. Damit sollte zugleich die geringe Relevanz von Theorien rationaler Wahl für die Analyse gerichtlicher Entscheidungsprozesse am empirischen Beispiel demonstriert werden. Die »mentalistischen Verkürzungen« (R. Schmidt), die mit diesen Theorien einhergehen, setzen an Resultaten von Entscheidungsprozessen an und ignorieren das Prozessgeschehen in seinen räumlichen, interaktiven und interobjektiv-materiellen Dimensionen. Sie reduzieren gerichtliches Entscheiden damit auf eine reine Kopfsache, wo es doch im praktischen Vollzug, bei seiner Produktion, untrennbar mit körperlichen Aktivitäten und materiellen Ressourcen verbunden war.

Alexander Durben, Matthias Friedmann,
Laura-Marie Krampe, Benedikt Nientied und
André Stappert

Interaktion und Schriftlichkeit als Ressourcen des Entscheidens (ca. 1500–1850)

1. Einleitung

Fragt man nach Ermöglichungsbedingungen und Möglichkeitsstrukturen von Prozessen des Entscheidens, geht damit zugleich eine Entselbstverständlichung des Gegenstandes einher. Die vor diesem Hintergrund in diesem Beitrag vorgenommene Konturierung von Interaktion und Schriftlichkeit als kommunikative Ressourcen wirft dabei aber nicht nur die Frage nach deren Funktion und Bedeutung für die Formung von Prozessen des Entscheidens und der prozessualen Hervorbringung von (in den untersuchten Fällen häufig: legitimen beziehungsweise kollektiv bindenden) Entscheidungen auf. Sie verweist zugleich darauf, dass der Rekurs auf diese Ressourcen, das heißt ihre Verfügbarkeit, nicht voraussetzungslos ist. Dies zentriert die Perspektive auf die Frage, unter welchen Bedingungen und auf welche Weise diese kommunikativen Ressourcen überhaupt für genuine Thematiken, Settings und Prozesse des Entscheidens konstituierend in Anspruch genommen werden können. Sie werden daraufhin befragt, wie sie Prozesse des Entscheidens möglich machen, mitproduzieren und die Akteure für ihr und bei ihrem Tun in Stellung bringen, wie die unterschiedlich gerahmten Beiträge zum Prozess des Entscheidens in der konkreten Praxis miteinander in Beziehung gesetzt und organisiert werden, welchen (sozio-)strukturellen Bedingungen sie dabei unterliegen, und welche Restriktionen sie ihrerseits erzeugen.

Vor diesem Hintergrund sollen im Folgenden anhand ausgewählter, aspektorientierter Fallbeispiele Prozesse des Entscheidens implizit oder explizit als kommunikatives Geschehen in den Blick genommen und deren mediale Formung in jeweils spezifischen Konstellationen und Kontexten hinsichtlich ihrer Bedingungen und Bedeutungen für das Entscheiden befragt werden: Werden anhand der Integration des Loses in das frühneuzeitliche Ratswahlverfahren in Unna die spezifischen Voraussetzungen der Formung von Interaktion für (verfahrensförmiges) Entscheiden beleuchtet, so steht im Lichte frühreformatorischer Disputationen die Fragilität von in ihrer kommunikativen Struktur umstrittenen Entscheidungsprozessen im Vordergrund. Am Beispiel des britischen Parlamentsverfahrens im 17. Jahrhundert kann wiederum gezeigt werden, wie

Schriftlichkeit als Speichermedium für Mündlichkeit daran mitwirkte, den Entscheidungsprozess als solchen zu strukturieren. Im Gegensatz dazu zeichnete sich, wie zu zeigen sein wird, das Parlamentsverfahren des 19. Jahrhunderts durch eine stärkere Sequentialisierung des Prozesses aus, die erst durch einen bestimmten Gebrauch von Schriftlichkeit ermöglicht wurde. Das fünfte und letzte Fallbeispiel wiederum geht der Wechselwirkung von Schrift und Interaktion und deren Bedeutung für den Prozess des Entscheidens in englischen Gerichtsprozessen der Sattelzeit nach.

Dabei lassen sich die in den folgenden Abschnitten angestellten Beobachtungen und Überlegungen mehr oder weniger lose an kommunikationstheoretische Konzeptionen anschließen und von diesen her problematisieren:[1] Die Perspektivierung des Entscheidens von der Kommunikation und deren Medialität her geht zunächst mit einer mikrologischen Fundierung einher, macht sie doch kommunikative Operationen zum zentralen Gegenstand ihrer Beobachtung.[2] Kommunikation, in losem Anschluss an Luhmann nicht verstanden als bloße Übertragung von Information, sondern als emergente Ebene der prozessualen Hervorbringung, Koordinierung und Stabilisierung von sozialem Sinn, erscheint dabei als *der* »basale Prozeß sozialer Systeme«,[3] in dem sich Vergesellschaftung, also soziale Ordnungs- und Strukturbildung, vollzieht.[4] Damit ist angedeutet, dass es einem solchen Zugang immer um beides geht: um Semantik und um (Sozial-)

1 Hier ist freilich zunächst an die Arbeiten Niklas Luhmanns zu denken. Dies gilt zuvorderst für den zugrundliegenden, methodisch an- und ausgelegten Kommunikationsbegriff. Für eine konsequente geschichtswissenschaftliche Operationalisierung und Extrapolation der Luhmann'schen Theoreme vgl. vor allem die einschlägigen Arbeiten von Rudolf Schlögl, Vergesellschaftung unter Anwesenden. Zur kommunikativen Form des Politischen in der vormodernen Stadt, in: Ders. (Hg.), Interaktion und Herrschaft. Die Politik der frühneuzeitlichen Stadt, Konstanz 2004, S. 9–60; ders., Interaktion und Herrschaft. Probleme der politischen Kommunikation in der Stadt, in: Barbara Stollberg-Rilinger (Hg.), Was heißt Kulturgeschichte des Politischen?, Berlin 2005, S. 115–128; ders., Kommunikation und Vergesellschaftung unter Anwesenden. Formen des Sozialen und ihre Transformation in der Frühen Neuzeit, in: Geschichte und Gesellschaft 34 (2008), S. 155–224; ders., Anwesende und Abwesende. Grundriss für eine Gesellschaftsgeschichte der Frühen Neuzeit, Konstanz 2014; sowie mit einem unmittelbaren Bezug zur Entscheidensthematik den Sammelband Jan Marco Sawilla / Rudolf Schlögl (Hg.), Medien der Macht und des Entscheidens. Schrift und Druck im politischen Raum der europäischen Vormoderne, Hannover 2014.

2 Vgl. für diesen Zusammenhang, unter Berücksichtigung von Entscheiden, Schlögl, Interaktion und Herrschaft (wie Anm. 1), S. 117–118.

3 Niklas Luhmann, Soziale Systeme. Grundriß einer allgemeinen Theorie, Frankfurt a.M. [4]1992, S. 192.

4 Vgl. entsprechend und für das Folgende vor allem Schlögl, Anwesende und Abwesende (wie Anm. 1), S. 29–47. Eine eingehende Explikation des Kommunikationsbegriffs und der ihm zugrundeliegenden Prämissen kann an dieser Stelle nicht erfolgen. Für die zentralen Prämissen s. Luhmann, Soziale Systeme (wie Anm. 3), v.a. S. 92–241 sowie die einschlägigen Kapitel in ders., Soziologische Aufklärung 6. Die Soziologie und der Mensch, Opladen 1995.

Struktur sowie um deren Interrelation.[5] Eine derartige Begriffskonzeption von Kommunikation erlaubt es, »die Frage nach der Strukturbildung mit der in Kommunikation vollzogenen Hervorbringung von Bedeutungen zu verbinden«[6] und die Grundbedingung für die Ausbildung sozialer Ordnung an die Strukturierung von Sinn zu koppeln. Strukturbildung in diesem Sinne erfolgt also durch Formung von Kommunikation; durch in Generalisierungsprozessen kondensierte Sinnstrukturen, die eine Koordination der Sinnhorizonte und Erwartungen der an Kommunikation Beteiligten ermöglichen und auf diese Weise dazu beitragen, die Unwahrscheinlichkeit von (erfolgreicher) Kommunikation in Wahrscheinlichkeit zu transformieren.[7]

Was bedeutet dies nun aber für eine Perspektivierung von Interaktion und Schriftlichkeit als (kommunikative) Ressourcen des Entscheidens? Wenn eingangs die Frage nach den Ermöglichungsbedingungen von Prozessen des Entscheidens aufgeworfen wurde, gewinnt diese vor dem Hintergrund des skizzierten Kommunikationsbegriffes nicht nur an Kontur, auch der heuristische Zugewinn eines solchen methodischen Ansatzes, »[g]egenwärtige und vergangene Gesellschaften als Kommunikationszusammenhänge zu betrachten«[8], wird evident: Das zirkuläre Verhältnis von Bedeutungshervorbringung und Struktur(-bildung) lässt sich im Sinne der Fragestellung auch für Prozesse des Entscheidens respektive Entscheidungskommunikation und für deren Historisierung produktiv machen.[9] Die historische Dimension dieser Konzeption liegt dabei in der spezifischen Kopplung der jeweils verfügbaren Medien mit der in ihnen sich vollziehenden Kommunikation begründet. Ihre Konstellation beeinflusst damit zudem die Formbarkeit und Formung von Kommunikation und den Möglichkeitsraum der Bildung sozialer Ordnung.[10]

Wenn in diesem Sinne »gesellschaftliche Differenzierungsmuster, ›institutionelle‹ Strukturbildungen und medial geprägte kommunikative Formen in his-

5 Dabei ist die Konzeption dieses Interrelationsverhältnisses auch auf der Ebene der Theorie keinesfalls abschließend gelöst. Für einige jüngere Problematisierungen und Vorschläge vgl. exemplarisch Rudolf Stichweh, Semantik und Sozialstruktur. Zur Logik einer systemtheoretischen Entscheidung, in: Dirk Tänzler u. a. (Hg.), Neue Perspektiven der Wissenssoziologie, Konstanz 2006, S. 157–171 sowie Peter Fuchs, DAS Sinnsystem. Prospekt einer sehr allgemeinen Theorie, Weilerswist 2015.

6 Schlögl, Interaktion und Herrschaft (wie Anm. 1), S. 116.

7 Vgl. dazu auch ders., Kommunikation und Vergesellschaftung (wie Anm. 1), v. a. S. 159–163. Zum Unwahrscheinlichkeitsparadigma als zentraler Ausgangsprämisse der Luhmann'schen Kommunikationstheorie, an dem sich auch die entsprechende Konturierung des Begriffs des Entscheidens im Rahmen des SFB 1150 »Kulturen des Entscheidens« orientiert, vgl. Niklas Luhmann, Die Unwahrscheinlichkeit der Kommunikation, in: Ders., Soziologische Aufklärung 3. Soziales System, Gesellschaft, Organisation, Köln 1981, S. 25–34.

8 Schlögl, Anwesende und Abwesende (wie Anm. 1), S. 29.

9 Für den Begriff der Entscheidungskommunikation s. Niklas Luhmann, Organisation und Entscheidung, Wiesbaden [3]2011.

10 Vgl. Schlögl, Interaktion und Herrschaft (wie Anm. 1), S. 117.

torisch spezifizierbaren Abhängigkeiten stehen«,[11] dann gilt dies nicht zuletzt auch für entscheidungsförmige Kommunikation und soziale Institutionen des Entscheidens.[12] Ob und *wie* Kommunikationszusammenhänge als Entscheidungssituation beobachtet, thematisiert und definiert oder gar formalisiert und (verfahrensförmig) institutionalisiert werden, ist also nicht voraussetzungslos, sondern rückgebunden an eben jene diachron und synchron spezifischen Konstellationen. Entscheiden, so der den untersuchten Fallbeispielen und ihrem Beobachtungszeitraum zugrundeliegende Gedanke, vollzieht sich in einem dynamischen Spannungsfeld von Interaktion (beziehungsweise Interaktionsmedien) und Schriftlichkeit. Als kommunikative Ressourcen gehen sie situativ unterschiedlich in Prozesse des Entscheidens ein und zeitigen jeweils ganz spezifische Probleme und Effekte.

Ausgehend von den oben angeführten Prämissen hat Rudolf Schlögl die Sozialform der Frühen Neuzeit, der ein Großteil der im Folgenden versammelten Fallbeispiele entnommen sind, als *Vergesellschaftung unter Anwesenden* auf den Begriff gebracht und analytisch konzipiert; als Sozialform, in der sich Kommunikation und Strukturbildung *primär* in Form von Interaktion, in Kommunikation unter Anwesenden vollzieht.[13] Dies hat nachhaltige Bedeutung auch für die Formung von Kommunikation als Entscheiden – für die Rekursion auf entsprechende Sinnstrukturen und ihre Stabilisierung.[14]

Interaktion setzt dabei nicht nur die Präsenz der Beteiligten voraus, auch die (primären) Medien – gesprochene Sprache, Körper, Materialitäten, Raum, Zeit –, in denen sich Kommunikation unmittelbar vollzieht und sozialer Sinn hervorgebracht wird und die zugleich die Möglichkeit ihrer Formung bedingen, sind »im Wortsinn präsentistisch und performativ.«[15] Anwesenheitskommunikation eignet dadurch grundlegend ein synästhetischer Charakter, der mit einem Wahrnehmungs- und Bedeutungsüberschuss einhergeht und eine besondere Herausforderung für eine thematische oder funktionale Formung von Kommunikation wie dem Entscheiden darstellt.[16] Interaktion, soll sie für mehr oder weniger ex-

11 Ebd., S. 118.

12 Insoweit etwa Entscheidungen beziehungsweise Entscheiden »nichts anderes als Kommunikationen [sind], die sich diese spezifische Form geben.« Niklas Luhmann, Disziplinierung durch Kontingenz. Zu einer Theorie des politischen Entscheidens, in: Stefan Hradil (Hg.), Differenz und Integration. Die Zukunft moderner Gesellschaften, Frankfurt a. M. 1997, S. 1075–1087, hier S. 1076.

13 Vgl. dazu die einschlägigen, oben unter Anm. 1 angeführten Titel. Für eine solche Konzeption von Interaktion außerdem zentral: André Kieserling, Kommunikation unter Anwesenden. Studien über Interaktionssysteme, Frankfurt a. M. 1999.

14 Zum Entscheiden als Sinnstruktur vgl. Luhmann, Soziale Systeme (wie Anm. 3), S. 399–404.

15 Vgl. hierzu und für das Folgende maßgeblich Schlögl, Anwesende und Abwesende (wie Anm. 1), S. 29–47, Zitat S. 40.

16 Vgl. ebd., S. 32–33. Umgekehrt wohnt Interaktionskommunikation, einmal konditioniert, und seinen in sinnlichem Mitvollzug und unmittelbarer wechselseitiger Beobachtung gründenden symbolisch-expressiven Momenten ein eigenes Potential inne, dem etwa in formalisierten Verfahren ein maßgeblicher Anteil bei der Produktion der Legitimität von

plizite Prozesse des Entscheidens verfügbar und in Anspruch genommen werden, bedarf also der Konditionierung. Sie trägt dann »einen performativen Grundzug, der die Prozesse der Sinnbildung in ein fortlaufendes Bemühen einlagert, die Situation zu rahmen und sie auf diese Weise zu definieren.«[17] Solange dabei nicht oder nur in einem eingeschränkten und spezifischen Sinne auf Schrift zurückgegriffen werden kann und die soziale Relevanz von Kommunikations-Ereignissen von Anwesenheit abhängig ist, bleibt sie dabei wiederum selbst auf Interaktion verwiesen:[18] Gesprochene Sprache, Körper, Raum und Materialitäten werden dabei in expressiver Weise für »symbolisch markierte Verdichtungen genutzt, die dann Situationen festlegen, kommunikative Sequenzen programmieren und Erwartungen aufeinander abstimmen.«[19] Auf diese Weise geformte Kommunikationszusammenhänge tragen häufig Züge des Rituellen beziehungsweise sind durch ein hohes Maß an Ritualisierungen gekennzeichnet und gestützt, ohne dass sie dabei jedoch zwangsläufig selbst in Ritualen aufgehen würden. Dies gilt insbesondere auch für – mehr oder weniger stark – formalisierte Entscheidungsverfahren. Nicht nur ihre Herausgehobenheit aus dem (kommunikativen) Alltagsgeschehen wird über entsprechende, vielfältige Markierungen von Ort beziehungsweise Raum und Zeit sinnfällig manifest und ist häufig zyklisch-iterativ gerahmt, auch das konkrete Kommunikationsgeschehen findet sich, etwa durch Sprech- oder Redeordnungen, die bisweilen mit Raum- und Dingarrangements korrespondieren und sich gegenseitig verstärken, in Form gebracht.[20] Mit alldem ist nun also gerade nicht gesagt, dass Interaktion in und für Prozesse des Entscheidens als defizitär oder gar dysfunktional zu charakterisieren ist. Ganz im Gegenteil: Auf die zentrale Bedeutung der symbolisch-expressiven Momente von Interaktionskommunikation etwa für (moderne) formale Verfahren sowie die in ihnen qua interaktiv sinnfälliger Selbstfestlegung der Beteiligten verstrickungsartig erzeugte Verbindlichkeit hat ja bereits Niklas Luhmann mit Nachdruck hingewiesen und ihnen eine maßgebliche Rolle bei der (verfahrensmäßigen) Prozessierung der Legitimität von Entscheidungen zugeschrieben.[21]

Entscheidungen zukommt. Vgl. Niklas Luhmann, Legitimation durch Verfahren, Frankfurt a. M. [9]2013, v. a. S. 223–232.

17 Schlögl, Anwesende und Abwesende (wie Anm. 1), S. 41–42.

18 Zu diesen Bedingungen der Ausdifferenzierung vgl. ders., Interaktion und Herrschaft (wie Anm. 1), S. 120.

19 Ders., Anwesende und Abwesende (wie Anm. 1), S. 39.

20 Vgl. ebd., S. 43–45 u. S. 61–66. Für vormoderne Verfahren vgl. außerdem Barbara Stollberg-Rilinger (Hg.), Vormoderne politische Verfahren, Münster 2001; dies. / André Krischer (Hg.), Herstellung und Darstellung von Entscheidungen. Verfahren, Verwalten und Verhandeln in der Vormoderne, Berlin 2010.

21 Luhmann, Legitimation durch Verfahren (wie Anm. 16), v. a. S. 82–99 u. S. 223–229. Auf die Bedeutung von Interaktion für Entscheidungskontexte vor einem rezenten, weltgesellschaftlichen Horizont etwa hat zuletzt Bettina Heintz, Die Unverzichtbarkeit von Anwesenheit. Zur weltgesellschaftlichen Bedeutung globaler Interaktionssysteme, in: Dies. / Hartmann Tyrell (Hg.), Interaktion – Organisation – Gesellschaft revisited. Anwendungen, Erweiterungen, Alternativen, Stuttgart 2015, S. 229–250 hingewiesen.

Soll sie für thematisch spezifische beziehungsweise funktionale Kommunikation wie Entscheiden ›verfügbar‹ sein, bedarf sie allerdings der Formung; sie muss zunächst einmal gegen Alltagskommunikation ausdifferenziert werden. Solange für diese Formung dabei selbst nur weitestgehend auf Interaktion beziehungsweise die Medien, in denen sie sich vollzieht, zurückgegriffen werden konnte, blieb sie zwar fragil, ließ sich aber unter entsprechenden Voraussetzungen durchaus zum Entscheiden mobilisieren.[22]

Neben der Interaktion als primäre Ressource kollektiven Entscheidens trat in der Frühen Neuzeit Schriftlichkeit als weiteres Element der Strukturbildung hinzu. Durch den habitualisierten und gegebenenfalls verfahrensförmig geformten Gebrauch der Schriftlichkeit wurden Entscheidungsprozesse höherer Komplexität möglich, ohne dass dabei die Bedeutung der Interaktion unter Anwesenden als konstituierende Ressource des Entscheidens hierdurch notwendigerweise eingeschränkt wurde. Dabei lässt sich über den Verlauf des Untersuchungszeitraums eine Zunahme des Schriftgebrauchs feststellen, der sich im losen Zusammenhang mit der formalen beziehungsweise verfahrensförmigen Ausdifferenzierung der Entscheidungszusammenhänge entwickelt. Der Rückgriff auf Schriftlichkeit hatte Auswirkungen auf die (konstitutive) Struktur wie auf die möglichen Ergebnisse von Entscheidungsprozessen. In einem dynamischen Spannungsverhältnis konnten sie sich je nach Konstellation ergänzen oder (in Teilen) ersetzen, in ihrer entscheidensbezogenen Funktionalität verstärken oder einschränken beziehungsweise Folgeprobleme verursachen. Die Auseinandersetzung mit der Frage, an welchen Punkten, in welchem Grad und auf welche Art und Weise Schrift als Ressource im Entscheidungsprozess mobilisiert wurde, begleitete dabei die entsprechenden Strukturbildungsprozesse in reflektierender Weise.[23]

Wenn Schriftlichkeit in einem durch Anwesenheit bestimmten Interaktionszusammenhang zum Tragen kam, dann typischerweise in ihrer Eigenschaft als Speichermedium, etwa in der Form der Niederschrift der im Prozess des Entscheidens erlangten Ergebnisse, aber auch der zu deren Herstellung vollzogenen kommunikativen und performativen Akte. Dies konnte beispielsweise in Form von Abschieden und Protokollen geschehen. Die Funktion von Schriftlichkeit

22 Siehe dazu etwa die Studien von Franz-Josef Arlinghaus, Genossenschaft, Gericht und Kommunikationsstruktur. Zum Zusammenhang von Vergesellschaftung und Kommunikation vor Gericht, in: Ders. u. a. (Hg.), Praxis der Gerichtsbarkeit in europäischen Städten des Spätmittelalters, Frankfurt a. M. 2006, S. 155–186; ders., Gnade und Verfahren. Kommunikationsmodi im spätmittelalterlichen Stadtgerichtsverfahren, in: Schlögl, Interaktion und Herrschaft (wie Anm. 1), S. 137–162; ders., Sprachformeln und Fachsprache. Zur kommunikativen Funktion verschiedener Sprachmodi im vormodernen Gerichtswesen, in: Michael Stolleis / Julia Voss (Hg.), Fachsprachen und Normalsprache, Göttingen 2012, S. 17–33.

23 Siehe dazu vor allem unten die Fallbeispiele zum Entscheiden in frühreformatorischen Disputationen und zum Schriftgebrauch im englischen Parlament im 17. Jahrhundert. Für das Folgende vgl. zudem Schlögl, Anwesende und Abwesende (wie Anm. 1), S. 164–165.

als Speichermedium bedeutete für die Praxis des Entscheidens, dass vergangene Kommunikation in späteren Interaktionszusammenhängen nutzbar gemacht werden konnte, indem sie in diesen mit neuem Sinn versehen und mobilisiert wurde. Schriftlichkeit konnte dabei nicht aus sich selbst heraus wirksam werden, sondern musste in den jeweiligen Kommunikationszusammenhang aktiv eingebracht werden, etwa durch Verlesen. Die Frage, welche Elemente eines laufenden Entscheidungsprozesses verschriftlicht wurden, war deshalb immer auch Gegenstand von Auseinandersetzungen zwischen den beteiligten Akteuren, sobald die Möglichkeit bestand, über die Schriftlichkeit einmal geleistete Selektionen zu einem späteren Zeitpunkt erneut zu mobilisieren.

Mit der Zunahme des Gebrauchs von Schriftlichkeit in auf Entscheidung ausgerichteten Interaktionszusammenhängen trat der Prozesscharakter des Entscheidens für die Beteiligten und Beobachter sichtbar in den Vordergrund. Die Nutzung von Schriftlichkeit als Speichermedium ordnete die verschiedenen Interaktionszusammenhänge einander nachvollziehbar zu, etwa indem schriftlich fixierte, gebündelte ›Fälle‹ erstellt wurden. Einzelne institutionelle Episoden wurden so Teil einer Kette von Interaktionen, die aufeinander Bezug nahmen und durch eine größer werdende Zahl an Selektionsvorleistungen gekennzeichnet waren.[24] Dieser durch Schriftlichkeit begünstigte Prozesscharakter des Entscheidens wirkte sich wiederum aus auf die institutionelle Strukturbildung, die ihn antizipierte, reglementierte und häufig selbst Gegenstand von Selektionen determinierender Schriftlichkeit wurde, indem sie Mögliches von Unmöglichem trennte. Der Gebrauch von Schriftlichkeit wurde für auf Entscheidungen ausgerichtete Institutionen deshalb der Regelfall. Sie diente in dieser Form auch der Identitätsbildung nach innen und außen, indem sie Kontinuität betonte und den Kreis der Teilnahmeberechtigten nach außen hin sichtbar abschloss.

Zusätzliche Bedeutung erlangte Schriftlichkeit im Entscheidungsprozess, sobald es möglich wurde, durch sie fehlende Anwesenheit nicht nur temporär, sondern dauerhaft zu überbrücken, das heißt, Kommunikation gänzlich von der Interaktion im Modus der Anwesenheit zu lösen.[25] Auch hier half Schriftlichkeit, indem sie ermöglichte, einen berechtigten Teilnehmerkreis nachvollziehbar und nachweisbar abzugrenzen, etwa durch die Führung von Listen oder das Ausstellen von Papieren, die zur Teilnahme an einem Entscheidungsprozess berechtigten. Organisationsförmiges Entscheiden, also kollektives Entscheiden von höherer Komplexität, wie es in den hier untersuchten frühneuzeitlichen Institutionen geleistet wurde, war deshalb ohne den Gebrauch von Schriftlichkeit kaum denkbar. Sie war die Voraussetzung für die Herausbildung komplexer Verfahren, die in der Lage waren, nicht nur Zeit, sondern auch Raum dauerhaft zu überbrücken. Nicht nur die Übermittlung von Informationen, sondern auch von Ent-

24 Vgl. hierzu die Überlegungen von Thomas Scheffer, Die trans-sequentielle Analyse – und ihre formativen Objekte, in: Reinhard Hörster u. a. (Hg.), Grenzobjekte. Soziale Welten und ihre Übergänge, Wiesbaden 2013, S. 89–114.

25 Vgl. Schlögl, Anwesende und Abwesende (wie Anm. 1), S. 168–177.

scheidungen über einen unmittelbaren Kommunikationszusammenhang hinaus wurde so erst ermöglicht oder zumindest stark vereinfacht. Die Ausübung von Herrschaft, die nicht allein auf Anwesenheit und unmittelbarer Zurschaustellung vorhandener Machtmittel beruhte – wie es etwa im mittelalterlichen Reisekönigtum der Fall war –, setzte die Etablierung von Herrschaftsstrukturen voraus, die ohne das Zeit und Raum überbrückende Potential der Schriftlichkeit nicht realisierbar war. Die unmittelbare Anwesenheit konnte in bestimmten, auf kollektives Entscheiden ausgerichteten Kommunikationszusammenhängen nach und nach durch die Stellvertretung unter Rückgriff auf Schriftlichkeit ersetzt werden, etwa in Form von schriftlichen Eingaben, Petitionen oder Stellungnahmen. Die Umstellung von persönlicher Präsenz auf schriftliche Kommunikation veränderte Entscheidungsprozesse auch auf der performativen Ebene: Entscheiden wurde vom feierlich inszenierten Akt zum Verwaltungsakt, der dieser Präsenz nicht mehr im gleichen Maße bedurfte und die sich auf den Entscheidungsprozess bisweilen sogar als störend auswirkte. Allerdings bewirkte der organisierte und habituelle Gebrauch der Schriftlichkeit nicht notwendigerweise eine Steigerung der Effizienz politischer Entscheidungsprozesse.

Frühneuzeitliche Institutionen befanden sich in einem Transformationsprozess hinsichtlich des relativen Gewichts von Schriftlichkeit gegenüber Anwesenheit, ohne dass daraus eine teleologisch-lineare historische Entwicklung abgeleitet werden könnte. Während beispielsweise das englische Justizsystem während der gesamten Frühen Neuzeit am Primat der Mündlichkeit und Anwesenheit festhielt, hatte sich am Reichskammergericht seit dem 17. Jahrhundert ein überwiegend auf Schriftlichkeit basierendes Verfahren etabliert.[26] Schriftlichkeit konnte also in unterschiedlichen Institutionen im Entscheidungsprozess unterschiedlich genutzt und eingebettet werden. Dies begründete jeweils spezifische Potentiale, Effekte und Schwierigkeiten – ein Mehr an Schriftlichkeit war dabei nicht zwingend gleichbedeutend mit einem Mehr an Entscheidungsfähigkeit oder Informationsverarbeitungskapazität. Auch wenn der Gebrauch von Schriftlichkeit im Zuge der Ausdifferenzierung komplexer Entscheidungszusammenhänge zunahm, ging dies nicht mit einem Bedeutungsverlust von Interaktion für Prozesse des Entscheidens einher. Jede Form von institutionell gerahmter, auf Entscheidungen hin ausgerichteter Interaktion bediente sich jedoch in irgendeiner Form der Schriftlichkeit als Voraussetzung für komplexe Entscheidungsprozesse.

26 Vgl. Maria von Loewenich, Herstellung und Darstellung von Entscheidungen im Verfahren des Reichskammergerichts, in: Krischer / Stollberg-Rilinger, Herstellung und Darstellung von Entscheidungen (wie Anm. 20), S. 157–187 sowie unten den Abschnitt zu englischen Gerichtsprozessen.

2. Zwischen ›Zähmung‹ und Transzendierung der Interaktion. Zur Funktion des Losens in den städtischen Ratswahlverfahren der Frühen Neuzeit

Wenn aus historischer Perspektive im Rahmen der Auseinandersetzung mit vormodernen Wahlen, Gerichts-, oder Verwaltungsprozessen verfahrenstheoretische Überlegungen angestellt werden, geschieht dies meist unter der Prämisse, an der grundsätzlichen Möglichkeit der »Verknüpfung von Legitimität und Verfahren unter vormodernen Verhältnissen festzuhalten«[27] und ihre jeweiligen Erscheinungsformen als epochenspezifische Problemlösungen zu begreifen und zu analysieren. Dabei steht zumeist das Spannungsfeld zwischen Verfahrensautonomie – insbesondere bezüglich der Ausbildung genuiner Verfahrensrollen der Beteiligten – und ständisch stratifizierter Umwelt im Fokus.[28] Im Folgenden soll, in gebotener Kürze, versucht werden, noch einen weiteren Schritt zurückzutreten. Der Modus des Losens, der als Element in nicht wenigen vormodernen Wahlverfahren auf vielfältige Weise Berücksichtigung fand, kann hier als Ausgangsphänomen dienen, nach Problemen und Voraussetzungen der Ausbildung respektive Ausdifferenzierung von Verfahren beziehungsweise Verfahrensstrukturen im Rahmen der frühneuzeitlichen *Vergesellschaftung unter Anwesenden* (Schlögl) sowie nach deren Bedeutung für die Konstituierung von Prozessen des (kollektiven) Entscheidens zu fragen.

Als Fallbeispiel werden dazu die städtischen Ratswahlen in der märkischen Landstadt Unna am Ende des 16. Jahrhunderts herangezogen. Nach sich über Jahre hinweg wiederholenden Beschwerden und zum Teil tumultartigen Konflikten rund um die jährlichen Ratswahlen, denen unter anderem Partizipationsforderungen der nicht-zünftisch organisierten Bürgerschaft, vor allem aber Vorwürfe bezüglich geheimer Absprache und Korruption zugrunde lagen, wurde im Jahre 1593 eine neue Ratswahlordnung erlassen.[29] Diese Ordnung sah zur

27 Michael Sikora, Der Sinn des Verfahrens. Soziologische Deutungsangebote, in: Stollberg-Rilinger, Vormoderne politische Verfahren (wie Anm. 20), S. 25–52, hier S. 47. Vgl. als maßgebliche Grundlage für alle verfahrenstheoretischen Überlegungen nach wie vor Luhmann, Legitimation durch Verfahren (wie Anm. 16) sowie für die historische Aneignung die Beiträge in den Sammelbänden Stollberg-Rilinger, Vormoderne politische Verfahren (wie Anm. 20); dies. / Krischer, Herstellung und Darstellung von Entscheidungen (wie Anm. 20).

28 Vgl. dazu pointiert Barbara Stollberg-Rilinger, Einleitung, in: Dies., Vormoderne politische Verfahren (wie Anm. 20), S. 9–24, hier S. 15–17 sowie mit besonderem Fokus auf Wahlen Thomas Weller, Technik und Symbolik vormoderner Wahlverfahren. Einleitung, in: Christoph Dartmann u. a. (Hg.), Technik und Symbolik vormoderner Wahlverfahren, München 2010, S. 1–16, hier S. 6–7.

29 Für die Hintergründe und den Verlauf der Konflikte vgl. Willy Timm, Geschichte der Stadt Unna, Unna 1962, S. 34–39; Klaus Basner, Bevölkerung und städtische Verfassung, in: Ders. / Peter Kracht (Bearb.), Unna. Historisches Porträt einer Stadt, Bd. 1: Von den Anfängen bis zum frühen 19. Jahrhundert, Unna 2014, S. 73–79; Hartmut Hegeler, Die Reformation, in: Ebd., S. 173–198, v. a. S. 176–187.

Bestimmung sowohl der Kurherren als auch der Ratsherren ein komplexes Verfahren vor, welches Sequenzen von Wahl und Nominierung mit mehreren Durchgängen und Variationen des Losens kombinierte.[30] Dabei wurden augenscheinlich besondere Vorkehrungen dafür getroffen, dass im Vorfeld unvorhersehbar war, wer schlussendlich als Kurherr amtierte und qua dieses Amtes im letzten Schritt des Verfahrens die neuen Ratsmitglieder erwählte. Aber bereits die exakte korporative wie personelle Zusammensetzung der im Verlauf des Verfahrens mit der Vorauswahl der potentiellen Kandidaten bedachten kleinen Dreier-Ausschüsse war das Ergebnis eines mehrstufigen Losverfahrens.

Diese *spezifische* Implementierung von Formen von »organized chance«[31] in die Ratswahlen eignet sich als Ausgangspunkt, um einige Überlegungen hinsichtlich des eingangs hervorgehobenen Zusammenhangs von Ermöglichungsbedingungen von Prozessen des Entscheidens – hier der verfahrensförmigen Hervorbringung kollektiv bindender Entscheidungen – und der dafür konstitutiven Rolle von präsentistischen Medien als kommunikativen Ressourcen anzustellen.

Eines der zentralen und strukturell bemerkenswerten Funktionsmomente des Loses in der Unnaer Wahlordnung, so die These, bestand darin, explizit entscheidensbezogene Interaktion von anderen, alltäglichen Kommunikationszusammenhängen situativ zu entkoppeln und sie damit als Ressource *verfahrensförmigen* Entscheidens überhaupt erst *verfügbar*, die entsprechende entscheidungsrelevante Kommunikation dem Verfahren zweifelsfrei *zurechenbar* zu machen. Strenger systemtheoretisch gesprochen: eine Systemgrenze zwischen dem Verfahren und seiner (städtischen) Umwelt einzuziehen.[32] In diesem Sinne sorgt das Los dafür, dass die ›wilde‹ Interaktion ›gezähmt‹, oder vielleicht exakter: eingehegt wird.[33]

Wenn bisher davon die Rede war, dass Interaktion für Prozesse des Entscheidens zunächst einmal im skizzierten Sinne *verfügbar* sein muss, mag dies zunächst irritieren. Diese Perspektive gewinnt jedoch an Plausibilität, wenn man Prozesse des Entscheidens, insbesondere solche, die auf die Hervorbringung kollektiv bindender Entscheidungen angelegt sind, selbst als voraussetzungsvolle ›Spezialkommunikation‹ betrachtet. Die allgemeine Schwierigkeit der Etablie-

30 Ratswahlordnung Unna, 20.02.1593, abgedruckt in: Reinhard Lüdicke (Bearb.), Die Stadtrechte der Grafschaft Mark, H. 3: Unna, Münster 1930, Nr. 87, S. 116–121.

31 Barbara Goodwin, Justice and the Lottery, in: Political Studies 32 (1984), S. 190–202, hier S. 190.

32 Zum Verfahren als soziales System vgl. Niklas Luhmann, Legitimation durch Verfahren (wie Anm. 16), S. 38–53. Für die Betonung dieses Konnex von Grenzziehung und Organisation von Möglichkeitsstrukturen im System-Begriff vgl. neuerdings auch ders., Systemtheorie der Gesellschaft, hg. v. Johannes Schmidt / André Kieserling, Berlin 2017, S. 16–17.

33 Die folgenden Ausführungen beschränken sich einzig auf *diesen* Aspekt des Losens; zahlreichen weiteren Aspekten bezüglich der technisch-instrumentellen und symbolisch-expressiven Momente wären in einer mikroskopischen Gesamtanalyse Rechnung zu tragen. Zur Formung von Interaktion als ›Einhegung‹ s. auch Schlögl, Vergesellschaftung unter Anwesenden (wie Anm. 1), S. 178–179.

rung von Verfahren als Orte des Entscheidens selbst spiegelt sich dabei bereits in den Diskursen der beteiligten Zeitgenossen wider. So hebt etwa ein Unnaer Bürger in seiner Zeugenaussage im Rahmen eines aus den Konflikten um die Unnaer Ratswahl resultierenden Reichskammergerichtsprozesses hervor, die Bestimmung der Kurherren, und schließlich auch die Vollstreckung des Amtes derselben, sei *vor* der Einführung der neuen Wahlordnung mit seinen Loselementen nicht »ex improviso«, im Zuge der ›eigentlichen‹ Wahl, sondern nach undurchsichtiger, vorheriger Zusammenkunft und geheimer Absprache »ex praeconceptis votis«[34] vollzogen worden. Als Vorwurf und Problem erscheint hier also, dass gerade nicht im Vollzug des Verfahrens – mit all seinen Implikationen –, sondern in einem vorgelagerten (und zudem diffusen, vor allem aber *partikularen*) Rahmen entschieden beziehungsweise *vor*entschieden wurde – was erhebliche Legitimitätsprobleme nach sich zog.[35]

Was hier, abstrakter gefasst, beobachtet und bereits von dem zitierten Zeitgenossen auf mehreren Ebenen zum Problem erhoben wird, ist der Umstand, dass erinnerte und ›verkörperte‹ Interaktions- und Kommunikationszusammenhänge in die Ratswahlprozedur einsickerten, die dem Verfahren vor- beziehungsweise ausgelagert waren. Was dabei auf den ersten Blick als vornehmlich normativ-moralisches Problem erscheint und semantisch in den weiteren Prozessaussagen auch durchaus entsprechend angereichert wird, unterliegt aber zugleich den spezifischen strukturellen Bedingungen der Vergesellschaftung unter Anwesenden als Sozialform der Frühen Neuzeit.[36] Im Anschluss an Rudolf Schlögl wäre vor diesem Hintergrund demnach auf die Logik und die spezifischen Voraussetzungen von Kommunikation unter Anwesenden abzustellen, in der sich die frühneuzeitliche Gesellschaft wesentlich konstituierte und die auch die Form sozialer Strukturbildung maßgeblich bestimmte. Dabei steht vor allem der Körper als zentrales Medium primärer Sinnbildung neben Sprache, Raum, Dingen und Zeit im Zentrum, bindet er doch die Kommunikation an die physische Anwesenheit und macht sie an die Person adressier- beziehungsweise dieser zurechenbar. Entsprechend stehe der Körper in der Anwesenheitsgesellschaft »im Zentrum *aller* Konzepte und Techniken zur Formung von Anwesenheitskommunikation.«[37] An physische Präsenz gebundene Kommunikation stellte demnach nicht nur eine Begrenzung der Reichweite, sondern gleichsam

34 Beide Zitate aus den »Repetitiones, exceptiones, reservationes junctis in eventum litis contestatione responsionibus et defensionalibus articulis des Christoph Wehing«, 17.01.1607, abgedruckt in: Lüdicke, Stadtrechte der Grafschaft Mark (wie Anm. 30), Nr. 92b, S. 132–136, hier S. 135.

35 Oder eben, je nach Perspektive, gerade überhaupt nicht explizit entschieden wurde, weil die Kontingenz unsichtbar blieb und dagegen ein Beharren auf offener Kontingenz (*ex improviso*) ausgemacht werden kann. So findet sich in der Aufzählung der Gravamina durch den bereits zitierten Zeugen neben *Ambition* und *Collusion* explizit auch jenes der *Praevision*; ebd., S. 134.

36 Vgl. dazu und für das Folgende die Hinweise oben, Anm. 1.

37 Schlögl, Anwesende und Abwesende (wie Anm. 1), S. 56 (Hervorhebung A. S.).

eine Herausforderung an die Formung von Kommunikation – etwa für Prozesse des Entscheidens – dar:

»Die Unwillkürlichkeit sinnlicher Wahrnehmung wie stetige Lesbarkeit des Körpers gegen seine Mitteilungsabsichten führen zu einer Überdetermination und ›Verunreinigung‹ körperbezogener Kommunikation, die umso schwerer wog, als der Körper jeweils für die gesamte Person und damit für weitgreifende Strukturzusammenhänge stand. Dies unterlief einer erfolgsorientierten Codierung wie der Spezialisierung von Kommunikation gleichermaßen. Deswegen musste Kommunikation gegen den Körper abgeschottet werden, wenn hohe Komplexität und funktionale Differenzierung möglich sein sollten.«[38]

Mit einer leichten Verschiebung lässt sich diese Beobachtung auch für das Verständnis von Teilen der Funktionsweise der Loselemente des Unnaer Ratswahlverfahrens und für die Frage nach der Verfügbarkeit von Interaktion als Ressource des Entscheidens in der Vergesellschaftung unter Anwesenden produktiv machen. Die bis zu einem gewissen Grade zufällige Bestimmung der Kurherren durch das Los, so ließe sich folgern, schottete die Interaktion im Rahmen des Verfahrens gegen den ›verunreinigenden‹ Kommunikationsfluss der Umwelt ab und erlaubte auf diese Weise ihre Spezialisierung und Funktionalisierung.

Auch die im Rahmen des bereits erwähnten Reichskammergerichtsprozesses vorgebrachten Schilderungen, die die Umstände vor der Einführung des neuen Los-Wahl-Verfahrens referieren, schließen semantisch über Raum-Körper-Konstellationen an diese Logik an. Die Körperlichkeit ist dabei durchaus auch eine ganz konkret leibliche. So heißt es in der bereits zitierten Zeugenaussage überdies, es hätten sich im Vorfeld der jährlichen Ratswahl wiederholt Gruppen zum Zwecke der Wahlabsprache und zur Designation bestimmter Personen *in electorem* »bei Nacht und Nebel an heimblichen und verborgenen Orteren sich beisahmen gethain und mit Freßen, Sauffen, Glubdne und Verbundungen sich verdiesst.«[39] Dies blieb dabei im Prozess von den hiermit Adressierten nicht unwidersprochen. Ob die im Rahmen des Prozesses vorgetragenen Schilderungen zutrafen, erscheint dabei zunächst zweitrangig.[40] Der entsprechend codierte Verdacht allein

38 Ebd., S. 60.

39 Nochmals aus den »Repetitiones […] des Christoph Wehing« (wie Anm. 34), S. 134; vgl. zum Komplex von Gastmählern und Weingaben in diesem Kontext Uwe Goppold, Politische Kommunikation in den Städten der Vormoderne. Zürich und Münster im Vergleich, Köln 2007, S. 95–96 mit weiteren Hinweisen.

40 Vgl. in diesem Zusammenhang auch allgemein die Bemerkungen zur »Ehrkommunikation« als Konfliktgenerator und als Störfaktor für formale Verfahren und zum Gerücht als Form der politischen Informationsgewinnung und -verbreitung in der frühneuzeitlichen Stadt bei Schlögl, Interaktion und Herrschaft (wie Anm. 1), S. 123 u. S. 127. Für die Bedeutung dieser Umstände für Prozesse des Entscheidens s. ders., Vergesellschaftung unter Anwesenden in der frühneuzeitlichen Stadt und ihre (politische) Öffentlichkeit, in: Gerd Schwerhoff (Hg.), Stadt und Öffentlichkeit in der Frühen Neuzeit, Köln 2011, S. 29–37, hier S. 36–37.

lässt bereits die strukturelle Problematik hervortreten. Wenn Schlögl als Maßnahme gegen die Unbestimmtheit des Körpers als Medium von Kommunikation eine Tendenz zur »Inszenierung als Prophylaxe gegen nicht gewollte Lektüren des Körpers«[41] identifiziert, hebt die Einleitung der 1593 erlassenen Wahlordnung mit einem korrespondierenden symbolisch-prophylaktischem Impetus an, der auch das Problem der Gerüchtekommunikation reflektiert: der erklärten Absicht nämlich, »aller Unrichtigkeit, Verdacht und argwohniger Reden vurzubouwen, [und] die bißanhero gehaltene Ordnung in Beßerung zu bringen.«[42]

In welcher Weise nun griff aber die Wahlordnung dieses Problem konkret auf? Hier müssen zwei beispielhafte Sequenzen des Verfahrens und einige wenige Bemerkungen genügen. Die einzelnen Verfahrensschritte waren minutiös geregelt und in diesem Sinne hochgradig formalisiert; die Kommunikation auf diese Weise strikt geformt. Das gesamte Verfahren sah dabei an verschiedenen Stellen vier voneinander zu unterscheidende Losverfahren vor. Drei davon entfielen im weiteren Sinne auf die Bestimmung der Kurherren. Wurden in einem ersten Schritt per Los sieben kleine Dreier-Ausschüsse, jeweils bestehend aus einem alten Kurherrn und zwei amtierenden Ratsmitgliedern, bestimmt, entschied in einem zweiten Schritt das Los darüber, für welche der Korporationen der jeweilige Ausschuss sechs Kandidaten – zwei pro Ausschussmitglied – für die Kurherrenwürde zu nominieren hatte. Unter diesen sechs Kandidaten entschied dann wiederum jeweils das Los. Den allerersten Durchgang des Losens regelt die Wahlordnung dabei wie folgt:

»Und damit alles unverdechtig abgehe, sollen anfangs sieben kleine Cedulen in gleicher Größen und Breite gemacht, darauf die Wörter Erbgenoßen, Becker, Schühmecher, Fleißhewer, Wulner, Kremer und Schmidte gezeichnet, darnacher die Zettulen zusamen klein in einander gerollet, zugemacht und also zugerichtet werden, das die eine nicht von der ander nichts zu unterscheiden noch zu kennen sei; welche Zettulen dan daranch in einem Hoet oder sunsten von dem Burgermeister an biß auf die siebende Mittelpersoen des Rhaits und dairnegst zum zweiten Mahll von der achteter Mitterpersoen des Rhaits biß zum Ende sollen umbgehalten werden, des ein jeglicher Raitsher eine der Zettulen außnemen müge und vermits solicher Lottung sollen zwei Rhaitspersonen jederm Churher des Ampts, welche der Name auf der Cedulen designiren wirt, beigesetzt und adiungirt und, welche also zusamen fallen, fleißig angeschriben und behalten werden.«[43]

In der Tat lässt sich also ein erheblicher Aufwand ausmachen, das Verfahrensgeschehen, die entscheidungsbezogene Interaktion, strikt zu regulieren und so gut wie möglich von der unmittelbaren kommunikativen Umwelt abzuschirmen, indem ihr Verlauf in, wohlgemerkt, kleinen, kontrollierten Teilen demonstrativ

41 Ders., Anwesende und Abwesende (wie Anm. 1), S. 58.

42 Ratswahlordnung Unna, abgedruckt in Lüdicke, Stadtrechte der Grafschaft Mark (wie Anm. 30), S. 117.

43 Ebd.

dem Zufall überantwortet wurde. Dies schuf die Voraussetzung für den Aufbau einer *eigenen* Kommunikationsgeschichte des Verfahrens.[44]

Das demonstrative Bemühen um die Unterbindung jeglicher kommunikativen Interferenz schlägt sich aber auch jenseits der das Los zum Einsatz bringenden Verfahrensschritte in der Wahlordnung nieder. Nachdem den durch das Los bestimmten Kurherren in einer weiteren Los-Runde ihr Platz in der Sitz- (respektive Steh-), Vorschlags-, und Stimmordnung zugeteilt war, folgte der Akt des eigentlichen Wahlganges der neuen Ratsmitglieder. Auch hier noch erscheint die Interaktion als eine zu zähmende:

»Demnegst so sollen auf der Raits Camern sieben verschiedene Küssen, so weit, daß niemandt mit den andern heimlich Gesprech halten kan, gelegt werden, und soll ein jeglicher Churher vur seinem Küssen stehende nach altem Brauch beeidet, jedoch demselben Eidte volgende Stucke beigesetzt werden, das gemelte Churhern van dieser seiner Anstellung nicht ehe, biß er in der Gemeine außgerufen, gewußt, auch das er zuvor mit andern und andere hinwider mit ihme des Chürs und besonderer Personen halb nicht gesprochen, mit niemand sich verbunden, niemandt Zusage gethain, nichtß genoßen noch auch zu genießen wiße, [...] und soll ein jeder Churher sich auf das Kußen, dar voir er stehende den Eidt geleistet und swelchs ime wie oben durch das Lott zugefallen, nidersetzen, davon nicht abtretten, zusamen nicht spatzieren noch heimliche oder einige andere argwöhnige Reden under einander treiben, sonder ein jeder auf seinem Orte ohn einige Communication verpleiben, biß daran sie mit einhelligem Willen sex frome erliche unberuchtigte Männer aus Macht ihres Eidts zu Raidte erwehlet und ufs Pappir gebracht hetten.«[45]

Konturiert man Interaktion im Sinne des Beitrags als Ressource des Entscheidens, so wird sichtbar, dass ihre Inanspruchnahme für komplexere Prozesse des Entscheidens – zumal verfahrensförmigen Entscheidens – nicht selbstverständlich, ihre Verfügbarkeit und Mobilisierung in diesem Sinne nicht voraussetzungslos ist. Sie muss zunächst einmal als solche konditioniert und rigoros geformt, und nicht nur gegen den Fluss der Alltagskommunikation, sondern auch gegen die »Vielzahl von orts- und gruppenbezogenen [...] interaktionsbestimmten Mikroöffentlichkeiten«[46] der Stadt und deren Kommunikationszusammenhänge ausdifferenziert werden, um als solche gezielt mobilisiert werden zu können. Zumindest im Rahmen des Fallbeispiels erweist sich das Los dabei noch in einem weitere Sinne als ein – wie Barbara Stollberg-Rilinger hervorgehoben hat – paradoxer Spezialfall: Es macht nicht nur den Zufall, also das

44 Zur Bedeutung des Aufbaus einer Kommunikationsgeschichte für die Bindewirkung von Entscheidungen vgl. Rudolf Schlögl, Medien der Macht und des Entscheidens. Schrift und Druck im politischen Raum der europäischen Vormoderne (14.–17. Jahrhundert) – Eine Einleitung, in: Ders./Sawilla, Medien der Macht und des Entscheidens (wie Anm. 1), S. 7–32, hier S. 19..

45 Ratswahlordnung Unna, abgedruckt in Lüdicke, Stadtrechte der Grafschaft Mark (wie Anm. 30), S. 119.

46 Schlögl, Interaktion und Herrschaft (wie Anm. 1), S. 127.

»Unverfügbare für Zwecke der menschlichen Praxis gezielt verfügbar«,[47] im Falle der Unnaer Ratswahl sorgte gerade die teilweise Transzendierung, also die Unverfügbarstellung von Teilen des Entscheidungsprozesses für den Interaktionszusammenhang, dafür, dass im Gesamtprozess Interaktion als Ressource für verfahrensförmiges Entscheiden in Anspruch genommen und mobilisiert werden konnte – aber auch dazu war dann eine fortlaufende Einhegung nötig. Dass dabei in der konkreten Praxis wiederum gerade auch im performativen Sinne Schriftlichkeit und Materialitäten – etwa als Namenslisten, Loszettel oder Kissen – eine nicht unerhebliche, konstitutive Rolle spielten, indem sie etwa Abwesende in die Logik des Verfahrens einbanden oder daran mitwirkten, »Redeordnungen als Raumordnungen zu manifestieren«,[48] konnte hier allenfalls angedeutet werden, verdient aber gleichfalls eine eingehendere Analyse.

3. Akademische Wahrheitsfindung? Frühreformatorische Disputationen und kommunikative Ressourcen des Entscheidens

»Wahrheit ist unteilbar, kann sich also selbst nicht erkennen. Wer sie erkennen will, muß Lüge sein.«[49]

Wenngleich die Erkenntnis von Wahrheit ein schwieriges – gemäß dem Aphorismus Franz Kafkas gar unmögliches – Unterfangen darstellt, reklamierten die theologischen Disputationen des 15. und frühen 16. Jahrhunderts genau diesen Anspruch für sich. Als »nach strengen Regeln funktionierende [...] logische [...] Verfahren zur Wahrheitsfindung«[50] galten die Streitgespräche den Zeitgenossen als probates Mittel, um über Wahrheit zu entscheiden. Ihre Legitimität gründete dabei auf der strengen Formalisierung und Regelhaftigkeit des Verfahrens sowie seiner kommunikativen Prozesse, die »die Wahrheit der kirchlichen Lehre, [...], die Wahrheit der Disputation [...] und schließlich [auch] den Disputanten«[51] schützen sollte.

Während in den schultheologischen Auseinandersetzungen des Spätmittelalters lediglich über Teilaspekte religiös-dogmatischer Natur verhandelt wurde,

47 Barbara Stollberg-Rilinger, Entscheidung durch das Los. Vom praktischen Umgang mit Unverfügbarkeit in der Frühen Neuzeit, in: André Brodocz u. a. (Hg.), Die Verfassung des Politischen. Festschrift für Hans Vorländer, Wiesbaden 2014, S. 63–79, hier S. 65.

48 Schlögl, Anwesende und Abwesende (wie Anm. 1), S. 45. Zur räumlichen Separierung beziehungsweise Isolation von Wahlgremien vgl. auch Goppold, Politische Kommunikation (wie Anm. 39), u. a. S. 169–170 u. S. 269–272.

49 Franz Kafka, Betrachtungen über Sünde, Leid, Hoffnung und den wahren Weg, hg. v. Max Brod / Hans Joachim Schoeps, Berlin 1931.

50 Anselm Schubert, Libertas Disputandi, in: Zeitschrift für Theologie und Kirche 105 (2008), S. 411–442, hier S. 413.

51 Ebd., S. 418.

die Glaubenslehre als solche jedoch unangetastet blieb, entstanden im Zuge von Reformation und Konfessionalisierung neue Formen der Disputation, bei denen dezidiert über Glaubenswahrheiten gestritten und die akzeptierten Glaubenslehren auf den Prüfstand gestellt wurden. Die frühreformatorischen Disputationen nehmen in dieser Entwicklung eine Schwellenposition ein. Sie stehen zwischen den mittelalterlichen, rein akademischen Disputationen innerhalb des theologischen Schulbetriebes und den reformatorischen Religionsgesprächen. Am Beispiel der Leipziger Disputation von 1519 wird diese Zwischenstellung sehr deutlich. Spielten die Disputanten in Leipzig zunächst noch nach festgelegten akademischen Regeln, durchbrach das Streitgespräch zwischen Johannes Eck und Martin Luther bald die Grenzen der schultheologischen Disputation und rückte mehr und mehr die Glaubenswahrheit als Entscheidungsgegenstand in den Fokus. Wie die Disputation – als regelhaftes, logisches Verfahren spätmittelalterlichen Theologisierens – auf die Entwicklung von Luthers reformatorischer Idee einwirkte, wie also Form und Inhalt einander bedingten und beeinflussten, untersuchte Anselm Schubert in seinem 2008 erschienen Aufsatz »Libertas Disputandi«.[52] Im Folgenden soll der Versuch unternommen werden, Schuberts Erkenntnisse für die Entscheidensforschung fruchtbar zu machen. Zu diesem Zweck wird Interaktion, hier im Rahmen der Disputation, als kommunikative Ressource des Entscheidens konturiert. So wird der Fokus verstärkt auf die Möglichkeiten und Bedingungen dieser Ressourcen innerhalb des Disputationsverfahrens gelenkt.

Eine solche Konturierung kann in zweierlei Hinsicht geschehen: Einerseits half die Disputation, Entscheidungsprozesse überhaupt erst hervorzubringen und sie zu formen. Erst im Rahmen des akademischen Wahrheitsfindungsverfahrens wurden informelle Auseinandersetzungen formalisiert, örtlich wie zeitlich begrenzt, thematisch fixiert und damit offiziell als Entscheidungssituationen ausgeflaggt. Andererseits nutzten die Akteure innerhalb der Disputation die ihnen zur Verfügung stehenden kommunikativen Ressourcen dazu, gezielt auf den Entscheidungsprozess einzuwirken.

Als Reaktion auf Luthers, im Oktober 1517 veröffentlichte, Thesen gegen den Ablass schickte der Ingolstädter Theologe Johannes Eck im März 1518 einen Brief mit Anmerkungen zu achtzehn der strittigsten Glaubensfragen an den Fürstbischof von Eichstätt, Gabriel von Eyb. Obwohl diese Anmerkungen ausschließlich für den Bischof bestimmt waren, gelangten die sogenannten *Obelisci* durch eine Unachtsamkeit nach Wittenberg und so in die Hände Luthers und seiner Anhänger. Infolge der Kritik aus Ingolstadt entwickelte sich ein schriftlicher Schlagabtausch zwischen dem Lutheranhänger Andreas Karlstadt und Eck über Sinn und Unsinn der lutherischen Thesen. Da sich der Disput auf schriftlichem Wege nicht beilegen ließ, gab Eck schließlich zu bedenken, ob es nicht sinnvoller sei, die Streitfragen im Rahmen einer Disputation zu ver-

52 Ebd., S. 413–414.

handeln.[53] Die Hoffnung, die er mit diesem Ansinnen verband, lässt sich einem Brief entnehmen, den er an Herzog Georg von Sachsen sandte. Hierin hieß es, Eck erwarte, dass, »der enden unsers kriegs nach götlicher und Christenlicher warheit entschiden«[54] würde.

Karlstadt zeigte sich mit dem Aufruf zu einer Disputation einverstanden. Nach langwierigen Verhandlungen wurde Leipzig als Austragungsort des Streitgespräches bestimmt. Doch die theologische Fakultät der Leipziger Universität weigerte sich, seinen Magistern in dem Streitfall die Entscheidungslast aufzuerlegen.[55] Obwohl Eck inständig darum bat »ut auditis utrimque nostris fundamentis, positionibus, responsionibus autoritate Doctorali decernatur uter nostrum justa, vera, pia et katholica, aut falsa, erronea et impia amplectatur«,[56] blieb die Fakultät bei ihrer Absage. Bereits hier zeigt sich, dass die Leipziger Disputation von den Zeitgenossen nicht als einfaches akademisches Streitgespräch betrachtet worden war. Zu brisant waren die Thesen, zu groß das Aufsehen, das die *Causa Lutheri* in Rom bereits verursacht hatte, und zu hoch die Last für die Fakultät, in dieser Sache ein Urteil zu sprechen. Als Entscheidungsträger schieden die Universitätsgelehrten in Leipzig damit aus.

Wenngleich nach dieser Absage zunächst unklar blieb, ob die Disputation überhaupt stattfinden würde, veröffentlichte Eck kurz darauf zwölf für das Streitgespräch bestimmte Thesen, die sich explizit gegen Luthers Bußauffassung richteten.[57] Mit der Aufstellung von zwölf Gegenthesen stieg Luther – der zuvor eher eine vermittelnde Position in den Streitigkeiten eingenommen hatte[58] – nun auch inhaltlich in die Auseinandersetzung ein. Schließlich sah er sich gezwungen,

53 Für den Hergang der Ereignisse vgl. den Briefwechsel Karlstadt-Eck beziehungsweise Luther-Eck zwischen dem 19.05.1518 und dem 22.05.1519. Eine deutschsprachige Übersetzung der Korrespondenz Ecks findet sich bei: Vinzenz Pfnür, Johannes Eck (1486–1543). Briefwechsel, Internet-Edition in vorläufigem Bearbeitungsstand, <http://ivv7srv15.uni-muenster.de/mnkg/pfnuer/Eck-Briefe.html> (Stand: 20. November 2017). Alle folgenden Zitate sind dieser Edition entnommen. Da die Edition nicht paginiert ist, wird jeweils nur der Brief samt Datum angegeben.

54 Ebd., Johannes Eck an Herzog Georg von Sachsen, 04.12.1518.

55 Am 07.01.1519 schrieb Luther an Eck, die Fakultät habe klargestellt: »[E]s sei nicht ihre Aufgabe, sich in dieser Sache zu engagieren, sondern es gehöre in den Zuständigkeitsbereich der Bischöfe, hier die Entscheidungsgewalt wahrzunehmen.«; s. ebd.

56 Johannes Eck an die Leipziger Theologische Fakultät 19.02.1519: »[…] daß nach Anhörung unserer beider Grundlagen, Thesen und Antworten mit Eurer Autorität als Gelehrte entschieden wird, wer von uns beiden Richtiges, Wahres, Frommes und Katholisches oder aber Falsches, Irriges und Gotteslästerliches festhält.«; für den lateinischen Text und die hier gegebene Übersetzung s. ebd.

57 Vgl. ebd., Luther an Eck, 18.02.1519: »Du aber, um alles durcheinanderzubringen, vergiltst das listig durch Deine geplante Disputation mit KARLSTADT über die Buße, das heißt in Deinem Fall über die Ablässe, das heißt den Erlaß von Buße, und so wütest Du überhaupt gegen meine Person, indem Du das gerade Gegenteil von dem behauptest, was ich denke.«

58 Vgl. ebd.: »[…] der ich bis jetzt Dir so zugetan war, daß ich zunächst meine ›Asterisci‹ Dir zum Gefallen zurückhielt und mich bemühte, KARLSTADT wieder mit Dir auszusöhnen.«

gemeinsam mit Karlstadt nach Leipzig zu reisen, um sich den Anschuldigungen persönlich zu stellen.[59]

Dass Luther die Disputation als Entscheidungskatalysator überhaupt in Betracht gezogen hatte, war allerdings das Ergebnis eines Missverständnisses. Denn für den Wittenberger stand nach Absage der Leipziger Theologischen Fakultät in der Entscheidungsfrage fest, dass eine etwaige Disputation ohne gelehrte Richter ausgetragen werden würde. Luthers Vorstellung war es, das Streitgespräch durch vier Notare verschriftlichen zu lassen, die Entscheidung auf diese Weise zu externalisieren und der gesamten lateinischen Christenheit zu übertragen. Eck stimmte den Konditionen zwar zu, hielt darüber hinaus aber wohl weiterhin an der Notwendigkeit fest, einen Universitätsgelehrten, und das bedeutete, einen altkirchlichen Entscheidungsträger, über Wahrheit und Unwahrheit urteilen zu lassen. Erst in den Vorverhandlungen wurde dieses Missverständnis deutlich. Während Luther *allein* den Urteilsspruch der christlichen Öffentlichkeit akzeptieren wollte, beharrte Eck darauf, dass ein Urteil nur durch autorisierte Magister gefällt werden könne und eine Publikation der Protokolle höchstens im Nachhinein akzeptabel sei.[60] Obwohl die Forderung nach einem Universitätstheologen als Richter »einem Präjudiz in seinem Ketzerprozess gleich[kam]«,[61] blieb Luther nichts anderes übrig, als diese Bedingung zu akzeptieren. So einigten sich die Disputanten darauf, nach Abschluss der Disputation gemeinsam über die Fakultäten abzustimmen, in deren Hände die Urteilsfindung gelegt werden sollte.

Am 4. Juli trat Luther unter denkbar ungünstigen Voraussetzungen an den Katheder. Ohne an dieser Stelle zu sehr auf die inhaltlichen Aspekte der Disputation einzugehen, lässt sich festhalten, dass der erste Tag für Luther wenig erfolgreich verlief. Mit rhetorischer Finesse und Provokation hatte Eck es geschafft, Luther ketzerische Tendenzen zu unterstellen, ohne ihn direkt als Ketzer zu bezeichnen. Luther, der sich gegen die Anschuldigungen verteidigen musste, blieb kaum eine Möglichkeit, die Debatte auf das eigentliche Thema des ersten Tages, die Frage nach dem Primatsanspruch des Papstes, zu lenken.[62]

Aufgrund dieses Ungleichgewichtes sah Luther sich bereits am zweiten Tag gezwungen, die Regeln der Disputation zu ignorieren und die »Freiheit des besseren Argumentes«[63] zu fordern. Ohne auf Ecks Thesen vom Vortag einzugehen, versuchte er, gestützt auf Schriftbeweise, seine eigene Argumentation zu entwickeln. Spätestens als Eck ihn daraufhin fast unverzüglich unterbrach und des Regelverstoßes und der Täuschung bezichtigte, stand fest, dass Luther keinen Boden mehr würde gewinnen können. In dieser Situation vollführte er kurzer-

59 Vgl. ebd., Luther an Eck, 05.04.1519.

60 Vgl. Schubert, Libertas Disputandi (wie Anm. 50), S. 423–426.

61 Ebd., S. 426.

62 Eine ausführliche Darstellung des Disputationsgeschehens findet sich unter anderem bei: Otto Seitz (Hg.), Der authentische Text der Leipziger Disputation, 1519. Aus bisher unbenutzten Quellen, Berlin 1903.

63 Schubert, Libertas Disputandi (wie Anm. 50), S. 434.

hand einen strategischen Kunstgriff: Er stellte die Regeln der Disputation als solche in Frage.[64] Indem er das zum Zwecke der Wahrheitsfindung etablierte Verfahren anzweifelte und die strengen Disputationsregeln in einem performativen Akt demonstrativ durchbrach, erklärte er alle künftigen Entscheidungen, die im Rahmen der Disputation getroffen würden, für ungültig. Da die Verfahrensregeln der Wahrheitsfindung innerhalb der Disputation dienten, war durch ihre Missachtung die Disputation als Verfahren der Wahrheitsfindung gescheitert und jede vermeintliche Entscheidung ihrer Legitimität beraubt worden. Jetzt konnten beide Disputanten lediglich noch einen – mehr oder weniger – symbolischen Sieg erringen.

Eck ließ dabei die Zeit für sich arbeiten. Am letzten offiziellen Tag des ersten Disputationsganges schmückte er sein Schlussplädoyer so lang aus, dass Luther schlichtweg keine Möglichkeit mehr hatte, zu reagieren. Auf diese Weise behielt Eck nicht nur symbolisch das letzte Wort; traditionell bedeutete die ausbleibende Replik des Respondenten automatisch den Sieg des Opponenten. Die Normwidrigkeit dieses Vorgehens zwang die Veranstalter jedoch kurzerhand, die Disputation zu verlängern.[65]

So bekam Luther die Chance, zu einem Gegenschlag auszuholen, und er nutzte diese geschickt. In einer kurzen, nicht mehr als einige Sätze umfassenden Rede, wandte er sich – für eine Disputation gänzlich untypisch – *auf Deutsch* an eine christliche, abwesende Öffentlichkeit. Mit dieser Inszenierung und dem abermaligen Regelverstoß gegen das akademische Disputationswesen machte Luther endgültig deutlich, dass er eine universitätstheologische Entscheidung über Wahrheit und Unwahrheit im Rahmen der Disputation nicht akzeptieren würde. Die Interaktion eröffnete ihm an dieser Stelle die Möglichkeit, die akademische *determinatio* für illegitim zu erklären und gleichzeitig das Urteil der christlichen Öffentlichkeit als einzig akzeptable Entscheidung darzustellen. Damit hatten beide Parteien alle Gelegenheiten ausgeschöpft, um den Entscheidungsprozess zu ihren Gunsten zu formen.[66]

Die akademischen Disputationen der frühen Reformationszeit dienten ursprünglich als Katalysatoren der Entscheidungsfindung. Durch sie wurden informelle Auseinandersetzungen formalisiert und institutionell als Entscheidungssituationen gerahmt. Der Anspruch auf Wahrheitsfindung wurde dabei durch das streng geregelte Verfahren selbst legitimiert. Im Umkehrschluss bedeutete das, dass eine Verletzung der Regeln diesen Anspruch zunichtemachten konnte.

Wie am Beispiel der Leipziger Disputation gezeigt wurde, nutzten die Disputanten diese Tatsache, um das Disputationsverfahren zu beeinflussen und so die Entscheidungsfindung hinauszuzögern, Zweifel an der Rechtmäßigkeit der Entscheidung anzumelden oder eine Entscheidung gar zu verhindern. Indem die Erwartungen an die Disputation als Instrument der Wahrheitsfindung durch das

64 Vgl. ebd., S. 432–433.
65 Vgl. ebd., S. 436.
66 Vgl. ebd., S. 438.

Unterlaufen des Verfahrens bewusst enttäuscht wurden, ließen sich die Sinnhorizonte der Beteiligten nicht mehr adäquat koordinieren. Damit wurde die Disputation, die eigentlich dem Zweck diente, Prozesse des Entscheidens zu ermöglichen, durch die gezielte Auflösung vormals geregelter Kommunikationszusammenhänge zu einem entscheidungsleeren Raum.

Im Leipziger Fall wurden innerhalb des Streitgespräches sowohl Schriftlichkeit als auch einzelne Interaktionsphasen als Ressourcen genutzt, um den Prozess des Entscheidens zu steuern: die notarielle Verschriftlichung der Disputation zum Zwecke ihrer nachträglichen Beurteilung durch Abwesende, die Beanspruchung des letzten Wortes als symbolische Entscheidungssuggestion oder Sprech- beziehungsweise Kommunikationsakte als Instrumente, um dem Verfahren seine Legitimität abzusprechen, sind hierfür nur einige Beispiele.

4. »The Votes are a Record«: Schriftlichkeit im englischen Parlament des 17. Jahrhunderts

Das vorhergehende Beispiel beschreibt eine durch die Regeln der akademischen Disputation gerahmte Entscheidungssituation, die nach dem Prinzip der Interaktion unter Anwesenden funktionierte und in der Schriftlichkeit nur in sehr geringem Umfang als Ressource im Entscheidungsprozess wirksam werden konnte. Auch im englischen Parlament des 17. Jahrhunderts vollzog sich der Prozess des Entscheidens im Wesentlichen in der Form der *Kommunikation unter Anwesenden*. Entscheiden war als soziale Praxis gekennzeichnet durch die mündliche Interaktion unter den dazu berechtigten Akteuren in einem festgelegten Rahmen. Anders als in modernen ›Arbeitsparlamenten‹ kontinentaleuropäischer Prägung war der Entscheidungsprozess auf den ersten Blick wenig komplex, nutzte vergleichsweise weniger Ressourcen und bediente sich nur einer begrenzten Zahl an Vor- und Zuarbeiten.[67] Dies hat die Forschung dazu verleitet, allein die Akteure und die von ihnen geführten Debatten zu fokussieren und die sie umgebenden Strukturen und Verfahren nur als ›Ermöglichungsbedingungen‹ aufzufassen.[68] Die politische Debatte war jedoch nur ein Teil des parlamentarischen Prozesses. Sie war eingebettet in ein etabliertes Verfahren, das diesen Prozess in für frühneuzeitliche Parlamente außergewöhnlicher Weise regelte und dessen Ablauf und in Teilen auch dessen Ergebnis determinierte. Das

67 Vgl. zu den unterschiedlichen parlamentarischen Kulturen exemplarisch die Beiträge im Sammelband Andreas Schulz / Andreas Wirsching (Hg.), Parlamentarische Kulturen in Europa. Das Parlament als Kommunikationsraum, Düsseldorf 2012 sowie grundlegend Kurt Kluxen (Hg.), Parlamentarismus, Köln 1976.

68 Auch heute noch wird das englische Parlament – im Gegensatz zum kontinentaleuropäischen Modell – im Wesentlichen als Debattenparlament wahrgenommen; vgl. hierzu Sven-Oliver Proksch / Jonathan B. Slapin, The Politics of Parliamentary Debate. Parties, Rebels and Representation, Cambridge 2015 sowie Kari Palonen, From Oratory to Debate. Parliamentarisation of Deliberative Rhetoric in Westminster, Baden-Baden 2016.

Verfahren strukturierte den Entscheidungsprozess, trennte zulässiges von unzulässigem Handeln, erhöhte signifikant die Wahrscheinlichkeit für ein Ergebnis und verlieh diesem Legitimität innerhalb und außerhalb des parlamentarischen Systems. Die strikte Beachtung des Verfahrens in seiner rechtlichen und performativen Dimension stellte den Kern parlamentarischen Entscheidens dar. Politische Positionen, wie sie in Debatten geäußert und gegebenenfalls medial in die Öffentlichkeit vermittelt wurden, konnten nur auf dem Weg des vorgegebenen Verfahrens in eine politische Entscheidung transferiert werden. Dieses Verfahren war in seinen Grundzügen seit dem ausgehenden 16. Jahrhundert kaum noch Änderungen unterworfen. Es war jedoch nicht normativ festgeschrieben; im Gegenteil, es musste in jeder Session wieder neu erschlossen, mit Leben gefüllt und inszeniert werden. Denn auch der verfahrensförmige Prozess wurde wie die Debatte primär mündlich verhandelt. Schriftlichkeit war für ein Kollektiv aus Anwesenden, wie es das englische Parlament darstellte, in der Interaktion *per se* nicht anschlussfähig, da das eigene Verfahren nicht auf die Verarbeitung schriftlicher Informationen hin angelegt war. Jede Form der Schriftlichkeit musste deshalb verbalisiert werden, um wirksam zu werden und verarbeitet werden zu können. Ein Aktenwesen oder ein schriftliches Umlaufverfahren, die heute zentral für das Funktionieren moderner Parlamente sind, waren noch nicht etabliert. Trotzdem gab es Punkte, an denen Schriftlichkeit als institutionelle und persönliche Ressource eine herausgehobene Rolle einnahm. Dies soll im Folgenden anhand einiger Überlegungen zum Unterhaus anschaulich gemacht werden.

Seit der Ausdifferenzierung des englischen Parlaments in die zwei Kammern der Lords und der Commons im Hochmittelalter war es üblich, die Ergebnisse der Sessionen in Form der beschlossenen Statuten und Rechtssetzungen schriftlich niederzulegen und zu veröffentlichen.[69] Seit der Mitte des 16. Jahrhunderts, als in Folge der politischen und konfessionellen Umwälzungen in der Regierungszeit Heinrichs VIII. die Frequenz der Parlamente anstieg und sich deren Kompetenzen auszuweiten begannen, wurde im Unterhaus zusätzlich begonnen, die eigene Tätigkeit in der Form von Protokollen schriftlich festzuhalten.[70] Wurden zu Beginn nur die Beschlüsse der Kammer in Form von Minutae verschriftlicht, entwickelte sich daraus bis zur Mitte des 17. Jahrhunderts eine in ihrer konkreten Ausprägung vom Stil des Schreibers abhängende Sammlung aus Ergebnissen, Verfahrensschritten und Redebeiträgen der beteiligten Akteure. Erst mit den konstitutionellen Auseinandersetzungen zwischen Karl I. und dem Parlament wurde das Procedere vereinheitlicht. Seither wurden keine Debatten

69 Vgl. Geoffrey R. Elton, The Sessional Printing of Statutes, 1484–1547, in: Stanley T. Bindoff/Eric W. Ives (Hg.), Wealth and Power in Tudor England. Essays Presented to S. T. Bindoff, London 1978, S. 68–86.

70 Vgl. Sir John E. Neale, The Commons' Journals of the Tudor Period, in: Transactions of the Royal Historical Society 3 (1920), S. 136–170.

und Namen von Rednern mehr verzeichnet.[71] Dies folgte sowohl der praktischen Notwendigkeit, die Schreiber zu entlasten und damit sicherzustellen, dass diese die Zeit hatten, alles formal Wichtige mitzuschreiben, als auch dem gestiegenen Bedürfnis nach Geheimhaltung.[72]

Das Protokoll erfüllte für das Unterhaus sowohl einen praktischen als auch einen performativen Zweck. Entscheiden vollzog sich im Unterhaus als Prozess, der sich in der Form aufeinander aufbauender Verfahrensepisoden formierte. Das parlamentarische Verfahren bestimmte einen zeitlichen Ablauf, der sich in mehreren Stufen an unterschiedlichen Tagen vollzog und sich sowohl zeitlich als auch institutionell (etwa in der Form von Ausschüssen) ausdifferenzieren konnte.[73] Das Protokoll erfüllte in diesem Zusammenhang die Funktion eines Speichermediums oder ›institutionellen Gedächtnisses‹, indem es diese Episoden untereinander verband und so für alle sichtbar als Prozess konstituierte.[74] Die Prinzipien des Entscheidens durch Anwesenheit und Mündlichkeit wurden hierdurch zwar nicht aufgehoben, aber zumindest insofern durchlässig gemacht, als auch Nichtanwesende, zur Teilnahme am Prozess berechtigte Akteure in die Lage versetzt wurden, zu einem späteren Zeitpunkt zu partizipieren. Hierbei erfüllte Schriftlichkeit eine ähnliche Funktion wie in der Leipziger Disputation, wo sie die gelehrte Debatte der nachträglichen Beurteilung durch Abwesende öffnete. Das Protokoll des englischen Parlaments füllte in dieser Hinsicht also einerseits eine ganz praktische Rolle im parlamentarischen Alltag aus: »The Votes of this House are a Record, and people must have notice of Committees, to give their attendance.«[75] Diese praktische Funktion wurde ermöglicht, indem alle Parlamentarier unmittelbaren Zugang zum Protokoll hatten und so in der Lage waren, auf diese Informationen zuzugreifen. Es stellte das Bindeglied zwischen Anwesenden und Abwesenden dar, ohne die im Blick auf gültige Entscheidungen geltende Notwendigkeit der Anwesenheit aufzuheben.

Neben diesem unmittelbaren Nutzen erfüllte es jedoch auch noch einen weiteren Zweck als institutionelles ›Langzeitgedächtnis‹. Die Existenz eines Protokolls machte es den Parlamentariern möglich, über die veröffentlichten Beschlüsse

71 Die Gründe hierfür werden diskutiert bei Jason Peacey, »Rushworth Shall Not Take Any Notes Here«: Journals, Debates and the Public, 1640–60, in: Parliamentary History 33 (2014), S. 422–437.

72 Vgl. ebd., S. 424–430.

73 Zur grundlegenden Einführung in das parlamentarische Verfahren vor den Reformen des 19. Jahrhunderts vgl. Josef Redlich, Recht und Technik des englischen Parlamentarismus. Die Geschäftsordnung des House of Commons in ihrer geschichtlichen Entwicklung und gegenwärtigen Gestalt, Leipzig 1905.

74 Zum Gebrauch von Schriftlichkeit als Speichermedium vgl. Schlögl, Anwesende und Abwesende (wie Anm. 1), S. 160–165. Für allgemeine Überlegungen zum Schriftgebrauch im politischen Zusammenhang in der Frühen Neuzeit vgl. ders., Medien der Macht und des Entscheidens (wie Anm. 1), und die weiteren Beiträge in diesem Sammelband.

75 Anchitell Grey, Debates of the House of Commons, from 1667 to 1694, Bd. 6, London 1763, S. 119.

hinaus auf Geschehnisse in vorhergehenden Parlamenten zurückzugreifen, an denen sie nicht selbst beteiligt gewesen waren. Bis zum Ende des 17. Jahrhunderts behielt die Institution ihren ereignishaften Charakter, sodass nur wenige Parlamentarier in der Lage waren, mehr als zwei Sessionen aus eigener Erfahrung zu überblicken.[76] Pausen von mehreren Jahren zwischen den Sitzungen waren die Regel. In der Form des institutionellen Gedächtnisses stellte Schriftlichkeit sich hier als Ressource zur Verfügung, die es ermöglichte, die flüchtige mündliche Kommunikation unter Anwesenden überzeitlich anschlussfähig zu machen. In dieser Form konnten vergangene institutionelle Episoden für einen aktuellen Entscheidungsprozess fruchtbar gemacht werden, indem sie als Präzedenzfälle für Handlungen und Verfahrenskonflikte herangezogen wurden.[77] Kollektive Entscheidungsprozesse bedingten einen Konsens der Beteiligten über die Möglichkeiten und Bedingungen, in deren Rahmen Entscheiden stattfinden konnte. Zwar gab es eine reichhaltige theoretische Literatur über die parlamentarischen Verfahren;[78] anders als vielfach stillschweigend angenommen, ist es jedoch keineswegs klar, ob tatsächlich Parlamentarier die primären Adressaten dieser Abhandlungen waren.[79] Stil, Ausrichtung und Autorschaft dieser Schriften deuten vielmehr darauf hin, dass sie sich an eine allgemeine Öffentlichkeit oder ein gelehrtes juristisches Publikum richteten, das zwar Überschneidungen mit den Abgeordneten des Unterhauses aufwies, aber nicht deckungsgleich war. Auch politische Motive spielten bei den Verfassern eine Rolle, sodass Wunsch und Wirklichkeit bisweilen auseinandergehen konnten.[80] In ihrer Anlage taugten diese Schriften jedoch kaum als Anleitung für die Praxis parlamentarischen Entscheidens; dafür waren sie zu stark an einem Idealtyp ausgerichtet, der die Komplexität der Entscheidungsprozesse nur rudimentär beschreiben konnte. Tatsächlich gibt es keine Belege dafür, dass diese Schriften routinemäßig von

76 Sowohl das ›Lange Parlament‹ (1640–1648 beziehungsweise 1660) als auch das Restaurationsparlament (das sogenannte Cavalier Parliament oder ›Pensionärsparlament‹ von 1661–1679) stellten in dieser Hinsicht ob ihrer langen Dauer eine Ausnahme dar. Aber auch hier wurde extensiv auf das Protokoll zurückgegriffen.

77 Zum Teil wurden auch Sammlungen von Präzedenzfällen erstellt, etwa zur Wahl des Sprechers. Ob diese häufig in Schönschrift verfassten Schriften tatsächlich im parlamentarischen Alltag genutzt wurden, lässt sich jedoch nicht feststellen.

78 Einen guten Überblick über dieses Genre gibt Kari Palonen, The Politics of Parliamentary Procedure. The Formation of the Westminster Procedure as a Parliamentary Ideal Type, Leverkusen-Opladen 2016, S. 27–51. Die für die Frühe Neuzeit wichtigsten Schriften sind John Hooker, The Order and Usage of the Keeping of a Parlement in England, London 1575; William Hakewill, Modus tenendi parliamentum, or the Manner of Holding Parliaments in England, London 1671; Robert Curson, Arcana Parliamentaria, or, Precedents concerning Elections, Proceedings, Privileges, and Punishments in Parliament. Faithfully collected out of the Common and Statute-Law of this Realm, with particular Quotations of the Authors in each Case, London 1685 und besonders Henry Elsynge, The Manner of Holding Parliaments in England, London 1768.

79 Vgl. beispielsweise Palonen, Parliamentary Procedure (wie Anm. 78), S. 34.

80 Vgl. ebd., S. 36–38.

Parlamentariern gelesen wurden, die bei jeder neuen Session in großer Zahl zum ersten Mal in das über sechshundert Köpfe zählende Unterhaus einzogen. Keine dieser Schriften scheint zum Bestand des Unterhauses gehört zu haben.[81] In den parlamentarischen Debatten wurde dagegen häufig auf Ereignisse in vorhergehenden Parlamenten rhetorisch zurückgegriffen, um eine bestimmte Vorgehensweise zu empfehlen oder zu verhindern. Dabei wurde noch Ende des 17. Jahrhunderts auf Präzedenzfälle aus Elisabethanischer Zeit Bezug genommen.[82] Sowohl die Abgeordneten als auch die Verfasser der gelehrten Abhandlungen konnten dabei auf das institutionalisierte Gedächtnis des Parlamentes zurückgreifen. Die Schriftlichkeit des Protokolls ermöglichte es, die darin enthaltenen kollektiven Erinnerungen der Institution auch viele Jahre später noch für einen aktuellen Entscheidungsprozess zu mobilisieren.[83]

Die mündliche Praxis parlamentarischen Entscheidens und die Schriftform des institutionellen Gedächtnisses befanden sich hier also in einem ständigen Spannungsverhältnis. Das Protokoll gewährleistete die Anschlussfähigkeit der einzelnen Handlungen des Unterhauses, stand jedoch als Medium quer zum primären parlamentarischen Modus des Entscheidens, der nach den Prinzipien der Mündlichkeit und Anwesenheit funktionierte. Schriftlichkeit konnte *per se* im parlamentarischen Prozess nicht wirksam werden, sondern musste in diesen Modus transformiert werden. Dieser Medienwechsel zwischen Schriftlichkeit und Mündlichkeit bedurfte im Übergang deshalb einer rituellen Inszenierung. Diese wurde sowohl nötig, um Schriftlichkeit in den mündlichen Entscheidungsprozess einzubringen, also auch um die Mündlichkeit des Geschehens in die Schriftform des institutionellen Gedächtnisses zu übertragen.

81 So gehörten zu einem für das Lange Parlament 1640 angeschafften Buchbestand zwar mehrere Bibeln, Atlanten und Werke der antiken Autoren, aber keine aktuellen Abhandlungen über das parlamentarische Verfahren. Vgl. Elizabeth R. Foster, Staging a Parliament in early Stuart England, in: Peter Clark u.a. (Hg.), The English Commonwealth 1547–1640. Essays in Politics and Society Presented to Joel Hurstfield, Leicester 1979, S. 129–146.

82 So zum Beispiel am 25. Oktober 1680 in einer Debatte über die Beschränkung der Mitgliederzahl der Ausschüsse: »I have seen several Journals of Queen *Elizabeth*'s Parliaments, where the Committee was limited to a number, and fixed, and I hope hereafter that that Committee shall not sit in the House, as it has done formerly, like a Grand Committee, for so it will be, if all that come shall have voices.« Grey, Debates (wie Anm. 75), Bd. 7, S. 352. In der Debatte nehmen verschiedene Parlamentarier auch Bezug auf ihre eigenen Erinnerungen an Präzedenzfälle. Das Interesse an dieser parlamentarischen Vergangenheit zeigt sich auch an Sammlungen wie jener von Simonds d'Ewes MP, der für den privaten Gebrauch ein umfangreiches Kompendium parlamentarischer Aktivität der Elisabethanischen Zeit erstellte: Simonds D'Ewes, The Journals of the Parliaments during the Reign of Queen Elizabeth, both of the House of Lords and House of Commons, London 1682.

83 Beispielsweise am 19. März 1679 in einer Debatte über den Schutz der protestantischen Konfession: »I move ›that a Committee may inspect the Journal‹, that we may know how we left affairs the last Parliament, and that we may the better know what we have to do.« Ebd., S. 4.

Dies wird an einem typischen Beispiel deutlich: Die häufigste Schriftform, mit der das Unterhaus konfrontiert war, waren eingebrachte Gesetzesvorlagen (*Bills*). Sie mussten vor Behandlung schriftlich beim Sprecher (*Speaker*) des Unterhauses eingereicht werden.[84] Sodann durchliefen sie im Verlauf des Entscheidungsprozesses in der Regel drei ›Lesungen‹, wobei zumindest bei der ersten Lesung der komplette Text oder bei längeren Schriftstücken eine inhaltliche Zusammenfassung verlesen wurde. Dies geschah im Unterhaus zuerst durch den Schreiber (*Clerk*) des Hauses. Nach der Verlesung wurde das Schriftstück dem Speaker überreicht, der erneut den Titel verlas und es dann mit den Worten »this Bill is thus initiated« an den Clerk zurückreichte. Dieser legte das Schriftstück sodann auf den in der Mitte der Kammer des Unterhauses stehenden Tisch der Parlamentsschreiber ab, die dort das Protokoll verfassten.[85] Damit war performativ sowohl der Beginn des parlamentarischen Entscheidungsprozesses über diese Vorlage als auch deren Eingang in das kollektive Gedächtnis des Unterhauses rituell markiert. Die Verlesung hatte also zum einen die praktische Funktion der Informierung der anwesenden Akteure im Entscheidungsprozess durch die Übertragung aus der Schriftlichkeit in die handhabbare Mündlichkeit. Zum anderen markierte sie auch die Eröffnung eines Entscheidungsprozesses, der nun bis zu seinem Abschluss offen im Raum stand, für alle sichtbar und anschlussfähig durch seine Übertragung in das institutionelle Gedächtnis der Kammer.

Dieser Entscheidungsprozess vollzog sich in der Kammer in der Folge ausschließlich im Modus der Mündlichkeit, gestützt auf das institutionelle Gedächtnis und das Gedächtnis der Beteiligten. Die Informationsverarbeitungskapazität der Kammer war deshalb eng begrenzt, da nicht auf die Unterstützung einer komplexeren etablierten Schriftlichkeit zurückgegriffen werden konnte. Viele Parlamentarier behalfen sich deshalb mit persönlichen Notizen: »No man's memory can retain your Votes, and Gentlemen may take notes in your House.«[86] Das Unterhaus als Ganzes bediente sich als Mittel der Komplexitätsreduktion der Zerlegung von Sachverhalten in Teilfragen und der regelmäßigen Einsetzung von Ausschüssen als Zulieferbetriebe. Diese waren durch ein Ad-hoc-Expertentum der beteiligten Akteure und dem Zugriff auf zusätzliche Ressourcen in der Lage, Entscheidungsprobleme effizienter zu behandeln und auf diese Weise mit komplexer Schriftlichkeit besser umzugehen. Auch diese funktionierten jedoch nach

84 Vgl. William Hakewill, The Manner how Statutes are enacted in Parliament by passing of Bills collected many Yeares past out of the Iournalls of the House of Commons, London 1641, S. 1–3.

85 Der Vorgang wird beschrieben ebd., S. 20–21.

86 Grey, Debates (wie Anm. 75), Bd. 6, S. 119. Ein schönes Beispiel hierfür ist das mit Graphitstift verfasste Journal von Framlingham Gawdy (November 1640), das offensichtlich während der Debatte im Haus auf den Knien verfasst wurde (BL Add MS 56103). Viele Parlamentarier übertrugen ihre Notizen am Ende des Tages in Reinschrift, sodass sich nur wenige so unmittelbare Zeugnisse erhalten haben.

dem Modus der Anwesenheit und der Mündlichkeit. Schriftlichkeit diente hier ebenfalls dazu, die Anschlussfähigkeit zwischen der Tätigkeit der Ausschüsse und der Kammer selbst herzustellen. Das Ergebnis des Ausschusses wurde verschriftlicht, von dessen Sprecher wiederum mündlich in der Kammer verlesen und anschließend auf dem Tisch der Schreiber abgelegt. In dieser doppelt gebrochenen Transformation zwischen Schriftlichkeit und Mündlichkeit wurde es deshalb an dieser Stelle erneut verlesen, um Eingang in das schriftliche institutionelle Gedächtnis zu bekommen. Je nach dem Stand des Entscheidungsprozesses konnte es hier auch zu mehreren Lesungen direkt hintereinander kommen, um beispielsweise eine von einem Ausschuss erarbeitete Ergänzung performativ auf die gleiche Stufe wie einen Ursprungsantrag zu heben. Der Abschluss eines Entscheidungsprozesses war wiederum dadurch markiert, dass eine Vorlage nach der finalen Abstimmung in Pergament ausgefertigt wurde (*engrossed*). Die materielle Hochwertigkeit und Unveränderlichkeit dieser abschließenden Schriftlichkeit korrespondierte dabei mit der von der Kammer geleisteten Entscheidungsarbeit, die nun als vollendet betrachtet werden konnte.

So wie Schriftlichkeit nur in der Transformation in die Mündlichkeit im Entscheidungsprozess wirksam werden konnte, so konnte Schriftlichkeit auch Anwesenheit nur unter bestimmten Umständen ersetzen. Schriftlichkeit konnte zwar die im Modus der Anwesenheit und Mündlichkeit vollzogenen Verfahrensschritte und Entscheidungen für Außenstehende sichtbar machen, jedoch konnten auch berechtigte Akteure von außen nicht mit Hilfe der Schriftlichkeit am Entscheidungsprozess teilnehmen. Sowohl die Debatte als auch die Abstimmung erforderten zwingend die Anwesenheit. Gleichfalls ist zu beobachten, dass auch beim Vorliegen schriftlicher Informationen das Unterhaus die mündliche Informationsweitergabe unter Anwesenden der Schriftlichkeit vorzog, wenn dies praktikabel war. Wenn etwa Außenstehende an der Schranke der Kammer (*the Bar*) angehört wurden, wurden ihre Informationen zwar in der Folge in der Regel von einem Schreiber verschriftlicht und durch den Informationsgeber durch Unterschrift bezeugt; die Niederschrift musste jedoch wiederum mündlich bestätigt werden. Die Verbalisierung von Informationen in der Kammer ging sogar so weit, dass Anwesenheit im Sinne des Verfahrens hierdurch performativ überhaupt erst hergestellt wurde. So verlas der Speaker Ansprachen des Monarchen oder des Lordkanzlers immer, auch wenn alle Anwesenden unmittelbar zuvor in der Lage waren, die Worte aus deren Munde direkt zu hören; so etwa bei der Parlamentseröffnung. Dem lag die Fiktion zugrunde, dass der Sprecher allein als Vertreter des Unterhauses dem Anlass beigewohnt hätte (»Mr Speaker attended his Majesty«).[87] Gültige Anwesenheit wurde durch die Verbalisierung in der Kammer überhaupt erst hergestellt. Auch hier diente Schriftlichkeit als

87 Selten trat der Fall ein, dass keine schriftliche Kopie einer solchen Rede vorlag. Dies erforderte vom Speaker einen erhöhten Begründungsaufwand; häufig verwies er darauf, nun auf eigene Notizen zurückzugreifen.

Medium der Transformation und Weitergabe zwischen verschiedenen Sphären der mündlichen Interaktion.

Schriftlichkeit war im englischen Unterhaus nicht Teil des Entscheidungsprozesses, der in seinen wesentlichen Teilen rein mündlich und in der Interaktion unter Anwesenden ablief. Schrift ermöglichte es jedoch erst, die verschiedenen Stufen des Prozesses untereinander zu verbinden und so eine höhere Komplexität der Informationsverarbeitung und Nutzung zu ermöglichen, ohne die der parlamentarische Entscheidungsprozess nicht durchführbar gewesen wäre. Der Übergang von Schriftlichkeit zur Mündlichkeit und zurück wurde performativ inszeniert mit dem Ziel, den Primat der Anwesenheit und der Mündlichkeit im Verfahren zu betonen. Schrift erhielt erst durch ihre Verbalisierung ihren Platz im parlamentarischen Entscheidungsprozess, der sich gleichzeitig jedoch für sein eigenes Funktionieren im großen Maße auf sie stützte.

5. Schriftlichkeit und das britische Parlamentsverfahren im 19. Jahrhundert

Der Primat der Mündlichkeit und der Anwesenheit, wie er zuvor für das 17. Jahrhundert beschrieben wurde, galt den Parlamentariern des 19. Jahrhunderts als ein wesentliches Kennzeichen des britischen Parlaments, ja sogar der britischen Verfassung: Das sogenannte »parliamentary government« sei ein »government by speaking« (Thomas Babington Macaulay, 1857) oder ein »government by discussion« (Walter Bagehot, 1872). Die Rolle der Schriftlichkeit wurde dabei, wenn überhaupt, nur am Rande thematisiert.

Während Schriftlichkeit zunächst vor allem als Speichermedium zum Tragen kam, mit dessen Hilfe es möglich wurde, den mündlichen Prozess des Entscheidens zeitlich aufzuteilen, wurden ihr im 19. Jahrhundert verschiedene weitere Funktionen im Rahmen des parlamentarischen Verfahrens zuteil. Dieser Funktionswandel zeigt sich sehr deutlich in einer Arbeit des Malers Joseph Nash: In seinem Gemälde »The House of Commons«[88] von 1858 ist der Boden des House of Commons mit Papiermüll übersät. In diesem Szenario sind Schriftstücke nicht nur eine Ermöglichungsbedingung des Verfahrens als zeitlich zergliederter Prozess, sondern sie wurden zugleich im Unterhaus selbst, unmittelbar in der Debatte ›verbraucht‹. Die Anwesenheit solcher Schriftstücke deutet darauf hin, dass bereits im Vorfeld der jeweiligen Debatte umfassende Schreibarbeiten verrichtet wurden.

Es lässt sich eine Reihe verschiedener Nutzungsszenarien identifizieren: Um ein politisches Anliegen vorbringen zu können, musste ein Parlamentarier einen Antrag formulieren oder einen Gesetzestext schreiben. Er musste zudem seinen Redebeitrag vorbereiten. Dazu war er darauf angewiesen, Informationen zu

88 Zu finden in der »Art in Parliament Collection« unter WOA 2934.

beschaffen und die Meinungen verschiedener Kollegen einzuholen:[89] »It is one main element in House of Commons life that opinions undergo a vast deal of preliminary discussion in form of mere conversation between small knots of 2 or more«,[90] heißt es beispielsweise bei Sir John Trelawny. Die folgende Debatte im Unterhaus wurde anschließend von Reportern mitgeschrieben, in Zeitungen veröffentlicht und wiederum von der Öffentlichkeit und den Parlamentariern selbst gelesen. Dass solche Praktiken, die über das Debattieren hinausgingen, zum parlamentarischen Geschehen dazugehörten, schien dabei unter den Zeitgenossen unbestritten.

Gerade mit Blick auf die Praktiken der Informationsbeschaffung und der Meinungsbildung rückt eine Form der Schriftlichkeit ins Zentrum: Die parlamentarische Arbeit in England war im 19. Jahrhundert in vielerlei Hinsicht verbunden mit und geprägt durch die Verwendung von Briefen. Mit Hilfe von Briefen unterhielt ein Parlamentarier ein Netzwerk mit verschiedenen Korrespondenten, über welches beide Seiten Meinungen austauschten. Solche Briefe kamen aber auch auf einer anderen Ebene zum Tragen: Sie wurden nicht zuletzt dazu verwendet, um aus den Kolonien, den europäischen Staaten oder dem eigenen Land die Regierung in London über etwas zu informieren. In der damaligen Form der Verwaltung, beispielsweise über das Colonial Office, das Home Office oder das Foreign Office, wurden diese Briefe dann wiederum in den parlamentarischen Betrieb eingespeist.

Mit den heutigen Behörden hatten diese Institutionen allerdings wenig gemein. Sie funktionierten im Grunde wie Postämter: Ihr Arbeitsweise war auf das Empfangen und Sortieren von Briefen ausgelegt. Die Mitarbeiter waren in erster Linie damit befasst, die Briefe abzuheften, zu priorisieren und formelle Antwortschreiben zu verfassen. Gelegentlich erstellten sie zwar Zusammenfassungen von Briefen, jedoch ging es nicht darum, etwas zu analysieren. Die inhaltliche Auseinandersetzung mit den Materialien blieb den Ministern vorbehalten. Im Home Office und im Foreign Office wurde in diesem Zusammenhang immer wieder eine Arbeitsüberlastung moniert. In einem parlamentarischen Ausschuss von 1859 wurde angegeben, dass sich die Anzahl der gesendeten und empfangenen Briefe im Foreign Office von 1821 bis 1857 verhundertfacht habe – auf knapp 60.000 Stück pro Jahr.[91] Dies stellte die Mitarbeiter, aber auch die Räumlichkeiten

89 Ganz allgemein gilt die Auseinandersetzung mit Informationen und Fakten Lord Stanley zufolge als eine zentrale Tätigkeit im parlamentarischen Betrieb: »A […] knowledge of the questions of the day can only be obtained through a study of the opinions held, and of the facts collected, by those who have given to them time and thought.« Edward Henry Stanley Derby, What Shall we Do with our Blue Books? Or, Parliament the National Schoolmaster, London 1854, S. 5.

90 The Parliamentary Diaries of Sir John Trelawny, 1858–1865, hg. v. T. A. Jenkins, London 1990, S. 116.

91 Report from the Select Committee on Foreign Office Re-construction. Parliamentary Papers 417, 1858, S. III.

vor Probleme. Im Foreign Office gab man sich pragmatisch und lagerte die Briefe einfach überall, wo Platz war. Vor einem Ausschuss beschrieben zwei Clerks, dass die Papiere »[i]n different rooms, in the passages, on the staircases, and in short, in every part of the office« gelagert wurden und: »They are placed in the most irregular and inconvenient manner possible, some of them are stowed away in obscure rooms and passages, and there is no resemblance of a library«.[92]

Gelagert wurden die Briefe in verschiedener Form: anfangs in schlichten Archivsäcken und Kästen. Nach und nach wurden diese Ansammlungen dann von Mitarbeitern in Bücher kompiliert. Im Foreign Office unterteilte man dabei nach der Herkunftsregion beziehungsweise der jeweiligen diplomatischen Instanz, von der die Briefe kamen. Darüber hinaus wurden die Texte allerdings wenig »verdaut«:[93] Indiziert wurden diese Bände nur rudimentär. Im Grunde legte man bessere Inhaltsverzeichnisse an, die lediglich Absende-Datum, Absender und eine kurze Zusammenfassung enthielten. Je nachdem, wen man im Foreign Office nach der Art der Sortierung fragte, fiel die Antwort unterschiedlich aus. Auf die Frage des Ausschusses, ob eine Liste über die Korrespondenz geführt werde, antwortete der Chief-Clerk: »I have no doubt there is such a thing kept«,[94] gesehen habe er es allerdings noch nicht. Sich in diesem Gebilde aus Büchern zurechtzufinden, erfordere, so seine Schlussfolgerung, Erfahrung und könne nicht einfach beliebig von jedem gemacht werden. Daher war es in den Augen der Mitarbeiter des Foreign Office auch nicht möglich, die Dokumente an das zentrale State Paper Office zu übertragen.

Diese Selbstbeschreibungen decken sich mit den Materialien, die Historiker heute in den Archiven vorfinden. Sowohl heutige Historiker als auch die Zeitgenossen sind bzw. waren bei der Benutzung des Materials im Wesentlichen auf das »linear[e]« oder »sequentiell[e]« Suchen angewiesen:[95] Jedes Element musste durchgegangen werden, bis man das Suchobjekt gefunden hatte. Im besten Falle ließ sich die Suche in den Papieren wohl durch die Angabe eines Zeitraums oder durch ein gutes Gedächtnis abkürzen – die meiste Zeit werden die Akteure jedoch mit ›Durchblättern‹ verbracht haben.

Die Einbettung in eine solche Informations-Infrastruktur hat verschiedene Implikationen: Zunächst wurden mehr Informationen gesammelt, als überhaupt verarbeitet und genutzt werden konnten. Diese gesammelten Texte wurden nur sehr grob durchsuchbar gemacht. Man musste sich von vornherein mit dem Material auskennen, um finden zu können, was man suchte. Informationen

92 Report from the Select Committee on Public Offices in Downing-Street. Parliamentary Papers 446, 1839, S. 14.

93 Cornelia Vismann bezeichnet Aktenführung als einen »Verdauungsprozess«. Dies., Was weiß der Staat noch?, in: Peter Collin (Hg.), Das Wissen des Staates. Geschichte, Theorie und Praxis, Baden-Baden 2004, S. 41–45, hier S. 43.

94 Report from the Select Committee on Official Salaries. Parliamentary Papers 611, 1850, S. 293.

95 In den Informationswissenschaften bezeichnet man mit diesen Begriffen die einfachste Form eines Suchverfahrens.

konnten daher nur *ad hoc* und unter hohem Zeitaufwand beschafft werden. Für eine Nutzung bedurfte es eines konkreten Anlasses, eines Kriteriums, in erster Linie einer räumlichen und zeitlichen Begrenzung, anhand derer die Texte durchsucht wurden, um einzelne Briefe herauszunehmen und sie in einem neuen Kontext zu kompilieren. Das war zum Beispiel dann der Fall, wenn das Kabinett oder das Parlament Informationen zu bestimmten Themen anforderte. Dazu wurden die jeweiligen Briefe zu sogenannten *Blue Books* zusammengetragen, gedruckt und anschließend veröffentlicht. Die Briefe waren dann nicht mehr bloß die Korrespondenz zwischen zwei Personen, sondern sie wurden in Form der *Blue Books* zu »Papers regarding the state of affairs in Sinde«, zu »Papers relative to certain violent proceedings«, oder zu »Papers regarding the eastern question« und so weiter. Die Briefe wurden dazu aus ihrem Zusammenhang herausgelöst und in ein anderes Format überführt; als *Blue Books* bildeten sie einen neuen Gegenstand, der im Parlament oder der Öffentlichkeit weiterverwendet werden konnte. Die Informationen wurden also erst nachträglich rationalisiert.

In dieser Form fanden diese Informationen vor allem in zweierlei Weisen in parlamentarische Verfahren Eingang:

1) Die so kompilierten Informationen wurden zum Beispiel in Form eines demonstrativen Informationskonsums im Parlament performativ verwendet, um Entscheidungen zu legitimieren oder Kritik an getroffenen Entscheidungen und der Regierung zu üben. Die ›Informationen‹ fungierten hier nicht über ihren Inhalt, sondern das Informationssammeln bot, mit den Worten der Organisationssoziologen Martha Feldman und James March, die »ritualistic assurance that appropriate attitudes about decision making exist«.[96] Informationen stellten nicht die Grundlage für die Initiierung eines Verfahrens oder für die Bewertung von Alternativen dar, sondern sie waren eine »representation of competence and reaffirmation of social virtue«.[97]

2) Natürlich wurden diese Briefe und gerade die genannten *Blue Books* auch inhaltlich rezipiert und von den Parlamentariern gelesen. Allerdings bedurften sie dabei immer einer bestimmten Form der Interpretation, anders als es vielleicht bei einer Tabelle oder bei Zahlen der Fall war.[98] Sie mussten erst verstanden und eingeordnet werden. Ein Parlamentarier musste eine Meinung zu ihnen vorbringen können. Informationen brachten so die Notwendigkeit hervor, dass ein Parlamentarier sich zu ihnen verhalten musste. Dieser Vorgang lief zu einem großen Teil in Form von Briefkommunikation ab. Letztere beinhaltete maßgeblich das Bilden und Kommunizieren von Meinungen und schuf damit die Voraussetzung für »das Sichverlassen auf schon bearbeitete, verdichtete

96 Martha Feldman/James March, Information in Organizations as Signal and Symbol, in: Administrative Science Quarterly 26 (1981), S. 171–186, hier S. 178.

97 Ebd.

98 Vgl. zur Funktion von Tabellen und »politischen Zahlen« exemplarisch: Lars Behrisch, Politische Zahlen. Statistik und die Rationalisierung der Herrschaft im späten Ancien Regime, in: Zeitschrift für Historische Forschung 31 (2004), S. 551–577.

Informationen«[99] als Reduktionsmittel, um komplexe Entscheidungsverfahren zu ermöglichen. So konnte ein Parlamentarier einschätzen, wer wie abstimmen könnte sowie welche Entscheidungsalternativen überhaupt denkbar waren.

Versteht man Entscheiden als ein Gefüge von verschiedenen Praktiken, in denen Schriftlichkeit als kommunikative Ressource den Prozess des Entscheidens nicht nur begleitet, sondern ihn sowohl ermöglicht als auch formt, ergibt sich ein anderes Verständnis des Entscheidungsprozesses: Die parlamentarische Arbeit des britischen Unterhauses im 19. Jahrhundert erschöpfte sich in der Perspektive nicht mehr in der mündlichen Debatte. Dabei zeigt sich kein linearer Zusammenhang, sondern eine dynamische Folge von einzelnen Arbeitssequenzen, in denen Objekte importiert, weiterverarbeitet und in aufeinanderfolgende Sequenzen exportiert werden. Die Debatte im Parlament war nunmehr nur eine Sequenz von vielen.

6. Interaktion und Schriftlichkeit in englischen Gerichtsprozessen der Sattelzeit

Ähnlich wie das klassische Bild der Entscheidungspraxis des britischen Parlaments stark auf die mündliche Debatte zwischen den im Sitzungssaal anwesenden Parlamentariern fokussiert ist, so steht auch im klassischen Bild der Entscheidungspraxis englischer Gerichte deutlich die öffentliche, mündlich ausgetragene Verhandlung im Gerichtssaal im Vordergrund.[100] Mit einer solchen Gerichtssaalszene wird beispielsweise auch auf einer Bildtafel des Architekturbildbandes »Microcosm of London« (1808) paradigmatisch die Arbeit des zentralen englischen Gerichtshofes *Court of King's Bench* illustriert:[101] Ein Lichtstrahl fällt hier schräg in einen gotischen Gerichtssaal, bricht sich auf der Perücke des Richters, der aufmerksam von seinem erhöhten Pult über das Geschehen unter ihm wacht. Die zwölf Geschworenen in der *jury box* zu seiner Rechten schauen ebenso aufmerksam den Anwalt an, der in der Mitte des Saales steht und sich

99 Luhmann, Legitimation durch Verfahren (wie Anm. 16), S. 113.

100 Und ähnlich wie beim britischen Parlament wird der nicht nur mündlich-interaktionelle, sondern auch öffentliche, für Dritte beobachtbare Vollzug der als im Entscheidungsprozess zentral ausgemachten Episode in zeitgenössischen Diskursen normativ aufgeladen und mit der freiheitlichen britischen Verfassung in Verbindung gebracht: Dass Gerichtshöfe »be open to every comer« sieht etwa ein Leserbriefschreiber in der Times als zentrales Element der »constitution of England« – würde dieses Prinzip angetastet, so seine feste Überzeugung, »there would soon be an end to all justice, and the Courts of Great Britain would be as terrific to liberty as those of the most despotic country in the world.« William Williamson, To the Editor of the Times, in: The Times, 14.08.1788, S. 1.

101 Auguste Charles Pugin, Court of King's Bench, in: Rudolph Ackerman (Hg.), The Microcosm of London, Bd. 1, London 1808, Bildtafel 24 gegenüber S. 205; der erläuternde Text auf S. 205–207.

mit einer dramatischen Geste an den Zeugen in der *witness box* zur Linken des Richters wendet. Verfolgt wird dieser zentrale Wortwechsel auch durch zahlreiche weitere Anwälte, die in Roben und Perücken die ersten Reihen der Publikumsbänke füllen, sowie von interessierten Laienzuschauern, die sich hinter dem Zeugen, in Zugängen und an jedem sonstigen verfügbaren Ort in dem Saal drängen. Nur die acht Gerichtsbeamten, die an einem langen Tisch vor dem Richter sitzen, wirken unbeeindruckt.

In der Tat nimmt ein derartiges *Hearing* im Gerichtssaal, wie es hier abgebildet ist, einen zentralen Platz in der Verfahrensarchitektur eines englischen *Common-Law*-Prozesses ein;[102] insofern besitzt die Auswahl des Illustrationsmotives eine gewisse Grundlage. In dieser Episode sind mit Richtern, »barristers, officers, jurymen, plaintiffs, defendants, and their hosts of witnesses«[103] alle zentral an dem Verfahren beteiligten Akteure an einem Ort kopräsent und kommunizieren mündlich oder über Gesten wie dem dramatisch erhobenen Arm des Anwaltes miteinander – es handelt sich also um eine klassische Interaktionssituation.[104] Ähnlich wie beim britischen Parlament lohnt sich jedoch auch bei den englischen Gerichten eine Ausweitung des Blickes über die augenfällige, öffentlich sichtbare Interaktion hinaus, denn auch ein auf eine Interaktionsepisode zentriertes Verfahren besteht nicht ausschließlich aus Interaktion.[105] Schon eine genauere Betrachtung der Gerichtssaalszene im »Microcosm of London« enthüllt zahlreiche Hinweise: Der präsidierende Richter, der sich eifrig Notizen macht, die Gerichtsbeamten zu seinen Füßen, die emsig mit Schriftstücken hantieren, der den Zeugen befragende Anwalt, der in seiner nicht erhobenen Hand unauffällig ein Blatt Papier hält, die Anwälte im Publikum, von denen einige wohl in Vorbereitung auf ihre eigenen Prozesse Dokumente mit sich führen –

102 Eine der umfassendsten zeitgenössischen Darstellung ziviler *Common-Law*-Verfahren ist Johann Jakob Rüttimann, Der englische Civil-Process mit besonderer Berücksichtigung des Verfahrens der Westminster-Rechtshöfe, Leipzig 1851.

103 So umreißt ein Leserbriefschreiber in der *Times* das über die Richter hinaus für einen zivilen Juryprozess erforderliche, im Gerichtssaal zu versammelnde Figurenpersonal, T. L., To the Editor of the Times, in: The Times, 17.11.1824, S. 3.

104 Vgl. für die Kategorisierung der entsprechenden Episode englischer Gerichtsverfahren als Interaktionssystem und eine Analyse der entsprechenden kommunikativen Implikationen in *Common-Law*-Prozessen André Krischer, Der »erlaubte Konflikt« im Gerichtsverfahren. Zur Ausdifferenzierung eines Interaktionssystems in der englischen Frühneuzeit, in: Zeitschrift für Soziologie, Beihefte (2014), S. 201–225, hier bes. S. 201–203 und S. 220–223. Vgl. auch vertiefend zur Funktion der zentralen interaktionellen Episode für den Gerichtsprozess als Entscheidungsverfahren ders., Das Gericht als Entscheidungsgenerator. Ein englischer Hochverratsprozess von 1722, in: Arndt Brendecke (Hg.), Praktiken der Frühen Neuzeit. Akteure, Handlungen, Artefakte, Köln 2015, S. 646–657.

105 Dass auch stark um mündliche Episoden herum aufgebaute Verfahren keineswegs ausschließlich als Interaktionssysteme betrachtet werden sollten, betont auch Thomas Scheffer in kritischer Auseinandersetzung mit Niklas Luhmanns Verfahrenstheorie, vgl. Thomas Scheffer, Ethnographie mit System am Beispiel der Englischen Strafverfahren, in: René John u. a. (Hg.), Methodologien des Systems: Wie kommt man zum Fall und wie dahinter?, Opladen 2010, S. 141–160, hier bes. S. 156–159.

das alles weist darauf hin, in wie vielfältiger Weise in den auf den ersten Blick primär mündlich-interaktionell geführt scheinenden englischen Gerichtsprozessen auch auf Schriftlichkeit zurückgegriffen wird. Bei näherem Hinsehen ist die gerichtliche Interaktion in ein Netz aus Schriftlichkeit eingesponnen, die sie erst in dieser Form ermöglicht, sie begleitet und aufrechterhält und schließlich verbindlich fixiert.

Wenn sich nun ausgehend von solchen Ansatzpunkten von einem ausschließlichen Fokus auf dem interaktionellen Geschehen im Gerichtssaal abgegrenzt wird, so geschieht dies nicht in der Absicht, nun umgekehrt in einer einseitigen Betonung des Stellenwertes von Schriftlichkeit die Bedeutung der gerichtlichen Interaktion in einem *Common-Law*-Verfahren zu bestreiten oder zu marginalisieren. Vielmehr sollen beide Formen von Kommunikation in ihren spezifischen Leistungen ernst genommen und gerade das wechselseitige Verhältnis von Schriftlichkeit und Interaktion in derartigen juristischen Entscheidungsprozessen untersucht werden. Zentraler Gesichtspunkt ist dabei, inwieweit sich Schriftlichkeit und Interaktion im Verfahrensverlauf gegenseitig ermöglichen und als Ressourcen füreinander dienen: Gefragt wird also in einer doppelten Stoßrichtung einerseits danach, in welcher Form schriftliche Texte die Grundlage bestimmter Formen gerichtlicher Interaktion bieten, und andererseits danach, in welcher Form die mündliche Interaktion vor Gericht ihrerseits als Grundlage der erneuten Produktion spezifischer Formen von Schriftlichkeit fungiert. Dieser Blick in zwei Richtungen ist fruchtbar, weil es sich bei einem *Hearing* in einem englischen Gerichtssaal im Sinne von Thomas Scheffer um eine Situation mit *trans-sequentieller Qualität* handelt, in der die Anwesenden in ihrem Handeln in demonstrativer Weise an frühere Situationen anknüpfen und gleichzeitig Anknüpfungspunkte für spätere Situationen liefern.[106] Derartige praktische Anknüpfungen vollziehen sich nicht rein im Abstrakten, sondern sind materiell über den Austausch von Objekten über verschiedene Situationen hinweg vermittelt – im Falle der betrachteten Gerichtsverfahren sind das nun primär medial gebundene schriftliche Texte.[107]

Will man die ganz verschiedenen Texttypen, die in englischen Gerichtsverfahren eine Rolle spielen, in einer Weise kategorisieren, die sich an der praktischen Funktion dieser Texte in Gerichtsverfahren orientiert, bietet sich von einer spezifischen Interaktionssituation aus betrachtet die Zentralunterscheidung an zwischen *Textimporten*, die in die Interaktion hineingetragen werden und dort bestimmte Gebrauchsweisen ermöglichen, und *Textexporten*, die in oder auf Basis einer Interaktionssituation erstellt werden und diese Situation für späteres Anschlusshandeln in spezifischer Weise verfügbar halten. Innerhalb

106 Vgl. Scheffer, Trans-sequentielle Analyse (wie Anm. 24), hier bes. S. 92.

107 Vgl. für gegenwärtige Gerichtsverfahren ders., Materialitäten im Rechtsdiskurs. Von Gerichtssälen, Akten und Fallgeschichten, in: Kent Lerch (Hg.), Recht vermitteln. Strukturen, Formen und Medien der Kommunikation im Recht, Berlin 2005, S. 349–377, hier bes. S. 358–364.

der Kategorie der Textimporte lassen sich dann wiederum entlang des Kriteriums der *Unmittelbarkeit der interaktionellen Textmobilisierung* drei Untergruppen ausmachen:

Die direkteste Form der Textmobilisierung besteht darin, einen im Gerichtssaal medial präsenten Text unmittelbar vorzulesen. Diese Behandlung erfahren typischerweise als eigenständige Beweismittel präsentierte Dokumente wie Patentschriften, Geschäftsbücher und Briefe.[108] Daneben werden auch sogenannte *affidavits*, vor einem Gerichtsbeamten beschworene Dokumente, die als Ersatz für die Aussage abwesender Zeugen dienen, der Gerichtsöffentlichkeit direkt vorgelesen.[109] Die offizielle schriftliche Dokumentation des bisherigen Prozessverlaufes (*record*) dagegen wird den Anwesenden im späten 18. und frühen 19. Jahrhundert zu Beginn einer mündlichen Verhandlung nicht mehr komplett vorgelesen, sondern nur noch zusammengefasst, aber auch hier ist das mobilisierte Dokument physisch präsent und wird direkt als Quelle benannt.[110] All diese Texte haben im Einzelnen durchaus unterschiedliche Funktionen in der Gerichtsverhandlung, ihrer Verlesung liegt aber eine ähnliche kommunikative Logik zugrunde: In der Handlung des Vorlesens tritt der vorlesende Akteur hinter das Dokument zurück, das er verliest; er markiert deutlich, dass die

108 Zur zeitgenössischen juristischen Sicht auf die Einbringung derartiger Dokumente als Beweismittel s. Jeffray Gilbert, The Law of Evidence, by Lord Chief Baron Gilbert. Considerably Enlarged by Capel Lofft, Barrister at Law […], Bd. 1, London 1791 (1754), S. 206–208. Beschreibungen des Verlesens von Beweismitteln in konkreten Gerichtsverhandlungen etwa in *Claridge v. Latrade*, in: The Times, 14.02.1840, S. 7 (Patentschrift), *Tooke v. Hollingworth*, in: The Times, 21.12.1791, S. 4 (Geschäftsbücher) sowie *Hutchinson v. Dinwiddie*, in: The Times, 10.07.1804, S. 3 (Briefe).

109 Zu den rechtlichen Formen solcher *affidavits* vgl. Rüttimann, Civil-Process (wie Anm. 102), S. 80–82. In *Common-Law*-Verfahren wurde prinzipiell die direkte, mündliche Vernehmung von Zeugen der Verlesung schriftlicher Aussagen vorgezogen, vgl. für eine emphatische Beschwörung der Vorzüge der mündlichen Zeugenvernehmung vor der schriftlichen William Blackstone, Commentaries on the Laws of England, Bd. 3, London [12]1794, S. 372–373. In Prozessphasen außerhalb der Beweismittelaufnahme vor einer Jury wurde aber auch in *Common-Law*-Verfahren auf derartige schriftliche *affidavits* zurückgegriffen; Beschreibungen der Verlesung von *affidavits* in der Schilderung konkreter Gerichtsverfahren etwa in *The King v. Lydiard*, in: The Times, 15.05.1820, S. 3 und *The King v. Kempson and Others*, in: The Times, 27.11.1820, S. 3.

110 Vgl. zu den *records* David J. Ibbetson, Report and Record in Early Modern Common Law, in: Alain Wijffels (Hg.), Case Law in the Making. The Techniques and Methods of Judicial Records and Law Reports, Bd. 1, Berlin 2013, S. 55–68, hier bes. S. 55–56. Die Eröffnung einer mündlichen Verhandlung durch die Zusammenfassung des *records* wird in einem zeitgenössischen Praxisleitfaden beschrieben bei William Theobald, An Elementary Practice of the Courts of King's Bench, Common Pleas and Exchequer, Designed Chiefly for Law Students and Young Practioners, London 1841, S. 107; in konkreten Prozessbeschreibungen lässt sie sich etwa gut greifen in *Bell v. Haggerstone*, in: The Times, 23.10.1819, S. 2, und *Pickersgill v. Thwaites*, in: The Times, 21.12.1825, S. 3. Der zeitgenössische Kommentator William Blackstone erwähnt, dass früher anstelle einer summarischen Zusammenfassung eine vollständige Verlesung des *record* üblich gewesen sei, vgl. Blackstone, Commentaries (wie Anm. 109), S. 366.

vorgetragenen Inhalte nicht einfach ihm selbst zugerechnet werden sollen, sondern durch das verlesene Dokument verbürgt sind. Deshalb werden vorgelesene Dokumente in der Interaktionssituation *auffällig* gehandhabt: Sie werden vor Beginn des Verlesens deutlich als Quelle benannt und ihre materielle Präsenz im Gerichtssaal wird demonstrativ gut sichtbar inszeniert. Ihre interaktionelle Mobilisierung hat nicht nur eine pragmatische Funktion, insofern sie als Träger bestimmter Inhalte dienen, sondern auch eine symbolisch-expressive Funktion, insofern ihre Mobilisierung in dieser speziellen Form den Inhalten gleichzeitig Authentizität verleiht.[111]

In dieser Hinsicht unterscheiden sich die direkt verlesenen Dokumente von anderen ebenfalls physisch im Gerichtssaal präsenten Dokumenten wie zum Beispiel *briefs*, schriftlichen Überblicken über die zu präsentierenden Beweismittel, die den Anwälten als Grundlage ihrer mündlichen Ausführungen dienen,[112] oder Vorbereitungsmaterialien, die die einer Gerichtsverhandlung vorsitzenden Richter erhalten, um informierte Nachfragen zur verhandelten Sache stellen und Einschätzungen abgeben zu können.[113] Diese Dokumente dienen Anwälten und Richtern als wichtige Ressourcen für ihre mündlichen Beiträge, als notwendige Gedächtnisstützen und Vortragshilfen, ohne die sie vor Gericht kaum kompetent in Erscheinung treten könnten. Anders als die direkt vorgelesenen Dokumente werden sie in der Interaktionssituation aber nicht sichtbar inszeniert, sondern vielmehr betont *unauffällig* gehandhabt. Denn Beiträge wie anwaltliche Gerichtsreden und richterliche Einschätzungen und Weisungen *sollen* gerade explizit den sprechenden Akteuren in ihrer jeweiligen Verfahrensrolle zugerechnet werden, die sich aus einer besonderen Inszenierung der medialen Basis des

111 In dem Fall *Viana v. Pratt* führte die Notwendigkeit der Erfüllung beider dieser Funktionen interessanterweise zu einer materiellen Verdopplung eines als Beweismittel einzubringenden Briefes im Gerichtssaal: Der Brief war im Original in portugiesischer Sprache verfasst, weshalb eine englische Übersetzung vorgelesen wurde, um seinen Inhalt in die Verfahrenskommunikation einzubringen. Zusätzlich zur verlesenen Übersetzung war aber auch das für die meisten Prozessteilnehmer unverständliche Original physisch im Gerichtssaal präsent, um als Gegenstand einer performativen Inszenierung von Authentizität zu dienen: Es wurde demonstrativ von einem Zeugen in Augenschein genommen, der bestätigte, dass sich die Handschrift des Briefes dem fraglichen Urheber zuordnen ließ. Vgl. *Viana v. Pratt*, in: The Times, 16.10.1827, S. 3.

112 Zur anwaltlichen Vorbereitung von gerichtlicher Interaktion vgl. David Lemmings, Professors of the Law. Barristers and English Legal Culture in the Eighteenth Century, Oxford 2000, S. 25–36. Eine Formvorlage für *briefs* findet sich in John Frederick Archbold, A Collection of Forms and Entries, which Occur in Practice in the Courts of King's Bench & Common Pleas in Personal Actions and Ejectment, London 1825, S. 116–118.

113 Vor Beginn eines Beweisverfahrens vor einer Jury erhält der vorsitzende Richter eine Kopie des *record*, das den der Gerichtsverhandlung vorangehenden Austausch von Prozessschriften dokumentiert, vgl. Blackstone, Commentaries (wie Anm. 109), S. 357. Vor Beginn einer Verhandlung vor allen Richtern eines Gerichtshofes zur Klärung von Rechtsfragen erhalten die Richter je nach vorangegangenem Verfahrensverlauf unterschiedliche Materialien, die zusammenfassend als *Paper Books* bezeichnet werden.

Vortrags ergebende Distanz zwischen sprechendem Akteur und vorgetragenem Inhalt ist hier unerwünscht.

Die dritte Gruppe von Textimporten besteht aus solchen Dokumenten, die in mündlichen Beiträgen gültig referenziert werden können, ohne dazu notwendigerweise physisch im Gerichtssaal präsent sein zu müssen. Dies sind in erster Linie Rechtsquellen wie Präzedenzfälle und Parlamentsstatuten. Dass diese Rechtsquellen auf diese Weise in die gerichtliche Interaktion eingebracht werden können, ist keineswegs selbstverständlich, sondern beruht auf spezifischen Voraussetzungen: Erstens müssen gewisse *Techniken der Zitation* zur Verfügung stehen, um eindeutig und nachvollziehbar auf eine bestimmte Rechtsquelle verweisen zu können, auch wenn man diese nicht direkt physisch vorliegen hat.[114] Und zweitens muss im Hintergrund eine gewisse *institutionelle und materielle Infrastruktur* bestehen, die sicherstellt, dass alle relevanten Akteure im Zweifelsfalle Zugang zu einer Kopie der entsprechenden Rechtsquelle haben, um den Verweis nachprüfen zu können.[115] Die Rechtsquellen sind also keineswegs ›entmaterialisiert‹ – es ist durchaus zentral, dass die entsprechenden Texte in zugänglicher Weise materiell vorhanden sind, aber ein bestimmtes Set aus etablierten Verweispraktiken und entwickelter Infrastruktur ermöglicht, dass sie nicht zwingend auch konkret im Gerichtssaal materiell vorhanden sein müssen.

Auch auf der Seite der Textexporte aus der gerichtlichen Interaktion heraus lassen sich verschiedene Kategorien von Dokumenten unterscheiden, wobei das einschlägige Unterscheidungskriterium hier ist, welche *Anschlussverwendung* sie für welche Adressatengruppen vorsehen.

Die am stärksten informelle Form des Textexportes aus einer Gerichtsverhandlung heraus sind persönliche Notizen von Verfahrensbeteiligten, in erster Linie Anwälten und Richtern. Diese richten sich erst einmal nur an den Notizenschreiber selbst und ermöglichen ihm, in einer späteren Interaktionssituation innerhalb desselben Verfahrens einfach an eine frühere Interaktionssituation anzuschließen. Sie haben keinen offiziellen Charakter und keine institutionell sanktionierte Bindekraft, sondern dienen allein dazu, von einem Akteur selbst beobachtetes Interaktionsgeschehen auch später noch verfügbar zu halten

114 Hierbei ist bereits im späten 18. und frühen 19. Jahrhundert das einheitliche Zitationssystem in Gebrauch, das auch noch heute für Rechtsquellen aus der entsprechenden Zeit verwendet wird, vgl. Donald Nolan / Sandra Meredith, The Oxford University Standard for Citation of Legal Authorities, Oxford [4]2012, S. 20–22.

115 Erste Anlaufstelle für *barrister* und Richter waren hier die Bibliotheken der *Inns of Court*, die Sammlungen bedeutender Rechtsquellen enthielten, vgl. David Lemmings, Gentlemen and Barristers. The Inns of Court and the English Bar 1680–1730, Oxford 1990, S. 103–105. James Oldham betont zusätzlich dazu die Bedeutung eigener, privater Sammlungen von Rechtsquellen von einzelnen Rechtspraktikern, die über soziale Netzwerke auch für andere Mitglieder der *legal profession* verfügbar waren, vgl. James Oldham, The Indispensability of Manuscript Case Notes to Eighteenth-Century Barristers and Judges, in: Anthony Musson / Chantal Stebbings (Hg.), Making Legal History. Approaches and Methodology, Cambridge 2012, S. 30–52, hier bes. S. 38–50.

und den interaktionellen Anschluss innerhalb des einen laufenden Verfahrens zu erleichtern.[116]

Dann gibt es auch gedruckte Berichte über gerichtliche Interaktionssituationen, wie Zeitungsartikel für ein breites Publikum und gedruckte Präzedenzfallsammlungen (*Law Reports*) für den juristischen Gebrauch. Anders als die Notizen dienen sie nicht dazu, innerhalb desselben, laufenden Verfahrens einen unmittelbaren Anschluss zu ermöglichen, sondern nicht unmittelbar an diesem konkreten Verfahren beteiligte Akteure über das Geschehen vor Gericht zu informieren. Während es sich bei Zeitungsartikeln um ein reines Exportmedium handelt, das üblicherweise nicht wieder in gerichtliche Interaktion hinein importiert werden kann, können von Juristen verfasste *Law Reports* dagegen in späteren Verfahren wieder importiert werden, wo sie dann als Rechtsquellen dienen.[117]

Schließlich gibt es auch offizielle Ergebnisfixierungen der gerichtlichen Interaktion, wie die verschriftlichten Verdikte einer Jury oder Urteile (*judgments*) eines Gerichtshofs. Diese werden von offiziell mit dieser Aufgabe betrauten Gerichtsbeamten verschriftlicht, sind streng formalisiert, werden systematisch archiviert und damit für das institutionelle Gedächtnis des Gerichtshofes verfügbar gehalten. Sie gestatten sehr spezifische, rechtlich klar normierte Anschlussverwendungen für die Verfahrensbeteiligten – im Falle des Verdiktes etwa eine Beantragung der Ausfällung eines das Verfahren offiziell abschließenden Urteils, im Falle des Urteils etwa für die siegreiche Prozesspartei die Beantragung einer Exekution oder für die unterlegene Prozesspartei eine Anfechtung gemäß spezifischen Regeln.[118] Diese Art von Verschriftlichung stellt die Voraussetzung dafür dar, dass die gerichtliche Interaktion über die unmittelbare Situation

116 Vgl. zu den zeitgenössischen Verwendungsweisen insbesondere richterlicher Notizen James Oldham, The Mansfield Manuscripts and the Growth of English Law in the Eighteenth Century, Chapel Hill 1992, S. 162–167. Notizen von Verfahrensbeteiligten können dabei in zwei physischen Formen auftreten: entweder, wie bei den von James Oldham edierten Notizen des Richters Lord Mansfield, in Form von eigenständigen Notizbüchern oder aber als Notizen auf Rückseiten und Leerstellen von anderen Prozessdokumenten, die eigentlich eine andere Primärfunktion hatten. So befinden sich etwa bei dem *Paper Book* zu dem Fall *Hunter v. Potts* auf den Leerstellen des Deckblattes und auf den Rückseiten der letzten beiden Bögen des Dokuments umfangreiche Notizen des Richters zu verschiedenen mündlichen Verfahrensbeiträgen, vgl. Lincoln's Inn Library, Dampier Manuscripts, Buller Paper Books, MS 650.

117 Zur Gerichtsberichterstattung in der Tagespresse vgl. James Oldham, Law Reporting in the London Newspapers, 1756–1786, in: American Journal of Legal History 31 (1987), S. 177–206. Für einen Überblick über die verschiedenen Formen von *Law Reports* vgl. Ibbetson, Report and Record (wie Anm. 110), S. 56–62.

118 Zu den Praktiken um die Protokollierung und Archivierung des Verdikts nach einem Beweisverfahren vor einer Jury s. John William Smith, An Elementary View of the Proceedings in an Action at Law, London [2]1842, S. 118–119 sowie Theobald, Elementary Practice (wie Anm. 110), S. 111–114. Zu den praktischen Details der Ausfällung eines Urteils auf Basis eines Verdiktes s. Smith, Elementary View, S. 135–138 (wie oben). Umfangreiche Vorlagen für verschiedene Kombinationen aus *posteas* (formelle Protokollierungen des

hinaus soziale Wirkung entfalten kann. Der Medienwechsel von mündlicher Interaktion zu Schriftlichkeit erfüllt neben der Fixierungs- dabei auch eine Selektionsfunktion, insofern eine relativ ausgedehnte Interaktionssituation mit ihren vielfältigen, zum Teil widersprüchlichen Beiträgen in ein relativ kurzes und inhaltlich eindeutiges Dokument überführt wird, das dann als Essenz und Ergebnis der Interaktionssituation gilt. Derartige offizielle Ergebnisfixierungen sind im Sinne von Thomas Scheffer zentrale *Passagepunkte* des Verfahrens, insofern jeder Fall sie passieren muss und dabei auf eine bestimmte Fallgestalt festgelegt wird, die von nun an als so und nicht anders behandelt werden muss, nun für ganz spezifische Anschlussverwendungen hergerichtet ist und nur unter erheblichem Aufwand und über genau kanalisierte Wege wieder angefochten werden kann.[119]

Bereits dieser Überblick über die verschiedenen Verschränkungen von Interaktion und Schriftlichkeit innerhalb eines zivilen *Common-Law*-Verfahrens um die Wende zum 19. Jahrhundert zeigt, dass ein solches Verfahren trotz der augenfälligen Zentralität der mündlichen Verhandlung im Gerichtssaal keineswegs rein als interaktionelles Geschehen begriffen werden kann, sondern dass es gerade die Medienwechsel von Schriftlichkeit zu Mündlichkeit und wieder zu Schriftlichkeit sind, die entscheidend dazu beitragen, den Fall durch den »Trichter des Verfahrens«[120] laufen zu lassen und damit durch zunehmende Selektion und Verdichtung auf Entscheidbarkeit zuzurichten.[121]

7. Fazit

Prozesse des Entscheidens werden, unter kommunikativen Gesichtspunkten betrachtet, durch den Rückgriff auf die Ressourcen Interaktion und Schriftlichkeit ermöglicht und geformt. Diese kommunikativen Ressourcen erfüllen in ihrer jeweils spezifischen Leistungsfähigkeit in Entscheidungsprozessen als Kommunikationszusammenhängen zentrale Funktionen; gleichzeitig werfen ihre jeweiligen Einschränkungen und Grenzen aber auch Herausforderungen und Probleme auf, die in den Entscheidungsprozessen wiederum bearbeitet werden müssen. Damit diese kommunikativen Ressourcen aber überhaupt in Prozessen des Entscheidens herangezogen werden können, müssen sie erst in bestimmter Weise zugerichtet und verfügbar gemacht werden; ihre Verfügbarkeit ist also nicht selbstverständlich, sondern voraussetzungsvoll.

Verdikts) und *judgments* finden sich bei Archbold, Collection of Forms and Entries (wie Anm. 112), S. 124–153, Vorlagentexte für *judgments* auch im Anhang von Smith, Elementary View, S. 214–216 (wie oben).

119 Vgl. zum Konzept des Passagepunkts Scheffer, Trans-sequentielle Analyse (wie Anm. 24), S. 91.

120 Luhmann, Legitimation durch Verfahren (wie Anm. 16), S. 115.

121 Die große Bedeutung von Medienwechseln in der Selektionslogik von Gerichtsverfahren wird auch betont bei Scheffer, Ethnographie mit System (wie Anm. 105), S. 142.

In den verschiedenen in diesem Beitrag diskutierten Fallbeispielen konnten jeweils unterschiedliche Aspekte dieser theoriegeleiteten Grundannahmen anhand konkreter empirischer Untersuchungen zu Entscheidungsprozessen in spezifischen historischen Kontexten konkretisiert und vertieft werden.

Der sehr grundsätzliche Aspekt der Nichtselbstverständlichkeit der Verfügbarkeit bestimmter kommunikativer Ressourcen ist vor allem anhand des Fallbeispiels des im 16. Jahrhundert etablierten Ratswahlverfahrens der Stadt Unna herausgearbeitet worden: Hier wurde gezeigt, dass Interaktion erst dann in legitimationsfördernder Weise für den Prozess des Entscheidens über die personelle Zusammensetzung des Rates herangezogen werden konnte, wenn mithilfe des Losens die explizit entscheidensbezogene Interaktion innerhalb des Verfahrens deutlich von anderen Interaktionssituationen in der Umwelt des Verfahrens entkoppelt wurde.

In den anderen Fallbeispielen werden dagegen stärker die Aspekte der jeweiligen Leistungen und Funktionen von Interaktion und Schriftlichkeit innerhalb von Prozessen des Entscheidens thematisiert. Grundsätzlich lässt sich dabei im Zeitverlauf von den frühreformatorischen Disputationen im 16. Jahrhundert über das englische Parlament des 17. Jahrhunderts zu dem britischen Parlament und den englischen Gerichten des 19. Jahrhunderts eine Bedeutungszunahme von schriftlichen Elementen innerhalb der Entscheidungsprozesse konstatieren. Dieser Befund sollte jedoch nicht dazu verleiten, im Stile einer teleologischen Fortschrittserzählung den stärkeren Rückgriff auf Schriftlichkeit in Entscheidungsprozessen automatisch mit einer Zunahme von Rationalität und Effizienz gleichzusetzen und demgegenüber Interaktion als archaische, wenig leistungsfähige Kommunikationsform abzutun, die im Zuge einer fortschreitenden Verdrängung durch schriftliche Kommunikation zunehmend obsolet wird. Mithilfe der Fallstudien dieses Beitrages lässt sich vielmehr ein differenzierteres Bild zeichnen, das die Leistungen, aber auch Probleme von Interaktion und Schriftlichkeit als Ressourcen des Entscheidens gleichermaßen in den Blick nimmt und begreiflich macht, warum sich auch in den zeitlich jüngeren institutionalisierten Entscheidungsprozessen noch eine Mischung aus beiden Kommunikationsformen findet.

Wie vor allem am Beispiel des englischen Parlaments des 17. Jahrhunderts verdeutlicht worden ist, besitzen Interaktionssituationen nur eine begrenzte Kapazität, Komplexität zu verarbeiten, weswegen zuweilen ein ergänzender Rückgriff auf Schriftlichkeit erforderlich ist, um Entscheidungsprozesse von höherer Komplexität zu ermöglichen. Diese begrenzte Kapazität von Interaktion kann in Entscheidungsprozessen aber auch durchaus funktional sein, insofern solche Prozesse wesentlich darauf abzielen, in ihrem Verlauf Komplexität zunehmend zu reduzieren und durch Selektionen Festlegungen vorzunehmen; Interaktionsepisoden wie parlamentarische Debatten und Abstimmungen oder Gerichtsverhandlungen tragen gerade aufgrund ihrer begrenzten Kapazität zur Reduktion von Komplexität bei. Interaktionsepisoden haben zudem eine zentrale Bedeutung bei der Herstellung von Verbindlichkeit. Diese Leistungen machen begreiflich, warum etwa im Falle der frühreformatorischen Disputation die Entscheidung über einen bislang primär in schriftlicher Form ausgetragenen theologischen Streit in einer einzelnen räumlich, zeitlich und thematisch verdichteten Interaktionssituation gesucht wurde, auch wenn der Versuch letztendlich scheiterte.

Eine zentrale Leistung von schriftlicher Kommunikation besteht dagegen darin, dass sie die sichtbare Verknüpfung von verschiedenen, zu verschiedenen Zeitpunkten oder an verschiedenen Orten stattfindenden Interaktionssituationen zu einem Gesamtprozess ermöglicht, der dann insgesamt eine höhere Komplexität zulässt. Zum einen kann derart gebrauchte Schriftlichkeit auf Entscheiden bezogene Interaktionssituationen innerhalb desselben institutionellen Rahmens miteinander verknüpfen und füreinander verfügbar halten; ausführlich herausgearbeitet wurde diese Funktion als ›institutionelles Gedächtnis‹ am Beispiel des englischen Parlaments des 17. Jahrhunderts, wo das Protokoll den Anschluss an frühere parlamentarische Debatten und Abstimmungen ermöglicht. Ähnliches lässt sich auch für die englischen Gerichte des 18. und 19. Jahrhunderts beobachten, wo frühere Gerichtsverhandlungen durch Verschriftlichung in späteren als Präzedenzfälle verfügbar waren. Zum anderen können über derart gebrauchte Schriftlichkeit aber auch Informationen von außerhalb des relevanten institutionellen Rahmens in einen als Interaktionssituation ausgestalteten Entscheidungsvorgang hinein importiert werden; derartige ›Zulieferbetriebe‹ wurden etwa für das britische Parlament des 19. Jahrhunderts am Beispiel der das Parlament umgebenden Informationsinfrastruktur untersucht. An diesem Beispiel zeigen sich allerdings auch die Schwierigkeiten, die ein verstärkter Rückgriff auf Schriftlichkeit in Entscheidungsprozessen mit sich bringt: Der im Vergleich zur Interaktionskommunikation dauerhaftere, informationsspeichernde Charakter schriftlicher Kommunikation ermöglicht eine nahezu unbegrenzte Anhäufung von potentiell relevanten Kommunikationsbeiträgen, an die somit erst nach zum Teil aufwändigen Such- und Selektionsoperationen angeschlossen werden kann.

Eine weitere Leistung von schriftlicher Kommunikation gegenüber der konstitutiv auf Anwesenheit beruhenden Interaktionskommunikation besteht im Einbezug von Abwesenden in den Entscheidungszusammenhang. Ein Rückgriff auf Schriftlichkeit zur Information Abwesender über eine Interaktionsepisode, deren soziale Reichweite damit erheblich erhöht wird, zeigt sich sowohl in der notariellen Verschriftlichung der frühreformatorischen Disputation im 16. Jahrhundert als auch in der Nutzung des Protokolls zur Information abwesender Parlamentarier im englischen Parlament des 17. Jahrhunderts und in der Beobachtung von Parlamentsdebatten und Gerichtsverhandlungen durch eine printmediale Öffentlichkeit im 19. Jahrhundert. Am Beispiel der frühreformatorischen Disputation zeigt sich jedoch freilich auch, dass diese sich aus der Zwischenschaltung von schriftlicher Kommunikation ergebende Ausweitung des Adressatenkreises auch disruptive Folgen für einen Interaktionszusammenhang haben kann, indem sie Interaktionsteilnehmern ermöglicht, ihre Beiträge unter bewusstem Verzicht auf die für einen situativen Erfolg bei ihrem anwesenden

Hörerpublikum relevanten Erfordernisse stattdessen primär auf die Wirkung bei einem abwesenden Leserpublikum auszurichten.

Sowohl Schriftlichkeit als auch Interaktion erfüllen dabei nicht nur pragmatisch-instrumentelle, sondern auch symbolisch-expressive Funktionen in Entscheidungsprozessen. Dies zeigt sich etwa in der besonderen performativen Inszenierung gerade von Medienwechseln zwischen Schriftlichkeit und Interaktion etwa vor dem englischen Parlament des 17. Jahrhunderts, wo neue Beiträge über eine rituelle Einbettung in Form einer Verlesung und einer besonderen Platzierung des Dokuments im institutionellen Gedächtnis des Parlaments verankert wurden. Ähnlich erforderte vor englischen Gerichten des 18. und 19. Jahrhunderts die Einbringung von Schriftstücken als Beweismittel eine besondere performative Inszenierung ihrer Authentizität. Schließlich ist auch die am britischen Parlament des 19. Jahrhunderts untersuchte Praxis des demonstrativen Informationskonsums ein Beispiel für die Bedeutung der symbolisch-performativen Funktion von Schriftstücken.

Eine differenzierte Betrachtung der Rolle, die den kommunikativen Ressourcen Interaktion und Schriftlichkeit in Entscheidungsprozessen zukommt, macht also plausibel, weshalb eine Mischung aus schriftlichen und interaktionellen Elementen auch in der Moderne noch konstitutiv für institutionalisierte Entscheidungsprozesse ist. Beide Kommunikationsformen erweisen sich in ihren jeweiligen Leistungen und Grenzen als wesentliche Ressourcen des Entscheidens.

Gewalt, Gunst und Normen als Ressourcen des Entscheidens

Birgit Enzmann, Silke Hensel und Stephan Ruderer

Von ›alternativloser Gewalt‹ bis zum Ausdruck des ›allgemeinen Volkswillens‹

Gewalt als Ressource in Entscheidensprozessen im postkolonialen Argentinien und Mexiko

1. Einleitung

Im Jahr 1823 erklärte der Gouverneur der argentinischen Provinz Corrientes seinem Kollegen aus der Nachbarprovinz Santa Fe, warum er nicht an einem Krieg gegen Brasilien teilnehmen werde. Für seine Entscheidung gegen den Gewalteinsatz zählte er nachvollziehbare Gründe auf, denn »die Entscheidung über diese Frage kann man nicht dem Prinzip der Gerechtigkeit für den Unterdrückten überlassen, sondern den Elementen der Stärke und Macht, die ausreichen müssen, um den Unterdrücker abzuwehren«.[1] Diese Gründe entsprechen einer rationalen Entscheidung auf der Basis einer eindeutigen Kosten-Nutzen-Kalkulation, die auch in der theoretischen Gewaltforschung als Erklärung für oder gegen eine Gewaltentscheidung herangezogen wird. Der Gouverneur von Corrientes sah seine Streitkräfte nicht als stark genug an, um einen Krieg gegen Brasilien zu bestehen. Wichtig für das genaue Verständnis der Rolle von Gewaltanwendung im Entscheidensprozess in den ersten Jahrzehnten nach der Unabhängigkeit in Argentinien[2] erscheint aber der Nachtrag im gleichen Brief des correntinischen Gouverneurs, in dem dieser darauf verwies, dass die Entscheidung über den Krieg gar nicht in seinen Händen lag: »Letztlich liegt es nicht in den Zuständigkeiten dieser Regierung, einen Feldzug zu beginnen [...]. Die Verfassung dieses Landes hat das Recht zum Krieg ausschließlich dem Urteil der in einem Kongress repräsentierten Provinz zugesprochen, eine solche Einberufung [des Kongresses, S. R.] ist aber gefährlich, da der allgemeine Wille nicht auf der Seite dieses Unternehmens steht.«[3] Hier wird auf ein formales Verfahren für eine

1 Blanco a López, 22.4.1823, in: Hernán Gómez, Corrientes en la guerra con el Brasil, Corrientes 1928, Dokument Nr. 1, S. IV. Alle Übersetzungen aus dem spanischen Original von den Autor*innen.

2 In den ersten Dekaden nach der Unabhängigkeit existierte noch kein eigenständiger Staat ›Argentinien‹, dieser bildetet sich erst ab 1853 heraus. Zuvor konstituierten sich auf dem Gebiet des heutigen Argentiniens zahlreiche eigenständige Provinzen. Im Folgenden wird, vor allem aufgrund des besseren sprachlichen Verständnisses, trotzdem von ›Argentinien‹ gesprochen, wenn es um diese Provinzen geht.

3 Blanco a López, 22.4.1823, in: Gómez, Corrientes (wie Anm. 1), S. VI.

Kriegserklärung verwiesen, das in der Verfassung der Provinz festgelegt war. Die Macht über die Entscheidung zur Gewalt (in diesem Fall den Kriegseintritt) lag also gar nicht beim Gouverneur allein, sondern war dem allgemeinen Willen der Provinz unterworfen, die einen Kongress als Repräsentationsorgan dieses Willens hätte wählen müssen.

Das Beispiel aus Corrientes vereint zwei zentrale Argumentationsmuster in Entscheidensprozessen über den Einsatz von Gewalt als politischem Mittel. Beide Argumente – die Kosten-Nutzen-Kalkulation angesichts der eigenen Stärke und der Verweis auf formelle Verfahrensregeln – spielen in Entscheidungen für die Gewaltanwendung eine wichtige Rolle. Während das erste Argument eher die eigenen Chancen abwägt, sich mittels Gewalt durchzusetzen, spiegelt sich im zweiten die spezifische Notwendigkeit, die Anwendung von Gewalt zu legitimieren. Diese Notwendigkeit kann zu Versuchen einer stärkeren formellen Einhegung von Gewalt führen. Der Einsatz von Gewalt beziehungsweise ihre Androhung kann aber auch eine wichtige Ressource in Entscheidensprozessen werden, wenn formale Entscheidungsverfahren aufgrund instabiler Machtverhältnisse nicht von allen Akteuren als einzig möglicher Weg akzeptiert werden und dementsprechend Entscheidungsbefugnisse umstritten sind. Dann können informelle Verfahren entstehen, mit denen die Lücken im formellen Entscheidensprozess überbrückt werden sollen. Die Möglichkeit des Gewalteinsatzes kann sich also in ganz unterschiedlicher Weise in Kulturen des Entscheidens einschreiben, auch wenn die Gewalt selbst, so wie in den lateinamerikanischen Republiken, die zu Beginn des 19. Jahrhunderts ihre Unabhängigkeit von Spanien erkämpft hatten, ein ubiquitäres Phänomen darstellte.

Aus diesen Gründen soll im Folgenden die Rolle von Gewalt als Ressource im Entscheidensprozess an zwei Beispielen aus der lateinamerikanischen Nachunabhängigkeitsphase (Mexiko und Argentinien) untersucht werden. Dabei können zum einen Unterschiede in der Rolle von Gewalt als Ressource in Prozessen des Entscheidens herausgearbeitet werden, die auf regionenspezifische Kulturen des Entscheidens innerhalb des Kontinents verweisen, und zum anderen Gründe für den hohen Gewalteinsatz in der Region aufgezeigt werden, die über das häufig gezeichnete Bild Lateinamerikas als einem Kontinent, der von anarchischen Zuständen und willkürlichen Gewaltherrschern geprägt war, deutlich hinausgehen. Zurückgegriffen werden kann dafür auf Erkenntnisse aus der Gewaltforschung, über die die Rolle von Gewalt als Ressource in Entscheidensprozessen näher verortet werden kann.

2. Entscheiden und Gewalt

Entscheiden verstehen wir dabei nicht als individuelles, mentales Geschehen, sondern als einen kommunikativen Prozess sozialen Handelns, in dem soziale Komplexität reduziert wird und Handlungserwartungen gesteuert werden.[4] Wenn etwas von den Zeitgenossen als Entscheidenssituation definiert wird, so bedeutet dies, dass bestimmte Entscheidungsalternativen erzeugt werden, von denen durch einen kontingenten Akt der Entscheidung eine ausgewählt werden muss, die anderen Möglichkeiten aber im Raum bestehen bleiben. Eine Entscheidung ist also hohem Legitimationsdruck ausgesetzt.[5] Sie muss durch den Rückgriff auf geeignete Ressourcen nicht nur getroffen, sondern auch verlässlich umgesetzt und dabei fortlaufend gegen die nicht realisierten Alternativen verteidigt werden können.

Gewalt bietet sich hierfür als eine leicht verfügbare Ressource an. Sie ist, wie schon der englische Philosoph Thomas Hobbes 1651 in seiner berühmten Schrift »Leviathan« erklärte, wohl die einzige Fähigkeit, die alle Menschen gleichermaßen besitzen, und sei es, indem sie sich für einen Mord mit anderen verbünden. Ähnlich gilt in der heutigen Forschung Gewalt als eine »Jedermanns-Ressource« und stets verfügbare Handlungsoption.[6] Sie steht auch dann zur Verfügung, wenn andere Ressourcen fehlen, etwa in Phasen des politischen Übergangs, wenn die Machtverhältnisse instabil sind oder neu ausgehandelt werden müssen, wenn sich durch erste Zugeständnisse an die Opposition Gelegenheitsfenster für Veränderungen öffnen, aber ein von allen akzeptierter Weg für politische Entscheidungen noch nicht gefunden ist. Dieses Szenario zeigte sich – wie unten erläutert wird – in der ersten Hälfte des 19. Jahrhunderts in Lateinamerika, wo in der Post-Unabhängigkeitsphase – also einem klassischen Transformationsprozess – noch längere Zeit ein Machtvakuum bei gleichzeitig erhöhtem Entscheidungsbedarf bestand. In solchen Phasen ist weder mit einvernehmlichen Lösungen noch mit freiwilliger Befolgung von Entscheidungen zu rechnen. Gewalt dient dann als Mittel, zumindest kurzfristig wieder in eine Machtposition zu gelangen und eigene Entscheidungen durchsetzen zu können.[7] Jan Philipp Reemtsma, für den sich Macht sogar ausschließlich in der Analyse von Entscheidungssituationen darstellen lässt,[8] verweist auf den Zusammenhang von Macht und Gewalt, wenn er darlegt: »Macht ist nicht auf Gewalt begründet.

4 Vgl. Barbara Stollberg-Rilinger, Von der Schwierigkeit des Entscheidens, in: Deutscher Hochschulverband (Hg.), Glanzlichter der Wissenschaft. Ein Almanach, Stuttgart 2013, S. 145–154, hier S. 146.

5 Niklas Luhmann, Die Paradoxie des Entscheidens, in: Verwaltungsarchiv 84 (1993), S. 287–311, hier S. 305.

6 Heinrich Popitz, Phänomene der Macht, Tübingen ²1992, S. 58.

7 Vgl. Byung-Chul Han, Was ist Macht?, Stuttgart 2005, S. 100.

8 Vgl. Jan-Philipp Reemtsma, Vertrauen und Gewalt. Versuch über eine besondere Konstellation der Moderne, Hamburg 2008, S. 166.

Macht kann mit oder ohne Gewalt errungen werden. Macht kann kurzfristig ohne oder nur mit Gewalt behauptet werden, langfristig aber nur, wenn sie nicht nur mit Gewalt behauptet wird, aber mit der Fähigkeit verbunden ist, Gewalt auszuüben.«[9] Für eine auf Dauer gestellte Macht muss die Gewalt also auf die Möglichkeit ihrer Androhung begrenzt werden, ein permanenter Gewalteinsatz verweist dagegen eher auf instabile Machtverhältnisse und damit auch auf unsichere Entscheidensprozesse.

Gewalt kann demnach innerhalb von Entscheidensprozessen in diversen Formen eingesetzt werden und dadurch auch unterschiedliche Funktionen erfüllen. Den Kernbestand nutzbarer Gewaltressourcen bildet die *personelle Gewalt* in Form körperlicher und seelischer Schädigung, einschließlich der Freiheitsberaubung durch Entführung, Inhaftierung, oder Deportation. In politischen Entscheidensprozessen stellt zudem *Gewalt gegen Sachen* eine relevante Ressource dar, definiert als Sachbeschädigungen, bei denen die Gefährdung von Menschen in Kauf genommen wird (Brandstiftung, Sabotage). Auch das Androhen von Gewalt kann als Ressource genutzt werden, wobei die oben von Reemtsma angesprochene dauerhafte Möglichkeit der Gewaltandrohung, die *institutionelle Gewalt*, in der Regel dem Staat in Form seiner justiziellen, polizeilichen oder militärischen Befehls-und Sanktionsmacht vorbehalten ist.[10] Sie nimmt in Eskalationsprozessen eine wichtige Rolle als mäßigender oder – wenn ihr Einsatz von den Adressaten als unverhältnismäßige oder missbräuchliche Repression empfunden wird – als verstärkender Faktor ein.[11] Das Erinnern früherer Gewaltakte kann ebenfalls als Ressource des Entscheidens genutzt werden, insbesondere um Entscheidungen für oder gegen neuen Gewalteinsatz zu begründen. Über diese verbreiteten Formen hinaus können in politischen Entscheidensprozessen durch beteiligte Akteure weitere Phänomene als Gewalt empfunden werden. So brachte in den 1970er Jahren Johan Galtung den Begriff der *strukturellen Gewalt* in die Forschungsdiskussion ein. Er umfasst soziale Ungleichheiten und gesellschaftliche Zwänge, durch die Personen in ihren sozioökonomischen und politischen Teilhabemöglichkeiten geschädigt werden. *Verbale* und *symbolische Gewalt* sind weitere Beispiele für solche speziellen Gewaltbegriffe.[12] Ihr analytischer Gehalt ist strittig. Sie sind aber mit der Einsicht verbunden, dass der Gewaltbegriff kontextabhängig ist und deshalb in die Analyse eines Entscheidensprozesses

9 Ebd., S. 152.

10 Vgl. Birgit Enzmann, Politische Gewalt. Formen, Hintergründe, Überwindbarkeit, in: Dies. (Hg.), Handbuch Politische Gewalt. Formen – Ursachen – Legitimation – Begrenzung, Wiesbaden 2013, S. 44–66, hier S. 44ff.; dies., Gewalt – Repression – Widerstand, in: Gereon Flümann (Hg.), Umkämpfte Begriffe: Deutungen zwischen Demokratie und Extremismus, Bonn 2017, S. 147–166.

11 Vgl. Donatella Della Porta, Research on Social Movements and Political Violence, in: Qualitative Sociology 31 (2008), S. 221–230, hier S. 223f.

12 Für eine Diskussion diverser Gewaltbegriffe s. Gertrud Nummer-Winkler, Überlegungen zum Gewaltbegriff, in: Wilhelm Heitmeyer / Hans-Georg Soeffner (Hg.), Gewalt, Frankfurt a. M. 2004, S. 21–61.

neben körperlicher Gewalt weitere Phänomene einzuschließen sind, die von Tätern, Opfern oder Beobachtern als Gewalt interpretiert und damit in ähnlicher Weise als Ressource wirksam werden.

Welche Rollen Gewalt als Ressource in politischen Entscheidensprozessen einnehmen kann, ist schon aufgrund der Formenvielfalt nicht abschließend zu bestimmen. Prinzipiell kann die Ressource in allen Prozessphasen eingesetzt werden. Folgendes Szenario verdeutlicht es: Gewaltsame Massenproteste zwingen die politische Führung zur Einleitung eines Konstitutionalisierungsprozesses. Im weiteren Verlauf versuchen die oppositionellen Kräfte die Definition verfügbarer Handlungsoptionen, sprich die Formulierung des Verfassungsentwurfs, durch Drohungen gegen Konventsdelegierte zu manipulieren. Der Ausgang des Verfassungsreferendums als maßgeblicher Entscheidensakt wird von beiden Seiten durch Anschläge, Krawalle und Polizeigewalt beeinflusst. Schließlich stoppt ein Putsch die Umsetzung der neuen Verfassung.

Gewalt kann somit innerhalb eines Entscheidensverlaufs mehrfach und mit verschiedenen Funktionen sowie in diversen Formen und Intensitätsgraden eingesetzt werden. Dafür muss aber zunächst über den Gewalteinsatz an sich entschieden werden. Dieser vorgelagerte Dezisionsprozess steht zwar in engem Zusammenhang mit der politischen Entscheidungsfindung. Dennoch sollte zwischen beiden analytisch unterschieden werden. Denn Gewaltentscheidungen weisen einige typische Muster auf, vor deren Hintergrund erst die Besonderheiten verschiedener Kulturen des Entscheidens deutlich werden. Zu diesen typischen Mustern gehören neben der schon genannten leichten Verfügbarkeit und flexiblen Einsetzbarkeit von Gewalt individuelle und strukturelle Faktoren, die den Gewalteinsatz fördern oder hemmen können.

Gut belegt ist beispielsweise der Zusammenhang zwischen Gewaltbereitschaft und der *Verfügbarkeit alternativer Ressourcen*. Betrachten sich Individuen oder Gruppen als gegenüber anderen benachteiligt und besitzen sie keine Möglichkeit, ihre Interessen mit regulären Mitteln durchzusetzen, steigt ihre Gewaltbereitschaft. Angewendet wird Gewalt aber erst dann, wenn hinreichende Ressourcen für eine gewaltsame Durchsetzung mobilisiert werden können.[13] Mit diesem Ergebnis der Gewaltforschung korrespondiert die oben referierte Erkenntnis aus dem Bereich der Transformationsforschung, wonach das Machtvakuum in Umbruchphasen, die sich dadurch öffnenden Gelegenheitsfenster und der Mangel an regulären Entscheidungsverfahren den Gewalteinsatz begünstigen.

Die Entscheidung für oder gegen einen Einsatz von Gewalt wird zudem vom Ausmaß der sozialen und sozial vermittelten individuellen *Gewaltakzeptanz* beeinflusst. Hier bestehen erhebliche zeit- und raumabhängige Unterschiede. Ideen, die historisch belegbar eine Verringerung der sozialen Gewaltakzeptanz bewirkt haben, sind die Entwicklung der Natur- und Völkerrechtlehre, die da-

13 Vgl. Ekkart Zimmermann, Ressourcenmobilisierung und Gewalt, in: Forschungsjournal Neue Soziale Bewegungen 11 (1998), S. 55–67.

mit einhergehende Vorstellung universeller Menschenrechte oder der Individualismus. Hinzu kommen günstige geopolitische Rahmenbedingungen, wie eine befriedete Region und ausreichende natürliche Ressourcen. Nach Kriegen bleibt die Gewaltakzeptanz oft noch lange hoch. Strittig ist dagegen der Einfluss des sozioökonomischen Modernitätsstandards einer Gesellschaft.[14]

Bei einer geringen sozialen Gewaltakzeptanz drohen den Tätern *Sanktionen* und Abwehrmaßnahmen. Sobald die ausgeübten oder angedrohten Gewaltakte im öffentlichen Raum stattfinden, sind sie nicht auf den Kreis der direkt Betroffenen – also Täter und Opfer – beschränkt, sondern finden vor Publikum statt. Die Täter müssen mit Interventionen einer zahlenmäßig überlegenen Menge rechnen, gegebenenfalls sogar aus anderen Staaten. Es besteht das Risiko einer sich verselbständigenden *Eskalation*, da Gewalt als letztes Mittel nur mit Gegengewalt unterdrückt werden kann.[15] Ob zwischenzeitliche De-Eskalationsangebote für Verhandlungen, die Einschaltung von Schiedsinstanzen oder die Aussicht auf Amnestie einen Eskalationsprozess stoppen können, ist völlig offen. Zentrales Problem jedes Gewalteinsatzes ist somit eine unberechenbare Dynamik.[16]

Aufgrund des Eskalationsrisikos von Gewalt streben politische Ordnungen danach, Gewalt rechtlich und institutionell einzuhegen. Auch das ist gegebenenfalls ein Grund, Gewalt nicht einzusetzen, wie schon am zu Beginn zitierten Verweis des correntinischen Gouverneurs auf die notwendige Zustimmung des Kongresses zur Kriegserklärung deutlich wurde. Wesentlicher Schritt zur Einhegung ist die Errichtung eines prinzipiellen Gewaltverbots, das nur wenige Ausnahmen kennt: das zweckgebundene Gewaltmonopol des Staates beziehungsweise der Herrscher zur Durchsetzung von Recht und Gesetz, sowie das Recht von Privatpersonen auf Selbstverteidigung und Nothilfe.[17] Zudem kennen viele Gesellschaften ein moralisches Recht auf gewaltsamen Widerstand gegen ungesetzliche staatliche Repressionen. Anwender politisch motivierter Gewalt versuchen in der Regel, ihre Taten unter einer dieser Ausnahmen zu subsumieren, um staatlichen Sanktionen zu entgehen, aber gleichzeitig die Gewalt der anderen als Verstoß gegen die rechtliche Einhegung zu präsentieren.

Die verschiedenen fördernden und hemmenden Faktoren müssen von den Entscheidern abschließend in einer *Kosten-Nutzen-Bilanz* zusammengeführt werden. Das Votum für gewaltsame Mittel hängt nicht zuletzt davon ab, ob das

14 Vgl. Manuel Eisner, Langfristige Gewaltentwicklung. Empirische Befunde und theoretische Erklärungsansätze, in: Wilhelm Heitmeyer/John Hagan (Hg.), Internationales Handbuch der Gewaltforschung, Wiesbaden 2002, S. 58–80.

15 Vgl. Jörg Baberowski, Räume der Gewalt, Frankfurt a. M. 2015, S.42.

16 Vgl. ausführlich Gertrud Brücher, Gewaltspiralen. Zur Theorie der Eskalation, Wiesbaden 2011.

17 Vgl. zu Einhegungsversuchen Dieter Grimm, Das staatliche Gewaltmonopol, in: Freia Anders/Ingrid Gilcher-Holtey (Hg.), Herausforderungen des staatlichen Gewaltmonopols. Recht und politisch motivierte Gewalt am Ende des 20. Jahrhunderts, Frankfurt a. M. 2006, S. 18–38.

angestrebte Ziel die Kosten des Gewalteinsatzes rechtfertigt. Auch dies wurde an der Reaktion des Gouverneurs von Corrientes schon deutlich. Die ›Rationalität‹ einer Gewaltenscheidung erschließt sich von außen betrachtet oft nicht. Aber für die Täter ist ihr Gewalteinsatz in aller Regel absolut Kosten-Nutzen-rational, insbesondere, wenn sie einen alle Kosten überwiegenden religiösen oder ideologischen Nutzen ansetzen, verbunden mit einer Heils- und Erlösungsperspektive für die Täter, Unterstützer und Nachfahren. So ist selbst das Opfer des eigenen Lebens noch rational.

Ist der Entschluss für den Gewalteinsatz einmal gefasst, muss er auch nach außen gegenüber potentiellen Unterstützern, Beobachtern und Gegnern präsentiert und legitimiert werden. Hier wird deutlich, dass die Ressource Gewalt einen Spezialfall im Entscheidensprozess darstellt. Ihr Alleinstellungsmerkmal ergibt sich daraus, dass sie – im Gegensatz zu fast allen anderen möglichen Ressourcen, die herangezogen werden können, um zu einer Entscheidung zu kommen (Informationen, Autorität, göttliche Bestimmung, Zufall, Emotionen etc.) – selbst eine hohe Legitimationsbedürftigkeit aufweist. Da sie bereits für sich genommen legitimationsbedürftig ist, steht und fällt die Rechtfertigung und damit auch die Umsetzungschance einer politischen Maßnahme mit einer überzeugenden Gewaltlegitimation. Fehlt diese, können nicht genug Unterstützer mobilisiert werden und die bei der Entscheidung nicht berücksichtigten politischen Alternativen werden sofort wieder vorgebracht und ein erneuter Dezisionsprozess oder zumindest weitgehende Zugeständnisse gefordert. Nach heutigem Forschungsstand bleiben deshalb Revolutionen in aller Regel deutlich hinter den intendierten Zielen zurück.[18]

Gewaltakte gehen im öffentlichen Raum in der Regel mit einer elaborierten Rechtfertigungsstrategie einher. Sie dient dazu, intellektuelle Vorbehalte und moralische Schranken gegen Gewaltanwendung zu neutralisieren. Das nähere Umfeld der Täter soll zur Unterstützung, das Publikum zumindest zur Duldung der Gewaltakte bewogen werden. Häufig besteht der zentrale Rechtfertigungsgrund von Gewalt im vorausgegangenen Gewaltakt eines anderen Akteurs, auf den mit Gegengewalt reagiert werden soll. Die Brandmarkung der vorgehenden Tat als besonders barbarisch, willkürlich und potentiell wiederholbar erlaubt eine Differenzierung: Die eigene, gerechte Gegengewalt wird scharf von der vertragsbrüchigen und barbarischen Gewalt der anderen distanziert und in einem öffentlichkeitswirksamen Freund-Feind-Schema verfestigt. Der Vorteil besteht darin, dass man auf solche Stereotypen wiederholt zur Legitimation von Gewalt gegen diesen ›Feind‹ zurückgreifen kann. Eine elaborierte Rechtfertigung ist gar nicht mehr nötig. Teilweise kann auch eine doppelte Strategie vorkommen:

18 Vgl. maßgeblich Theda Skocpol, States and Social Revolutions. A Comparative Analysis of France, Russia, and China, Cambridge 1979; Stephen K. Sanderson, Revolutions. A Worldwide Introduction to Social and Political Contention, London 2016; Jeff Colgan, Measuring Revolution, in: Conflict Management and Peace Science 29 (2012), S. 444–467.

Das Argument der Gegengewalt wird gepaart mit politischen oder religiös-weltanschaulichen Gründen. Zuweilen lassen sich solche doppelten Stränge durch eine erweiterte Deutung des Gewaltbegriffs auch verbinden. Fasst man, wie oben dargestellt, sozioökonomische Benachteiligungen und fehlende formale Beteiligungschancen als strukturelle Gewalt, können dagegen gerichtete gewaltsame Proteste als Gegengewalt legitimiert werden. Zudem lässt sich die eigene Gewalt enttabuisieren, indem sie als Erhebung, Widerstand oder Beschwerde umdeklariert wird; auch die Bezeichnung von Gewalt als Kreuzzug und Krieg kann eine solche Enttabuisierung zum Ziel haben.[19]

3. Gewalt und Entscheiden in Argentinien und Mexiko

Insgesamt kann es nicht darum gehen, alle in der Gewaltforschung diskutierten Fragen auf das Problem des Gewalteinsatzes als Ressource im Entscheidensprozess zu übertragen. Es sollte aber deutlich werden, dass Gewalt ubiquitär ist und in allen Stadien des Entscheidensprozesses auftreten kann, ihr Einsatz aber – und das ist das Alleinstellungsmerkmal beim Entscheiden – diesen Prozess selbst unter einen erhöhten Legitimationszwang bringt, der sich unmittelbar auf die Legitimation der getroffenen politischen Entscheidung auswirkt. Eine genaue Untersuchung von Zeitpunkt, Gründen und Legitimation des Gewalteinsatzes als Ressource im Entscheidensprozess – unter Heranziehung einiger der hier vorgestellten Prämissen – kann zur Herausarbeitung eines wichtigen Differenzierungskriteriums von unterschiedlichen Kulturen des Entscheidens dienen. Dies soll beispielhaft und ohne Anspruch auf Abdeckung aller hier vorgestellten Elemente im Folgenden anhand von Fällen aus dem heutigen Argentinien und Mexiko zur Zeit der Nachunabhängigkeitsphase geleistet werden. Die Besonderheit der politischen Situation ergab sich in beiden Regionen aus dem unmittelbar vorangegangenen antikolonialen Kampf gegen die spanische Herrschaft, der ebenfalls gewaltsam ablief.

Der in der ersten Dekade des 19. Jahrhunderts begonnene Prozess der Staatsbildung stellte die ehemaligen spanischen Kolonien in Lateinamerika vor große Herausforderungen. Es ging für die neu entstehenden Länder in erster Linie um die Frage nach der Konstruktion einer neuen politischen Ordnung. Innerhalb dieses Prozesses sahen sich die lateinamerikanischen Akteure unter anderem mit grundlegenden Fragen konfrontiert, wie zum Beispiel: Wie sollte die Machtübernahme legitimiert werden? Auf welche Art und Weise sollten politische Entscheidungen getroffen werden und für wen waren diese bindend? Zwar wurde die Frage nach der Staatsform in den meisten lateinamerikanischen Gebieten relativ schnell zugunsten der Republik entschieden, doch einer der bedeutend-

19 Vgl. zum Beispiel die Rechtfertigungsstrategien für extremistische Gewalt in Enzmann, Gewalt – Repression – Widerstand (wie Anm. 10).

sten Konflikte entbrannte um den inneren Aufbau dieser Republik: Sollte sie zentralistisch oder föderalistisch organisiert sein?[20]

3.1 Argentinien

Besonders ausgeprägt entwickelte sich der Konflikt um die Frage nach dem territorialen Kern der Souveränität im Gebiet des ehemaligen Vizekönigreichs La Plata, also dem heutigen Argentinien und Uruguay. Nach der Erklärung der Unabhängigkeit 1816 und etlichen Versuchen, das Gebiet sowohl militärisch als auch politisch zusammenzuhalten, bildeten sich ab 1820 zahlreiche unabhängige Provinzen heraus, die zwar die Idee eines übergeordneten Zusammenschlusses nicht aufgaben, die sich aber selbst als eigenständige Staaten sahen. Im Inneren wurden über eine Verfassung eigenständige formale Instanzen zum Treffen von politischen Entscheidungen geschaffen, die in den meisten Provinzen einer formalen Gewaltenteilung entsprachen, bei der der Gouverneur die Exekutive, ein gewähltes Parlament die Legislative und eine rudimentäre Justiz die Judikative darstellten. Tatsächlich besaß der Gouverneur meist die Kontrolle über die Ernennung der Richter und in vielen Provinzen fungierte das Parlament eher als Legitimationsorgan für den häufig als Caudillo auftretenden Gouverneur denn als eigenständiges Deliberationsinstrument. Gegenüber den anderen Provinzen wurde versucht, sich über Pakte und Vereinbarungen zu positionieren, wobei diese Mechanismen auch aufgrund der fehlenden Sanktionsmacht der Caudillos untereinander nicht immer eine hohe Wirkmächtigkeit entfalteten.[21] In der Forschung herrschte lange die Meinung vor, dass diese Provinzen von charismatischen Führern, den angesprochenen Caudillos, gelenkt wurden, die sich über Gewalt und Korruption an der Macht hielten und die Situation der institutionellen Vakanz ausnutzten, um die Interessen ihrer Klientel zu bedienen. Die Gewalt der Bürgerkriege galt dabei lange als Symbol und Ausdruck für die angeblich herrschende Anarchie und den fehlenden Staatsaufbau, die dem Eigeninteresse der Caudillos zu Gute gekommen seien.[22] Mittlerweile hat die Forschung das Bild der Caudillos als gewaltsame Führer und Hindernisse für den Staatsaufbau deutlich korrigiert. Zahlreiche Forschungsarbeiten, auch auf regionaler Ebene, konnten zeigen, dass die Caudillos nicht nur ein fundamentales Interesse daran hatten, Institutionen, Gesetze und Verfassungen in ihren Provinzen durchzusetzen, sondern dass sie auch eine tragende Rolle bei der Konstruktion eines

20 Vgl. Pilar González Bernaldo de Quirós, Introducción. Independencias iberoamericanas: hacia un nuevo paradigma complejo y global, in: Dies. (Hg.), Independencias iberoamericanas. Nuevos problemas y aproximaciones, Buenos Aires 2015, S. 11–33.

21 Marcela Ternavasio, Historia de la Argentina, 1806–1852, Buenos Aires 2009, S. 119 ff.; José Carlos Chiaramonte, Raíces históricas del federalismo latinoamericano, Buenos Aires 2016, S. 105 ff.

22 Vgl. John Lynch, Caudillos en Hispanoamérica, 1800–1850, Madrid 1993.

Nationalstaates spielten.[23] Der Gewalt als Ressource des Entscheidens kam dabei weiterhin eine fundamentale Rolle zu, doch wurden die zahlreichen Bürgerkriege begleitet von einem Prozess der Formalisierung des politischen Entscheidens, der einherging mit Versuchen, die Möglichkeit des Gewalthandelns über formelle Instanzen wie Verfassungen, Pakte und Gesetze einzuhegen. Wir haben es im späteren Argentinien also mit einer Situation zu tun, in der zwar einerseits durch die zahlreichen Unabhängigkeits- und Bürgerkriege eine hohe sozial vermittelte Gewaltakzeptanz existierte,[24] es andererseits aber zahlreiche Versuche gab, das Eskalationspotential der Gewalt rechtlich und institutionell zu limitieren. Im Folgenden soll argumentiert werden, dass dieser Prozess der Gewaltformalisierung jedoch spätestens ab den 1830er Jahren begleitet wurde von einem Prozess der kommunikativen Eskalation, über den in der Öffentlichkeit ein genau abgestecktes Freund-Feind-Schema konstruiert wurde, das dazu führte, den jeweiligen Gegner als einen außerhalb der Zivilisation stehenden Tyrannen zu konzipieren.

Beide Prozesse führten dazu, dass das eigene Gewalthandeln von den Caudillos häufig als alternativlos, als Nicht-Entscheidung dargestellt werden konnte, da man entweder durch formale Verträge (beziehungsweise die Nichteinhaltung dieser durch den Gegner) oder aber zur Rettung des Vaterlandes vor dem ›barbarischen Tyrannen‹ zur Gewalt geradezu gezwungen wurde. Die Integration des Gewalthandelns in formale Prozesse des Entscheidens im Staatsaufbau führte also im Rio de la Plata nicht unbedingt zu einer Eindämmung der Gewalt, da die Zumutung der Entscheidung für die Gewalt durch formale Instanzen und die kommunikative Eskalation des öffentlichen Diskurses abgenommen wurde. Für beide Prozesse, also den der Formalisierung der Gewalt und den der kommunikativen Eskalation sollen hier kurz Beispiele angeführt werden.

Einer der wichtigsten Akteure im Hinblick auf die Formalisierung der Gewalt war der Caudillo von Santa Fe, Estanislao López (1818–1838), der entscheidend an der Schlacht von Cepeda 1820 beteiligt war, die zur Herausbildung von unabhängigen Provinzen im La-Plata-Gebiet führte.[25] López wies schon früh auf die Bedeutung von formalen Verträgen hin: »Durch den Friedensvertrag von Pilar [...] haben wir das energischste Mittel geschaffen, um für immer den Samen der Gewaltherrschaft auszulöschen, der unsere Brudervölker so viel Blut kostete.«[26]

23 Vgl. Noemí Goldman / Ricardo Salvatore (Hg.), Caudillismos Rioplatenses. Nuevas miradas a un viejo problema, Buenos Aires 1998; Jorge Lafforgue (Hg.), Historias de Caudillos Argentinos, Buenos Aires 1999; Valentina Ayrolo / Eduardo Míguez, Reconstruction of the Socio-Political Order after Independence in Latin America. A Reconsideration of Caudillo Politics in the River Plate, in: Jahrbuch für Geschichte Lateinamerikas 49 (2012), S. 107–131.

24 Vgl. Alejandro Rabinovich, La société guerrière. Pratiques, discours et valeurs militaires dans le Rio de la Plata, 1806–1852, Rennes 2013.

25 Vgl. Sonia Tedeschi, López, in: Lafforgue, Caudillos (wie Anm. 23), S. 199–234.

26 López a Bustos, 28.4.1820, in: Academia Nacional de Historia (Hg.), Partes de Batalla de las guerras civiles, 1814–1821, Buenos Aires 1973, S. 315.

Aus diesem Grund sahen die wichtigsten formalen Verträge zwischen den Provinzen im Folgenden meist mehrere Artikel vor, die die Möglichkeit eines Kriegseintritts genau regelten. So war im Vertrag *del Cuadrilátero* zwischen Buenos Aires und den Provinzen des Litoral im Jahr 1822 vorgesehen, dass im Falle, dass eine Provinz angegriffen würde, die anderen »gemeinsam ernsthafte und formelle Erkundigungen über diese Aggression durchführen, und im Fall, dass diese nicht erwidert würden, der Provinz zu Hilfe eilen werden«.[27] Ein möglicher Gewalteinsatz erforderte also eine formale Reklamation über die Gründe der Aggression und konnte – zumindest wenn er Legitimation gegenüber den anderen Provinzgouverneuren beanspruchen wollte – nicht einfach dem Willen des Caudillos entspringen. In ähnlicher Weise enthält derselbe Vertrag noch weitere Artikel, die als Vorbild für den wichtigsten Vertrag in der ersten Hälfte des 19. Jahrhunderts im späteren Argentinien dienen sollten, dem *Pacto Federal* von 1831, der die Beziehungen zwischen den Provinzen bis in die 1850er Jahre hinein regelte. Auch dieser Vertrag enthielt Bestimmungen über die Möglichkeit der Gewaltanwendung, die nur zum Zweck der Verteidigung der Unabhängigkeit einer der Provinzen eingesetzt werden konnte.[28]

Dass diese Verträge durchaus entscheidende Bedeutung für die Legitimation der Gewalt besaßen, zeigt besonders anschaulich die Reaktion von López auf den Putsch des Generals Lavalle in Buenos Aires 1828, der den amtierenden Gouverneur Dorrego erschießen ließ. López, der einen konföderierten Zusammenschluss bevorzugte, stellte sich aus politischen Gründen gegen die Regierung des Unitariers Lavalle; es ging ihm also darum, gewaltsam einen neuen Entscheidensprozess über die Regierung in Buenos Aires anzustoßen. Dafür ließ er Lavalle wissen, dass aufgrund dessen gewaltsamen Angriffs auf den rechtmäßigen Gouverneur von Buenos Aires, »er [López] sogar noch auf das Mittel, das der Artikel 6 des Vertrags *del Cuadrilátero* vom 25. Januar 1822 bereitstellt, zurückgreifen werde«,[29] bevor er der neuen Regierung den Krieg erkläre. López war sich bewusst, dass es für die Anerkennung seines Gewalteinsatzes wichtig war, alle in Verträgen festgelegten formalen Instanzen zu erfüllen. Die Gewalt konnte nicht, wie im Falle Lavalles, »durch den einfachen und kriminellen Befehl eines Korporals«[30] angewendet werden, sondern musste formalen Regeln genügen, um Anspruch auf Legitimation zu haben. Gleichzeitig konnte die Nichterfüllung dieser formalen Regeln, also der vorausgegangene Gewaltakt des Anderen, die eigene Gewalt – jetzt zur Verteidigung der rechtmäßigen und formalen Entscheidungsstrukturen – legitimieren. Die Entscheidung zur

27 Artikel 4, Tratado del cuadrilátero, in: Historia de las Instituciones de la provincia de Santa Fe, Bd. 2, Documentos: Tratados, Convenios y Constituciones, Santa Fe 1969, S. 28.

28 Vgl. Pacto Federal, Art. 2,3 und 13, in: Ebd., S. 54 f.

29 Carta de López a José Manuel Díaz Vélez, ministro secretario general del despacho del gobierno provisorio de la provincia de Buenos Aires, 30.12.1828, in: Leyes y decretos de la Provincia de Santa Fe. Recopilación Oficial, Bd. 1, Santa Fe 1925, S. 262 f.

30 Carta de López al Presidente del Congreso Nacional, 5.1.1829, in: Papeles de López, Bd. 3: 1823–1831, Santa Fe 1992, S. 209.

Gewalt wird aufgrund dieser Argumentation alternativlos, die Verteidigung der formalen Entscheidungsinstanzen zwingt sie geradezu: »[E]s bleibt nichts übrig als wieder zu kämpfen, denn Lavalle hält sich nicht an das Heiligste der unterschriebenen Verträge.«[31]

In ähnlicher Weise funktionierte der Prozess der kommunikativen Eskalation, der insbesondere von Juan Manuel Rosas, dem wichtigsten Caudillo und Gouverneur von Buenos Aires von 1829 bis 1852, vorangetrieben wurde. Rosas forcierte eine Polarisierung der Gesellschaft, in der der politische Gegner, die *Unitarios*, als außerhalb der Zivilisation stehende Barbaren porträtiert wurden, gegen die nur mit Gewalt vorgegangen werden konnte. Allerdings tauchte auch dieser Diskurs schon bei López in den 1820er Jahren auf, der nach der Schlacht von Cepeda an den Cabildo von Santa Fe über seine Gegner schrieb: »Unter uns existieren nicht mehr diese Monster, die Freude daran hatten, Unschuldige zu opfern.«[32] Diese »Barbarisierung«[33] des politischen Gegners wurde dann von Rosas zum Stilmittel seiner Herrschaft erhoben, das es ihm erlaubte, den Gewalteinsatz zur Verteidigung des Vaterlandes zu rechtfertigen, auch unabhängig von einer möglichen formalen Legitimation. Beispielhaft für zahlreiche weitere Fälle soll hier der Brief Rosas an einen Provinzkommandanten zitiert werden: »Es ist nicht mehr die Zeit der Rücksicht, Höflichkeit oder Zurückhaltung gegenüber den wilden, verräterischen, unmenschlichen Unitariern [...] es ist jetzt notwendig, dass Sie sie verfolgen und mit dem Tod bestrafen [...] sie wie mit einem Besen wegfegen und die Provinz wie einen Stall säubern bis sie absolut frei ist von solchen Wilden ohne Gott und Vaterland.«[34] Die Gesellschaft wurde in zwei sich ausschließende politische Lager geteilt, wobei der Gegner als ›vaterlandsloser Wilder‹, Tyrann oder Monster präsentiert wurde, für dessen Bekämpfung es keine andere Möglichkeit gab als den Gewalteinsatz. Mit einem Barbaren kann man nicht sprechen, die Gewalt wird unausweichlich. Das stellte López schon 1820 fest: »[I]ch sehe kein anderes Mittel als wieder loszumarschieren und ihnen, mit den Waffen, den Weg der Gerechtigkeit zu zeigen, da sie ihn mit der Vernunft nicht verstehen wollen.«[35]

In ähnlicher Weise argumentierte Rosas, der aufgrund der wahrgenommenen Boshaftigkeit der Unitarier keine andere Alternative sah als deren gewaltsame Beseitigung: »In solch einer Situation [...] bleibt keine andere Möglichkeit, um das Land von der Anhäufung des Schlechten zu befreien als die Säuberung von allem, was nicht dem allgemeinen Willen der Republik entspricht.«[36] Das Ste-

31 Juan Manuel Rosas a Estanislao López, 29.7.1829, in: Marcela Ternavasio (Hg.), Correspondencia de Juan Manuel de Rosas, Buenos Aires 2005, S. 76.

32 López al Cabildo interino, 24.2.1820, in: Papeles de López, Teil II, Santa Fe 1977, S. 12.

33 Reemtsma, Vertrauen und Gewalt (wie Anm. 8), S. 123.

34 Rosas an Hilario Lagos, zitiert in: Raúl Fradkin / Jorge Gelman, Juan Manuel de Rosas. La construcción de un liderazgo político, Buenos Aires 2015, S. 290 f.

35 López al Cabildo interino, 12.3.1820, in: Papeles de López, Teil II, Santa Fe 1977, S. 13.

36 Rosas an López, 20.4.1835, in: Archivo General de la Provincia de Santa Fe (AGPSF), Gobierno, Bd. 5, 1835, S.43.

reotyp des ›wilden Unitariers‹ erlaubte es Rosas, die oben angesprochene doppelte Strategie anzuwenden und die Gegengewalt gegen den politischen Gegner als alternativlos darzustellen. Die Zumutung der Entscheidung für die Gewalt wird hier im Diskurs abgenommen durch die ›Barbarisierung‹ des Gegners, dessen gewaltfreie Integration in die Gesellschaft nicht mehr möglich sei. Eine elaborierte Rechtfertigung für einzelne Gewaltakte war dabei nicht mehr nötig. Dieser Diskurs verband sich mit dem Prozess der Institutionalisierung der republikanischen Entscheidungsstrukturen, über den die Gewalt formal eingebunden wurde.

Beide Prozesse erlaubten den erfolgreichen Caudillos, dem Vorwurf, sie wären autoritäre und willkürliche Gewaltherrscher, zu widersprechen. Dabei gingen beide Herrscher durchaus auch ein Risiko ein, indem sie eine vorausschauende Kosten-Nutzen-Bilanz, wie sie der Gouverneur von Corrientes 1823 vorbrachte, nicht immer in Betracht zogen. Gerade im Bürgerkrieg gegen Lavalle war das Stärkeverhältnis der feindlichen Truppen nicht im Voraus abzusehen, entscheidender für den Gewalteinsatz erschien aber die vorgebrachte, formal abgesicherte Legitimation. Denn aufgrund dieser wurde die Entscheidung für die Gewalt – in ihrem öffentlichen Diskurs – nicht von ihnen selbst getroffen, sondern aufgezwungen von außerhalb der Zivilisation stehenden Feinden, die sich nicht an die formalen Entscheidungsinstitutionen der Republik hielten. Zur Verteidigung des Vaterlandes war der Gewalteinsatz somit alternativlos, erst recht, wenn er über formale Institutionen abgesichert war (eine Tatsache, die eine noch größere Bedeutung für López hatte als später für Rosas, der aus dem Mittel der kommunikativen Eskalation sein hervorstechendes Herrschaftsmerkmal gemacht hatte). Dabei muss betont werden, dass der Institutionalisierungsprozess in den Provinzen, der ja eine formale Limitierung der Gewalt vorsah, für die meisten Caudillos ein echtes Anliegen war, dieser jedoch aufgrund der beschriebenen diskursiven Prozesse nicht zu einer tatsächlichen Eindämmung der Gewalt führte. Diese wurde, formal abgesichert und in einer polarisierten Gesellschaft zur Verteidigung des Vaterlands vor den monströsen Feinden, als scheinbar alternativlose Handlungsweise in die politischen Entscheidensstrukturen integriert. Mit diesem diskursiv gesteuerten Mechanismus, welcher den Einsatz von Gewalt als alternativlos, mithin als Nicht-Entscheidung erscheinen ließ, lassen sich die zahlreichen Bürgerkriege und gewaltsamen Konflikte im Argentinien der ersten Hälfte des 19. Jahrhunderts besser verstehen.

3.2 Mexiko

Mexiko erklärte 1821, nach elf Jahren Bürgerkrieg, seine Unabhängigkeit. Danach musste eine neue Ordnung geschaffen werden, deren Grundzüge bereits während der späten Kolonialzeit im Verfassungsprozess von Cádiz geprägt wurden. Dafür waren unter anderem Entscheidungen darüber zu treffen, wer der Nation angehören sollte, wer regieren sollte und wie eine solche Regierung und damit auch deren Entscheidungen zu legitimieren waren. Formale politische Entscheidungsstrukturen und informelle Verfahren griffen dabei eng ineinander. Im Folgenden möchten wir uns auf ein informelles Verfahren konzentrieren, das dazu beitrug, dass sich in Mexiko eine ganz eigene Kultur des Entscheidens herausbildete, in der physische Gewaltanwendung beziehungsweise deren Androhung eine wichtige Rolle spielte. Es handelt sich um die sogenannten *pronunciamientos* – Erhebungen, von denen es bis in die 1870er Jahre über 1.500 gab.[37]

Der Ablauf eines *pronunciamiento* sah folgendermaßen aus: Am Anfang formulierte eine Gruppe von Personen oder Korporationen in einer Versammlung ihre Beschwerden über die aktuelle Situation und stellte Forderungen, wie Abhilfe zu schaffen sei. Ein als *acta* oder *plan* bezeichnetes Dokument hielt diese Erklärungen fest. Häufig beriefen sich die Autoren darauf, dass sie die Nation oder den allgemeinen Willen der Nation vertraten, auch die Verfassung spielte in der Legitimation der Erhebung oft eine Rolle. Die Drohung, Waffengewalt einzusetzen, war zwar immer präsent, schon allein, weil hinter vielen *pronunciamientos* Militärs beziehungsweise Miliztruppen standen. Der Erfolg eines *pronunciamiento* hing allerdings keineswegs von der Aktionsmacht[38] der sich Erhebenden ab.[39] Vielmehr dienten die politischen Pläne dazu, Anhänger im Land zu finden. Je erfolgreicher dies war, desto wahrscheinlicher war der Gesamterfolg der Erhebung, der sich manchmal erst nach Monaten einstellte. Gerade weil die Suche nach Unterstützung Zeit brauchte, fanden die *pronunciamientos* in der Regel nicht in der Hauptstadt und damit dem Machtzentrum des Landes statt, sondern in den Regionen, gewissermaßen der politischen Peripherie.[40] Die konkrete Ausgestaltung und Bedeutung der *pronunciamientos* möchten wir für den Beginn und das Ende der Ersten Republik 1823 und 1834 erläutern.

Nach der Unabhängigkeit, die bereits durch einen *pronunciamiento*, den *Plan de Iguala*, erreicht worden war, konstituierte sich Mexiko zunächst als konstitutionelle Monarchie unter dem System der Verfassung von Cádiz.[41] Das Ende des Kaiserreichs wurde 1823 eingeläutet mit einer Folge von *pronunciamientos*, von denen der *Plan de Casa Mata* schließlich den Ausschlag gab. Hintergrund war ein Konflikt zwischen Kaiser und verfassungsgebender Versammlung, hinter dem wiederum die viel größere Frage stand, bei wem die Souveränität liege.

37 Vgl. die Datenbank The Pronunciamiento in Mexico, 1821–1876, <https://arts.st-andrews.ac.uk/pronunciamientos/> (Stand: 3. Januar 2018).

38 Vgl. Popitz, Phänomene der Macht (wie Anm. 6), S. 44–47.

39 Zu Charakter und Struktur von *pronunciamientos* vgl. Josefina Vázquez, Political Plans and Collaboration Between Civilians and the Military, 1821–1846, in: Bulletin of Latin American Research 15 (1996), S. 19–38; Will Fowler, El pronunciamiento mexicano del siglo XIX. Hacia una nueva topología, in: Estudios de historia moderna y contemporánea de México 38 (2009), S. 5–34.

40 Will Fowler, Independent Mexico. The Pronunciamiento in the Age of Santa Anna, 1821–1858, Lincoln 2016, S. 76–131.

41 Vgl. Alfredo Ávila, Para la libertad. Los republicanos en tiempos del imperio 1821–1823, Mexiko-Stadt 2004.

Als der Kaiser den Kongress auflöste und eine kleinere Versammlung aus dem Kreis der Abgeordneten einberief, erhoben sich zunächst Truppen von ehemaligen Unabhängigkeitskämpfern in Veracruz. Sie forderten die Wiedereinsetzung des Kongresses, die Einhaltung der Rechte der Nation sowie die Einführung eines republikanischen Systems und beriefen sich dabei auf die Stimme der Nation. Indirekt drohten sie für den Fall eines Angriffs mit Gewalt. Die vom Kaiser entsandten Truppen konnten sich militärisch nicht durchsetzen. Daraufhin lancierte der Kommandant der Truppen nach Verhandlungen mit den Aufständischen den *Plan de Casa Mata*, in dem ebenfalls die Wiedereinsetzung des Kongresses gefordert wurde, der allerdings die Frage der Regierungsform nicht dezidiert ansprach und in einem Punkt den Schutz der Person des Kaisers forderte. Diesem *pronunciamiento* schlossen sich viele Provinzen an, weil er die Provinzdeputationen (das oberste Verwaltungsorgan in den Provinzen) bis zur Lösung des Konflikts zur wichtigsten Entscheidungsinstanz erklärte. Der Kaiser setzte zunächst den alten Kongress wieder ein, dies nützte aber nichts mehr, er konnte sich nicht halten und dankte einige Tage später ab. Die Truppen der Aufständischen zogen daraufhin nach Mexiko-Stadt. Mit der Abdankung Iturbides fiel auch die konstitutionelle Monarchie in Mexiko, das eine republikanische Regierungsform wählte.

In den folgenden Jahren stiegen *pronunciamientos* zu einem zwar informellen, aber institutionalisierten Verfahren auf. 1824 wurde eine republikanische Verfassung proklamiert und der erste gewählte Präsident trat sein Amt an, er sollte gleichzeitig der letzte in der Ersten Republik (1824–1835) sein, der seine Amtszeit regulär zu Ende brachte.[42] Die nicht normkonformen Regierungswechsel in den folgenden Jahren wurden immer mit *pronunciamientos* eingeleitet, es handelte sich also weniger um Staatsstreiche im eigentlichen Wortsinn.

Seit 1827 begann die Anzahl von *pronunciamientos* zu steigen,[43] erreichte einen ersten Höhepunkt mit fast 100 solcher Erhebungen 1832, ein Jahr, in dem die politischen Auseinandersetzungen auch sehr gewaltsam waren. 1834 stieg die Zahl der *pronunciamientos* nochmals sprunghaft an. Anlass dieser Welle von *pronunciamientos* waren antiklerikale Gesetze, die der liberal dominierte Kongress 1833 erließ. Angesichts der bedeutenden Rolle, die Priester in den Gemeinden häufig spielten, lässt sich diese Gesetzgebung in der Rückschau als unüberlegt beurteilen.[44] Der wichtigste *pronunciamiento* 1834 war der *Plan de*

42 Zur politischen Entwicklung vgl. Michael Costeloe, La primera república federal de México, Mexiko-Stadt 1975.

43 Hintergrund 1827 waren die Auseinandersetzungen um die Europaspanier im Land, deren Loyalität dem unabhängigen Mexiko gegenüber auch wegen der Haltung Spaniens und aufgrund der Gerüchte um bevorstehende Rückeroberungsversuche angezweifelt wurde. Vgl. Harold Sims, La expulsión de los españoles de México (1821–1828), Mexiko-Stadt 1974.

44 Vgl. Brian F. Connaughton, A Most Delicate Balance. Representative Government, Public Opinion, and Priests in Mexico, 1821–1834, in: Mexican Studies/Estudios Mexicanos 17 (2001), H. 1, S. 41–69.

Cuernavaca, dem sich über 200 *pronunciamientos* anschlossen.[45] Er warf dem Kongress gewaltsame Maßnahmen vor, die gegen die Verfassung verstießen. Der Stadtrat von Cuernavaca forderte die Aufhebung der antiklerikalen Gesetze im Namen des Volkswillens. Hinter diesem *pronunciamiento* stand mit dem Präsidenten Santa Anna, der sein Amt zugunsten des Vizepräsidenten hatte ruhen lassen, ein Militär. Der Erfolg des *Plan de Cuernavaca* lässt sich aber nicht mit dem Potential der gewaltsamen Sanktionen gegen etwaige Gegner erklären. Vielmehr schlossen sich ihm in den folgenden Monaten immer mehr Stadt- und Gemeinderäte an, ohne dass sie dazu gezwungen worden wären. Die große Unterstützung für den *Plan de Cuernavaca* im ganzen Land führte schließlich nicht nur zur Rücknahme der antiklerikalen Gesetzgebung, sondern auch zum Ende der föderalen Republik.

An den Entwicklungen 1834 zeigten sich zwei wesentliche Aspekte der *pronunciamientos* besonders deutlich: Sie wurden erstens als eine Möglichkeit des Souveräns – der Staatsbürgernation – gesehen, politische Entscheidungen zu beeinflussen. Dies spiegelt sich in einem politischen Katechismus des bekannten Liberalen José María Luis Mora von 1831 wider. Der Katechismus diente der Erläuterung des politischen Systems. Als Möglichkeiten der Bevölkerung, sich am politischen Prozess zu beteiligen, nannte der Katechismus neben Wahlen auch Erhebungen. Beides bezeichnete er als »Organ des allgemeinen Volkswillens«.[46]

Die *pronunciamientos* verbanden zweitens die nationale Politik und lokale politische Akteure auf dem Land in einer Weise, die von der Verfassung 1824 und den ihr folgenden bundesstaatlichen Verfassungen nicht vorgesehen war. Dabei spielten die Verfassungsorgane der Munizipien, die konstitutionellen Stadträte, eine wichtige Rolle. Die gewählten Stadt- und Gemeinderäte verwalteten die unterste Ebene der Justizverwaltung und sollten Anweisungen der Regierung vor Ort umsetzen. Sie hatten dabei in vielfacher Hinsicht recht große Freiräume, etwa bei der Organisation von Wahlen vor Ort. Insgesamt waren diese lokalen Institutionen auch in einem hohen Maße durch die Verfassung legitimiert und galten als »Stimme des Volkes«.[47] Diese Zuschreibung rührte von einem korporativen Verständnis der Nation, in der nicht der Kollektivsingular *el pueblo* (das Volk) im Zentrum stand, sondern *los pueblos* und damit die bereits verfassten Kommunen. Allerdings gab es keine ausreichende formal geregelte Vermittlung zwischen lokaler und nationaler Ebene, so dass die lokalen Kollektivakteure auf

45 Vgl. die Datenbank The Pronunciamiento in Independent Mexico, <https://arts.st-andrews.ac.uk/pronunciamientos/dates.php?f=y&pid=1004&m=5&y=1834> (Stand: 3. Januar 2018).

46 José María Luis Mora, Catecismo político de la Federación Mexicana [1831], in: Los derechos del pueblo mexicano. Historia constitucional, Bd. 2, Mexiko-Stadt 1967, S. 307–351.

47 Michael T. Ducey, Municipalities, Prefects, and Pronunciamientos. Power and Political Mobilization in the Huasteca during the First Federal Republic, in: Will Fowler (Hg.), Forceful Negotiations. The Origins of the »Pronunciamento« in Nineteenth-Century Mexico, Lincoln 2010, S. 74–100, S. 76 f.; vgl. auch ders., Indian Communities and Ayuntamientos in the Mexican Huasteca. Sujeto Revolts, Pronunciamientos and Caste War, in: The Americas 57 (2001), S. 525–550, S. 542 f.

das Mittel der Erhebung zurückgriffen, wenn sie gravierende Beschwerden gegen die nationale Politik – und das heißt gegen Entscheidungen – hatten.

Die Bedeutung der Stadt- und Gemeinderäte für die Vertretung der Interessen der Bevölkerung vor Ort war dabei nicht neu, auch in der Kolonialzeit hatten die lokalen Korporationen diese Rolle gegenüber der Krone eingenommen, die während der Unabhängigkeitszeit nochmals an Gewicht gewann.[48] Neu war aber in den Erhebungen weniger der Umstand, dass auch Gewalt im Spiel sein konnte, sondern die offene Drohung damit und die häufige Verbindung mit Armee- und Milizeinheiten. Neu war außerdem die über den lokalen Rahmen hinausgehende Reichweite solcher Erhebungen.[49] Dies ist mit der unmittelbaren Vorgeschichte des Unabhängigkeitskriegs vermutlich ebenso zu erklären wie mit dem Umstand, dass sich zwar der Möglichkeitsraum für politisch Entscheidbares vergrößert hatte, dem Parlament und dem gewählten Präsidenten gegenüber jedoch nicht die gleiche Gehorsams- beziehungsweise Loyalitätsvorstellung bestand, wie sie dem König gegenüber vorgeherrscht hatte. Gleichzeitig wuchsen die formal festgelegten Wege der Beteiligung an Entscheidungen nicht in dem gleichen Maße wie politische Situationen entstanden, in denen den Handelnden unterschiedliche Optionen offenstanden und der Anspruch auf politische Beteiligung erhoben wurde. Deshalb stieg die Bedeutung informeller Verfahren und mit ihnen die Androhung und Anwendung von physischer Gewalt in Entscheidensprozessen, gerade weil Gewalt als Mittel jedem offen steht.

4. Fazit

Die beiden hier untersuchten Fälle Mexiko und Argentinien zeigen, dass Gewalt und Entscheiden auf sehr unterschiedliche Art miteinander verknüpft sein können und dass Gewalt als Ressource im Entscheidensprozess auf sehr verschiedene Weise eingesetzt werden kann. Allerdings ist beiden Fällen gemeinsam, dass Gewalt zu einem häufig herangezogenen Mittel in politischen Entscheidensprozessen wurde, als die Machtverhältnisse wegen der Unabhängigkeitskämpfe brüchig geworden waren und die Legitimationsbasis der neuen Regierungen nicht mehr beziehungsweise noch nicht wieder gefestigt waren. Die Ursache für die häufige Anwendung oder Androhung von Gewalt hing also mit dem Übergang von der kolonialen Herrschaft zum Nationalstaat zusammen.[50] Während in Argentinien die Frage nach der Legitimierung von Gewalt im politischen Handeln zwischen Provinzen im Vordergrund stand und damit die Entscheidung zur

48 Vgl. Juan Ortiz Escamilla / José Antonio Serrano Ortega (Hg.), Ayuntamientos y ciudadanía, formas de administración de poblaciones, Zamora 2007.

49 Zu der lokalen Begrenzung von Erhebungen in der Kolonialzeit vgl. William B. Taylor, Drinking, Homicide, and Rebellion in Colonial Mexico, Stanford 1979.

50 Bayly verweist darauf, dass diese Prozesse auch in anderen Weltregionen in der Regel gewaltsam verliefen. Christopher A. Bayly, The Birth of the Modern World, 1780–1914, Oxford 2004, S. 245–283.

Gewalt den öffentlichen Diskurs prägte, bildete sich in Mexiko ein informelles Verfahren heraus, in dem die Gewaltandrohung und -anwendung eine wichtige Rolle in politischen Entscheidensprozessen spielte. Auch hier musste die Gewalt legitimiert werden – die übliche Formel war dabei die Berufung auf den Willen der Nation –, allerdings musste sich in dem Verfahren erst noch beweisen, ob die erhobenen Forderungen tatsächlich diesem Willen entsprachen bzw. ob sie eine ausreichend große Anhängerschaft mobilisieren konnten. Wenn dies nicht der Fall war, dann scheiterte ein *pronunciamiento*, und dies geschah unter Umständen, auch ohne dass es zur Anwendung von Gewalt kam. In der öffentlichen Auseinandersetzung wurde allerdings weniger über die Legitimierung der Gewalt debattiert, im Vordergrund der Auseinandersetzungen standen vielmehr die jeweiligen Forderungen der *pronunciamientos*, die sich auf verschiedene Stadien des Entscheidens beziehen konnten. Sie konnten den Versuch darstellen, die Regierung zum Handeln in einer als problematisch angesehenen Angelegenheit zu zwingen. Sie konnten aber auch darauf ausgerichtet sein, bereits gefallene Entscheidungen rückgängig zu machen oder in eine andere Richtung zu lenken.

Die je spezifischen Ausgangskonstellationen in Argentinien und Mexiko nach der Unabhängigkeit führten zur Ausprägung unterschiedlicher Kulturen des politischen Entscheidens. In Mexiko waren zwar Selbstvertretungsorgane von der lokalen bis zur gesamtstaatlichen Ebene seit der Kolonialzeit relativ gut ausgebildet. In der Ersten Republik mangelte es jedoch im politischen Prozess an einer ausreichenden Vermittlung zwischen der lokalen und der nationalen Ebene. Vor dem Hintergrund, dass die verfassten Gemeinden sich als Vertreter des Volkes verstanden, führte dies zu Konflikten, und so bildete sich das informelle Verfahren der *pronunciamientos* heraus, das auch lokalen Akteuren in den Provinzen Einfluss auf die nationale Politik verschaffte. Legitimiert wurde die mit den *pronunciamientos* verbundene Gewaltandrohung hier dementsprechend anders als in Argentinien. Nicht der formal abgesicherte Einsatz von Gewalt in Fällen von Vertragsverstoß wurde herangezogen, sondern das Recht der Bevölkerung beziehungsweise der Nation auf Widerstand. Diese Argumentation ebenso wie die vielen *pronunciamientos* verweisen auf einen Politisierungsprozess der Bevölkerung, der bereits im Unabhängigkeitskampf und dem parallel laufenden Verfassungsprozess seit 1808 seinen Anfang genommen hatte.[51]

In Argentinien war der fehlende politische Einfluss von lokalen Akteuren auf nationalstaatliche Politik schon deshalb kein bedeutendes Thema, weil es zwischen 1820 und 1853 keinen Nationalstaat gab, sondern unabhängige Provinzen. Auf die Unabhängigkeit folgte hier also eine Situation, in der kein übergeordnetes Machtzentrum existierte, auf das sich die Provinzen hätten beziehen

51 Die Unabhängigkeitsbewegung in Neu-Spanien / Mexiko stellte insofern eine Besonderheit dar, als in keiner anderen Region so viele Menschen in den Unabhängigkeitskrieg involviert waren, der den Charakter eines Bürgerkriegs hatte. An der Sozialrevolte, die 1810 unter der Führung von Miguel Hidalgo begann, beteiligten sich zwischen 80.000 und 100.000 Personen.

können. Im Inneren der Provinz-Staaten bildeten sich allerdings formale Verfahren zur Entscheidungsfindung aus, wenngleich diese stark von den Caudillos dominiert waren. Auch in Argentinien gab es jedoch Versuche, Entscheidungen von überregionaler Tragweite durchzusetzen, die in erster Linie die politische Ausrichtung eines möglichen Zusammenschlusses der Provinzen betrafen. Diese Versuche gingen allerdings – im Gegensatz zu Mexiko – eher von oben, also von den jeweiligen Provinzgouverneuren aus. Für diese Entscheidungen konnte der Gewalteinsatz, für den eine Kosten-Nutzen-Bilanz entgegen dem Eingangsbeispiel nicht immer abzusehen war, eine wichtige Rolle spielen, es ging dabei jedoch in erster Linie darum, der Gewalt selbst eine ausreichend hohe Legitimation zu verschaffen, mit der auch – wie oben ausgeführt – die damit zusammenhängende politische Entscheidung legitimiert wurde. Hierzu konnten sowohl formale Argumente als auch die kommunikative Eskalation, über die der politische Gegner zum nur noch mit Gewalt zu bekämpfenden Monster stilisiert wurde, dienen. Gerade dieser zweite Punkt, also die kommunikative Eskalation, verweist darauf, dass im Argentinien der Post-Unabhängigkeit diejenigen formalen Entscheidungsinstitutionen, die für Entscheidungen auf der Ebene *zwischen den Provinzen* (also auch zwischen den Caudillos) Akzeptanz und Verbindlichkeit garantieren sollten, noch nicht ausreichend funktionierten, und deshalb an ihre Stelle Gewalt trat. In Mexiko hingegen führte die fehlende Vermittlung *zwischen lokalen und nationalen* Entscheidungsträgern zur Ausbildung einer informellen Institution, in der die Gewaltandrohung zu einer akzeptierten politischen Ressource im Entscheidensprozess wurde.

Die unterschiedliche Ausbildung von Verfahren und Instanzen zum Treffen von politischen Entscheidungen prägte den Einsatz von Gewalt in der frühen Phase der Nationalstaatsbildung in beiden Regionen mit. Gleichzeitig wurde die Gewaltanwendung im politischen Prozess allerdings in beiden Regionen umso wahrscheinlicher, je häufiger es dazu kam, weil einerseits die Akzeptanz für Gewalt stieg und andererseits ihre Spezifika dazu führten, dass alle Seiten ebenso wie auf das Mittel selbst auch auf seine Legitimationsgrundlage zurückgreifen konnten. So kam es zur Ausbildung spezifischer Kulturen des Entscheidens, in denen Gewalt als Ressource eine sowohl gleichermaßen wichtige als auch je spezifische Rolle spielte. Die Ursachen dafür sind jedoch nicht in der Willkür einiger autoritärer Herrscher – den Caudillos – zu suchen, sondern in den sehr viel komplexeren Problematiken der postkolonialen Staatsbildung, in der das Verhältnis unterschiedlicher Organe, die Entscheidungsbefugnisse beanspruchten, untereinander noch nicht ausreichend geklärt war.

Barbara Stollberg-Rilinger

Gunst als Ressource?

Personalentscheidungen am Wiener Hof des 18. Jahrhunderts

1. Einleitung

Wenn man Entscheiden als soziales, kommunikatives Phänomen beschreibt, so folgt daraus, dass die Ressourcen, auf die dabei zurückgegriffen wird, nichts objektiv Messbares sind, sondern etwas, das als Entscheidungsgrund von den Handelnden selbst geltend gemacht beziehungsweise ihnen von Dritten zugeschrieben wird. Lassen sich verschiedene Kulturen des Entscheidens danach unterscheiden, welche spezifischen Repertoires an Entscheidungsressourcen ihnen zur Verfügung stehen?[1] Darum soll es im Folgenden gehen, und zwar im Hinblick auf ›Personalentscheidungen‹.[2] Die Verwendung dieses Begriffs ist ein kontrollierter Anachronismus. Wenn man die hohen und niederen Fürstendiener (und Fürstendienerinnen) an vormodernen Höfen als ›Personal‹ bezeichnet, dann gilt es von vornherein im Auge zu behalten, dass damit bestimmte formale Organisationsstrukturen konnotiert werden, die in der Vormoderne nicht unbedingt vorausgesetzt werden können. Gerade deshalb scheint es reizvoll, der Frage nachzugehen, wie eigentlich in einem spezifisch vormodernen Sozialsystem wie dem Fürstenhof mit ›Personalentscheidungen‹ umgegangen wurde. Inwiefern unterscheidet sich ein Fürstenhof des 18. Jahrhunderts von einer formalen Organisation, und was heißt das für Entscheidungen über Ämterbesetzungen? Lassen sich im Hinblick auf die Ressourcen Spezifika einer höfischen Kultur des Entscheidens herausarbeiten?

Als Fallbeispiel dient der Wiener Hof im 18. Jahrhundert, fast durchgängig der Sitz des Reichsoberhaupts und zugleich das Zentrum der habsburgischen Erbländer, der erweiterte Haushalt der Habsburgerdynastie im Zeitalter einer sich verfestigenden und verdichtenden Staatlichkeit. Die Überlegungen, die hier dazu angestellt werden, haben den Status einer allgemeinen, groben und vorläu-

1 Vgl. das Programm des SFB 1150 »Kulturen des Entscheidens«, <https://www.uni-muenster.de/SFB1150/en/index.html> (Stand: 1. März 2018); ferner Barbara Stollberg-Rilinger, Cultures of Decision-Making. Annual Lecture of the German Historical Institute London, London 2016; Philip Hoffmann-Rehnitz u. a., Entscheiden als Problem der Geschichtswissenschaft, in: Zeitschrift für Historische Forschung 45 (2018) (im Druck).

2 Vgl. die Ergebnisse der Forschergruppe 1664 »Personalentscheidungen für gesellschaftliche Schlüsselpositionen« in Frankfurt a. M.: Andreas Fahrmeir (Hg.), Personalentscheidungen für gesellschaftliche Schlüsselpositionen. Institutionen, Semantiken, Praktiken, Berlin 2017.

figen Skizze. Sie stützen sich auf einzelne, nicht systematisch erhobene Quellenbefunde sowie auf mehrere grundlegende Studien über den Kaiserhof zwischen etwa 1650 und 1780.[3]

2. Eine umstrittene Personalentscheidung am Wiener Hof

Zur Einstimmung auf das Thema ein signifikantes Fallbeispiel. Anlässlich der Neujahrs-Gala des Jahres 1771 fand am Wiener Hof eine feierliche Promotion statt, das heißt: Eine Reihe von Personen wurde in neue Ämter beziehungsweise höhere Ränge befördert. Der Jahreswechsel war stets eine Zeit besonders gespannter Erwartungen; einige wenige wurden erfüllt, viele andere enttäuscht. So auch am 1. Januar 1771. Vor der Messe wurde unter anderem »eine große Militar-Promotion [...] in der Rathstuben [dem großen Zeremoniensaal der Hofburg] herabgelesen und promulgiret, welche«, wie der Obersthofmeister Johann Josef Khevenhüller in seinem Tagebuch missfällig bemerkte, »nach der Hand zu villfältigen, nicht ungegründeten Disgusti Anlaß gegeben hat.«[4] Wie die Kaiserin Maria Theresia dem Obersthofmeister wenig später anvertraute, drohte ein überaus peinlicher Eklat, denn der Feldmarschall-Leutnant der kaiserlichen Garde, Karl Fürst von Liechtenstein, hatte auf seine Beförderung zum Feldzeugmeister gehofft, sich aber nun »praeteriret«, also übergangen befunden

3 Mark Hengerer, Kaiserhof und Adel in der Mitte des 17. Jahrhunderts. Eine Kommunikationsgeschichte der Macht in der Vormoderne, Konstanz 2004; Andreas Pečar, Die Ökonomie der Ehre. Der höfische Adel am Kaiserhof Karls VI. (1711–1740), Darmstadt 2003; Jeroen Duindam, Vienna and Versailles. The Courts of Europe's Dynastic Rivals, 1550–1780, Cambridge 2003; Christine Lebeau, Aristocrates et grands commis à la cour de Vienne, 1748–1791. Le modèle français, Paris 1996; Eric Hassler, La cour de Vienne, 1680–1740. Service de l'empereur et stratégies spatiales de l'élite nobiliaire dans la monarchie des Habsbourg, Straßburg 2013; Katrin Keller, Hofdamen. Amtsträgerinnen im Wiener Hofstaat des 17. Jahrhunderts, Wien 2005; Irene Kubiska-Scharl / Michael Pölzl, Die Karrieren des Wiener Hofpersonals 1711–1765, Wien 2013. Mittlerweile veraltet: Ivan Ritter von Žolger, Der Hofstaat des Hauses Österreich, Wien 1917. – Grundlegend zur sozialen Logik des Hofes: Aloys Winterling, ›Hof‹. Versuch einer idealtypischen Bestimmung anhand der mittelalterlichen und frühneuzeitlichen Geschichte, in: Reinhard Butz u. a. (Hg.), Hof und Theorie. Annäherungen an ein historisches Phänomen, Köln 2004, S. 77–90; Rudolf Schlögl, Der frühneuzeitliche Hof als Kommunikationsraum. Interaktionstheoretische Perspektiven auf die Forschung, in: Frank Becker (Hg.), Geschichtswissenschaft und Systemtheorie. Exemplarische Fallstudien, Frankfurt a. M. 2003, S. 185–222.

4 Rudolf Khevenhüller-Metsch / Hans Schlitter (Hg.), Aus der Zeit Maria Theresias. Tagebuch des Fürsten Johann Josef Khevenhüller-Metsch, Kaiserlichen Obersthofmeisters, 1742–1776, 7 Bde., Wien 1908–1925, hier Bd. 7, S. 55 (1. Januar 1771). Vgl. Wiener Diarium, 5. Jänner 1771, Nr. 2. Vgl. zu dem Fall auch knappe Angaben bei Alfred von Arneth, Geschichte Maria Theresia's, Bd. 9, Wien 1879, S. 486 ff., S. 613 f. Zum Zusammenhang Barbara Stollberg-Rilinger, Maria Theresia. Die Kaiserin in ihrer Zeit. Eine Biographie, München 2017, bes. S. 550 ff.

und daraufhin »würcklich seine Dimission begehret«.[5] Das war etwas Unerhörtes. Adelige Amtsträger, die sich gekränkt oder zurückgesetzt fühlten, demissionierten üblicherweise nicht, sondern nahmen nur Urlaub vom Hof und zogen sich auf ihre Güter zurück. Sie gaben ihr Amt nicht auf, sondern übten es nur nicht mehr aus. Um Liechtenstein zu besänftigen, wollte es die Kaiserin »par égard pour la famille und auch wegen seiner persönlichen Meriten dahin einzuleiten suchen, dass die Sach wieder applaniret wurde, zumahlen er [Liechtenstein] sowohl als so ville andere sich dißfahls nicht unbillig beschwären könten«. Denn Maria Theresia und Joseph II., ihr Sohn und Mitregent, waren in dieser Sache »nicht d'accord, ja der Kriegs-Präsident selbsten einer anderen Mainung gewesen«. Franz Moritz Graf von Lacy, der Präsident des Hofkriegsrates, also der höchsten Militärstelle am Wiener Hof, hatte nämlich, wie es üblich war, für die Majestäten eine Entscheidungsvorlage erstellt. Diese aber war nun ignoriert worden: »Wie er [Lacy] dann noch an Neujahrabend, da er die Promotionsliste ihr [Maria Theresia] und dem Kaiser [Joseph II.] zugleich überbracht, mit disem letzteren eine zimmlich vive Explication gehabt und mann nicht ohne Ursach disem Vorfall seine [Lacys] noch würcklich fürdauerende Unpäßlichkeit zuschreiben könnte.«[6] Mit anderen Worten: Der Kriegsratspräsident Lacy blieb an den folgenden Tagen dem Hof fern und entschuldigte sich mit »Unpässlichkeit«, was der übliche Weg war, sich einem drohenden Gesichtsverlust zu entziehen. Lacy, in dessen Ressort die Vorbereitung der Promotionen fiel, lag offenbar sehr daran, sich von der kaiserlichen Entscheidung, so wie sie dann öffentlich inszeniert wurde, so deutlich wie möglich zu distanzieren, ohne andererseits der Illoyalität beschuldigt werden zu können.

Allerdings ließ sich das Schlimmste dann doch noch abwenden. Die Kaiserin nahm die Demission Liechtensteins nicht an und »schribe nach der Hand ein in denen gnädigst- und trostreichsten Äußerungen verfasstes Billet« an den Fürsten Joseph Wenzel Liechtenstein, den einflussreichen Onkel des Übergangenen und höchst verdienten Militärreformer, ein Billett, »worinnen nicht allein vill rühmliches von seinem Neveu, sondern auch die ausdrückliche Versicherung enthalten ware, daß gegenwärtige Promotion ihme an seinem Rang für das kunfftige keinen Tort machen solle.« Sodann wurde dem in seiner Ehre gekränkten Neffen ein Kommando über sechs Kavallerieregimenter in Ungarn übertragen, was ihn und seinen Onkel offenbar halbwegs beschwichtigte.[7]

5 Khevenhüller-Metsch / Schlitter, Tagebuch (wie Anm. 4), Bd. 7, S. 56.

6 Ebd.

7 Ebd. Das Billett an Fürst Joseph Wenzel Liechtenstein ist abgedruckt bei Alfred von Arneth (Hg.), Briefe der Kaiserin Maria Theresia an ihre Kinder und Freunde, 4 Bde., Wien 1881, hier Bd. 4, S. 311; vgl. Adam Wolf, Fürstin Eleonore Liechtenstein 1745–1812. Nach Briefen und Memoiren ihrer Zeit, Wien 1875, S. 106 f.; das Billet Karls von Liechtenstein bei Arneth, Maria Theresia (wie Anm. 4), Bd. 9, S. 613, Anm. 793; Maria Theresias Billet an den Kriegspräsidenten Lacy (9.1.1771) ebd., S. 614, Anm. 794. – Vgl. Kubiska-Scharl / Pölzl, Karrieren (wie Anm. 3), S. 635: Karl von Liechtenstein taucht in den Hofzahlamtslisten von 1764–1765 noch als »Adeliger Arcieren Capitaine Lieutenant« auf.

Wer oder was tatsächlich verhindert hatte, dass Liechtenstein die erwartete Promotion erhielt, ist völlig unklar. Maria Theresia und ihr Sohn, der Kaiser, beschuldigten einander gegenüber Dritten wechselseitig, dafür verantwortlich zu sein. Die Kaiserin klagte in Briefen an eine enge Vertraute, sie werde über nichts mehr informiert, der Kaiser agiere hinter ihrem Rücken. Sie sitze isoliert in ihrem Kabinett und erfahre wichtige Dinge erst, wenn sie geschehen seien, und dann auch nur durch Zufall. Das gelte es nach außen unbedingt zu verschleiern; die Öffentlichkeit wisse sowieso schon mehr, als sie sollte.[8] In Josephs Darstellung verhielt sich die Sache indessen genau umgekehrt. Er schrieb seinerseits an seinen Bruder Leopold, er sei gegen das Promotionsdekret gewesen, aber seine Mutter habe ihn gezwungen, es mit zu unterzeichnen, und jetzt behaupte sie vor aller Welt, er sei der Urheber.[9]

Dass Karl von Liechtenstein bei der Beförderung zunächst übergangen worden war, hing offenbar mit einem (nicht näher identifizierbaren) Fehltritt zusammen, den er sich einige Monate zuvor hatte zuschulden kommen lassen[10] und für den er bei Hof schriftlich auf das Devoteste um Vergebung bat. Für die hier interessierende Fragestellung ist von Interesse, mit welchen Argumenten er dennoch um seine Beförderung einkam: »mein seith 23 Jahren, so ich in Diensten stehe, stäts gehabte Ehrliche gedenckungsarth und in allen Gelegenheiten gezeigtes wahres attachement vor meine gnädigste Souverainin ist […] genugsamben bekannt, damit dieselben sich selbsten vorstellen können, wie sehr mich die durch meinen Fehler zugezogene Ungnad schmertzet […] Derohalben nicht zu zweyfflen seyn wird das alles erdenckliche machen werde, um in zukunft mich der Gnade würdig zu machen, dann ansonsten mir nicht möglichen wäre, lebenslanglich vor augen seiner Majestäten zu zeigen.«[11] Liechtenstein argumentierte bei seiner Gnadenbitte also mit seiner langjährigen Dienstbarkeit, seinem Ehrgefühl, seiner Loyalität und seiner Liebe zum Herrscherhaus, bediente sich mithin einer Rhetorik der persönlichen Nähe und Familiarität. Den Majestäten

8 Maria Theresia an Philippina Marquise d'Herzelles, 10. Januar 1771, ediert in: Joseph Marie Bruno Constantin Baron Kervyn de Lettenhove (Hg.), Lettres inédites de Marie-Thérèse et de Joseph II., Brüssel 1868, S. 21 f.; 1. März 1771, ebd., S. 25; 2. Juli 1772, ebd., S. 32 (»cette horrible promotion«). Im Hintergrund schwelten allerlei ungelöste Konflikte zwischen Mutter und Sohn; es ging um die Hungersnot in Böhmen, den Eintritt in den Russisch-türkischen Krieg und die Teilung Polens; vgl. dazu Stollberg-Rilinger, Maria Theresia (wie Anm. 4), S. 541–574.

9 Joseph II. an Leopold, 10. Januar 1771, ediert in: Alfred von Arneth (Hg.), Maria Theresia und Joseph II. Ihre Correspondenz sammt Briefen Joseph's an seinen Bruder Leopold, Bd. 1, Wien 1867, S. 322.

10 Maria Theresia hatte im April 1766 gegenüber Lacy deutlich ihren Unwillen über Karl von Liechtenstein zum Ausdruck gebracht: »mithin auch wegen lichtenstein vor jetzo nichts zu thun wäre, auch nicht einmahl selben vorzuschlagen. Er verdient es auch nicht […]«, s. Arneth, Maria Theresia (wie Anm. 4), Bd. 9, S. 489.

11 Supplik Karls von Liechtenstein, abgedruckt ebd., S. 489, S. 613 f. Der Adressat ist nicht genannt, jedenfalls war es nicht Maria Theresia direkt, denn die Anrede lautet »E[ure] E[xzellenz]«.

nie mehr unter die Augen treten zu können, war allerdings auch eine versteckte Drohung. Die demonstrative Demission des Angehörigen einer so prominenten Adelsfamilie wie Liechtenstein beschädigte weniger dessen Ehre als vielmehr das Ansehen des Herrscherhauses. Deshalb wurde die Verantwortung für die Entscheidung, ihn nicht zu befördern, später gleichsam wie eine heiße Kartoffel zwischen Kaiser und Kaiserin hin- und hergeschoben. Das aber war fatal für die Monarchie, in der, wie der Name sagt, am Ende alle Entscheidungen *einem*, nämlich dem Monarchen als dem Souverän zugerechnet wurden.[12]

3. Neun Thesen zur sozialen Logik von Personalentscheidungen bei Hof

An dieser Episode lassen sich, so meine ich, einige allgemeine Charakteristika der Personalentscheidungen bei Hof veranschaulichen. Die Fragen, um die es im Folgenden geht, lauten: Welche soziale Logik verbarg sich hinter der Rhetorik von Gunst und Gnade? Wann und wie wurde bei Hof über Personalien entschieden – beziehungsweise inwiefern wurde vermieden zu entscheiden? Wie ging man mit der Tatsache um, dass jede Entscheidung *per definitionem* kontingent ist, das heißt, dass sie immer auch anders ausfallen könnte, dass stets die Erwartungen potentieller anderer Kandidaten enttäuscht werden und die getroffene Entscheidung daher besonders legitimationsbedürftig ist? Auf welche Ressourcen wurde rekurriert, um die Entscheidung zu motivieren und zu legitimieren – seitens der Entscheidungsträger und seitens der Bewerber? Es stellt sich aber eine noch grundsätzlichere Frage. Nach landläufigem Verständnis ist es Sinn und Zweck von Personalentscheidungen, dass sie »mit einer gewissen Verlässlichkeit möglichst gut geeignete Personen« für das betreffende Amt identifizieren (oder zumindest besonders wenig geeignete ausschließen)«.[13] Es fragt sich aber, ob die Auswahl des am besten geeigneten Kandidaten bei Hof die einzige oder auch nur die wichtigste Funktion einer solchen ›Personalentscheidung‹ war oder ob diese Vorannahme – ebenso wie der Begriff ›Personal‹ – nicht ein Anachronismus ist, der das Verständnis der vormodernen Verhältnisse eher verstellt. Der Begriff dient deshalb hier als sprachlicher Behelf und ist zugleich der Ausgangspunkt einer vergleichenden Reflexion.

Ich fasse meine Überlegungen dazu in neun Thesen. Die zweifellos nicht unerheblichen Unterschiede zwischen Hof- und Verwaltungsämtern, Zivil- und

12 Zum Beförderungswesen in der Armee vgl. Thomas Barker, Armed Forces and Nobility. Austrian Particulars, in: Ders., Army, Aristocracy, Monarchy. Essays on War, Society and Government in Austria 1618–1780, New York 1982, S. 37–60; Michael Hochedlinger, Mars Ennobled. The Ascent of the Military and the Creation of a Military Nobility in Mid-Eighteenth Austria, in: German History 17 (1999), S. 141–176; Christopher Duffy, Sieben Jahre Krieg 1756–1763. Die Armee Maria Theresias, Wien 2003, S. 149–169.

13 Fahrmeir, Personalentscheidungen (wie Anm. 2), S. 13.

Militärämtern müssen dabei weitgehend außer Acht gelassen werden, was angesichts der Skizzenhaftigkeit der Überlegungen gestattet sei.

These 1: *Der Hof folgte eher der Logik eines erweiterten dynastischen Haushalts als der einer formalen Organisation.*
Der Hof war der immens erweiterte Haushalt der Herrscherfamilie, aus dem sich nach und nach die ›staatlichen‹ Funktionsämter für die Landesverwaltung ausdifferenzierten. Die Übergänge zwischen Hof- und Staatsdienst ebenso wie diejenigen zwischen höheren und niederen Ämtern waren auch im späten 18. Jahrhundert noch immer fließend. Der Hof als sozialer Verband bildete eine graduelle Hierarchie aus unzähligen Stufen, die vom altadeligen Obersthofmeister bis hinunter zum niedrigsten Kammerheizerburschen reichte. Das soziale Spektrum der Hofangehörigen war extrem breit und die Unterschiede zwischen beiden Enden dieses Spektrums so groß wie nur möglich. Dennoch waren sie alle durch den gemeinsamen Dienst für die Dynastie zu einem Ganzen verbunden, und die Stellenbesetzungen folgten grundsätzlich einer ähnlichen Logik.

Bei weitem nicht alle Ämter hatten den Charakter von institutionalisierten *Stellen* in dem Sinne, dass das Amt von der Person, die es bekleidete, eindeutig unterscheidbar war. Amts- und Privatvermögen ließen sich ebenso schwer voneinander trennen wie Amts- und Privatquartiere. Ansätze zur Formalisierung bestanden darin, dass die Stellen als solche erstens mit einem bestimmten Gehalt auf den Hofzahlamts- beziehungsweise Regimentslisten standen und zweitens im jährlich erscheinenden Hofkalender verzeichnet waren, was auch heißt, dass damit ein bestimmter Rang bei Hof verbunden war.[14] Die formalen Verzeichnisse bildeten aber die tatsächlichen Verhältnisse keineswegs exakt ab. Erstens waren verzeichnetes und tatsächlich gezahltes Gehalt zweierlei. Je höher das Amt, desto mehr wich beides voneinander ab. Niedriges Hofgesinde konnte sicherer mit festen Gehaltszahlungen rechnen als hohe Adelige. Zweitens waren das formale Innehaben einer Stelle und die tatsächliche Ausübung der Funktion ebenfalls zweierlei. Auf jedes hohe Amt kamen in der Regel mehrere Stellvertreter, Amtsanwärter, Supernumerare, Titularamtsträger und so fort.[15] Einen Hofkammerrat Kaiser Leopolds I. veranlasste das einmal zu der spöttischen Bemerkung: »Der Gonzaga ist würklicher Kriegspräsident, Montecuccoli: vice. Pio: vice-vice. Grane: vice-vice-vice. Seindt das nit vices genug?«[16] Der offizielle Amtsinhaber übte die Amtsverrichtungen selten selbst aus; dafür gab es andere, nachgeordnete Chargen oder gar Personen, die bereit waren, das Amt unbezahlt auszuüben, ohne es bereits formal innezuhaben, weil sie sich dadurch eine

14 Darauf hebt Hengerer, Kaiserhof (wie Anm. 3), ab, um den Organisationscharakter des Kaiserhofs zu unterstreichen.

15 Im erbländischen Militär gab es sogenannte Aggregationen: Offiziere, die außerhalb der offiziell in der Regimentsliste verzeichneten Stellen dienten; vgl. Duffy, Sieben Jahre (wie Anm. 12), S. 165f.

16 So Johann Quintin Jörger an Friedrich August von Harrach, 25. Februar 1665, zitiert nach Hengerer, Kaiserhof (wie Anm. 3), S. 498 Anm. 1771.

Anwartschaft darauf zu erarbeiten hofften. Wenn ein Amt vakant wurde, schrieb man es daher nicht etwa zur Neubesetzung aus; vielmehr standen immer schon Kandidaten bereit, die Erfahrung im Amt und/oder Expektanzen vorweisen und meist auch ein Netzwerk von Fürsprechern aufbieten konnten. Deshalb brauchte man auf Sachkompetenz zunächst auch keinen besonders großen Wert zu legen; man konnte vielmehr davon ausgehen, dass sie sich durch die Praxis mit der Zeit von selbst einstellen würde oder bereits eingestellt hatte – vor allem solange es eher um die Kenntnis ungeschriebener Regeln und die Verinnerlichung praktischer Routinen als um professionelle Expertise ging.[17]

Schließlich waren, drittens, keineswegs alle Funktionen überhaupt als Stellen formalisiert.[18] Gerade für das lange Zeit wichtigste Ratsgremium, die Geheime Hofkonferenz, galt diese Formalisierung zum Beispiel nicht. Im Hinblick auf den Grad der Formalisierung gab es deutliche Unterschiede zwischen hohen (exklusiv adeligen) Ämtern und niederen Dienstfunktionen. Ganz allgemein kann man sagen: Je höher im Rang, desto weniger formalisiert waren die Ämter. Die höchsten Hof- und Verwaltungsämter, die adelige Herkunft voraussetzten, wiesen den geringsten Grad an Professionalisierung auf und wurden, wie erwähnt, relativ am schlechtesten und unregelmäßigsten bezahlt. Diese Ämter erforderten vielmehr von ihren Inhabern meist beträchtliche finanzielle Investitionen, gewährleisteten aber andererseits die größte Nähe zur kaiserlichen Familie beziehungsweise setzten sie schon voraus. Von den hochadeligen Standesgenossen der Dynastie wurde erwartet, dass sie ›aus Freundschaft‹ dienten und sich diesen Dienst unter Umständen eben auch etwas kosten ließen. Das alles ist im Blick zu behalten, wenn von ›Personal‹ und ›Stellenbesetzungen‹ die Rede ist.

These 2: *Die Einsetzung neuer Amtsträger wurde als herrscherliche Entscheidung rituell inszeniert.*

Die Verleihung eines Amtes beziehungsweise die Beförderung in einen höheren Rang wurde in der feierlich ritualisierten Form einer ›Promotion‹ vollzogen, das heißt als Ergebnis einer herrscherlichen Entscheidung inszeniert. Ein solches Promotionsritual wurde nicht regelmäßig und auch nicht etwa aus Anlass der Stellenbesetzung selbst veranstaltet, sondern man wartete damit üblicherweise bis zum nächsten großen höfischen Feiertag, also bis zum nächsten dynastischen Namenstag, einer Hochzeit, Taufe oder – bevorzugt, wie auch im oben dargestellten Fall – dem Neujahrstag. Mit anderen Worten: Promotionen veranstaltete man immer dann, wenn eine große Gala stattfand, bei der alle Hofamtsträger und auswärtigen Gesandten *in pompa* zum Hof kamen und zum Handkuss emp-

17 So beispielsweise die Argumentation des Hofkammerpräsidenten gegen die Reduktion des Personals 1745; vgl. Stollberg-Rilinger, Maria Theresia (wie Anm. 4), S. 189f. und unten Anm. 36.

18 Zum Begriff der Formalisierung vgl. dies., Die Frühe Neuzeit – eine Epoche der Formalisierung?, in: Andreas Höfele u.a. (Hg.), Die Frühe Neuzeit. Revisionen einer Epoche, Berlin 2013, S. 3–27.

fangen wurden, bei Anlässen also, bei der sich die gesamte Hofgesellschaft in ihrer Ordnung vor sich selbst und vor Dritten in Szene setzte.

Was den konkreten Anlass zu der jeweiligen Entscheidung gegeben hatte und auf welche Weise sie zustande gekommen war, blieb dabei weitgehend intransparent. Demonstrativ sichtbar gemacht wurde nur das Resultat, die vom Herrscher gefällte Entscheidung, die in öffentlicher, solenner Form deklariert wurde. Die Kandidaten legten ihren feierlichen Amtseid gegenüber dem Monarchen ab und erhielten, ebenfalls im Namen des Monarchen, ihre Einsetzungsurkunde, mit der die Verleihung eines bestimmten Ranges in der Hofzutrittsordnung verbunden war. Durch diesen solennen Akt, der zudem seit der Mitte des 17. Jahrhunderts in den Zeremonialprotokollen dokumentiert wurde, verwandelte sich die herrscherliche Entscheidung in eine institutionelle soziale Tatsache. Das galt allerdings nur für den *Eintritt* in die Ämter.

These 3: *Das Ausscheiden aus dem Amt dagegen vollzog sich nicht in Form einer Entscheidung; explizites Entscheiden wurde hier möglichst vermieden.*
Eine explizite Entscheidung über das *Ausscheiden* aus dem Amt gab es so gut wie nicht.[19] Ämter wurden gemeinhin auf Lebenszeit verliehen. Auch wenn man ein anderes Amt bekam (sofern es sich nicht um eine reine Rangerhöhung handelte), verlor man nicht notwendigerweise das alte; man konnte vielmehr durchaus mehrere Ämter akkumulieren. Wenn das nicht der Fall war, wenn also jemand ein Amt räumen musste, um jemand anderem Platz zu machen, dann nutzte man – in den Worten des Obersthofmeisters Khevenhüller – »den ganz natürlichen Praetext des promoveatur ut amoveatur«; das heißt, die Beförderung verschleierte und versüßte die Beseitigung aus dem früheren Amt.[20] Man entschädigte den Betroffenen mit einem noch höheren und prestigeträchtigeren Amt und zusätzlich oft mit geradezu horrenden Geldzahlungen und allerlei anderen Distinktionen. Doch selbst das konnte unter Umständen nicht verhindern, dass der ganze Vorgang bei Hof als ehrschädigend betrachtet wurde. Selbst als die theresianischen Verwaltungsreformen reihenweise Hofstellen funktionslos machten, behielten die arbeitslos gewordenen Amtsinhaber deshalb sowohl ihren Rang als auch ihre Amtseinkünfte.[21] Die Folgen waren Titelinflation und Kostenexplosion.

Ein Amtsträger kündigte seinerseits, wie erwähnt, üblicherweise ebenfalls nicht, sondern zog sich mehr oder weniger stillschweigend auf seine Güter zurück.

19 Hengerer, Kaiserhof (wie Anm. 3), S. 177 f., stellt fest, »dass es einen formal entscheidungsabhängigen Austritt aus dem Hofstaat grundsätzlich nicht gab«.

20 So Khevenhüller-Metsch / Schlitter, Tagebuch (wie Anm. 4), Bd. 7, S. 105–108, zum Fall des Grafen Hatzfeld, der – ebenfalls im Januar 1771 – als Böhmischer und Österreichischer Hofkanzler abgesetzt wurde und dafür das Amt des Staatsratspräsidenten erhielt. Dass Promotionen sowohl von den Betroffenen als auch von Dritten als ›Amotionen‹ wahrgenommen wurden, galt beispielsweise auch im Fall des Ämter-Revirements von 1753, dem Corfiz von Ulfeld und Christoph von Bartenstein zum Opfer fielen; vgl. Stollberg-Rilinger, Maria Theresia (wie Anm. 4), S. 235 ff. mit weiteren Nachweisen.

21 Vgl. Stollberg-Rilinger, Maria Theresia (wie Anm. 4), S. 191, mit weiteren Nachweisen.

Eine explizite Entscheidung – sei es des Herrschers, dem Inhaber das Amt wieder zu nehmen, oder des Amtsinhabers, es zurückzugeben, kam also so gut wie nie vor. Und wenn doch, dann wurde das als Akt äußerster Ungnade seitens des Herrschers beziehungsweise offener Empörung seitens des Amtsträgers wahrgenommen. Deshalb war Liechtensteins Entscheidung zur Demission ein solcher Skandal.

In der Regel wurde beiden Seiten die Entscheidung zur Beendigung des Amtsverhältnisses durch den Tod abgenommen. So war es jedenfalls bei den Männern; weibliche Mitglieder des Hofstaats verloren ihr Amt in der Regel automatisch, wenn sie heirateten oder ins Kloster gingen.[22] Ein männliches Amt wurde in der Regel erst frei, wenn entweder der Inhaber starb – oder der Herrscher, der es ihm verliehen hatte. In diesem Umstand kommt auf das Deutlichste zum Ausdruck, dass das Amtsverhältnis nach wie vor als persönliche Bindung galt, das heißt als ein Verhältnis wechselseitiger, umfassender und unspezifischer Verpflichtung. Das hatte zur Folge, dass beim Tod des Herrschers ein großes Revirement stattfand: Alle Ämter fielen an den Hof zurück und wurden vom Thronfolger formal im Rahmen seiner feierlichen Thronbesteigung neu verliehen. Er konnte dabei auf die alten Amtsträger zurückgreifen, musste das aber nicht. Der Generationswechsel trat an die Stelle expliziten Entscheidens und milderte die damit verbundenen sozialen Zumutungen ab. An dieser Stelle machte sich allerdings im Lauf der Zeit die Auseinanderentwicklung von Hof- und Staatsämtern bemerkbar: Bei den Ämtern in Justiz und Verwaltung war die Bestätigungsquote wesentlich höher als bei den eigentlichen Hofämtern.[23] Die Inhaber von ›staatlichen‹ Funktionsämtern wurden beim Herrscherwechsel eher automatisch bestätigt als die Mitglieder des Hofstaates. Je stärker die Ämter professionalisiert waren, je niedriger die Standesvoraussetzungen, aber auch je weniger familiär der Umgang der Inhaber mit dem Herrscherhaus, desto unabhängiger waren ihre Stellen vom jeweiligen Wechsel auf dem Herrscherthron.

These 4: *Ämter waren zentrale Bestandteile der höfischen Gabenökonomie; ihre Verleihung erschien als freie herrscherliche Gabe auf der Grundlage von persönlicher Gunst.*

Der Hof folgte noch weitgehend der Rhetorik einer vormodernen Gabenökonomie.[24] Eine Gabenökonomie ist dadurch gekennzeichnet, dass symbolische

22 Hengerer, Kaiserhof (wie Anm. 3), S. 179 ff.; grundlegend zum weiblichen Hofpersonal Keller, Hofdamen (wie Anm. 3).

23 Es gilt als Indiz für die Herausbildung ›staatlicher‹ Ämter, wie hoch die Bestätigungsquote beim Thronwechsel war. Eine formale, rechtliche Unterscheidung zwischen Hof- und Staatsämtern ergab sich daraus aber keineswegs, wie Žolger, Hofstaat (wie Anm. 3), S. 199 ff., noch meinte. Allerdings neigte man im Laufe des 18. Jahrhunderts dazu, im Hofkalender diese Unterscheidung zu treffen. Vgl. dazu bereits Friedrich Carl von Moser, Teutsches Hof-Recht, Bd. 1, Frankfurt a. M. 1754, S. 107.

24 Zur Logik und Rhetorik der Gabenökonomie beziehe ich mich auf Marcel Mauss, Die Gabe, in: Ders., Soziologie und Anthropologie, Bd. 2, Frankfurt a. M. 1978, S. 1–144; Pierre Bourdieu, Sozialer Sinn. Kritik der theoretischen Vernunft, Frankfurt a. M. 1987;

wie materielle Gaben und Gegengaben – also Ämter, Pensionen, Zutrittsrechte, Dienste, Kredite etc. – sich nie restlos gegeneinander aufrechnen lassen, sondern ein dauerhaftes, wechselseitiges *persönliches* Verpflichtungsverhältnis begründen. Der Gebende kann zwar eine Gegenleistung erwarten, aber weder zu einem festgelegten Zeitpunkt noch in einer exakt festgelegten Höhe und Qualität. Die Gabe verpflichtet den Empfänger vielmehr zu ›Erkenntlichkeit‹ in einem umfassenden und dauerhaften Sinne. Die wechselseitigen Gaben erscheinen als freiwillige, uneigennützige Leistungen, als Fragen von Liebe, Ehre und Freundschaft. Weil die Verpflichtung, die man mit der Annahme der Gabe eingeht, zeitlich unbemessen und inhaltlich diffus ist, bleibt der einzelne Akt immer unabgeschlossen und stiftet eine Erwartung auf zukünftige Einlösung. Genau dadurch begründet der Gabentausch elementare und dauerhafte soziale Bindungen.

Ämter bei Hof lassen sich als Gaben in einem solchen Tauschsystem beschreiben, und zwar desto mehr, je höher der Herkunftsrang der Empfänger war und je näher sie der Herrscherfamilie standen. Die Entscheidung zur Verleihung eines Amtes wurde vom Herrscher gefällt beziehungsweise sie wurde diesem zugerechnet und rhetorisch als seine großzügige, freie Gabe inszeniert. Das galt auch dann, wenn dafür tatsächlich Taxen an die Krone gezahlt werden mussten, ja selbst wenn, wie im Militär nicht unüblich, die Offiziere ihre Stellen *de facto* gegen Geld an einen Interessenten verkauften, denn auch das bedurfte letztlich der Zustimmung des Monarchen.[25] Als maßgebliche Ressource des Entscheidens galt die allerhöchste herrscherliche Gunst (oder umgekehrt, aus der Sicht des unterlegenen Kandidaten, dessen Ungunst, wie im Falle Liechtensteins), das heißt persönliche Nähe, Familiarität, Zuneigung, wechselseitige Dankbarkeit und Vertrauen – in zeitgenössischen Begriffen: *attachement, inclination, crédit.* Die Frage, wer wie hoch in der Herrschergunst stand, war daher Gegenstand permanenter Beobachtung und Spekulation sämtlicher Akteure; alle suchten das ständig an kleinen und kleinsten Indizien, symbolischen Distinktionen und Finessen abzulesen. Die Gunst des Herrschers manifestierte sich in seinem Gnadenerweis. An die herrscherliche Gnade hatte man zu appellieren, und ihr wurde die Entscheidung am Ende zugerechnet. Das zumindest war die offizielle

ders., Die Ökonomie der symbolischen Güter, in: Ders., Praktische Vernunft. Zur Theorie des Handelns, Frankfurt a.M. 1998, S. 163–202; daran angelehnt Gadi Algazi u.a. (Hg.), Negotiating the Gift. Pre-Modern Figurations of Exchange, Göttingen 2003; und viele andere neuere Arbeiten. Für den Kaiserhof vgl. Pečar, Ökonomie (wie Anm. 3); für Frankreich vgl. die grundlegende Arbeit von Leonhard Horowski, Die Belagerung des Thrones. Machtstrukturen und Karrieremechanismen am Hof von Frankreich 1661–1789, Ostfildern 2012.

25 Eine Beförderung zum General wurde als persönliches Geschenk des Monarchen betrachtet, obwohl die Regimentsinhaber für die unteren Beförderungen und der Hofkriegsrat für alle Beförderungen ab dem Majorsrang zuständig waren; die Letztentscheidung war aber stets dem Monarchen vorbehalten. Das galt auch für die zahlreichen Fälle, in denen ein Offizier sein Amt gegen eine Geldsumme an jemand anderen abtrat, sie also verkaufte; auch das war legitim, wenn es mit Zustimmung von Hofkriegsrat und letztlich des Herrschers geschah. Vgl. Duffy, Sieben Jahre (wie Anm. 12), S. 166f.

Rhetorik, so wurde um eine Personalentscheidung nachgesucht und so wurde über sie gesprochen und geschrieben.[26] Den Verleihungen höfischer Ämter lag die Fiktion zugrunde, es handele sich um eine aufgrund persönlicher Nähe freiwillig gespendete großzügige Gabe.

Die Prozesse des Entscheidens, die sich dahinter abspielten, waren dagegen nach außen weitgehend unsichtbar. In besonderen Konfliktfällen wie dem eingangs beschriebenen blieb sogar unter den Verantwortlichen selbst umstritten, wem sie letztlich zuzuschreiben waren, was allerdings ein schwerwiegender Systemfehler war. Doch worauf die herrscherliche Entscheidung sich gründete, wessen Fürsprachen und welche Argumente den Ausschlag gegeben hatten, wurde mit Bedacht im Vagen gelassen, und zwar mit gutem Grund. Denn Gnade kennzeichnete es ja, dass sie aus freier Großzügigkeit gespendet wurde und niemand einen formalen, einklagbaren Anspruch darauf hatte. Gunst war ein schwankender Boden, der jederzeit entzogen werden konnte, weshalb man sich ständig darum bemühen musste, sie sich zu erhalten. Die Entscheidungen des Souveräns oder der Souveränin waren letztlich unerforschlich und sollten es grundsätzlich auch sein. Im Unterschied zu Personalentscheidungen in modernen Organisationen, die sich stets als Folge rationaler Abwägung sachlicher Kriterien ausgeben müssen, bei denen also die Kontingenz der Entscheidung möglichst unsichtbar gemacht wird, war das im Ancien Régime nicht in demselben Maße erforderlich. In der Kontingenz der Entscheidung konnte sich die herrscherliche Macht vielmehr als ›absolute‹ ausstellen.

These 5: *Doch zwischen unberechenbarer Gunst und guten Gründen als Entscheidungsressourcen musste eine gewisse Balance hergestellt werden.*
Völlig grundlos und willkürlich sollten die herrscherlichen Entscheidungen wiederum auch nicht erscheinen. Die Gunst, die der Herrscher spendete, musste trotz allem auf prinzipiell nachvollziehbaren Gründen beruhen. Denn das Verhältnis zwischen Herrscherhaus und Hofadel war grundsätzlich ein Verhältnis der Wechselseitigkeit. Der Monarch saß bei der Verteilung der Ämter zwar am längeren Hebel; er war aber umgekehrt seinerseits aus vielerlei Gründen auf die Kooperation des Adels angewiesen. Ohne ständische Bewilligung ließ sich kein Krieg führen; ohne adelige Kredite fehlte es dem Herrscher an Liquidität, ohne Hochadel entbehrte sein Hof des sozialen Glanzes; ohne hochrangige Mitglieder besaßen die Hofkollegien keine Autorität gegenüber Standespersonen, und so fort.

Für den Monarchen handelte es sich bei Personalentscheidungen daher stets um eine Gratwanderung zwischen Erwartungserfüllung und -enttäuschung,

26 Zur Patronage-Rhetorik vgl. die Debatte zwischen Heiko Droste, Patronage in der Frühen Neuzeit – Institution und Kulturform, in: Zeitschrift für Historische Forschung 30 (2003), S. 555–590; und Birgit Emich u. a., Stand und Perspektiven der Patronageforschung. Zugleich eine Antwort auf Heiko Droste, in: Zeitschrift für Historische Forschung 32 (2005), S. 233–265.

zwischen Berechenbarkeit und Willkür, man könnte auch sagen: zwischen Gerechtigkeit und Gnade.[27] Wenn der Hof für den Adel attraktiv bleiben sollte, dann galt es die Erwartungen der Adelsfamilien auf hohe Stellen dauerhaft zu stabilisieren. Andererseits galt es aber auch, keinen Automatismus zu erzeugen, der die Erwartungen der Amtsprätendenten in formale Ansprüche hätte verwandeln können. Die besondere Kunst der Gunstverteilung bestand darin, die Hoffnungen allseits lebendig und die Enttäuschungen überschaubar zu halten. Es galt niemanden im Übermaß zu begünstigen, sondern einen möglichst großen Kreis von Höflingen in der Hoffnung zu bestärken, demnächst einmal in den Genuss des erwarteten Amtes zu kommen. Sah sich die große Mehrheit bei Hof dagegen dauerhaft um jede Chance auf eine Promotion gebracht, so machten sich notwendigerweise allgemeine Unzufriedenheit, Neid und Missgunst breit, und der Hof verlor an Anziehungskraft. Deshalb galt es der herrscherlichen Gunst andererseits doch einen gewissen Anstrich von Erwartbarkeit und Zuverlässigkeit zu verleihen. Gerade Maria Theresia beherrschte diese Kunst perfekt, was ein Grund für ihren Ruf besonderer Großzügigkeit war.[28]

These 6: *Als Gegengewicht gegen unkontrollierte Einflüsse und Erwartungsenttäuschung wurden ansatzweise formalisierte Verfahren der Ämterbesetzung eingeführt.*
Um ein gewisses Maß an Berechenbarkeit des Entscheidens herzustellen, wurde das Verfahren der Ämterbesetzung bei Hof seit der Mitte des 17. Jahrhunderts zumindest grob formalisiert. Auch in dem oben angeführten Fall der Ämterpromotionen zum Neujahr 1771 gab es eine formale Vorschlagsliste, die dem Herrscher und der Herrscherin präsentiert wurde und über die es zum Konflikt kam. Formale Verfahrenswege waren erforderlich, um die Flut von Supplikationen und Fürbitten zu filtern, unberufene Einflussnahme (etwa des niederen Kammerpersonals, aber auch der eigenen Familienmitglieder) einzudämmen und zu verhindern, dass Dritte zu parasitären Nutznießern der herrscherlichen Macht wurden. »Sie dürfen«, schrieb Maria Theresia beispielsweise einmal an den Hofkriegsratspräsidenten, »gar keine Empfehlung von Seite meiner Familie oder der Hofleute annehmen. Erklären Sie ihnen nur deutlich, dass es Ihnen von mir untersagt wurde und daß Sie ohne meine Bezeichnung nichts annehmen oder vorschlagen dürfen. Wir müssen uns von diesen Zudringlichkeiten befreien.«[29] Das Verfahren, das sich am Wiener Hof seit Mitte des 17. Jahrhunderts für den Umgang mit Stellenbewerbern herausgebildet hatte, sah so aus, dass der Chef

27 Dazu Hengerer, Kaiserhof (wie Anm. 3), S. 512ff. – Juristen empfahlen, bei schwierigen Entscheidungen das Los zu gebrauchen, mit dem Argument, das schütze die Obrigkeit vor dem Vorwurf, nach Affekt, Willkür oder Parteilichkeit zu entscheiden, und tue der Ehre des Unterlegenen weniger Abbruch. So zum Beispiel Samuel Pufendorf, Acht Bücher vom Natur- und Völcker-Rechte, Bd. 2, Frankfurt a. M. 1711, ND Hildesheim 2001, S. 144f.
28 Vgl. Stollberg-Rilinger, Maria Theresia (wie Anm. 4), S. 843f.
29 Maria Theresia an Lacy, zitiert nach der Übersetzung bei Arneth, Maria Theresia (wie Anm. 4), Bd. 9, S. 486, frz. Originalzitat ebd., S. 613.

des betreffenden Stabes (also der Obersthofmeister für den Hofstaat, der Hofkriegsratspräsident für die Offiziersstellen und so weiter) auf der Grundlage von Bewerbungen, Fürsprachen und eingeholten Gutachten nachgeordneter Stellen einen übersichtlichen Bericht verfasste, den er, mit seinem eigenen Votum versehen, dem Herrscher vorlegte und auf dessen Grundlage dieser am Ende entschied.[30] Mitunter kam es auch vor, dass der Herrscher nachträglich ein Gutachten in Auftrag gab, in dem er sich für die von ihm präferierte Option oder sogar für die bereits gefällte Entscheidung die passende Begründung nachliefern ließ.[31] Es lag also offenbar einiges daran, dass die herrscherliche Entscheidung nicht als Willkür oder, noch schlimmer, als Folge der Einflüsterung Dritter erschien.

Auf welche Art von Begründungen sich sowohl Bewerber als auch Fürsprecher, Gutachter und Stabschefs charakteristischerweise beriefen, lässt sich an dem Fall Liechtensteins paradigmatisch zeigen. Bei seiner Bittschrift handelte es sich weniger um eine Darstellung sachlicher Argumente als vielmehr um einen persönlichen Appell an die Kaiserin, um eine Unterwerfungsgeste. Aber nicht nur in seiner eigenen Supplik, auch in Maria Theresias Briefen und Khevenhüllers Tagebuch ist erstens die Rede von persönlichen Meriten, das heißt den bereits jahrelang geleisteten Diensten des Kandidaten, und von seinem *attachement* für die Monarchen, sowie zweitens von den Verdiensten seiner Familie und deren sozialer Nähe zum Kaiserhaus, dem *égard pour la famille*.[32] Auch wenn von der Tauglichkeit für das Amt die Rede war, so in der Regel nicht im Sinne von spezifischen Qualifikationen, sondern von Rang, Ehre und allgemeiner Verdienstlichkeit. Erwartungen konnten sich darauf gründen, dass die Vorfahren des Bewerbers bereits dasselbe Amt bekleidet hatten, dass er selbst bereits lange im Dienst des Hofes gestanden hatte – also über Anciennität verfügte – oder dass sein Amt gemeinhin als Grundlage und Sprungbrett für ein anderes galt.[33] Auch finanzielle Investitionen in das Amt und Darlehen an die Krone zählten als starke

30 Kubiska-Scharl / Pölzl, Karrieren (wie Anm. 3), S. 73–79; vgl. auch dies., Aus allerhöchster Gnade. Das Wiener Hofpersonal in den Hofkalendern und den Hofparteienprotokollen des 18. Jahrhunderts. Skizze eines Forschungsprojekts, in: Mitteilungen des Instituts für Österreichische Geschichtsforschung 120 (2012), S. 406–418; dies., »Formalisierte Gnade«. Das Supplikationswesen am Wiener Hof im 18. Jahrhundert am Beispiel supplizierender Reichshofräte, in: Gabriele Haug-Moritz / Sabine Ullmann (Hg.), Frühneuzeitliche Supplikationspraxis und monarchische Herrschaft in europäischer Perspektive, Wien 2015, S. 297–308.

31 Beispiele bei Hengerer, Kaiserhof (wie Anm. 3), S. 499 ff.

32 Khevenhüller-Metsch / Schlitter, Tagebuch (wie Anm. 4), Bd. 7, S. 56, legt diese Formulierung der Kaiserin in den Mund.

33 Vgl. Barker, Armed Forces (wie Anm. 12), S. 40 ff.; Hochedlinger, Mars Ennobled (wie Anm. 12), S. 148 f.; Duffy, Sieben Jahre (wie Anm. 12), S. 245 ff. Gerade Maria Theresia suchte im Militär allerdings die erwartbare Beförderung nach Dienstjahren, die als Mittel gegen den Einfluss von Patronagebeziehungen galt, durch Momente des Leistungswettbewerbs zu ersetzen: *avancer comme dans les écoles, ne fait ni bien ni honeur* – »Beförderung wie in der Schule bringt nichts Gutes und verschafft keine Ehre«, hieß es nun, s. Arneth, Maria Theresia (wie Anm. 4), Bd. 9, S. 491, S. 614.

Gründe, die allerdings nur implizit angedeutet wurden. All das war nur gering formalisiert; es handelte sich vielmehr – im Sinne der Gabenökonomie – um Verdienste, für die der Amtsbewerber herrscherliche Gegenleistungen erwarten, aber nicht einfordern durfte.

Von einigen Ausnahmen bei Justiz- und Militärämtern abgesehen, gab es kaum formale Qualifikationsvoraussetzungen, ebenso wenig wie formale Beförderungsregeln nach einem festen *cursus honorum* – allerdings auch keine explizite Ämterkäuflichkeit oder -erblichkeit wie in anderen Ländern.[34] Für die allermeisten Stellen gab es keine formale Ausbildung; selbst die Offiziersstellen waren davon bis in die 1750er Jahre hinein nicht ausgenommen. Für die Hof-, aber auch die Verwaltungsämter wurden die nötigen Kenntnisse und Fähigkeiten, wenn überhaupt, durch die Praxis erworben. Und auch für die hohen Justizämter, für die ein Studium der Jurisprudenz auch vom Adel zunehmend erwartet wurde, war ein formaler Abschluss nicht erforderlich; es reichte, dass man sich eine Weile an einer Universität aufgehalten hatte.[35]

So warnte der Hofkammerpräsident die Monarchin im Zuge der Verwaltungsreformen 1745 ausdrücklich vor den fatalen Folgen, die zu erwarten seien, »wenn bei künftigen bestellungen, ohne anderweitigen absichten auf recommendationes oder andere motiva extranea, blos und allein auf die zu der function oder departement erforderliche qualitäten und experienz gesehen wird«,[36] wenn man also nur auf die sachliche Qualifikation für die Amtsausübung achte und Fürbitten und andere ›äußere‹ Motive in den Wind schlage. Mit dem Hinweis auf »motiva extranea« war die Rücksicht auf das soziale Kapital der Bewerber gemeint: ihre Herkunft,[37] Verwandtschaft, Freundschaftsnetze, ihre potenten Patrone, ihre Nähe zur Dynastie.

34 Ämterkauf im strengen Sinne wie in Frankreich gab es am Wiener Hof nicht, aber Darlehen an die Krone können als verdeckter Ämterkauf betrachtet werden. Vgl. Hengerer, Kaiserhof (wie Anm. 3), S. 522 f.; Pečar, Ökonomie (wie Anm. 3), S. 103 f.; allgemein Klaus Malettke (Hg.), Ämterkäuflichkeit. Aspekte sozialer Mobilität im europäischen Vergleich (17. und 18. Jahrhundert), Berlin 1980. Bei den dem hohen Adel vorbehaltenen Ämtern in Frankreich herrschte ein hohes Maß an Erblichkeit; bei der noblesse de robe dagegen Ämterkauf in verschiedenen Formen; vgl. Horowski, Belagerung (wie Anm. 24), etwa S. 142–151.

35 Zum steigenden Wert gelehrter Bildung und einzelnen Karrieren vgl. Lebeau, Aristocrats (wie Anm. 3); Ivo Cerman, Habsburgischer Adel und Aufklärung. Bildungsverhalten des Wiener Hofadels im 18. Jahrhundert, Stuttgart 2010. – Eine empirische Untersuchung, welche Rolle die Ausbildung tatsächlich für die Amtskarrieren spielte, steht allerdings noch aus.

36 Referat des Hofkammerpräsidenten Dietrichstein vom 26. Januar 1745 gegen die Reduktion des dortigen Personals; Heinrich Kretschmayr u. a. (Hg.), Die österreichische Zentralverwaltung 1491–1918, II. Abt.: Von der Vereinigung der österreichischen und böhmischen Hofkanzlei bis zur Einrichtung der Ministerialverfassung (1749–1848), Bd. 2, Wien 1938, S. 46 f.; zum Kontext Stollberg-Rilinger, Maria Theresia (wie Anm. 4), S. 189 f.

37 Ahnenproben waren für Hof- und Verwaltungsämter nicht vorgeschrieben. Nur für die Kämmererwürde – kein Amt im strengen Sinne, sondern eine Würde, die den Hofzutritt ermöglichte – und die Edelknabenstellen verlangte Maria Theresia seit 1754 den Nachweis

Meriten, Tauglichkeit, Loyalität, *attachement*, geleistete Dienste und Verdienste der Vorfahren, das alles konnte als Ressource für Personalentscheidungen mobilisiert werden. Doch dabei handelte es sich um mehrdeutige, auslegungsfähige Kriterien, die viele Kandidaten in ähnlicher Weise erfüllten. Sie begründeten allenfalls gewisse normativ verfestigte Erwartungen, aber keine formalen Ansprüche der Prätendenten. Die *inclination* des Herrschers hatte grundsätzlich Vorrang vor Anciennität, Herkunft, Leistung oder Qualifikation. Alle anderen Ressourcen plausibilisierten die kaiserliche Entscheidung – womöglich auch erst nachträglich –, ohne sie aber im Mindesten zu determinieren.[38] Es bestand nur eine lose Kopplung zwischen diesen Ressourcen und der Entscheidung, so dass diese am Ende stets als Ergebnis frei gewährter herrscherlicher Gnade erscheinen konnte.

These 7: *Die Logik der Gunst galt nicht nur für den Monarchen selbst, sondern wiederholte sich auf allen Ebenen der Hierarchie.*
Selbstverständlich reichten die persönlichen Nahbeziehungen des Monarchen *de facto* nicht sehr weit. Nähe und persönliche Gunst waren äußerst knappe soziale Ressourcen, die der Vermittlungskanäle bedurften. Jeder Herrscher war stets auf Makler seiner Gunst angewiesen, und zwar – paradoxerweise – desto mehr, je mächtiger er war. Das hat Carl Schmitt als »Paradox der Macht« auf den Punkt gebracht: »Je mehr die Macht sich [...] in einer Spitze konzentriert, um so mehr verschärft sich das Problem des [...] Zugangs zur Spitze. [...]. Jede Steigerung der direkten Macht verdichtet auch den Dunstkreis indirekter Einflüsse.«[39] Für Ämterbesetzungen war der Herrscher auf Informationen angewiesen, ob und welcher Bedarf an Entscheidungen überhaupt bestand und welche begründeten Erwartungen dabei tunlichst zu berücksichtigen waren. Das galt natürlich auch umgekehrt: Erst recht waren ja diejenigen, die von der herrscherlichen Gunst zu profitieren hofften, auf persönliche Vermittlung angewiesen. Dass ein Kandidat ›tauglich‹ war, dass er auf geleistete Dienste und Verdienste der Familie verweisen konnte, musste durch die Fürsprache prominenter Dritter geltend gemacht werden.

Das soziale Prinzip von Gunst und Fürsprache galt nicht nur an der Spitze, gegenüber dem Monarchen selbst, sondern wiederholte sich auf allen Ebenen der sozialen Hierarchie und bildete ein komplexes Geflecht klientelärer Beziehungen, das selbst das Verhältnis zwischen irdischen und himmlischen Akteuren einschloss. Überall war Gunst eine zentrale Ressource, und überall galt eine ähn-

sechzehn adeliger Ahnen. Vgl. William D. Godsey, Adel, Ahnenprobe und Wiener Hof. Strukturen der Herrschaftspraxis Kaiserin Maria Theresias, in: Elizabeth Harding / Michael Hecht (Hg.), Die Ahnenprobe in der Vormoderne. Selektion – Initiation – Repräsentation, Münster 2011, S. 309–331.

38 Darauf hat bereits Mark Hengerer, Kaiserhof (wie Anm. 3), S. 510 ff. hingewiesen. Das Zitat aus einem Gutachten für Kaiser Leopold I. ebd., S. 512.

39 Carl Schmitt, Gespräch über die Macht und den Zugang zum Machthaber, Stuttgart 2008 (Originalausg. 1954), S. 25 f.

liche Logik. Es lag im Interesse jedes potentiellen Fürsprechers, dass die Gründe für Personalentscheidungen sich nicht eindeutig identifizieren und zurechnen ließen. Die Interventionen zugunsten oder zu Lasten eines Kandidaten spielten sich wesentlich im Verborgenen ab; meist wurden mehrere einflussreiche Personen um Unterstützung gebeten, und das auch nicht erst, wenn eine bestimmte Vakanz eintrat, sondern schon langfristig im Voraus. Deshalb konnte ein Prätendent den Erfolg oder Misserfolg seiner Bitte nie eindeutig zurechnen. Hatte sein Anliegen irgendwann Erfolg, so verpflichtete es ihn fortan zu allgemeiner und langfristiger Dankbarkeit gegenüber allen, die er um Unterstützung gebeten hatte. War ihm hingegen kein Erfolg beschieden, so ließ sich das ebenfalls nicht eindeutig zurechnen; die Fürsprecher hatten sich dann eben womöglich nur nicht durchsetzen können.[40] Das System der höfischen Gunst wirkte tendenziell immer zugunsten derer, die Einfluss hatten, verstärkte also die Macht der ohnehin schon Mächtigen: Erfolge bescherten ihnen Dankesschulden, Misserfolge hingegen mussten sie sich nicht negativ anrechnen lassen. Gemäß dieser sozialen Logik konnten und sollten die tatsächlichen Entscheidungsgründe des Monarchen also im Vagen bleiben, während persönliche Gunst auf allen Ebenen als die maßgebliche Ressource ausgeflaggt wurde.

These 8: *Herrscherliche Personalentscheidungen unterlagen einem unerfüllbaren Erwartungsdruck und waren stets Gegenstand kritischer Beobachtung.*
Die herrscherlichen Entscheidungen auf der Basis von Gunst waren keineswegs der Kritik entzogen. Auch im oben angeführten Beispiel waren sie, mit den Worten des Obersthofmeisters Khevenhüller, Gegenstand allgemeiner *disgusti*, und dem Betroffenen wurde in der Hoföffentlichkeit bescheinigt, dass er sich »nicht unbillig« beschwerte. Unberechenbarkeit und Undankbarkeit der Herrscher waren zentrale Topoi der Hofkritik. Dass die Wohltaten des Hofes langsam, die Ungerechtigkeiten hingegen schnell erfolgten, war ein geflügeltes Wort. So bemerkte ein Kritiker sarkastisch: »Das kurtze Leben der Menschen mag auch vil Schuld daran seyn, daß große Herrn [gemeint: Fürsten] außer Stand gesetzt werden, ihre Danckbarkeit thätig zu bezeugen. Wenigstens sollte man disen Schluß machen müssen, wann man von einem, der sich alt, lahm, arm und todt gedient hat, den Nachruhm bey Hof erschallen hört: Wenn der Mann noch länger am Leben geblieben wäre, würde man ihn reichlich belohnt haben.«[41] Durch Personalentscheidungen bei Hof wurden Erwartungen immer mehr oder weniger heftig enttäuscht. Doch in dem Beispielfall demonstrierte Karl von Liechtenstein

40 Ausdrücklich wird das etwa reflektiert in den Instruktionen für die kaiserlichen Gesandten, die zu den Bischofs- und Abtswahlen in die geistlichen Fürstentümer geschickt wurden. Ihnen wurde aufgetragen, sich so zu verhalten, dass die erfolgreichen Kandidaten ihren Erfolg am Ende den kaiserlichen Gesandten zurechneten, die Unterlegenen ihre Niederlage aber nicht. Instruktionen abgedruckt etwa bei Khevenhüller-Metsch / Schlitter, Tagebuch (wie Anm. 4), Bd. 4, S. 150; Bd. 3, S. 357, und öfter.

41 Moser, Hof-Recht (wie Anm. 23), Bd. 2, S. 779. Ein hofkritisches Sprichwort lautete: *Aularum beneficia sunt lenta, praecipies injuriae.*

vor aller Augen, dass seine Enttäuschung das normale Maß überschritten hatte, indem er die unerhörte Konsequenz zog, seinerseits eine Entscheidung zu treffen und seinen Dienst zu quittieren. Das bedeutete einen Eklat, denn es stellte die Legitimität der herrscherlichen Entscheidung offen in Frage und beschädigte dessen Ansehen, war also im wörtlichen Sinne respektlos. Deshalb gab es für solche Fälle zugleich gewisse Entlastungsnarrative. Die gängigste Erzählung war die von den intriganten Ohrenbläsern, auf die der gutgläubige Herrscher hereingefallen war. Solche allgemein konsensfähigen Erklärungstopoi dienten dazu, sowohl den leer ausgegangenen Kandidaten als auch den Herrscher selbst zu exkulpieren und beider Gesicht zu wahren.

These 9: *Höfische Personalentscheidungen dienten nicht in erster Linie dazu, Ämter mit geeigneten Personen zu besetzen, sondern Personen mit geeigneten Ämtern auszustatten.*
Letztlich wurde das ganze soziale System des Hofes dadurch in Schwung gehalten, dass man die passenden Ämter für Personen suchte, die der Monarch sich verpflichten wollte beziehungsweise denen er seinerseits verpflichtet war. Wenn ein alter hofkritischer Topos bürgerlicher Gelehrter lautete, »Man soll Ämter mit Personen und nicht Personen mit Ämtern versehen«, dann lässt das den Rückschluss zu, dass üblicherweise genau das eben nicht der Fall war.[42] Und im höfischen Binnenverhältnis wurde das auch durchaus nicht verschleiert. So beauftragte Maria Theresia ihre Amtschefs, wenn sie sich einzelnen Personen oder Familien »obligiert« fühlte, »was vor diese zu finden«.[43] Aus diesem Grund wurden alte Feldherren aus dem Hochadel zu Prinzenerziehern gemacht oder erhielten minderjährige Söhne verdienter Minister eigene Militärregimenter. Entsprechend riet die Kaiserin ihren erwachsenen Kindern, die eigene Höfe führten, sie müssten für Standespersonen – aber nur für diese – regelmäßig zugänglich sein, um »den Leuten Gelegenheit [zu] geben, etwas für ihre Familien zu tun«.[44] Das Ziel, das passende Amt für eine bestimmte Person zu finden anstatt die tauglichste Person für ein bestimmtes Amt, galt als vollkommen legitim, solange beides nicht in allzu offensichtlichem Gegensatz zueinander stand – etwa wenn ein alter und gebrechlicher Herr mitten im Krieg mit einem militärischen Kommando ausgestattet wurde und dann eine Schlacht verlor. In solchen und ähnlichen Fällen, wenn etwa der Besitz ganzer Territorien auf dem Spiel stand, trat die latente Normenkonkurrenz offen zutage und führte zu Reformanstren-

42 Vgl. Georg Tobias Pistorius, Thesaurus Paroemiarum Germanico-Juridicarum, oder Teutsch-Juristischer Sprichwörter-Schatz, Leipzig 1716, c. XXVII, S. 166f. Die Kritik bürgerlicher Historiker des 19. und 20. Jahrhunderts an der ›Günstlingswirtschaft‹ legte einen anachronistischen Maßstab an und verkannte die spezifische soziale Handlungslogik des Hofes.

43 Maria Theresia an den Hofkriegsratspräsidenten Lacy, Arneth, Maria Theresia (wie Anm. 4), Bd. 9, S. 488, S. 613.

44 Maria Theresia an Erzherzog Ferdinand, 9. April 1772, Arneth, Briefe (wie Anm. 7), Bd. 1, S. 117 (Übersetzung B. St.-R.).

gungen, die Leistung und Sachqualifikation als Kriterien der Ämterbesetzung an die Stelle sozialen Kapitals zu setzen versuchten.[45] Es ist, nebenbei bemerkt, eine hübsche geschlechtergeschichtliche Pointe, dass diese Präferenz sachlicher Kriterien im ausgehenden 18. Jahrhundert als spezifisch männlich wahrgenommen wurde, während die hergebrachte höfische Logik mit einem Mal als Auswuchs spezifisch weiblicher Günstlingswirtschaft erschien.[46] Doch gemeinhin brachte man beide Ziele – Personen optimal zu versorgen und Ämter optimal zu besetzen – rhetorisch in Übereinstimmung. Dazu dienten die oben genannten allgemeinen und vagen Kriterien in perfekter Weise. Denn ›Tauglichkeit‹ für ein Amt hieß in allererster Linie *soziale* Tauglichkeit – jedenfalls solange die Besetzung von Ämtern bei Hof in erster Linie zur Stiftung und Stärkung der Loyalitätsbindungen zwischen Dynastie und Adel diente.

Kurzum: Gunst des Herrschers und Verdienst des Kandidaten und seiner Familie waren die zeitgenössischen rhetorischen Chiffren für die zentrale Ressource höfischen Entscheidens, nämlich soziales Kapital. Herrscherliche Gunst stellte die monarchische Entscheidungsfreiheit demonstrativ aus und machte den Prozess des Entscheidens für die Empfänger grundsätzlich intransparent. Die Kehrseite dessen war das hohe Ausmaß an Enttäuschungen. Der Monarch hatte also eine Gratwanderung zu meistern: Das Entscheiden musste vage plausibilisiert werden, ohne dadurch aber berechenbare Ansprüche zu erzeugen. Diese soziale Logik setzte der Bürokratisierung und Professionalisierung der Ämter größere Widerstände entgegen, als es die hergebrachten Staatsbildungsnarrative des 19. Jahrhunderts suggeriert haben. Ob und inwiefern Spuren einer solchen Logik auch in modernen formalen Organisationen latent am Werke sind, scheint mir eine Frage, der weiter nachzugehen sich lohnt.

45 Vgl. Arne Karsten / Hillard von Thiessen (Hg.), Normenkonkurrenz in historischer Perspektive, Berlin 2015.

46 So Joseph II. in Opposition gegen seine Mutter im Zusammenhang mit der Reorganisation des Staatsrates: Kretschmayr, Österreichische Zentralverwaltung (wie Anm. 36), Abt. II, Bd. 3, Nr. 77, S. 52.

Maximiliane Berger, Clara Günzl und Nicola Kramp-Seidel

Normen und Entscheiden

Bemerkungen zu einem problematischen Verhältnis[1]

1. Einleitung

Im Kontext einer geisteswissenschaftlichen Untersuchung des Phänomens ›Entscheiden‹ geraten mit den Ressourcen die Voraussetzungen einer Entscheidung in den Fokus der Aufmerksamkeit. Doch keine dieser Ressourcen gibt ein Ergebnis direkt vor.[2] Vielmehr erleichtern sie bloß die Erzeugung und Bewertung einer Option. Denn vom Entscheiden kann ausschließlich gesprochen werden, wenn sich das Ergebnis nicht von selbst aus dem Prozess ergibt.[3] Nur kontingente Fälle, die ebenso gut auch anders hätten gelöst werden können, sind einer Entscheidung in diesem Sinne zugänglich.

Was aber haben dann Normen hiermit zu tun? Man könnte meinen, eine Norm erübrige das Entscheiden, weil bereits klar vorgegeben sei, wie der Einzelfall[4] ausgehen müsse. Normen, vor allem Rechtsnormen, geben scheinbar eine Lösung für Konflikte vor und entlasten Verantwortliche bei der Anwendung im konkreten Fall. Statt auf politische oder emotionale Ressourcen zurückzugreifen, die leicht den Eindruck der Parteilichkeit erwecken, können die Entscheider sich auf – häufig von außen kommende – normative Ressourcen stützen. Doch die Kontingenzreduktion durch Normen ist in vielen Fällen Illusion. Die historische Erfahrung hat gelehrt, dass es nicht möglich ist, eine unbestimmte Anzahl zukünftiger Konflikte ein für alle Mal durch Normen zu lösen. Bekanntestes Beispiel hierfür ist das Preußische Allgemeine Landrecht von 1794. Um jeden möglichen Konflikt eindeutig lösen zu können, umfasste es 19.194 Paragraphen. Weder Meinungen von Rechtsgelehrten noch vorangegangene Entscheidungen der Gerichte sollten künftige Entscheidungen beeinflussen. Ziel war es, jede

1 Wir danken Dr. Felix Gerlsbeck (TU München) und Prof. Dr. Tilman Repgen (Universität Hamburg) sowie den Teilnehmern der Tagung, aus der dieses Buch hervorgeht, für Hinweise und Anregungen.

2 Vgl. Antrag auf Einrichtung und Förderung des Sonderforschungsbereichs 1150, Kulturen des Entscheidens, 2014, S. 19, wonach der Rückgriff auf Ressourcen dazu dient, die Erzeugung und Bewertung der Entscheidungsoptionen zu erleichtern.

3 Niklas Luhmann, Das Recht der Gesellschaft, Frankfurt a. M. 1995, S. 308.

4 Dieser Beitrag unterscheidet nicht zwischen Fällen und Beispielen, sondern verwendet die Begriffe, dem allgemeinen Sprachgebrauch entsprechend, weitgehend synonym; zur theoretischen Unterscheidung: Matthias Pohlig, Vom Besonderen zum Allgemeinen? Die Fallstudie als geschichtstheoretisches Problem, in: Historische Zeitschrift 297 (2013), S. 297–319.

Willkür der Richter auszuschließen.[5] Doch noch so ausgesuchte Regeln konnten nicht jeden Fall eindeutig vorgeben. Auslegungs- und Kommentierungsverbote haben sich historisch nicht durchgesetzt.[6] Immer wieder ergab sich in der Normanwendung die Notwendigkeit, verschiedene Lösungen, die sich aus dem Normenbestand ergaben, abzuwägen, und trotz einer Norm war es nötig, zu entscheiden. Im Einzelfall erweisen sich Normen daher als problematische Ressource, wie der Aufsatz anhand von drei Beiträgen aus verschiedenen Projekten des SFB 1150 zeigt.

Der neueren Kulturgeschichte[7] folgend können normative Ressourcen generell weit gefasst werden: Hierher gehören beispielsweise Wertvorstellungen, Ideologien und soziale Skripte. Dieser Beitrag beschränkt sich auf einen Ausschnitt aus dieser Vielzahl normativer Ressourcen und legt einen Normenbegriff im engeren Sinne zugrunde. Es geht um Rechtsnormen, also Verhaltensregelungen für eine Ordnung des menschlichen Zusammenlebens mit dem Anspruch auf Verbindlichkeit.[8] Hierfür ist nicht entscheidend, ob Begriffe wie ›Recht‹ benutzt werden, sondern dass ein entsprechender Regelungsanspruch zu erkennen ist.[9] Es handelt sich einerseits um allgemeine Vorgaben, die auf einen besonderen Einzelfall Anwendung finden, und andererseits um Einzelfallregelungen, die auf andere Fälle übertragen werden können.[10] Die Ressource selbst enthält also bereits eine Vorentscheidung oder Entscheidungsprämisse. Dabei kann eine Ressource in den Entscheidensprozess eingehen oder das Ergebnis nachträglich

5 Jörn Eckert, Allgemeines Landrecht (Preußen), in: Albrecht Cordes u.a. (Hg.), Handwörterbuch zur deutschen Rechtsgeschichte, Bd. 1, Berlin ²2008, Sp. 155–162, hier Sp. 161.

6 Zu Auslegungsverboten vom römischen Recht bis heute: Clausdieter Schott, Auslegungsverbot, in: Cordes u.a., Handwörterbuch Rechtsgeschichte (wie Anm. 5), Sp. 369–375.

7 Hillard von Thiessen, Normenkonkurrenz. Handlungsspielräume, Rollen, normativer Wandel und normative Kontinuität vom späten Mittelalter bis zum Übergang zur Moderne, in: Arne Karsten u.a. (Hg.), Normenkonkurrenz in historischer Perspektive, Berlin 2015, S. 241–286, hier S. 241; Barbara Stollberg-Rilinger, Was heißt Kulturgeschichte des Politischen? Einleitung, in: Dies. (Hg.), Was heißt Kulturgeschichte des Politischen?, Berlin 2005, S. 9–24.

8 Vgl. Max Weber, Wirtschaft und Gesellschaft. Grundriß der verstehenden Soziologie, hg. v. Johannes Winckelmann, Tübingen ⁵1972, S. 17, 182–183, der statt Verbindlichkeit für die Moderne auf Zwang abstellt.

9 Zum Rechtsbegriff als Problem in der Rechtsgeschichte: Peter Oestmann, Wege zur Rechtsgeschichte. Gerichtsbarkeit und Verfahren, Böhlau 2015, S. 33.

10 Präjudizien hatten in der europäischen Rechtstradition eine hohe Bedeutung, obwohl ihre Bindungswirkung grundsätzlich nur im Common Law anerkannt war, vgl. Matthias Reimann, Fallrecht, in: Cordes u.a., Handwörterbuch Rechtsgeschichte (wie Anm. 5), Sp. 1482–1489; nach deutschem Recht gibt es auch heute keine Präjudizienbindung, aber eine Begründungslast, sofern man von der bisherigen Rechtsprechung abweichen will: Klaus Röhl / Hans Christian Röhl, Allgemeine Rechtslehre, Köln ³2008, S. 567; Mehrdad Payandeh, Judikative Rechtserzeugung. Theorie, Dogmatik und Methodik der Wirkungen von Präjudizien, Tübingen 2017, S. 7, vertritt die These, Präjudizien entfalten heute normative Wirkung, die ihnen im Rechtsdiskurs eine besondere Autorität verleihen, ohne dass sie zu einer Rechtsverbindlichkeit erstarken würden.

legitimieren.[11] Die Trennung ist für historische Arbeiten ohnehin schwierig, weil die Quellen häufig nicht den Entscheidensprozess zeigen, sondern nur das gegebenenfalls begründete Ergebnis. Ob eine Norm im konkreten Fall als normative Ressource zu qualifizieren ist, hängt auch von der Wahrnehmung des verantwortlichen Entscheiders ab. Nur was im Entscheidensprozess berücksichtigt wurde, war rückblickend eine normative Ressource.

Um die Problematik des Normeinsatzes im Entscheiden zu beleuchten, orientiert sich der Beitrag an vier Leitfragen: 1. Normen reichen manchmal als Ressource des Entscheidens nicht aus, wenn sie nicht integrativ genug sind und den zu entscheidenden Einzelfall nicht erfassen. Wie gehen die Akteure mit dieser Ambiguität um? 2. Wie werden Entscheidungsressourcen generiert, wenn Normen vor dem Auftreten des zu entscheidenden Falls fehlen? 3. Wie werden eigene vorangegangene Entscheidungen, die normierenden Charakter haben, als Ressourcen neuer Entscheidungen desselben Akteurs herangezogen? 4. Wie werden Äußerungen anderer, insbesondere autoritative Texte, als normative Ressourcen für aktuelle Entscheidensprozesse genutzt?

Der Beitrag ist aus einer interdisziplinären Gemeinschaftsarbeit von Judaistik, Rechtsgeschichte und mediävistischer historischer Forschung entstanden. Neben einem interdisziplinären Austausch haben wir uns auch interepochal über die Ressource der Normen verständigt. Verklammert durch die Figur des ›Entscheidens‹ haben wir Fallstudien durchgeführt, die sich auf ähnlich gelagerte Probleme mit normativen Ressourcen zurückführen lassen. Die Ergebnisse beanspruchen keine Allgemeingültigkeit für das jeweilige Fach oder die Epoche, sondern zeigen streiflichtartig den Umgang mit der Norm als Entscheidungsressource in ausgewählten Situationen.

Zunächst verdeutlicht Nicola Kramp-Seidel anhand von Beispielen aus der jüdischen Responsaliteratur des Mittelalters das Zurückgreifen auf normative Rechtstexte zur Rechtsentscheidung und das Entstehen einer Entscheidenssituation durch fehlende Regelfestsetzung. Maximiliane Berger erläutert eine Episode des Umgangs mit eigenen Normen bei Friedrich III., der sich innerhalb eines Jahres gleichsam als ›lernender Herrscher‹ mehrfach in Widerspruch zu seinen eigenen Privilegien begab. Schließlich beschäftigt sich Clara Günzl mit gerichtlichen Entscheidungssammlungen im frühen 19. Jahrhundert, die ihrerseits als Ressourcen für zukünftige Entscheidungen entdeckt wurden. Abschließend werden die Befunde aus den drei Fallbeispielen verglichen und Hypothesen und Anregungen für weitere Forschungen zusammengefasst.

11 Antrag SFB 1150 (wie Anm. 2), S. 19.

2. Jüdische Responsa – Rechtsableitung und Entscheiden ohne Norm

Im Folgenden werden zwei Responsa des im 13. Jahrhundert wirkenden Rechtsgelehrten Salomon Adret betrachtet, um zwei unterschiedliche Phänomene zu beleuchten. Zum einen soll gezeigt werden, wie stark Salomon Adret die bereits bestehenden Rechtstexte verwendet, um seine Entscheidung zu begründen, als nicht willkürlich darzustellen und als fest in den Rechtsvorstellungen verankert zu zeigen. Zum anderen wird erkennbar, wie erst aufgrund einer fehlenden eindeutigen Festlegung in normativen Rechtstexten eine Schwierigkeit aufkommt, die eine Entscheidung verlangt. Hierbei besteht das Problem darin, dass Salomon Adret zu einer Entscheidung gelangen soll und eben auf diesen Rechtskanon zurückgreifen muss, in dem keine Festlegung zu finden ist. Denn für einen Respondenten ist es wichtig zu zeigen, dass er im Einklang mit dem jüdischen Recht entscheidet.

In den Responsa können die Respondenten auf alle Quellen des jüdischen Rechts zur Untermauerung der eigenen Entscheidung zurückgreifen und damit aus einer Vielzahl an Werken schöpfen: So greifen Dezisoren nicht nur auf die klassische rabbinische Literatur – die Mischna, Tosefta und die Talmudim – zurück, sondern auch auf Kodifikationswerke nachtalmudischer Gelehrter, auf Kommentare und frühere Responsa.[12] Der Respondent muss somit nicht nur mit der Schwierigkeit umgehen können, die unterschiedlichen Rechtstexte zu kennen; bisweilen muss er auch zwischen zwei einander widersprechenden Rechtsauffassungen wählen.

In dem ersten, nun folgenden Fallbeispiel[13] greift Salomon Adret fast ausschließlich auf die Texte der klassischen rabbinischen Literatur zurück, die Mischna und den Babylonischen Talmud. Hierbei wird erkennbar, wie stark Salomon Adret die normativen Ressourcen verwendet, um seine Entscheidung im angefragten Fall begründen zu können. Zudem lässt sich durch die schließenden Ausführungen Adrets zeigen, dass sich dem Anfragenden sein rechtliches Problem auch aufgrund eines gewissen Mangels an Kenntnissen der rechtlichen Quellen stellt, auf die Salomon Adret zurückgreift.

Der Anfragende ist sich nicht sicher, ob es erlaubt ist, über gekochten Wein den Weihsegen zu sprechen. Denn er kennt ein Gebot aus dem Babylonischen Talmud aus BB 97a, das besagt, dass man den Weihsegen nur über einen Wein sprechen darf, der theoretisch dazu geeignet sei, auf dem Altar als Trankopfer ausgegossen zu werden. Nun ist der Anfragende sich nicht sicher, ob nicht gerade durch dieses Gebot gekochter Wein verboten wird.

12 Vgl. auch Regina Grundmann, Responsa als Praxis religiösen Entscheidens im Judentum, in: Wolfram Drews u. a. (Hg.), Religion und Entscheiden, Würzburg 2018 (im Druck).
13 Aharon Zaleznik u. a. (Hg.), She'elot u-Teshuvot ha-Rashba, 8 Teile in 5 Bänden, Jerusalem 1997–2005, Teil 1, Nr. 24.

Salomon Adret antwortet in diesem Responsum auf mehrgliedrige Art und Weise, um die Verwendung von gekochtem Wein beim Weihsegen zu erlauben, und zitiert zu diesem Zweck wiederholt aus normativen Quellen. Zunächst zitiert Adret weitere Passagen aus der vom Anfragenden angeführten Stelle, um deutlich zu machen, dass an der obigen Stelle nicht ausgesagt werden soll, nur genau der Wein sei für den Weihsegen vorgesehen, der auf dem Altar ausgegossen werden könne. Vielmehr solle die Formulierung in BB 97a-b Wein ausschließen, der einen schlechten Geruch aufweise und somit qualitativ schlechter sei. Die Stelle erlaube aber sehr wohl den Weihsegen dann, wenn der Status des Weins verbessert werde. Somit schließt Adret zunächst mit der Festlegung, dass deswegen gekochter Wein erlaubt sei, da ein Kochvorgang zu einer Verbesserung des Weins führe.

Um diese eigene Feststellung, gekochter Wein sei besserer Wein, nicht ohne weiteren Beleg stehen zu lassen, zitiert Salomon Adret drei Stellen, mithilfe derer er schlussfolgert, dass gekochter Wein besser sei. Zunächst nennt er die erste Mischna aus dem 11. Kapitel von Terumot, in der eine Meinungsverschiedenheit darüber besteht, ob Priesterabgabenwein gekocht werden dürfe. Denn es heißt dort: »Man kocht nicht Priesterabgabenwein, weil man ihn verringert [in seinem Maß].[14] Rabbi Jehuda erlaubt es, weil man ihn verbessert.« Anschließend arbeitet Adret mit dieser von ihm verwendeten Version heraus, dass beide Seiten gar nicht darüber diskutieren, ob der Wein qualitativ schlechter wird. Vielmehr gehe der Anhänger der ersten Rechtsmeinung davon aus, dass der Wein quantitativ abnehme. Daran anschließend zitiert Adret zunächst einen scheinbaren Widerspruch, da er auf ein Verbot in der sechsten Mischna des zweiten Kapitels von Terumot hinweist, dass man nicht von gekochtem Wein die Priesterabgabe für ungekochten Wein entrichten solle. Aus dieser Stelle könnte man zudem verstehen, dass sich gekochter Wein zum Nachteil verändere, denn dort heißt es:

»Man entrichtet die Hebe von dem nicht gekochten Wein für den gekochten Wein und man entrichtet nicht die Hebe von dem nicht gekochten Wein für den gekochten. Das ist die Allgemeinregel: Alles, was mit seinem Nächsten eine Verbindung aus zwei darstellt, gibt man nicht die Hebe von diesem für jenes, auch nicht vom Guten für das Schlechte. Aber bei dem, was mit seinem Nächsten nicht eine Verbindung aus zwei darstellt, gibt man die Hebe vom Guten für das Schlechte, aber nicht das Schlechte für das Gute.«[15]

Hiernach klingt es also so, dass eben nicht der gekochte Wein für den gekochten entrichtet werden darf, weil aus der Allgemeinregel ableitbar ist, dass Schlechtes nicht für Gutes dargebracht werden soll. Mithilfe eines Rückgriffs auf eine Stelle aus dem Jerusalemer Talmud des Traktates Terumot und Salomon Adrets da-

14 In der Mischna fehlt »in seinem Maß«. Aber beispielsweise ist diese Lesart im Kommentar des Ran zu Alfasis Sefer ha-Halakhot AZ 10a zu finden.

15 MTer 2,6.

zugehörigen Ausführungen wird der scheinbare Widerspruch aufgelöst; zudem kann Adret durch seine Erklärungen dieser Jerusalemer Talmud-Stelle herausarbeiten, dass hauptsächlich die Auffassung vertreten wird, gekochter Wein sei qualitativ besser als normaler Wein. Denn Adret zeigt anhand dieses Zitats, dass zwei Gelehrteninterpretationen für diese beiden, gerade zitierten Stellen bestehen. Laut der einen sind sich in beiden Mischna-Stellen die Gelehrten einig, dass der Wein sich verbessert. Gemäß der zweiten Interpretation vertritt zumindest die Mehrheitsmeinung diese Ansicht, der man sich dann anschließen sollte. Hierbei kommt eines der Entscheidungsprinzipien zum Tragen, dem zufolge man sich der Mehrheitsmeinung anschließen sollte.

Nachdem Adret damit seine vorherige Behauptung zur Verbesserung des Weins durch normative Quellen gestützt hat, zeigt er nun auf, dass schon in normativen Quellen die Erlaubnis zu finden ist, über gekochten Wein den Weihsegen zu sprechen. Adret zitiert aus dem Traktat Schabbat des Jerusalemer Talmuds, wonach man an Pesach die Pflicht der vier Becher mit gekochtem Wein ausübt. Da an Pesach über den ersten Becher der Weihsegen gesprochen wird, ist damit die Frage, ob dies rechtlich erlaubt ist, klar beantwortet. Adret hebt in seiner Schlussfolgerung auch noch einmal deutlich hervor, dass somit der Weihsegen über gekochten Wein gesprochen werden darf. Durch Adrets Zitierung dieser eindeutigen Stelle wird zudem ersichtlich, dass der Anfragende keine Kenntnis über alle normativen Texte besitzt. Denn aufgrund dieser Stelle ist die Frage an sich bereits obsolet geworden. Adret findet die Antwort auf die konkrete Frage hiermit genau in einer Quelle vor. Durch seine vorherigen Ausführungen und Erklärungen entkräftet Adret zudem mögliche Einwände, diese Stelle aus dem Jerusalemer Talmud habe keine rechtliche Relevanz, da sie der Passage aus BB 97 widerspreche. Obwohl Adret damit die zu entscheidende Frage bereits eindeutig beantwortet hat, beendet er hiermit nicht sein Responsum, sondern zeigt anschließend noch einmal mit Verweis auf normative Rechtstexte, dass man nicht nur den Weihsegen über den Wein spricht, den man genau auf dem Altar ausgießt. Damit schließt er auch einen Kreis, indem er noch einmal das Anfangsproblem aufgreift. Im weiteren Verlauf geht Adret nämlich auf eine Art von Wein ein, die laut dem Jerusalemer Talmud für den Weihsegen verwendet werden kann, damit aber nicht auf dem Altar ausgegossen worden wäre: nämlich Wein, in den Honig und Gewürze gemischt sind. Es wird an diesem Responsa-Beispiel somit ersichtlich, wie gekonnt Adret die verschiedenen normativen Texte schrittweise verwendet, um seine Ausführungen stichhaltig darzustellen.

Das zweite Beispiel[16] zeigt den Umgang mit einer Entscheidungssituation, die durch fehlende eindeutige Festlegungen in normativen Ressourcen entsteht. Das Responsum behandelt Vorschriften zum Pesachfest. Als wichtiger Hintergrund muss genannt werden, dass es an Pesach verboten ist, jegliches Gesäuertes zu besitzen. Die Festlegungen zu den Ausführungen, wie man Gesäuertes wegschafft

16 Zaleznik u. a., She'elot (wie Anm. 13), Teil 1, Nr. 224.

und wie man an Pesach verhindert, dass aus Versehen eine Säuerung verursacht wird, sind sehr ausführlich im Babylonischen Talmud festgehalten. Während die Ausführungen zur Vermeidung von Säuerungsprozessen an Pesach im Babylonischen Talmud sehr umfangreich sind, wird dort jedoch nicht die Frage beantwortet, ob man Salz in den Teig geben darf.

Dies ist nun die Frage, die den Anfragenden beschäftigt. Die Befürchtung des Anfragenden, die Zugabe von Salz in den Teig könnte verboten sein, ist vor allen Dingen einer Formulierung geschuldet, die besagt, dass Gesalzenes als Heißes anzusehen ist. Der Anfragende vermutet aufgrund dieser Formulierung, dass damit darauf angespielt werden könnte, dass das Gesalzene während des Erhitzens etwas säuern lassen könnte. Aus diesem Grund muss nun Salomon Adret eine Antwort auf diese Frage finden. Dabei besteht die Schwierigkeit, dass Adret auf jenen Rechtskanon zurückgreifen muss, der eben diese Regelung nicht genau festlegt. Haupttenor seiner Antwort ist, dass eine Zugabe von Salz erlaubt sein müsste, gerade weil es nicht explizit verboten wird. Er verweist auf ein anderes Gericht, bei dem im Babylonischen Talmud explizit ein Salzverbot in der Speise festgelegt wird. Seiner Ansicht nach müsste deswegen auch in dem anderen Fall das Verbot eindeutig geschildert werden. Daneben entkräftet Adret zudem die Befürchtung, aufgrund der im Babylonischen Talmud zu findenden Formulierung, Gesalzenes sei wie Heißes anzusehen, könnte man auf die Veranlassung eines Säuerungsprozesses schließen. Er verweist auf parallele Talmudstellen, in denen die gleiche Formulierung verwendet wird. Dort zielt sie darauf ab, andere Charakteristika, die bei Gesalzenem und Heißem identisch sind, herauszuarbeiten. Interessant ist, dass er in diesem Responsum nicht darauf eingeht, dass es auch Gelehrte gibt, die den Ansatz vertreten, dass man kein Salz in den Teig geben soll, und er sich nicht von dieser Meinung abgrenzt.[17] Vielleicht geht Adret deswegen nicht darauf ein, da der Anfragende dieses Problem selbst nicht angesprochen hat. Somit sieht er es in diesem Fall als ausreichend an, seine eigene Position zu belegen und als mit der Ansicht des jüdischen Rechts, hier insbesondere mit dem Babylonischen Talmud, vereinbar zu begründen.

17 Vgl. im Gegensatz dazu das Responsum in ebd., Teil 1, Nr. 455. Dort geht Salomon Adret darauf ein, dass es Gelehrte gibt, die das Zugeben von Salz in den Teig verbieten. In diesem Responsum wird aber auch in der Frage auf diejenigen eingegangen, die es verbieten, sodass Adret sich hier von dieser Meinung abgrenzen muss. Ansonsten argumentiert er hier ähnlich und verweist auf das Verbot im Babylonischen Talmud, in die andere Speise kein Salz zu geben. Auch im Responsum in Teil 1, Nr. 455 argumentiert Adret, nur genau diese besondere Speise und keine andere sei gemeint. Somit begründet er in diesem Responsum ebenfalls die Erlaubnis, Salz in den Teig zu geben, mit einem fehlenden Verbot im Babylonischen Talmud.

3. Spätmittelalterliche Privilegien – Norm gegen Norm

Anhand eines Rechtsfalls[18] aus dem spätmittelalterlichen Reich beobachten wir Kaiser Friedrich III., die höchste normsetzende Instanz[19] des politischen Gefüges, bei der Erzeugung und Auflösung sich widersprechender Normen. Letztere bilden – geht man von der Norm als Verhaltensregel mit Anspruch auf Verbindlichkeit aus – scheinbar ein klassisches Entscheidungsproblem: Entweder so oder anders, die gleichzeitige Durchsetzung beider Normen funktioniert nicht. Zu dem Widerspruch kam es zunächst, da – anders als in den anderen in dieser Studie behandelten Beispielen – schriftlich vorhandene, eigene Normen als Grundlage des weiteren Vorgehens nicht herangezogen wurden. Eine nachträgliche Lösung war aus dem Normeninhalt nicht möglich. Man verlegte sich zur Entscheidungsfindung erst auf ein äußeres Kriterium der schriftlichen Normen, konstruierte dann jedoch im rechten herrscherlichen Willen eine übergeordnete, unsichtbare Norm, die gleichzeitig erlaubte, realpolitische Erwägungen zu bedienen.

Worum drehte sich dieser Normenkonflikt? Ausgangspunkt des in den Jahren 1468/1469 verhandelten Rechtsfalls war die Gewährung eines Neujahrsmarktprivilegs, einer bedeutenden wirtschaftlichen Strukturmaßnahme. Halle an der Saale besaß bereits ein solches Privileg,[20] als die im benachbarten Sachsen

18 Die Geschichte dieses Falles ist aufgearbeitet bei Elfie-Marita Eibl, Kaiser Friedrich III. (1440–1493) und die Wettiner. Aspekte des Verhältnisses Zentralgewalt – Fürsten in einer königsfernen Landschaft, in: Neues Archiv für sächsische Geschichte 71 (2000), S. 27–51, hier S. 42–45. Die folgenden Bemerkungen bewegen sich auf der Textebene der Urkunden, also des Erscheinungsbildes der Normen, und wollen als solche nichts über die zugehörigen Entscheidensprozesse am Kaiserhof oder die Taktiken und Intentionen der beteiligten Akteure aussagen. Gefragt wird lediglich nach den innerhalb der gesetzten Norm verwendeten Darstellungstechniken und ihrem Bezug zum vorliegenden Entscheidungsproblem.

19 Normsetzung hier verstanden gemäß der Definition von Rechtsetzung bei Karl-Friedrich Krieger, Die Lehnshoheit der deutschen Könige im Spätmittelalter (ca. 1200–1437), Aalen 1979, S. 483–484, die sowohl allgemeine wie Einzelfallregelungen, sowohl vereinbarte wie einseitig herrschaftlich gesetzte Normen einschließt.

20 Privilegierung des traditionellen Hallenser Neujahrsmarktes durch Kaiser Friedrich III. vom 25. Mai 1464: Elfie-Marita Eibl, Regesten Kaiser Friedrichs III. (1440–1493). Nach Archiven und Bibliotheken geordnet, H. 11: Die Urkunden und Briefe aus den Archiven und Bibliotheken des Freistaates Sachsen, Wien 1998, Nr. 349. Halle gehörte zum Erzbistum Magdeburg, liebäugelte jedoch mit der Erlangung der Reichsunmittelbarkeit und hatte sich im 15. Jahrhundert in eine Position maximierter politischer Unabhängigkeit gehangelt, in der man sich je nach Situation an den Stadtherren oder den Kaiser wandte: Eberhard Holtz, Politische Kräfte und politische Entwicklungen in Mitteldeutschland während des 14./15. Jahrhunderts, in: Peter Moraw u. a. (Hg.), Akkulturation und Selbstbehauptung. Studien zur Entwicklungsgeschichte des Landes zwischen Elbe / Saale und Oder im späten Mittelalter, Berlin 2001, S. 287–309. Somit betraf jede kaiserliche Norm nicht nur das künftige Verhalten der Stadt, sondern auch die Balance zwischen Kaiser und Stadtherr.

liegende Stadt Leipzig ebenfalls eines erhielt.[21] Nun gab es in nächster Nachbarschaft zwei Neujahrsmärkte, beide durch Friedrich III. bestätigt, die sich gegenseitig die Geschäfte verdarben – eine Situation, die die Stadt Halle protestieren ließ. Sie konnte mit einer Bestimmung ihres Privilegs arbeiten, die weitere, zeitgleiche Märkte im Umkreis verbot. Dass sich beide kaiserlichen Bestätigungen in dieser Sache als Alternativen darstellten, wurde erst in dieser Situation offenbar. Der erste kaiserliche Beschluss war wohl als Norm für den zweiten nicht herangezogen worden. Innerhalb nur wenig mehr als eines Jahres bekräftigte Friedrich III. in der Folge des Hallenser Protestes zunächst seine Erneuerung des Leipziger Marktes, lud jedoch für Februar 1469 zu einem Gerichtstag,[22] einer Entscheidung auch nach damaligem Sprachgebrauch. Das Ergebnis erging in Form dreier kaiserlicher Schreiben[23] Ende Mai 1469: Das ältere Recht der Stadt Halle müsse gewahrt werden, der Neujahrsmarkt in Leipzig sei einzustellen. Hierauf jedoch protestierten die sächsischen Herzöge, diese Regelung schädige die sächsische Wirtschaft und namentlich ihre Einnahmen. Kaum drei Monate nach dem Entscheid zugunsten Halles ergingen abermals kaiserliche Urkunden:[24] Der Neujahrsmarkt in Leipzig habe seine Gültigkeit, man möge denjenigen in Halle einstellen.

Wie ging der Kaiser als Urheber sämtlicher Privilegien argumentativ mit diesen Kehrtwendungen um, mit der Aufhebung seines eigenen, eben promulgierten Entscheids? Die folgenden Überlegungen setzen auf der Ebene der innerhalb der Normtexte verwendeten Darstellungstechniken und ihres Bezugs zum vorliegenden Entscheidungsproblem an. Die Bausteine der Entscheidungssituation, die ursprünglichen Privilegien, sind als geradlinige kaiserliche Gnadenerweise[25] gerahmt. Über die Argumentationsstrategien auf dem Gerichtstag ist leider nichts bekannt. Doch die im Anschluss ausgehenden Urkunden für Halle ziehen ein außerhalb der Normbestimmungen liegendes Kriterium heran, indem sie bei dieser Kollision kaiserlicher Normen die ältere stärker gewichteten. Die kaiserliche Kanzlei brachte solch ein Entscheid dennoch in Erklärungsnöte, da die andere kaiserliche Norm ohne Gesichts- und Autoritätsverlust für unrecht-

21 Während des 15. Jahrhunderts blühte die Handels- und Universitätsstadt Leipzig als Wirtschaftsmotor Mitteldeutschlands auf. Privileg des sächsischen Herzogs Friedrich II. vom 1. November 1458: Karl Friedrich von Posern-Klett (Hg.), Urkundenbuch der Stadt Leipzig, Bd. 1, Leipzig 1868, Nr. 331. Die Nachfolger Friedrichs II., Ernst und Albrecht von Sachsen, suchten ihrerseits die enge Anlehnung an das Kaisertum und baten nach dem Tod ihres Vaters um kaiserliche Bestätigung des Leipziger Privilegs, die ihnen Kaiser Friedrich III. am 29. Januar 1466 gewährte: ebd., Nr. 398; Eibl, Regesten (wie Anm. 20), Nr. 363.

22 Eibl, Friedrich III. und die Wettiner (wie Anm. 18), S. 43.

23 Posern-Klett, Urkundenbuch (wie Anm. 21), Nr. 427–429.

24 Ebd., Nr. 432–434.

25 Im Falle der Bestätigung für Leipzig von 1466 stellt die Betonung der »dimuticlich bete« (ebd., Nr. 398) Albrechts von Sachsen wie auch seiner persönlich am kaiserlichen Hof geleisteten Dienste diesen Aspekt unmissverständlich heraus.

mäßig erklärt werden musste.[26] Das Problem verschärfte sich noch, als nach intensiver Lobbyarbeit der Sachsenherzöge keine drei Monate später erneut Leipzig der Neujahrsmarkt zuzusprechen war. Diese zweite Kehrtwendung wurde nun nicht mehr in normformalen Senioritätsgründen verankert, sondern in wirtschafts- und friedenspolitischen Sachgründen außerhalb beider Normen.

Beide Male scheinen vor allem zwei Strategien auf: das Argumentieren mit Korrekturen der Informationslage und die Konstruktion einer Leitinstanz im rechten kaiserlichen Willen. Beide greifen ineinander.

Bereits im ursprünglichen Privileg für Leipzig wird betont, Friedrich III. erteile es »mit wolbedachtem mute, gutem rate und rechter wissen«.[27] Eine Standardformel, doch deshalb nicht ohne Bedeutung und Untiefen. Die Entscheidung für Halle tut Leipzigs Privileg als Briefe ab, die »doch von uns auff anbringen und mit versweigung solicher alten herbrachten gerechtikeitt des gemelten ewers iarmarckts erlangt und außgegangen sein sollen«.[28] Diese Formulierung macht unter anderem deutlich, dass der Kaiser in seinen Bescheiden von der Qualität und Vollständigkeit der ihm zugetragenen Informationen abhängig war. Bei perfekter Informationslage, so die Implikation, würde der kaiserliche Wille auch den perfekten Normbeschluss fassen. Gerichtstag und formale Entscheidung wurden erst aufgrund der Folgen dieses Informationsmangels nötig; doch nun sei der Kaiser »warlich und glaublich underricht«.[29]

Friedrichs III. zweite Kehrtwendung arbeitete mit ähnlichen Argumenten. Albrecht von Sachsen habe ihm nun die eigentliche Lage der Angelegenheit zu

26 Die Meinungen darüber, ob Umentscheidungen die Rechtsautorität des Reichsoberhauptes schädigten, gehen auseinander. Ich gehe hier zumindest von einem erhöhten Rechtfertigungsbedarf, einer Notwendigkeit für Erklärungen, aus, da die in der Folge ergangenen kaiserlichen Schreiben sich eben nicht mehr als kommentarlose, schlichte Setzungen präsentieren. Ein hartes Urteil über königliche Umentscheidungen bei Krieger, Lehnshoheit (wie Anm. 19), S. 555: »Die hier zum Ausdruck kommende Prinzipienlosigkeit erscheint dabei als ein weiteres Symptom für die bereits in anderem Zusammenhang beobachtete grundsätzliche Scheu des spätmittelalterlichen Königtums, für seine Handlungen die volle rechtliche Verantwortung zu übernehmen, was über kurz oder lang zu einem empfindlichen Verlust an Rechtsautorität führen mußte, dessen negative Auswirkungen sich auch durch politische oder fiskalische Augenblicksgewinne auf die Dauer gesehen nicht kompensieren ließen.« Gegenteilige Meinung bei Eberhard Isenmann, König oder Monarch? Aspekte der Regierung und Verfassung des römisch-deutschen Reichs um die Mitte des 15. Jahrhunderts, in: Rainer C. Schwinges u.a. (Hg.), Europa im späten Mittelalter. Politik – Gesellschaft – Kultur, München 2006, S. 71–98, S. 87: »Da der Kaiser – wie der Papst – angesichts einer weitgestreckten Raumherrschaft bei seinen Entscheidungen wesentlich vom Wahrheitsgehalt und von der Vollständigkeit der erforderlichen rechtserheblichen Informationen abhängig war, welche ihm die impetrierenden Personen vortrugen, bedeutete es für ihn keine Einbuße an Autorität, wenn er seine Verfügungen annullierte, falls es sich später bei Einwendungen von Betroffenen herausstellte, daß sie auf falscher Unterrichtung beruhten.«

27 Posern-Klett, Urkundenbuch (wie Anm. 21), Nr. 398.

28 Ebd., Nr. 427.

29 Ebd., Nr. 428.

erkennen gegeben, sodass es nun erst möglich sei, »nach zeittigem rat, aus gutter bewegnuss und rechter wissen«,[30] den Neujahrsmarkt sachgemäß festzulegen. Vorher sei Friedrich »darinn [...] dann gestalt grund und gelegenheit der sachen nicht gennczlich underricht gewesen«.[31] Die kaiserliche Urkunde geht noch weiter, indem sie eine weitere Informationslücke innerhalb der kaiserlichen Zentrale zugibt: Da ist die Rede von Hallenser Privilegien, »so villeicht von uns erworben wurden«,[32] und gar »on unser sonnder beuelhnuss ausgangen seinn«.[33] Der Kaiser persönlich ist der Quell der Normen, über und gegebenenfalls unabhängig von seiner Kanzlei. Im argumentativen Gang dieser Urkunden erscheint Friedrich III. also als lernender Herrscher auf dem Weg zu perfekter Information. Nur dann ist es auch möglich, von vornherein nach dem eigentlichen kaiserlichen Willen zu handeln, denn jede ohne vollkommene Information erlassene Regelung ist, so die Formulierung, »unser keyserlich meynung und wille nie gewesen und noch nit ist«.[34] Dieser rechte Wille dient dem Kaiser im Wirrwarr – von ihm selbst erzeugter – schriftlicher Setzungen als konstante höchste Norm jenseits der Einzelnormen.[35] Ihn gilt es zu finden, ihm zu folgen, vor allem wenn die schriftlichen Normen zu keinem befriedigenden Ergebnis geführt haben. Im vorliegenden Fall wird argumentativ die Lücke zwischen diesem konstant das Rechte erstrebenden Willen und dem tatsächlichen Informationsstand zur Voraussetzung der kaiserlichen Umentscheidungen. Gleichzeitig rahmt die Festlegung des rechten Herrscherwillens als übergeordnete Richtgröße jede aus ihr gespeiste schriftliche Regelung eben nicht als Entscheidung, sondern als klar folgerichtige, rational[36] ableitbare Implementierung.

Zum Abschluss ein Wort zur Lage vor Ort: Beide Städte hielten weiterhin ihre Neujahrsmärkte ab. Nach der heißen Phase kaiserlicher Entscheidungen zeigte sich die Situation unverändert; es blieb bei einer stillschweigenden Koexistenz konfligierender kaiserlicher Setzungen.[37] Normen wurden in diesem Beispiel nicht in erster Linie zur Lösung von Entscheidungssituationen eingesetzt, sondern führten überhaupt erst dazu, dass ein Entscheiden verlangt werden konnte.

30 Ebd., Nr. 432.
31 Ebd.
32 Ebd.
33 Ebd.
34 Ebd., Nr. 427 f.
35 Zu impliziten normativen Leitvorstellungen spätmittelalterlicher Herrscher, die teilweise den Weg zu schriftlicher Erwähnung in Urkundentexten fanden, vgl. Reinhard Schneider, Implizite Normen königlichen Handelns und Verhaltens. Herrschaftspraxis in Abhängigkeit von ungeschriebenen Leitvorstellungen, in: Doris Ruhe / Karl-Heinz Spieß (Hg.), Prozesse der Normbildung und Normveränderung im mittelalterlichen Europa, Stuttgart 2000, S. 203–216.
36 Hier verwendet im ökonomischen Sinne einer Berechenbarkeit des richtigen Kurses.
37 Eibl, Friedrich III. und die Wettiner (wie Anm. 18), S. 44–45. Auch zwei spätere kaiserliche Kommissionen zur Lösung der Frage an Kurfürst Friedrich II. von Brandenburg und Herzog Otto von Braunschweig führten nicht zur Durchsetzung einer Entscheidung für einen der Märkte.

Dass dies auch geschah, ist hier in gewisser Weise ein Unfall, eine Störung der für die normsetzende Instanz angenehmen Situation breitestmöglicher Interessenbefriedigung[38] durch den Bruch der *decisio*, die in den folgenden Privilegien dann auch textlich wieder zum Verschwinden gebracht wurde.

4. Moderne Gerichtsentscheidungen – Dialog der höchsten Gerichte

Die richterliche Begründungspflicht für Zivilurteile gegenüber den Parteien ist jung:[39] Erst im ausgehenden 18. und frühen 19. Jahrhundert führten die Herrscher der deutschen Territorien eine gesetzliche Begründungspflicht für Zivilurteile gegenüber den Parteien ein.[40] Doch neben Kläger und Beklagtem erfuhr auch die Öffentlichkeit die Gründe aus gedruckten Sammlungen.[41] Die Beurteilung einzelner Fälle durch den entscheidenden Spruchkörper wurde damit in Wissenschaft und Praxis zur Diskussion gestellt.

So konnten bereits ergangene Urteile als autoritative Texte unterstützend neben dem anwendbaren Recht herangezogen werden und stellten daher eine neue normative Ressource dar. Besondere Bedeutung kam dabei erstmals überregionalen Zeitschriften zu. Allen voran begleitete das »Archiv für Entschei-

38 »Much, perhaps most, legislation represented the hopes, rather than the expectations, of rulers and governments.«, John L. Watts, The Making of Polities. Europe, 1300–1500, Cambridge 2009, S. 218. Im Hallenser wie auch im Leipziger Fall hatte Friedrich III. durch die ursprüngliche Gunstgewährung politische Bindungen enger geknüpft: zu einer Stadt, deren direkte Bindung an das Reichsoberhaupt dadurch gefördert wurde, wie auch zu zwei der zentralen (Kur-)Fürsten des Reiches.

39 Zuvor standen nur die Entscheidensmaterialien zur Verfügung, dazu immer noch maßgeblich Heinrich Gehrke, Die privatrechtliche Entscheidungsliteratur Deutschlands, Frankfurt a. M. 1974; Wolfgang Ernst, Rechtserkenntnis durch Richtermehrheiten, Tübingen 2016, S. 173 weist darauf hin, dass Entscheidungen auch vorher begründet im Sinne von durchdacht waren und betont: »Die historische Entwicklung betrifft nur die Frage, ob die zugrunde liegende Deliberation lediglich für die Mitrichter ausgesprochen wird, […] oder ob sie den Parteien mitgeteilt oder gar für die Öffentlichkeit publiziert wird«.

40 Zur Diskussion um die Einführung der Begründungspflicht vor dem Hintergrund der Aufklärung Stephan Hocks, Gerichtsgeheimnis und Begründungszwang. Zur Publizität der Entscheidungsgründe im Ancien Régime und im frühen 19. Jahrhundert, Frankfurt a. M. 2002; die Normen zur Einführung der Begründungspflicht sind bei Rainer Sprung, in: Ders. (Hg.), Die Entscheidungsbegründung in europäischen Verfahrensrechten, Wien 1974, S. 43–62 aufgeführt.

41 Heinz Mohnhaupt, Sammlung und Veröffentlichung von Rechtsprechung im späten 18. und 19. Jahrhundert in Deutschland. Zu Funktion und Zweck ihrer Publizität, in: Friedrich Battenberg / Filippo Ranieri (Hg.), Geschichte der Zentraljustiz in Mitteleuropa. Festschrift für Bernhard Diestelkamp zum 65. Geburtstag, Weimar 1994, S. 403–420, hier S. 410 beschreibt die Verfahrens- und Entscheidungsöffentlichkeit als »zweidimensional«, weil zur Sphäre des individuellen Parteienstreites ein politischer, gesamtgesellschaftlicher Rahmen hinzutritt.

dungen der obersten Gerichte in den deutschen Staaten« ab 1847 die praktische Arbeit über Jahrzehnte hinweg.[42] Johann Adam von Seuffert, ein pensionierter Appellationsrichter,[43] gründete die Sammlung, in der zivilrechtliche und zivilprozessrechtliche Fälle der höchsten Gerichte jährlich erschienen. Das Material lieferten wiederum Sammlungen der höchsten Gerichte der Staaten[44] und teilweise Richter, die Entscheidungen einsandten. Aus den meist schon für ein juristisches Publikum gedruckten Urteilen schrieben die Redakteure[45] des beliebten Archivs Entscheidungen ab. Sie formulierten dabei einige Passagen um, kürzten und fügten Überschriften ein. Die redaktionellen Veränderungen führten unweigerlich zu einer Komplexitätsreduktion. Zugleich konnten aber andere Gerichte mithilfe einer einzigen Zeitschrift auf verschiedene gerichtliche Autoritäten zugreifen, ohne gleich mehrere höchstrichterliche Entscheidungssammlungen einzeln konsultieren zu müssen. Dieses Angebot veränderte die Praxis.

Ein Beispiel mag veranschaulichen, wie Entscheidungen anderer Gerichte als normative Ressourcen für neue Entscheidungen genutzt wurden:

Der Fall ist in »Seuffert's Archiv« aus dem Jahr 1863 abgedruckt.[46] Es geht hier also um die rechtlichen Ausführungen, die der juristischen Öffentlichkeit in der Zeitschrift präsentiert wurden. 1862 gelangte danach eine Verlöbnisklage vor das Oberappellationsgericht (OAG) Darmstadt. Bei Seuffert ist zu lesen, dass die Klägerin von ihrem Verlobten forderte, das Verlöbnis durch Trauung vollziehen zu lassen, hilfsweise ihr eine Entschädigung zu zahlen. Der beklagte Verlobte bestritt die Verlobung nicht, trug aber vor, die Klägerin habe »bei verschiedenen Personen erklärt, sie sey schwanger«. Das berechtige ihn, die Vollziehung der Ehe zu verweigern, denn »eine fleischliche Vermischung« zwischen ihm und der Klägerin habe nicht stattgefunden.[47] Sie habe also entweder mit einem Dritten geschlechtlich verkehrt oder sei gar nicht schwanger; »unter allen

42 Konrad Kruis, Licht aus Franken im Vormärz. Der Rechtsgelehrte und Politiker Johann Adam Seuffert; ein Porträt, Regensburg 2012; ergänzend zur besonderen Bedeutung dieser Sammlung Hans-Peter Haferkamp, Rezension zu Konrad Kruis, in: Zeitschrift der Savigny-Stiftung für Rechtsgeschichte, Germanistische Abteilung 130 (2013), S. 586–588; auch in der internationalen Forschung ist »Seuffert's Archiv« als wesentliche Quelle für die Praxis anerkannt, vgl. nur Willem Zwalve / Corjo Jansen, Publiciteit van Jurisprudentie, Deventer 2013, S. 286.

43 Zu ihm außerdem Karl Theodor von Heigel, Seuffert, Johann Adam v., in: Allgemeine Deutsche Biographie, hg. v. der Historischen Kommission bei der Bayerischen Akademie der Wissenschaften, Bd. 34, Leipzig 1892, S. 58–64; Andreas Quentin, Johann Adam von Seuffert (1794–1857), in: Ders. (ViSdPR), In Stein gehauene Rechtsgeschichte aus zwei Jahrtausenden, Oberlandesgericht Nürnberg 2008.

44 Vorwiegend heißen sie Oberappellationsgerichte, das Preußische Geheime Obertribunal und der Rheinische Kassations- und Revisionshof bilden hiervon Ausnahmen.

45 Ob Seuffert allein Entscheidungen sammelte oder weitere Redakteure beschäftigte, ist nicht bekannt.

46 Johann Adam Seuffert (Hg.), Archiv für Entscheidungen der obersten Gerichte in den deutschen Staaten, Bd. 16, München 1863, Nr. 50, S. 90–93.

47 Ebd., S. 90.

Umständen – also wenn die Klägerin sich einem Dritten nicht hingegeben – brauche der Beklagte eine Braut nicht zu heirathen, die von sich selbst erzähle, daß sie schwanger sey, und hiemit an den Tag lege, daß sie auf die Frauenehre nichts halte, sich nicht entblöde, sich selbst zu beschimpfen.«[48] Der Verlobte meinte also, die Äußerung der Klägerin berechtige ihn in jedem Fall, vom Verlöbnis zurückzutreten. Die Klägerin bestand aber darauf, ihr Verlobter habe sie geschwängert.

Das Gericht fragte sich zunächst, ob die Schwangerschaft der Braut bereits als Einrede des Bräutigams gegen die Vollziehung der Ehe genüge. Dann wären keine weiteren Beweise mehr nötig gewesen, um die Klage der Frau abzuweisen. Denn die Schwangerschaft war unstreitig.

Für die strenge Ansicht, nach der die Schwangerschaft genügt, um eine Verlobung entschädigungslos zu lösen, verwies das OAG auf Entscheidungen von zwei anderen höchsten Landesgerichten, die ihrerseits auch in »Seuffert's Archiv« abgedruckt sind. Die Verweise sind in gleicher Weise wie andere normative Ressourcen, etwa Gesetzesstellen oder Auszüge aus der Lehrbuchliteratur,[49] eingerückt und damit schon formal deutlich herausgestellt. Zum einen bezieht sich das Gericht auf die Entscheidung in Bd. 9 Nr. 37 des OAG zu Lübeck in einem Bremer Rechtsfall von 1845,[50] zum anderen auf zwei Entscheidungen in Bd. 6 Nr. 210 des herzoglich nassauischen OAG zu Wiesbaden von 1839 und 1842.[51]

Eine argumentative Auseinandersetzung mit beiden Vorentscheidungen findet nicht statt. Pauschal stellt das OAG Darmstadt die beiden Gerichte als Vertreter einer strengen Ansicht dar. Bei einer inhaltlichen Überprüfung zeigt sich hingegen, dass zumindest die Ansicht des OAG Lübeck[52] eine differenziertere war: Zwar liege »in dem Schwangerwerden einer Unverehelichten, namentlich einer Verlobten, schon der Beweis einer Unsittlichkeit derselben [...], nur daß allerdings der Bräutigam, wenn dieser Zustand von ihm selbst herbeigeführt ist, daraus keine Rechte ableiten kann.«[53] Entgegen der Behauptung des OAG Darmstadt vertrat man in Lübeck nicht die Ansicht, die Schwangerschaft sei ein Grund, die Verlobung zu lösen, sondern knüpfte an die Untreue gegenüber dem Verlobten an. Eine »Unsittlichkeit«, die dem Verlobten gleichfalls vorzuwerfen

48 Ebd., S. 91.

49 In dieser Entscheidung verweisen die Richter auf die Lehrbücher von Grolman, Glück und Schott, ebd., S. 92.

50 Seuffert, Archiv für Entscheidungen (wie Anm. 46), Bd. 9, Nr. 37, S. 50–51.

51 Ebd., Bd. 6, Nr. 210, S. 282–284; in diesem Eintrag sind zwei Entscheidungen desselben Gerichts zusammengefasst.

52 Zum OAG Lübeck als ›gelehrtem Gerichtshof‹ schon zeitgenössisch Rudolf von Jhering, Agathon Wunderlich. Ein Nachruf, in: Ders. u. a. (Hg.), Jahrbücher für die Dogmatik des heutigen römischen und deutschen Privatrechts, Bd. 17, Jena 1879, S. 145–157, hier S. 156; ausführlich zum Gericht und seiner Arbeitsweise Nora Tirtasana, Der gelehrte Gerichtshof. Das Oberappellationsgericht Lübeck und die Praxis des Zivilprozesses im 19. Jahrhundert, Wien 2012.

53 Seuffert, Archiv für Entscheidungen (wie Anm. 46), Bd. 9, Nr. 37, S. 51.

ist, genügte nicht. Im Bremer Fall vor dem OAG Lübeck allerdings verlor die Verlobte gleichwohl ihren Prozess, denn die Klägerin wurde verurteilt, zu beweisen, dass »ihre Schwangerschaft vom Beklagten selber herrühre«[54] – ein Beweis, der schwierig zu erbringen war.

Doch mit diesen Details beschäftigten sich die Richter in Darmstadt nicht. Sie nutzten die bei Seuffert zitierten Fälle der Lübecker und Wiesbadener Räte, um dieser angeblichen Rechtsansicht entschieden entgegenzutreten. Zunächst verwiesen sie auf ihre eigenen vorangegangenen Entscheidungen in ähnlichen Fällen, die sie mit diesem Urteil erneut bestätigten. Danach sei die außereheliche Schwangerschaft zwar eine Unsittlichkeit, jedoch berechtige sie den Bräutigam nicht zum Rücktritt, wenn er »der Autor [war], ihm gegenüber also die Treue nicht gebrochen ist.«[55] Nur wenn die Verlobte »die Verlöbnißtreue durch Geschlechtsumgang mit einem andern Mann gebrochen habe«, bestehe ein Rücktrittsrecht.

Letztlich entschied das OAG Darmstadt folgerichtig zugunsten der Klägerin. Der Beklagte musste sie heiraten oder entschädigen, sofern er nicht nachweisen konnte, »daß sie geschlechtlichen Umgang mit einem Andern als dem Beklagten gepflogen hatte«. Nur durch den Beweis ihrer Untreue konnte der Beklagte noch gewinnen. Das Gericht legte in seiner Entscheidung dem Mann die Beweislast auf. Wesentlicher Unterschied zu der Entscheidung des OAG Lübeck ist diese Beurteilung der Beweislastfrage.

Obwohl das OAG scheinbar materiell-rechtlich nicht den anderen höchstgerichtlichen Entscheidungen folgte und stattdessen seine eigene, ebenfalls schon veröffentlichte Meinung, weiter vertrat, zog es die Entscheidungen aus anderen Bundesstaaten heran, in denen sehr ähnliche Sachverhalte zu beurteilen waren. Das OAG trat über diese normative Ressource der Vorentscheidungen in ähnlichen Fällen in einen Dialog mit anderen Gerichten. Sie wurden jedenfalls als Autoritäten anerkannt, mit deren Meinung man sich kritisch auseinanderzusetzen hatte.[56] Das ist durchaus nicht selbstverständlich, wenn man bedenkt, dass es kein einheitliches Recht in den verschiedenen Staaten gab. Alle Oberappellationsgerichte waren die höchste Instanz im jeweiligen Staat und daher nicht gehalten, die Rechtsprechung anderer Gerichte zu übernehmen. Einheitliche Rechtsanwendung war im gesamtdeutschen Raum nicht staatlich vorgegeben oder erstrebt. Dennoch berücksichtigten die Oberappellationsgerichte andere höchstrichterliche Urteile bei ähnlichen Streitfragen. Dieser Befund besteht unabhängig davon, ob die anderen Gerichte – in diesem Fall das OAG Lübeck –

54 Ebd., S. 50.

55 Ebd., Bd. 16, Nr. 50, S. 92.

56 Thomas Duve, Überlegungen zur heuristischen Kraft des Autoritätsbegriffs für die Neuere Privatrechtsgeschichte. Mit der Autorität gegen die Autoritäten?, in: Wulf Oesterreicher u. a. (Hg.), Autorität der Form – Autorisierungen – institutionelle Autoritäten, Münster 2003, S. 239–256, der einen Bedeutungszuwachs relativer Autoritäten mit der gewachsenen Verfügbarkeit autoritativer Texte in Verbindung bringt, allerdings für die Frühe Neuzeit.

tatsächlich in der unterstellten Weise geurteilt hatten. Relevant war die Darstellung nach außen.

Die Herausgeber von Rechtsprechungssammlungen formulierten explizit das Ziel der einheitlichen Rechtsanwendung.[57] Im Vorwort vieler Sammlungen wird sie als Motiv der Publikation genannt, so auch bei Seuffert.[58] Kaum verhohlen bezeichnet er seine Herausgebertätigkeit als »germanistische That«.[59] Der politische Bezug zum Vormärz ist dabei greifbar. Vermittelt durch überregionale Zeitschriften sollen die Gerichte über Staatsgrenzen hinweg zu einer gesamtdeutsch-einheitlichen Rechtsanwendung beitragen.

Die Wirkung gegenseitiger Anerkennung durch Erwähnung im Urteil verstärkt sich mit der Existenz eines überregionalen Mediums. Spannend ist hierbei, dass die Gerichte einander nicht nach ihren jeweiligen Sammlungen zitieren, sondern direkt auf »Seuffert's Archiv« zurückgreifen. Diese Zitierweise lässt sich bis in die Relationen der Gerichte zurückverfolgen.[60] Abgekürzt wird die gängige Sammlung durchgehend mit dem Namen des ersten Herausgebers und Begründers als »Seuffert's Archiv«. Höchstwahrscheinlich kannten die Referenten die Begründungen der in Bezug genommenen Entscheidungen ebenfalls nur aus diesem Periodikum. Die Zeitschrift wird damit selbst zu einer normativen Ressource künftiger Entscheidungen.

5. Schlussbemerkung

Welche Perspektiven lassen sich aus diesen Fallstudien im Hinblick auf die eingangs aufgeworfenen Leitfragen gewinnen? In den Beispielen treten Normen stark unterschiedlicher Integrativität in Erscheinung, von der Einzelfallregelung des spätmittelalterlichen Privilegs über die abstrakte Systematik des neuzeitlichen Zivilrechts bis zum gleichsam unbegrenzt dehnbaren herrscherlichen Willen. In allen drei Beispielen wird ein Bemühen um Passgenauigkeit der Abstraktionsebene zur Lösung des Entscheidungsproblems erkennbar. Gefragt nach dem Weihsegen bei gekochtem Wein, verwendet Salomon Adret normzitatgestützte Suggestion, um eine Ableitung auch von unklaren Normen aufzuzeigen. Der Fall aus dem spätmittelalterlichen Reich, in dem eine möglichst offene, abstrakte Norm gesucht wird, um ein Entscheidungsproblem zwischen Einzelfallregelungen zu lösen, kann unter dieser Perspektive mit dem Bestreben des OAG Darmstadt kontrastiert werden, sich gegenüber einem allgemeinen Normen-

57 Heinz Mohnhaupt, Rechtseinheit durch Rechtsprechung? Zu Theorie und Praxis gerichtlicher Regelbildung im 19. Jahrhundert in Deutschland, in: Claes Peterson (Hg.), Juristische Theoriebildung und Rechtliche Einheit. Beiträge zu einem rechtshistorischen Seminar in Stockholm im September 1992, Stockholm 1993, S. 117–143, hier S. 140.

58 Seuffert, Archiv für Entscheidungen (wie Anm. 46), Bd. 1, S. VIII.

59 Ebd.

60 Siehe nur die Akte Staatsarchiv Hamburg 211–3_HI 1242 Acta in Sachen Schäuffler vs. Erben Voigts.

system durch Einzelfallentscheidungen anderer Gerichte rückzuversichern, auch wenn diesen inhaltlich nicht gefolgt wird.

Fehlen Normen vor dem Auftreten des zu entscheidenden Falls und soll die Entscheidungssituation mit Hilfe von Normen gelöst werden, kann eine normative Ressource in Form eines Abstraktionsschrittes, einer größeren Distanz des Entscheiders von vorhandenen Texten generiert werden. Es lag keine eindeutige Norm vor, die die Frage beantwortete, ob Salz in den Mazzenteig gegeben werden dürfe oder nicht. Der Respondent argumentiert daher auf einer metatextlichen Ebene mit gerade dieser Absenz: Nicht verboten ist auch erlaubt. Er suggeriert, dass nach wie vor innerhalb des Rahmens der Rechtsvorstellung entschieden wird. Ähnlich wird auf dem spätmittelalterlichen Rechtstag der aus den Texten heraus nicht lösbare Normenkonflikt nicht unter Heranziehung eines weiteren Normtextes, sondern des metatextlichen Kriteriums der Seniorität zu lösen versucht. In beiden Fällen bleibt die Verbindung zu vorhandenen Normentexten gewahrt. Jedoch erfolgt die Entscheidung nicht aus der textlichen Norm heraus, sondern als Ressource dient eine Position, die den Blick gleichsam von außen auf den Normentext richtet.

Eine zunehmende Einbettung des Normentextes aus höherer Warte charakterisiert auch den Fall Friedrichs III., der eigene Normsetzungen gerade nicht für spätere, verwandte Setzungen heranzog und sie auch zur Lösung der resultierenden Entscheidungssituation nicht einsetzte. Der lernende Herrscher des Kanzleischriftguts fand eine übergeordnete Norm in seinem eigenen rechten Willen. Letztendlich zeigt sich am Beispiel der Leipziger und Hallenser Neujahrsmärkte, dass auch sich widersprechende Normen derselben normgebenden Instanz sich gegenseitig gleichsam ignorieren und in der Praxis koexistieren können.

Der gebräuchlichere Fall der Heranziehung autoritativer Texte anderer Urheber für aktuelle Entscheidungen wurde hier in einem vormodernen und einem modernen Beispiel illustriert. In der Frage gekochten Weins minimiert Salomon Adret in seinem Text den Abstand zwischen autoritativer Grundlage und eigener Festlegung. Der Boden talmudischen Rechts wird benannt und detailliert abgeschritten. Die Rahmung der Lösung als Ableitung lässt möglichst jede Kontingenz aus der eigenen Festlegung verschwinden. Unterstützend wird zusätzlich die Originalität der gegenwärtigen Rechtsentscheidung durch Verweis auf den Jerusalemer Talmud negiert. Anders im Fall des OAG Darmstadt: Neben den Kern überkommener Rechtsnormen tritt zwar in Gestalt von »Seuffert's Archiv« eine Ressource, die es sich zum Ziel setzt, als übergreifende Autorität für einheitliche Rechtsanwendung zu fungieren, und die damit bis zur intertextuellen Präsenz in Urteilstexten gelangt. Allerdings erfolgt im Rahmen der hier besprochenen Verlöbnisklage eine explizite Abgrenzung. Autoritative Texte werden als Orientierungsgrößen eingesetzt, doch gerade durch ihre Anführung wird die Autonomie der Entscheidung des OAG Darmstadt hervorgehoben.

Die Ambivalenz normativer Ressourcen, zwischen einem Anspruch auf Kontingenzreduktion auf der einen Seite und der praktischen Verlagerung des Kontingenzproblems auf die Ebene der Positionierung gegenüber dem Normentext auf der anderen Seite, verbindet alle drei Beispiele dieser Studie. Normen können, gemäß ihrer Wahrnehmung als klare Richtlinien, als Legitimitätsressourcen in Situationen des Entscheidens herangezogen werden. Sie können aber auch überhaupt erst Entscheidungsprobleme generieren und Entscheidungssituationen eröffnen. Manche dieser Entscheidungssituationen sind ungewollt; der vormoderne Fall der Neujahrsmarktprivilegien antwortet darauf mit einer faktischen Marginalisierung der Normen und einer Tolerierung ungelöster Konflikte. In anderen durch Normen eröffneten Entscheidungssituation bleiben die Normtexte im Zentrum. Im Fall Salomon Adrets zeigt der virtuose Umgang mit den Normen die Validität seines Expertentums und untermauert seine Autorität, die wiederum als eigentliche kontingenzreduzierende Kraft innerhalb der Entscheidungsprobleme der Responsa angesprochen werden kann. Das OAG Darmstadt kann sich umso expliziter zu dem normativen Reservoir der Entscheidungen anderer Gerichte in Distanz begeben, da seine Rechtsautorität stark formalisiert und institutionalisiert ist. Für beide Anlaufstellen, den rabbinischen Respondenten und das Gericht, sind, anders als für den normsetzenden Herrscher, normgenerierte Entscheidensprobleme eine Grundlage und Legitimation ihrer Existenz. Wären normative Ressourcen die unproblematischen Bezwinger der Kontingenz, als die sie gerne dargestellt werden, wäre ihnen ein konstitutiver Teil ihrer sozialen Funktion und Praxis entzogen.

Experten

Michael Grünbart

Nutzbringende Ressourcen bei kaiserlichem Entscheiden in Byzanz[1]

1. Die Konzeption kaiserlichen Entscheidens in historiographischen und paränetischen Texten

Entscheider hatten und haben zu allen Zeiten den Druck, anstehende Probleme (oder als Entscheidensfälle definierte Dinge) zu entscheiden und zu bewältigen, die enorme Auswirkungen haben können. Besonders prekär kann die Situation dann sein, wenn sie ein Reich – im konkreten Fall Byzanz – regieren. Die Vorstellung und der Anspruch von gutem und richtigem Entscheiden stellen zudem ein konstantes Ideal in der Herrschaftsinszenierung dar. Mittel und Wege des erfolgreichen Entscheidens existierten viele, gewarnt wurde davor, dass ein Kaiser seine Entscheidungen einsam / nur bei sich (*oikothen* / οἴκοθεν) traf.[2] Die Handlung des Entscheidens sollte dementsprechend auf vorhandenen Ressourcen aufbauen und mit gegebenen Parametern in Einklang gebracht werden. Parameter waren materielle und immaterielle Komponenten (Geld und Personal; Wissen und Zeit). Darüber hinaus wurden die Autorität und das Ansehen des Herrschers aufgrund der Fähigkeit bewertet, rechtzeitig, (im Kontext) richtig und endgültig zu entscheiden.[3] In den erzählenden mittelgriechischen Quellen stößt man auf derartige Imperative des Handelns in vielfacher Weise. Zudem wird dies in den paränetischen Texten sichtbar; mahnende Worte an den Kaiser beziehen sich auf die Verantwortung hinsichtlich seines Handelns und auf seine Rechenschaft gegenüber Gott.[4] Der Nutzen des Handelns des Kaisers soll alleinig der Welt dienen.[5]

1 Der Vortrag und die Verschriftlichung profitierte von einem Forschungsaufenthalt als *fellow* am Internationalen Kolleg für Geisteswissenschaftliche Forschung »Schicksal, Freiheit und Prognose. Bewältigungsstrategien in Ostasien und Europa« (Käte Hamburger Kolleg für geisteswissenschaftliche Forschung) in Erlangen (Sommersemester 2017).

2 Die Stelle aus Thomas Magistros wird unten S. 12 (mit Anm. 43) in extenso behandelt.

3 Das Thema wurde noch nicht isoliert behandelt, da bei Studien zum byzantinischen Kaisertum meist Fragen des Zeremoniells und des ideologischen Selbstverständnisses im Vordergrund stehen; so zum Beispiel Otto Treitinger, Die oströmische Kaiser- und Reichsidee, Jena 1938; Gilbert Dagron, Emperor and Priest. The Imperial Office in Byzantium, Cambridge 2003.

4 Dimitra Karamboula, Staatsbegriffe in der frühbyzantinischen Zeit, Wien 1993 (darin Theoretisches zum Verhältnis des Kaisers zwischen irdischer und göttlicher Sphäre sowie zur Herrschaftsphilosophie).

5 Rudolf Riedinger (Hg.), Agapetos Diakonos. Der Fürstenspiegel für Kaiser Iustinianos, erstmals kritisch herausgegeben, Athen 1995, S. 42 (= Kap. 25): Δεῖ τοίνυν, εὐφρονέστατε

Am Beginn sollen zwei zufällig ausgewählte Stellen aus byzantinischen Quellen präsentiert werden:[6] Diese verdeutlichen einerseits die Präsenz von Reflektionen über das Entscheiden in der mittelgriechischen Schriftlichkeit und andererseits das Monopol sowie die Endgültigkeit des Entscheidens, welche beim Kaiser als höchster irdischer Instanz liegen.[7]

Die Dichotomie der verfügbaren Ressourcen des Entscheidens erwähnt der Historiograph Prokopios von Kaisareia (6. Jahrhundert): Der sterbende Kaiser Arkadios (395–408) fasste einen Entschluss (*buleuetai bulēn* / βουλεύεται βουλήν) bezüglich seiner Nachfolge: Ob er auf den Rat eines Ratgebers hörte oder auf eine göttliche Eingebung reagierte, will der Historiograph nicht sagen oder sich nicht zu einer Eindeutigkeit durchringen.[8] Was deutlich wird, ist die Bipolarität der Handlungsmöglichkeiten: Auf der einen Seite kann der Kaiser auf Expertentum bauen (*koinologēsamenos tōn logiōn* / κοινολογησάμενος τῶν λογίων), auf der anderen Seite mag Inspiration (*theias tinos epipnoias* / θείας τινὸς ἐπιπνοίας) eine Anleitung bieten.

Die zweite Stelle betrifft ebenfalls das solitärische Entscheiden des Herrschers: Michael Psellos, einer der wichtigsten Gelehrten der mittelbyzantinischen Zeit, hinterließ auch historische Schriften.[9] Seine Kaisergeschichten entpuppen sich als wichtige Referenz auch für imperiale Entscheidungshandlungen – bei der Charakteristik Kaiser Basileios' II. (976–1025) liest man etwa:

»Da er sich nur langsam zu einem bestimmten Handeln entschloss, wollte er den einmal gefassten Entschluss auf keinen Fall ändern. Deshalb änderte er [= der Kaiser] weder seine Haltung, wenn er jemandem wohlgesonnen war, falls ihn nicht irgendein

βασιλεῦ, καὶ βουλῇ, συνετωτέρᾳ καὶ εὐχῇ συντονωτέρᾳ ἐξερευνᾶν ἀκριβῶς τὰ συνοίσοντα τῷ κόσμῳ (»Man muß also, allergnädigster Kaiser, mit wohldurchdachtem Rat und inständigem Gebet sorgfältig ausfindig machen, was der Welt von Nutzen ist.«).

6 Siehe auch Michael Grünbart, Göttlicher Wink und Stimme von oben. Ressourcen des Entscheidens am byzantinischen Kaiserhof, in: Wolfram Drews u. a. (Hg.), Religion und Entscheiden. Historische und kulturwissenschaftliche Perspektiven, erscheint Würzburg 2018.

7 Vgl. Dieter Simon, Princeps *legibus solutus*, in: Dieter Nörr / Dieter Simon (Hg.), Gedächtnisschrift für Wolfgang Kunkel, Frankfurt a. M. 1984, S. 449–492.

8 Jakob Haury (Hg.), Procopii Caesariensis opera omnia, Bd. I: De bellis libri I–IV. Editio stereotypa correctior addenda et corrigenda adiecit, Leipzig 1962, S. 8 (= Buch I, Kap. 2, 6): ἐς ταύτην Ἀρκάδιος τὴν ἀμηχανίαν ἐμπεπτωκώς, καίπερ οὐ γεγονὼς εἰς τὰ ἄλλα ἀγχίνους, βουλεύεται βουλὴν, ἥτις οἱ τόν τε παῖδα καὶ τὴν ἀρχὴν διασώσασθαι εὐπετῶς ἴσχυσεν, εἴτε κοινολογησάμενος τῶν λογίων τισὶν, οἷοι πολλοὶ βασιλεῖ παρεδρεύειν εἰώθασιν, ἢ θείας τινὸς ἐπιπνοίας αὐτῷ γενομένης. – »In seiner Bedrängnis fasste Arkadios, sonst kein findiger Kopf, einen Entschluss, der ihm Sohn und Reich mühelos zu retten vermochte. Ob er sich dabei des Rates einiger kenntnisreicher Männer, wie sie ja in großer Zahl dem Kaiser gewöhnlich zur Verfügung stehen, bediente oder einer göttlichen Eingebung folgte, will ich dahingestellt lassen«; Übersetzung Prokop, Perserkriege, griechisch-deutsch ed. Otto Veh, München 1970, S. 11–13.

9 Siehe den Überblick bei Stratis Papaioannou, Michael Psellos. Rhetoric and Authorship in Byzantium, Cambridge 2013. Vgl. Grünbart, Göttlicher Wink (wie Anm. 6) – mit Beispielen zur Einbeziehung geheimwissenschaftlicher Praktiken als Entscheidungshilfe.

Umstand dazu zwang, noch verrauchte sein Groll rasch, wenn er einmal gegen jemanden in Zorn geraten war, sondern die Aufhebung der Entscheidungen [*tōn doxantōn autō diairesis* / τῶν δοξάντων αὐτῷ διαίρεσις], die er einmal getroffen hatte, war für ihn eine Sache des künftigen göttlichen Gerichts [*theion kritērion* / θεῖον κριτήριον].«[10]

Deutlich wird hier, dass von einem guten Kaiser erwartet wurde, dass sein Entscheiden zu einer endgültigen Entscheidung führte und diese als unverbrüchlich eingestuft wurde. Rechenschaft ablegen dafür musste er jenseits seines irdischen Wirkens. Dies trifft sich auch mit Angaben in paränetischen Texten. Diese Schriften werden oft unter dem Titel ›Fürstenspiegel‹ subsumiert. Zumindest für den byzantinischen / mittelgriechischen Bereich ist der Terminus nicht schlüssig.[11] Im Folgenden werden Angaben aus den maßgeblichen, selbstständigen Schriften gezogen (Agapetos, Manuel II., Thomas Magistros).

Bei dem spätbyzantinischen Gelehrten Thomas Magistros, welcher Kaiservertrauter und Verfasser zweier paränetischer Texte war,[12] heißt es etwa: »Deine

10 Diether Roderich Reinsch (Hg.), Michaelis Pselli Chronographia, Bd. 1: Einleitung und Text, Berlin 2014, S. 22 (= Buch I, Kap. 34, Z. 11–15): βραδέως δὲ πρός τινα πρᾶξιν κεκινημένος, τὸ δόξαν οὐδαμοῦ ἐβούλετο ἀλλοιοῦν. ὅθεν οὐθ' οἷς εὐμενὴς ἦν, τούτοις εἰ μή που τίς ἀνάγκη ἐπῆν τὸ ἦθος μετήλλαττεν· οὔτε εἴ τισι πρὸς ὀργὴν ἐξερράγη, ταχὺ μετεβάλλετο· ἀλλ' ἦν ἡ τῶν δοξάντων αὐτῷ διαίρεσις κατὰ τὸ μέλλον καὶ θεῖον κριτήριον. Übersetzung Diether Roderich Reinsch / Ljuda H. Reinsch-Werner (Hg.), Michael Psellos. Leben der byzantinischen Kaiser (978–1075). Chronographia. Griechisch-deutsch, Berlin 2015. Zum Kaiser: Catherine Holmes, Basil II and the Governance of Empire (976–1025), Oxford 2005. Einfügungen in eckigen Klammern hier und künftig M. G.

11 Herbert Hunger, Die hochsprachliche profane Literatur der Byzantiner, Bd. I, München 1978, S. 157–165 (wenn Hunger auf S. 159 konstatiert, dass sich die Betonung christlicher Elemente von Agapetos bis Manuel II. merklich steigere, dann ist dem in gleicher Weise hinzuzufügen, dass sich die paränetischen Texte mit konkreten Ratschlägen zu Fiskal- und Militärwesen anreichern); Ioannis G. Leontiadis, Untersuchungen zum Staatsverständnis der Byzantiner aufgrund der Fürsten- bzw. Untertanenspiegel (13. bis 15. Jahrhundert), Diss. Univ. Wien 1997, S. 24–172 (kommentierende Auflistung der wichtigsten Werke der spätbyzantinischen Zeit, ohne Diskussion des Terminus Fürstenspiegel); ein terminologische Hilfskonstruktion bei Günter Prinzing, Beobachtungen zu »integrierten« Fürstenspiegeln der Byzantiner, in: Jahrbuch der österreichischen Byzantinistik 38 (1988), S. 1–31; Michael Grünbart, Anleitungen zum guten Regieren und kaiserlichen Entscheiden in Byzanz, in: Mariano Delgado (Hg.), Die gute Regierung. Fürstenspiegel in Religionen und Kulturen, Fribourg 2017, S. 62–77, hier S. 62–66; einige Texte sind in deutscher Übersetzung zugänglich, wobei sich hier das Problem der Interpretation von griechischen Begriffen manifestiert (an den betreffenden Stellen wird darauf verwiesen), s. Wilhelm Blum, Byzantinische Fürstenspiegel, Stuttgart 1981. – Überblickswerke: J. Manuel Schulte, Speculum regis. Studien zur Fürstenspiegel-Literatur in der griechisch-römischen Antike, Münster 2001; Hans Hubert Anton, Fürstenspiegel und Herrscherethos in der Karolingerzeit, Bonn 1968; in den beiden letztgenannten Arbeiten wird das Material einerseits systematisiert, andererseits werden Herrschertugenden und Ideale herausgearbeitet, wobei die Aktion des Entscheidens nicht separat ausgewiesen wird.

12 Aus seiner Feder stammen eine Schrift gerichtet an den Kaiser (»Über das Kaisertum«) und eine an die Untertanen (»Über die Bürgerschaft«); der erste Text ist mittlerweile

Überlegungen und Entscheidungen [*bulai te kai skepseis* / βουλαί τε καὶ σκέψεις] sollen in jeder Hinsicht richtig und unumstößlich sein (niemals dürften noch weitere Entscheidungen möglich sein!); sei eifrig darauf bedacht, dass du niemals auch nur einen einzigen Beschluss ohne diese Vorüberlegung in die Wirklichkeit umsetzt.«[13]

Ähnlich klingt auch Kaiser Manuel II. (1391–1425), der eine Mahnschrift bestehend aus hundert Kapiteln für seinen Sohn Johannes VIII. Palaiologos (1425–1448) verfasste.[14] Seinem Sohn empfiehlt er, Handlungen von Grund auf überlegt durchzuführen und Entscheidungen nach reichlicher Beratung zu fällen: »Alles soll man mit Bedacht, Urteil, Verstand und Wissen machen und überall besonders das Gute verfolgen. Und mit Muße soll man in Entscheidungen [*apophasis* / ἀπόφασις][15] gehen, aber gut ist es, beraten zu sein und mit zwei Füßen zu laufen«.[16]

Allein aus diesen Passagen wird die Bandbreite der Begrifflichkeit greifbar: Entscheiden wird mit unterschiedlichen Termini beschrieben (*apophasis*, *bulē*,

ediert: Paola Volpe Cacciatore (Hg.), Toma Magistro. La regalità, Neapel 1997, der zweite ist nach wie vor nur über die Patrologia Graeca zugänglich; s. Thomas Magistros, Oratio de subditorum officiis, in: Patrologia Graeca, Sp. 496–548; s. Leontiadis, Staatsverständnis der Byzantiner (wie Anm. 11), S. 35–39; Niels Gaul, Thomas Magistros und die spätbyzantinische Sophistik. Studien zum Humanismus urbaner Eliten in der frühen Palaiologenzeit, Wiesbaden 2011, S. 330–337.

13 Volpe Cacciatore, Toma Magistro (wie Anm. 12), S. 55 (= Kap. 15, Z. 648–653): δεῖ καὶ σὲ περὶ πλείονος τοῦτο πάντων ποιεῖσθαι, καὶ ὅπως ἄν σοι κάλλιστα καὶ ἀσφαλέστατα καὶ ὡς οὐκ ἂν ἄλλως εἰκὸς ἦν αἱ περὶ τῶν ὅλων ἑκάστοτε γίγνοιντο βουλαί τε καὶ σκέψεις, καὶ μηδοτιοῦν τῶν ἁπάντων ἄνευ ταυτησὶ τῆς προνοίας εἰς ἔργον ἐξάγοις διαφερόντως φροντίζειν [...]; Übersetzung nach Blum, Fürstenspiegel (wie Anm. 11), S. 118; etwas später nimmt Thomas Magistros das Motiv nochmals auf, indem er die immerwährende Gültigkeit der Entscheidungen des Kaisers betont, die die Gerechtigkeit in alle Ewigkeit übertrifft und mehr wert ist als eines Richters Spruch, s. Volpe Cacciatore, Toma Magistro (wie Anm. 12), S. 73 (= Kap. 24, Z. 1101–1105): εὖ εἰδότας ὡς τῶν προσόντων σφίσιν ἀπολαύειν ἕξουσιν· ἐς ἀεὶ κατὰ τὰς ψήφους τὰς σὰς καὶ τὸ ταὖθ' ὑπὸ σοῦ κεκυρῶσθαι, ὃ πᾶσαν ἐκ τοῦ παντὸς αἰῶνος ἀπολείπει δικαιοσύνην καὶ πᾶσιν ὑπέρκειται τοῖς κριταῖς. »denn sie kennen auch die Gültigkeit und Festigkeit deiner Überzeugung, die für alle Zeit die Gerechtigkeit noch übertrifft und die alle Richter überragt« Übersetzung nach Blum, Fürstenspiegel (wie Anm. 11), S. 131, Leontiadis, Staatsverständnis der Byzantiner (wie Anm. 11), S. 118; vgl. Grünbart, Göttlicher Wink (wie Anm. 6).

14 Leontiadis, Staatsverständnis der Byzantiner (wie Anm. 11), S. 39–42; Nachdruck der Ausgabe von J. A. Leunclavius, Manuelis Palaeologi Aug. praecepta educationis regiae ad filium Joanem capita sentum, Basel 1578, in: Patrologia Graeca, Bd. 156, Sp. 320–384 (Μανουὴλ τοῦ Παλαιολόγου ὑποθῆκαι βασιλικῆς ἀγωγῆς).

15 Hier schimmert bereits die neugriechische Bedeutung durch, denn *apophasis* bedeutet Richterspruch oder Urteil.

16 Leunclavius, Manuel II (wie Anm. 14), in: Patrologia Graeca, Bd. 156, Sp. 337D-340A, 340A: Πάντα γὰρ ποιεῖν προσήκει σκέψει, καὶ κρίσει, καὶ γνώσει, καὶ συνειδήσει, καὶ διδόναι πανταχοῦ κρατεῖν τὸ καλόν. Καὶ πρὸς μὲν τὰς ἀποφάσεις σχολῇ βαδίζειν, βεβουλευμένον δὲ καλῶς, δυσὶ ποσὶ τρέχειν. (Übersetzung M. G.).

doxanta, psēphos, skepsis), nur bei der Bezeichnung des göttlichen Gerichts schwingt der Begriff *krisis* mit.[17]

2. Kaiser und Gott

Eine Konstante in der byzantinischen Herrschaftsvorstellung ist die *imitatio Christi*, welche kurzgefasst bedeutet, dass der Kaiser im Sinne Gottes auf Erden wirkt und seine positiven Eigenschaften kopiert,[18] denn:

»Alle Menschen blicken auf deine Hände, du aber blickst auf die Hände Gottes; so wirst du ganz offensichtlich dies erhoffen dürfen, dass Gott genau so, wie du auf deine Mitmenschen wirkst, seinerseits sich dir gegenüber zeigt; von Gott her stammt aber doch deine Herrschaft, von ihm her besitzest du überhaupt die Möglichkeit, Wohltaten auszuteilen.«[19]

In seinem Selbstverständnis hatte der byzantinische Kaiser also Macht, Entscheidungsgewalt und Verantwortung über die ganze Welt.[20] Er musste sich deswegen als stabile, beständige und stets wachsame Instanz präsentieren. Rechenschaft hatte der Herrscher nur jenseits seiner irdischen Einflusssphäre abzulegen. Vor Gott wird auch über ihn Gericht gehalten. Diese Vorstellung schimmert an vielen Stellen der paränetischen Literatur durch; schon der Diakon Agapetos geht oft auf diese Beziehung ein. Ein Paragraph aus seiner Ekthesis mag genügen, um dies zu exemplifizieren: »In seinem körperlichen Wesen gleicht der Kaiser einem jeden Menschen, in der Vollmacht seiner Würde aber ähnelt er Gott, der über allen steht, denn auf Erden gibt es niemanden, der höher stünde. Er darf sich also wie ein Sterblicher nicht im Stolz erheben und wie Gott darf er sich nicht zum Zorn hinreißen lassen. Denn wenn er auch als göttliches Abbild

17 Der Verfasser bereitet eine Arbeit zum Begriffsfeld »Entscheiden« – zumindest in den paränetischen Texten – vor.

18 Das Thema der *imitatio Christi* ist mannigfaltig untersucht: Otto Treitinger, Die oströmische Kaiser- und Reichsidee, Jena 1938, S. 125–129; Herbert Hunger, Prooimion. Elemente der byzantinischen Kaiseridee in den Arengen der Urkunden, Wien 1964, S. 58–63 (Nachahmung Gottes); ders., Reich der neuen Mitte. Der christliche Geist der byzantinischen Kultur, Graz 1965, S. 61–107; ders., Die hochsprachliche profane Literatur (wie Anm. 11), Bd. I, S. 159; Karamboula, Staatsbegriffe (wie Anm. 4), S. 114–116; Gilbert Dagron, Emperor and Priest (wie Anm. 3).

19 Volpe Cacciatore, Toma Magistro (wie Anm. 12), S. 37 (= Kap. 5, Z. 207–211): [...] Εἰ γὰρ δὴ πάντες μὲν εἰς τὰς σὰς βλέπουσι χεῖρας, σὺ δ' αὐτὸς εἰς τὰς τοῦ Θεοῦ, εὔδηλον ὡς ὁποῖος ἄν τις τούτοις φανῇς, τοιοῦτον ἂν σοι προσδόκα γεγενῆσθαι κἀκεῖνον, παρ' οὗ σοι τό τε κρατεῖν, τό τε ἔχειν τὰ τοιαῦτα διδόναι· Übersetzung Blum, Fürstenspiegel S. 105 (wie Anm. 11).

20 Leontiadis, Staatsverständnis der Byzantiner (wie Anm. 11), S. 114; »die Würfel sind für die Herrschaft über die Oikumene gefallen«, Volpe Cacciatore, Toma Magistro (wie Anm. 12), S. 56 (= Kap. 15, Z. 672–673): σοὶ δὲ εἰς ὑπὲρ ἁπάσης τῆς οἰκουμένης ἔρριπται κύβος.

geehrt wird, bleibt er doch mit Erdenstaub vermengt, durch den er seine Gleichheit mit allen Menschen vorgeführt bekommt.«[21] Und Gottes Urteile werden mit einem Spiegel verglichen, der Gleiches zurückwirft.[22] Dem Kaiser wird eingebläut, sich seiner Rolle als Nachahmer Christi stets bewusst zu sein. Der Hintergrund mag sein, dass der Herrscher seine folgenschwere Verantwortung für sich, sein Amt und seine Untertanen vor Augen haben soll. *Sub specie aeternitatis* mag er davor zurückschrecken, vorschnell und opportunistisch zu entscheiden.[23]

3. Ressourcen kaiserlichen Entscheidens

Entscheiden gehörte zu den Voraussetzungen und Grundlagen erfolgreichen herrscherlichen Handelns in monarchisch geprägten Gesellschaften von der Antike bis in die Moderne. Das Finden einer Entscheidung und die damit verbundenen strategischen Planungen stellten oft eine überlebenswichtige Maßnahme für den Kaiser und seine Untertanen dar. Der Terminus ›Entscheiden‹ beziehungsweise das so zu interpretierende Wort- und Bedeutungsfeld kommt an vielen Stellen der paränetischen Literatur vor. Thomas Magistros formuliert in seinem Text, gerichtet an die Untertanen, Folgendes:

»Ich meine, dass jeder von euch, der irgendeine Tätigkeit in Angriff nimmt, zwei Dinge mit Notwendigkeit haben muss. Einmal muss er in richtiger Weise mit sich und mit anderen, sofern das nötig ist, zu Rate gehen; das wiederum bedeutet, dass er nicht nur jede mögliche Ansicht über das gute und das gerechte in seinem Herzen erwägt und durchdenkt, sondern dass er sich auch dazu durchringt, seine Entscheidung zum Handeln [*tas psēphus tōn pragmatōn* / τὰς ψήφους τῶν πραγμάτων] vom Ziel und vom Ende[24] her zu treffen. Zum zweiten muss er die einmal richtig getroffene Entscheidung [*orthōs bebuleumenoi* / ὀρθῶς βεβουλευμένοι] mit Sorgfalt und Eifer durchführen

21 Riedinger, Agapetos Diakonos (wie Anm. 5), S. 42 (= Kap. 25): Βουλεύου μὲν τὰ πρακτέα βραδέως, ἐκτέλει δὲ τὰ κριθέντα σπουδαίως, ἐπειδὴ λίαν ἐστὶ σφαλερώτατον τὸ ἐν τοῖς πράγμασιν ἀπερίσκεπτον· εἰ γὰρ τὰ ἐξ ἀβουλίας τις ἐννοήσει κακά, τότε γνώσεται καλῶς τῆς εὐβουλίας τὰ χρήσιμα, ὡς καὶ τῆς ὑγείας τὴν χάριν μετὰ τὴν πεῖραν τῆς νόσου· δεῖ τοίνυν, εὐφρονέστατε βασιλεῦ, καὶ βουλῇ, συνετωτέρᾳ καὶ εὐχῇ συντονωτέρᾳ ἐξερευνᾶν ἀκριβῶς τὰ συνοίσοντα τῷ κόσμῳ.

22 Ebd., S. 41 (= Kap. 24): Ὥσπερ τὰ ἀκριβῆ τῶν κατόπτρων τοιαύτας δείκνυσι τὰς τῶν προσώπων ἐμφάσεις οἷάπερ ἔστὶ τὰ πρωτότυπα φαιδρὰ μὲν τῶν φαιδρυνομένων. Σκυθρωπὰ δὲ τῶν σκυθρυπαζόντων, οὕτω καὶ ἡ δικαία τοῦ θεοῦ κρίσις ταῖς ἡμετέραις πράξεσιν ἐξομοιοῦται· οἷάπερ ἂν ᾖ τὰ παρ' ἡμῶν εἰργασμένα, τοιαῦτα ἡμῖν ἐκ τῶν ὁμοίων ἀντιδιδοῦσα. »Wie blanke Spiegel die Bilder der Gesichter zeigen wie diese sind – heitere Spiegelbilder heiterer Menschen und mürrische von mürrischen – so gleicht sich auch das gerechte Gericht Gottes unserem Handeln an: wie unsere Taten sind, vergilt er uns auf die gleiche Weise«. Hunger, Die hochsprachliche profane Literatur (wie Anm. 11), Bd. I, S. 159.

23 Gewarnt wird vor falschen Ratschlägen sowie Umsturzversuchen, und gelegentlich wird auch auf die Gesundheit des Kaisers Bezug genommen.

24 Warum Blum, Fürstenspiegel (wie Anm. 11) hier das simple *telos* mit einem Hendiadyoin übersetzt, bleibt unklar.

wollen und mit ganzem Herzen in die Tat umsetzen: so werdet ihr am leichtesten zum Erfolg kommen und Lob ernten, und zwar weil ihr immer den Gesetzen treu bleiben wollt und weil ihr euch mit euren Taten Dank erwerbt. Umgekehrt bringen das Fehlen dieser beiden Forderungen und das reine Unrecht mitnichten gute und lobenswerte Taten hervor.«[25]

Interessant ist hier der Gedanke, dass Entscheiden vom Ergebnis, der Entscheidung, her gedacht wird. Den Weg dorthin soll der Kaiser – wie eingangs erwähnt – nicht allein, sondern durch Konsultation externer Ressourcen beschreiten. Als solche stehen dem Kaiser sowohl personengebundene Expertise als auch verschriftlichtes Wissen zur Verfügung. Personengebundene Expertise wurde von erfahrenen Funktionsträgern und gelehrten Personen sowohl aus dem geistlichen als auch weltlichen Bereich bereitgestellt.[26] Dabei sind auch unterschiedliche Wissensbereiche anzutreffen.[27] Bei der Auswahl der Ratgeber ist – den paränetischen Schriften folgend – Vorsicht geboten, da der Übergang von gutgemeinten Aussagen zu Schmeichelei fließend sein kann.[28] Eine Qualitätskontrolle von Information stellt demnach eine entscheidende Komponente im politischen Alltag dar. Im byzantinischen Kontext kann man Kaiser anführen, die sich selbst ein Bild von der Lage machen und die Voraussetzungen für Entscheidungen prüfen wollten. So gelten Leon VI. oder Manuel I. als Herrscher,

25 Magistros, Oratio, in: Patrologia Graeca (wie Anm. 12), Sp. 536 D (= Kap. 21): Ἡγοῦμαι δ' ἑκάστῳ γ' ὑμῶν τῶν πράττειν ὁτιοῦν ἐγχειρούντων δύο ταῦτ' ἐξ ἀνάγκης χρῆναι προσεῖναι· πρῶτον μὲν τὸ βουλεύεσθαι καλῶς καὶ αὐτὸν ἐφ' ἑαυτοῦ καὶ σὺν ἄλλοις, εἰ τούτου δεήσει· τοῦτο δ' ἂν εἴη τὸ οὐ μόνον πᾶσαν ἡντινοῦν ὑπὲρ τοῦ καλοῦ καὶ δικαίου γνώμην κινεῖν, ἀλλὰ καὶ τὰς ψήφους τῶν πραγμάτων ἀπὸ τοῦ τέλους ἐθέλειν ποιεῖσθαι· ἔπειτα τὸ τοῖς ὀρθῶς βεβουλευμένοι ἐπιμελῶς ἄγαν καὶ σουδαίως προσκεῖσθαι, καὶ ὅλῳ γε καὶ παντὶ δρᾷν τῷ θύμῳ, ὡς ἂν καὶ κατορθοῦν ἔχητε ῥᾷστα καὶ τυγχάνειν ἐπαίνων· τὸ μὲν διὰ τοῖς νόμοις ἐμμένειν βούλευσθαι, τὸ δὲ τῆς περὶ τὰ ἔργα χάριν σπουδῆς· ὡς τό γε καθ' ὁπότερον τούτων ἐνδεῖν, καὶ ἀδικίαν προσεῖναι, οὐκ ἀγαθὰς οὐδ' ἐπαινουμένας ταύτῃ παρασκευάθει τὰς πράξεις. Blum, Fürstenspiegel (wie Anm. 11), S. 179.

26 Trotz des eigentlichen Verbots, sich politisch zu betätigen, spielen geistliche Personen gelegentlich eine spürbare Rolle in Entscheidungsprozessen.

27 Zu den Verflechtungen zwischen den Entscheidungsträgern und Ratgebern in der Spätantike sowie zu dem zur Verfügung stehenden Wissens s. Marie Theres Fögen, Die Enteignung der Wahrsager. Studien zum kaiserlichen Wissensmonopol in der Spätantike, Frankfurt a. M. 1993; David Potter, Prophets and Emperors. Human and Divine Authority from Augustus to Theodosius, Cambridge, Mass. 1994; Almuth Lotz, Der Magiekonflikt in der Spätantike, Bonn 2005 (im Ansatz der Versuch einer Replik auf Fögens Arbeit); zum divinatorischen Expertenwissen in Byzanz Andrei Timotei, Visions, prophéties et pouvoir à Byzance, étude sur l'hagiographie méso-byzantine (IX–XI siècles), Paris 2010; Stéphanie Vlavianos, La figure du mage à Byzance de Jean Damascène à Michel Psellos (VIIIe–fin XIe siècles), Paris 2013. – Anders als in der Mediävistik stehen Untersuchungen zur Figur des Ratgebers in Byzanz aus; vgl. zuletzt Gerd Althoff, Kontrolle der Macht. Formen und Regeln politischer Beratung im Mittelalter, Darmstadt 2016.

28 In den Schriften tritt oft der Gegensatz von wahren Freunden und Schmeichlern auf, vor Letzteren soll sich der Herrscher naturgemäß in Acht nehmen, da sie sich ihm nur andienen und den eigenen Vorteil sehen.

die sich auch in den Spezialwissenschaften wie Astrologie gut auskannten und Aussagen im Zweifel überprüfen konnten. Wie in militärischen Schriften, die antike Exempla einbinden, deutlich wird, sollen sich Entscheidungsträger und -verantwortliche jedenfalls mit Experten beraten oder auf vorhandenes Wissen oder Erfahrungen rekurrieren. Wieder kann Michael Psellos als ein Beispiel für das Finden von Entscheidungen herangezogen werden. Dieser hatte gute Einblicke in die Dynamiken des kaiserlichen Umfelds und ließ zahlreiche – zwar meist tendenziöse – Bemerkungen in seinen Schriften einfließen. Nichtsdestotrotz lassen sich Handlungsmuster und Kommunikationsstrategien erkennen.

Der oben erwähnte Basileios II. trat als Kaiser mit dem Willen an, möglichst allein und unbeeinflusst zu agieren. Bei Psellos heißt es:

»Basileios jedenfalls wollte, nachdem er sich nunmehr mit der Herrschaftsmacht der Römer umgürtet hatte, niemanden haben, der an seinen Entscheidungen teilhatte [*phrontismatōn* / ἐβούλετο μὲν μηδένα κοινωνὸν ἔχειν τῶν φροντισμάτων], und auch keinen Ratgeber bei der Verwaltung des Staates.[29] Allerdings konnte er nicht auf sich selbst vertrauen, da er noch keine Erfahrung erworben hatte, weder auf dem Gebiet der militärischen Organisation noch darin, wie man im zivilen Bereich einen Staat gut verwaltet. Deshalb richtete er sein Augenmerk auf den Parakoimomenos[30] Basileios. [Anm.: der Eunuch Basileios war mit dem späteren Kaiser Basileios seit langem eng verbunden] […] Deshalb lud Basileios ihm auch die Bürde des Herrscheramtes auf und wurde selbst nach dem Vorbild von dessen Amtsausübung trainiert. Und der Parakoimomenos war gleichsam der Athlet und Wettkämpfer, Kaiser Basileios hingegen Zuschauer, nicht um jenem den Siegeskranz aufzusetzen, sondern um selbst zu laufen und zu kämpfen, indem er seinen Wettkampf auf dessen Spuren führte. Von da an war alles dem Basileios untertan, und auf ihn war sowohl der zivile Beamtenapparat konzentriert als auch das Militär ausgerichtet, und er war derjenige, der sich als wichtigster oder sogar als einziger sowohl um die Steuereingänge als auch um die Sanierung der öffentlichen Verwaltung kümmerte. Zu allem aber lieh der Kaiser seine Zunge und seine Hand, indem er seinen Entscheidungen teils mit Worten sekundierte und sie teils in schriftlicher Form bestätigte.«[31]

29 Wörtlicher: »bei den öffentlichen Angelegenheiten«.

30 Der Parakoimomenos (»der beim Kaiser die Nacht verbringt«) ist der engste Vertraute des Kaisers, der seine Schlafkammer bewacht. Basileios stammte aus der Familie des Romanos Lakapenos, welcher 920 das Kaisertum usurpierte und seine Familie in wichtige Positionen brachte; Basileios Lakapenos war einer der mächtigsten Männer, konnte aber wegen seiner Entmannung nicht Kaiser werden; deutliche Spuren hinterließ er durch seine Kunststiftungen; s. Livia Bevilacqua, Arte e aristocrazia a Bisanzio nell'età dei Macedoni. Costantinopoli, la Grecia e l'Asia Minor, Rom 2013, S. 193–234; Holmes, Basil II (wie Anm. 10), S. 469–474.

31 Reinsch, Michaelis Pselli Chronographia (wie Anm. 10), S. 2f. (= Buch I, Kap. 3, Z. 1–25): ὁ δέ γε Βασίλειος, ἤδη τὴν τῶν Ῥωμαίων ἡγεμονίαν περιζωσάμενος, ἐβούλετο μὲν μηδένα κοινωνὸν ἔχειν τῶν φροντισμάτων· μηδὲ περὶ τῶν κοινῶν διοικήσεων σύμβουλον. οὐκ εἶχε δὲ θαρρεῖν ἑαυτῷ, οὐδέπω πεῖραν εἰληφότι, οὔτε τῶν στρατιωτικῶν καταλόγων· οὔτε τῆς πολιτικῆς εὐνομίας. διὰ ταῦτα, πρὸς τὸν παρακοιμώμενον ἀπεῖδε Βασίλειον. … ἔστεργεν οὖν οὗτος τὰ ἐκ τῆς τύχης· καὶ τοῦ Βασιλείου καὶ οἰκείου γένους ἐξήρτητο. προσέκειτο

Bei der Lektüre der Passage fällt auf, dass die Terminologie für ›Entscheiden‹ weit gefasst ist. Das Wort *phrontisma* (φρόντισμα) betont das Bedenken, Ausklügeln und genaue Abwägen von zu setzenden Handlungen, zielt also auf den Akt des Entscheidens.

Gut kann hier auch der Prozess des Delegierens von Entscheiden festgemacht werden: Der frisch inthronisierte Kaiser, noch unerfahren in Regierungsgeschäften, bewältigt allein die ihm übertragenen Aufgaben zunächst nicht, findet aber einen fähigen, engsten Mitarbeiter. Der Kaiser scheint durch sein großes Vertrauen in Parakoimomenos seine Hoheit des Entscheidens fast vollständig abzugeben. Dem persönlichen und etablierten Netzwerk des gleichsam zweiten Mannes im Reich sah sich der neue Herrscher ausgesetzt, da er sich erst in seine Aufgabe einfügen musste. Es dauerte eine Weile, bis er sich ›emanzipierte‹.

Wenn man die Kaisergeschichten Psellos' weiterliest, dann stößt man auf eine Passage, die einerseits die Frage der Kompetenz des Entscheiders, andererseits die Notwendigkeit der Inszenierung von Entscheiden darstellt. Nach dem Ende der makedonischen Dynastie (Theodora † 1057) kam Isaakios Komnenos im Jahre 1057 als Usurpator an die Macht.[32] Michael Psellos kannte auch bei diesem Herrscher Details aus seinem Regierungsverhalten. In einem Paragraphen charakterisiert er den Umgang des Kaisers mit juristischer Materie folgendermaßen[33]:

»Da er [= Kaiser Isaakios] sich mit den Gesetzen nicht allzu gut auskannte, handhabte er die Rechtsprechung auf seine eigene Weise. Er gab nämlich nicht als erster sein Urteil ab, sondern überließ dieses den Richtern und folgte dann der Majorität [*tēs kreittonos meridos* / τῆς κρείττονος μερίδος]. Erst dann, als habe er selbst schon vorher so entschieden, setzte er sich an ihre Spitze und sprach das Urteil [*psēphus epēnenken* / ψήφους ἐπήνεγκεν]. Um aber keinen falschen Begriff zu gebrauchen, wenn er die juristische Terminologie anwandte, überließ er das anderen, fügte aber stets entweder etwas hinzu, was in der schriftlichen Fassung angeblich fehlte, oder tilgte etwas als überflüssig.«[34]

δὲ μάλιστα τῷ ἀνεψιῷ Βασιλείῳ· καὶ ἠγκαλίζετο οἰκειότατα· καὶ ὡς εὔνους ἐτιθηνεῖτο τροφεύς. διὰ ταῦτα καὶ ὁ Βασίλειος, τὸν ὄγκον αὐτῷ τῆς ἀρχῆς ἀναθέμενος, αὐτὸς πρὸς τὴν ἐκείνου ἐπαιδοτριβεῖτο σπουδήν. καὶ ἦν ὁ μὲν παρακοιμώμενος, οἷον ἀθλητὴς καὶ ἀγωνιστής· ὁ δὲ βασιλεὺς Βασίλειος θεωρός, οὐχ' ὅπως ἐκεῖνον στεφανώσειεν· ἀλλ' ὡς αὐτὸς δραμεῖται καὶ ἀγωνίσηται, κατ' ἴχνος ἐκείνῳ τὴν ἀγωνίαν τιθέμενος. πάντα οὖν ἐντεῦθεν ὑπήκοα τῷ Βασιλείῳ ἐτύγχανεν ὄντα· καὶ πρὸς αὐτὸν καὶ τὸ πολιτικὸν ἑώρα· καὶ τὸ στρατιωτικὸν ἀπονενεύκει. καὶ πρῶτος αὐτὸς ἢ καὶ μόνος, τῆς τε συνεισφορᾶς τῶν δημοσίων ἐφρόντιζε· καὶ τῆς τοῦ κοινοῦ διορθώσεως. ἐδίδου δὲ ἐπὶ πᾶσι τὴν γλῶτταν καὶ τὴν χεῖρα ὁ βασιλεύς, τὰ μὲν συνηγορῶν ἐκείνῳ· τὰ δὲ, καὶ ἐν γράμμασι βεβαιῶν.

32 Konstantinos Barzos, Η Γενεαλογία των Κομνηνών, Bd. I, Thessalonike 1984, S. 41–47 (Nr. 4); Jean-Claude Cheynet, Pouvoir et contestations à Byzance (963–1210), Paris 1990, S. 68–70 (Nr. 80).

33 Einen Überblick über die gesetzgebende Tätigkeit der Kaiser bietet Ludwig Burgmann, Die Gesetze der byzantinischen Kaiser, in: Fontes minores 11 (2005), S. 77–132.

34 Reinsch, Michaelis Pselli Chronographia (wie Anm. 10), S. 231 (= Buch VII, Kap. 49, Z. 4–9): νόμους δὲ οὐ πάνυ τι ἐπιστάμενος, τὴν νομοθετικὴν ἑαυτῷ ἐσχεδίαζεν. οὐ γὰρ προλαμβάνων τὴν δίαιταν· ἀλλ' ἐπιτάττων αὐτὴν τοῖς δικάζουσι, τῆς κρείττονος μερίδος

Diese Stelle wirft ein Licht darauf, wie der Herrscher, der *qua* Amt ständig als Entscheider aufzutreten hat, diesen Akt inszeniert. Er delegiert den Fall an die Richter, die durch Mehrheitsabstimmung zu einem Ergebnis kommen.[35] Sobald dem Kaiser dies zu Ohren kommt – er weiß dabei die Mehrheit der Verantwortlichen hinter sich –, reißt er als oberster Richter die Befugnis des Entscheidens an sich, fügt Kleinigkeiten hinzu – verpasst dem Urteil also eine persönliche Komponente – und tut die Entscheidung kund.

Neben juristischen Experten waren aber auch Fachleute anderer Wissensrichtungen am Hofe präsent.[36] Oft wird die Verschränkung von Funktionsträgern und Experten greifbar.[37] Personen, die der Kaiser um sich hatte oder scharte, hatten aufgrund ihres Karriereweges auch oft Spezialwissen. Gut lässt sich diese Kombination für den Hof Leons V. (813–820) nachweisen: Als im Jahre 820 der Kaiser sein bevorstehendes Ende fürchtete und dies auch durch negative Traumbilder verstärkt wurde, befragte er Experten über seine Zukunft. Der *quaestor* (κυέστωρ), ein hoher Beamter am Hof, erklärte dem Kaiser die Prophezeiung über das Ende seiner Regierung, welches am Tag nach der Geburt Christi eintreten würde.[38] Zu diesem Behufe holte er aus der kaiserlichen Bibliothek ein Buch, das die sibyllinischen Orakel (*sibyllikoi chrēsmoi* / σιβυλλικοὶ χρησμοί) enthielt.[39]

ἐγίγνετο· εἶτα δὴ ὡς προειδώς, προΐστατό τε ταύτης· καὶ τὰς ψήφους ἐπήνεγκεν. ἵνα δὲ μὴ τὴν φωνὴν σολοικίσῃ, τὰς νομικὰς φωνὰς ἐπισημαινόμενος, τοῦτο μὲν ἑτέροις ἐπέτρεπεν· ἀεὶ δέ τι, ἢ προσετίθει ὡς λεῖπον τοῖς γράμμασιν· ἢ ἀφῄρει ὡς περιττόν. Übersetzung Reinsch / Reinsch-Werner, Leben der byzantinischen Kaiser (wie Anm. 10), S. 643.

35 Zu diesem Verfahren siehe Egon Flaig, Die Mehrheitsentscheidung. Entstehung und kulturelle Dynamik, Paderborn, Wien 2013 sowie Johannes Preiser-Kapeller, Hē tōn pleionōn psēphos. Der Mehrheitsbeschluss in der Synode von Konstantinopel in spätbyzantinischer Zeit. Normen, Strukturen, Prozesse, in: Egon Flaig / Elisabeth Müller-Luckner (Hg.), Genesis und Dynamiken der Mehrheitsentscheidung, München 2013, S. 203–227.

36 Paul Magdalino / Maria Mavroudi (Hg.), The Occult Sciences in Byzantium, Genf 2006; Paul Magdalino, Prophecy and Divination in the History, in: Alicia Simpson / Stephanos Efthymiadis (Hg.), Niketas Choniates. A Historian and a Writer, Genf 2009, S. 59–74.

37 Der byzantinische Hof und sein Umgang mit Wissen ist noch nicht monographisch beleuchtet; vgl. Sita Steckel u. a. (Hg.), Networks of Learning. Perspectives on Scholars in Byzantine East and Latin West, c. 1000–1200, Berlin 2014. Zum Wissen am spätrömischen Hof beziehungsweise der Beziehung des Herrschers zur Bildung vgl. Heinrich Schlange-Schöningen, Kaisertum und Bildungswesen im spätantiken Konstantinopel, Stuttgart 1995.

38 Die Stelle bei Johannes Thurn (Hg.), Ioannis Scylitzae synopsis historiarum, Berlin 1973, S. 20, 62–72; Übersetzung: John Skylitzes, A Synopsis of Byzantine History, 811–1057. Introduction, Text and Notes Translated by John Wortley, Cambridge 2010, S. 23. Die Szene ist auch dargestellt, s. Ioannis Scylitzae Synopsis Historiarum. Κώδικας Vitr. 26–2 της Έθνικης Βιβλιοθήκης της Μαδρίτης (Πανομοιότυπη εκδοση). Codex Matritensis graecus Vitr. 26–2; Scientific Consultant Agamemnon Tselikas, Athen 2000; Grünbart, Göttlicher Wink (wie Anm. 6).

39 Die sibyllinischen Orakel stellen eine Kompilation von Sprüchen in 14 Büchern dar, die aus dem Zeitraum vom zweiten bis zum siebten Jahrhundert nach Christus stammen; Sibyllinische Weissagungen. Griechisch / deutsch = Oracula Sibyllina, auf der Grundlage der Ausgabe von Alfons Kurfeß, neu übers. und hg. von Jörg-Dieter Gauger, Berlin 1998; Olaf Waßmuth, Sibyllinische Orakel 1–2. Studien und Kommentar, Bern 2011. Die Orakel

Das Werk enthielt auch Zeichnungen von Kaisern, für Leon wurde ein Löwenbild, der ein Chi (= Zeichen für Christus) auf seinem Rücken trug, zur Deutung herangezogen.

Mit diesem Beispiel kommt man in das Feld der Prognosetechniken, welche in Byzanz zwar eingeengt, aber immer noch vorhanden waren und regelmäßig als Grundlagen für Entscheiden dienten. Ihre Erwähnung in den schriftlichen Quellen kann einerseits die Skepsis eines Autors zeigen, andererseits dem Zwecke dienen, einen Kaiser zu desavouieren. So erwähnt Anna Komnene, die mit der »Alexias« ihrem Vater Alexios I. (1081–1118) ein Denkmal setzte, Praktiken der Prognose selten.[40] Falls dennoch Zukunftsschau oder die Suche nach der Lösung von Aporien ins Spiel kommt, dann wird das göttliche Walten und Mitwirken explizit erwähnt. Wie manipulativ Wissen, im konkreten Fall astronomische Kompetenz, zugunsten des Kaisers verwendet werden kann, mag die folgende Episode untermalen. Kaiser Alexios war von Beginn seiner Regierung an bemüht, die Reichsgrenzen zu schützen. Gerade die Balkanregion, also der nordwestliche Raum des Reichs, war neben dem Dauerkonfliktfeld Kleinasien ein Herd ständiger Unruhe. Die Strategie der byzantinischen Zentrale war es, einerseits durch Verhandlungen Zeit zu gewinnen, andererseits durch rasche militärische Aktionen die eigenen Verluste gering zu halten. Im Jahre 1087 zog Alexios gegen die Petschenegen, die sich im elften Jahrhundert südlich der Donau festsetzen und das byzantinische Territorium bedrohten; in den mittelgriechischen Quellen werden sie normalerweise als Skythen bezeichnet. Kaiser Alexios kümmerte sich auf einem Feldzug um dieses Problem, bei dem es auch auf rechtzeitiges Entscheiden ankam. Anna Komnene berichtet folgende Episode:

»Der Autokrator aber durchschaute das Täuschungsmanöver der Skythen und dass sie über diese Dinge nur verhandelten, weil sie der unmittelbaren Gefahr entkommen wollten, und dann, wenn sie nur Gelegenheit dazu bekämen, den verborgenen Funken ihrer Schlechtigkeit zu einem mächtigen Brand auflodern lassen würden, und daher akzeptierte er das Gesandtschaftsangebot nicht. Während diese Worte gewechselt wurden, trat ein gewisser Nikolaos, einer der Sekretäre, ganz nahe ans Ohr des Autokrators heran und sagte im Flüsterton zu ihm: ›Um diese Stunde, Basileus, ist eine

waren auch im Westen bekannt und flossen dort auch in die Deutung von Herrschaften ein, s. Anke Holdenried, The Sibyl and her Scribes. Manuscripts and Interpretation of the Latin Sibylla Tiburtina c. 1050–1500, Florenz 2006. – Etwas später lassen sich die sogenannten Oracula Leonis greifen, welche eine Sammlung von Kaiserprophetien darstellen; sie kamen im 13. Jahrhundert in den Westen und lassen sich erst im 15./16. Jahrhundert auch durch einige Textträger fassen, s. Wolfram Brandes, Oracula Leonis, in: David Thomas u.a. (Hg.), Christian Muslim Relations. A Bibliographical History, IV, Leiden 2012, S. 124–127.

40 Sarolta A. Takács, Oracles and Science. Anna Comnena's Comments on Astrology, in: Byzantinische Forschungen 23 (1996), S. 35–44; Paul Magdalino, The Porphyrogenita and the Astrologers. A Commentary on Alexiad VI.7.1–7, in: Charalambos Dendrinos u.a. (Hg.), Porphyrogenita: Essays in Honour of Julian Chrysostomides, Aldershot 2003, S. 15–31.

Sonnenfinsternis zu erwarten.‹ Als dieser es aber nicht glauben wollte, schwor er, er habe die Wahrheit gesagt. Schnell wie der Autokrator in seinen Überlegungen war [*gorgos peri tas enthymēseis* / γοργὸς περὶ τὰς ἐνθυμήσεις], wandte er sich zu den Skythen und sagte: ›Ich überlasse das Urteil [*krisis* / *κρίσις*] Gott; wenn am heutigen Tage ein Zeichen [*sēmeion* / *σημεῖον*] am Himmel sichtbar wird, dann wisst ihr auf jeden Fall, dass ich guten Grund habe, euer Gesandtschaftsangebot als verdächtig nicht zu akzeptieren, weil eure Heerführer nicht wirklich über Friedensbedingungen verhandeln; wenn aber nicht, dann bin ich überführt, dass ich mich mit meiner Vermutung geirrt habe.‹ Und es vergingen noch keine zwei Stunden, und das Sonnenlicht schwand, so dass die ganze Scheibe dunkel wurde, da der Mond sich vor sie schob. Da waren die Skythen ganz bass vor Erstaunen […]« (= 1. August 1087).[41]

Wissen bedeutet Macht, der Wissensvorsprung, den der Kaiser hat, macht ihn hier zu einem glänzenden Gewinner; der mitgeführte Beraterstab bringt die Kompetenz mit und im richtigen Moment wird dem Kaiser ein wichtiger Hinweis souffliert, den Alexios trickreich in einem Verhandlungsprozess einsetzt. Er verbindet ein sicher zu erwartendes Ereignis mit dem göttlichen Walten, welches er ihm gewogen darzustellen vermag. Man beachte, dass der Kaiser nicht den Auftrag zu einer astrologischen Prognose gibt, was der Intention der Erzählerin Anna geschuldet ist, die ihren Vater als nicht abergläubisch oder zeichenfixiert darzustellen versucht. Einer seiner Vertrauten, den Alexios bis auf Tuchfühlung herankommen lässt, muss ihn in der biographischen Erzählung darauf hinweisen.

Doch gehörte zu einer geglückten Entscheidungshandlung noch etwas dazu, nämlich ihre Geheimhaltung. Entscheidungen sollten nicht sofort veröffentlicht und mitgeteilt werden, man wartete also auf den richtigen Zeitpunkt. Zwei

41 Diether Roderich Reinsch (Hg.), Anna Komnene, Alexias. Übersetzt, eingeleitet und mit Anmerkungen versehen, Berlin ²2001, S. 321–322; Annae Comnenae, Alexias rec. Diether R. Reinsch / Athanasios Kambylis, Berlin 2001, 7.2.8–9: ὁ δὲ αὐτοκράτωρ τὴν ἀπάτην διαγνοὺς τῶν Σκυθῶν καὶ ὅτι τὸν ὑπόγυον κίνδυνον φεύγοντες τοιαῦτα διαπρεσβεύονται, καὶ εἰ ἀδείας ὅλως τύχοιεν, τὸν ὑποκρυπτόμενον τῆς αὐτῶν κακίας σπινθῆρα εἰς πυρσὸν ἀνάψουσι μέγαν, τὴν πρεσβείαν οὐκ ἐδέχετο. τούτων δὲ τῶν λόγων συνειρομένων Νικόλαός τις τῶν ὑπογραμματευόντων τῷ αὐτοκράτορι προσελθὼν πρὸς τὸ οὖς καὶ ὑποψιθυρίσας φησί· »κατὰ ταυτηνὶ τὴν ὥραν, βασιλεῦ, ἔκλειψιν τοῦ ἡλιακοῦ φωτὸς προσδόκει γενήσεσθαι«. τοῦ δὲ διαπιστοῦντος ἐκεῖνος ἐπώμνυτο μὴ διαψεύσασθαι. ὁποῖος δὲ ὁ αὐτοκράτωρ γοργὸς περὶ τὰς ἐνθυμήσεις, ἐπιστραφεὶς τοῖς Σκύθαις φησί· »Θεῷ τὴν κρίσιν ἀνατίθημι. καὶ εἰ μέν τι σημεῖον ἐξ οὐρανοῦ κατὰ ταυτηνὶ τὴν ἡμέραν ἔκδηλον γένηται, εἴσεσθε πάντως ὡς ἐγὼ μὲν ὕποπτον οὖσαν τὴν ὑμῶν πρεσβείαν εὐλόγως οὐ δέχομαι, ὅτι οὐκ ἐπ᾽ ἀληθείας οἱ φαλαγγάρχαι ὑμῶν τὰ περὶ εἰρήνης διαπρεσβεύονται· εἰ δ᾽ οὔ, διαμαρτὼν αὐτὸς τοῦ στοχασμοῦ ἐλεγχθήσομαι«. δύο οὔπω παρῆλθον ὧραι καὶ τὸ ἡλιακὸν φῶς ἐπιλέλοιπεν, ὡς ἀφεγγῆ τὸν ὅλον δίσκον γενέσθαι ὑποδραμούσης αὐτὸν τῆς σελήνης. καὶ οἱ μὲν Σκύθαι τηνικαῦτα ἔκθαμβοι γεγόνασιν, ὁ δέ γε αὐτοκράτωρ παραδίδωσιν αὐτοὺς Λέοντι τῷ Νικερίτῃ (ἐκτομίας δὲ οὗτος καὶ τοῖς στρατιωτικοῖς νηπιόθεν ἐνδιατρίψας καὶ ἀναφανεὶς δοκιμώτατος) ἐπισκήψας μεθ᾽ ἱκανῶν διασῶσαι τούτους μέχρι τῆς βασιλίδος τῶν πόλεων, ὁ δὲ μάλα προθύμως τῆς πρὸς τὴν Κωνσταντίνου ἥψατο.

wieder normativen Texten entnommene Äußerungen sollen dies untermauern. In dem taktischen Handbuch, welches unter dem Namen des Kaisers Maurikios (582–602) überliefert ist, wird Folgendes empfohlen: »Berate das, was getan werden muss, mit mehreren, was du aber tun wirst, mit wenigen und Vertrauten. Das Nützliche [*sympheron* / συμφέρον] aber behalte du im geheimen [*lathra* / λάθρᾳ] bei dir, wenn du einen Plan, besser als alle anderen, entwickelt hast.«[42] Ausführlicher fällt der Hinweis des Thomas Magistros aus: »Es ist jedoch keineswegs ausreichend, sich in wichtigen Dingen nur zu beraten, es gilt noch eine weitere Forderung: die einmal getroffene Entscheidung [*ta bebuleumena* / τὰ βεβουλευμένα] muß vor ihrer Umsetzung in die Tat den anderen Menschen verborgen bleiben [*peprachthai lanthanein* / πεπρᾶχθαι λανθάνειν]. Du musst darauf achten, dass wirklich eine Entscheidung gefällt wird – gewiss –, aber mehr noch, dass zur Entscheidung die absolute Verschwiegenheit kommt; denn unter dieser Voraussetzung kannst du dann die eigentliche Entscheidung noch mehr bedenken und deren Durchführung vorbereiten. Wenn nämlich die Verschwiegenheit gegeben ist, wird auch die Entscheidung großen Wert haben; fehlt aber die Verschwiegenheit, so ist die Durchführung offenkundig gar nichts wert, mag auch die Beratung tausendfach durchgeführt worden sein.«[43] Zu diesen Passagen kann man eine erkleckliche Anzahl weiterer Belege aus taktischen Schriften stellen.[44]

4. Der Nutzen der eingesetzten Ressourcen

Ein ständig wiederkehrendes Element bei der Diskussion über das Entscheiden stellt die Zeit dar: Die Kontrolle beziehungsweise Herrschaft über diese spielte in zwei Hinsichten eine wesentliche Rolle im Prozess des Entscheidens. Einerseits muss man sich Zeit nehmen, um Entscheidungen vorzubereiten und viele

42 Das Strategikon des Maurikios / Mauricii strategicon, Einführung, Edition und Indices von George T. Dennis, Übersetzung Ernst Gamillscheg, Wien 1981, S. 282 (= Buch VIII, Kap. 2, Z. 60–62): Τὸ πρακτέον βουλεύου σὺν πλείοσιν, ἃ μέντοι πράξεις σὺν ὀλίγοις καὶ τούτοις πιστοῖς. Τὸ δὲ συμφέρον σὺ λάθρᾳ κατὰ σεαυτὸν τὴν πασῶν καλλίονα γνώμην ἐπιλεξάμενος κράτει.

43 Volpe Cacciatore, Toma Magistro (wie Anm. 12), S. 56 (= Kap. 15, Z. 676–678): καὶ μήτε, τοῖς ἀγαθοῖς ἀνδράσι παύσῃ ξυνών, μὴτ' οἴκοθεν αὐτὸς ἀνευρίσκων τὸ δέον καὶ κατεργαζόμενος, καὶ σαυτὸν ἐν τούτοις ὅσαι ὧραι νικῶν; Blum, Fürstenspiegel (wie Anm. 11), S. 119: »Niemals darfst du in einsamen Entschlüssen das Notwendige aufspüren und durchführen: auch in diesem Bereich musst du dich Tag und Nacht in Selbstbeherrschung üben« und weiter S. 676–685: Καὶ μὴν οὐ τὸ βουλεύεσθαι μόνον περὶ τῶν μεγίστων ἀπόχρη, ἀλλὰ καὶ τὸ τὰ βεβουλευμένα πρὶν ἢ πεπρᾶχθαι λανθάνειν τοὺς ἄλλους προσεῖναι δεῖ, καὶ σκοπεῖν οὐχ ὅπως ἐκείνῳ μᾶλλον ἔσται, ἢ ὅπως ἐκείνῳ τοῦτο προσέσται, κἀντεῦθεν τοῦτο μείζονος ἀξιοῦν τῆς προνοίας· ὡς, ἐὰν μὲν τοῦτο προσῇ, κακεῖνο πολλοῦ τινος ἄξιον ὄν· τούτου δ' ἀπόντος, κἂν μυριάκις ἐκεῖνο παρῇ, οὐδὲν μᾶλλον δ' οὐδενὸς ἄξιον ὄν. Εἰκότως. Übersetzung oben im Fließtext; Blum, Fürstenspiegel (wie Anm. 11), S. 119; Leontiadis, Staatsverständnis der Byzantiner (wie Anm. 11), S. 108.

44 Das Thema »militärisches Entscheiden« wird separat an einem anderen Ort behandelt.

Möglichketen zu bedenken. Eingebunden werden sollen Quellen des Wissens, wie schon oben dargestellt wurde.

Andererseits ist der richtige Zeitpunkt (*kairos*) des Entscheidens beziehungsweise die Verkündigung eines Entschlusses die Voraussetzung für eine geglückte Umsetzung.[45] Seit der Antike werden der richtige Zeitpunkt, den man am Schopf packen soll, um die Gunst der Stunde zu nützen, und der passende Termin zur Bestimmung jeglicher Art von Handlungen in allen Schattierungen greifbar: Die Entscheidung zur Schlacht, der Eintritt in die Kirche, die Hochzeit, die Geburt, die Taufe – alles sollte im richtigen Moment stattfinden und so unter einem guten Stern stehen.[46] Die Erstellung von Horoskopen und die Bestimmung der Todesstunde (und die in diesem Zusammenhang jahrhundertelang geführten Diskussionen) zählten ebenso zu diesem Bereich.[47]

Der richtige Zeitpunkt wurde auch in den paränetischen Texten von der spätantiken bis in die spätbyzantinische Zeit thematisiert; der Diakon Agapetos formuliert es folgendermaßen: »Bedenke ohne Hast das, was zu tun ist, und führe den Entschluss zügig aus, denn in Staatsgeschäften ist unüberlegtes Handeln höchst gefährlich.«[48] Und noch bei Nikephoros Blemmydes (13. Jh.) wird dem Kairos breiter Raum gewidmet.[49]

45 Seit der klassischen Gräzität und Literatur enthält der Begriff καιρός eine Bandbreite an Konnotationen, darunter auch der den Zeitpunkt zur Entscheidung für Krieg oder Frieden, s. Phillip Sipiora, Introduction. The Ancient Concept of Kairos, in: Phillip Sipiora / James S. Baumlin, Rhetoric and Kairos. Essays in History, Theory, and Praxis, Albany, NY 2002, S. 1–22, hier S. 12–13. In den Quellen findet man auch den Begriff *hōraia hōra* / ὡραία ὥρα (»die rechte / passende Stunde«). Frank Brommer, Die Wahl des Augenblicks in der griechischen Kunst, München 1969; James L. Kinneavy / C. R. Eskin, Kairos, in: Gert Ueding (Hg.), Historisches Wörterbuch der Rhetorik, Bd. 4, Darmstadt 1998, Sp. 836–844.

46 Michael V. lässt bei Astrologen nachfragen, wann die beste Stunde sei, Kaiserin Zoe zu exilieren (1042), s. Anne Tihon, Numeracy and Science, in: Elizabeth Jeffreys u. a. (Hg.), Oxford Handbook of Byzantine Studies, Oxford 2008, S. 803–819, hier S. 811–813 (Astrology). Nachzulesen ist die Episode bei Reinsch, Michaelis Pselli Chronographia (wie Anm. 10), S. 89 (= Buch V, Kap. 18).

47 David Pingree, The Horoscope of Constantine VII Porphyrogenitus, in: Dumbarton Oaks Papers 27 (1973), S. 219–231; ders., Political Horoscopes from the Reign of Zeno, in: Dumbarton Oaks Papers 30 (1976), S. 133–150; ders., The Horoscope of Constantinople, in: Yasukatsu Maeyama / Walter Saltzer (Hg.), Πρίσματα. Festschrift for Willy Hartner, Wiesbaden 1977, S. 305–315; Wolfgang Lackner, Nikephoros Blemmydes. Gegen die Vorherbestimmung der Todesstunde. Einleitung, Text, Übersetzung und Kommentar, Leiden 1985 (mit einem exzellenten Überblick über die theologischen Diskussionen der *providentia horae mortis* in Byzanz).

48 Riedinger, Agapetos Diakonos (wie Anm. 5), S. 41 (= Kap. 25): Βουλεύου μὲν τὰ πρακτέα βραδέως, ἐκτέλει δὲ τὰ κριθέντα σπουδαίως, ἐπειδὲ λίαν ἐστὶ σφαλερώτατον τὸ ἐν τοῖς πράγμασιν ἀπερίσκεπτον· Im selben Abschnitt wird der Kaiser mit εὐφρονέστατε βασιλεῦ angeredet, was eher mit »verständigster Kaiser« als mit »allergnädigster Kaiser« zu übersetzen ist.

49 Herbert Hunger / Ihor Ševčenko (Hg.), Des Nikephoros Blemmydes Βασιλικὸς Ἀνδριάς und dessen Metaphrase von Georgios Galesiotes und Georgios Oinaiotes, Wien 1986,

Besonders wichtig und entscheidend war Zeit und die richtige Einschätzung des *kairos* in militärischen Aktionen. Im so genannten Strategikon des Kaisers Maurikios vom Ende des 6. Jh. wird das in Hinblick auf den Feldherrn folgendermaßen formuliert: »Langsam und sicher zu überlegen und – wenn der Beschluss richtig scheint – den Zeitpunkt nicht durch Verzögerung oder Angst verstreichen zu lassen gehört zu den Notwendigkeiten; denn die Angst ist nichts Sicheres, sondern eine Erfindung der Schlechtigkeit«.[50]

Zur Verwaltung und Bestimmung von Zeit wurde dem Kaiser nahegelegt, Experten zu konsultieren. Dem Kriegsherrn wurde empfohlen, unterschiedliche Künste beziehungsweise Techniken (*technai*) mitzuberücksichtigen. Zu diesen Fertigkeiten gehörte auch die *astrononomikē technē*. Der Begriff Astronomie umfasste dabei mehr als wir heute darunter verstehen: Mittels der Objekte des Firmaments wurden Termine berechnet; entscheidend im militärischen Ablauf waren die Jahreszeiten, Frühlings- und Herbstbeginn stellten wichtige Lostage dar, daran knüpften sich Aktivitäten wie Rekrutierung und Soldzahlung (solche Termine werden in der Historiographie oft verzeichnet). Meteorologie fiel ebenfalls in diesen Bereich, Wetterprognose und -deutung trugen wesentlich zum Gelingen von Kampfhandlungen bei.[51] Weiter mussten Zeichen am Himmel dahingehend gedeutet werden, ob sie Einfluss auf den Schlachtbeginn und -verlauf haben konnten. Gefahrvoll – und darauf weist etwa die taktische Schrift, die unter dem Namen Leon läuft und ins 10. Jh. zu datieren ist – sind *sēmeia*, die Unruhe im Heer auslösen können.[52] Diese taktische Schrift ist ausdrücklich gegen Mantik eingestellt, behandelt aber das Problem der Empfänglichkeit für Zeichen seitens der Soldaten. Der Feldherr musste damit umgehen können, er hatte Panik zu vermeiden oder ein Zeichen zu seinen Gunsten auszunutzen – es galt mit anderen Worten diese Elemente in sein Entscheidenshandeln einzubringen. Darum ist es auch nicht verwunderlich, dass in einer Feldbibliothek

S. 165 (Nr. 141, 142), S. 166 (Nr. 148, 151); Leontiadis, Staatsverständnis der Byzantiner (wie Anm. 11), S. 74. Wie aktuell Kairos in der spätbyzantinischen Zeit war, zeigt, dass im letzten Buch der Anthologia Graeca (= Planudea) ein Epigramm des Poseidippos auf einer Kairos-Statue zu finden ist (Buch XVI, Nr. 275).

50 Strategikon des Maurikios (wie Anm. 42), S. 270 (= Buch VIII, Kap. 1, Z. 27–29): Τὸ βουλεύεσθαι βραδέως καὶ ἀσφαλῶς τῶν ἀναγκαίων ἐστὶ καὶ δοκούσης τῆς γνώμης μὴ ἀναβάλλεσθαι τοὺς καιροὺς δι' ὄκνον τινὰ ἢ δειλίαν· οὐδὲ γὰρ ἀσφαλὲς ἡ δειλία, ἀλλὰ κακίας ἐπίνοια. (Übersetzung hier M. G.). Für weitere Stellen in dieser Abhandlung s. S. 284 (= Buch VIII, Kap. 2, Z. 85–87 u. Z. 92–93).

51 Michael Grünbart, Unter einem guten Stern? Externe Instanzen bei kaiserlichen Entscheidungsprozessen in Byzanz, in: Beihammer, Alexander u. a. (Hgg.): Prosopon Rhomaikon. Ergänzende Studien zur Prosopographie der mittelbyzantinischen Zeit, Berlin 2017, S. 17–29.

52 George T. Dennis (Hg.), The Taktika of Leo VI. Text, Translation, and Commentary, Washington, D. C. 2014, Kap. 20, S. 562 f. (Nr. 78), S. 564 (Nr. 80), S. 606 f. (Nr. 198), S. 612 f. (Nr. 213), Epilog, S. 634 (Nr. 53), S. 636 f. (Nr. 61); John Haldon, A Critical Commentary on the Taktika of Leo VI, Washington, D. C. 2014.

nicht nur taktische Schriften mitgeführt wurden, sondern auch Traumbücher, Brontologien (Donnerbücher) und Seismologien (Erdbebenbücher).[53]

In der frühbyzantinischen Historiographie sind Passagen zu finden, welche das Entscheiden für eine Schlacht, das Umgehen mit Vorzeichen, Strategiewahl und Ähnliches betreffen. Exemplarisch soll eine Episode vorgeführt werden, welche Agathias (2. Hälfte 6. Jahrhundert) notiert. Die Oströmer / Byzantiner hatten in Italien ihr Territorium zu sichern. Die Franken waren unter Leutharis und Butilinos im Frühling des Jahres 554 Richtung Süditalien gezogen.

»Als dies so geschah wurden die Franken sofort – wie es üblich ist – von Aufruhr erfüllt, und sie stürzten zu ihren Waffen, da sie vor Zorn zappelten und rasten; sie vermochten ihre Absichten nicht mehr bei sich zu behalten, sondern waren wagemutig über das Maß und mutiger, sodass sie sich weder ruhig verhalten noch zaudern, sondern sich sofort in Schlachtordnung aufstellen, und sich nicht an die Prophezeiung der alamannischen Wahrsager halten wollten, nämlich nicht an jenem Tag zu kämpfen oder einzusehen, dass sie alle zur Gänze vernichtet würden. Ich glaube nun, dass sie, wenn das Zusammentreffen am nächsten Tag oder einem anderen erfolgt wäre, immer dasselbe Schicksal erlitten hätten, das ihnen dort wiederfahren war. Denn eine Änderung des Tages hätte nicht genügt sie vor der Bestrafung zu bewahren, die sie für ihre Gottlosigkeit bekamen. Gleichwohl aber war, sei es einfach Zufall gewesen oder vielleicht die Art der Zukunftsinterpretation der alamannischen Seher, die Prophezeiung nach der Meinung vieler weder hohl noch unerfüllt.«[54]

Es wird als gegeben angesehen, dass Experten mit prognostischer Kompetenz im Feld verfügbar waren. Die Gegner der Oströmer werden hier negativ charakte-

53 John Haldon (Hg.), Constantine Porphyrogenitus Three Treatises on Imperial Military Expeditions, Wien 1991, S. 211–212 (C 196–204). Die Schrift des Ioannes Lydos (6. Jh.) ist eine Fundgrube für antike Divinatorik sowie Strategien des Deutens von Zeichen, s. Curt Wachsmuth (Hg.), Ioannis Laurentii Lydi liber de ostentis et calendaria Graeca omnia. Accedunt epimetra duo de cometis et de terrae motibus; De ostentis et calendaria Graeca omnia, Leipzig 1897; englische Übersetzung: Anastasia Bandy (Hg.), The Three Works of Ioannes Lydus, Bd. 2: On Celestial Signs (De ostentis), Lewiston 2013.

54 Rudolf Keydell (Hg.), Agathiae Myrinaei historiarum libri quinque, Berlin 1975, S. 48 (= Buch II, Kap. 6, 7–9, Z. 17–49, 2): Τούτων δὲ οὕτω ξυνενεχθέντων αὐτίκα οἱ Φράγγοι ταραχῆς, ὡς τὸ εἰκός, ἀνεπίμπλαντο, καὶ πρὸς τὰ ὅπλα ἐχώρουν, σφαδάζοντες τῷ θυμῷ καὶ λυττῶντες, κατέχειν τε ἐν ἑαυτοῖς τὰ φρονήματα οὐκ ἠδύναντο, ἀλλὰ τολμητίαι γε ἦσαν πέρα τοῦ μετρίου καὶ θαρραλέοι, ὡς μηκέτι ἠρεμεῖν ἐθέλειν μηδὲ διαμέλλειν, ἀλλ' αὐθημερὸν παρατάττεσθαι, καὶ ταῦτα προειρημένον αὐτοῖς ὑπὸ τῶν Ἀλαμανικῶν μάντεων μὴ δεῖν ἐκείνης τῆς ἡμέρας διαμάχεσθαι ἢ γιγνώσκειν ὡς ἄρδην ἅπαντες ἀπολοῦνται. οἶμαι μὲν οὖν εἰ καὶ τῇ ὑστεραίᾳ ἢ καὶ καθ' ἑτέραν ἡ ξυμβολὴ ἐγεγόνει, πάντως ἂν τοῦτο ἐκεῖνο ἐπεπόνθεσαν, ὅπερ καὶ ἐν τῷ τότε ἀπέβη. οὐ γὰρ δή που ἡ τῆς ἡμέρας ἐναλλαγὴ ἀπέχρησεν ἂν αὐτοῖς ἐς τὸ μὴ οὐχὶ ποινὰς ἀποτῖσαι ὧν ἐτύγχανον ἠσεβηκότες. 9 πλὴν ἀλλ' ὅμως εἴτε οὕτω ξυμβὰν εἴτε καὶ ἴσως τῶν Ἀλαμανικῶν χρησμολόγων ὅτῳ δὴ οὖν τρόπῳ τὰ ἐσόμενα ἐπιφρασαμένων, οὐ κενὸν τοῖς πολλοῖς οὐδὲ ἀτελεύτητον ἔδοξεν εἶναι τὸ μάντευμα. ὅπως δὲ τῶν ἐφεξῆς ἕκαστα ἐπράχθη, αὐτίκα ἐς τὸ ἀκριβὲς ὡς οἷόν τέ μοι λελέξεται.

risiert, ihre Disziplinlosigkeit und Ungeordnetheit wurden als der Anfang vom Ende gesehen. Verstärkt wird das durch das Ignorieren eines Ratschlags seitens der Wahrsager. Dazu tritt die Skepsis des Historiographen, welcher den Erfolg oder Misserfolg der Aktion nicht von einem bestimmten Datum abhängig zu sein glaubt. Im vorliegenden Fall wird die Niederlage der Franken in den Bereich der selbsterfüllenden Prophezeiung gerückt.

Nicht nur die Feinde beziehungsweise Barbaren erleiden solche Schicksale, indem sie Vorhersagen oder gute Ratschläge in den Wind schlagen, auch Kaisern kann solches widerfahren. Konstantin VI. (780–797) erlitt bei Markellai an der byzantinisch-bulgarischen Grenze eine vernichtende Niederlage gegen den Khan Kardamos (792), nachdem er den Krieg unbedacht und ungeordnet aufgenommen hatte (*askopōs kai ataktōs* / ἀσκόπως καὶ ἀτάκτως). Auslöser dieses Desasters war, dass er nicht seinen Militärführern vertraute, sondern er sich der Expertise des Astronomen Pankratios, der als Pseudoprophet beschimpft wird, anvertraute.[55] Die negative Schilderung des kaiserlichen Entscheidens unter Einbeziehung divinatorischen Wissens darf nicht darüber hinwegtäuschen, dass solche Experten auch auf der byzantinischen Seite eingesetzt werden konnten. Dieses Beispiel zeigt schön das Spannungsfeld zwischen dem Einsatz praktischer Erfahrung, über die hier die Militärführer verfügten, und der prognostischen Bewertung einer Situation als Ressourcen des Entscheidens.

5. Schluss

Anhand der wenigen ausgewählten Beispiele soll verdeutlicht worden sein, welche Bandbreite an Ressourcen für das Entscheiden vorhanden war und welchen Stellenwert Methoden der Deutung und Entschlüsselung im byzantinischen politischen Alltag einnahmen.

Gott ist die Instanz, dem der Kaiser Rechenschaft schuldet; bis zum Gericht vor Gott hat der Kaiser aber die oberste, unantastbare Entscheidungsgewalt; es ist legitim, dass das Göttliche in kaiserliches Handeln miteinbezogen wird. Dieser Zug verstärkt die Autorität des herrscherlichen Entscheidens, das Gott günstig und wohlgesonnen unterstützt. Im Idealfall kann das Handeln von Herrschern

55 Carl de Boor (Hg.), Theophanis Chronographia, 2 Bde., Leipzig 1883–1885, S. 467–468 (AM 6924); θερμοπνοήσας δὲ ὁ βασιλεὺς καὶ ὑπὸ ψευδοπροφητῶν πεισθείς, ὡς αὐτοῦ ἔσται ἡ νίκη, ἀσκόπως καὶ ἀτάκτως συνέβαλε πόλεμον καὶ ἡττᾶται σφοδρῶς. ἐπανέρχεται δὲ φυγὰς ἐν τῇ πόλει πολλοὺς ἀποβαλών, οὐ μόνον τοῦ κοινοῦ λαοῦ, ἀλλὰ καὶ τῶν ἐν τέλει, ἐν οἷς καὶ Μιχαὴλ μάγιστρον τὸν Λαχανοδράκοντα, καὶ Βάρδαν πατρίκιον, καὶ Στέφανον πρωτοσπαθάριον, τὸν Χαμέα, Νικήταν τε καὶ Θεόγνωστον στρατηγοὺς γεγονότας, καὶ ἀνθρώπους βασιλικοὺς οὐκ ὀλίγους, καὶ Παγκράτιον τὸν ψευδοπροφήτην καὶ ἀστρονόμον, ὅστις καὶ νικᾷν αὐτὸν προεφήτευσεν. ἐπῆραν δὲ καὶ τὸ τοῦλδον χρήματά τε καὶ ἵππους καὶ τὴν κόρτην μετὰ πάσης τῆς βασιλικῆς ὑπουργίας. Roger Scott (Hg.), Chronicle of Theophanes Confessor. Byzantine and Near Eastern History. AD 284–813, Oxford 1997, S. 643.

als Zusammenwirken von kaiserlichem Entscheiden und göttlichem Unterstützen inszeniert werden.

Die Deutung der Zukunft und die Prognostik sind auch in Byzanz mit dem Entscheiden eng verbunden. Die Vorausschau erlaubt das Abwägen und Gewichten von Parametern wie Zeit oder vorhandenen Ressourcen, was ein im Kontext sinnvolles Entscheiden erleichtert und befördert. Die Prognostik kann zudem Varianten und Alternativen anbieten, die man als Entscheider beachten und übergehen kann. Ein weiterer Nutzen liegt darin, dass ein komplexer Entscheidungsprozess auf die Abwägung eines dichotomen Gegensatzes reduziert werden kann.

In seinem Notstand des Entscheidens in Krisensituationen war es für den Kaiser von Vorteil, auf verfügbare Ressourcen zurückzugreifen, welche die Gestalt von verschriftlichtem Wissen und personengebundener Expertise annahmen. Durch die Konsultation von Experten, die sowohl im säkularen als auch im geistlichen Bereich sozialisiert waren, eröffneten sich Spiel- und Denkräume zum Anbahnen einer Entscheidung. Es traten Verwaltungsverantwortliche, Juristen und Personen, die sich auch in den Geheimwissenschaften auskannten, auf. Der für Entscheidungen verantwortliche Herrscher erweiterte dadurch seinen Horizont möglicher Optionen, er konnte das Entscheiden delegieren und sich durch Experten absichern. Die Einbeziehung von externer Deutungskompetenz nahm zudem dem Entscheider den Druck der raschen (schlimmstenfalls unklugen) Entscheidung und erlangte dadurch sowohl einen Freiraum als auch einen Zugewinn an Zeit. Allerdings lieferte er sich der Deutungs- und Entschlüsselungskompetenz von Experten aus, was dazu führen konnte, dass sich mancher byzantinische Herrscher selbst mit auf Verwaltungsangelegenheiten, Recht und Militär bezogenen Materien beschäftigte. Fehldeutungen hingegen ließen sich durch unrichtige Interpretationen oder die Anwendung ungenauer Beobachtungsmethoden erklären – damit konnte sich der Souverän wie heutige Politiker hinausreden.

Ein wichtiger Aspekt stellt zum Schluss die Geheimhaltung einer Entscheidung dar. Der Verantwortliche soll in manchen Fällen nicht sofort das Ergebnis seines Entscheidens verkünden, sondern den rechten Zeitpunkt dafür erkennen. Damit befestigte er bis zum letzten Moment seine Autorität.

Stefanos Dimitriadis, Florin Filimon, Konstantin Maier,
Sebastian Rothe und Sita Steckel

Expertenentscheidungen in der Vormoderne

Politisierung von Expertise und Konkurrenz der Experten in politischen Entscheidungsprozessen des lateinischen und byzantinischen Mittelalters*

1. Experten und Entscheiden in Forschungen zur Vormoderne (*Sita Steckel*)

Die kulturgeschichtlich orientierte Wissensgeschichte geht schon seit einiger Zeit davon aus, dass die Erforschung der gesellschaftlichen Einbettung von Experten nicht nur für die Moderne, sondern auch für die europäische Vormoderne wichtige Perspektiven eröffnet. Eine langfristig angelegte historische Untersuchung der gesellschaftlichen Hervorbringung und Nutzung unterschiedlicher Wissensbestände erlaubt nicht zuletzt, den zumeist recht engen modernen Begriff des ›Experten‹ sowie der ›wissenschaftlichen‹ Expertise aufzubrechen, die in den spezifischen politischen und wissenschaftsdisziplinären Konstellationen des langen 20. Jahrhunderts geprägt wurden, und stattdessen auf einer breiteren Basis über historische Formen des Expertentums zu reflektieren.[1] Wiewohl sich

* Ein herzlicher Dank gilt Prof. Dr. Marian Füssel (Göttingen) für seinen anregenden Kommentar zur Sektion ›Experten und Expertentum als Ressource des Entscheidens in der Vormoderne‹, aus der der folgende Beitrag erwachsen ist. Ebenfalls danken möchten wir Marcel Bubert (Münster) für seine Vorstellung konzeptioneller Überlegungen zum Verhältnis von Experten und Entscheiden anhand empirischer Beispiele aus seinem Göttinger Dissertationsprojekt zu Gelehrtenkulturen im Umfeld der Pariser Universität um 1300 im Rahmen der SFB-Arbeitsgruppe ›Experten und Entscheiden‹. Für die sprachliche Unterstützung im vierten Abschnitt danken wir den Kollegen Nils Fischer (Münster / Athen) und András Kraft (CEU Budapest / SFB 1150-Kurzzeitstipendiat).

1 Vgl. Frank Rexroth, Systemvertrauen und Expertenskepsis. Die Utopie vom maßgeschneiderten Wissen in den Kulturen des 12. bis 16. Jahrhunderts, in: Björn Reich u. a. (Hg.), Wissen, maßgeschneidert. Experten und Expertenkulturen im Europa der Vormoderne, München 2012, S. 12–44; ders., Expertenweisheit: Die Kritik an den Studierten und die Utopie einer geheilten Gesellschaft im späten Mittelalter, Basel 2008; Sita Steckel, Wissensgeschichten. Zugänge, Probleme und Potentiale in der Erforschung mittelalterlicher Wissenskulturen, in: Martin Kintzinger / Dies. (Hg.), Akademische Wissenskulturen. Praktiken des Lehrens und Forschens vom Mittelalter bis zur Moderne, Bern 2015, S. 9–58, hier S. 11. Demnächst vgl. auch Marcel Bubert, The Attribution of What? Zur sozialen Konstruktion

in einer solchen Langzeitperspektive deutliche Spezifika der westlichen Moderne abheben – etwa der extrem zukunftsorientierte, wissenschaftlich grundierte Planungsoptimismus des mittleren 20. Jahrhunderts[2] – so zeigen sich doch auch historisch vergleichbare Dynamiken, die den Mehrwehrt eines langfristigen Beobachtungsrahmens unterstreichen.[3]

Bei genauerem Hinsehen besitzt die spezifische Frage nach der Rolle von Experten in *Entscheidungsprozessen* jedoch ein darüberhinausgehendes, bislang nicht voll ausgeschöpftes Potential, das sowohl der mediävistischen Forschung wie der epochenübergreifenden Wissenschafts- und Wissensgeschichte zugutekommen kann: Entscheidungen – und spezifisch solche institutionalisierten Formen des Entscheidens, die als politisch oder politisch aufgeladen verstanden werden können – erweisen sich als historische Schnitt- und Sollbruchstellen, an denen Transformationen und insbesondere Diskontinuitäten der gesellschaftlichen Nutzung von Expertise sichtbar werden.

Auf einer grundsätzlichen Ebene sind politische Entscheidungsprozesse somit einer der wichtigsten sozialen Orte, an denen Experten als solche anerkannt und damit zu Experten gemacht werden. Denn verstehen wir Experten als Träger von Sonderwissen, deren Rolle in »Kommunikationssituationen, in denen Fremdzuschreibungen und Selbststilisierungen einander bedingen«,[4] etabliert wird, so erscheint die Heranziehung von Experten durch politische Entscheider als besonders herausragende Situation erfolgreicher Performanz von Expertise. Wo solche historischen Performanzen von Expertentum rekonstruiert werden können, bieten sie einerseits einen wichtigen Ansatzpunkt zur Beschreibung und Erklärung historischer Transformationen von Expertenrollen. Die Frage nach Expertenentscheidungen tritt damit neben die Untersuchung idealisierender oder kritischer diskursiver Beschreibungen von Experten in »Expertenlob« oder »Expertenkritik«.

Andererseits erlaubt die Frage nach Experten als Ressourcen des Entscheidens, historische Beziehungsgeschichten zwischen den Feldern der Politik, des Rechts, der Religion und der Wissenschaft, mithin also Dynamiken gesellschaftlicher Differenzierung sichtbar zu machen.[5] Diese Frage erscheint auch

und ›mentalen Realität‹ von Expertise, in: Grenzen der Expertise? Praktiken und Räume des Wissens, Göttingen 2018 (in Vorbereitung).

2 Vgl. dazu etwa in Martin Kohlrausch / Helmuth Trischler, Building Europe on Expertise. Innovators, Organizers, Networkers, London 2014; Lutz Raphael, Die Verwissenschaftlichung des Sozialen als methodische und konzeptionelle Herausforderung für eine Sozialgeschichte des 20. Jahrhunderts, in: Geschichte und Gesellschaft 22 (1996), S. 165–193.

3 Vgl. etwa die Beiträge in Reich u. a., Wissen, maßgeschneidert (wie Anm. 1); Martin Mulsow / Frank Rexroth (Hg.), Was als wissenschaftlich gelten darf: Praktiken der Grenzziehung in Gelehrtenmilieus der Vormoderne, Frankfurt a. M. 2014.

4 Rexroth, Systemvertrauen (wie Anm. 1), S. 20.

5 Vgl. für diesen Ansatz in der Erforschung von Expertise Mitchell G. Ash, Wissenschaft(en) und Öffentlichkeit(en) als Ressourcen füreinander, in: Sybilla Nikolow / Arne Schirrmacher (Hg.), Wissenschaft und Öffentlichkeit als Ressourcen füreinander. Studien zur Wissenschaftsgeschichte im 20. Jahrhundert, Frankfurt a. M. 2007, S. 349–362. Zu historischen

für die Untersuchung historischer Kulturen des Entscheidens außerordentlich aufschlussreich. Anstatt anzunehmen, dass allein die moderne Gesellschaft als »Entscheidungsgesellschaft« verstanden werden sollte,[6] der eine entscheidungsferne Vormoderne gegenübersteht, erlaubt die Frage nach verschiedenen Formen und Ressourcen des Entscheidens, kurz- und langfristige historische Dynamiken und Kulturen des Entscheidens auszumachen,[7] in denen sich auch die Bezüge unterschiedlicher gesellschaftlicher Felder zueinander deutlich verschoben. Nicht erst im 20. Jahrhundert lässt sich etwa beobachten, wie Experten als Ressource für die Politik, umgekehrt aber auch politische Akteure und Konstellationen als Ressourcen für die Durchsetzung neuer Konzepte des Expertentums genutzt wurden. Dies hatte jeweils deutliche Rückwirkungen auf die Konstitution und Praxis des Entscheidens. Wie etwa der folgende Beitrag von Sebastian Rothe zur Rolle von Experten in der spanischen Inquisition zeigt, konnte die Beteiligung von Experten somit neue Formen des Entscheidens legitimieren, die zwischen Recht, Religion und Politik standen. Der Bezug auf die Experten der Inquisitionstribunale zeigt dabei zudem ganz unterschiedliche symbolische und pragmatische Funktionen ihres Spezialwissens.

Eine für verschiedene Formen von Expertise geöffnete Beschäftigung mit historischen Expertenkulturen erlaubt daher, älteren linearen, auf ein gleichbleibendes Expertisekonzept orientierten Verlaufsbeschreibungen gesellschaftlicher Verwissenschaftlichung differenziertere Modelle gegenüberzustellen. Wie insbesondere das Fallbeispiel Konstantin Maiers zum Verhältnis Friedrich I. Barbarossas zu den italienischen Juristen zeigt, werden etwa im Verlauf des europäischen Mittelalters einerseits Dynamiken ›primärer‹ Verwissenschaftlichung sichtbar,[8] in denen der Rückgriff auf Expertise zur Ressource für neue Formen des Entscheidens wurde (und auf dieser Basis auch die Bedeutung der entsprechenden Expertengruppe steigerte). Andererseits zeigen sich auch – und insgesamt wohl häufiger – Situationen der Expertenkonkurrenz, in denen während laufender politischer Entscheidungsprozesse durch die Auswahl spezifischer Experten die Hierarchie oder sogar Zulässigkeit ihrer jeweils angebotenen Formen von Expertise mitverhandelt wurde. Wie auch für die Moderne bereits

Differenzierungsdynamiken vgl. Uwe Schimank, Gesellschaftliche Differenzierungsdynamiken. Ein Fünf-Fronten-Kampf, in: Thomas Schwinn u. a. (Hg.), Soziale Differenzierung. Handlungstheoretische Zugänge in der Diskussion, Wiesbaden 2011, S. 261–284 sowie in feldtheoretischer Perspektive Philip S. Gorski, Bourdieusian Theory and Historical Analysis. Maps, Mechanisms and Methods, in: Ders. (Hg.), Bourdieu and Historical Analysis, Durham 2013, S. 327–366.

6 Vgl. Uwe Schimank, Die Entscheidungsgesellschaft. Komplexität und Rationalität der Moderne, Berlin 2005.

7 Vgl. z. B. Barbara Stollberg-Rilinger, Cultures of Decision-Making, London 2016; dies. / André Krischer (Hg.), Herstellung und Darstellung von Entscheidungen. Verfahren, Verwalten und Verhandeln in der Vormoderne, Berlin 2010.

8 Vgl. für diesen Begriff Raphael, Verwissenschaftlichung (wie Anm. 2), S. 178.

konstatiert worden ist, zwingen solche Situationen der Expertenkonkurrenz häufig zur Neujustierung von Entscheidungsprozessen.[9]

Wie die Beiträge von Stefanos Dimitriadis und Florin Filimon zur Konkurrenz von Experten im Umfeld des byzantinischen Kaisers zeigen, konnten im mittelalterlichen Byzanz sowohl Vertreter unterschiedlicher (und unterschiedlich akzeptierter) gelehrter Wissensdisziplinen wie Rhetoren und Astrologen in Konkurrenz zueinander treten. Andererseits konnten politische und sogar militärische Entscheidungen auch durch religiöse Expertise begründet werden, etwa durch prophetische Zukunftsvoraussagen. Diese sowohl für Byzanz wie für den lateinischen Westen dokumentierbare Doppel- bzw. Dreifachkonkurrenz in politischen Expertenentscheidungen – einerseits zwischen religiösen und säkularen Experten, andererseits unter religiösen sowie unter säkular-gelehrten Experten – zeigt insbesondere einen typischen blinden Fleck der modernen Wissenschaftsgeschichte auf, die dazu neigt, die spannungsreiche Dynamik zwischen religiösen und säkularen Expertisekonzepten durch Ausblendung des religiösen Bereichs unsichtbar zu machen.[10]

Wiewohl die hier vorgestellten Fallstudien nur Schlaglichter auf die komplexen Zusammenhänge dynamischer Kulturen des Entscheidens und gesellschaftlicher Nutzung von Ressourcen setzen wollen, unterstreichen sie somit doch das Potential der Frage nach Experten in Entscheidungssituationen, die sich als durchaus wichtige Schnittstelle gesellschaftlicher Dynamiken erweist.

2. »...porque en algunas partes no se pueden auer Letrados«. Unsichere Inquisitoren und unentbehrliche Gelehrte in Prozessen der spanischen Inquisition während der Regierungszeit der Katholischen Könige (*Sebastian Rothe*)

Welche symbolischen und pragmatischen Dimensionen konnte die Konsultation von Experten im Rahmen mittelalterlicher Entscheidungsprozesse entwickeln? Das Fallbeispiel der mittelalterlichen Inquisition, also einer komplexen, religiöse und rechtliche Formen des Entscheidens verknüpfenden Praxis, erweist sich hier als sehr aussagekräftig. Im Jahr 1488 versammelte Tomás de Torquemada, der erste Großinquisitor der Kronen Kastilien und Aragon, alle Inquisitoren in Valladolid. Dort wurde unter anderem

»[...] über die Schwierigkeiten verhandelt, welche jeden Tag in den Inquisitionen dieser Reiche vorfallen, bezüglich der Beschlußfassung und Prüfung der Prozesse, welche in den genannten Inquisitionen veranstaltet werden, und zwar bezüglich des Punktes,

9 Vgl. zum Beispiel Alexander Bogner / Wolfgang Menz, Wissenschaftliche Politikberatung? Der Dissens der Experten und die Autorität der Politik, in: Leviathan 30 (2002), S. 384–399.

10 Dies scheint etwa in der Betrachtung von Raphael, Verwissenschaftlichung (wie Anm. 2), S. 178 der Fall zu sein.

daß man an manchen Stellen keine Gelehrte oder nicht so viele, wie die Inquisitoren wünschen und es für die Sache notwendig ist, bekommen kann, um mit ihnen die besagten Prozesse zu beraten«.[11]

Acht Jahre, nachdem die ersten Inquisitoren in Kastilien ihre Arbeit aufgenommen hatten, sahen sich – wie den vom Großinquisitor herausgegebenen Instruktionen zu entnehmen ist – nicht wenige Inquisitoren mit dem Problem konfrontiert, dass nicht überall dort, wo lokale Inquisitionstribunale errichtet worden waren, ausreichend Gelehrte zur Verfügung standen. Ihnen wurde also im Prozess des Entscheidens klar eine konsultative Funktion zugewiesen. Der Artikel bezieht sich auf den Verfahrensschritt der sogenannten *consulta de fe*, der nach Abschluss der Beweisaufnahme und vor der Urteilsverkündung zu verorten ist. Die Gelehrten wurden hier offenkundig nicht nur als wünschenswerte, sondern notwendige Ressource des Entscheidens betrachtet.

Ein weiterer Aspekt der Quelle nuanciert diese Aussage. Aus dem Mangel an Gelehrten beziehungsweise ihrer »Treue und Vertrauenswürdigkeit« ergebe sich das Problem,

»daß manche der Inquisitoren inbezug auf ihr Gewissen sich nicht sicher und befriedigt fühlen, und aus diesen Gründen sich die Beschlußfassung über besagte Prozesse verzögert, was gegen die Anordnung des Rechtes ist«.[12]

Dieser offene Umgang mit der Unsicherheit der Inquisitoren, die so gar nicht zu dem gemeinen Bild des entschieden und unbeirrt gegen Häretiker vorgehenden Inquisitors passen will, wird verständlich, wenn man bedenkt, dass die Instruktionen als interne Richtlinien nicht für die Öffentlichkeit bestimmt waren.[13] Die Quelle sagt also nicht mehr, als jeder Richter weiß: Dass er »entscheiden muss, obwohl er niemals eine vollständige, eigene Kenntnis über den vergangenen Sachverhalt erlangen konnte.«[14] Der Rekurs auf das Gewissen der Inquisitoren

11 Ernst Schäfer (Hg.), Die älteste Instruktionen-Sammlung der spanischen Inquisition, in: Archiv für Reformationsgeschichte 2 (1904/1905), S. 1–55 u. S. 109–177, hier S. 41: »fue practicado […] de las dificultades que cada dia acaecian en las Inquisiciones destos Reynos sobre la determinacion y examinacion de los processos que en las dichas Inquisiciones se hazen, assi porque en algunas partes no se pueden auer Letrados, y tanta copia dellos como los Inquisidores querrian, y al negocio cumple, para auer de consultar con ellos los dichos processos.« (Übersetzung nach Schäfer).

12 Ebd.: »que algunos de los Inquisidores no quedan seguros, ni satisfechos quanto à sus conciencias, y por estas causas se dilata la determinacion de los dichos processos; lo qual es contra disposicion del Derecho.« (Übersetzung nach Schäfer).

13 Vgl. Juan Carlos Domínguez Nafría, Las Instrucciones como fuente del derecho inquisitorial, in: José Antonio Escudero (Hg.), Intolerancia e Inquisición, Madrid 2005, S. 455–493, hier S. 490 f.

14 Susanne Lepsius, Wissen = Entscheiden, Nichtwissen = Nichtentscheiden? Zum Dilemma richterlicher Beweiserhebung im Spätmittelalter und in der frühen Neuzeit, in: Cornelia Visman / Thomas Weitin (Hg.), Urteilen / Entscheiden, München 2006, S. 119–142, hier S. 133.

zeugt davon, dass sie den Hiatus zwischen dem Prozess des Entscheidens und der getroffenen Entscheidung nicht als kognitive Rechtsableitung, sondern als eine bewußt vorgenommene, voluntative Entscheidungshandlung verstanden.[15]

Der Verweis auf die widerrechtliche Verzögerung des Prozesses ist jedoch auch ein Indikator, dass nicht die Unsicherheit der Inquisitoren Anlass zur Diskussion auf der Versammlung von 1488 gab, sondern die vielen, bei Papst und Monarchen eingereichten Klagen über das Vorgehen der Inquisitoren, die in den ersten Jahren der Inquisition eine ernstzunehmende Bedrohung für deren Fortbestehen darstellten.[16] Dass die Verschleppung von Prozessen mitunter eine Strategie zur Erzwingung von Geständnissen vermittels widriger Haftumstände war,[17] verschwiegen die zur Rechtfertigung genötigten Inquisitoren. Ihre Argumentation dagegen lautete: Je weniger Gelehrte, desto unsicherer die Inquisitoren, desto langsamer die Entscheidungsfindung.[18]

Als Lösung dieses Problems wurde im besagten Artikel der Instruktionen festgelegt, dass bei Mangel an Gelehrten, aber auch in »zweifelhaften Fällen«, in denen Inquisitoren und Gelehrte nicht übereinstimmten, der Prozess vom »Consejo de la santa Inquisicion [sic]«[19] entschieden werden solle, dem zentralen Organ der spanischen Inquisition unter dem Vorsitz des Großinquisitors. Wurde mit dieser Zentralisierungsmaßnahme nicht die *consulta de fe* zu einem Richterkollegium umgewandelt, mithin die Berater zu Entscheidern, die eine Konsensentscheidung zu treffen hatten?

All das wirft drei miteinander verbundene Fragen auf. Erstens: Welche Qualifikationen kennzeichneten die Gelehrten? Was machte sie zu Experten?[20] Zweitens: In welchem Verhältnis stehen Wissen und Macht? Wenn die Inquisitoren offensichtlich nicht ohne Gelehrte entscheiden konnten oder wollten, waren es womöglich gar die Gelehrten selbst, die die eigentliche Entscheidung trafen? Drittens: Welche Funktionen erfüllte die Beratung mit Gelehrten?

15 Auch der spätmittelalterliche Jurist Bartolus von Sassoferrato verstand das Urteilen des Richters als Nicht-Mehr-Zweifeln-Wollen; vgl. ebd., S. 131.

16 Vgl. Juan Meseguer Fernández, El período fundacional (1478–1517). El hecho, in: Joaquín Pérez Villanueva u. a. (Hg.), Historia de la Inquisición en España y América, Bd. 1, Madrid 1984, S. 281–370, hier S. 300.

17 Vgl. Thomas Scharff, Seelenrettung und Machtinszenierung. Sinnkonstruktionen der Folter im kirchlichen Inquisitionsverfahren des Mittelalters, in: Peter Burschel (Hg.), Das Quälen des Körpers. Eine historische Anthropologie der Folter, Köln 2000, S. 151–170, hier S. 160.

18 Zum Verhältnis von Komplexität der Entscheidungssituation und Dauer des Prozesses des Entscheidens vgl. Niklas Luhmann, Zur Komplexität von Entscheidungssituationen, in: Soziale Systeme 15 (2009), S. 3–35, hier S. 21.

19 Schäfer, Instruktionen-Sammlung (wie Anm. 11), S. 42.

20 Diese Studie folgt einem wissenssoziologischen Expertenkonzept, wonach die Rolle des Experten das »Resultat eines sozialen Zuschreibungsprozesses« ist; Rainer Schützeichel, Laien, Experten, Professionen, in: Ders. (Hg.), Handbuch Wissenssoziologie und Wissensforschung, Konstanz 2007, S. 546–578, hier S. 549.

Wie den Prozessakten[21] zu entnehmen ist, galten ein akademischer Grad in Theologie oder kanonischem beziehungsweise weltlichem Recht sowie ein gewisses Renommee als wichtigste Qualifikationen der zu Rate gezogenen Gelehrten.[22] Die Zuschreibung »letrado« (von lateinisch *litteratus*: belesen, schriftkundig) bezeichnet hier also den Repräsentanten eines institutionell verstetigten Sonderwissens.[23] Während vor dem eigentlichen Prozessbeginn theologische Expertise gefragt war, um Aussagen oder Handlungen, die einer Person vorgeworfen wurden, auf Häresie zu überprüfen und so die Anklageerhebung möglich zu machen,[24] wurde in der *consulta de fe* nicht im mindesten über den Glauben entschieden. Sie befand darüber, ob der Angeklagte während des Prozesses der Häresie im Sinne der Anklage überführt worden war;[25] hier war juristische Expertise zweifellos unerlässlich, ging es doch um die Schuldfrage und die Rechtsfolge der Tat.[26]

Vom Hergang der Beratung wurden lediglich Ort und Zeit der Versammlung, die Namen der Teilnehmer sowie die Voten protokolliert; dies alles blieb als Teil der Prozessakte geheim. Einer der beiden Inquisitoren und der Ordinarius nahmen immer teil; die Anzahl der übrigen Teilnehmer, der sogenannten *consultores*, war nicht geregelt und variierte stark. Die Namen wurden in der Regel unter Angabe des akademischen Grades aufgelistet, allerdings erst seit 1512

21 Als Quellen für die inquisitorische Praxis sollen die Prozesse dienen, die am Tribunal von Toledo gegen die *Conversos* aus Ciudad Real geführt wurden und deren Akten Haim Beinart für die Jahre 1483 bis 1527 ediert hat, s. ders. (Hg.), Records of the Trials of the Spanish Inquisition in Ciudad Real, 4 Bde., Jerusalem 1974–1985.

22 Vgl. etwa das Urteil gegen María Díaz vom 30.01.1484: »E avido sobre todo nuestro consejo e deliberaçion con famosos letrados, ansy religiosos graduados en santa theologia como en los sacros canones e leyes [...]« (ebd., Bd. 1, S. 65).

23 Nach Rexroth, Systemvertrauen (wie Anm. 1), S. 22 »sollte man nur in dem Fall von Experten sprechen, wo deren Sonderwissen im Rahmen von sozialen Institutionen weitergegeben, mithin institutionell verstetigt wird.«

24 1518, nach dem Untersuchungszeitraum dieser Studie, wird erstmals die Verfahrensrolle des *calificador* als theologischer Experte in einer *carta acordada*, einem normsetzenden Rundschreiben des Inquisitionsrates, erwähnt und womöglich eingeführt; abgegrenzt wird er dort von den ›Juristen‹, die zur Urteilsfindung zu rufen sind; vgl. Roberto López-Vela, El calificador en el procedimiento y la organización del Santo Oficio. Inquisición y órdenes religiosas en el siglo XVII, in: José Antonio Escudero (Hg.), Perfiles jurídicos de la inquisición española, Madrid 1989, S. 345–390, hier S. 349. Auch wenn vor 1518 nicht zwischen diesen beiden Expertenrollen unterschieden wurde, ist die Zuordnung von Verfahrensschritt und maßgeblicher Expertise nicht von der Hand zu weisen.

25 Vgl. Corinne Leveleux-Teixeira, Conseiller, aviser, contrôler? Le rôle ambigu du recours à l'expertise dans les procédures inquisitoriales (XIVe siècle), in: Martine Charageat (Hg.), Conseiller les juges au Moyen Âge, Toulouse 2014, S. 25–46, hier S. 37, die in einer der wenigen einschlägigen Studien zur Rolle von Beratung in Inquisitionsprozessen zu einer ähnlichen Beobachtung kommt.

26 Winfried Trusen, Der Inquisitionsprozeß. Seine historischen Grundlagen und frühen Formen, in: Zeitschrift der Savigny-Stiftung für Rechtsgeschichte: Kanonistische Abteilung 74 (1988), S. 168–230, hier S. 229 bezeichnet die Entstehung des Inquisitionsprozesses im 13. Jahrhundert als »Konsequenz der Verwissenschaftlichung des Rechts«.

regelmäßig mit ›Theologe‹ beziehungsweise ›Jurist‹ attribuiert, sodass für die Zeit davor gerade bei kirchlichen Amtsträgern die fachliche Ausbildung nicht immer eindeutig zu bestimmen ist, möglicherweise aber auch dem Amt als Qualifikationskriterium hintanstand.[27]

Es ist demnach allein die Fremdzuschreibung von Expertise fassbar, denn den Quellen ist nicht zu entnehmen, wie sich die *consultores* während der *consulta de fe* als Experten inszenierten.[28] Tatsächlich kann man nicht davon ausgehen, dass das Verhältnis zwischen Inquisitoren und *consultores* primär durch eine unterstellte Wissensasymmetrie gekennzeichnet war, die für die Relation von Experte und Laie konstitutiv ist.[29] Schließlich waren auch die Inquisitoren entweder graduierte Theologen oder Juristen, deren Ausbildung die Voraussetzung dafür war, dass ihnen ebenso wie den *consultores* ein »Sonderwissen [, das] auch über den aktuellen Einzelfall hinaus relevant« war, zugeschrieben werden konnte.[30] Die *consulta de fe* war also eine Beratung unter Experten, wobei die Expertenrolle der *consultores* im Wesentlichen jeweils durch ihre Anrufung seitens der Inquisitoren konstruiert wurde.[31]

Fragt man nach dem Verhältnis von Wissen und Macht, das sich aus diesem eher sozial zugeschriebenen Wissensgefälle ergibt, werden die Ambivalenzen der Situation deutlich. Wie aus den Protokollen ersichtlich, riefen die Inquisitoren die Gelehrten nach Abschluss der Beweisaufnahme zu sich; gemeinsam

»sahen sie den Prozess durch, indem sie alles vollständig von Anfang bis Ende lasen. Und indem sie die Zweifel darin notierten und über sie verhandelten und redeten, hielten sie ihren Rat und Diskussion ab und danach stimmten sie ab. Und jeder von ihnen gab seine Stimme ab […]«.[32]

27 So sind für die Jahre 1512 bis 1515 eindeutig vier Theologen und 7 Juristen auszumachen; für die Jahre 1483 bis 1504 in etwa sieben Theologen und acht Juristen; insgesamt fällt bei den Geistlichen eine Häufung der Bettelmönche, vor allem der Dominikaner auf. Zu beachten ist, dass nur in rund vierzig Prozent der vollständig erhaltenen, bis 1516 eröffneten Fälle *consultas de fe* protokolliert sind; vgl. dazu Beinart, Records (wie Anm. 21), Bd. 1, Nr. 1; 2; 19; Bd. 2, Nr. 91–101; 105–108; Bd. 3, Nr. 109; 113–116.

28 Vgl. Rexroth, Systemvertrauen (wie Anm. 1), S. 20: »Man ist also nicht einfach so Experte, sondern wird zum Experten in Kommunikationssituationen, in denen Fremdzuschreibung und Selbststilisierung einander bedingen.«

29 Vgl. Schützeichel, Laien (wie Anm. 20), S. 549.

30 Rexroth, Systemvertrauen (wie Anm. 1), S. 22; die Instruktionen von 1484 nennen die Inquisitoren ebenfalls »letrados«, s. Schäfer, Instruktionen-Sammlung (wie Anm. 11), S. 10.

31 Vgl. Marian Füssel, Die Experten, die Verkehrten? Gelehrtensatire als Expertenkritik in der Frühen Neuzeit, in: Reich u. a., Wissen, maßgeschneidert (wie Anm. 1), S. 269–288, S. 271: »Die […] Expertenrolle definiert sich vor allem über ein bestimmtes Sonderwissen, eine symbolische Repräsentation bzw. Zertifizierung […] sowie die Tätigkeit des ›doing expertise‹ in Form des Beratens, Gutachtens Urteilens etc.«

32 Beinart, Records (wie Anm. 21), Bd. 1, S. 30: »[…] vieron el dicho proçeso, leyendolo desde el prinçipio fasta el fin todo por entero. E apuntando en el las dubdas e platicando e comunicando sobre ellas, auido su consejo e deliberaçion, votaron. E cada vno dellos dio su voto […]« (Übersetzung S. R.).

Vollständige Informiertheit gilt hier als wesentliche Ressource, auf die die *consultores* zurückgreifen – zumindest theoretisch, der kirchenrechtlichen Norm entsprechend.[33] In der Praxis bekamen die *consultores* jedoch erst während der Versammlung die Möglichkeit, Einsicht in die Akten zu nehmen; daher muss man davon ausgehen, dass es die Inquisitoren waren, die die Berater über den bisherigen Hergang des Falls informierten. Auch der Ordinarius war in der Regel bis zu dem Moment nicht am Prozessverlauf beteiligt.[34] Dass in der Kommunikationssituation einer solchen formellen Beratung auch andere Faktoren als Fachwissen eine Rolle spielten, dürfte leicht ersichtlich sein: Rang, Stand, Ehre, Macht und Beziehungen konnten die freie Argumentation beeinträchtigen,[35] zumal die *consultores* bis Mitte des 16. Jahrhunderts allein von den Inquisitoren ausgewählt wurden.[36]

Während Haim Beinart aufgrund des großen Einflusses der Inquisitoren über das Inquisitionsgericht annahm, dass diese sich mit ihrer Meinung auch gegen die Mehrheit durchgesetzt hätten,[37] wird man insgesamt eher ein gegenseitiges Abhängigkeitsverhältnis annehmen können. Die Inquisitoren waren letztlich auf die Mitwirkung der lokalen Elite angewiesen. So verwundert es nicht, dass bei zahlreichen *consultas de fe* in Toledo der *alcalde mayor* teilnahm, der als graduierter Jurist den *corregidor* Toledos vertrat, in dessen Aufgabenbereich oberster königlicher Justizbeamter und Vorsitzender des Stadtrats die Hinrichtung der von der Inquisition verurteilten Personen fiel.[38] Die Partizipation der lokalen

33 Vgl. Aemilius Friedberg (Hg.), Corpus Iuris Canonici, Teil 2: Decretalium Collectiones, Leipzig 1881, Sp. 1078 (Liber Sextus, V, II, cap. 20); für das Verhältnis von Information und Entscheidung in der spanischen Kolonialherrschaft vgl. Arndt Brendecke, Imperium und Empirie. Funktionen des Wissens in der spanischen Kolonialherrschaft, Köln 2009, S. 79–86.

34 Vgl. Haim Beinart, Conversos on Trial. The Inquisition in Ciudad Real, Jerusalem 1981, S. 186; Victoria González de Caldas, ¿Judíos o cristianos? El Proceso de Fe. Sancta Inquisitio, Sevilla 2000, S. 327.

35 Vgl. Gerd Althoff, Kontrolle der Macht. Formen und Regeln politischer Beratung im Mittelalter, Darmstadt 2016, S. 16. Dies deuten die Instruktionen von 1561 an, wenn sie die Inquisitoren ermahnen, die *consultores* frei nach ihrem Gewissen votieren zu lassen; vgl. Miguel Jiménez Monteserín, Introducción a la inquisición española. Documentos básicos para el estudio del Santo Oficio, Madrid 1980, S. 198–240, hier S. 231 f.

36 Die *consultores* werden in der Forschung als Mitglieder der lokalen Tribunale angesehen, treten allerdings in den frühen Instruktionen weder als Amtsträger in Erscheinung, noch erhielten sie Anfang des 16. Jahrhunderts ein offizielles Gehalt; vgl. Schäfer, Instruktionen-Sammlung (wie Anm. 11); José Martínez Millán, Structures of Inquisitorial Finance, in: Angel Alcalá (Hg.), The Spanish Inquisition and the Inquisitorial Mind, New York 1987, S. 159–176, hier S. 166.

37 Vgl. Beinart, Conversos (wie Anm. 34), S. 187.

38 Vgl. ebd., S. 186. Dass der *alcalde mayor* nicht in erster Linie als juristischer Experte, sondern als lokale politische Autorität teilnahm, wird daran ersichtlich, dass er in den Protokollen der 1510er Jahre anders als die übrigen *consultores* mit seinem Amt, nicht mit dem Attribut »jurista« bzw. »teologo« aufgeführt wird; für den ersten Fall vgl. ders., Records (wie Anm. 21), Bd. 2, Nr. 98.

Elite – so darf man vermuten – erhöhte die Akzeptanz der Urteile, gab dieser aber auch die Möglichkeit zur Kontrolle der Inquisitoren.

Fragt man nunmehr nach den Funktionen der Beratung mit Experten, werden eine Reihe unterschiedlicher (und im historischen Einzelfall sicherlich fallweise zu evaluierender) Funktionsebenen sichtbar. Die gegenseitigen Abhängigkeiten von Inquisitoren und lokalen Eliten bieten zunächst einen Kontext für die Tatsache, dass im Urteil, welches in der Regel während eines *auto de fe* öffentlich verlesen wurde, der Verweis auf den Rat der Gelehrten und die Einmütigkeit in der Entscheidungsfindung nicht fehlen durfte.[39] Die Entscheidung der Inquisitoren wird somit als quasi-alternativlos, weil konform mit der göttlichen und wissenschaftlichen Wahrheit dargestellt.[40] Die Darstellung des Konsenses ist gleichzeitig geeignet, einerseits die Rolle der Beratenden anerkennend hervorzuheben, andererseits den agonalen Charakter der Beratung zu verschleiern.[41] Tatsächlich wurde in der Urteilsverkündung stets auch dort Konsens dargestellt, wo Dissens protokolliert ist. Hier zeigt sich die symbolische Funktion der Ressource des Expertenrates, die dazu diente, die Kontingenz des Entscheidens zu maskieren.

Man kann jedoch durchaus nach den praktischen Funktionen der Konsultation fragen. In 17 von den 24 Fällen gegen die Conversos von Ciudad Real, in denen die *consulta de fe* protokolliert ist, werden die Voten der Teilnehmer nicht einzeln angegeben, sondern das einmütige Votum am Ende verzeichnet.[42] Aus den restlichen Protokollen wird jedoch ersichtlich, dass sich die Teilnehmer in der Regel dem ersten Votum anschlossen, wobei meistens die *consultores* vor den Inquisitoren ihre Stimme abgaben. Wie einflussreich war also das erste Votum?

In nur fünf Fällen werden Abweichungen überhaupt protokolliert;[43] so erstmals 1494 im Fall gegen Marina González, die angeklagt wurde, eine rückfällige Häretikerin zu sein. Der Bakkalaureus Juan Alvares Guerrero, *alcalde mayor* von Toledo und regelmäßiger Teilnehmer von *consultas de fe*,[44] gab als erster seine Stimme ab und votierte dafür, dass die Angeklagte als rückfällige Häretikerin zu verurteilen sei und gefoltert werden solle, weil sie vermutlich von anderen Häretikern wisse. Dem stimmten die drei weiteren *consultores* zu. Der Inquisitor

39 Im Urteil gegen Sancho de Ciudad und seine Ehefrau María Díaz vom 30.01.1484 heißt es etwa: »[…] auydo sobre todo nuestro consejo e deliberaçion con personas asy religiosas como seglares letrados con quien comunicamos e vimos el dicho proçeso, siguiendo su pareçer e comun determinaçion de todos ellos, teniendo a Dios ante nuestros ojos, fallamos que […]«, s. ders., Records (wie Anm. 21), Bd. 1, S. 35.

40 Zum »Konsens als Indiz wahrer Entscheidung« vgl. Günther Wassilowsky, Abstimmen über die Wahrheit? Entscheidungskulturen in der Geschichte der Kirche, in: Stimmen der Zeit 233 (2015), S. 219–233, hier S. 224f.; André Krischer, Das Gericht als Entscheidungsgenerator. Ein englischer Hochverratsprozess von 1722, in: Arndt Brendecke (Hg.), Praktiken der Frühen Neuzeit. Akteure – Verfahren – Artefakte, Köln 2015, S. 646–657, hier S. 655.

41 Vgl. Althoff, Kontrolle der Macht (wie Anm. 35), S. 25f.

42 Vgl. Beinart, Records (wie Anm. 21), Bd. 1, Nr. 1; 2; 19; Bd. 2, Nr. 92; 94–97; 100; 101; 105–108; Bd. 3, Nr. 113–115.

43 Vgl. ebd., Bd. 2, Nr. 91; 93; 99; Bd. 3, Nr. 115 (zweite *consulta*); Nr. 116.

44 Zu den biographischen Angaben vgl. ebd., Bd. 4, S. 418.

Fernando de Maçuecos votierte zwar ebenfalls dafür, die Angeklagte zu foltern. Falls sie kein Geständnis abgebe, solle man ihr jedoch ermöglichen, ihre nicht vollständig erwiesene Unschuld durch einen Reinigungseid zu bezeugen. Der Ordinarius stimmte damit überein und so wurde es durchgeführt.[45] Dieser Fall zeigt, dass die *consultores* den Inquisitoren ihr Votum nicht aufzwingen konnten, auch wenn es einstimmig ausfiel; die Inquisitoren eigneten sich den Rat aktiv an und variierten ihn dahingehend, dass sie die Folter, für die auch die *consultores* gestimmt hatten, in eine Alternative zur Todesstrafe umfunktionierten.

Entgegen der Ansicht Haim Beinarts galt demnach nicht das Mehrheitsprinzip; ein Konsens war lediglich mit dem Ordinarius auszuhandeln.[46] Die Inquisitoren mussten sich also nicht mit allen Mitteln gegen die *consultores* durchsetzen. Gerade weil keine Einigung mit den *consultores* notwendig war, kann man ebenso gut annehmen, dass es Fälle gab, in denen die Beratung unter Experten auch ohne Zwang zu einem Konsens führte. Diese pragmatische Funktion der *consulta de fe*, mittels derer die Inquisitoren, die gerade in den ersten Jahrzehnten bei der Masse an Fällen ein enormes Arbeitspensum zu bewältigen hatten, innerhalb eines festgelegten Zeitrahmens möglichst viele Meinungen zum Fall hören und so die Wahrscheinlichkeit minimieren konnten, Relevantes übersehen zu haben, wird durch die eingangs zitierte Instruktion bestätigt; die dort geschilderte Unsicherheit, die durch den Rat vertrauenswürdiger Berater verringert werden könnte, muss ernst genommen werden.[47]

Drei Punkte bleiben also festzuhalten. Erstens war das Verhältnis von Inquisitoren und Gelehrten primär nicht durch eine zugeschriebene epistemische Asymmetrie und Abhängigkeit, sondern durch verfahrensmäßig festgelegte Rollen gekennzeichnet, die wahrzunehmen ein theologisches oder juristisches Studium berechtigte. Dennoch erscheint es, zweitens, analytisch fruchtbringend,

45 Vgl. ebd., Bd. 2, S. 32; zum Reinigungseid im Inquisitionsprozess vgl. Trusen, Inquisitionsprozeß (wie Anm. 26), S. 208.

46 Vgl. Beinart, Conversos (wie Anm. 34), S. 186. Nach Auseinandersetzungen zwischen den Katholischen Königen und Papst Sixtus IV. wurde für die spanische Inquisition die Regelung des Konzils von Vienne 1312 bestätigt, dass das Urteil von Inquisitoren und Ordinarius gemeinsam zu fällen sei; vgl. Meseguer Fernández, El período fundacional (wie Anm. 16), S. 300. Die Inquisitoren konnten offenbar gegen die Meinung der *consultores* entscheiden, ohne dass der Fall an den Obersten Inquisitionsrat geschickt wurde, wie es in den Instruktionen von 1488 als Lösung des eingangs zitierten Problems vorgesehen war. Zu vermuten ist, dass hier bereits die Regelung galt, die erst in den Instruktionen von 1561 fassbar wird, dass dies nur in solchen Fällen geschehen sollte, wo Inquisitoren und Ordinarius nicht übereinstimmten; vgl. Jiménez Monteserín, Introducción (wie Anm. 35), S. 218. Auch die weiteren Fälle von Dissens lassen darauf schließen, denn es waren stets die Inquisitoren, die vom einstimmigen Votum der *consultores* abwichen.

47 Zu einer ganz ähnlichen Funktion von Beratungen aus dem Kontext moderner gerichtlicher Praxis vgl. Bruno Latour, Die Rechtsfabrik. Eine Ethnographie des Conseil d'État, Konstanz 2016, S. 118: »um die Argumente wiederaufzunehmen, ermöglicht es gerade die Untersuchungssitzung, die Vorteile des Mündlichen, mit dem Schriftlichen zu vermengen: In diesem Stadium wird es geradezu angestrebt, die Interpretationen zu vervielfachen«.

zwischen Entscheider und Experte zu unterscheiden: Die beratenden Gelehrten entschieden nicht, auch wenn sie die Entscheidung der richterlichen Autoritäten beeinflussen konnten; hätten sie formal mitentschieden, fielen sie analytisch aus der Rolle des Experten heraus. Letztlich wurden sie erst dadurch zu Experten, dass sie als Berater in Entscheidungssituationen einbezogen wurden. Drittens tritt zwar im Urteil die symbolische, Legitimation stiftende Funktion des gelehrten Rates als Ressource des Entscheidens in den Vordergrund. Er diente aber auch als Kontrollmechanismus gegen Willkürentscheidungen der Inquisitoren. Schließlich darf die pragmatische Funktion der Unsicherheitsminimierung im Prozess des Entscheidens nicht vernachlässigt werden.

3. »...quorum scientia mundus illuminatur«.[48] Konkurrierende Juristen im Entscheiden Friedrich Barbarossas (*Konstantin Maier*)

Ein weiteres Fallbeispiel, dessen Titel dem Scholarenprivileg Friedrich Barbarossas entnommen ist, kann Schlaglichter auf einen grundlegenden Transformationsprozess werfen, der im Einsatz von gelehrter Expertise als Ressource des Politischen im Verlauf der Vormoderne sichtbar wird. Besonders deutlich wird dieser Prozess in den vielfältigen Bedeutungszuwächsen, die Expertenwissen im hochmittelalterlichen Westeuropa zuteilwurden. Eine Episode über vier berühmte Juristen auf dem Reichstag von Roncaglia 1158 kann daher als Ausgangspunkt dienen, um einige Beobachtungen zur Transformation der Rolle von Juristen als Experten und als Ressourcen des Entscheidens zu veranschaulichen.[49]

Nach der Unterwerfung Mailands lud Friedrich Barbarossa 1158 zum Reichstag nach Roncaglia. Laut der Beschreibung des Geschichtsschreibers Otto Morena befahl er dazu nicht nur die Anwesenheit der Fürsten und der Konsuln der Städte, sondern auch die vierer »hervorragende[r] Gesetzeslehrer, nämlich Bulgarus, Martinus Gosia, Jacobus und Ugo de Porta Ravegnana, Magister zu Bologna«.[50]

Neben anderen[51] kennt auch der zeitgenössische Historiker Rahewin diesen Ruf, selbst wenn er die vier Doctores nicht benennt, sondern sie nur als Verständige bezeichnet, wobei er den Begriff »sapientes«[52] verwendet. Er schreibt, Fried-

48 Heinrich Appelt (Hg.), Die Urkunden Friedrichs I. 1158–1167, Hannover 1979, S. 39.

49 Die folgenden Beobachtungen beruhen nicht nur auf der diskutierten singulären und isolierten Episode, sondern werden lediglich daran veranschaulicht.

50 Franz-Josef Schmale (Hg.), Italische Quellen über die Taten Kaiser Friedrichs I. in Italien und der Brief über den Kreuzzug Kaiser Friedrichs I., Darmstadt 1986, S. 89; lat.: S. 88: »[...] principales legis doctores, videlicet Bulgarum, et Martinum Gosiam seu Iacobum atque Ugonem de Porta Ravegnana, Bononie magistros [...]«.

51 Zum Beispiel Romuald von Salerno.

52 Franz-Josef Schmale (Hg.), Die Taten Friedrichs oder richtiger Chronica, Darmstadt 1965, S. 507.

rich habe zum Reichstag geladen, »um dort die Friedensgesetze zu verkünden und über die Reichsrechte, die dort schon seit langem in Vergessenheit geraten waren und nicht mehr angewendet wurden, durch eine dringend notwendige Untersuchung von Sachverständigen Erörterungen anstellen zu lassen und sie nach langer Vergessenheit wieder ans Licht zu ziehen«.[53]

Diese vier Doctores waren nicht willkürlich ausgewählt. Es handelte sich bei ihnen um die vier prominentesten Schüler des Irnerius, der als Gründer des legistischen Studiums in Bologna anzusehen ist und dessen Lehren seine Schüler weitertragen sollten. Durch die Methode des Irnerius, Gesetzestexte streng textimmanent auszulegen, gelang es ihm und seinen Schülern, eine fachspezifische Denk- und Argumentationsweise zu schaffen, die ihr Wissen für andere Gebildete unzugänglich machte und es so monopolisierte. Gleichzeitig vermochten sie es, mit Verweis auf und Inszenierung eben dieser Wissensbestände gegenüber ›Laien‹ die Deutungshoheit über spezifische Situationen für sich zu reklamieren und sich so als ›Experten‹ Einflussmöglichkeiten im Entscheidensgefüge zu verschaffen.

Aus Rahewins Bericht wird deutlich, dass sich die Anwesenheit der Doctores nicht nur an ihrer gelehrten Funktion orientiert, sondern an einen spezifischen Zweck gebunden ist. Sie werden für eine bestimmte Aufgabe bestellt, nämlich die Reichsrechte »ans Licht zu ziehen«.[54] Otto Morena berichtet ebenfalls von einem klaren Auftrag an die Bologneser Gelehrten, indem er schreibt: »[Z]unächst rief der Kaiser die vier genannten Bologneser Magister und hieß sie, ihm wahrheitsgemäß alle königlichen Rechte darzulegen, die nach dem Recht des Imperium ihm in der Lombardei gehörten und ihm gehören müssten«.[55] Er verlangt also ein Rechtsgutachten, welches auch in Form einer Regaliendefinition vorgelegt wurde.[56]

Das Einholen des Rates der Rechtsgelehrten war für den Kaiser sicherlich notwendig, da seine Erziehung zum Herzog von Schwaben wohl kaum das römische oder lombardische Recht beinhaltet haben dürfte. Die Vorzüge der Einbindung des Juristenstandes in seine norditalienischen Angelegenheiten dürfte ihm mit Blick auf seine vorausgehenden Aufenthalte südlich der Alpen vermutlich bewusst gewesen sein, da die Juristen selbst durch aktive Angebotsarbeit ihre Beauftragung und somit die Einbindung in den Hof vorangetrieben hatten. So waren schon bei Barbarossas erstem Italienzug – laut dem »Carmen

53 Schmale, Die Taten Friedrichs (wie Anm. 52), S. 507; lat.: S. 506: »[…] ubi et leges pacis promulgaret et de iustitia regni, que multo iam tempore aput illos obumbrata in desuetudinem abierat, pernecessaria sapientum collatione dissereret diuque obsoletam elucubraret«.

54 Schmale, Die Taten Friedrichs (wie Anm. 52), S. 507.

55 Ders., Italische Quellen (wie Anm. 50), S. 89; lat.: S. 88 f.: »[…] in primis vocavit imperator omnes iam dictos Bononie magistros iussitque eis, quod ipsi iudicarent ei in veritate omnia regalia iura, quecumque imperii iure in Longobardia ad ipsum spectarent ac sua esse deberent«.

56 Appelt, Urkunden (wie Anm. 48), S. 27–29.

de gestis Frederici I imperatoris in Lombardia«[57] – Bologneser Juristen am Hofe vorstellig geworden.

Resultat ebendieser reziproken Annäherung scheint es auch gewesen zu sein, dass den Juristen die Kompetenz zugesprochen wurde, die von ihnen erst erzeugte Wissens- und Kompetenzlücke zu füllen und somit einen Beitrag zu einer an sich nicht juristischen Angelegenheit von hohem politischen Belang zu leisten. Dies war nur möglich, solange ihnen denn auf Grund ihrer spezifischen Stellung eine herausgehobene Expertise zugesprochen wurde.

Diese wurde ihnen in späteren Quellen tatsächlich nicht nur auf Basis ihrer oben erwähnten Fachpraxis zuerkannt, sondern schon an ihrer akademischen Heimat Bologna festgemacht.[58] Otto Morenas Fortsetzer Acerbus betont an späterer Stelle, bei seinem Bericht zum Jahr 1162, noch einmal die Bedeutung der bolognesischen Gelehrtheit, indem er schreibt: »Damals aber war Bologna wegen seiner wissenschaftlichen Studien vor anderen Städten Italiens berühmt, und vor allem vier Säulen des Gesetzes glänzten damals besonders unter den übrigen, nämlich Martinus Goxia, Bulgarus, Jacobus und Ugo de Porta Ravegnana«.[59]

Aber die Sonderstellung der Gelehrten und vor allem der Juristen, »deren Weisheit die Welt erleuchtet«[60], findet auch urkundlichen Niederschlag. Das bereits erwähnte Scholarenprivileg gewährt diesen Sicherheit auf Reisen und am Studienort, sowie weitgehende Freiheiten. Dieses Privileg wurde vermutlich bereits 1155 ausgestellt und auf dem Hoftag von Roncaglia 1158 noch einmal mehr oder weniger unverändert wiederholt.[61] Dies zeigt nicht zuletzt, dass Barbarossa selbst am Erfolg des Schulstandorts Bologna beteiligt gewesen war und die gelehrten Experten konnten somit die politische Unterstützung des Kaisers als Ressource nutzen. Politik und Recht wurden angesichts dieser Situation in besonderer Weise »Ressourcen füreinander«.[62]

Diese gegenseitige Abhängigkeit lässt sich am Beispiel der folgenden Anekdote aufzeigen. Zwar ist sie mit ziemlicher Sicherheit als fiktional zu verstehen, dennoch erlaubt sie aussagekräftige Rückschlüsse über die kulturellen Hintergründe der Rechtsgelehrten und ihre Einbindung am Hofe. Bei dieser Anekdote, die sich in Otto Morenas »libellus« befindet, aber einen späteren Einschub dar-

57 Vgl. Irene Schmale-Ott, Carmen de gestis Frederici I imperatoris in Lombardia, Hannover 1965, S. 17 f. (Vers 463–501).

58 Vgl. ebd. Auch im Carmen heben die Bologneser die Vorzüglichkeit ihrer Stadt hervor.

59 Schmale, Italische Quellen (wie Anm. 50), S. 185; lat.: S. 184: »Pollebat equidem tunc Bononia in litteralibus studiis pre ceteris Ytalie civitatibus, quattuor legum columnis inter ceteros magnifice tunc radiantibus, scilicet Martino Goxia et Bulgaro ac Iacobo atque Ugone de Porta Ravegnana«.

60 Appelt, Urkunden (wie Anm. 48), S. 39.

61 Vgl. ebd., S. 38.

62 Vgl. Ash, Wissenschaft(en) (wie Anm. 5), insbesondere den Abschnitt »Die institutionelle Analyseebene«, S. 352–357. Auch die Konzepte des »Beziehungsgeflechts« (S. 352) und der Wissensbeschaffung und Wissenslenkung (S. 353) erscheinen für diese Betrachtung interessant.

stellt,[63] wird von einem Ausritt Friedrichs mit zwei der vier berühmten Doctores berichtet:

»Als Herr Friedrich, der Kaiser, einmal auf seinem Pferd zwischen den Herren Bulgarus und Martinus ritt, fragte er sie, ob er dem Recht nach der Herr der Welt sei. Und Herr Bulgarus antwortete, dass er nicht der Herr der Welt sei, wenn es um Besitz ginge. Herr Martinus antwortete jedoch, dass er der Herr sei. Der Herr Kaiser, nachdem er von dem Pferd gestiegen war, auf dem er gesessen hatte, ließ es dem besagten Herren Martinus schenken.
Herr Bulgarus aber, als er dies hörte, sprach folgende elegante Worte: ›Ich habe das Pferd verloren, weil ich das Gerechte gesagt habe, das nicht das Günstige gewesen ist‹ [›Amisi equum, quia dixi equum quod non fuit equum‹]«.[64]

Wie Knut Görich in seinem 2006 erschienenen Artikel »Fragen zum Kontext der roncalischen Gesetze Friedrich Barbarossas« beeindruckend vorgeführt hat, ist es äußerst lohnenswert, das Augenmerk bei der Betrachtung dieser Anekdote auf das Pferd und somit auf das Geschenk zu richten. Folgt man diesem Gedankengang, sollte die Episode nicht, wie es oft getan wird, als Lehrstück über die Korrumpierbarkeit von Juristen oder den korrumpierenden Einfluss des Kaisers abgetan werden, sondern als Teil einer Inszenierung im höfischen Kontext gelesen werden. Das Geschenk wäre somit vorrangig eine materiell wertvolle, symbolisch aufgeladene Zuwendung, die den Beschenkten im höfischen Umfeld erhöht, weil es seine Nähe zum Kaiser ausdrückt.[65]

Auf dieser Basis unterstreicht die Episode vor allem einen Sachverhalt: Die Juristen offerieren nicht einfach ›Tatsachenwissen‹, sondern unterbreiten dem

63 Vgl. Helmut G. Walther, Die Legitimation der Herrschaftsordnung durch die Rechtslehrer der italienischen Universitäten des Mittelalters, in: Günter Dux / Frank Welz (Hg.), Moral und Recht im Diskurs der Moderne. Zur Legitimation gesellschaftlicher Ordnung, Wiesbaden 2001, S. 175–190, hier S. 180–181 und Ferdinand Güterbock, Ottonis Morenae et continuatorum historia Frederici I, Berlin 1930, S. 58, Anm. 2. Der Einschub spiegelt hierbei ein Treffen zwischen Heinrich VI. und den Rechtsgelehrten Azo und Lotharius 1191. Für eine genauere Erläuterung s. Knut Görich, Die Ehre Friedrich Barbarossas, Darmstadt 2001, S. 316f.

64 Güterbock, Ottonis Morenae historia (wie Anm. 63), S. 59: »[…] cum dominus Fredericus imperator semel equitaret super quodam suo palefredo in medio dominorum Bulgari et Martini, exquisivit ab eis, utrum de iure esset dominus mundi. Et dominus Bulgarus respondit, quod non erat dominus quantum ad proprietatem. Dominus vero Martinus respondit, quod erat dominus. Et tunc dominus imperator, cum descendisset de palefredo, super quo sedebat, fecit eum presentari dicto domino Martino. Dominus autem Bulgarus hec audiens, dixit hec elegantia verba: ›Amisi equum, quia dixi equum quod non fuit equum‹«.

65 Vgl. Knut Görich, Fragen zum politischen Kontext der roncalischen Gesetze von 1158, in: Gerhard Dilcher / Diego Quaglioni (Hg.), Gli inizi del diritto pubblico. Bd. 1: L' età di Federico Barbarossa. Legislazione e scienza del diritto / Gesetzgebung im Zeitalter Friedrich Barbarossas und das gelehrte Recht, Bologna 2007, S. 305–325, hier S. 319f. Zur Bedeutung von Geschenken und immateriellen Förderungen vgl. Jan Keupp, Dienst und Verdienst. Die Ministerialen Friedrich Barbarossas und Heinrichs VI., Stuttgart 2002, S. 43.

Imperator Interpretationsangebote, zwischen denen er auswählen kann. Das bemerkenswerte ist hierbei, dass die Experten zwei explizite Alternativen generieren[66] und Barbarossa zur Wahl vorlegen, der auch eine auswählt und die andere somit ausschließt. Der Urheber der gewählten Alternative wird für das Erstellen einer gefälligen Alternative belohnt, nicht jedoch für ein unabhängiges Rechtsgutachten. Hierbei wird Barbarossa als Entscheider inszeniert, der letztgültig – zumindest in der Fiktionalität der Episode – das Recht durch eine symbolische Handlung setzt, wobei gleichzeitig das Recht den Rahmen seines Entscheidensspielraums steckt.

Die anekdotisch beschriebene Allianz zwischen Kaiser und Juristen veranschaulicht damit letztlich ein neues Verhältnis der Felder des Rechts und der Politik, die in neuer Weise zu Ressourcen füreinander werden.[67] Es gelang den Juristen, einen neuen Entscheidensraum zu eröffnen. Durch die Bereitstellung von Expertise und Alternativen entstand so ein neuer entscheidbarer Gegenstand, der wiederum Entscheidenszwänge mit sich brachte. Im Sinne eines Ausdifferenzierungsprozesses gelang es den Juristen somit nicht nur, Deutungshoheit über dieses Gebiet zu beanspruchen. Vielmehr empfahlen sie sich als entscheidensnotwendig, da sie über spezialisiertes Wissen verfügten, das sie sozial nutzbar machen konnten.

Dadurch können sie selbst als Ressource im politischen Entscheidensprozess um die roncalischen Gesetze gelten. Gleichzeitig zeigt die Art und Weise, in der die aufsteigenden Experten in Roncaglia Ergebnisse produzierten, wie die von den Juristen als Gruppe verwaltete Entscheidungsressource des Rechts etabliert wurde.

Bei der Etablierung dieser Ressource stützten sich die Doctores maßgeblich auf das spätantik-römische Recht und damit hauptsächlich auf den *corpus iuris civilis* und die Ausbildung, die sie in Bologna erhalten hatten. Aber Otto Morena verrät noch mehr. Mit der Zusammenstellung der imperialen Rechte beauftragt, erwidern die Doctores, »sie wollten dies nicht ohne den Rat der übrigen anwesenden Richter aus sämtlichen Städten der Lombardei tun. Deshalb wählte der Kaiser je zwei Richter aus jeder lombardischen Stadt aus und hieß sie mit den genannten vier Bologneser Magistern zu beraten und sorgfältig alle königlichen Rechte zu erforschen«;[68] und tatsächlich geschieht es: »Diese Richter – 28 außer

66 Es ist selten, dass mehrere Alternativen explizit gemacht werden.

67 Knut Görich betont in seiner Barbarossabiographie hierbei den Kontrast zwischen der »traditionell konsensualen Königsherrschaft« und juristischen Normen. Vgl. Knut Görich, Friedrich Barbarossa. Eine Biographie, München 2011, S. 305f.

68 Schmale, Italische Quellen (wie Anm. 50), S. 91; lat.: S. 90: »Ipsi imperatori respondentes dixerunt se nolle hoc facere sine consilio aliorum iudicum universarum Longobardie civitatum ibi astantium. Imperator itaque duos uniuscuiusque Longobardie civitatis iudices elegit iussitque eis, quod ipsi omnes cum predicitis quattuor Bononie magistris ad consilium ambularent omniaque regalia iura quecumque essent diligenter investigarent«.

den Bologneser Magistern – zogen sich zur Beratung zurück und verglichen sorgfältig untereinander alle königlichen Rechte«.[69]

Hier gewährt Otto Morena einen Einblick in eine Beratungspraxis, die für Juristen durchaus glaubwürdig erscheint. Somit stützen sich die Doctores nicht nur auf ihre eigene Expertise, sondern auch auf die soziale Absicherung innerhalb der eigenen Gruppe, die dem Hof ihr »differenziertes Expertenwissen«[70] zur Verfügung stellte. Dieses Verhalten gewährte angesichts der politisch hochbrisanten Situation zusätzliche Sicherheit, da es im Falle einer Fehlentscheidung die Verantwortung verteilte und den eigenen Status vor fachkundigen Angriffen bewahrte.[71]

Durch Barbarossas Gesetzgebungen in Roncaglia und den darin enthaltenen Anspruch auf absolute Gültigkeit wurde jedoch gleichzeitig der Rekurs auf das römische Recht und die Gelehrten selbst zu einer normativen Ressource für künftiges Entscheiden erhoben.[72] Er stützte sich auf diese Ressource, da es für ihn notwendig und opportun war, das in Norditalien existente Recht und die Praxis der Rechtsauslegung zu nutzen.

Die Juristen nahmen dem Kaiser somit nicht die Entscheidung in der Gesetzgebung ab, sondern erfüllten verschiedene, einander überlagernde Rollen: Sie generierten Alternativen und Argumente im Rahmen der Entscheidensressource des Rechts und sollten die Rechtskommunikation und Rechtssetzung erleichtern sowie die Akzeptanz der imperialen Gesetzgebung südlich der Alpen erhöhen.[73] Kurzum: Wer dem Kaiser das passende Angebot macht, bekommt das Pferd – oder in diesem Falle: die Verwaltung der Ressource Recht, denn obgleich die Umsetzung des Rechtsanspruchs durch Barbarossa scheiterte, blieb die Akzeptanz der juristischen Experten bestehen.

69 Ebd.: »Ipsi autem iudices, cum XXVIII exceptis Bononie magistris fuerunt, omnes ad consilium exeuntes ac omnia regalia iura diligentius intra se conferentes, tandem ad imperatorem redierunt«.

70 Görich, Friedrich Barbarossa (wie Anm. 67), S. 304.

71 Ebenfalls in der Pferde-Anekdote versteckt, findet sich auch der Gelehrtenstreit zwischen den Anhängern des Bulgarus und den Gosianern, also den Anhängern des Martinus. Helmut Walther gelang es, darzulegen, dass das Wortspiel zwischen aequus und equus auf einen Disput in der Rechtsquellenlehre hinweist. Walther, Legitimation der Herrschaftsordnung (wie Anm. 63), S. 181: »Martinus hatte in seiner Rechtsquellenlehre die *aequitas* als göttliche Quelle und Ursprung der sich im menschlichen Willen zum Recht verstetigenden *iustitia* bezeichnet. Bulgarus hatte dagegen die *aequitas* als bloßes Idealrecht angesehen, das als Norm für Gesetzgeber und Richter bei der Formulierung positiven Rechts dienen könne. Für die Praxis bedeute dies, dass sich ein Richter in seinen Urteilen aber nicht auf die nichtschriftliche *aequitas rudis*, sondern nur auf die bereits schriftlich niedergelegten Regeln der *aequitas scripta* berufen dürfe.« Dadurch zeigt er deutlich den auch Zeitgenossen bewussten relativen Charakter einer derartigen Rechtsfeststellung.

72 Vgl. Frank Rexroth, Kodifizieren und Auslegen, in: Frühmittelalterliche Studien 41 (2008), S. 395–414, hier S. 400–401.

73 Zu den Schwierigkeiten der faktischen Akzeptanz vgl. Görich, Ehre Friedrichs (wie Anm. 63), Kap. »Herrscherliche Autorität und fehlende Akzeptanz«, S. 307–320.

4. Aspekte der weltlichen und religiösen Expertise im kaiserlichen Entscheiden des byzantinischen Hochmittelalters (*Stefanos Dimitriadis / Florin Filimon*)

Im sogenannten Byzantinischen Reich sind oft andersartige Dynamiken festzustellen als in Westeuropa, wo ein institutioneller Aufbruch im Lauf des Hochmittelalters zu einem gesellschaftlichen »take-off« führte.[74] Als direkte Fortsetzung des antiken Römischen Reichs hatte Byzanz auch nie einen vergleichbaren Traditionsbruch wie der Westen nach dem Untergang des Weströmischen Reichs erlebt. Dennoch wurden auch die oströmischen Institutionen im Hochmittelalter weiterentwickelt. Fragt man nach der Rolle von Expertise als Ressource des Entscheidens, so treten ganz verschiedene kulturelle Expertentypen hervor, deren Sonderwissen sowohl aus dem weltlichen als auch aus dem religiösen Bereich stammt und nicht zuletzt eine deutliche Konkurrenz unterschiedlicher Formen der Expertise im Kontext der byzantinischen Politik zeigt. Im Folgenden werden dabei vor allem Akteure herausgegriffen, die als würdig betrachtet wurden, den Kaiser zu beraten, damit er die Pflichten seines hohen Amts erfolgreich erfüllen konnte, die also an zentraler Stelle in politische Entscheidungen eingebunden waren. Die dazu untersuchten Quellen stammen zunächst aus der Geschichtsschreibung des frühen 13. Jahrhunderts, im Weiteren auch aus der Hagiographie des 10. bis 12. Jahrhunderts. Auch wenn die jeweiligen Quellenautoren mit ihren Darstellungen je eigene Absichten verfolgten, sind hier die Plausibilität der Beispiele samt der Inszenierung von Expertise hoch einzuschätzen, zumal sie das in der Entstehungszeit Denkbare aufzeigen und folglich einen Überblick über die Expertenkultur der Epoche verschaffen.

Um die komplexe Rahmung politischen Entscheidens im Reich der *Rhomäer* vor Augen zu führen, sei zunächst kurz an die wesentlichsten Machtstrukturen erinnert. Die Autorität des Herrschers stützte sich einerseits auf den Willen des Volkes, ein grundlegendes Element des mittelalterlichen römischen Staatswesens.[75] Andererseits waren der Senat und die Kirche unentbehrliche Bestandteile des Herrschaftsapparats.[76] Insbesondere der Senat war die älteste Institution

74 Vgl. Rexroth, Systemvertrauen (wie Anm. 1). Für eine vergleichende Perspektive auf Byzanz und den Westen s. Niels Gaul, Rising Elites and Institutionalization – *Ethos / Mores* –›Debts‹ and Drafts. Three Concluding Steps Towards Comparing Networks of Learning in Byzantium and the ›Latin‹ West, c. 1000–1200, in: Sita Steckel u. a. (Hg.), Networks of Learning. Perspectives on Scholars in Byzantine East and Latin West, c. 1000–1200, Münster 2014, S. 235–280.

75 Zur Bedeutung des Volks (auch als Heer) in *Rhomanien* (griech. *'Ρωμανία*) s. Antony Kaldellis, The Byzantine Republic. People and Power in New Rome, Cambridge, MA 2015.

76 Die Bedeutung dieser Elemente lässt sich anhand von zwei Stellen bei Niketas Choniates zusammenfassen, die jeweils die Wahl eines neuen Kaisers in der Krisenzeit des Vierten Kreuzzugs (1204) betreffen, wobei deren Abwesenheit bei einer dieser Wahlen zu einer Externalisierung der Entscheidung durch das Los in der Patriarchalkirche der Hl. Sophia

des Reichs und selbst Hort gelehrter und politischer Expertise. Im Hochmittelalter hatte der senatorische Rang schon längst seinen erblichen Charakter verloren und bestand meist aus hohen Amtsträgern. Er war damit ein Organ, das allmählich von der staatlichen Bürokratie beherrscht wurde.[77] Diese Bürokraten wurden in den meist privaten Schulen Konstantinopels ausgebildet, die seit Jahrhunderten dem alten klassischen Curriculum des Triviums folgten, dessen zentraler Bestandteil die Lehre der Rhetorik war.[78] Trotz der Dominanz der Rhetorik, von der die oströmische hohe Gesellschaft stark geprägt war und die im 12. Jahrhundert die juristische Ausbildung in den Schatten stellte, existierte jedoch innerhalb des Senats eine spezielle Gruppe von Amtsträgern, »die als Richter dienten«.[79] Ihr Kern bestand aus den sogenannten Richtern des Velum. Dies waren Juristen, die den jeweiligen Gerichtsprozessen vorstanden, diese leiteten und den Inhabern öffentlicher Ämter in juristischen Fällen als Berater dienten. Einige von diesen Juristen stammten aus Familien mit einer Tradition in diesem Fach. Insgesamt scheint es, dass diese Fachleute großes Ansehen genossen und selbst ein Wort über die ›konstitutionelle‹ Ordnung mitzureden hatten.[80] Ihre Expertise wurde so hochgeschätzt, dass einige von ihnen auch persönlich am kaiserlichen Rat teilnahmen.[81]

geführt hat: s. Jan-Louis van Dieten (Hg.), Nicetae Choniatae Historia, Berlin 1975, S. 136 f., 571 f.; Michael Grünbart, Losen als Verfahren des Entscheidens im griechischen Mittelalter, in: Frühmittelalterliche Studien 52 (2018), S. 217–252.

77 Generell Hans-Georg Beck, Senat und Volk von Konstantinopel, München 1966 [= ders., Ideen und Realitäten in Byzanz, London 1972, XII]. Über die Unterteilung der Elitenschichte in dieser Epoche s. Alexander Kazhdan / Silvia Ronchey, L'aristocrazia bizantina dal principio dell'XI alla fine del XII secolo, Palermo 1997, S. 108–130. Eine aktuelle, eingehende Untersuchung des Senats steht noch aus.

78 Generell Gaul, Rising Elites (wie Anm. 74), etwa S. 245 f., 262–265; Paul Magdalino, The Empire of Manuel I Komnenos, 1143–1180, Cambridge 1993, S. 325 ff.

79 Dieten, Choniatae Historia (wie Anm. 76), S. 260: τῆς συγκλήτου μέρος, ὁπόσον περὶ τὸ κρίνειν διέστησεν.

80 Siehe zum Beispiel ebd., S. 457, wobei einige Richter des Velum Kritik gegenüber dem neuen Kaiser Alexios III. Angelos (1195–1203) frei äußerten, und zwar über die Art und Weise, durch die er an die Macht gekommen war: Er hatte seinen eigenen Bruder Isaakios II. (1185–1195) entthront und blenden lassen.

81 Siehe unten; zu Jura s. Paul Magdalino, Die Jurisprudenz als Komponente der byzantinischen Gelehrtenkultur des 12. Jahrhunderts, in: Ludwig Burgmann u. a. (Hg.), Cupido legum, Frankfurt a. M. 1985, S. 169–177 [= ders., Tradition and Transformation in Medieval Byzantium, Aldershot 1991, IX]; Dieter Simon, Νομοτριβούμενοι, in: Johan Albert Ankum u. a. (Hg.), Satura Roberto Feenstra sexagesimum quintum annum aetatis complenti ab alumnis collegis amicis oblata, Freiburg, Schweiz 1985, S. 273–283. Zu den Richtern des Velum und ihrer Rolle s. Andreas E. Gkoutzioukostas, Η απονομή δικαιοσύνης στο Βυζάντιο (9ος-12ος αιώνες). Τα κοσμικά δικαιοδοτικά όργανα και δικαστήρια της πρωτεύουσας [Administration of Justice in Byzantium, (9th-12th centuries). Judicial Officers and Secular Tribunals of Constantinople], Thessaloniki 2004, S. 138–178. Vgl. auch Ludwig Burgmann, Vier Richter des 12. Jahrhunderts, in: Jahrbuch der Österreichischen Byzantinistik 32 (1982), S. 369–372.

Teil der antiken Bildungstradition war jedoch auch das mathematische Quadrivium, in dem die Astronomie sehr bedeutend war. Im mittelalterlichen Kontext aber konnte Astronomie auch Astrologie bedeuten,[82] die ebenfalls als Ressource des Entscheidens funktionalisiert werden konnte und somit eine alternative Form der Expertise bot. Insbesondere die Hofaristokratie beziehungsweise die Angehörigen der im 12. Jahrhundert herrschenden Familie der Komnenen waren begeisterte Anhänger dieser Wissenschaft, die sie als Instrument zur Förderung ihrer politischen Ziele zu nutzen wussten. Zusätzlich teilten viele Mitglieder der bürokratischen Eliten dieselbe Auffassung, besonders im Kontext des Hofs, dessen Kultur das religiöse Establishment, das sich entschieden gegen diese Tendenz richtete, zu ignorieren neigte.[83]

Die Sachlage verkomplizierte sich dadurch, dass dieselben bürokratischen Familien nicht nur das Staatswesen, sondern auch die oberen Kirchenämter bekleideten.[84] Dies löste im Rahmen der Eliten eine Debatte über die Legitimität der Astrologie aus, die in einem von Kaiser Manuel I. Komnenos (1143–1180) geschriebenen Traktat kulminierte. Er versuchte den Gebrauch dieser Wissenschaft in religiösen Begriffen zu rechtfertigen und zu institutionalisieren und von ihren okkulten Konnotationen zu befreien.[85] Die Beliebtheit der Astrologie lässt sich mit einer der vielen einschlägigen Stellen des zeitgenössischen Historiographen Niketas Choniates aufzeigen, der grundsätzlich gegen ihre Anwendung war. Bei der Erzählung des Usurpationsversuchs von General Alexios Branas 1187 schreibt er beispielsweise:

»Bei dieser Schlacht wurde auch Konstantinos Stethatos getötet […]. Er konnte weder Branas noch sich selbst bewahren, durchs Schwert zu fallen, obwohl er von den damaligen Astrologen der angesehenste war […]. Man erzählte auch, er habe Branas aufgrund der Ergebnisse seiner Wissenschaft vorausgesagt, dass er an jenem Tag in die Stadt einziehen und glänzend triumphieren werde […]. Dass aber, wenn wir dem Gerücht glauben wollen, die Weissagung des Stethatos nicht eingetroffen ist, das zeigen ja die Geschehnisse selbst deutlich und das wird jeder zugeben, außer irgendeinem Anhänger der Sterndeuterei, der behauptet, dass er sich nicht vollständig geirrt habe und seine Kunst überhaupt nicht fehlgeschlagen sei, als ja der Kopf und ein Fuß des Branas an jenem Tag, auf Stangen gespießt, im Triumphzug über den Markt getragen wurden.«[86]

82 Paul Magdalino, The Byzantine Reception of Classical Astrology, in: Catherine Holmes / Judith Waring (Hg.), Literacy, Education and Manuscript Transmission in Byzantium and Beyond, Leiden 2002, S. 33–57.

83 Ders., In Search of the Byzantine Courtier. Leo Choirosphaktes and Constantine Manasses, in: Henry Maguire (Hg.), Byzantine Court Culture from 829 to 1204, Washington 1997, S. 141–165.

84 Michael Angold, The Imperial Administration and the Patriarchal Clergy in the Twelfth Century, in: Byzantinische Forschungen 19 (1993), S. 17–24.

85 Paul Magdalino, L'Orthodoxie des astrologues. La science entre le dogme et la divination à Byzance (VIIe-XIVe siècle), Paris 2006, S. 109–132.

86 Dieten, Choniatae Historia (wie Anm. 76), S. 388; Übersetzung nach Franz Grabler, Abenteuer auf dem Kaiserthron. Die Regierungszeit der Kaiser Alexios II., Andronikos und

Es wird also geschildert, dass der angesehenste Astrologe jener Zeit mit seiner Expertise fatal scheiterte; wiewohl die aus der Wissenschaft gewonnene Erkenntnis nicht als inhaltlich falsch dargestellt wird und sogar ironisch suggeriert wird, dass andere Astrologen sie verteidigen würden, ist die Astrologie doch als vergebliche Kunst markiert.

Eine weitere Passage stellt sowohl den Kontext des kaiserlichen Entscheidens als auch die darin umstrittene Stellung der Expertenkultur der Geheimwissenschaften[87] noch deutlicher dar. Kaiser Andronikos I. Komnenos (1183–1185) wendete sich einst aus Zukunftsangst der Prognostizierung zu, um angebliche Usurpatoren aufzuspüren. Laut Choniates

»übertrug er dieses anrüchige, dunkle Geschäft dem Stephanos Hagiochristophorites [...]. Dieser nahm [Skleros] Seth zu Hilfe, der von Kindheit an solche Ritualien betrieben hatte und eben deswegen von Kaiser Manuel geblendet worden war [...]. Was er tat, will ich weder wissen noch mitteilen; wer Lust hat, kann es anderswo erfahren [...]. Der böse Geist antwortete, oder besser gesagt, er legte verschwommen durch einige Buchstaben im trüben Wasser einen gewissen Isaakios nahe. [...] Während Joannes Apotyras [...], Richter des Velum, [...] sagte, man müsste Isaakios Angelos ergreifen und verschwinden lassen, weil vielleicht dieser vom Orakel gemeint sei, betrachtete er [Kaiser Andronikos] das Orakel nicht so. Im Gegenteil, er überschüttete den Apotyras mit Hohn, wie er nur überhaupt an Isaakios Angelos denken könne. [...]. Doch der leichtsinnige und gewalttätige Stephanos Hagiochristophorites, der auf jede Weise für seinen Herrn und Kaiser sorgte, stimmte zu, Isaakios vorerst einmal festzunehmen und in den Kerker zu werfen, um ihn später hinzurichten, falls Andronikos es billigen würde.«[88]

An diesem Fall lässt sich einiges erkennen. Der Kaiser überträgt Aufgaben an seine Vertrauten. Stephanos Hagiochristophorites war kein ausgezeichnetes Mitglied der Bürokratie, sondern ein Mann von mittlerem Status,[89] der – wenn

Isaak Angelos (1180–1195) aus dem Geschichtswerk des Niketas Choniates, Graz 1958, S. 188 f. (leicht überarbeitet). Über den Historiographen s. generell Alicia Simpson, Niketas Choniates. A Historiographical Study, Oxford 2013; zu den Ereignissen dieser Zeit s. Charles Brand, Byzantium Confronts the West (1180–1204), Cambridge, MA 1968. Für Performanz und Ritual im Rahmen gescheiterter Usurpationsversuche s. Dominik Heher, Heads on Stakes and Rebels on Donkeys. The Use of Public Parades for the Punishment of Usurpers in Byzantium (c. 900–1200), in: Rencontres annuelles des doctorants en études byzantines 2013 (Porphyra: Confronti su Bisanzio II, 2015), S. 12–20, <http:/www.imperobizantino.it/porphyra/Porphyra%20CsBII.pdf> (Stand: 16. Februar 2018).

87 Zu den Geheimwissenschaften im Allgemeinem als auch zu ihrer Beziehung mit den Naturwissenschaften s. Paul Magdalino / Maria Mavroudi, Introduction, in: Dies. (Hg.), The Occult Sciences in Byzantium, Genf 2006, S. 11–37.

88 Dieten, Choniatae Historia (wie Anm. 76), S. 339–341; Übersetzung nach Grabler, Abenteuer (wie Anm. 86), S. 138–140 (leicht überarbeitet).

89 Stilpon Kyriakidis (Hg.), Eustazio di Tessalonica. La espugnazione di Tessalonica, Palermo 1961, S. 44–46. Über ihn s. auch Lynda Garland, Stephen Hagiochristophorites. *Logothete Tou Genikou* 1182/3–1185, in: Byzantion 69 (1999), S. 18–23 und Alexis Savvides,

überhaupt – erst kurz zuvor in den Senat eingetreten war. Er gewinnt aber das Vertrauen des Kaisers und wird der Mann für alle Aufgaben. Er wird von ihm beauftragt, die richtige Person für die Angelegenheit ausfindig zu machen: einen Experten für Wahrsagerei. Er setzt Skleros Seth ein, der ausgesprochen geeignet sei und zwar nicht nur, weil er über eine große Erfahrung verfüge, sondern auch, weil er früher als gefährlich betrachtet worden sei. Der Beweis dafür ist, dass er einst seines Augenlichts als Strafe für Hexerei beraubt worden sei, wie Choniates berichtet.[90] Seth führt ein Ritual durch und nennt den Namen Isaakios. Daraufhin berät sich der Kaiser mit seinen Vertrauten. Ein Richter des Velum verdächtigt jemanden als potentiellen Usurpatoren, aber der Kaiser ist davon nicht überzeugt. Trotzdem ist seinem Vertrauten Hagiochristophorites freie Hand gelassen, so zu handeln, wie er es für richtig hält.[91]

Obwohl die Episode durch die Darstellungsabsichten des Choniates verzerrt sein mag, lässt sich ein Schema rekonstruieren, das mit der Berufung bestimmter Fachleute und der Nutzung ihrer Expertise zu tun hat. Es wird offenbar, dass der Wahrsager nicht dazu dient, endgültige Entscheidungen zu treffen oder zu autorisieren. Er tritt als Medium auf; seine Expertise ist lediglich ein hilfreiches Werkzeug unter weiteren. Zudem scheint der Kaiser als höchste Autorität nicht derjenige zu sein, der direkt Experten beruft, sondern er ermächtigt seine Agenten dazu.[92] Mit wenigen Ausnahmen kommen diese Agenten anscheinend aus dem Bereich der Bürokratie, und zwar aus den oberen Rängen ihrer Hierarchie, das heißt dem Senat, dessen Mitglieder über eine rhetorische Bildung verfügten. Als Alternative zu dieser Form von Expertise bot sich jedoch auch der Rückgriff auf die Naturwissenschaften an, die Fächer einschlossen, die wir heutzutage als Pseudo-Wissenschaften bezeichnen, die aber gleichwohl auf dem Studium des antiken gelehrten Wissens beruhten, das durch eine reiche und oft kommentierte Handschriftentradition vermittelt wurde. Hierbei ging es um ein Wissen, das aus religiöser Sicht oft als unorthodox erschien. Seine Wertigkeit war jedoch kontrovers und blieb, wie nicht zuletzt die kritische Diskussion des Choniates zeigt, dynamisch. (S. D.)

Ein anderes Spannungsfeld konkurrierender Ressourcen des Entscheidens eröffnet sich bei der Frage nach religiöser Expertise. Anders als die Praktiken der sogenannten Geheimwissenschaften wurden Prophezeiungen heiliger Männer,

Θερμουργός Αντιχριστοφορίτης, ανήρ αιμάτων. Η τύχη του Στεφάνου Αγιοχριστοφορίτη, κυρίου οργάνου του Ανδρόνικου Α' Κομνηνού, in: Spyros Troianos (Hg.), Έγκλημα και Τιμωρία στο Βυζάντιο, Athen 1996, S. 67–95.

90 Dieten, Choniatae Historia (wie Anm. 76), S. 147 f.

91 Ausführlicher zu dem Fall sowie für zeitlich und inhaltlich umfassendere Überlegungen zum Thema kaiserliches Entscheiden s. Michael Grünbart, Unter einem guten Stern? Externe Instanzen bei kaiserlichen Entscheidungsprozessen in Byzanz, in: Alexander Beihammer u. a. (Hg.), Prosopon Rhomaikon. Ergänzende Studien zur Prosopographie der mittelbyzantinischen Zeit, Berlin 2017, S. 17–29.

92 Für einen Gegenfall s. u.

die beanspruchten, Zugang zum göttlichen Vorwissen zu haben, stets als orthodox betrachtet.[93] Daher wurden Mönche, die solche Weissagungen anbieten konnten, häufig als Werkzeuge kaiserlicher Entscheidungen benutzt. Im Nachfolgenden sollen anhand von drei Beispielen aus hagiographischen Erzählungen beziehungsweise chronikartigen Biographien, die solche Mönche und ihre Interaktion mit der kaiserlichen Persönlichkeit betreffen, unterschiedliche Charakteristika in der Beziehung zwischen Fragendem oder Klienten einerseits und lebendigem Orakel oder Experten andererseits herausgearbeitet werden. Ihre Umstände, Art und Nutzung der Expertise werden dabei betrachtet.

Vorauszuschicken ist, dass innerhalb des spätantiken und ostmittelalterlichen Christentums das Verhältnis zwischen den zwei Polen der kirchlichen Körperschaft, den Gläubigen und den Geistlichen, von der spirituellen Autorität der Letzteren über die Ersteren gekennzeichnet war. Diese Autorität wurde vielfach implizit beansprucht und von den Gläubigen stillschweigend akzeptiert – doch blieb sie nicht immer unkontrolliert oder unwidersprochen.[94] Auch die Beziehung zwischen Kaiser und heiligem Mann müssen vor diesem Hintergrund verortet werden.

Als ein erster religiöser Experte kann Kyrillos Phileotes bezeichnet werden; zunächst war dieser Asket auf einer Insel im Philea-See in Thrakien und später Mitglied des von seinem Bruder in der Nähe gegründeten Klosters. Dort wurde er nicht nur der geistliche Vater der Gemeinde, sondern auch des Kaisers

93 Prophezeiungen wurden von der Kirche nur im Fall heiliger Männer toleriert, da der von diesen erreichte spirituelle Status ihre Authentizität sicherstellte, wobei sie umgekehrt als Mittel dazu dienten, die Autorität der heiligen Männer nachträglich zu vergrößern; für einen kurzen Überblick über die Prophezeiungen in der christlichen Tradition, s. Andrei Timotin, Visions, prophéties et pouvoir à Byzance. Étude sur l'hagiographie mésobyzantine, Paris 2010, S. 21–64; zur engen Verbindung zwischen heiligen Figuren und Potentaten vom 9. bis 12. Jahrhundert s. auch ders., Direction spirituelle et pouvoir séculier à Byzance aux IXe-XIIe siècles, in: Radu G. Păun (Hg.), Histoire, mémoire et dévotion: regards croisés sur la construction des identités dans le monde orthodoxe aux époques byzantine et post-byzantine, Seyssel 2016, S. 15–32. Trotzdem versuchte das kirchliche Establishment im Laufe des Hochmittelalters die Macht dieser Figuren einzuschränken: Vgl. Paul Magdalino, The Byzantine Holy Man in the Twelfth Century, in: Sergei Hackel (Hg.), The Byzantine Saint, London 1981, S. 51–66 [= ders., Tradition (wie Anm. 81), VII].

94 Zum Verhältnis zwischen spirituellem Vater und spirituellen Sohn und Tochter s. Rosemary Morris, Monks and Laymen in Byzantium, 843–1118, Cambridge 2002, S. 90–119; s. auch Peter Hatlie, Spiritual Authority and Monasticism in Constantinople during the Dark Ages (650–800), in: Jan Willem Drijvers / John W. Watt (Hg.), Portraits of Spiritual Authority. Religious Power in Early Christianity, Byzantium, and the Christian Orient, Leiden 1999, S. 195–222; Rosemary Morris, Spiritual Fathers and Temporal Patrons. Logic and Contradiction in Byzantine Monasticism in the Tenth Century, in: Alain Dierkens u. a. (Hg.), Le monachisme à Byzance et en occident du VIIIe au Xe siècle. Aspects internes et relations avec la société, in: Revue Bénédictine 103 (1993), S. 273–288; vgl. Peter Brown, The Rise and Function of the Holy Man in Late Antiquity, in: Journal of Roman Studies 61 (1971), S. 80–101.

Alexios I. Komnenos (1081–1118). Laut seiner Vita, die von einem seiner Schüler, Nikolaos Kataskepenos, geschrieben wurde – und entsprechend hagiographische Darstellungsabsichten erkennen lässt –, wurde Kyrillos außer von ausgezeichneten Persönlichkeiten des kaiserlichen Hofs auch vom Kaiser selbst mit seinem ganzen Haushalt zweimal besucht. Einmal kam Alexios zu Kyrillos, der bereits über neunzig und schwer krank war. Der Hagiograph schreibt hierzu:

»Da der Heilige damals etwas schwerhörig war, sprach der Kaiser zum anwesenden Mönch. ›Frage ihn, ob ich daraus Nutzen ziehe, wenn ich nach Osten gehe und gegen die gottlosen Türken marschiere‹. Als der Mönch das dem heiligen Mann mitteilte, dachte der kurz nach und sagte dann: ›Wenn du meinen Ratschlag annimmst, wirst du zumindest jetzt nicht dahingehen. Und wenn es Gott gefällt, dann wirst du hingehen, und *der soll deinen Weg vor dir bereiten*‹[95] […]. Gott erfüllte seine heilige Prophezeiung, als der meistgesegnete und ruhmvolle verstorbene Kaiser mit Gottes Hilfe während seines letzten Feldzuges nach Osten den [Sultan] Süleyman überwand.«[96]

In der Episode wird vorgeführt, wie der Kaiser um die Expertise eines alten Mönchs im Hinblick auf das Gelingen eines militärischen Unternehmens bittet. Es lohnt sich zu betonen, dass der Kaiser derjenige ist, der den Mönch aufsucht und nicht umgekehrt – dieses Zuvorkommen des Kaisers unterstreicht einerseits die hohe Bedeutung des Kyrillos als geistlichen Berater, andererseits aber auch die Frömmigkeit des Herrschers.

Diese Motive werden auch in einer weiteren Passage des Textes deutlich: Als Alexios anlässlich des zweiten Besuchs bei Kyrillos – zwischen den Jahren 1091 und 1096 – über die Vorteile redete, einen Mönch als Begleiter zu haben, erzählte er Kyrillos auch eine Episode aus dem Jahr 1074, als er vom damaligen Kaiser nach Kleinasien geschickt worden war, um den Aufstand von Ursel von Bailleul niederzuschlagen. Er sagte, dass seine Mutter Anna Dalassene ihn darum gebeten habe, einen heiligen Mann auf den Feldzug mitzunehmen, um ihn als seinen geistlichen Vater zu haben, und so sei es auch geschehen.[97] Über den Feldzug lässt die Vita den Kaiser sodann wie folgt sprechen:

95 Mt 11,10.

96 Étienne Sargologos (Hg.), La Vie de saint Cyrille le Philéote, moine byzantin († 1110), Brüssel 1964, S. 243 f. (= Kap. 51.2) (Übersetzung S. D. / F. F.). Der erwähnte Feldzug fand 1116 statt, die Prophezeiung aber gegen 1104: s. ebd., S. 470, Anm. 152 f.; Pamela Armstrong, Alexios Komnenos, Holy Men and Monasteries, in: Margaret Mullett / Dion Smythe (Hg.), Alexios I Komnenos. Papers on the Second Belfast Byzantine International Colloquium, 14.–16. April 1989, Belfast 1996, S. 226, spricht sich dafür aus, dass Alexios I. Kyrillos in dieser Gelegenheit allein besuchte; s. auch generell denselben Band über Alexios I. und seine Zeit.

97 Diese Behauptung stimmt mit der historiographischen Hauptquelle dieser Zeit überein, s. Diether R. Reinsch / Athanasios Kambylis (Hg.), Annae Comnenae Alexias, Berlin 2001, S. 30 (= Buch I, Kap. 8.2): καὶ γὰρ διὰ σπουδῆς ἐπεποίητο ἡ μήτηρ ἐν ἁπάσαις ταῖς αὐτοῦ ἐκστρατείαις ὁμόσκηνον ἔχειν τῶν τιμιωτέρων τινὰ μοναχόν, καὶ ὁ εὔνους οὗτος υἱὸς ὑπεῖκε τῷ μητρικῷ θελήματι οὐ τὰ ἐν βρέφει μόνον, ἀλλὰ καὶ ἐς μείρακας παραγγείλας καὶ μέχρις ἂν γυναικὶ συνηρμόσθη. Für andere mit Alexios I. verbundene, heilige Männer

»Als ich von der Kälte der Krankheit überwältigt war, kam mein geistlicher Vater, Ignatios, herein, schloss die Tür, hob meine Bettdecke hoch, kam behutsam über mich, legte seinen Brustkorb gegen meinen und sein heiliges Gesicht gegen meines. Mich umarmend sagte er unter Tränen aus: ›Oh Gott, oh mein Gott, erhöre mich nun, deinen nutzlosen Diener, nimm diese Kälte von ihm und gib sie mir. Denn ich bin müßig, dagegen trägt dein Diener, Alexios, eine wichtige Aufgabe‹. Nachdem er das zwei und drei Mal zitierte und mir einen heiligen Kuss gab, sagte er: ›Stehe auf und decke mich zu, weil Gott mich erhört und deine Krankheit auf mich übertragen hat. Du steige auf dein Pferd und verrichte deinen Dienst mit Gottes Hilfe! Und wenn er – aus welchen Gründen weiß er selbst – dir den gottgetriebenen Ursel zu Füßen legt, dann wird die Kälte durch seine Gnade von mir weggenommen‹. Gott ist mein Zeuge, wie sein ehrlicher Mund sagte, so war es. Denn, sobald der besiegt wurde, erholte sich mein geistlicher Vater auch von seiner Krankheit.«[98]

Die Episode verdeutlicht, wie der Kaiser die charismatischen Begabungen des heiligen Mannes einsetzte, da die Weissagung, die Ignatios ankündigt, in die wunderbare Krankheitsheilung des Empfängers eingebettet ist. Dass ein heiliger Mann in dieser Weise instrumentalisiert wird, entspricht dabei zeitgenössischer Praxis, die auch in den *Taktika* beziehungsweise Kriegshandbüchern nachgewiesen ist, die auch vorsehen, verschiedene Orakelbücher während der Feldzüge mitzuführen und zu befragen.[99]

Ein etwas früherer, eher biographischer als hagiographischer Text[100] bietet als drittes Beispiel den Mönch Euthymios, der außerhalb von Konstantinopel lebte und der geistliche Vater von Kaiser Leon VI. (886–912) wurde, bevor dieser den Thron bestieg. Als Leon Kaiser wurde, bot er ihm das Kloster des Hl. Sergios an, »damit du in unserer Nähe als Nachbar wohnst und von uns untrennbar sein kannst.«[101] Die Mühe, die der Herrscher investierte, um Euthymios dauerhaft zur Verfügung zu haben, führte dazu, dass dem Mönch das hochrangige Amt des *synkellos* beziehungsweise des ständigen Ratgebers des Patriarchen[102] verliehen wurde; später wurde er Abt eines konstantinopolitanischen Klosters und noch später sogar zum Patriarchen (907–912) ernannt. Trotzdem residierte Euthymios anfangs nicht dauerhaft in der Hauptstadt.

s. ebd., S. 29 (= Buch I, Kap. 7.5); S. 30 (= Buch I, Kap. 8.2); S. 33 (= Buch I, Kap. 9.3) (Ioannikios) und Paul Gautier (Hg.), Nicéphore Bryennios, Histoire, Brüssel 1975, S. 294–297 (= Buch IV, Kap. 27) (Symeon).

98 Sargologos, Saint Cyrille (wie Anm. 96), S. 233 f. (= Kap. 47.11) (Übersetzung S. D. / F. F.).

99 John F. Haldon (Hg.), Constantine Porphyrogenitus, Three Treatises on Imperial Expeditions, Wien 1990, S. 106 (Z. 199); Magdalino / Mavroudi, Introduction (wie Anm. 87), S. 22.

100 Dazu s. Stephanos Efthymiadis, Hagiography from the ›Dark Age‹ to the Age of Symeon Metaphrastes (Eighth-Tenth Centuries), in: Ders. (Hg.), The Ashgate Research Companion to Byzantine Hagiography, Farnham 2011, S. 118 f.

101 Patricia Karlin-Hayter (Hg.), Vita Euthymii patriarchae CP, Brüssel 1970, S. 25 (= Kap. IV, Z. 16–19) (Übersetzung S. D. / F. F.).

102 Zum Amt s. Vassiliki A. Leondaritou, Εκκλησιαστικά αξιώματα και υπηρεσίες στην πρώιμη και μέση Βυζαντινή περίοδο, Athen 1996, S. 553–605.

Wie die Vita des Heiligen berichtet, wirkte er auch als Anbieter von Prophezeiungen, was ihn in Konkurrenz mit dem weltlichen Ratgeber des Kaisers, Stylianos Zaoutzes, brachte. Zaoutzes war der Vater von Zoe, der zweiten Ehefrau Leons. Der Kaiser schuf sogar für ihn das neue Amt des *Basileopator*, das heißt ›Vater des Kaisers‹. Zaoutzes hatte keinerlei Sympathien für Euthymios; im Gegenteil. So sprach er ihn wie folgt an: »Was deine alten Voraussagen zum Kaiser betrifft, sei zufrieden, dass du das Ergebnis davon ansiehst, zumal es keinen Bedarf geben wird, dass du für den Kaiser weiter vorhersagst und ihm Warnungen zuschickst, selbst wenn du es wünschen mögest.«[103] Er verleumdete seinen Rivalen auch vor dem Kaiser selbst: »Ich weiß, mein Herr, dass dein redseliger Mönch, der sowohl von einem eingebildeten Geist beherrscht wird als auch prophetische Listen gewohnt ist, am ehesten falsche Angaben über mich vorgebracht hat […].«[104]

Laut der Vita wandelte sich jedoch die Haltung Leons gegenüber seinem geistlichen Vater, der ihm ermöglichte, Zugang zur göttlichen Vorkenntnis zu haben, mit der Zeit erheblich. Obwohl er anfangs dessen Anwesenheit am Hof einforderte, ging er schließlich dazu über, ihm Redeverbot zu erteilen. Dabei wird nicht zuletzt die Rollengrenze zwischen dem Experten und dem Entscheidungsberechtigten selbst thematisiert: »Wenn ich, Vater, aus Eigenantrieb und aus eigenem Willen zu dir spreche, dann sollst du verwalten und Sorgfalt üben, denn ich kann es nicht hinnehmen, mit dir einen zweiten Zaoutzes zu haben, der Anordnungen und Vorschriften macht.«[105] Nach dem Tod Leons fiel Euthymios in Ungnade und wurde sogar körperlich misshandelt. Zudem sprach sein Vorgänger und Nachfolger im Patriarchat, Nikolaos I. Mystikos (901–907; 912–925), folgendermaßen zu ihm: »Sag mir, du, einfältigster aller Menschen, Deuter von triebhaften Träumen zugunsten des Verstorbenen, des ehemaligen Herrschers Leon […].«[106] Wir erfahren also, dass Euthymios auch seine Expertise in der Deutung von Träumen anbot.[107] Was seine Mobilität betrifft, scheint es, dass die gegebene Mühe seitens des kaiserlichen Klienten, den Weissagungsanbieter zu instrumentalisieren, kein einfaches Unterfangen war, da Euthymios nur schwerlich akzeptierte, dauerhaft in Konstantinopel ansässig zu bleiben.

Die drei Beispiele vermitteln uns eine Vorstellung davon, wie die heiligen Akteure von den kaiserlichen Entscheidern instrumentalisiert wurden. Die prognostische Expertise, die die Asketen anboten, war vielfältig, doch erteilten alle drei Rat zu Ereignissen, die noch nicht eingetreten waren. Dieser Rat wurde

103 Karlin-Hayter, Vita Euthymii (wie Anm. 101), S. 15 (= Kap. III, Z. 6–8) (Übersetzung S. D. / F. F.). Über Leon VI. und seine Umgebung s. Shaun Tougher, The Reign of Leo VI (886–912). Politics and People, Leiden 1997.

104 Karlin-Hayter, Vita Euthymii (wie Anm. 101), S. 19. (= Kap. III, Z. 26–29) (Übersetzung S. D. / F. F.).

105 Ebd., S. 55 (= Kap. IX, Z. 30–33) (Übersetzung S. D. / F. F.).

106 Ebd., S. 119 (= Kap. XVIII, Z. 18–20) (Übersetzung S. D. / F. F.).

107 Dazu generell s. Christine Angelidi / George T. Calofonos (Hg.), Dreaming in Byzantium and Beyond, Farnham 2014.

daher durch die Empfänger als Weissagung betrachtet. Während Kyrillos einen so großen Einfluss auf den Kaiser hatte, dass er angeblich sogar seinen Feldzug verschob, und Euthymios möglicherweise die Träume des Herrschers zu deuten vermochte, wurde dem Kaiser durch die Vermittlung von Ignatios körperliche Kraft zuteil. In allen Fällen baten die kaiserlichen Klienten um die Expertise der Mönche, die sie als geistliche Väter ansahen. Ihre Expertise beruhte folglich auf dem anerkannten Status ihrer spirituellen Autorität, die oft die ihrer weltlichen ›Kollegen‹ infrage stellte. Ihre Nähe zum Kaiser war dabei ganz unterschiedlich und wurde offensichtlich von den Autoren der jeweiligen hagiographischen Darstellungen mit weiteren Bedeutungsebenen aufgeladen. Ignatios als ein ›mobiler Experte‹ wurde als Teil der kaiserlichen Entourage dargestellt, die den Kaiser im Feldzug begleitete und seine Entscheidungen und Möglichkeiten optimierte. Kyrillos als ›immobiler Experte‹ wurde außerhalb von Konstantinopel konsultiert. Der ›semimobile‹ Status des Euthymios, der nur widerwillig in der Hauptstadt zu bleiben bereit war und vom Kaiser nur gelegentlich zu Rate gezogen wurde, spiegelt schließlich seine offensichtlich umstrittene Autorität und Bedeutung als Experte. Auch diese Fälle lassen sich insgesamt wieder an die Beobachtung zurückbinden, dass das Feld byzantinischer Expertenkulturen aufgrund der Konkurrenz der verschiedenen vorhandenen Formen politisch relevanten Wissens überraschend dynamisch und beweglich war. (F. F.)

Claudia Roesch

Experten in der Moderne am Beispiel des reproduktiven Entscheidens in den 1960er bis 1980er Jahren[1]

1. Einleitung

Als der amerikanische Oberste Gerichtshof 1973 in dem Urteil Roe v. Wade die Abtreibung bis zur 12. Schwangerschaftswoche freigab (und über die Frist hinaus Einschränkungen der Prozedur nur zum Schutze der Schwangeren erlaubte), lautete die Urteilsbegründung: »For the stage prior to approximately the end of the first trimester, the abortion decision and its effectuation must be left to the medical judgment of the pregnant woman's attending physician.«[2] Die Entscheidung über eine Abtreibung oblag somit nicht der schwangeren Frau, sondern ihrem Arzt. Frauen bekamen nach dem Urteil kein automatisches Recht auf eine Abtreibung, Ärzte konnten sie aus medizinischen oder Gewissensgründen ablehnen. Damit bestätigte der Supreme Court nicht primär das Selbstbestimmungsrecht der Frau über ihre Reproduktion, sondern gab Ärzten eine rechtliche Absicherung, die Behandlungsmethode zu wählen, die sie für sinnvoll hielten.

In der Bundesrepublik Deutschland entschied das Bundesverfassungsgericht 1976: »Der Lebensschutz der Leibesfrucht genießt grundsätzlich für die gesamte Dauer der Schwangerschaft Vorrang vor dem Selbstbestimmungsrecht der Schwangeren und darf nicht für eine bestimmte Frist in Frage gestellt werden.«[3] Hier wurde das Personenrecht des ungeborenen Fötus über das Entscheidungsrecht der Frau gestellt. Ausnahmen zu dem grundsätzlichen Verbot des Schwangerschaftsabbruchs waren nur bei bestimmten Indikationen zulässig. Ob eine Indikation zutraf, musste ein Arzt als Experte entscheiden.

Dieser Beitrag untersucht die Rolle von Experten in der Entscheidung über Schwangerschaftsabbrüche in den USA und der Bundesrepublik Deutschland

1 Dieser Beitrag basiert auf Recherchen zum Projekt A 05 des SFB 1150 »Kulturen des Entscheidens« unter der Leitung von Isabel Heineman; die Archivrecherche in den USA wurde durch ein Post-Doc-Stipendium der Gerda Henkel Stiftung ermöglicht. Herzlichen Dank an Michael Altmann für die freundliche Unterstützung beim Zugang zum Pro Familia Verbandsarchiv in Frankfurt am Main.

2 Zitiert nach Leslie Friedman Goldstein, The Constitutional Rights of Women. Cases in Law and Social Change, Madison ^{2}1988, S. 347.

3 Zitiert nach Ulrike Busch, Vom individuellen und gesellschaftlichen Umgang mit dem Thema Abtreibung, in: Dies./Daphne Hahn (Hg.), Abtreibung. Diskurse und Tendenzen, Bielefeld 2014, S. 13–40, hier S. 26.

der 1960er bis 1980er Jahre. Er fragt, zu welchem Zeitpunkt Experten als Entscheider oder ihre Expertise als Ressource des Entscheidens begriffen wurden. Dazu werden zunächst einige theoretisch-methodische Überlegungen zum Expertentum in modernen Gesellschaften angestellt. Ein erstes Analysekapitel geht auf die Rolle von Experten in den Debatten über eine Legalisierung der Abtreibung in den 1960er Jahren ein. Der zweite Teil untersucht am Beispiel des Gynäkologen Bernard Nathonson, wie Experten sich als Ressourcen des Entscheidens verstanden. Der dritte Teil behandelt die Konfliktberatung nach der Legalisierung der Abtreibung in Deutschland, bevor im Fazit Überlegungen zu Expertise als Ressource zur Entscheidungsfindung angestellt werden.

Als Quellen für diese Studie dienen Akten der Planned Parenthood Federation of America und der westdeutschen Pro Familia. Beide Organisationen erfüllten eine Doppelfunktion, indem sie zum einen Beratung für Frauen mit ungeplanten Schwangerschaften anboten und zum anderen auf politischer Ebene das Konzept der Familienplanung durchsetzen wollten. In den 1960er Jahren setzten sie sich für verbesserte Sexualaufklärung und für Zugänge zu Verhütungsmitteln ein; in den 1970er Jahren forderten sie eine Liberalisierung der Abtreibungsgesetzgebung. Beide Organisationen sind in einem nationalen Dachverband und Landes- beziehungsweise Ortsgruppen organisiert, welche Beratungsstellen beziehungsweise ambulante Kliniken betrieben. In den Dachverbänden gab es mit Experten verschiedener Fachrichtungen (etwa Medizinern, Juristen, Klerikern) besetzte Beraterkomitees, die die landesweiten Kampagnen vorschlugen und planten.

2. Experten in den Gesellschaften des 20. Jahrhunderts

Cathy Moran Hajos Studie zum Verhältnis des Planned Parenthood Vorgängers, der Birth Control Federation of America, und den einzelnen Beratungskliniken hat gezeigt, dass sich Aktivisten auf lokaler und nationaler Ebene um eine Zusammenarbeit mit Medizinern und protestantischen Pfarrern als Repräsentanten der professionellen Mittelschicht bemühten.[4] Ähnlich argumentierte Carole McCann, dass die Gründerin von Planned Parenthood, die Krankenschwester Margaret Sanger, bewusst Kontakte zur Eugenik-Bewegung gesucht habe, um sich wissenschaftliche Respektabilität anzueignen.[5] Studien zur Entwicklung von Enovid, dem ersten hormonellen Verhütungsmittel, zeigen, dass Sanger geschickt Forscher und Geldgeber miteinander vernetzte, um die Entwick-

4 Die Birth Control Federation of America benannte sich 1942 um in Planned Parenthood Federation of America, vgl. Cathy Moran Hajo, Birth Control on Main Street. Organizing Clinics in the United States 1916–1939, Urbana 2010, S. 30.

5 Carole R. McCann, Birth Control Politics in the United States, 1916–1945, Ithaca 1994, S. 11. Zur kritischen Auseinandersetzung mit Sangers Beziehungen zur Eugenikbewegung siehe Angela Franks, Margaret Sanger's Eugenic Legacy. The Control of Female Fertility, Jefferson, NC 2005; Nancy Ordover, American Eugenics. Race, Queer Anatomy and the Science of Nationalism, Minneapolis 2003.

lung eines sicheren, unabhängig vom Mann anwendbaren Verhütungsmittels voranzutreiben.[6] Daniel K. Williams' Arbeit zu Debatten um Abtreibung vor der Legalisierung in den USA belegt, dass sich einzelne Mediziner privat schon seit den 1940er Jahren für eine Liberalisierung des Abtreibungsverbots aussprachen, öffentliche Debatten aber erst in den 1960er Jahren entstanden.[7] Johanna Schoens Studie zu den Kontroversen um Abtreibung nach der Legalisierung 1973 untersucht die Professionalisierung des Verbandes der Abtreibungsanbieter und die gleichzeitigen Versuche der Anti-Abtreibungsbewegung, eine Gegenexpertise zu schaffen.[8]

Für die Bundesrepublik nimmt einzig die Soziologin Daphne Hahn Experten in den Kontroversen über die legale Abtreibung und Sterilisation in den Blick.[9] Zwar haben einige Studien das Wirken des Sozialhygienikers und Pro-Familia-Gründers Hans Harmsen in der nationalsozialistischen Sterilisationspolitik betrachtet, diese enden jedoch entweder 1937 oder blicken nur auf seine akademische Karriere.[10] Arbeiten zur Legalisierung der Abtreibung in der Bundesrepublik haben entweder die zweite Welle der Frauenbewegung, die katholische Kirche oder die Bewegung der Lebensschützer beleuchtet.[11] Die Rolle der Pro Familia im Legalisierungsprozess sowie die Bedeutung juristischer Experten in den Reformdebatten sind bisher noch wenig erforscht.

6 Vgl. Elaine Tyler May, America and the Pill. A History of Promise, Peril and Liberation, New York 2010; Elizabeth Siegel Watkins, On the Pill. A Social History of Oral Contraceptives, 1950–1970, Baltimore 1998.

7 Vgl. Daniel K. Williams, Defenders of the Unborn. The Pro-Life Movement before Roe v. Wade, Oxford 2016, S. 29–33.

8 Vgl. Johanna Schoen, Abortion after Roe, Chapel Hill 2015, S. 93, S. 146–150.

9 Vgl. Daphne Hahn, Modernisierung und Biopolitik. Sterilisation und Schwangerschaftsabbruch in Deutschland nach 1945, Frankfurt a. M. 2000.

10 Siehe Gisela Bock, Zwangssterilisation im Nationalsozialismus. Studien zur Rassenpolitik und Frauenpolitik, Opladen 1986; Sabine Schleiermacher, Sozialethik im Spannungsfeld von Sozial- und Rassenhygiene. Der Mediziner Hans Harmsen im Centralausschuß für die Innere Mission, Husum 1998; Heinrich Hartmann, »In einem gewissen Sinne politisch belastet«. Bevölkerungswissenschaft und Bevölkerungspolitik zwischen Entwicklungshilfe und bundesrepublikanischer Sozialpolitik (1960er und 1970er Jahre), in: Historische Zeitschrift 303 (2016), S. 98–125; Maria Daldrup, Biographische Ordnungen vor und nach »1945«. Vergleichende Perspektiven auf Eugen Fischer, Hans F. K. Günther, Gunther Ipsen und Hans Harmsen, in: Thomas Etzemüller (Hg.), Vom »Volk« zur »Population«. Interventionistische Bevölkerungspolitik in der Nachkriegszeit, Münster 2015, S. 26–51.

11 Für die Frauenbewegung siehe Kristina Schulz, Der lange Atem der Provokation. Die Frauenbewegung in der Bundesrepublik und in Frankreich, 1968–1976, Frankfurt a. M. 2002; Katherine Karcher, Sisters in Arms. Militant Feminism in the Federal Republic of Germany since 1968, Oxford 2017; zur Lebensschutzbewegung siehe Michi Knecht, Zwischen Religion, Biologie und Politik. Eine kulturanthropologische Analyse der Lebensschutzbewegung, Münster 2006. Zu den Kontroversen zwischen der Frauenbewegung und der katholischen Kirche s. Isabel Heinemann, »Enttäuschung unvermeidlich«? Die Debatten über Ehescheidung, Abtreibung und das Dispositiv der Kernfamilie in der BRD, in: Bernhard Gotto u. a. (Hg.): Enttäuschung im 20. Jahrhundert, Berlin 2018 (im Erscheinen).

Die gegenwärtige Studie trägt durch eine Analyse der Involviertheit von Experten in die Debatten um die Legalisierung der Abtreibung sowie in deren Durchführung zur Schließung dieser Forschungslücken bei. Experten konnten in der zweiten Hälfte des 20. Jahrhunderts in ganz unterschiedlichen Situationen als Ressourcen des Entscheidens auftreten, etwa indem sie als Wissenschaftler Politiker in der Nutzung der Atomenergie berieten, wissenschaftlichen Verlagen Empfehlungen für Veröffentlichungen gaben oder als Humangenetiker Sterilisationsempfehlungen für geistig behinderte Mädchen verfassten.[12] Die sozialwissenschaftliche Forschung zu Experten im 20. Jahrhundert hat sich mehrheitlich mit der Politikberatung beschäftigt und die These aufgestellt, dass erst das Einholen von Expertise und Gegenexpertise politisches Entscheiden ermöglicht habe.[13]

In der Geschichtswissenschaft erachtet der Mediävist Frank Rexroth eine wissensmäßige Arbeitsteilung, die Entstehung neuer Wissensinstitutionen (z. B. Universitäten), die Ausdifferenzierung von Wissensbereichen, sowie die Verfügbarkeit von Expertenwissen, welches über den Einzelfall hinaus anwendbar ist, als konstitutiv für eine Expertenkultur.[14] Während Rexroth den Beginn dieser Wissensproduktionsform auf das 12. Jahrhundert datiert, spricht der Zeithistoriker Lutz Raphael von einer neuen Qualität der Expertenkulturen seit dem 19. Jahrhundert mit der »Verwissenschaftlichung des Sozialen.«[15] Diese zeichnet sich laut Raphael aus durch eine »*dauerhafte Präsenz* humanwissenschaftlicher Experten, ihrer Argumente und Forschungsergebnisse in Verwaltung und Betrieben, in Parteien und Parlamenten, bis hin zu den alltäglichen Sinnwerten sozialer Gruppen, Klassen und Milieus.«[16] Humanwissenschaftliche Experten sind nach Raphael Wissenschaftler verschiedenster Disziplinen wie etwa der Medizin, Psychiatrie, Psychologie, Kriminologie, Pädagogik, Politikwissenschaft

12 Siehe zum Beispiel das Dissertationsprojekt von Alrun Schmidtke zu »Veröffentlichungspolitik und Entscheidungsbefugnisse: Der Verlagsberater Paul Rosbaud und die naturwissenschaftlichen Verlage Julius Springer, Pergamon Press und Interscience, 1927–1963«, zur humangenetischen Beratung s. Britta-Marie Schenk, Behinderung verhindern. Humangenetische Beratungspraxis in der Bundesrepublik Deutschland (1960er bis 1980er Jahre), Frankfurt a. M. 2016.

13 Siehe Reiner Grundmann / Nico Stehr, Die Macht der Erkenntnis, Berlin 2011, S. 22; Alexander Bogner / Wolfgang Menz, Wissenschaftliche Politikberatung? Der Dissens der Experten und die Autorität der Politik, in: Leviathan 30 (2002), S. 384–399, hier S. 394–95.

14 Vgl. Frank Rexroth, Systemvertrauen und Expertenskepsis. Die Utopie vom maßgeschneiderten Wissen in den Kulturen des 12. bis 16. Jahrhunderts, in: Björn Reich u. a. (Hg.), Wissen, maßgeschneidert. Experten und Expertenkulturen in der Vormoderne, München 2012, S. 22–23.

15 Lutz Raphael, Die Verwissenschaftlichung des Sozialen als methodische und konzeptionelle Herausforderung für eine Sozialgeschichte des 20. Jahrhunderts, in: Geschichte und Gesellschaft 22 (1996), S. 166. Für eine detaillierte Periodisierung der »Verwissenschaftlichung des Sozialen« s. ders., Embedding the Human and Social Sciences in Western Societies, 1880–1980. Reflections on Trends and Methods of Current Research, in: Kerstin Brückweh u. a. (Hg.), Engineering Society. The Role of Human and Social Sciences in Western Societies, 1880–1980, Basingstoke 2012, S. 41–56.

16 Ders., Verwissenschaftlichung (wie Anm. 15), S. 166 (Hervorhebung C. R.).

oder Soziologie, die das weite Feld des ›Sozialen‹ als ihren Wissensgegenstand begreifen und anhand des Leitbildes der Naturwissenschaften den »Menschen in seinen gegenwärtigen Lebenszusammenhängen« verstehen wollen.[17] Mediziner, die sich neben der Heilkunst auch in der Fürsorge, Sozialarbeit oder Psychotherapie betätigten, galten als Leitbild für ein »rationales Konstrukt therapeutischer Interventionen« etwa in der Jugendhilfe und Familienfürsorge.[18] So entstand der praxisbezogene Sozialwissenschaftler als eigener Gelehrtentyp neben dem Universitätsgelehrten und dem Intellektuellen.[19]

Ausgehend von Raphaels Konzeptualisierung fragt Ariane Leendertz, wie die Zuschreibung einer Person als Experte funktionierte. So war die Identität als Experte keine Selbstzuschreibung, sondern eine Anerkennung von außen, indem Expertise angefragt wurde.[20] Diese Anerkennung ergab sich aus der beruflichen Position, der Ausbildung und den Wissensbeständen des Experten: »Experte ist, wer aufgrund seines zertifizierten Fachwissens sowie seiner beruflichen Position als Experte gilt, und wer in einer Organisation oder Institution eingebunden ist, die den Expertenstatus ihrer Mitglieder verbürgte.«[21] Um als Ressourcen des Entscheidens Autorität zu erhalten, mussten Experten neben ausdifferenziertem Fachwissen, welches sie über den Einzelfall hinaus anwenden konnten, und dem Willen zur rationalen therapeutischen Intervention, eine dauerhafte Zugehörigkeit zu einer anerkannten Institution oder Organisation nachweisen. Experten mussten ihren Status durch ihren Habitus besonders betonen, wenn die Organisation, in deren Rahmen sie tätig waren, gesellschaftlich umstritten war.

In den Debatten um Abtreibung kamen Experten in zweierlei Weise zu Wort: zum einen in der Beratung politischer Entscheider, die den rechtlichen Rahmen des reproduktiven Entscheidens vorgaben, zum anderen in der Beratung betroffener Frauen. Wie Leendertz am Beispiel der Raumplanung zeigt, konnten Experten Politik beeinflussen, indem sie durch ihre Forschung soziale Tatbestände hervorbrachten, gesellschaftliche Probleme definierten und Lösungsansätze für politisches Handeln vorgaben, wodurch sie selbstständig neue Politikfelder kreierten.[22] Im ersten Teil dieses Beitrags soll am Beispiel der Rolle von Gynäkologen und Juristen in den Debatten um Abtreibung vor der Legalisierung analysiert werden, inwiefern Experten das Feld des reproduktiven Entscheidens selbst erschufen und sich als designierte Entscheider imaginierten.

Zweitens konnten Experten als Ressourcen des reproduktiven Entscheidens auf individueller Ebene dienen. Dies waren Mediziner oder Sozialpädagogen,

17 Ebd.
18 Ebd., S. 170.
19 Ebd., S. 170 f.
20 Ariane Leendertz, Experten. Dynamiken zwischen Wissenschaft und Politik, in: Christiane Reinecke / Thomas Mergel (Hg.), Das Soziale ordnen. Sozialwissenschaften und gesellschaftliche Ungleichheit im 20. Jahrhundert, Frankfurt a. M. 2012, S. 344.
21 Ebd., S. 345.
22 Ebd., S. 340–341, 347.

die als Berater in Familienplanungsorganisationen »men on the spot«[23] waren, Entscheidungsbefugnisse hatten und so direkt therapeutisch intervenieren konnten.[24] Auch konnten sie mit ihrer Diagnose eine Entscheidungssituation erschaffen und waren von Rechtswegen her designierte Mitentscheider. Sie waren aber auch eingebettet in die soziale Welt, die sie gestalten wollten, und daher auch von normativen Vorstellungen beeinflusst.[25] Auch die Frage, inwiefern diese Experten über ihren eigenen Fachbereich hinaus beraten konnten, wurde kontrovers diskutiert, etwa wenn Ärzte die Lebensumstände ihrer Patientinnen in die Beratung miteinbezogen.

3. Experten und politisches Entscheiden: Die Debatten um die Legalisierung der Abtreibung

In den 1960er Jahren wurde die Reform der Abtreibungsgesetzgebung zunächst von Experten angestoßen. 1962 geriet die amerikanische Regelung, welche in den einzelnen Bundesstaaten unterschiedlich gehandhabt wurde und den Schwangerschaftsabbruch meist nur bei Gefährdung des Lebens der Schwangeren erlaubte, in den Fokus öffentlicher Debatten.[26] Sherri Finkbine, eine vierfache Mutter und TV-Moderatorin, die während der Schwangerschaft das Schmerzmittel Thalidomid (Contergan) genommen hatte, wollte auf Anraten ihres Arztes abtreiben, nachdem Berichte über Missbildungen aufgrund des Medikaments bekannt wurden. Dies wurde ihr jedoch verweigert, da die Schwangerschaft keine Gefahr für ihr Leben darstelle. Daher musste sie nach Schweden reisen, um dort abzutreiben.[27] Im Kontext dieser öffentlichen Kontroverse forderte 1963 der Gynäkologe und Präsident von Planned Parenthood, Alan F. Guttmacher, der sich privat schon in den 1940er Jahren für legale Abtreibungen ausgesprochen hatte,[28] die Legalisierung der »therapeutischen Abtreibung« bei medizinischer, eugenischer und kriminologischer Indikation. Er schrieb in der Fachzeitschrift Progress in Gynecology: »First. Children should be born to healthy mothers, not only physically but emotionally healthy. Therefore, if the pregnant woman is not healthy and is likely to be unhealthy after the baby is born, abortion should be legal. Second. If there is increased likelihood of the child being congenitally abnormal, through inheritance or environmental factors, such as maternal rubella in

23 Raphael, Embedding (wie Anm. 15), S. 45.

24 Ders., Verwissenschaftlichung (wie Anm. 15), S. 170.

25 Vgl. ebd., S. 165.

26 Für eine Aufzählung der Abtreibungsgesetzgebung nach Bundestaaten im Jahre 1963 s. Alan F. Guttmacher, The Legal and Moral Status of Therapeutic Abortion, in: Progress in Gynecology 4 (1963), S. 279–300, hier S. 285.

27 Zum Fall Sherri Finkbines als Anstoß einer nationalen Debatte über die Legalisierung der Abtreibung s. Rickie Solinger, Pregnancy and Power. A Short History of Reproductive Politics in America, New York 2005, S. 179–80.

28 Vgl. Williams, Defenders (wie Anm. 7), S. 19.

early gravidity, pregnancy should be terminated.«[29] Dies sollte nach Guttmacher auch dann gelten, wenn die Eltern aufgrund von Alkoholismus, Drogensucht, vorheriger Psychotherapie oder emotionaler Instabilität ungeeignet seien, das Kind zu versorgen. Auch sollte die Abtreibung nach einer Vergewaltigung oder Inzest legal sein. In unehelicher Schwangerschaft allein sah er keinen Grund für eine Abtreibung.[30]

Bei medizinischer Indikation sollte der behandelnde Arzt allein entscheiden dürfen, andere Begründungen sollten zwei Ärzte überprüfen.[31] Zwar sollte ein schriftliches Einverständnis der Patientin, ihres Ehemannes oder der Eltern (falls sie minderjährig war) eingeholt werden. Letztendlich war aber der Arzt der designierte Entscheider. Guttmacher ging es in seiner Forderung nicht um das Selbstbestimmungsrecht der Frau. Er betonte stattdessen das Recht eines Arztes, selbst die beste Behandlungsmöglichkeit für eine Patientin auswählen zu dürfen. Bei seinen Überlegungen ging es um den Schutz der Gesundheit der einzelnen Frau und ihrer Familie. Die Frage des Rechts auf Leben des Fötus wurde hier nicht behandelt, jedoch das Recht des geborenen Kindes auf gesunde und fähige Eltern.

Anders als in den USA gehörten in der Bundesrepublik Gynäkologen zu den vehementesten Gegnern einer Reform des § 218, der die Abtreibung nur bei medizinischer Indikation und nach einer Anhörung vor einer Kommission der Ärztekammer zuließ. Hier waren es Juristen, die Debatten zu einer Reform des Paragraphen 218 anstießen.[32] Zwar hatte schon in der Weimarer Republik eine Reformbewegung aus Frauenrechtlerinnen und Arbeiterparteien legale Abtreibung als Selbstbestimmungsrecht der Frau über ihren Körper gefordert.[33] Dennoch setzte sich selbst Pro Familia noch in den 1950er und 1960er Jahren für Sexualaufklärung und die Ausgabe von Verhütungsmitteln als Maßnahmen zur Senkung der hohen illegalen Abtreibungszahlen ein.[34] Anders als in den USA, wo das Personenrecht des Fötus erst nach der Legalisierung zum Politikum wurde,[35] hatten Gegner der legalen Abtreibung schon in der Weimarer Republik mit der »Heiligkeit des werdenden Lebens« argumentiert.[36] Harmsen selbst hatte sich

29 Guttmacher, Therapeutic Abortion (wie Anm. 26), S. 298.

30 Ebd.

31 Ebd.

32 Siehe Ärztliche Mitteilungen zu Strafrechtsreform Nr. 26/27 (29.6.1963), S. 1490–1493, in: BArch N 1336/702.

33 Vgl. Atina Grossmann, Reforming Sex. The German Movement for Birth Control and Abortion Reform, 1920–1950, New York 1995, S. 82.

34 Vgl. Pro Familia Vereinssatzung, angehängt an einen Brief von Anne-Marie Durand-Wever an Margaret Sanger (30.08.1958), in: The Margaret Sanger Papers (microfilmed), Sophia Smith Collection, Smith College, Northampton, Mass.

35 Vgl. Gillian Frank, The Colour of the Unborn. Anti-Abortion and Anti-Bussing Politics in Michigan, United States, 1967–1973, in: Gender & History 26 (2014), S. 360.

36 Hans Harmsen, Der Abtreibungsparagraph und seine Fassung im neuen Allgemeinen Deutschen Strafgesetzbuch, in: Mitteilungen der Arbeitsgemeinschaft für Volksgesundung e. V. 28 (2.12.1929), in: BArch N 1336/37.

seit 1927 bis in die 1960er Jahre aus religiösen und medizinischen Gründen gegen eine Freigabe der Abtreibung ausgesprochen, da seiner Meinung nach selbst bei legalem Schwangerschaftsabbruch das Komplikationsrisiko für die Frau zu hoch sei.[37]

Während Pro Familia zu Beginn der 1960er Jahre kein Interesse an einer Reform des § 218 zeigte,[38] schlug 1960 eine Kommission des Justizministeriums im Rahmen der Strafrechtsreform die Freigabe des Schwangerschaftsabbruchs bei kriminologischer Indikation vor.[39] Befürworter argumentierten, dass eine Vergewaltigung »einen so brutalen Einbruch in die Persönlichkeitssphäre der Frau« darstelle, dass in diesem Fall ihre »Gewissensentscheidung« über die Annahme einer »ärztlichen Hilfeleistung« zum legalen Schwangerschaftsabbruch straffrei bleiben müsse.[40] Es sollte jedoch dem Arzt freigestellt bleiben, ob er die Vergewaltigung als Indikation anerkenne. Frauen sollten daher nur in Folge einer Vergewaltigung das Recht erhalten, über ihre Reproduktion bestimmen zu können, waren aber weiterhin von der Entscheidung eines Arztes abhängig. Nach Protesten von Medizinern, die argumentierten, dass der »Schutz des ungeborenen Lebens [...] Vorrang vor allen anderen Erwägungen« habe und Frauen auch nach Vergewaltigungen »ein mütterliches Verhältnis« zu dem ungeborenen Kind entwickeln könnten, wurde dieser Vorschlag aus dem endgültigen Reformpaket gestrichen.[41]

1970 präsentierten sechzehn Jura-Professoren, die Mitglieder der FDP waren, einen Alternativ-Entwurf zur Strafrechtsreform, welche die Freigabe der Abtreibung in den ersten 12 Wochen nach verpflichtender Beratung forderte.[42] Auch der Pro-Familia-Gründer Hans Harmsen selbst änderte seine Meinung zur Legalisierung nach der Jahrestagung der IPPF von 1967 in Santiago de Chile und dem Besuch einer New Yorker Klinik 1970. Aufgrund internationaler wissenschaftlicher Expertise zur Embryonalentwicklung und zu neuen Abtreibungsmethoden sowie seiner eigenen Beobachtungen zur Legalisierung im US-Bundestaat New York ging er davon aus, dass die Abtreibung bis zur 12. Schwangerschaftswoche weder rechtlich noch medizinisch oder moralisch

37 Vgl. ders., § 218. Sinn und Problematik des Abtreibungsparagraphen. Eine Kundgebung der Arbeitsgemeinschaft für Volksgesundung e. V. (ca. Oktober 1931), in: BArch N 1336/31.

38 So argumentierte etwa der Ortsverband Frankfurt 1962, dass die westdeutsche Regelung der Freigabe nur bei medizinischer Indikation besser sei als die Freigabe bei sozialer Indikation in Skandinavien oder Abschreckung durch hohe Strafen in Südeuropa, vgl. N. N., Protokoll Pro Familia Frankfurt (22.2.1962), 3, in: Pro Familia Verbandsarchiv, Ordner »BAT Protokolle 1952 bis 1978«.

39 Ärztliche Mitteilungen zu Strafrechtsreform Nr. 26/27 (29.6.1963), S. 1490–1493, in: BArch N 1336/702.

40 Ebd., S. 1492.

41 Ebd., S. 1491 f.

42 Vgl. Manfred Spieker, Kirche und Abtreibung in Deutschland, Paderborn ^{2}2008, S. 21; Simone Mantei, Nein und Ja zur Abtreibung. Die evangelische Kirche in der Reformdebatte um § 218 StGB (1970–1976), Göttingen 2004, S. 46 f.

bedenklich sei.[43] Nachdem zunächst der Pro-Familia-Vorstand nicht gewillt gewesen war, seinen Reformvorschlägen zu folgen,[44] gelang es Harmsen 1971 eine Resolution durchzusetzen, die sich für eine Reform des § 218 aussprach.[45]

Während eine knappe Mehrheit der Pro-Familia-Mitglieder auf der Jahrestagung 1971 für die Fristenlösung votierte, empfahl das interne Ärztekomitee eine erweiterte Indikationenlösung.[46] Hierbei sollte ein Arzt neben einer möglichen medizinischen, kriminologischen oder eugenischen Indikation auch das Alter der Frau, ihre finanzielle und psychologische Situation, die Anzahl der Kinder und das Umfeld, in dem das neue Kind aufwachsen würde, in Betracht ziehen.[47] Ähnlich wie in den USA sollte auch hier nicht die Frau, sondern ihr Arzt die Entscheidung treffen. So zeigen die Debatten um die Legalisierung der Abtreibung in den 1960er Jahren, dass Juristen beziehungsweise Mediziner als Experten die Reformen angestoßen hatten. Dies taten sie jedoch nicht in dem Interesse, das Entscheidungsrecht der Frau über ihren Körper auszudehnen. Stattdessen imaginierten sie sich selbst als Entscheider. Dennoch gaben sie so den Anstoß für die Etablierung der Reproduktion als eines eigenständigen Themas auf der politischen Agenda. Auf dieser Grundlage entwickelte sich in der folgenden Dekade im Kontext der zweiten Welle der Frauenbewegung eine gesellschaftliche Debatte über die Festschreibung reproduktiver Rechte.

4. Umstrittener Expertenstatus: Bernard Nathanson und die Anti-Abtreibungsbewegung

Wie die Historikerin Rickie Solinger für die USA nachgewiesen hat, war es die Frauenbewegung, die als Erste legale Abtreibung als Recht der Frau über ihren eigenen Körper begriff.[48] So stellte etwa die National Organization for Women (NOW) auf ihrer Jahrestagung 1968 explizit die Forderung nach einer Legalisierung.[49] Die zweite Welle der Frauenbewegung in der Bundesrepublik entstand im Kontext der Studentenbewegung und setzte sich zunächst für Kinderbetreuung und politischen Aktivismus in der Kinderladenbewegung ein.[50] Im Juni 1971

43 Vgl. Hans Harmsen, Brief an Heinrich Ackermann (29.1.1968), 3, in: Pro Familia Verbandsarchiv Ordner »Prof. Harmsen 1964«.

44 Diese suchten eine Annäherung an konservative Gynäkologenverbände, vgl. ders., Brief an Heinrich Ackermann (15.1.1968), in: Ebd.

45 N.N.: Protokoll der Pro Familia Vorstandssitzung 19./20.3.1971, in: BArch N 1336/859.

46 Vgl. N.N., Protokoll der Mitgliederversammlung 1971 in Saarbrücken, in: Ebd.

47 Vgl. Ulrich Wolff, Alternativentwurf Pro Familia Landesverband Berlin (21.10.1970), in: BArch N 1336/271.

48 Vgl. Solinger, Pregnancy and Power (wie Anm. 27), S. 181.

49 Vgl. National Organization for Women Records, 1959–2002; National NOW Conference Resolutions on Reproductive Rights 1969–1977 (30.4.1978). MC 496, Akte 87.1, Schlesinger Library, Radcliffe Institute, Harvard University, Cambridge, Mass.

50 Vgl. Dagmar Herzog, Die Politisierung der Lust. Sexualität in der deutschen Geschichte des 20. Jahrhunderts, München 2005, S. 199.

machte die Journalistin Alice Schwarzer durch die »Wir haben abgetrieben….«-Kampagne in der Wochenzeitschrift »Stern« die Abtreibungsfrage zu einem zentralen Anliegen der Frauenbewegung. Darin bekannten sich Frauen nach französischem Vorbild zu ihren illegalen Abtreibungen und forderten Zugang zu legalem, sicherem Schwangerschaftsabbruch sowie verbesserte Sexualaufklärung und Verhütungsmittel, da sie nur »Wunschkinder« bekommen wollten.[51] Während hier das Recht auf legale Abtreibung durch Argumente der medizinischen Notwendigkeit und des Kindeswohls gestützt wurden, definierten Frauen in der sozial-liberalen Regierungskoalition in ihren Reformvorschlägen 1973 die Entscheidung für eine Abtreibung als alleinige Angelegenheit der betroffenen Frau. So erklärte die Bundesministerin für Jugend, Frauen und Gesundheit Katharina Focke (SPD) 1973 während der ersten Beratung zur Reform des § 218 im deutschen Bundestag: »es wird durch die Reform des Strafgesetzes in seiner Auswirkung auf die persönliche Verantwortung und die *Gewissensentscheidung der Frauen, der Ärzte und anderer* an der Entscheidung *Beteiligter* größer geschrieben und stärker hervorgehoben als bisher.«[52] Focke selbst setzte sich für die Freigabe der Abtreibung in den ersten zwölf Schwangerschaftswochen nach vorheriger Pflichtberatung ein. Dieses Reformvorhaben sprach sowohl der betroffenen Frau wie auch dem behandelnden Arzt das Recht zu, über die Abtreibung zu entscheiden. Weiterhin sollten eine Beraterin und der Partner der Frau eingebunden werden.

In den Folgejahren wurden Fristen- und Indikationenlösungen kontrovers diskutiert. Letzterer Vorschlag, welcher nach dem Urteil des Bundesverfassungsgerichts von 1976 Gesetz wurde, sah vor, dass zunächst ein Mediziner eine Indikation feststellte und die Frau sich danach einer Konfliktberatung unterzog, bevor ein zweiter Mediziner die Indikation anerkannte und den Schwangerschaftsabbruch durchführte. Für alle Lösungen waren flankierende Maßnahmen wie Sexualaufklärung, Konfliktberatung und die Verbesserung der rechtlichen Stellung unehelicher Kinder zentral.[53] Fockes Bundesministerium finanzierte hierzu über die Bundeszentrale für gesundheitliche Aufklärung Modellberatungsstellen, die von Pro Familia, der Arbeiterwohlfahrt, konfessionellen Stellen, Krankenkassen und Gesundheitsämtern betrieben wurden. Auch sollten Ärzte durch das Ministerium fortgebildet werden, um so über ihr Kompetenzgebiet hinaus über sozialstaatliche Hilfen beraten zu können.[54]

Die Debatte um die Einführung flankierender Maßnahmen von 1966 bis 1979 fällt in die vierte Phase der »Verwissenschaftlichung des Sozialen« nach

51 Siehe N. N., Wir haben abgetrieben, in: Stern 24 (7.6.1971), S. 16–24.

52 Katharina Focke, Gesamtreform § 218 – Strafrechtsänderung und sozial ergänzende Maßnahmen, in: Herbert Wehner (Hg.), Frau Abgeordnete, Sie haben das Wort! Bundestagsreden sozialdemokratischer Parlamentarierinnen. 1949 bis 1979, Bonn 1980, S. 180 (Hervorhebung im Original).

53 Ebd.

54 Vgl. ebd., S. 185.

Lutz Raphael. Zentrales Merkmal dieser Phase ist die Durchsetzung medizinischer und psychologischer Deutungsmuster sozialer Phänomene; zugleich zeigten sich die Grenzen sozialstaatlicher Planbarkeit.[55] So stellten einerseits die 1960er und 1970er Jahre den Höhepunkt des expertengeleiteten Politikstils dar.[56] Andererseits hinterfragten ab 1968 die neuen sozialen Bewegungen die Autorität der (meist männlichen, weißen) Experten. Wirkmächtig waren besonders die von der Frauenbewegung aufgedeckten schwerwiegenden Nebenwirkungen hormoneller Verhütungsmittel. Als Resultat der öffentlichen Kritik wurden Beipackzettel für Medikamente eingeführt und »informed consent«, das Recht auf eine eingehende Beratung und Entscheidung der Patientinnen, durchgesetzt.[57] Feministische Gruppen, wie das Boston Women's Health Book Collective oder das Berliner Kollektiv Brot und Rosen gaben unabhängig voneinander Handbücher heraus, in denen Frauen medizinisches Wissen über Reproduktion zugänglich gemacht wurde.[58] Während die Autorität des Experten unterwandert wurde, sollten Frauen Zugang zu Expertenwissen erhalten und zu Expertinnen über ihre eigenen Körper werden.

Durch diesen Anspruch gerieten Feministinnen in Konflikte mit liberalen Ärzten, die ihren Sachforderungen zunächst zustimmten, sich aber in ihrer professionellen Autorität angegriffen fühlten. Der New Yorker Gynäkologe Bernard Nathanson war 1968 Mitgründer der National Association to Repeal Abortion Laws (NARAL), welche lokale Gruppen von Experten und Feministinnen zur Abschaffung des Abtreibungsverbots vereinte. 1970, nach der Freigabe der Abtreibung im Bundesstaat New York, wurde er der Leiter der größten Abtreibungsklinik in New York City. Als Vorstandsmitglied von NARAL verfasste Nathanson 1974 jedoch einen Leserbrief an das New England Journal of Medicine, in dem er Abtreibung als Tötung menschlichen Lebens darstellte. Ausgehend von dieser Prämisse beklagte er, dass Mediziner und Frauen, anders als Roe v. Wade es forderte, die Entscheidung für eine Abtreibung nicht gemeinsam träfen. Der Arzt sei »only the instrument of her decision, and has no special knowledge of the moral dilemma or the ethical agony involved in the decision.«[59] Er beklagte, dass die Entscheidung für eine Abtreibung »the most serious responsibility a woman can experience« sei und sie diese bisher allein treffen müsse.[60] Die einzige

55 Vgl. Raphael, Verwissenschaftlichung (wie Anm. 15), S. 177–178.

56 Vgl. Torben Lütjen, Vom »Gospel of Efficiency« zum »War of Ideas«, in: Archiv für Sozialgeschichte 50 (2010), S. 373–391, hier S. 383.

57 Vgl. Barbara Seaman, The Doctors' Case against the Pill, Alameda ²1995 (zuerst 1969), S. 13; s. auch Nancy Tomes, Remaking the American Patient. How Madison Avenue and Modern Medicine Turned Patients into Consumers, Chapel Hill 2016, S. 275.

58 Siehe das Boston Women's Health Book Collective: Our Bodies, Ourselves. A Book by and for Women, New York ²1973 (zuerst 1971); ebenso Autorenkollektiv Brot und Rosen, Frauenhandbuch Nr. 1, Berlin ²1974 (zuerst 1972).

59 Bernard Nathanson, Deeper into Abortion, in: New England Journal of Medicine 291 (23.11.1974), S. 1189–1190, hier S. 1189.

60 Ebd.

Qualifikation der Beraterinnen in Abtreibungskliniken sei oft, dass sie selbst mal eine Abtreibung hatten durchführen lassen. Stattdessen brauchten Kliniken einen »new kind of specialist,« der Kenntnisse der Psychologie, Geschichte, Stadtsoziologie, Medizin, Philosophie und Theologie in die Beratung mit einbrachte[61] – also jemand, der nicht nur die Frau an sich, sondern auch ihr Umfeld sowie moralische und medizin-ethische Fragen in die Entscheidung mit einbeziehen konnte.

Feministinnen innerhalb von NARAL, deren Anliegen es war, Schwangerschaftsabbrüche ohne Scham zu ermöglichen, interpretierten Nathansons Leserbrief als Versuch, bei Frauen Schuldgefühle hervorzurufen, indem er Embryos Personeneigenschaften zuschrieb.[62] In den darauffolgenden Monaten drängten sie Nathanson zum Rücktritt aus dem Vorstand von NARAL. Der Konflikt zwischen beiden Lagern bezog sich laut der Historikerin Johanna Schoen vor allem darauf, wer die moralische Legitimation habe, über eine Abtreibung zu entscheiden.[63] Laut Nathanson waren die Frauen selbst nicht dazu in der Lage. Stattdessen sollten Experten, wie er selbst, akademisches Wissen verschiedener Disziplinen als Ressourcen nutzen, um auch die Effekte der Abtreibung auf das Allgemeinwohl zu betrachten. Für die Feministinnen hingegen sollten Frauen ohne moralische Implikationen allein entscheiden können; das Wissen über die medizinische Prozedur und die rechtliche Lage wollten sie zur Verfügung stellen.

1979 schloss sich Nathanson dem National Right To Life Committee an, welches zum moderaten Teil der amerikanischen Anti-Abtreibungsbewegung zählte und versuchte, durch Einwirken auf politische Entscheidungsträger Abtreibungen gesetzlich einzuschränken.[64] 1984 produzierte er den Film »The Silent Scream«, der sowohl in den USA als auch in der Bundesrepublik im Fernsehen ausgestrahlt wurde.[65] Im ersten Teil zeigte der Film, dessen Ästhetik zwischen Horrorfilm und seriöser Dokumentation schwankte, eine Abtreibung per Ultraschall, im zweiten Teil Bilder zerstückelter Föten und trauernder Frauen als Opfer mafiöser Ärzte und Kliniken. Die bei Planned Parenthood angestellte Gynäkologin Louise Tyrer stellte als Sachverständige jedoch fest, dass der Film Modelle von Föten in der 18. Schwangerschaftswoche als Illustrationen für eine

61 Ebd.

62 Vgl. Anne Gaylor, Brief an NARAL Aufsichtsrat (19.12.1974), in: National Abortion Rights Action League Records, 1968–1976; Board of Director Mailings 1974–1975, MC 313, carton 1, Schlesinger Library, Radcliffe Institute, Harvard University, Cambridge, Mass.

63 Schoen, Abortion after Roe (wie Anm. 8), S. 132.

64 Vgl. Williams, Defenders (wie Anm. 7), S. 254.

65 Zur Ausstrahlung im US-amerikanischen Fernsehen s. N.N.: The Focus on Women Campaign (Press Release, ca. April 1985), in: National Abortion Rights Action League Additional records, 1967–2004; »Silent No More« Press Packet »Silent No More« Campaign, 1985MC 714, Akte 219.11, Schlesinger Library, Radcliffe Institute, Harvard University, Cambridge, Mass.; zur Ausstrahlung in der Bundesrepublik Deutschland, s. Renate Sadrozinski, Moralische Metamorphosen, in: Pro Familia Magazin: Sexualpädagogik und Familienplanung 1 (1986), S. 8–10, hier S. 8.

legale Abtreibung im ersten Schwangerschaftsdrittel zeigte und Abtreibungsmethoden falsch beschrieb.[66]

Das zentrale Argument des Films war, dass Frauen nicht selbstständig über eine Abtreibung entscheiden könnten, da ihnen Wissen über Embryonalentwicklung und die geschäftlichen Verstrickungen der sogenannten ›Abtreibungsindustrie‹ fehlen würden. Obwohl seine ›Fakten‹ zur Embryonalentwicklung, zu gesundheitlichen Risiken oder zu Verbindungen zwischen Abtreibungskliniken und der Mafia maßlos übertrieben waren, inszenierte Nathanson sich als kompetenter Experte.

Der Film beginnt mit einer Nahaufnahme seines Türschilds mit akademischem Titel. Nathanson selbst steht in seinem Büro, er trägt einen Anzug, später einen Kittel, wenn er Instrumente und plastische Modelle von Embryonen zeigt. Seine Kleidung, der Gebrauch eines Zeigestocks und die plastischen Modelle dienten dazu, den Arzt, der Mitglied des religiös-moralisch argumentierenden National Right to Life Committee war, als akademisch gebildeten, neutralen Experten zu inszenieren. Selbst das Ultraschallbild als zentrales Stilmittel des Films wird für Laien erst durch die Interpretation des Experten lesbar. Jedoch zeigt die Sprache Nathansons, dass der Film keine neutrale Darstellung einer medizinischen Prozedur war. Einen zwölf Wochen alten Embryo bezeichnete er etwa als »little person« und beschrieb ihn als »a fully formed, absolutely identifiable human being […] indistinguishable in every way from any of us.«[67] Auch bezeichnete er sowohl Frauen als auch Föten als »victims« und Kliniken als »industries«, um deren Profitgier zu betonen. Hier eignete sich Nathanson die Sprache der Anti-Abtreibungsbewegung an, gleichzeitig nutzt er Begriffe der neuen sozialen Bewegungen, etwa wenn er »informed consent« für die schwangeren Frauen forderte.[68]

NARAL versuchte, die Aussagen des Films durch Fakten und öffentliche Statements von Frauen, die sich bewusst für eine Abtreibung entschieden hatten, zu widerlegen.[69] Derweil nutzten Abtreibungsgegner den Film, um die Entscheidung der einzelnen Frau zu beeinflussen. Da anders als in der Bundesrepublik in den USA mit der Freigabe des Schwangerschaftsabbruchs zunächst keine flankierenden Maßnahmen vorgesehen waren, richteten Abtreibungsgegner sogenannte Crisis Pregnancy Centers ein, die Beratung und Hilfsangebote über-

66 Vgl. Louise B. Tyrer, Expert Panel Critique of the Film »The Silent Scream« (Feb. 1985), in: National Abortion Rights Action League Additional records, 1967–2004; »Silent No More« Campaign Letters, May 21, 1985. MC 714, Akte 230.1.

67 Die Frauenrechtsorganisation NOW hat den Film von einem professionellen Schreibbüro transkribieren lassen, s. National Organization for Women Records, 1959–2002; Transcript »The Silent Scream with Dr. Bernard Nathanson«, 1985. MC 496, Akte 80.69, Schlesinger Library, Radcliffe Institute, Harvard University, Cambridge, Mass., S. 4.

68 Ebd., S. 12 f.

69 Vgl. N. N.: The Focus on Women Campaign (Press Release, ca. April 1985), in: National Abortion Rights Action League Additional records, 1967–2004; »Silent No More« Press Packet »Silent No More« Campaign, 1985MC 714, Akte 219.11.

nahmen. Basierend auf einem Konzept der katholischen Pearsons Foundation von 1979 boten die Beratungsstellen kostenlose Schwangerschaftstests an.[70] Kam eine Frau zu einem Schwangerschaftstest, wurde ihr in der Wartezeit »The Silent Scream« oder ähnliches gezeigt. In der folgenden Beratung wurde sie auf emotionale Weise vor medizinischen Komplikationen des Eingriffs gewarnt, über Alternativen zur Abtreibung und finanzielle Hilfen informiert. Obwohl Nathanson und die Anti-Abtreibungsbewegung behaupteten, Frauen seien nicht in der Lage, selbstständig über eine Abtreibung zu entscheiden, versuchten sie dennoch frühzeitig in den Entscheidungsprozess einzugreifen. Damit bestätigten sie indirekt, dass Frauen selbst die Entscheiderinnen waren.

5. Expert(inn)en in der Entscheidung zur Abtreibung: Die Familienberatung der Pro Familia

In der Bundesrepublik wurde 1974 mit der Reform des § 218 eine Beratungspflicht eingeführt. Die Bundeszentrale für gesundheitliche Aufklärung finanzierte einen Modellversuch mit 50 Beratungsstellen, an dem sich Pro Familia beteiligte.[71] Eine Pro Familia Pressemitteilung erklärte dazu, dass man den Schwangerschaftsabbruch als »ein[en] Ausweg in Notsituationen [begreift], wenn eine Familienplanungsberatung und -Information nicht hat stattfinden oder befolgt werden können oder wenn eine angewandte Methode versagt hat. In einer solchen Notsituation berät PRO FAMILIA über alle Aspekte der Abtreibung, um eine reifliche Überlegung zur Grundlage der eigenen freien Entscheidung werden zu lassen.«[72] Pro Familia verstand folglich die Beratung als neutrale Instanz zur Vermittlung von Informationen zum selbstständigen Entscheiden.

Durch die Konfliktberatung stieg die Zahl der Pro Familia Beratungsstellen von 25 im Jahre 1969 auf 136 im Jahre 1979.[73] Die Mehrheit des neu eingestellten Personals war psychologisch, soziologisch oder sozialpädagogisch geschult und begriff die eigene Tätigkeit als soziales und politisches Engagement. So berichteten zwei im Familienplanungszentrum Hamburg angestellte Ärzte, sie würden dort arbeiten, damit »Frauen endlich unter guten menschlichen Bedingungen einen Schwangerschaftsabbruch haben können« beziehungsweise weil sie »Me-

70 Vgl. Robert J. Pearson, How to Start and Operate your own Pro-Life Outreach Crisis Pregnancy Center (1979), in: National Organization for Women Records, 1959–2002; MC 496, Akte 77.16, Schlesinger Library, Radcliffe Institute, Harvard University, Cambridge, Mass.

71 Vgl. Bundeszentrale für gesundheitliche Aufklärung, Schwerpunktprogramm Familienplanung von 1973 bis 1977: Zielsetzungen für 1974, in: BArch B 310/10.

72 Pro Familia, Verhüten ist immer noch besser als abtreiben (Erklärung der Bundesarbeitstagung 1974, 14.5.1974), in: BArch N 1336/604.

73 Vgl. Adrian Gaertner, Hermann Müller, Birgit Kothe, Gutachten über die Entwicklung eines Baukastensystems für die Fort- und Weiterbildung der PRO FAMILIA (Kassel, Okt. 1981), in: BArch N 1336/871, S. 19.

dizin machen [wollten], die die Patientin in ihren Gefühlen und Entscheidungen ernst nimmt.«[74]

Besonders die Einrichtung der Familienplanungszentren in Bremen 1980 und Hamburg 1982, die nach dem Vorbild niederländischer Kliniken Beratung und ambulante Abbrüche unter einem Dach anboten, verweist auf einen Konflikt zwischen Medizinern und Pro Familia. Der Soziologe Gerhard Amendt, der als Vorsitzender des Landesverbands Bremen diese Innovation durchgesetzt hatte, erklärte in der Zeitschrift »konkret« 1982, »der Gynäkologenstuhl [sei] an die Stelle des Beichtstuhls getreten,« da Ärzte mit der Reform des § 218 das Recht zugesprochen bekommen hätten, über die Reproduktionsfähigkeit einer Frau zu entscheiden.[75] Klinikpersonal in Krankenhäusern verurteile Frauen für einen Schwangerschaftsabbruch weiterhin moralisch.

Die Beratungsstelle Hamburg betonte daher in ihrem Jahresbericht 1982, das Ziel der Einrichtung sei es, »die verbreitete Trennung in ›gute‹ Frauen, die eine Schwangerschaft austragen, und ›schlechte‹ Frauen, die eine Schwangerschaft abbrechen lassen, auf[zu]heben.«[76] Deswegen seien die Frauen in der Beratung auch erleichtert, so eine in der Klinik tätige Psychologin, »wenn sie spüren, daß sie bei uns mit ihrer Entscheidung für oder gegen eine Schwangerschaft respektiert werden.«[77]

Laut dem Jahresbericht seien die Frauen, die wegen ungewollter Schwangerschaft in die Beratung kamen, oft »in einer verzweifelten sozialen Lage durch eigene Arbeitslosigkeit oder die des Mannes«.[78] In einem typischen Beratungsgespräch kläre die Beraterin über die rechtliche Situation und mögliche finanzielle Hilfen zur Fortsetzung der Schwangerschaft auf. Danach stelle die Beraterin einen Beratungsschein aus und erkläre die medizinische Prozedur, bevor ein Arzt über die medizinischen Risiken aufkläre.[79] Einer externen Evaluation der Modellberatung im Jahr 1979 zufolge gaben in einer nicht repräsentativen Umfrage Beraterinnen an, dass 70 Prozent der Frauen die eigentliche Entscheidung für eine Abtreibung schon vor dem ersten Kontakt mit der Beratungsstelle getroffen hatten.[80] Die Befragten begriffen ihre eigene Expertise nur in seltenen Fällen tatsächlich als Ressourcen des Entscheidens. Meist diente ihre Beratung zur Umsetzung eines schon gefällten Entschlusses. Dennoch trieben sowohl Gesetzgeber als auch zivilgesellschaftliche Akteure die Einrichtung von Konflikt-

74 N. N., Familienplanungszentrum Hamburg Erfahrungsbericht 82, in: BArch N 1336/757, S. 26.

75 Vgl. Zeitschriftenausschnitt: Gerhard Amendt: Vom Beicht- zum Gynäkologenstuhl, in: Konkret (ohne Datum ca. 1982), S. 78, in: BArch N 1336/605.

76 N. N., Familienplanungszentrum Hamburg Erfahrungsbericht 82, in: BArch N 1336/757, S. 3.

77 Ebd., S. 28.

78 Ebd., S. 12.

79 Ebd. Anhang 1, S. II.

80 Pro Familia selbst führt keine Akten über die Beratungsgespräche. Die Daten müssen daher von den Beraterinnen geschätzt worden sein, vgl. Nürnberger Zentrum für Angewandte Psychologie, Modellprogramm »Beratungsstellen« – § 218/Klientenbefragung 1979, Tischvorlage (17.7.1980), in: BArch N 1336/704, S. 15.

beratungsstellen voran, da diese von einem Nutzen der Beratung zur Senkung der Abtreibungszahlen ausgingen.

6. Fazit

Die Legalisierung der Abtreibung und die Einführung der Schwangerschaftskonfliktberatung gingen mit einer Aushandlung der Rolle von Experten und Expertise in Reproduktionsentscheidungen einher. Juristische und medizinische Experten bewirkten mit ihren Forderungen nach einer Reform der Abtreibungsverbote in den frühen 1960er Jahren, dass Reproduktion zu einem wichtigen Thema in der politischen Agenda zahlreicher Länder wurde. Indem sie eine Liberalisierung der Gesetzgebung, aber keine Freigabe der Abtreibung forderten, schrieben sie sich selbst die Rolle des Entscheiders zu. Gerichtsurteile, welche die Abtreibung als Entscheidung zwischen Arzt und Frau oder als Ausweg aus einer Notlage bei bestimmten Indikationen definierten, manifestieren dieses Rollenbild. Das Aufteilen des reproduktiven Entscheidens zwischen Frau und Arzt hatte – so die damals vorherrschende Sicht – den Vorteil, dass der Experte auf größere Wissensbestände zurückgreifen konnte, selbst nicht betroffen war und über das Individuum hinaus auf die gesellschaftlichen Konsequenzen einer Entscheidung blicken konnte. Die Regelungen fanden in einem kulturellen Kontext statt, der Expertise als notwendige Ressource des rationalen und objektiven, mithin auch legitimen Entscheidens begriff. Das Involvieren von Experten versprach folglich bessere, da rationale Entscheidungen. Diese Bedeutung von Expertise wurde jedoch seit Beginn der 1970er Jahre unter anderem durch die Frauenbewegung in Frage gestellt.

Während Befürworter einer Konfliktberatung Experten als weitsichtig und objektiv begriffen, zeigte die Praxis, dass Berater und Ärzte eigene moralische Vorstellungen in die Beratung mitbrachten. Die Einführung der Konfliktberatung fand in sich im Umbruch befindlichen Entscheidungskulturen statt, die zwischen den Ressourcen Wissen und Objektivität, verkörpert durch den Experten, subjektiver Erfahrung, verkörpert durch die betroffene Frau, und religiös-moralischen Argumenten der Abtreibungsgegner oszillierten. Sowohl die Umformung der westdeutschen Beratung von einer Entscheidungshilfe zu einer Durchführungshilfe als auch die amerikanische Beratung zur Verhinderung der Abtreibung deuten auf einen Wandel der Stellung des Experten im Konflikt zwischen Gesetzgeber, rechtlichen Instanzen und tatsächlichen Akteuren hin. Letztendlich erfüllte der Experte in beiden Ländern nicht die Rolle des Entscheiders, die rechtliche Regelungen ihm zugeschrieben hatten. Aufgrund feministischer Forderungen und der Aktionen der Anti-Abtreibungsbewegung gerieten Experten ab Mitte der 1970er Jahre unter Druck und ihre Beratung wurde zum Instrument zur Durchführung oder Verhinderung einer getroffenen Entscheidung. Auch wenn die Anti-Abtreibungsbewegung ihre Entscheidungsfähigkeit negierte, war letztlich die betroffene Frau die alleinige Entscheiderin.

Information und Planung in formalen Entscheidungsverfahren

Constanze Sieger und Felix Gräfenberg

Information als Ressource des Entscheidens in der Moderne (1780–1930)

Entwicklungen und Konstellationen in preußischen Zentralbehörden und westfälischen Lokalverwaltungen

1. Einleitung

Preußen, Information und Entscheiden – diese drei Begriffe bilden die Klammer des nachfolgenden Aufsatzes, der zwei unterschiedliche Perspektiven auf diese Gegenstände aus zwei verschiedenen Projekten des SFB 1150 »Kulturen des Entscheidens« in sich vereint. Die eine Perspektive widmet sich dem Zusammenhang von Information und Entscheiden innerhalb der preußischen Verwaltung bezüglich des entstehenden Chausseewesens als eines eigenen Politikfelds im Zeitraum von 1787 bis 1875. Die andere befasst sich mit Information als Ressource des Entscheidens innerhalb der Lokalverwaltung der Provinz Westfalen in der Zeit von 1856 bis 1933. Damit orientieren sich die beiden Betrachtungszeiträume nicht an den politischen Systemwechseln, sondern folgen entsprechend der jeweiligen Fragestellung eigenen Zäsuren. Die Betrachtung des Chausseewesens beschränkt sich auf den Zeitraum, in dem dieser im Rahmen eines staatlichen Politikfelds behandelt wurde.[1] Die untersuchten westfälischen Landgemeinden erhielten 1856 eine Verwaltungsform, welche auch in der Weimarer Republik im Wesentlichen ihre Gültigkeit behielt.[2]

Knüpfen die beiden Untersuchungen zeitlich aneinander an, so behandeln sie hinsichtlich der Verwaltungs- und Politikebene diametral entgegengesetzte, bezüglich der Beobachterperspektive somit ergänzende Felder: Die Betrachtung der ›zentralen‹ oberen Politikinstanzen (vornehmlich auf der Ebene der Ministerien und ihrer Abteilungen sowie des preußischen Königs selbst) auf der einen Seite – Amtmann, Gemeindeverordnete und westfälische Dorfbevölkerung auf

1 Vgl. dazu Uwe Müller, Infrastrukturpolitik in der Industrialisierung. Der Chausseebau in der preußischen Provinz Sachsen und dem Herzogtum Braunschweig vom Ende des 18. Jahrhunderts bis in die siebziger Jahre des 19. Jahrhunderts, Berlin 2000.

2 Vgl. Landgemeindeordnung für die Provinz Westfalen v. 19.03.1856, in: Gesetzsammlung für die Königlich-Preußischen Staaten 1856, S. 265–292. In der Weimarer Republik wurde allerdings das männlichen Einwohnern vorbehaltene Dreiklassenwahlrecht abgeschafft, welches durch ein geheimes und allgemeines Verhältniswahlrecht ersetzt wurde, vgl. Verordnung über die anderweite Regelung des Gemeindewahlrechts v. 24.01.1919, in: Gesetzsammlung für die Königlich-Preußischen Staaten 1919, S. 13–14.

der anderen. Dementsprechend betrachten die beiden Analysen Information als Ressource des Entscheidens aus verschiedenen Perspektiven. Während hinsichtlich des Chausseewesens die Frage virulent ist, *wie* und *woher* die Zentralinstanzen an Informationen gelangen, welche (formalen) Anforderungen sie an diese stellten und auf welche Art und Weise sie verarbeitet wurden, ist auf der untersten Ebene des Amtes – als entscheidendes und ausführendes Organ der Verwaltung – die Betrachtung der verschiedenen Funktionen von Informationen im Zusammenspiel von übergeordneten Behörden, Dorfbevölkerung, Amtmann und Gemeindeverordneten von Bedeutung.

Das Ziel dieses Aufsatzes ist es, zu zeigen, auf wie unterschiedliche Weise Informationen in den Prozess des Entscheidens eingebunden wurden und wie sie diesen beeinflussten. Ob sich aus der Zusammenschau der beiden Beispiele auch Zäsuren und Kontinuitäten ablesen lassen, wird am Ende des Beitrags diskutiert werden. Beide Untersuchungen basieren auf denselben Grundannahmen bezüglich der Auffassung von Information. Information wird als ein relationaler Begriff verwendet, das heißt, es gelten diejenigen Repräsentationen der Welt als Information, die in einem kommunikativen Akt als neu hinzukommende, aktuelle und veränderbare Wissensmengen markiert werden. Wann, wie, warum und von wem etwas als Information bezeichnet wird, ist somit kontextabhängig und historisch wandelbar.[3] Dabei wird nicht davon ausgegangen, dass Informationen eins zu eins aufgenommen werden, sondern dass ihnen bei der Weiterverarbeitung ein kontextspezifischer Sinn zugeschrieben wird. Dieser Sinn kann von Akteuren (vor allem vom Empfänger) als je eigene Interpretation gedeutet werden. Mit Blick auf Organisationen und Institutionen können Informationen durch eine systemspezifische Einbettung (beispielsweise durch Verfahren) eine Verarbeitung erfahren.[4]

3 Vgl. zur Auffassung von Information als »Repräsentationen«: Arndt Brendecke u. a., Information als Kategorie historischer Forschung. Heuristik, Etymologie und Abgrenzung vom Wissensbegriff, in: Dies. (Hg.), Information in der Frühen Neuzeit. Status, Bestände, Strategien, Berlin 2008, S. 11–44, hier S. 16. Zum Stellenwert der »Neuheit«: Matthias Pohlig, Marlboroughs Geheimnis. Strukturen und Funktionen der Informationsgewinnung im Spanischen Erbfolgekrieg, Köln 2016, S. 35. Hier findet sich auch ein Überblick über den Forschungsstand zum Begriff der Information aus historischer Perspektive, vgl. ebd., S. 32–38. Information ist somit unserer Auffassung nach immer in einen kommunikativen Zusammenhang eingelassen: Sei es als Funktionsbeziehung – also wie Brendecke u. a. es beschreiben »auf eine Aufgabe hin« – oder aber als kommunikativer Akt zwischen zwei Akteuren im Sinne einer Mitteilung. Die »Dinge an sich« sind noch keine Information, sondern werden erst durch eine kommunikative Verarbeitung als solche bezeichnet. Oder systemtheoretisch gesprochen: »Information ist eine Differenz, die für einen Beobachter einen Unterschied macht. Damit Information mitgeteilt werden kann, muss sie codiert, das heisst seitens des Senders selegiert werden.« Daniel Dedeyan, Die richterliche Entscheidung. Eine Informationstheorie des Prozessrechts, in: Rainer Maria Kiesow / Dieter Simon, (Hg.), Vorzimmer des Rechts, Frankfurt a. M. 2006, S. 49–87, hier S. 69.

4 Vgl. dazu Pohlig, Marlboroughs Geheimnis (wie Anm. 3), S. 37 f. Allerdings verbindet Pohlig diese Feststellung viel stärker mit dem Kommunikationsbegriff. Zur grundsätzlichen

Dieser Vorgang der Weiterverarbeitung und Sinnstiftung beinhaltet – so die Ausgangsthese dieses Beitrags – insofern eine Affinität zum eigentlichen Vorgang des Entscheidens, als die Auswahl, Darstellung und Deutung von Informationen schon Entscheidungen präjudizieren oder gar Vor-Entscheidungen darstellen können.[5] Explikationen zum Wechselverhältnis von Information und Entscheiden sowie zum Verfahren der Selektion, Markierung und Weiterverarbeitung von Informationen werden anhand der konkreten Beispiele vorgenommen.

2. Informationen und Entscheiden im Preußischen Chausseewesen

Zwischen den Jahren 1786/7 und 1875 lagen maßgebliche Entscheidenskompetenzen bezüglich des Chausseewesens beim Staat – in Abgrenzung etwa zu den Provinzen, Bezirken und Kreisen. Diese stellten zwar auch Ebenen öffentlicher Politik und Verwaltung dar, aber gehörten dem zeitgenössischen Verständnis nach nicht zum Staat, sondern standen diesem als regionale oder lokale Akteure gewissermaßen gegenüber. Nichtsdestotrotz waren diese öffentlichen Körperschaften dem Staat untergeordnet und weisungsgebunden. Da wesentliche organisatorische Verantwortungen bezüglich des Chausseewesens auf regionaler Ebene lagen, lohnt es sich gerade dieses komplexe, sich mit der Zeit wandelnde Verhältnis im Chausseewesen zu beobachten.

Hierbei geht es darum, die vorgelagerten Entstehungskontexte in Politik und Verwaltung jenseits der größeren Entwicklungslinien und Zäsuren in den Bereichen Politik, Gesellschaft und Wirtschaft, insbesondere hinsichtlich des Umgangs mit Informationen innerhalb der Strukturen des Preußischen Flächenstaates zu untersuchen. Es geht dabei dementsprechend gerade nicht um die rechtliche Dichotomie von staatlichen und nicht-staatlichen Chausseen,[6] sondern den in der Praxis durchaus variablen Umgang mit Informationen innerhalb des jeweiligen Projekts, bei denen im konkreten Fall die rechtlichen Rahmenbedingungen gerade zu Beginn oft nicht klar waren. Stattdessen spielte

Frage der Weiterverarbeitung siehe auch: Lars Behrisch, Zu viele Informationen! Die Aggregierung des Wissens in der Frühen Neuzeit, in: Brendecke, Information (wie Anm. 3), S. 455–473 sowie Peter Becker, Beschreiben, Klassifizieren, Verarbeiten. Zur Bevölkerungsbeschreibung aus kulturwissenschaftlicher Sicht, in: Ebd., S. 393–422.

5 Vgl. Dedeyan, Die richterliche Entscheidung (wie Anm. 3), S. 69–75.

6 Zur rechtlichen Situation: Jürgen Salzwedel, Wege, Straßen und Wasserwege, in: Kurt G. A. Jeserich u. a. (Hg.), Deutsche Verwaltungsgeschichte, Bd. 2: Vom Reichsdeputationshauptschluß bis zur Auflösung des Deutschen Bundes, Stuttgart 1983, S. 199–226; Uwe Müller, Der preußische Kreischausseebau zwischen kommunaler Selbstverwaltung und staatlicher Regulierung (1830–1880), in: Jahrbuch für Wirtschaftsgeschichte (1999), Nr. 1, S. 11–33; Müller, Infrastrukturpolitik (wie Anm. 1), insbesondere in Kapitel I; früh befasste sich damit: Rudi Gador, Die Entwicklung des Straßenbaus in Preußen 1815–1875 unter besonderer Berücksichtigung des Aktienstraßenbaus, Martinsgrund 1966.

hier das Verhältnis von staatlicher, regionaler und lokaler Ebene eine besondere Rolle: Während nämlich der Staat maßgebliche Entscheidungen traf und treffen musste, mussten Informationen an Ort und Stelle gesammelt, zusammengetragen und für den weiteren Gebrauch stilisiert werden.[7] Somit lagen auf untergeordneter Ebene – so die Vorannahme – vor-entscheidende Interpretationskompetenzen. Im Zentrum dieser Untersuchung steht nun die Frage nach dem Umgang mit dem so gearteten Einfluss der Regionen auf die staatliche Politikgestaltung. Dies umfasst einerseits die Wahrnehmung und Problematisierung dieser vorentscheidenden Interpretationsleistungen sowie die Reaktion auf diese seitens des Zentralstaats, andererseits die (bewusste) Nutzung dieser Mit-Gestaltungsmöglichkeit seitens lokaler und regionaler Akteure.

2.1 Standardisierung von Information durch Allgemeine Reglements

1786/7 entstanden im Herzogtum Magdeburg die ersten Chausseen der gesamten Preußischen Monarchie; nur wenig später folgten Chausseebauten in der Kurmark und mit der Zeit auch in weiteren Landesteilen. Der Wechsel auf dem Preußischen Thron im Jahre 1786 nach dem Tod Friedrichs II., dem der Ruf einer grundsätzlichen Abneigung gegenüber Kunststraßen anhing, wird somit verständlicherweise als Beginn des Chausseewesens in Preußen angesehen.[8]

Allerdings hatte bereits am 21. Dezember 1768 Friedrich II. in einem Rescript die Kriegs- und Domänenkammer in Magdeburg aufgefordert, einen Kostenvoranschlag für den Bau einer Chaussee auf der Route zwischen Magdeburg und Calbe auf der Straße nach Leipzig zu erstellen.[9] Ein erster Anschlag wurde samt dazugehörenden Zeichnungen nach längerer Prüfung am 22. April 1771 – also nach über zwei Jahren – seitens der Oberbaudeputation in Berlin als nicht »im mindesten solide und accurat« beurteilt,[10] woraufhin der Anschlag abgelehnt

7 Dies lag einerseits in der Natur der Sache, da Bauvorhaben örtliche Gegebenheiten, etwa der Topographie, berücksichtigen mussten, wurde andererseits aber auch noch dadurch verstärkt, dass das Straßenwesen traditionell im Verantwortungsbereich der Landesteile lag.

8 Zu den Anfängen des preußischen Chausseebaus maßgeblich: Herbert Liman, Preußischer Chausseebau. Meilensteine in Berlin, Berlin 1993. Gerade während der Liberalisierung im 19. Jahrhundert wurden aber auch gewerbepolitische Gründe unterstellt. So polemisiert Christian Beuth in seiner Funktion als Vorsitzender des Vereins zur Beförderung des Gewerbefleißes in Preußen: »Die Alte Maxime, daß unbefahrbare Straßen eine Wohltat seien, nützlich für die Landesverteidigung, und, weil sie den Verkehr im Lande aufhielten, Stellmacher und Gastwirthe bereicherten, hatte beßerer Einsicht weichen müssen«, in Christian Beuth, Vorwort des Herrn Vorsitzenden des Vereins, zu: Ueber die Fortschritte des Chausseebaues im preußischen Staat während der Jahre 1816 bis 1829 einschließlich. Von dem Geheimen Rechnungsrath Herrn Horstmann, in: Verhandlungen des Vereins zur Beförderung des Gewerbefleißes in Preußen 9 (1830), S. 242 f., hier S. 242.

9 Landesarchiv Sachsen-Anhalt (LASA), A8, Nr. 137, fol. 1.

10 Ebd., fol. 13 f.

und ein neuer, »pertinente[r] Anschlag« durch einen »andern[,] geschulteren Bau-Bedienten« angefordert wurde.[11] Allein die Bereitstellung der für die Entscheidung als notwendig erachtete Information über die zu erwartenden Kosten des Baus genügte somit nicht, um eine Entscheidung für oder wider den Bau herbeizuführen. Vielmehr wurden Grundlagendaten zu den örtlichen Gegebenheiten in verschiedener Form erwartet, die die eigentlich relevante Information begründen und für verständiges Personal überprüfbar machen sollten. So bemängelte die Oberbaudeputation einerseits die Längenmaße und angefertigten Risse, andererseits erachtete sie die veranschlagten Preise und Tagelöhne als übertrieben. Da allerdings auf Grundlage des Anschlags für die Oberbaudeputation nicht ersichtlich war, ob die erhobenen Grundlagendaten oder die Rechnungen und somit die Ergebnisse fehlerhaft waren, war eine Nachberechnung des Anschlags in der Zentralbehörde nicht machbar. Diese kritische Überprüfung der Informationen aus den Regionen durch die zentralstaatlichen Behörden stellte wohl weniger ein Instrument dar, um die Gefahr möglicher Einflussnahme auf staatliche Entscheidungen zu bannen, sondern diente vielmehr dem Zweck, Staatsausgaben zu rationalisieren und somit zu legitimieren. Wenn die politischen Entscheider letztendlich entschieden, reichte ihnen sicherlich die Information über die Anschlagskosten, stellte doch staatliches Entscheiden im Kern ein Entscheiden über Budgetierung dar. Dennoch oder vielmehr gerade deshalb musste aber Sicherheit darüber herrschen, dass die zur Disposition stehende Summe auch wirklich dem bei der Umsetzung des Projekts erforderlichen Betrag entsprach. Vor diesem Hintergrund waren die zentralen Behörden auf sowohl arithmetisch verdichtete als auch konsistente Informationen aus den Regionen angewiesen.

So wurde am 28. Mai desselben Jahres der Baurat Matthias Stegemann mit der Anfertigung eines neuen Kostenvoranschlags seitens der Kriegs- und Domänenkammer betraut.[12] Entgegen den Erwartungen der Spitzen von Politik und Verwaltung im Herzogtum, die davon ausgingen, dass die Fertigstellung rasch zu erledigen sei, zog sich der Prozess in die Länge. Nach mehrmaligen Erinnerungen bat Anfang 1773, also wiederum eineinhalb Jahre später, schließlich Stegemann um weiteren Aufschub. Er begründete dies damit, dass – insbesondere nach dem Gutachten der Oberbaudeputation – eine »local recherche« notwendig sei, aber aufgrund anderer dienstlicher Verpflichtungen die Anschlagsfertigung noch ausstände.[13] Hierbei offenbart sich ein Problem bei der Informationsgenerierung, das schon beim ersten Anschlag anklang: Der Staat brauchte, um eine Entscheidung treffen zu können, nach gewissen Standards formal stilisierte Informationen, deren Generierung technisch anspruchsvoll war. Hierfür war ebenso wie für deren Nachvollzug speziell geschultes Personal notwendig. Während auf der Ebene des Zentralstaats mit der Oberbaudeputation dieses in Form einer spezialisierten Behörde vorhanden war, zeigte sich auf Ebene des Herzogtums

11 Ebd., fol. 12.
12 Ebd., fol. 15.
13 Ebd., fol. 17.

in diesem Bereich ein eklatanter Mangel. So war das nominell dafür zuständige Personal hier nicht in der Lage oder komplett überlastet.

Statt der weiteren Planung der projektierten Chaussee wurden ab 1771, also dem Jahr der Feststellung sowohl der Mangelhaftigkeit des ersten Anschlags als auch der unzureichenden Ausbildung und/oder Fertigkeiten des zuständigen Personals, Instruktionen für Feldmesser in unterschiedlichen preußischen Landesteilen ausgearbeitet. Eine der ersten war diejenige für das Herzogtum Magdeburg, woran besagter Stegemann maßgeblichen Anteil hatte.[14] Zudem starteten zeitgleich etwa im Saale-Kreis umfangreiche Landvermessungen.[15] Auch wenn aus den Quellen kein direkter Bezug zwischen Chausseebau und Landvermessungsprogramm inklusive der dazugehörenden Reglements ersichtlich ist, so sprechen doch zeitliche und inhaltliche Verknüpfungen zumindest für einen mittelbar kausalen Zusammenhang zwischen ihnen.[16] Staat und Provinz konzentrierten sich somit zunächst darauf, Standards für die Generierung und Darstellung von Informationen zu schaffen. In der Art und Weise wie diese Reglements für Landvermesser und Ingenieure erarbeitet und verfasst wurden, offenbart sich das zugrundeliegende Verständnis von Informationsbeschaffung und -darstellung: Die Erstellung der für die Anschläge notwendigen Grundlagendaten zu den topographischen Gegebenheiten an Ort und Stelle wurde nicht als (individuelle) Interpretationsleistung, und somit als Darstellungsentscheidung, verstanden, sondern sie stellte im Bewusstsein der Zeitgenossen eine für geschultes Personal auf Grundlage allgemeingültiger, wissenschaftlicher Kriterien ableitbare Transformationsleistung dar, auf Grundlage derer wiederum die verdichteten Informationen zu Streckenlänge und -führung sowie deren Kosten ableitbar wären.

Als 1786 mit dem Wechsel auf dem Preußischen Thron und der Berufung des Grafen von Schulenburg-Blumberg zum Etats-Minister für das Herzogtum Magdeburg der Chausseebau im Magdeburgischen wieder auf die politische Agenda kam, waren somit wesentliche Fragen bezüglich der Informationsbeschaffung und -darstellung geklärt. Allerdings fehlte es in Preußen mangels Erfahrung zum einen an konkretem Wissen darüber, wie Chausseen eigentlich gebaut werden sollten, und zum anderen an entsprechendem Personal. Um ein erneutes Scheitern des Projekts aufgrund von Problemen in der Planungsphase möglichst zu vermeiden, sollten diese Probleme schon im Voraus aus dem Weg geschafft

14 LASA, A8, Nr. 108.

15 LASA, A8, Nr. 137, fol. 17. Hieraufwurde bei der Planung der ersten Chausseen tatsächlich auch früh, nämlich bereits im Januar 1787, Bezug genommen. Siehe: LASA, A7, Nr. 16, fol 17.

16 Tatsächlich kamen die ersten Impulse, staatlicherseits kartografische Projekte in Preußen zu unterstützen, ab 1771 aus Magdeburg. Vgl. Wolfgang Torge, Geschichte der Geodäsie, Berlin ^{2}2009, S. 85. Gleichzeitig fügt sich diese Bemühung in eine generelle Entwicklung. So gab es in anderen norddeutschen Territorien etwa zeitgleich ähnliche Bestrebungen. Vgl. Christian Fieseler, Der vermessene Staat. Kartographie und Kartierung nordwestdeutscher Territorien im 18. Jahrhundert, Hannover 2013.

werden. Hierfür wählten mit von Schulenberg-Blumberg und Kammerpräsident Puttkammer die obersten Verantwortlichen sowohl auf der staatlichen Ebene als auch derjenigen der Provinz bewusst eine Kommunikation über eine Art Meta-Information jenseits des Dienstwegs und entschieden somit wesentliche Planungsfragen vor.[17] Es scheint hierbei ausgemachte Sache gewesen zu sein, dass Expertise aus denjenigen Territorien benötigt wurde, die bereits erfolgreich Erfahrung im Chausseebau gesammelt hatten. Diese benötigte man auf zwei Ebenen: Erstens war man auf der Suche nach jemandem mit hinreichend Erfahrung, um das zuständige Personal in Sachen des Chausseebaus/-wesens auf einem stark anwendungsbezogenen Niveau zu schulen. Diesen fand man in Person des thüringischen Bauaufsehers Ulbricht, der sich bereit erklärte »junge Leute [wegen der Wege-Verbeßerungen] zu unterrichten« und zu diesem Zweck auch von der kursächsischen Verwaltung freigestellt wurde.[18] Zweitens benötigte man Informationen, wie das Chausseewesen zu organisieren wäre, um abermals entsprechende Reglements erlassen zu können.

Für letzteren Zweck suchten Minister und Kammerpräsident eine geeignete Person, die eine Reise durch das deutsche und nichtdeutsche Ausland machen sollte und dort vor Ort Informationen zu den dortigen Erfahrungen und der allgemeinen Organisation des Chausseewesens einholen sollte. Die Wahl fiel hierbei erneut auf Stegemann. Auf seiner Reise trug er in der Folge ein umfangreiches Corpus an Chausseereglements, Erfahrungsberichten, Briefen, Bauzeichnungen und dergleichen mehr zusammen.[19] Auf Grundlage dieser Kompilation, der es augenscheinlich an einer inhaltlichen Struktur mangelte, wurde dann ein entsprechendes Reglement für unterschiedliche im Chausseewesen Bedienstete aufgestellt.[20]

Maßgebliche Entscheidungen wurden somit, in Form wichtiger Personalentscheidungen, auf semi-formalem Weg präjudiziert. Entscheidungsprobleme sollten bei der Implementierung der konkreten Chausseepolitik verhindert und durch regelfolgendes Ableiten ersetzt werden. Konkrete Einweisungen sowie Allgemeine Reglements, die von dem so rekrutierten Personal erteilt beziehungsweise erstellt wurden, stellten die Handlungsdirektive für die untergeordneten Baubehörden und deren Bediensteten dar. Während auf dieser untergeordneten Ebene – wie schon weiter oben festgestellt – die Persönlichkeit der Bediensteten

17 LASA, A7, Nr. 16. Direkt im ersten Schreiben Schulenburgs an Puttkammer vom 18. Dezember 1786 bittet dieser: »Den Erfolg hiervon, sowohl als dasjenige, was überhaupt in dieser Angelegenheit vorgeht, und sonst in die Kammer Berichte zu inseriren gewesen wäre, wünsche ich Ewr. Wohlgebhrenen, wenigstens so lange, bis etwas würklich zur Ausführung komt, zu Beschleunigung der Sache bloß in Privat-Schreiben an mich zu faßen.« (fol. 1).

18 Ebd., fol 1.

19 Vgl. auch Liman, Chausseebau (wie Anm. 8). Die Anweisung befindet sich in LASA, A7, Nr. 16, fol. 73. Die gesammelten Dokumente finden sich in Geheimes Staatsarchiv Preußischer Kulturbesitz (GStA PK), II. HA GD, Abt. 4, Tit. 34, Nr. 1, Bd. 1–5.

20 LASA, A8, Nr. 149, Bd. 1–3.

hinter ihrer Rolle somit weitestgehend verschwand, da dieser eben keinen entscheidenden Einfluss auf die Generierung, Interpretation und Darstellung von Informationen zugesprochen wurde, war auf der größeren, allgemeineren Ebene scheinbar das Gegenteil der Fall: die ›richtige‹ Interpretation und Vermittlung von Informationen wurde nur von höchster Stelle ausgewähltem Personal zugetraut.

2.2 Die Bezirksregierung als Vorentscheider und Agent des Staates

Drei Entwicklungen stellten die Basis für eine grundlegende Veränderung des Preußischen Chausseewesens ab 1816 dar: erstens die sowohl von den Provinzen als auch seitens des Staates gewonnenen Erfahrung im Chausseewesen und die damit einhergehende zunehmende Reglementierung; zweitens die Homogenisierung der Verwaltungsstrukturen durch die Stein-Hardenberg'schen Reformen, sowie drittens die politische Stabilität nach innen und außen in Folge des Wiener Kongress.[21] Die Rahmenbedingungen aus politischer Stabilität und vereinfachter zentraler Koordinierbarkeit ermöglichten dem zuständigen Minister Hans Graf von Bülow den Bau eines flächendeckenden Hauptstraßennetzes auf die politische Agenda zu setzen.[22]

Das Gefüge aus Regierungsbezirken und Provinzen mit seinen Organisationen und Unterorganisationen war somit nun einheitlich reguliert und besaß klare Kompetenzen, gerade im operativen Geschäft des Chausseewesens und -baus.[23] Der Staat beschränkte sich hauptsächlich auf die Bereitstellung eines

21 Zu diesem politischen Umbruch grundlegend: Reinhart Kosselleck, Preußen zwischen Reform und Revolution: Allgemeines Landrecht, Verwaltung und soziale Bewegung von 1791 bis 1848, Stuttgart 1967; Ernst Klein, Von der Reform zur Restauration. Finanzpolitik und Reformgesetzgebung des preußischen Staatskanzlers Karl August von Hardenberg, Berlin 1965.

22 So schreibt v. Bülow am 1. Januar 1816 an Friedrich Wilhelm III.: »Nach der jetzt eingetretenen Ruhe und festen Gründung der inneren und äußeren Verhältnisse, läßt sich erwarten, daß die bisher bestandene Hemmung der Betriebsamkeit und des Handels aufhören, und eine kräftige Belebung des Verkehrs anstehen wird. Hierzu wird aber die möglichste Erleichterung mittelst Land- und Wasserwegen erfordert, für deren Erhaltung und Erweiterung in den letzten neun Jahren nur wenig geschehen konnte. Die Vorschläge zur Verbesserung der Schiffahrt muß ich mir noch vorbehalten, weil hierzu weitläufige Vorarbeiten erfordert werden. Dagegen sind die zur Vervollkommnung der Landwege zwischen der Elbe und dem Memelstrom, und wegen der nothwendigen Verbindung dieser Wege am linken Elbufer, von mir bisher eingeleitete Ausmittelungen und Vorarbeiten soweit gediehen, daß ich mich im Stande befinde, von der mit dem Königsministerio genommenen Rücksprache, um in Uebereinstimmung mit demselben Eurer königlichen Majestät meine Vorschläge zur allerhöchsten Genehmigung vorzulegen.« In: GStA PK, I. HA Rep. 74 K XVI, Nr. 1, Bd. 1, fol. 80.

23 Zur genauen formalen Aufgabenverteilung im vertikalen Verwaltungsgefüge siehe etwa: Müller, Infrastrukturpolitik (wie Anm. 1), S. 333–339; Salzwedel, Wege (wie Anm. 6), S. 222 f.

Etats sowie dessen Verteilung auf die Provinzen und bestimmte Streckenabschnitte zur Koordinierung der Entwicklung eines Hauptstraßennetzes über das gesamte Staatsgebiet. In jährlichem Turnus beantragte der zuständige Minister von Bülow beim König einen Etat, gestaffelt nach bestimmten Streckenzügen. Dieser Antrag beruhte auf Anschlägen für die Einzelabschnitte aus den Regierungsbezirken. Diese wurden zwar auf rechtliche Zulässigkeit und technische Korrektheit in Berlin geprüft, überließen aber in konkreten Fragen den zuständigen Behörden größere Freiheiten. Maßgebliche Fragen etwa der Materialität und Streckenführung waren im Normalfall somit bereits durch die Territorialverwaltung vorentschieden.[24] Vor Ort gewonnene Informationen wurden somit bereits früh und effektiv zu einer Strecken-Kosten-Relation verdichtet. Auf Grundlage dieser auf die entscheidensrelevanten Aspekte verdichteten Informationen wurde das technisch anspruchsvolle Feld auch für die ›Laien‹ aus anderen Bereichen der staatlichen Verwaltung handhab- und somit entscheidbar.

Standen von Bülow bei der Erstellung der jährlichen Finanzierungsanträge seitens der untergeordneten Verwaltungsebenen in Form der Anschläge alle relevanten Informationen in aufs Wesentliche verdichteter Form zur Verfügung, so sah er sich von Seiten der höchsten politischen Ebene, insbesondere in der Person Friedrich Wilhelms III. als Letztentscheider, in gleich zwei Punkten dem Problem der unvollständigen Information ausgesetzt: So wurde erstens bewusst nicht kommuniziert, mit welchem Etat zu rechnen sei; vielmehr wurden langfristigen Etatzusagen – auch auf Nachfrage – eine klare Absage erteilt.[25] Dies war sicherlich den knappen Kassen des Staates geschuldet,[26] erschwerte aber nichtsdestotrotz die Planung des Hauptstraßennetzes und so die Arbeit von Bülows. Zweitens musste bei der Antragskonzeption und -erstellung antizipiert werden, was aktuell politisch opportun war. Während der Informationsaustausch mit den nebengeschalteten Ministerien – maßgeblich des Militärs und der Post – klare Nebenbedingungen für die Anschlagserstellung erzeugte,[27] blieben die eigentlichen Ziele vage. So war der Chausseebau zunächst zwar klar aus handels- und gewerbepolitischem Überlegungen auf die Agenda gelangt, wurde aber immer stärker auch als strukturpolitisches Instrument angesehen.[28]

24 Dass es sich hier nur um eine Vor-Entscheidung handelte, zeigt sich daran, dass solche Fragen immer wieder auch auf höchster politischer und Verwaltungsebene neu verhandelt wurden. So erkundigt sich etwa 1821 Hardenberg, der eigentlich in technischen Belangen nicht Verfahrensbeteiligter war, bei von Bülow nach den verwendeten Materialien: GStA PK, I. HA Rep 74 K XVI, Nr. 1, Bd. 3, fol. 136.

25 GStA PK, I. HA Rep 74 K XVI, Nr. 1, Bd. 3, fol. 203.

26 Zur finanziellen Situation Preußens: Ernst Klein, Geschichte der öffentlichen Finanzen in Deutschland (1500–1870), Wiesbaden 1974, S. 103–124; sowie Hans-Peter Ullmann, Staat und Schulden. Öffentliche Finanzen in Deutschland seit dem 18. Jahrhundert, Göttingen 2009, S. 51–60.

27 Insbesondere der Kriegsminister war von Beginn an stark mit einbezogen. Siehe etwa GStA PK, I. HA Rep. 74 K XVI, Nr. 1, Bd. 1, fol. 80.

28 Zu den Zielen und Motiven der Chausseebaupolitik: Vgl. Müller, Infrastrukturpolitik (wie Anm. 1), Kap. E.

Da die Etatverteilung auf die unterschiedlichen Provinzen maßgeblich von den verfolgten Zielen abhing, berührte diese Prioritätensetzung die Erstellung des Anschlags in seinem Kern. Da unerwartete Budgetkürzungen und Änderungsaufträge nach Antragseinreichung die Fortführung der jeweiligen Projekte durch notwendige Nacharbeiten bremsten und dementsprechend nicht im Sinne von Bülows sein konnten, bestand die Antragerstellung nicht im bloßen Zusammenstellen der einzelnen Anschläge: Vielmehr hatte von Bülow die anspruchsvolle Aufgabe, auf Grundlage der aus den Regierungsbezirken erhaltenen Informationen politische Entscheidungen vorzustrukturieren und in gewissem Grad auch Vor-Entscheidungen zu treffen, die finanzpolitischen Sachzwängen und der gesamtpolitischen Stimmung gerecht wurden – welche er mangels notwendiger Informationen von höchster Stelle antizipieren musste. Hierbei verschwanden schließlich die ursprünglichen Informationen hinter dem rein auf den Entscheidungsgegenstand fokussierten Antrag. Während die Regierungsbezirke also für die technisch gerahmte Generierung von Informationen zuständig waren, oblag von Bülow deren politische Verarbeitung. Der Oberpräsident, der oft als Vermittlerinstanz angesehen wird, spielte hingegen hierbei keine Rolle.[29]

Ab den beginnenden 1820er Jahren stießen zunehmend Privatunternehmer in das bislang von Akteuren der öffentlichen Verwaltung bestimmten Gefüge.[30]

29 Für die Provinz Westfalen wird etwa die Rolle des ersten Oberpräsidenten Ludwig von Vincke wiederholt in der regionalhistorischen Forschung betont. Vgl. Fritz Sälter, Entwicklung und Bedeutung des Chaussee- und Wegebaus in der Provinz Westfalen unter ihrem ersten Oberpräsidenten Ludwig Freiherr von Vincke, 1815–1844, Marburg 1917; Clemens Wischermann, Chausseebau und Landverkehr in Westfalen während der Frühindustrialisierung, in: Wilfried Reininghaus/Karl Teppe (Hg.), Verkehr und Region im 19. und 20. Jahrhundert. Westfälische Beispiele, Paderborn 1999, S. 71–94; Wilfried Reininghaus, Vincke und der Straßenbau im südlichen Westfalen, in: Hans-Joachim Behr/Jürgen Kloosterhuis (Hg.), Ludwig Freiherr Vincke. Ein westfälisches Profil zwischen Reform und Restauration in Preußen, Münster 1994, S. 350–364. Betrachtet man dessen Auftreten allerdings in den konkreten Projekten genauer, kommt man an der Feststellung nur schwer herum, dass sowohl er als auch die bisherige Forschung seine Rolle erheblich überschätzten.

30 Dies war hauptsächlich der finanziellen Situation des preußischen Staates geschuldet, stand der Staat Privatunternehmern doch grundsätzlich eher skeptisch gegenüber und verhinderte somit private Initiative im Chausseewesen, solang er alle als notwendig erachteten Staatsfunktionen finanziell selbst bestreiten konnte. Zum Unternehmerbild: Klaus J. Hopt, Ideelle und wirtschaftliche Grundlagen der Aktien-, Bank- und Börsenrechtsentwicklung im 19. Jahrhundert, in: Helmut Coing/Walter Wilhelm (Hg.), Wissenschaft und Kodifikation des Privatrechts im 19. Jahrhundert, Bd. V: Geld und Banken, Frankfurt 1980, S. 128–168; Sonja Scheffler, Das Bild des Unternehmers im Spiegel der Gewerbepolitik im nachnapoleonischen Preußen, Frankfurt a. M. 2009; zur finanziellen Situation Preußens: siehe Anm. 26; vor diesem Hintergrund sollte auch die Übernahme des Baus des Hauptstraßennetzes 1824 durch die Preußische Seehandlung neu betrachtet werden. Vgl. Wolfgang Radtke, Die Preußische Seehandlung zwischen Staat und Wirtschaft in der Frühphase der Industrialisierung, Berlin 1981, S. 112; Müller, Infrastrukturpolitik (wie Anm. 1), S. 242. Wie finanzielle Krise und Liberalisierung beziehungsweise Moderni-

Diese sandten Anträge nach Berlin, Chausseen auf bestimmten Streckenzügen bauen und unterhalten zu dürfen. Dies lag zum einen im grundsätzlichen Interesse des klammen Staates, der sich gerade erst ernsthaft für so geartete Partizipation geöffnet hatte. Diesen Anträgen lagen im Regelfall die für die Bewilligung staatlicherseits notwendigen Informationen bei – also jene Informationen, die beim Staatsstraßenbau durch die Behörden des Regierungsbezirks generiert wurden. Zum anderen wurde hier klar das Eigeninteresse des Privatunternehmers problematisiert. Gerade bei solchen Verordnungen, die eine Abweichung von der Regel zuließen, und Sondergenehmigungen, die durchaus gewährt werden konnten, wurden dementsprechend noch Ortsbegehungen behördlicherseits angeordnet. Diese überprüften, ob der eingereichte Vorschlag sich mit den am Gemeinwohl orientierten staatlichen Standards und den regionalen Zweckmäßigkeiten deckte und überarbeiteten ihn dahingehend. Die Informationen, die nun nach Berlin flossen, beinhalteten nicht nur die neu berechneten Anschläge, sondern auch die sonst in den Hintergrund gerückten Rohdaten.[31] Dadurch war es leichter festzustellen, ob Partikularinteressen der Privaten, die nun erstmals strukturell reflektiert wurden, im Widerspruch zur gemeinwohlorientierten Chausseebaupolitik des Staates standen. An diesem Punkt zeigt sich, dass den beteiligten Akteuren der subjektive Charakter der ursprünglich als ableitbar angesehenen, für den Entscheidensprozess essentiellen Informationen durchaus bewusst war. Da Informationen nun in gewissem Maße entscheidbar waren, benötigte der Staat einen Agenten vor Ort, der sich mit den staatlichen Zielen identifizierte und dafür sorgte, dass die Generierung und Darstellung von Informationen sich mit dem staatlichen Interesse deckte.

Mit Hilfe zunehmender Regulierung schaffte es der Staat nicht nur,[32] sicherzustellen, dass die Anschläge der Regierungen eben diese Form hatten, sondern

sierung in Preußen ab 1806 zusammenhängen, zeigt Hanna Schissler, Preußische Finanzpolitik nach 1807. Die Bedeutung der Staatsverschuldung als Faktor der Modernisierung des preußischen Finanzsystems, in: Geschichte und Gesellschaft 8 (1982), S. 367–385.

31 Sehr gut lässt sich dies beobachten bei dem Bau der Rheinstraße von Paderborn bei Höxter durch Kaspar Heinrich von Sierstorpff, in: GStA PK, I. HA Rep. 93 B, Nr. 3755.

32 Die meistzitierte Regulierungsmaßnahmen sind sicherlich die Rother'schen Bedingungen von 8. November 1834, etwa bei: Uwe Müller, Der Beitrag des Chausseebaus zum Modernisierungsprozess in Preußen, in: Hans-Liudger Dienel / Hans-Ulrich Schiedt (Hg.), Die moderne Straße. Planung, Bau und Verkehr vom 18. bis zum 20. Jahrhundert, Frankfurt 2010, S. 49–75, hier S. 56; dass diese nicht allein standen, sondern sich in eine grundsätzliche Regulierungswelle ab den 1830er einordnen lassen, zeigt LASA, C28 Id, Nr. 830, Bd. 1. Einen Überblick über den rechtlichen Status quo der 1850er Jahre bietet Ludwig von Rönne, Die Wege-Polizei und das Wege-Recht des Preußischen Staates. Eine schematisch geordnete Sammlung aller auf dieselben Bezug habenden gesetzlichen Bestimmungen, insbesondere der in der Gesetzsammlung für die Preußischen Staaten, in den von kampßschen Annalen für die innere Staatsverwaltung, und in deren Fortsetzungen durch die Ministerial-Blätter enthaltenen Verordnungen und Reskripte, in ihrem organischen Zusammenhange mit der früheren Gesetzgebung, dargestellt unter Benutzung der Archive der königlichen Ministerien, Breslau 1852.

auch, dass schließlich die Informationsverarbeitung und Entscheidung zunehmend schon auf regionaler Ebene, aber weiterhin im Interesse des Staates erfolgten. Regulierung ermöglichte es dem Staat also, Informationsgenerierung und -verarbeitung abzugeben, obwohl er die Subjektivität des Umgangs mit Informationen reflektierte, indem er Handlungsspielräume klar definierte und finanzielle Unterstützungen strikt begrenzte.[33]

3. Information und Entscheiden in westfälischen Landgemeinden

Nachfolgend sollen die Funktionen von Informationen im Prozess des Entscheidens in den westfälischen Landgemeinden betrachtet werden. Zunächst ist dafür ein kurzer Blick auf die Verwaltungsstruktur notwendig. Die westfälische Landgemeinde umfasste in der Regel mehrere Gemeinden, die zusammen das westfälische Amt bildeten. Diese Gemeinden besaßen einen eigenen Haushalt, der von einer bis 1919 nach dem Dreiklassenwahlrecht gewählten Gemeindeversammlung und einem gewählten Gemeindevorsteher verwaltet wurde. Darüber hinaus gab es eine Amtsversammlung, die aus den Gemeindevorstehern und weiteren Gemeindeverordneten aller dem Amt zugehörigen Gemeinden bestand. Oberster aufsichtführender Beamter (inkl. ortspolizeilicher Aufgaben) war der Amtmann, der in den Gemeinde- und Amtsversammlungen ein eingeschränktes Stimmrecht besaß und bei Anwesenheit die Versammlungen leitete. Diese kurze Darstellung deutet bereits an, dass das Amt unterste Verwaltungseinheit und Organ der Selbstverwaltung zugleich war: Gemeindeverordneten- beziehungsweise Amtsversammlung und Gemeindevorsteher auf der einen Seite, der Amtmann und gegebenenfalls weiteres bezahltes Personal auf der anderen Seite.[34]

Der institutionelle Aufbau ermöglichte erheblichen Gestaltungsspielraum auf der lokalen Ebene. Einerseits blieb die Landgemeindeordnung in vielen

33 Hinsichtlich der finanziellen Dimension sind die Rother'schen Bedingungen sicher von übergeordneter Bedeutung; vgl. Anm. 32.

34 Vgl. grundsätzlich zum Aufbau des Amtes: Landgemeindeordnung 1856 (wie Anm. 2); Horst Conrad, Die westfälische Amtsverfassung unter besonderer Berücksichtigung des Regierungsbezirks Münster, in: Archivpflege in Westfalen und Lippe 9 (1977), S. 18–26; Manfred Botzenhart, Landgemeinde und staatsbürgerliche Gleichheit. Die Auseinandersetzungen um eine allgemeine Kreis-und Gemeindeordnung während der preußischen Reformzeit, in: Bernd Sösemann (Hg.), Gemeingeist und Bürgersinn. Die preußischen Reformen, Berlin 1993, S. 85–105; Jürgen Kloosterhuis, Schwarz-Weiß-Grüne Landgemeinden. Senden und seine Verwaltung in der Preußischen Provinz Westfalen, 1816–1914, in: Werner Frese / Christian Wermert (Hg.), Senden. Eine Geschichte der Gemeinde Senden mit Bösensell, Ottmarsbocholt, Venne, Senden 1992, S. 395–459. Obwohl sich hauptsächlich mit der Städteordnung beschäftigend liefert wichtige Hinweise: Norbert Wex, Staatliche Bürokratie und städtische Autonomie. Entstehung, Einführung und Rezeption der Revidierten Städteordnung von 1831 in Westfalen, Paderborn 1997, S. 99–156.

Verfahrensfragen vage, die sich dann erst in der sozialen Praxis konkretisierten.[35] Andererseits konnten sich Gemeinden – je nach Bevölkerungs- und Wirtschaftsstruktur – stärker herausbilden und gegenüber den anderen Gemeinden und/oder dem Amtmann emanzipieren.[36] Ebenso konnte der Amtmann entweder ehrenamtlich als Einwohner des Amtes tätig sein oder aber als besoldeter und von außen kommender Berufsbeamter streng nach Vorschrift agieren.[37] Das Amt war also weder nur Verwaltungseinheit, in der nichts ›entschieden‹, sondern nur von oben angeordnet wurde, noch Ort der bürgerlichen Selbstbestimmung, in dem vorbei an der staatlichen Aufsicht die kommunalen Verhältnisse gestaltet werden konnten. Die Situation konnte aber je nach Konstellation in die eine oder andere Richtung ausschlagen.

Die eingangs erläuterte These zum Wechselverhältnis zwischen ›Entscheiden und Informationsverarbeitung wird anhand von vier Funktionen diskutiert. Diese vier Funktionen beziehen sich sowohl auf die Informationsweitergabe des Amtmannes an die übergeordneten Behörden (Landrat/Kreisausschuss, Regierung und Provinzialebene) als auch auf die genannten Organe der Selbstverwaltung (Gemeindeverordnetenversammlung und Amtsversammlung).

35 Eine gezielte Untersuchung dazu steht noch aus. Als ein Beispiel sei der Turnus der Einberufung der Gemeinde- und Amtsverordnetenversammlungen genannt, für den keine Regelmäßigkeit festgelegt wurde, so dass die Versammlungshäufigkeit nicht nur von Amt zu Amt, sondern auch innerhalb eines Amtes variieren konnte. Vgl. Landgemeindeordnung 1856 (wie Anm. 2), S. 275–277 (Zusammensetzung und Konstitution der Gemeindeversammlung). So versammelte sich beispielsweise im Amt Gescher die Gemeinde Dorf Gescher viel häufiger als die übrigen Gemeinden, die wiederum auch bezüglich der Versammlungshäufigkeit variierten oder sich gar nicht versammelten. Vgl. dazu die Protokollbücher von 1856 bis 1933 des Amtes Gescher, StA Gescher, Best. A, Nr. 3149,1227–1230 und 1234–1236.

36 Besonders augenfällig wird ein solcher Emanzipationsprozess, sobald eine Gemeinde einen Amtsverband verlässt und einen eigenständigen neuen Amtsverband bildet. Im Kaiserreich ist dieser Vorgang besonders häufig im Ruhrgebiet zu finden. Vgl. dazu exemplarisch: Detlev Vonde, Revier der großen Dörfer. Industrialisierung und Stadtentwicklung im Ruhrgebiet, Essen 1989 sowie Hein Hoebink, Mehr Raum, mehr Macht. Preussische Kommunalpolitik und Raumplanung im rheinisch-westfälischen Industriegebiet, 1900–1933, Essen 1990. Zum Prozess der Emanzipation einer Gemeinde innerhalb einer Titularstadt, die auch nach der Landgemeindeordnung von 1856 verwaltet wurde: Constanze Sieger, Kleinstädtische Öffentlichkeit. Billerbeck auf dem Weg zur Ludgerusstadt im 19. Jahrhundert, Münster 2018, S. 127–192.

37 Auch hier steht eine systematische Darstellung der verschiedenen Profile der Amtmänner noch aus. Vgl. als Beispiel für ›starke‹ und professionalisierte Amtmänner: Kloosterhuis, Schwarz-Weiß-Grüne Landgemeinden (wie Anm. 34), S. 440–445 und Sieger, Kleinstädtische Öffentlichkeit (wie Anm. 36), S. 45–66 für aus dem Ort selbst stammende Ehrenamtmänner. Zur zunehmenden Professionalisierung auch: Alexandra Bloch-Pfister, Geschichte der Stadt Olfen im 19. Jahrhundert, in: Werner Frese (Hg.), Geschichte der Stadt Olfen, Bielefeld 2011, S. 361–412, hier S. 367 (Olfen wurde als Titularstadt ebenso nach der Landgemeindordnung verwaltet).

3.1 Informationsweitergabe schafft Entscheidungssituationen

Idealtypisch gedacht erfüllt aus Sicht der preußischen Verwaltung der Amtmann seine pflichtmäßige Informationsfunktion, indem er der übergeordneten Behörde über die Vorgänge im Amt Bericht erstattet. Dies umfasst wiederkehrende Routineaufgaben wie das Verfassen von vierteljährlichen sogenannten Zeitungsberichten, die Mitteilung von Wahlergebnissen der Gemeindeverordnetenversammlung oder auch Etatfeststellungen (also Weitergaben von getroffenen Entscheidungen) ebenso wie die Mitteilung außergewöhnlicher Vorgänge durch Polizeiberichte.[38] Entsprechend handelt es sich hierbei einerseits um formalisierte Verfahren, andererseits aber auch um eine im Ermessenspielraum des Amtmannes liegende formelle und informelle Weitergabe von Informationen.

Dies konnte, aber musste nicht Entscheidungsbedarf generieren. So führten die im 19. Jahrhundert immer stärker formalisierten Berichte der Amtmänner schon von ihrer Anlage her selten bis nie zu einer konkreten das Amt und den Amtmann betreffenden Entscheidungssituation. Vielmehr scheint hier für den preußischen Staat zu gelten, was Feldmann und March bereits im Jahr 1981 für Organisationen festgestellt haben: Informationen dienen nicht allein der gezielten Evaluation, sondern wurden sowohl aus Sicherheitserwägungen (für zukünftig eintretende Fälle) als auch wahllos angehäuft und nicht immer zwingend weiterverarbeitet.[39] Ob die Informationsweitergabe auf einer höheren Ebene zur Herstellung einer Entscheidungssituation führte, lag deswegen umso mehr im

38 Vgl. zu den wiederkehrenden Zeitungsberichten sowie der Bedeutung von Information für die Entscheidung der Verwaltung grundsätzlich: Stefan Haas, Die Kultur der Verwaltung. Die Umsetzung der preußischen Reformen 1800–1848, Frankfurt a. M. 2005, S. 263–275 sowie Dirk Mellies, Die amtlichen Zeitungsberichte der preußischen Regierungen als Quelle einer Mentalitätsgeschichte der Verwaltung des 19. Jahrhunderts, in: Forschungen zur Brandenburgischen und Preußischen Geschichte 18 (2008), S. 1–17. Darüber hinaus geben die Akten der Landratsämter ein Bild von der Vielfältigkeit der Berichterstattung – abseits der sogenannten Zeitungsberichte – ab, da hier alle Vorgänge sachunabhängig gesammelt werden. Vgl. exemplarisch für das Amt Gescher: LAV NRW W, Kreis Coesfeld, Nr. 297 und 303. Zur Etatfeststellung und der erst allmählich eintretenden einheitlichen rechtlichen Regelung der kommunalen Finanzen: Bloch-Pfister, Stadt Olfen (wie Anm. 37), S. 368–371 sowie Thomas Köster, Die Entwicklung kommunaler Finanzsysteme am Beispiel Grossbritanniens, Frankreichs und Deutschlands. 1790–1980, Berlin 1984.

39 Vgl. Martha Feldman/James G. March, Information in Organizations as Signals and Symbol, in: Administrative Science Quarterly 26 (1981), S. 171–186 und Matthias Pohlig, Informationsgewinnung und Entscheidung. Entscheidungspraktiken und Entscheidungskultur der englischen Regierung um 1700, in: Arndt Brendecke (Hg.), Praktiken der frühen Neuzeit. Akteure, Handlungen, Artefakte, Köln 2015, S. 667–677, hier S. 670 f. Vgl. für eine Akte, in der sich die unterschiedlichen Formalisierungsgrade finden, exemplarisch: StA Gescher, Best. A, Nr. 88. Auch Mellies kommt zu dem Schluss, dass es »[b]emerkenswert ist, wie umstritten der Nutzen der Zeitungsberichte in der gesamten Zeit ihres Bestehens von der preußischen Verwaltung selbst eingeschätzt wurde.« Ebenso wiesen selbst die Zeitgenossen auf die »physische Unmöglichkeit der zentralen Behörden [hin], diese

Ermessenspielraum des Amtmannes, als er die weitergereichten Informationen entsprechend markierte.

Zu den Pflichtaufgaben im Verantwortungsbereich des Amtes gehörte die Weitergabe der Standesamtsdaten und damit auch der Einwohnerzahlen. Diese Information floss in die allgemeinen preußischen Statistiken ein, die Weitergabe allein generierte jedoch keinen Entscheidungsbedarf.[40] Die Mitteilung der Einwohnerzahlen musste aktiv in eine Entscheidungssituation überführt werden. Ein Beispiel dafür ist der Umgang mit dem Stadtstatus. Die Entscheidung, ob einem Ort die Städteordnung verliehen werden sollte, wurde ab 1856 unter anderem an die Einwohnerzahl als ein Entscheidungskriterium geknüpft.[41] Die alleinige Weitergabe der Einwohnerzahlen führte jedoch nicht zwangsläufig zur Herbeiführung der Entscheidung über den Stadtstatus, sondern musste aktiv als Eingabe vorgebracht werden. Eine Eingabe, die sich vornehmlich auf die Einwohnerzahl gründete, führte dann auch nicht automatisch zum Erfolg, wie Beispiele aus verschiedenen Regionen Westfalens zeigen, die hier nicht diskutiert werden können.[42]

Es gab jedoch weitere, weniger komplexe Entscheidungssituationen, die mit Blick auf die Einwohnerzahlen herbeigeführt werden konnten: So beantragten die Gemeindeverordneten der Gemeinde Dorf Gescher im Jahr 1900 die Erhö-

überhaupt sinnvoll auszuwerten.« Sicherlich ist Mellies ebenso zuzustimmen, dass die Berichte über den die Informationssammlung hinaus einen Disziplinierungseffekt besaßen; vgl. ders., Die amtlichen Zeitungsberichte (wie Anm. 38), S. 6–8.

40 Vgl. zum komplexen Prozess der Sammlung von statistischen Daten einführend: Alexander Pinwinkler, Amtliche Statistik, Bevölkerung und staatliche Politik in Westeuropa, ca. 1850–1950, in: Peter Collin / Thomas Horstmann (Hg.), Das Wissen des Staates. Geschichte, Theorie und Praxis, Baden-Baden 2004, S. 195–215.

41 Das Kriterium der Einwohnerzahl von über 2.500 wurde erst mit Einführung der Landgemeindeordnung von 1841 endgültig festgelegt, vgl. »Verordnung über die Einrichtung der Gemeindeverfassung in denjenigen Städten der Provinz Westphalen, in welchen die Städteordnung bisher nicht eingeführt ist«, vom 31. October 1841, in: Gesetzsammlung für die Königlich-Preußischen Staaten 1841, S. 322 f., hier S. 322.

42 So musste zusätzlich ein »städtisches Leben« ausgebildet werden, Landgemeindeordnung 1856 (wie Anm. 2), S. 265. Dieser Begriff des »städtischen Lebens« wurde von der preußischen Verwaltung im Kaiserreich gerade in der Ruhregion genutzt, um Orten die Stadtrechte nicht zu verleihen, aber auch außerhalb des Ruhrgebietes konnte dieser Vorgang Schwierigkeiten bereiten. Vgl. für das Ruhrgebiet, Vonde, Revier (wie Anm. 36), S. 121–127 u. S. 127–190 sowie Stefan Goch, Buer. Ein Beispiel der Stadtentwicklung im Ruhrgebiet, in: Gerd Escher / Stefan Goch (Hg.), Buer. Geschichte(n) einer Stadt. Ein starkes Stück Gelsenkirchen, Essen 2014, S. 17–34, hier S. 27–32. Exemplarisch für ein Amt außerhalb des Ruhrgebietes: Gerhard Lippert / Ute Richters, Die Neuordnung der Stadt Gronau im Jahr 1898. Ergebnisse einer Archivrecherche zum 100jährigen Jubiläum, in: Hanspeter Dickel (Hg.), 100 Jahre Stadt Gronau. Aufsätze, Berichte und Dokumente zum Zeitraum von 1898–1998, Gronau 1998, S. 35–54. Interessanterweise pochten in der Frühphase der Einführung gerade die zentralstaatlichen Instanzen auf die Verleihung: Wolfgang R. Krabbe, Die Einführung der Revidierten Städteordnung von 1831 im Kreis Coesfeld. Vorstudien zu einer Definition des neuen Stadtbegriffs, in: Geschichtsblätter des Kreises Coesfeld 8 (1983), S. 124–133.

hung der Anzahl der Gemeindeverordneten, die das Dorf in die Amtsvertretung des Amtes Gescher entsenden durfte. Zur Begründung hieß es: »Die Einwohnerzahl des Amtes beträgt nach der letzten Personen-Aufnahme 4100, wovon 1473 Seelen auf die Ortsgemeinde Gescher entfallen«.[43] Daraufhin wurde vom Landrat der Amtmann als Informant (»zum Bericht«) beauftragt, die aktuellen Einwohnerzahlen, die Steuerverhältnisse sowie den Amtsbeschluss, in dem über die neue Verteilung beschlossen wurde, einzureichen.[44] Selbstständig fügte der Amtmann noch den Hinweis hinzu, dass er eine Erhöhung der Amtsverordnetenzahl für das Dorf Gescher befürworte, der Forderung der Gemeindeverordneten von zwei auf acht jedoch nicht zustimmen könne, weil es »die Verwaltung bedeutend erschweren und auch bei den übrigen Gemeinden nicht freudig begrüßt werden würde.«[45] Wir haben hier also eine Information, die prinzipiell den übergeordneten Behörden schon vorlag, aber eben nicht automatisch in eine Entscheidungssituation überführt wurde. Erst durch die Eingabe der Gemeindeverordneten führte diese Information zur Herstellung einer Entscheidungssituation auf mehreren Ebenen (Landrat, Kreisausschuss, Amtsverordneten und Amtmann). Auf Grundlage der Herstellung der Entscheidungssituation erfolgte eine Aktualisierung und Evaluation der Information, die nun gezielt als eine Information für die Evaluation des getroffenen Entscheidungsfalls genutzt wurde, allerdings erst dann, wenn Sie durch die Gewähr des Amtmannes legitimiert wurde. Gleichzeitig wird anhand der Äußerung des Amtmannes deutlich, dass er abseits des Formulars und der Entscheidung der Amtsversammlung sein Urteil weiterleitete sowie ungefragt Informationen über die Akzeptanz oder Nicht-Akzeptanz vor Ort lieferte.

Die Funktion ›Informationsweitergabe generiert Entscheidungsbedarf‹ kam allerdings standardisiert genau dann vor, wenn der Amtmann eine Information an die Gemeindeverordneten und Amtsversammlung weitergab. Hier führte routinemäßig die Weitergabe von Verordnungen, Berichten über Bahnprojekte und die Etatfeststellung zu Entscheidungsbedarf innerhalb der Amts- und Gemeindeverordnetenversammlung, denn diejenigen weiterzugebenden Informationen, die von oben lediglich zur Ausführung angeordnet wurden, wurden den jeweiligen Versammlungen gar nicht erst vorgelegt. Wurde eine Information zum Tagesordnungspunkt einer Versammlung, so wurde sie damit in eine Entscheidungssituation überführt. Anders als bei der Informationsweitergabe durch

43 Gesuch der Gemeindeverordneten von Gescher an Landrat Bönninghausen v. 08.10.1900, in: LAV NRW W, Kreis Coesfeld, Nr. 787. Die Gemeindeverordneten wollten mit den Schreiben aber eigentlich erreichen, dass sie die Hälfte der Amtsvertretung stellen dürfen, da sie aufgrund ihrer Steuerkraft die Hälfte des Amtsetats bestreiten würden. Eine Argumentation, die aber nicht akzeptiert wurde.

44 »[A]n den Amtmann von Gescher zum Bericht unter Beyfügung einer Abschrift des Amtsbeschlusses, welcher die Vertheilung der Amtsverordneten auf die einzelnen Gemeinden des Amts bestimmt, und eines Nachweises über die Bevölkerung und Steuern derselben.« Landrat v. Bönninghausen an Amtmann Block v. 19.10.1900, in: Ebd.

45 Amtmann Block an Landrat Bönninghausen v. 12.10.1900, in: Ebd.

den Amtmann an die übergeordneten Behörden kamen ›reine‹ Informationstagesordnungspunkte zwar vor, dienten aber immer dem Ziel, langfristig eine Entscheidung herbeizuführen, etwa wenn über einen Zwischenstand berichtet wurde. Ein Beispiel hierfür ist eine Gemeindeverordnetenversammlung in Gescher 1897 bezüglich einer geplanten Eisenbahnlinie, bei der man hoffte, mit einem Bahnhof angeschlossen zu werden. Hier berichteten der Amtmann und ein Gemeindeverordneter »vor Eintritt in die Tagesordnung« einen Zwischenstand, da sie von den Gemeindeverordneten beauftragt wurden, Informationen über die geplante Linie beim Landrat in Coesfeld einzuholen. Aber selbst unter diesen Voraussetzungen wurde formal entschieden, »zunächst die weiteren Beschlüsse des Kreistages in der Angelegenheit abzuwarten.«[46] In dieser Hinsicht besaß der Amtmann also einen sehr großen Ermessenspielraum gegenüber der Amts- und Gemeindeverordnetenversammlung: Seine Informationsweitergabe als Tagesordnungspunkt war durch die Strukturierung der Versammlung in diesem Kontext gleichbedeutend mit einer Entscheidens-Entscheidung.

3.2 Information dient der Legitimation von Entscheidungen

In den bisher vorgestellten Fällen wurde bereits die Bedeutung von Information als Ressource des Entscheidens deutlich: Die von den Behörden oder den Gemeindeverordneten eingeforderte und vom Amtmann erbrachte Information diente jeweils als Legitimation der Entscheidung, allerdings erst, nachdem sie gezielt auf den aktuellen Entscheidungsfall hin angefordert worden war.

Mit dieser Funktion ist eine in der Moderne prominent vertretene und wirkmächtige Beschreibung vom rationalen Entscheiden angesprochen, die auch für das bürokratische Entscheiden im 19. Jahrhundert als Idealtypus im Entstehen begriffen war. Hier ist von der Mitte des 19. Jahrhunderts bis in die 1920er Jahre eine deutliche Veränderung im Umgang mit Informationen festzustellen: Erstens waren im Kaiserreich Informationen ein Legitimationsgrund neben anderen Kriterien, die auch abseits der Beamtenhierarchie den Ausgang einer Entscheidung beeinflussen konnten. Zu nennen sind hier ganz klassisch die Selbstverwaltungsrechte einer Kommune, die Orientierung am Militärrang (zum Beispiel Militäranwärter und Beamtenstellen), weniger formalisiert an der Herkunft (zum Beispiel Adel) und am Einkommen (zum Beispiel Dreiklassenwahlrecht) sowie eine starke Orientierung an Traditionen (zum Beispiel die Regelung, dass ›hergebrachte‹ Prozessionen nicht verboten werden konnten).[47] In der Weimarer

46 Protokoll der Gemeindeverordnetenversammlung Gescher v. 31.12.1897, in: StA Gescher, Best. A, Nr. 1234.

47 An dieser Stelle können nur exemplarische Hinweise gegeben werden. Für das Dreiklassenwahlrecht: Hedwig Richter, Moderne Wahlen. Eine Geschichte der Demokratie in Preußen und den USA im 19. Jahrhundert, Hamburg 2017, S. 37–55 u. 235–301. Zum Militärwesen: Bernd Ulrich, Untertan in Uniform. Militär und Militarismus im Kaiserreich

Republik blieb zwar beispielsweise die Orientierung am Militärrang erhalten,[48] aber gerade die Orientierung an Tradition und das Prinzip der Kommunalen Selbstverwaltung büßten ihre Bindekraft ein, wie ein Blick auf die Eingemeindungsentscheidungen in der Weimarer Republik belegt.[49]

Zweitens: Informationen trugen zunehmend nur dann zur Legitimität der Entscheidung bei, wenn sie intersubjektiv nachvollziehbar waren, das heißt, die Anforderungen an den Formalisierungsgrad nahmen zu. Dies lässt sich beispielsweise an den ›Personalentscheidungen‹ bezüglich der Amtmänner ablesen. Die Entscheidung des Regierungs- beziehungsweise Oberpräsidenten für die endgültige Anstellung eines Amtmannes erfolgte erst nach einer kommissarischen Anstellung und einer Beurteilung des Kandidaten durch den Landrat. Letztere erfolgte höchst subjektiv und schloss häufig das Ansehen in der Bevölkerung als ein wichtiges Entscheidungskriterium mit ein. Mit der Kreisordnung von 1886 kam noch ein Beschluss des Kreisausschusses, der sich wiederum aus Gemeinde-

1871–1914; Quellen und Dokumente, Frankfurt a. M. 2001, S. 142–145. Die Situation des Adels ist zugegebenermaßen komplex, aber auch abseits der ostelbischen Junker lassen sich Beharrungstendenzen vor allem in Preußen finden: Vgl. Ewald Frie, Adelsgeschichte des 19. Jahrhunderts? Eine Skizze, in: Geschichte und Gesellschaft 33 (2007), S. 398–415 u. Heinz Reif, Der katholische Adel Westfalens und die Spaltung des Adelskonservatismus in Preußen während 19. Jahrhunderts, in: Karl Teppe / Michael Epkenhans (Hg.), Westfalen und Preussen. Integration und Regionalismus, Paderborn 1991, S. 107–125. Zum Prozessionswesen: Lena Krull, Prozessionen in Preussen. Katholisches Leben in Berlin, Breslau, Essen und Münster im 19. Jahrhundert, Würzburg 2013, S. 41–68.

48 Vgl. zum Militärdienst: Julia Alexandra Luttenberger, Verwaltung für den Sozialstaat – Sozialstaat durch Verwaltung? Die Arbeits- und Sozialverwaltung als politisches Problemlösungsinstrument in der Weimarer Republik, Berlin 2013, S. 357–361.

49 Vgl. dazu Constanze Sieger, Narrative des politischen Entscheidens im Kaiserreich und der Weimarer Republik, in: Philip Hoffmann-Rehnitz u. a. (Hg.), Semantiken und Narrative des Entscheidens, voraussichtlich Göttingen 2019. Bei der Frage, ob eine Gemeinde, ein Amt oder eine Stadt auch gegen ihren Willen eingemeindet werden sollte, zählten in der Weimarer Republik allein Einwohnerzahlen, wirtschaftliche Entwicklungsmöglichkeiten und die ›Leistungsfähigkeit‹ der Kommune als entscheidensrelevante Informationen, während Fragen von traditionellen Zugehörigkeiten und Grenzziehungen oder das Pochen auf die hergebrachten Selbstverwaltungsrechte keinen ›entscheidenden‹ Ausschlag gaben. Für die Zeit des Kaiserreichs dagegen sind keine Eingemeindungen gegen den Willen der betroffenen Gemeinden überliefert. So war es aus Gründen des ›öffentlichen Interesses‹ möglich, eine Eingemeindung zu vollziehen. Außerdem konnten sowohl der Regierungspräsident als auch der König selbst eine Eingemeindung, Auflösung und Umgemeindung gegen den Willen einzelner Gemeinden entscheiden. Vgl. Landgemeindeordnung 1856 (wie Anm. 2), S. 267 f. Es existiert zwar keine flächendeckende Untersuchung aller Eingemeindungsvorgänge in Westfalen, aber schon allein, weil es sich um ›nachvollziehende Eingemeindungen‹ handelte, ist eine zwangsweise Eingemeindung kaum vorstellbar. Vgl. dazu auch: Sabine Mecking, Bürgerwille und Gebietsreform. Demokratieentwicklung und Neuordnung von Staat und Gesellschaft in Nordrhein-Westfalen 1965–2000, München 2012, S. 51–55. Hier finden sich neben den bereits zitierten Arbeiten von Vonde und Hoebink auch weiterführende Literaturangaben.

verordneten des Landkreises zusammensetzte, hinzu.[50] Im untersuchten Beispiel Gescher findet sich eine ablehnende Haltung gegenüber kommissarischen beziehungsweise designierten Amtmännern im Jahr 1888 und 1900: Während 1888 noch die Aussage des Landrates ausreichte, dass in der Bevölkerung eine »große Abneigung« gegenüber einem vom Oberpräsidenten favorisierten Kandidaten herrschte, zählte 1900 allein die Beschlussfassung des Kreisausschusses, obwohl der Landrat vehement darauf hinwies, dass »die vorherrschende Stimmung zu Gescher demselben abgeneigt ist«.[51]

3.3 An- / Abwesenheit von Information fungiert als Mittel der Aushandlung

Eng mit dieser zunehmenden Bedeutung von Informationen als Ressource des Entscheidens verbunden ist die Nutzung der An- oder Abwesenheit von Informationen als Mittel der Beeinflussung. Beispielhaft hierfür sind informelle Aushandlungen wie die zwischen dem Gelsenkirchener Bürgermeister Theodor Machens und dem Amtmann von Bismarck August Friedrich Wilhelm von Eberstein im Kontext der Eingemeindungsverhandlungen. Hier bat Machens am 26. Juni 1902 um Zusendung des Haushalts, der Wählerlisten und Steuerzahler der einzugemeindenden Gemeinden, um sich noch vor seinem Urlaub »schlüssig zu machen«, ob er zur Eingemeindung der Gemeinden bereit sei, da der Regierungspräsident sich der Sache erst annehme und weitere Beschlüsse der beteiligten Gemeinde fordere, wenn er eine Bereitwilligkeitserklärung des Bürgermeisters vorliegen habe.[52] Diese Zusendung verweigert der Amtmann von Bismarck mit dem Hinweis, dass er diese Information erst weiterreiche,

50 Vgl. für die Verfahren der Stellenbesetzung: Landgemeindeordnung 1856 (wie Anm. 2), S. 287 u. Kreisordnung für die Provinz Westfalen v. 31.07.1886, in: Gesetzsammlung für die Königlich-Preußischen Staaten, S. 217–245, hier S. 225 f. In beiden Ordnungen wird darauf hingewiesen, dass die »Äußerung« der Amtsversammlung dazu gehört werden müsse. Zudem fällt mit der Kreisordnung 1886 offiziell die Ernennung des Amtmannes von den Regierungspräsidenten an den Oberpräsidenten. Die Rücksichtnahme auf die Bevölkerung findet sich beispielsweise auch in Olfen. Vgl. Bloch-Pfister, Stadt Olfen (wie Anm. 37), S. 366 f.

51 Landrat Coesfeld an Oberpräsidenten Westfalen v. 12.05.1888. Hierzu ist keine Antwort erhalten, nur die Nachricht des Oberpräsidenten an den designierten Amtmann, dass er den am 2. Mai erteilten Auftrag zurückzieht; zum zweiten Fall: Landrat Coesfeld an Oberpräsidenten v. Westfalen v. 14.02.1901 u. Regierungspräsident an den Landrat von Coesfeld v. 29.05.1901. Hier pocht der Regierungspräsident auf den Beschluss des Kreisausschusses »auch schon aus dem Grund um den dortigen Amtsvertretern zu zeigen, daß sie nicht allein ausschlaggebend sind.« Alle Schreiben in: LAV NRW W, Kreis Coesfeld, Nr. 787.

52 Bürgermeister Machens an Amtmann v. Eberstein v. 25.06.1902, in: ISG, Best. Bis, Nr. 19.

wenn er dieselben Angaben von der Stadt Gelsenkirchen bekomme.[53] Der erste Bürgermeister erklärte sich daraufhin zu einem Treffen mit dem Amtmann von Bismarck bereit, »um das Material gegenseitig in einer Besprechung der Angelegenheit auszuwechseln.«[54] Fast schon klassisch sind Situationen zu nennen, in denen die Amtmänner durch fehlende Informationen eine Entscheidung deutlich zu verzögern versuchten.[55] Seltener sind Fälle, in denen ein Amtmann einen ›Nicht-Entscheid‹ zu erwirken versucht aufgrund der Abwesenheit von Informationen. So wird der Gelsenkirchener Amtmann Nolte 1873 dafür gerügt, dass er seiner ordnungspolizeilichen Pflicht einer Auflösung der Versammlung des Mainzer Katholikenvereins nicht nachgekommen sei.[56] Im Zuge des Verfahrens von 1873 wird der Verlust der Straßenpolizeiordnung als Grund vom Amtmann angeführt. Im Jahr 1875 wurde die angeblich verlorene Ordnung jedoch von einem Polizeiwachtmeister wieder eingereicht.[57]

3.4 Informationssammlung ermöglicht Entscheidungsroutinen

Dieses Beispiel berührt auch schon die vierte Funktion: Informationssammlung schafft Entscheidungsroutinen. Mit der systematischen Anlage der Akte, der Registratur und der Führung von formalisiert festgelegten Protokollbüchern wird die Basis für den Verwaltungsvorgang des bürokratischen Entscheidens geschaffen, der eine informationsbasierte Ableitung der Entscheidung aus den

53 Amtmann v. Eberstein an Bürgermeister Machens v. 30.06.1902, in: Ebd.

54 Bürgermeister Machens an Amtmann v. Eberstein v. 06.07.1902, in: Ebd. Das Entgegenkommen Machens schien durchaus notwendig, da sich v. Eberstein gegenüber dem Gelsenkirchener Landrat Hammerschmidt beharrlich weigerte (in Form von ›Aussitzen‹) seiner Aufforderung auf Einreichung der Unterlagen nachzukommen. Vgl. Landrat Hammerschmidt an Amtmann v. Eberstein v. 12.06.1902, in: Ebd.

55 Vgl. exemplarisch den Schriftverkehr zwischen Amtmann Schnitzler in Gescher und dem Landrat von Coesfeld in den Jahren 1905 bis 1912. Hier sind verschiedenste Verfahren zu finden, in denen entweder der Landrat eine Entscheidung nicht treffen könne, weil Belege fehlen würden, oder der Amtmann Berichte nicht liefern könne, weil Informationen fehlen würden, in: LAV NRW W, Kreis Coesfeld, Nr. 448 sowie: Stefan Haas, Kultur der Verwaltung (wie Anm. 38), S. 256f. Dass im Laufe des 19. Jahrhunderts Verzögern zwar weiter möglich war, aber ›Aussitzen‹ als erfolgreiche Praxis seltener wurde, belegen die Forschungen zur Begräbnisplatzverlegung: Verliefen in der ersten Hälfte des 19. Jahrhunderts Verlegungen noch im Sande beziehungsweise ruhten sie hier bis zu 24 Jahren, wurden ab den 1870er Jahren auch konfliktreiche Verlegungen verhältnismäßig zügig oder eben gar nicht durchgeführt, vgl. Christof Spannhoff, Leben ohne die Toten. Konfliktaustrag und Kompromissfindung im Kontext der Begräbnisplatzverlegungen im Kreis Tecklenburg (1780–1890), Münster 2014, S. 336–339.

56 Die Verhandlungen dauerten v. Dezember 1873 bis Juni 1875 an. Vgl. die Akte »Verhandlungen betreffend das Verhalten des Amtmannes Nolte zu Gelsenkirchen bei einer vom 21ten September 1873 daselbst abgehaltenen Katholikenversammlung«, in: ISG, Best. GE, Nr. 396.

57 Vgl. Schreiben des Oberwachtmeisters Hesselkamp v. 27. Juni 1875, in: Ebd.

Akten anstrebt.[58] Diese Nutzung kam für Entscheidungen, die von der Amts- oder Gemeindeverordnetenversammlung getroffen wurden, relativ selten vor.[59] Vielmehr erfüllte die Sammlung von Informationen eine Archiv- und Bewahrungsfunktion gegenüber den übergeordneten Behörden, die im Bedarfsfall den Amtmann beauftragen konnten, die Information auf den Entscheidensfall hin abzurufen, und zwar selbst dann, wenn ihnen wie im oben geschilderten Fall der Einwohnerzahl die Information theoretisch vorliegen sollte. Hier war der Ermessenspielraum des Amtmannes theoretisch gering und dann doch wieder groß: Er konnte nur entscheiden bestimmte Informationen nicht zu sammeln oder aufzuschreiben, etwa informelle Absprachen oder Streitigkeiten in der Amts- und Gemeindeverordnetenversammlung.[60] Aber er konnte auch formelle Vorgänge und entscheidensrelevante Gegenstände mutwillig verschwinden lassen – zumindest theoretisch, denn eine ›ordentliche Aktenführung‹ wurde bei den Revisionen der Amtsverwaltung eingehend überprüft, und diesbezügliches Fehlverhalten konnte zur Entlassung führen.[61]

58 Vgl. dazu für die preußische Verwaltung grundsätzlich: Stefan Haas, Erinnerung in administrativen Systemen. Gedächtnisstrukturen der preußischen Verwaltung in Westfalen im 19. Jahrhundert, in: Westfälische Forschungen 51 (2001), S. 39–57 sowie Haas, Kultur der Verwaltung (wie Anm. 38), S. 216–231 u. S. 275–298. Einen interessanten Blick auf die Akte im Bauverwaltungsprozess einer modernen Verwaltung wirft auch Michaela Schmidt, Im Inneren der Bauverwaltung. Eigenlogik und Wirkmacht administrativer Praktiken bei Bauprojekten, Bielefeld 2016, S. 302 f. Hier diente die Akte und Registratur der Bauverwaltung dazu, den zu entscheidenden Fall ihrer eigenen Zeitlogik zu unterwerfen.

59 Vgl. exemplarisch das Protokollbuch der Gemeinde Dorf Gescher (1844–1888). Im gesamten Berichtszeitraum findet sich nur einmal ein Hinweis auf vergangene Entscheidungen beziehungsweise den Nicht-Entscheid. Hier verweigert die Gemeindeverordnetenversammlung in ihrer Beschlussfassung die Annahme eines Postens zum Chausseebau im Gemeindeetat damit, dass »die Gemeinde Gescher nie die Zustimmung gegeben habe«, Protokoll v. 21.08.1851, in: StAGescher, Best. A, Nr. 1227. Der Amtmann als Alleinentscheider der Ortspolizei wird sich häufiger der Akte zur Urteilsbegründung bedient haben, aber dieses Feld ist bisher von mir noch nicht untersucht worden.

60 So finden sich beispielsweise im Zuge der Eingemeindungsverhandlungen in den 1920er Jahren immer wieder Hinweise auf informelle Absprachen. Vgl. exemplarisch: Oberbürgermeister von Wedelstädt an das Amt Horst-Emscher v. 02.10.1919, in: ISG, Best. Amt Horst, Nr. 29. In Gescher wird erst in einem Streitfall ersichtlich, dass ein unauffällig protokollierter Beschluss der Gemeindeverordnetenversammlung laut vereidigtem Zeugenprotokoll sehr umstritten war und sich der Amtmann gegen den Willen der Gemeindeverordneten durchgesetzt hatte. Vgl. Protokoll v. 02.12.1909, in: StAGescher, Best. A, Nr. 1234 u. Gemeindevorsteher Lütke-Meyering an den Landrat v. Fürstenberg v. 15.12.1909.

61 So wurde Amtmann Schnitzler in Gescher aufgrund seiner bei einer Revision deutlich gewordenen Aktenführung entlassen. Das war jedoch nicht der einzige Grund, da es bereits jahrzehntelange Auseinandersetzungen zwischen Amtmann Schnitzler und den übergeordneten Behörden gab. Vgl. LAV NRW W, Regierung Münster, Nr. 2038.

4. Zusammenfassung

Ausgangspunkt dieses Aufsatzes war die Frage danach, inwiefern die Auswahl und Weitergabe von Informationen Entscheidungen in den untersuchten Konstellationen bereits präjudizieren konnten und welcher Stellenwert Informationen als Ressource des Entscheidens zukam.

Die Betrachtung des Chausseewesens über längere Dauer hat eine Entwicklung im Umgang mit Informationen von Seiten der staatlichen Zentralbehörden deutlich gemacht: Es entstand ein Bewusstsein dafür, dass bereits bei der Generierung und Auswahl der für die Regulierung des Chausseewesens notwendigen Informationen Vor-Entscheidungen getroffen wurden. Hierbei lassen sich zwei unterschiedliche Muster beobachten: Zunächst wurde versucht, alle Vor-Entscheidungen auf staatlicher Ebene vorwegzunehmen. Indem die Informationsbeschaffung reglementiert und standardisiert wurde, sollte eine regelgeleitete Ableitung durch geschultes Personal in den Regionen gewährleistet werden. Informationsinterpretation und -verarbeitung blieben staatlichen Akteuren vorbehalten. Informationen wurden unter diesem Regime in eine Wahr/falsch-Dichotomie eingeordnet. Reglementierung sollte folglich dafür sorgen, nach wissenschaftlichen Standards so weit als möglich wahre Information zu generieren. Mit dem Umbau des Staatsaufbaus änderte sich der Umgang mit Informationen grundlegend: Informationsverarbeitung und Entscheidung wurden zunehmend schon auf regionaler Ebene, aber weiterhin im Interesse des Staates getroffen. Die Beamten der Regierung fungierten als Agenten des Staates bei der Informationsbeschaffung. Einerseits sollten sie Informationen nach Kriterien des Staates generieren, andererseits von Dritten generierte Informationen auf die Einhaltung ebendieser Kriterien kontrollieren. Der Umgang mit Informationen wurde hierbei also reflektiert und problematisiert. Regulierung ermöglichte es dem Staat, Informationsgenerierung und -verarbeitung abzugeben – trotz oder gerade wegen dieser Reflexionsleistung, indem er dementsprechend Handlungsspieleräume für Regierungsbezirke und Private schuf und begrenzte.

Wurde mit dem Chaussebauwesen eine Staatsaufgabe über längere Dauer hin mit ihren unterschiedlichen Akteuren betrachtet, ist mit der Verwaltungseinheit des Amts eine lokale Akteurkonstellation mit ihren unterschiedlichen Aufgaben in den Blick genommen worden. Die festgestellten Funktionen von Informationen im Prozess des Entscheidens im Amt haben gezeigt, dass auch hier die Selektion und Weiterverarbeitung von Informationen Entscheidungen präjudizierte (2.2 Information dient der Legitimität von Entscheidungen). Auch in diesem Kontext lässt sich eine Tendenz zur Standardisierung und Formalisierung erkennen, um Handlungsspielräume einzugrenzen und Entscheidungsroutinen für die übergeordneten Behörden zu schaffen (4. Information ermöglicht Verwaltungsroutinen). Ebenso ist ein Bewusstsein für die Relevanz von Informationen im Entscheidensprozess auch auf lokaler Ebene zu erkennen (3. Information als Aushandlungsmittel). Zusätzlich erweist sich dabei, dass der Amtmann für die

Markierung und Zuteilung der Information »auf eine Aufgabe hin« zuständig war.[62] Denn damit konnte er nicht nur Entscheidungen präjudizieren, sondern überhaupt erst Entscheidungssituationen herbeiführen (1. Information schafft Entscheidungssituationen). Der dadurch entstandene Ermessenspielraum wurde von den übergeordneten Behörden jedoch kaum reflektiert.

62 Brendecke, Information (wie Anm. 3), S. 16.

Stefan Lehr

Volkswirtschaftliches Planen im Staatssozialismus

Die Wirtschaftspläne in der sozialistischen Tschechoslowakei (1945–1989)

1. Einleitung

Am 7. September 1984 verhandelte das Präsidium des Zentralkomitees (so die Bezeichnung des Politbüros) der Kommunistischen Partei der Tschechoslowakei (KPTsch) als ersten Tagesordnungspunkt die Richtlinien für den achten Fünfjahresplan (1986–1990). Der Generalsekretär der KPTsch und Präsident der Republik, Gustáv Husák, stellte laut Protokoll in der Abschlussdiskussion fest: »Es ist ein Elend, dass wir bei der Erstellung des Plans keine Grundlage haben, auf die wir uns stützen können.«[1] Tatsächlich hatte die Staatliche Planungskommission (SPK) den Präsidiumsmitgliedern zur Vorbereitung der Sitzung 534 Seiten mit umfangreichen Vorlagen, Statistiken und Informationen vorgelegt. Wie lässt sich dieser Widerspruch erklären?

Der vorliegende Beitrag fragt nach dem Verhältnis von Rationalität und politischer Willkür bei der Planerstellung im sozialistischen Osteuropa. Auf welcher Grundlage entschieden die im Politbüro vereinigten führenden Politiker über die Wirtschaftspläne des Landes und welche Rolle spielten unterschiedliche Ressourcen des Entscheidens in diesem Prozess? Diese Fragen werden unter Berücksichtigung der umfangreichen Forschungsliteratur zur sowjetischen Planwirtschaft[2] exemplarisch für den Zweijahresplan (1947/48) und den achten Fünfjahresplan der Tschechoslowakei untersucht.

1 »je to bída, když při sestavování plánu nemáme z čeho vycházet«. Národní archiv (NA) Praha, 02/1, Předsednictvo ÚV KSČ 1986–1989, 116. Sitzung des ZK-Präsidiums der KPTsch, 7.9.1984. Tagesordnungspunkt 1: Grundlinien der wirtschaftlichen und sozialen Entwicklung der Tschechoslowakei bis zum Jahre 1995 und die Richtlinien zum 8. Fünfjahresplan. Diskussion.

2 Michael Ellman, Socialist Planning, Cambridge ³2014; ders., Soviet Planning Today, Cambridge 1972; Jürgen Drzymalla, Planung im sowjetischen Wirtschaftssystem. Begriff, historische Entwicklung, Funktionsprinzipien, Wandlungstendenzen, Alternativkonzepte, Frankfurt a. M. 1991; Pekka Sutela, Socialism, Planning and Optimality. A Study in Soviet Economic Thought, Helsinki 1984; Pawel Dembinski, The Logic of the Planned Economy. The Seeds of the Collapse, Oxford 1991; Jan Adam, Planning and Market in Soviet and East European Thought, 1960s–1992, London 1993; Michael Masuch, Kritik der Planung. Naturwüchsigkeit und Planung im realen Sozialismus, Darmstadt 1981.

Die These lautet, dass der Plan, auf dessen mathematisch-wissenschaftliche Grundlage sich Planer und Politiker beriefen, in Wirklichkeit in hohem Maße eine Rationalitätsfassade war, hinter der Praktiken des Krisenmanagements, des Inkrementalismus und der Improvisation das Bild bestimmten.[3] Die intendierte Steuerung aller Bereiche einer entwickelten Volkswirtschaft ist ein Prozess von äußerster Komplexität, dem die Ressourcen und Fähigkeiten der Planer nie auch nur ansatzweise gerecht wurden. Zur Beschreibung derartiger Phänomene prägte der Soziologe Uwe Schimank die Formel: Je höher die Komplexität, desto niedriger die Rationalität.[4] Schimank stützt sich seinerseits auf Arbeiten des Politik- und Wirtschaftswissenschaftlers Charles E. Lindblom, der das Konzept des Muddling Through (»Sich-Durchwurschteln«) geprägt hat. Diese Strategie der unkoordinierten kleinen Schritte steht im Gegensatz zu planbestimmten Steuerungsmodellen und der Theorie rein rationaler Entscheidungen.[5] Lindblom geht davon aus, dass die planerischen Schlüsselentscheidungen auf der höchsten Ebene nur sehr bedingt auf der Grundlage von Analysen und Planung getroffen wurden. Entscheidend sei in kommunistischen Systemen vielmehr die Interaktion zwischen den politischen Führern sowie der am Aushandlungsprozess beteiligten Institutionen (Betriebe, Ministerien, SPK, ZK-Abteilung, Politbüro).[6]

Im Folgenden wird zunächst auf den Plan und seinen theoretischen Stellenwert im Sozialismus sowie die Entwicklung der Wirtschaftspläne in der Sowjetunion und der Tschechoslowakei eingegangen. Anschließend schildere ich exemplarisch die Erstellung des Zweijahresplans und des achten Fünfjahresplans hinsichtlich ideeller und praktischer Ressourcen des Entscheidens. Dabei wird einerseits danach gefragt, welche Bedeutung empirisch fundierte Berechnungen für die Planerstellung hatten und inwiefern mit ihrer Hilfe Entscheidungen prädisponiert werden konnten. Andererseits geht es um das Spannungsverhältnis von wissenschaftsbasierter Planung und politischer Entscheidung.

3 Peter C. Caldwell, Plan als Legitimationsmittel, Planung als Problem. Die DDR als Beispiel staatssozialistischer Modernität, in: Geschichte und Gesellschaft 34 (2008), S. 360–374, hier S. 362.

4 Uwe Schimank, Die Entscheidungsgesellschaft. Komplexität und Rationalität der Moderne, Wiesbaden 2005; ders., Wichtigkeit, Komplexität und Rationalität von Entscheidungen, in: J. Weyer/I. Schulz-Schaeffer (Hg.), Management komplexer Systeme. Konzepte für die Bewältigung von Intransparenz, Unsicherheit und Chaos, München 2009, S. 55–69; Peter Ador, Projektdynamik. Komplexität im Alltag, Frauenfeld 2010, S. 185.

5 Charles E. Lindblom, The Science of »Muddling Through«, in: Public Administration Review 19 (1959), S. 79–88; ders., Still Muddling, Not Yet Through, in: Public Administration Review 39 (1979), S. 517–526.

6 Charles E. Lindblom, The Sociology of Planning. Thought and Social Interaction, in: Morris Bornstein (Hg.), Economic Planning, East and West, Cambridge, Mass. 1975, S. 23–60, hier S. 54; ders., Jenseits von Markt und Staat. Eine Kritik der politischen und ökonomischen Systeme, Stuttgart 1980, S. 510.

2. Grundzüge der sozialistischen Wirtschaftsplanung

Der sozialistische Wirtschaftsplan stand für Wachstum, Modernisierung und Fortschritt.[7] Der Begriff ›Plan‹ impliziert umfassende Steuerungskapazitäten. Aus der vermeintlich wissenschaftlichen Analyse wirtschaftlicher Parameter leiteten die Planer ihren Anspruch auf Regelungskompetenz ab.[8] Darauf beruhte auch der Mythos des Plans. Er stand für Rationalität und Wissenschaftlichkeit. Der Plan diente als Legitimationsressource zur Mobilisierung der Gesellschaft, die mit seiner Hilfe transformiert werden sollte. Er suggerierte die Vorstellung beherrschbarer und beherrschter gesellschaftlicher Prozesse und damit die utopische Vision einer besseren Zukunft. Der sozialistische Plan besaß deswegen nicht nur eine technisch-funktionale, sondern auch eine mythische Komponente.

Angetreten war das sozialistische Wirtschaftsmodell mit dem Anspruch, die »Anarchie«, »Naturwüchsigkeit« und Krisen des kapitalistischen Marktsystems zu überwinden.[9] Das Planungsprinzip war eine Grundsäule des auf die Begründer des Marxismus zurückgehenden ökonomischen Systems. Im Dezember 1920 nahm die Regierung unter Lenin den ersten langfristigen Plan an, ein von der Staatlichen Kommission für Russland ausgearbeitetes Konzept zur Elektrifizierung des Landes (GOELRO).[10] Die Implementierung der Planwirtschaft in Form einer zentral-administrativen ›Kommandowirtschaft‹ setzte in der Sowjetunion jedoch erst unter Stalin mit dem ersten Fünfjahresplan (1928–33) ein.[11]

7 Zum Plan im Sozialismus vgl. Marios Camhis, Planning Theory and Philosophy, London 1979; Peter Rutland, The Myth of the Plan. Lessons of Soviet Planning Experience, La Salle, Illinois 1985; Caldwell, Plan als Legitimationsmittel (wie Anm. 3), S. 360–374; ders., *Dictatorship, State Planning, and Social Theory in the German Democratic Republic*, New York 2003; ders., Sozialistische Wirtschaftslehre. Zur Planung und Kontrolle einer Disziplin, in: Bernd Greiner u. a. (Hg.), *Macht und Geist im Kalten Krieg*, Hamburg 2011, S. 136–57; Martin Schulze Wessel, Zukunftsentwürfe und Planungspraktiken in der Sowjetunion und der sozialistischen Tschechoslowakei. Zur Einleitung, in: Ders. / Christina Brenner (Hg.), Zukunftsvorstellungen und staatliche Planung im Sozialismus. Die Tschechoslowakei im ostmitteleuropäischen Kontext 1945–1989, München 2010, S. 1–18.

8 Schulze Wessel, Zukunftsentwürfe (wie Anm. 7), S. 5.

9 Friedrich Pollock, Die planwirtschaftlichen Versuche in der Sowjetunion 1917–1927, Leipzig 1929, S. 282; János Kornai, Das sozialistische System. Die politische Ökonomie des Kommunismus, Köln 1995, S. 121.

10 Heiko Haumann, Beginn der Planwirtschaft. Elektrifizierung, Wirtschaftsplanung und gesellschaftliche Entwicklung Sowjetrußlands 1917–1921, Düsseldorf 1974. Vgl. die ältere Literatur: M. Krischanowski, Die Planwirtschaftsarbeit in der Sowjetunion. Ergebnisse des ersten Jahrzehnts, Berlin 1927; Pollock, Die planwirtschaftlichen Versuche (wie Anm. 9).

11 Eugène Zaleski, Planning for Economic Growth in the Soviet Union, 1918–1932, Chapel Hill 1971; ders., Stalinist Planning for Economic Growth, 1933–1952, London 1980; Tatjana Kirstein, Die Rolle der KPdSU in der Wirtschaftsplanung 1933–1953/55, Wiesbaden 1985; R. W. Davies u. a., The Years of Progress. The Soviet Economy, 1934–1936, New York 2014.

In der Tschechoslowakei befürworteten nach dem Zweiten Weltkrieg alle politischen Parteien die Planwirtschaft.[12] Planung war ein Codewort für eine bessere Zukunft. Planvolle Eingriffe des Staates sollten Wirtschaftskrisen wie die in den frühen 1930er Jahren, von der auch die Tschechoslowakei schwer getroffen worden war, für alle Zeiten verhindern und der Bevölkerung einen wachsenden Wohlstand garantieren. Das nach dem Zweiten Weltkrieg und insbesondere nach der kommunistischen Machtübernahme im Februar 1948 installierte Planungssystem der Tschechoslowakei umfasste alle Bereiche der Gesellschaft und beinhaltete langfristige Prognosen und Entwicklungspläne, mittelfristige Perspektivpläne wie die im vorliegenden Beitrag im Zentrum stehenden Fünfjahrespläne sowie kurzfristige Einjahrespläne.[13] Neben dem intendierten Wachstum der Volkswirtschaft insgesamt legten die Fünfjahrespläne die Steigerungsraten der einzelnen Sektoren, den Umfang der Investitionen und die Mengen der zu produzierenden Waren fest. Folglich wurden mit dem Plan alle wesentlichen Weichenstellungen über die zukünftige Wirtschaftspolitik des Landes getroffen. Die tschechoslowakischen Wirtschaftspläne nach 1945 hatten Gesetzescharakter. Es handelte sich um imperative, vollzugsverbindliche Vorgaben, deren Umsetzung überprüft wurde. Sie hatten also nicht nur indikativen, richtungsweisenden Charakter wie diverse Pläne im Westen.[14] Darüber hinaus unterschied sich die Planung im Osten durch ihre ideologische Zielgerichtetheit, die zunächst zum Sozialismus und dann zum Kommunismus führen sollte. Dadurch wurde die Kontingenz der Zukunft, also die zur Wahl stehenden Alter-

12 Zur Planwirtschaft und der Entwicklung der ›planmäßigen Leitung‹ der Wirtschaft in der Tschechoslowakei s. vor allem die Publikationen von Kurt Rozsypal: Ders., Dvacet let vývoje plánování a řízení československého národního hospodářství, in: Vývoj a cíle národohospodářské politiky ČSSR, Praha 1968, S. 7–89; ders. u. a., Národohospodářské plánování, Praha 1985; ders. u. a., Úvod do teorie a praxe národohospodářského plánování, Praha 1981; ders., Vývoj plánovitého řízení v netržních podmínkách v letech 1953–1964 (paměti), Praha 1999; ders., Vývoj plánovitého řízení v netržních podmínkách (první část: úvod a období 1945–1952), in: Václav Průcha (Hg.), Z hospodářských a sociálních dějin Československa 1918–1992, Praha 1998, S. 201–233.

13 Kurt Rozsypal, Úvod do teorie; Ladislav Říha, Dlouhodobé prognózy a plány, Praha 1974; ders. / Valtr Komárek, Dlouhodobé plánování, Praha 1971; N. P. Fedorenko (Hg.), Komplexní národohospodářské plánování, Praha 1976; Josef Mervart, Dlouhodobé plánování, Praha 1980.

14 Vgl. Dirk van Laak, Planung. Geschichte und Gegenwart des Vorgriffs auf die Zukunft, in: Geschichte und Gesellschaft 34 (2008), S. 305–326; Andreas Malycha / Ulrike Thoms, Aufbruch in eine neue Zukunft? Biowissenschaftliche Prognosen in der DDR und der Bundesrepublik in den 1960er und 1970er Jahren, in: Heinrich Hartmann / Jakob Vogel (Hg.), Zukunftswissen. Prognosen in Wirtschaft, Politik und Gesellschaft seit 1900, Frankfurt a. M. 2010, S. 107–136; Martin Sabrow, Zukunftspathos als Legitimationsressource. Zu Charakter und Wandel des Fortschrittsparadigmas in der DDR, in: Heinz-Gerhard Haupt / Jörg Requate (Hg.), Aufbruch in die Zukunft. Die 1960er Jahre zwischen Planungseuphorie und kulturellem Wandel. DDR, CSSR und Bundesrepublik Deutschland im Vergleich, Weilerswist 2004, S. 165–185.

nativen, bedingt durch das dogmatische Festhalten am Marxismus-Leninismus beträchtlich eingeschränkt.[15]

3. Der Zweijahresplan (1947/1948)

Der erste Wirtschaftsplan der Tschechoslowakei, der Zweijahresplan von 1947/1948, unterschied sich von den nachfolgenden acht Fünfjahres-Plänen in Geltungszeitraum und Genese.[16] Er führte noch keine ›zentral-direktive‹ Planung ein und verband noch Elemente von Plan und Markt.[17] Das Ziel des Plans war es, die Industrieproduktion um 10 Prozent über die des Jahres 1937 zu steigern. Noch vor der kommunistischen Machtübernahme im Februar 1948 war er im Sommer 1946 hastig ausgearbeitet und im Oktober beschlossen worden. Den Entwurf für den Plan hatte die Volkwirtschaftliche Kommission der KPTsch erarbeitet und gegenüber den anderen in der Nationalen Front vertretenen Parteien weitgehend durchsetzen können.[18]

Intern räumten die in diesem Gremium arbeitenden kommunistischen Wirtschaftsexperten ein,[19] dass sie das Planen erst durch die Praxis lernten. Wieder-

15 Malycha / Thoms, Aufbruch (wie Anm. 14), S. 111; Schulze Wessel, Zukunftsentwürfe (wie Anm. 7), S. 2.

16 Vgl. Jaromír Balcar, Von der Rüstkammer des Reiches zum Maschinenwerk des Sozialismus. Wirtschaftslenkung in Böhmen und Mähren 1938 bis 1953, Göttingen 2013, S. 207–254; ders., Panzer für Hitler – Traktoren für Stalin. Großunternehmen in Böhmen und Mähren 1938–1950, München 2014, S. 385–426; ders. / Jaroslav Kučera, Von der Gestaltung der Zukunft zur Verwaltung des Mangels. Wirtschaftsplanung in der Tschechoslowakei von der Befreiung bis in die frühen fünfziger Jahre, in: Schulze Wessel / Brenner, Zukunftsvorstellungen (wie Anm. 7), S. 187–204; Miloslav Bernášek, Czechoslovak Planning 1945–48, in: Soviet Studies 22 (1970), S. 94–109; Patrick David Henderson u. a., Technik und Verlauf des tschechoslowakischen Zweijahrplanes, Prag 1948; Josef Goldmann / Josef Flek, Plánované hospodářství v Československu, Praha 1949; englische Version: dies., Planned Economy in Czechoslovakia, Prague 1949.

17 Der Plan steuerte die Produktionsmengen, legte aber beispielsweise noch nicht die Preise und die Arbeitsproduktivität fest.

18 Vgl. zu den am Planungsprozess beteiligten Institutionen Drago Fišer, Teoretické otázky vrcholných plánovacích orgánů. Rozbor československých zkušeností z let 1945–1948, Praha 1965; Rudolf Lavička / Josef Toman, Nová organizace plánování národního hospodářství. Vývoj ústředního plánovácího orgánu. Státní plánovací komise, Praha 1959; Alexandra Špiritová (Hg.), Příprava dvouletého hospodářského plánu. Stenografické záznamy Ústřední plánovací komise, Praha 2004; Ministerstvo informací (Hg.), První česloslovenský plán. Sbírka projevů a dokumentů o dvouletém hospodářském plánu, Praha 1946.

19 Maßgeblich geprägt wurden die Arbeiten am Zweijahresplan – wie auch die am nachfolgenden ersten Fünfjahresplan – von Ludvík Frejka und Josef Goldman. Ludwig Freund entstammte einer deutschsprachigen jüdischen Familie aus Reichenberg. Er hatte von 1923 bis 1927 in Berlin und London Nationalökonomie studiert, seit 1923 war er Mitglied der Kommunistischen Partei der Tschechoslowakei. Nach dem Exil in London

holt fehlten ihnen wichtige Unterlagen und Statistiken, die für ein rationales Entscheiden notwendig gewesen wären.[20] Fand man auf den Sitzungen der Volkswirtschaftlichen Kommission keinen Konsens, referierte der Kommissionsleiter Ludvík Frejka dem Parteivorsitzenden Klement Gottwald oder dem Generalsekretär Rudolf Slánský den Sachverhalt, um deren Entscheidung einzuholen.[21] Die eigentlich zuständige Fachkommission reichte die Entscheidungsfindung also an die mächtigen Parteiführer weiter. Nach einer Rede Gottwalds auf einer Sitzung des Zentralkomitees der KPTsch über volkswirtschaftliche Fragen ließ sich die Volkswirtschaftliche Kommission für ihre weitere Arbeit von den Anregungen des Parteivorsitzenden inspirieren.[22]

Der Zweijahresplan wurde weitgehend erfüllt.[23] Nur in der Landwirtschaft und im Bauwesen wurden die gesetzten Ziele nicht vollständig erreicht. Dies erklärten die Kommunisten damit, dass diese Bereiche noch nicht verstaatlicht waren.[24]

4. Die Fünfjahrespläne

Die folgenden acht tschechoslowakischen Fünfjahrespläne seit 1949 entstanden in mehreren Schritten.[25] Sie wurden in einem aufwendigen bürokratischen Verfahren auf unterschiedlichen Ebenen zwischen der Parteiführung (Politbüro/ Präsidium des Zentralkomitees), den zuständigen Abteilungen des Zentralkomitees (insbesondere die Ökonomische ZK-Abteilung), den staatlichen Insti-

trug er seit Juni 1945 anstelle des deutschen den tschechischen Namen Frejka. Er hatte bis zu seiner Hinrichtung 1952 im Schauprozess gegen Rudolf Slánský und weitere Spitzenfunktionäre jüdischer Herkunft verschiedene Ämter als Wirtschaftsexperte innerhalb der KPTsch inne. Auch Josef Goldmann (1912–1984) wurde Anfang der 1950er Jahre in diesem Zusammenhang verhaftet. Čihák, Martin, Josef Goldmann. Legenda české poválečné makroekonomie, in: Politická ekonomie. Teorie, modelování, aplikace 45 (1997), S. 3–24.

20 »Wir fangen mit dem Planen erst an. Immer wieder treffen wir auf Mängel in den Planungsunterlagen«. Národní archiv (NA) Praha, ÚV KSČ, Klement Gottwald, sv. 70, aj. 991–992, karton 70, Bl. 5. »Wir sind noch nicht so weit, dass wir einen sowjetischen Fünfjahresplan erarbeiten können. [...] Uns fehlen die Erfahrung, das statistische Material und andere Unterlagen sowie auch langfristige Studien über unsere neuen Verhältnisse.« Ebd.

21 NA Praha, ÚV KSČ, Národohospodářská komise (NHK), 100/12, aj. 6. Protokol schůze národohospodářské komise, 31.7.1945, Bl. 63.

22 Ebd. Protokol schůze národohospodářské komise, 16.10.1945, Bl. 39. Dies war auch der Fall nach einer erneuten Rede Gottwalds auf der Sitzung am 20.12.1945. Ebd., Bl. 52.

23 Státní úřad plánovací (Hg.), Průběh plnění dvouletného hospodářského plánu 1947–1948, Praha 1949.

24 Pětiletka. Naše cesta k socialismu, Praha 1948, S. 9–10.

25 1. 1949–1953, 2. 1956–1960, 3. 1961–1965, 4. 1966–1970, 5. 1971–1975, 6. 1976–1980, 7. 1981–1985, 8. 1986–1990. Die Richtlinien des neunten Plans (1991–1995) wurden 1989 noch im Politbüro verhandelt. Der Realisierung kam das Ende des Regimes jedoch zuvor.

tutionen (Staatliche Planungskommission – SPK, Regierung, Ministerien) und den ihnen untergeordneten staatlichen Betrieben ausgearbeitet.

Idealerweise sollten der Staatlichen Planungskommission allumfassende Informationen für die Planerstellung vorliegen. Auf dieser Basis arbeitete sie mithilfe eines ausgeklügelten wissenschaftlichen Systems unter Anwendung mathematischer und statistischer Methoden mehrere Szenarien für die zukünftige wirtschaftliche Entwicklung aus.[26] Diese wurden sodann der politischen Führung in einem mehrstufigen verfahrensförmigen Prozess, in dem auch mit den Ministerien und Betrieben verhandelt wurde, zunächst als Richtlinien und schließlich als Entwurf des Plans zur Entscheidung und Genehmigung vorgelegt und letztendlich vom Parlament als Gesetz verabschiedet.

Aufgrund der Komplexität der Vorgänge war das Politbüro auf die Vorlagen der SPK angewiesen, die Plan-Entscheidungen also faktisch prädisponieren konnte. Die Entwürfe der Staatlichen Planungskommission wurden zunächst der zuständigen ZK-Abteilung zur Begutachtung, dann erst dem Politbüro vorgelegt. Auf diese Weise waren die ZK-Abteilungen das eigentliche Machtzentrum des Systems, da sie Anträge ablehnen, die Überarbeitung sowie inhaltliche Änderungen fordern konnten. Andererseits klagten sowohl ZK- als auch Regierungsmitarbeiter über die Allmacht der SPK.[27] Letztere konnte sich gegen Einwände wehren, indem sie argumentierte, dass sich Änderungswünsche aufgrund der Komplexität der Materie, der zahlreichen sachlichen Interdependenzen und des zeitlichen Drucks nicht mehr berücksichtigen ließen. Zudem besaß die SPK gegenüber den anderen Institutionen ein Übergewicht an Informationen.[28] Letztlich entschied jedoch das Votum der ZK-Abteilung und der kommunistischen Spitzenfunktionäre, wie bereits am Zweijahresplan gezeigt wurde und im Folgenden noch am Beispiel der Diskussion um die Wachstumsrate des achten Fünfjahresplans exemplarisch demonstriert wird.

Die sozialistische Planwirtschaft ist bekanntlich 1989 gescheitert. Vorausgegangen war eine lange Zeit des wirtschaftlichen Siechtums. Das kommunistische Wirtschaftssystem krankte an Ineffektivität, übertriebener Zentralisation, fehlender Innovationskraft und Inflexibilität.[29] Einerseits herrschte Mangel,[30] andererseits kam es zu Verschwendung und Warenhortung. Unzureichende Qualität, unrealistische Preise, übermäßige Kosten und ein zu hoher Materialaufwand kennzeichneten die Produktion. Diese Defizite standen mit der Plan-

26 Vgl. hierzu beispielsweise: E. S. Maiminas, Planungsprozesse. Informationsaspekt, Berlin 1972; Autorenkollektiv (Hg.), Planungs- und Prognosemodelle. Erfahrungen, Probleme, Entwicklungstendenzen. Berlin 1981.

27 Vgl. František Nevařil, U tří premiérů, Praha 1997; Miloš Jakeš, Dva roky generálním tajemníkem, Praha 1996, S. 58–59.

28 Jakeš, Dva roky (wie Anm. 27), S. 58–59.

29 Vgl. Drzymalla, Planung im sowjetischen Wirtschaftssystem (wie Anm. 2), S. 208–217.

30 Vgl. János Kornai, Economics of Shortage, Amsterdam 1980. Zur Entstehung des Buches vgl. ders., Kraft des Gedankens. Ungewöhnliche Erinnerungen an eine intellektuelle Reise, Wien 2011, S. 297–330.

wirtschaft in einem unmittelbaren Zusammenhang und sie wurden in der Forschung zu den staatsozialistischen Ländern wiederholt behandelt.[31]

Die Gründe für das wiederholte Verfehlen von Planungszielen und das Scheitern ganzer Pläne sind vielfältig. Bestimmte Ereignisse waren für die Planer schlicht nicht vorhersehbar. So konnten sie bei der Ausarbeitung des ersten tschechoslowakischen Fünfjahresplanes (1949–1953) nicht absehen, dass die veränderte internationale Lage zu einer Einschränkung des Ost-West-Handels führen sollte. Hinzu kam, dass die Planvorgabe auf sowjetischen Druck dreimal erhöht wurde, was den ursprünglichen Plan faktisch hinfällig machte.[32] Eigens aus der Sowjetunion angereiste weisungsberechtigte Berater übten in jener Zeit einen starken Einfluss auf die Planentscheidungen aus.[33] Mehrere Jahre – von 1954 bis 1958 – arbeitete man nur mit Einjahresplänen. Der zweite Fünfjahresplan (1956–1960) wurde erst mit zweijähriger Verspätung 1958 angenommen.[34] Die Ziele des im November 1960 verabschiedeten dritten Fünfjahresplans (1961–1965)[35] waren auf Anweisung des Parteiführers Antonín Novotný höhergesteckt worden.[36] Bereits ein Jahr später wurde er revidiert und im zweiten Jahr eingestellt, da die Planziele nicht erfüllt werden konnten.[37] Die Staatliche Planungskommission begann mit den Arbeiten an einem Siebenjahresplan (1964–1970), die jedoch nicht von der Stelle kamen und schließlich aufgegeben wurden.[38]

31 Vgl. beispielsweise Andreas Hoessli, Planlose Planwirtschaft. Krisenzyklus und Reformmodelle in Polen, Hamburg 1989; Theo Pirker u. a., Der Plan als Befehl und Fiktion. Wirtschaftsführung in der DDR. Gespräche und Analysen. Opladen 1995; André Steiner, Von Plan zu Plan. Eine Wirtschaftsgeschichte der DDR, Berlin 2007; Alec Nove, An Economic History of the USSR, Harmondsworth 1975; Kornai, Das sozialistische System (wie Anm. 9); Jiří Kosta, Sozialistische Planwirtschaft. Theorie und Praxis, Opladen 1974; ders., Wirtschaftssysteme des realen Sozialismus. Probleme und Alternativen, Köln 1984.

32 Jaromír Dolanský, O zvýšení pětiletého hospodářského plánu. Referát soudruha Jaromíra Dolanského na zasedání ústředního výboru komunistické strany Československa dne 22. února 1951, Praha 1951.

33 Karel Kaplan, Sovětští poradci v Československu 1949–1956, Praha 1993; Zdeněk Jirásek, K otázce sovětských vlivů na československé hospodářství v letech první pětiletky, in: Fragmenty dějin. Sborník prací k šedesátinám Jana Gebharta, Praha 2006, S. 587–592; ders., K příchodu sovětských hospodářských poradců do Československa, in: Acta historica et museologica Universitatis Silensianae Opaviensis 5 (2000), S. 324–328.

34 Sbírka zákonů č. 63/1958.

35 Sbírka zákonů č. 165/1960.

36 Martin Myant, The Czechoslovak Economy 1948–1988. The Battle for Economic Reform, Cambridge 1989, S. 90.

37 Drahomír Jančík, Kolaps třetí československé pětiletky (1961–1962). Mechanismy nerovnováhy v centrálně-přídělovém modelu ekonomiky v porozumění Zdislava Šulce, in: Eduard Kubů u. a. (Hg.), Fenomén hospodářské krize v českých zemích 19. až počátku 21. století, Praha 2015, S. 295–320; ders., Mocenské centrum, direktivní plánování a hospodářská realita před nástupem Pražského jara, in: Jiří Petráš / Libor Svoboda (Hg.), Předjaří. Československo 1963–1967, Praha 2016, S. 212–225.

38 Myant, The Czechoslovak Economy (wie Anm. 36), S. 129.

Obwohl der Wirtschaftsplan ökonomische Krisen verhindern und für ein stabiles Wachstum sorgen sollte, kam es auch in den sozialistischen Ländern immer wieder zu wirtschaftlichen Einbrüchen und Stagnation. So in der Tschechoslowakei in den Jahren 1961–1963 sowie zu Beginn und Ende der 1980er Jahre. Die Gründe für die Krise in den 1960er Jahren lagen auch in diesem Fall in unvorhersehbaren Ereignissen wie dem Ausfall des Handelspartners China nach einem Zerwürfnis mit der Sowjetunion oder zweien durch schlechtes Wetter bedingten Missernten.[39]

Hinzu kamen die systemimmanenten Mängel des schwerfälligen und unflexiblen planwirtschaftlichen Leitungs- und Lenkungssystems. Trotz Anstrengungen zur ›Optimierung‹ konnten sie auch über Jahrzehnte nicht beseitigt werden.[40] Die Planungsentscheidungen entsprachen – wie im Folgenden gezeigt werden soll – in der Realität bei weitem nicht ihrem rational-wissenschaftlichen Anspruch.[41]

Die mit der Informationsbeschaffung der Staatlichen Planungskommission verbundenen Probleme für die Festsetzung der Plankennziffern sind bereits mehrfach in der Forschungsliteratur beschrieben worden.[42] Die SPK war hierbei auf die Angaben der Betriebe existenziell angewiesen. Letztere waren an ›weichen‹ Plänen interessiert. Sie wollten möglichst viele Ressourcen und zugleich niedrige zu erfüllende Plankennziffern erhalten. Die weitergegebenen Daten waren daher oft manipuliert.[43] So entstand eine verzerrte Informationsgrundlage, die mit den tatsächlichen wirtschaftlichen Gegebenheiten nicht übereinstimmte.

Auch wenn das System mit ausgeklügelten Zeit-, Frist- und Kontrollplänen arbeitete, zeigt die Praxis, dass die SPK zeitweise überfordert war und überhaupt nicht alle für eine geordnete Planung erforderlichen Informationen rechtzeitig auswerten konnte. So beklagte der Leiter der SPK beispielsweise im Februar 1963

39 Ebd., S. 97, 99.

40 Grundlegende Reformen wie während des Prager Frühlings, als es zu einer Verknüpfung von Markt und Plan kam, wurden im Zuge der sogenannten Normalisierung nach 1969 wieder aufgehoben. Vgl. Ota Šik, Plan und Markt im Sozialismus, Wien 1967. Erst zu Ende der 1980er Jahre nahm das Regime aufgrund der wirtschaftlichen Probleme erneut weitgehende Reformen in den Blick, deren Realisierung jedoch von der geschichtlichen Entwicklung überholt wurde. Siehe hierzu Michal Pullmann, Konec experimentu. Přestavba a pád komunismus v Československu, Praha 2011.

41 Vgl. Kornai, Kraft des Gedankens (wie Anm. 30), S. 189–204.

42 Vgl. Steiner, Von Plan zu Plan (wie Anm. 31), S. 13–14; ders., Die DDR-Wirtschaftsreform der sechziger Jahre. Konflikt zwischen Effizienz- und Machtkalkül, Berlin 1999, S. 32–33; Kosta: Wirtschaftssysteme (wie Anm. 31), S. 61–63, 74; Kornai, Das sozialistische System (wie Anm. 9), S. 135–136; Masuch, Kritik der Planung (wie Anm. 2), S. 170–175.

43 Zu den Verhandlungen der Betriebe mit der Staatlichen Planungskommission und den Ministerien, die mit der Prinzipal-Agent-Theorie beschrieben werden können, s.: Lubomír Mlčoch, The Behaviour of the Czechoslovak Enterprise Sphere. A Survey of Microeconomic Works of 1968–89, Praha 1992. Für die Sowjetunion vgl. Joseph S. Berliner, Factory and Manager in the USSR, Cambridge 1957.

auf einer Besprechung mit dem Generalsekretär Antonín Novotný: »Wir sollen mit dem Plan für dieses Jahr weitermachen, der sich durch die Folgen des Frostes verkompliziert hat. Wir sollen an dem Siebenjahresplan arbeiten. Gleichzeitig müssen wir mit Rücksicht auf den Rat für gegenseitige Wirtschaftshilfe in groben Zügen den langfristigen Generalplan bis 1980 ausarbeiten. Zeitgleich und getrennt müssen wir den Jahresplan für nächstes Jahr vorbereiten, in dem nun unvorhergesehen die geänderten Großhandelspreise angepasst werden müssen.«[44]

Zudem waren die Planer auf die Daten anderer Institutionen angewiesen, etwa des Statistischen Amtes. Die Praxis macht deutlich, dass diese Angaben oft unvollständig oder zu spät bereitgestellt wurden und damit unbrauchbar waren. Die Mitarbeiter der Staatlichen Planungskommission mussten ihre Berechnungen daher wiederholt auf einer unsoliden empirischen Grundlage erstellen. Dieses Problem mit der Datenerhebung betonen auch mehrere sowjetische Mathematiker und Wirtschaftswissenschaftler, die im Planungsbereich arbeiteten.[45]

Seit der zweiten Hälfte der 1950er Jahre führte eine teilweise Liberalisierung im Zuge der Entstalinisierung sowie eine allgemeine technische Modernisierungswelle dazu, dass osteuropäische Wirtschaftswissenschaftler verstärkt mathematische Methoden und Modelle,[46] westliche Fachliteratur sowie erste Computer zur Planerstellung benutzen konnten.[47] So wurde 1963 an der Sowjetischen Akademie der Wissenschaften das Zentrale Ökonomisch-mathematische Institut (CĖMI AN SSSR) gegründet.[48] In der Staatlichen Planungskommission

44 NA Praha, A. Novotný, k. 81. Protokoll über die Besprechung Novotnýs mit den Mitarbeitern der SPK, 14.2.1963.

45 Nikolaj P. Fedorenko, Vspominaja prošloe, zagljadyvaju v buduščee, Moskva 1999, S. 190, 195, 198; Albina Tretyakova / Igor Birman, Input-Output Analysis in the USSR, in: Soviet Studies 28 (1976), S. 157–186, hier S. 164, 174–176.

46 Zum Einsatz kamen insbesondere die Input-Output-Analyse und die lineare Programmierung. Erstere hatte der aus Russland stammende amerikanische Ökonom Wassily Leontief entwickelt, der dafür 1973 den Nobelpreis für Wirtschaftswissenschaften erhielt. Die lineare Programmierung oder Optimierung zählt zu einem der Hauptverfahren des Operations Research. Geprägt wurde sie stark durch den Leningrader Mathematiker Leonid Kantorovič, der dafür ebenfalls 1975 mit dem Nobelpreis ausgezeichnet wurde. Vgl. Leon Smolinski, L. V. Kantorovich, Essays in Optimal Planning, Oxford 1977; John P. Hardt (Hg.), Mathematics and Computers in Soviet Economic Planning, London 1967. Auf die Optimalplanung gehen ausführlich Drzymalla, Planung im sowjetischen Wirtschaftssystem (wie Anm. 2) und Sutela, Socialism, Planning and Optimality (wie Anm. 2) ein.

47 Martin Cave, Computers and Economic Planning. The Soviet Experience, Cambridge 1980; Alfred Zauberman, The Mathematical Revolution in Soviet Economics, London 1975; Hardt, Mathematics and Computers (wie Anm. 46); Michael Ellman, Planning Problems in the USSR. The Contribution of Mathematical Economics to their Solution 1960–1971, Cambridge 1973; Aron Katsenelinboigen, Soviet Economic Thought and Political Power in the USSR, New York 1980, S. 22–39; Drzymalla, Planung im sowjetischen Wirtschaftssystem (wie Anm. 2), S. 377.

48 Vgl. hierzu die Erinnerungen des langjährigen Leiters Nikolaj Fedorenko: Ders., Vspominaja (wie Anm. 45); Katsenelinboigen, Soviet Economic Thought (wie Anm. 47), S. 107–131.

(Gosplan) entstand 1966 ein Computerzentrum.[49] Ein Jahr später erfolgte die Gründung des Wissenschaftlichen Rates der Akademie der Wissenschaften zur optimalen Planung und Leitung der Volkswirtschaft.[50] Zudem erlebten die Kybernetik und die ›technisch-wissenschaftliche Revolution‹ in dieser Zeit im sozialistischen Osteuropa einen starken Aufschwung.[51] Die Befürworter in der sowjetischen politischen Führung sahen in der Verwendung neutraler mathematischer Formeln keinen Widerspruch zur marxistischen Ideologie und erhofften sich eine Steigerung der Planeffizienz. Als sich die erwarteten Verbesserungen in der zweiten Hälfte der 1970er Jahre jedoch nicht einstellten, verblasste die Euphorie.[52] Die beteiligten Wissenschaftler führten die Defizite auf unzureichende Informationen, leistungsschwache Computer und diverse andere Hindernisse zurück. Die von den dürftigen Resultaten enttäuschten Politiker wollten die Kontrolle ohnehin nicht aus der Hand geben und lehnten ihnen nicht genehme Planvorschläge ab.[53]

Bezeichnend ist, dass die oftmals mehrere hundert Seiten umfassenden statistischen Auflistungen, Indexübersichten und Plankennziffern, die die Richtlinien und Entwürfe der Pläne enthalten, von den führenden Politikern in der Regel offenbar gar nicht gelesen wurden. Sie weisen weder Markierungen noch andere Spuren der Benutzung auf, und häufig sind die Seiten noch verklebt und ungeschnitten.[54] Auf eine allenfalls nur flüchtige Durchsicht der Vorlagen durch die Spitzenfunktionäre deutet auch folgendes Beispiel hin: Das Politbüromitglied

49 Tretyakova / Birman, Input-Output Analysis (wie Anm. 45), S. 161; Cave, Computers and Economic Planning (wie Anm. 47), S. 54–77.

50 Drzymalla, Planung im sowjetischen Wirtschaftssystem (wie Anm. 2), S. 286; Sutela, Socialism, Planning and Optimality (wie Anm. 2), S. 109.

51 Slava Gerovitch, Kyberkratie oder Kyberbürokratie in der Sowjetunion, in: Bernd Greiner u. a. (Hg.), Macht und Geist im Kalten Krieg, Hamburg 2011, S. 376–395; ders., From Newspeak to Cyberspeak. A History of Soviet Cybernetics, London 2004.

52 1983 kritisierte das Zentralkomitee der KPdSU auf einer Sitzung die bisherigen Leistungen des CĖMI und ordnete dessen Reorganisation an. Vgl. Drzymalla, Planung im sowjetischen Wirtschaftssystem (wie Anm. 2), S. 295, 380–381.

53 Nikolaj Fedorenko schildert in seinen Erinnerungen die Entstehung und Besprechung der Prognose zur Entwicklung der Volkswirtschaft der Sowjetunion in den Jahren 1970–1980, die unter seiner Leitung am CĖMI ausgearbeitet wurde. Ungeachtet teils fehlender Daten fiel der von den Wissenschaftlern erarbeitete Ausblick sehr negativ aus, was nach grundlegenden wirtschaftlichen Reformen rief. Fedorenko besprach die Prognose mit dem Präsidenten der Akademie, Mstislav Keldyš, und dem Leiter der Staatlichen Planungskommission, Nikolaj Bajbakov. Letzterer stellte fest, dass das Dokument im diametralen Widerspruch zum Parteiprogramm stehe, denn dieses gehe von einer positiven wirtschaftlichen Entwicklung aus. Für die an der Ausarbeitung beteiligten Personen könne dies nur negative Folgen haben. Man einigte sich darauf, die drei vorhandenen Exemplare der Prognose zu verbrennen. Fedorenko, Vspominaja (wie Anm. 45), S. 198–201.

54 NA Praha, Úřad předsednictva vlády ČSSR. Materiál pro kolegium předsedy, SPK, předběžný návrh 8. Pětiletého plánu a návrh prováděcího státního plánu na rok 1986, C-1 – C-7b; Ebd., f. ÚV KSČ, 02/1, Předsednictvo ÚV KSČ 1986–1989, P 141/85, 30.10.195, b. 4: Předběžný návrh 8. Pětiletého plánu a návrh prováděcího státního plánu na rok 1986.

František Pitra stellte bei der Diskussion über die Richtlinien zum 8. Fünfjahresplan 1984 mehrere Fragen. Der Leiter der Staatlichen Planungskommission bemerkte dazu nur, dass die den Anwesenden vorliegenden Unterlagen bereits alle Antworten enthielten.[55] Generell scheinen die Mitglieder des Politbüros vor der Sitzung insbesondere die zusammenfassende Stellungnahme der Ökonomischen Abteilung des Zentralkomitees der KPTsch zu den Richtlinien des Fünfjahresplans der Staatlichen Planungskommission gelesen zu haben. Diesem Gutachten kam insofern eine Vetofunktion zu, als es ausschlaggebend dafür war, wie die leitenden Parteifunktionäre mit dem Antrag umgingen. Fiel die Erklärung der ZK-Abteilung positiv aus, stimmten ihr die politische Führung bedenkenlos zu. Eine negative Aussage ließ sie dagegen aufhorchen. Der betreffende Antrag wurde dann intensiver beraten und in der Regel auch überarbeitet.

Die politische Führung war auf die Ausarbeitungen der SPK und die Stellungnahmen und Zusammenfassungen der ZK-Abteilung angewiesen. Angesichts der zahlreichen Tagesordnungspunkte der Politbürositzungen und des beschränkten ökonomischen Sachverstands vieler Akteure hätten sich die komplexen Sachverhalte andernfalls nicht zielführend bewältigen lassen. Die Vorlagen der nachgeordneten Behörden dienten zugleich der Erfüllung des geforderten Anspruchs an deren Rationalität. Dass es sich dabei jedoch um eine Fassade handelte, zeigt das folgende Beispiel deutlich: Am 7. September 1984 verhandelte das Politbüro der Tschechoslowakei erstmals die Richtlinien des achten Fünfjahresplanes (1986–1990). Die Staatliche Planungskommission ging von einem Wachstum des Nationaleinkommens um jährlich 3 Prozent aus.[56] Der Ökonomischen Abteilung des Zentralkomitees erschien diese Wachstumsrate zu niedrig. Sie forderte mindestens 3,5 Prozent.[57] In der Sitzung des Politbüros sprachen sich die Mitglieder für das höhere Planziel aus und die Staatliche Planungskommission erhielt die Anweisung, diese Vorgabe umzusetzen.[58] Dass dies faktisch unmöglich war, spielte keine Rolle. Die tatsächliche Wachstumsrate in den folgenden Jahren lag dann bei 2,5 Prozent.[59] Auch in der DDR forderte Honecker entgegen den Kalkulationen der Staatlichen Planungskommission wiederholt höhere Wachstumsraten.[60] Diese subjektiven Eingriffe durch die Parteiführung sind auch für

55 NA Praha, 02/1, Předsednictvo ÚV KSČ 1986–1989. 116. Sitzung des ZK-Präsidiums der KPTsch, 7.9.1984. Punkt 1: Grundlinien der wirtschaftlichen und sozialen Entwicklung der Tschechoslowakei bis zum Jahre 1995 und die Richtlinien zum 8. Fünfjahresplan. Diskussion.

56 Ebd., Vorlage der Staatlichen Planungskommission.

57 Ebd., Stellungnahme der Ökonomischen Abteilung des ZK der KPTsch, 5.9.1984. Z. Soják.

58 Ebd., Beschluss und Diskussion.

59 Vgl. Jiří Kosta, Die tschechoslowakische Wirtschaft in den 1970er und 80er Jahren, in: Ders., Die tschechische / tschechoslowakische Wirtschaft im mehrfachen Wandel, Münster 2005, S. 125–154, hier S. 128.

60 Vgl. Pirker u.a., Der Plan (wie Anm. 31), S. 74, 78, 305; Klaus Steinitz / Dieter Walter, Plan – Markt – Demokratie. Prognose und langfristige Planung in der DDR – Schlussfolgerungen für morgen, Hamburg 2014, S. 30; Siegfried Wenzel, Plan und Wirklichkeit. Zur DDR-Ökonomie. Dokumentation und Erinnerungen, St. Katharinen 1998, S. 59.

die Sowjetunion belegt.[61] So erhöhte Stalin willkürlich die Planziele und verkürzte das Planungsintervall von fünf auf vier Jahre.[62]

Wäre ohne manipulative politische Eingriffe eine effiziente Planerstellung möglich gewesen? Diese Frage beantworten beteiligte Planexperten wie Nikolaj Fedorenko,[63] Igor Birman,[64] Aron Katsenenlinboigen[65] und János Kornai differenziert, jedoch überwiegend kritisch.[66] Sie räumen ein, dass die damals praktizierte Planung weit von Perfektion und dem an den Plan gestellten Anspruch der Rationalität entfernt war. Eine unzureichende Datengrundlage, hoher Zeitdruck und die Leistungsschwäche der Computer beeinträchtigten nach eigener Aussage ihre Arbeit. Auch hätten sie am Anfang ihrer Tätigkeit in den Ertrag der neuen Techniken zu große Hoffnungen gesetzt. Die von den Plänen erfassten Sachverhalte waren so komplex, dass es faktisch unmöglich war, ihnen mittels zentralistischer Verfahren für einen längeren Zeitraum gerecht zu werden.[67] Die Experten stellten teilweise auch die angewandten mathematischen Analysemethoden infrage. Der Ökonom Igor Birman wies darauf hin, dass die Kennziffern des jeweils vorherigen Plans als Hauptquelle für die aktuelle Planerstellung dienten. Ausgehend von dem erreichten Stand rechnete man immer ein bestimmtes Wachstum hinzu.[68] Zudem seien bei der Erstellung der Input-Output-Tabellen aufgrund fehlender aktueller Informationen wiederholt Schätzungen

61 »Many economic decisions of national importance are based on the willful caprice of the leaders, sometimes in direct opposition to economic results, and in such cases the task of the planning apparatus is to »justify« the decision ex post facto.« Tretyakova / Birman, Input Output Analysis (wie Anm. 45), S. 185.

62 Zaleski, Planning for Economic Growth (wie Anm. 11), S. 72–75; Schulze Wessel, Zukunftsentwürfe (wie Anm. 7), S. 5–6.

63 Fedorenko, Vspominaja (wie Anm. 45).

64 Igor Birman, »From the Achieved Level«, in: Soviet Studies 30 (1978), S. 153–172; Tretyakova / Birman, Input-Output Analysis (wie Anm. 45). Vgl. auch Vladimir G. Treml, A Comment on Birman-Tretyakova, in: Soviet Studies 28 (1976), S. 187–188.

65 Aron Katsenelinboigen, Mathematical Economics in the Soviet Union. A Reflection on the 25the Anniversary of L. V. Kantorovich's Book The Best Use of Economic Resources, in: Acta Slavica Iaponica 4 (1986), S. 88–103.

66 Kornai sieht in Verbindung mit einer Dezentralisierung und unter Anwendung von Marktmechanismen unter veränderten Systemparametern einen Nutzen in den Möglichkeiten, die die mathematischen Methoden und Modelle zur indikativen Planung bieten. Kornai, Kraft des Gedankens (wie Anm. 30), S. 199–204.

67 Der neoliberale österreichische Ökonom Friedrich von Hayek bezweifelte bereits vor dem Zweiten Weltkrieg, dass Planer zentral Angebot und Nachfrage von Millionen von Gütern gleichzeitig feststellen können. F. A. von Hayek (Hg.), Collectivist Economic Planning, London 1935, S. 16–17. Vgl. Kornai, Kraft des Gedankens (wie Anm. 30), S. 168. Bereits in den 1920er Jahren kritisierte der liberale Wirtschaftswissenschaftler Ludwig von Mises, dass es ohne freien Markt keinen Preismechanismus, und ohne diesen keine Wirtschaftskalkulation gebe. Ludwig von Mises, Economic Calculation in the Socialist Commonwealth, in: F. A. von Hayek (Hg.), Collectivist Economic Planning, London 1935, S. 111. Vgl. auch ders., Die Gemeinwirtschaft. Untersuchungen über den Sozialismus, Jena [2]1932.

68 Tretyakova / Birman, Input-Output Analysis (wie Anm. 45), S. 183; Birman, »From the Achieved Level« (wie Anm. 64).

und ältere Datensätze verwendet worden.[69] Kornai hob hervor, dass die Input-Output-Methode im Gegensatz zur auch benutzten linearen Programmierung keine Wahlmöglichkeit anbiete: »Wenn der Vektor des Endverbrauchs gegeben ist, und die Planer gaben sich alle Mühe, diesen Eindruck zu erwecken, dann sind damit Produktion und alle Input-Output-Kombinationen ebenfalls gegeben«.[70] Die Preise, mit denen man bei den Planrechnungen arbeitete, waren teilweise Schattenpreise.[71] Somit entstand ein verzerrtes Bild der wirtschaftlichen Realität. Schließlich wurden die Pläne regelmäßig auch nachträglich noch revidiert, um nach Ende der Planperiode ihre programmgemäße Erfüllung verkünden zu können. Angesichts all dieser massiven Kritikpunkte fragte John H. Wilhelm Ende der 1970er Jahre sogar, ob es sich bei dem sowjetischen Wirtschaftssystem überhaupt um eine Planwirtschaft handele.[72]

5. Fazit

Die anfangs zitierte Aussage des Generalsekretärs Gustáv Husák, der zufolge es keine Grundlage für die Planentscheidung gegeben habe, entsprach nicht der Realität. Die Unterlagen der Staatlichen Planungskommission mit ihren statistischen Daten und differenzierten Bilanzen, die mithilfe mathematischer Methoden und Modelle erstellt worden waren, spielten zweifelsohne eine Rolle für die Planentscheidungen. Sie dienten sowohl als Orientierungshilfe als auch zur Verleihung von Glaubwürdigkeit, suggerierten sie doch Rationalität und Wissenschaftlichkeit. Andererseits wurden die Pläne auf Wunsch der politischen Entscheidungsträger im Widerspruch zu den Berechnungen der Staatlichen Planungskommission abgeändert, beispielsweise um ein höheres Wirtschaftswachstum verkünden zu können. Letztlich gaben also die Stellungnahme der Ökonomischen Abteilung des Zentralkomitees der KPTsch sowie die Spitzenfunktionäre den Ausschlag für Entscheidungen, die dann von der Staatlichen Planungskommission umgesetzt werden mussten. Die Akteure ließen sich dabei stärker durch ihre politischen Wunschvorstellungen und ideologische Prämissen als von der empirischen Faktengrundlage leiten. Ohne die politischen Inter-

69 »The input-output team decided to make use of planning data contained in tekhpromfinplans and to make some estimates of their own. Of course, the use of planning data for ex post tables is not quite proper, but there was no other way out«, s. Tretyakova / Birman, Input-Output Analysis (wie Anm. 45), S. 165.

70 Kornai, Kraft des Gedankens (wie Anm. 30), S. 187.

71 Tretyakova / Birman, Input-Output Analysis (wie Anm. 45), S. 170–172. Hinzu kommt, dass die offiziellen Preise auch nicht der Realität entsprachen, was eine wirtschaftliche Kalkulation nicht ermöglichte.

72 J. Wilhelm, Does the Soviet Union Have a Planned Economy? A Comment on »From the Achieved Level«, in: Soviet Studies 31 (1979), S. 268–274, hier S. 270; John Howard Wilhelm, The Soviet Union Has an Administered, Not a Planned, Economy, in: Soviet Studies 37 (1985), S. 118–130.

ventionen wären die Pläne sicherlich professioneller ausgefallen. Selbst an den Planungsprozessen beteiligte Experten räumen jedoch ein, dass die Vorstellung von rationaler und effizienter Planerstellung im Staatssozialismus aufgrund fehlender und manipulierter Informationen weit von der Realität entfernt war. Das Hauptproblem der nicht funktionsfähigen Planwirtschaft lag allerdings nicht in den mit falschen Daten gespeisten mathematischen Modellen, sondern im fehlenden Marktmechanismus und der begrenzten Reformbereitschaft der politischen Führung, die argwöhnte, Macht und Kontrolle verlieren zu können. Eine vordergründige Rationalisierung des zentral-administrativen Plansystems konnte dessen inhärente Funktionsschwächen nicht beseitigen. Die mathematischen Planungsmodelle, denen immer nur eine Hilfsfunktion zukam, konnten die gravierenden Systemmängel nicht beseitigen.

Matthias Glomb

Verwissenschaftlichte Politik?

Planung und Entscheidung in der bundesrepublikanischen Bildungspolitik der 1960er und frühen 1970er Jahre[1]

1. Einleitung

»Planung ist der große Zug unserer Zeit«,[2] schrieb der Freiburger Staatswissenschaftler Joseph H. Kaiser in seiner 1965 erschienenen Monographie »Recht und Politik der Planung in Wirtschaft und Gesellschaft« und hatte dabei nicht nur einen Trend im Blick, der sich in publizistischen und wissenschaftlichen Räumen ausbreitete. Auch die politische Landschaft wurde durch das Aufkommen und die Einrichtung von unzähligen Planungsabteilungen und -gremien geprägt, die mit der Aufgabe betraut wurden, die politischen Mandats- und Amtsträger bei der Entscheidungsfindung mit Informationen und Daten zu unterstützen. Dies gilt in besonderer Weise für das Feld der bundesdeutschen Bildungspolitik. In keinem anderen Bereich wurde nämlich, wie der Kultusminister des Landes Hessen Ludwig von Friedeburg bemerkte, so langfristig und umfassend zu planen versucht.[3] Eine Studie, die sich den bildungspolitischen Planungsprozessen auf der Ebene der konkreten Entscheidungspraktiken nähert und damit Aussagen zum Verhältnis von Planung und Entscheidung auf dem Feld der Bildungspolitik trifft, fehlt allerdings bislang.

Der gegenwärtige Aufsatz wird dieses Desiderat nicht beheben können, wohl aber am Beispiel der Gründung der Bund-Länder-Kommission für Bildungsplanung aufzeigen, wie Planung als eine neue Ordnungskategorie politischen Handelns in das bestehende Gefüge aus Entscheidungspraktiken integriert wor-

1 Der Aufsatz greift auf Ergebnisse des laufenden Dissertations- und Forschungsprozesses des Teilprojektes C06 »Entscheiden im politischen System der Bundesrepublik Deutschland« unter der Leitung von Herrn Prof. Thomas Großbölting im DFG-geförderten Sonderforschungsbereich 1150 »Kulturen des Entscheidens« zurück.

2 Joseph H. Kaiser, Vorwort, in: Ders. (Hg.), Recht und Politik der Planung in Wirtschaft und Gesellschaft, Baden-Baden 1965, S. 7–9, hier S. 7. Siehe außerdem Michael Ruck, Gesellschaft gestalten. Politische Planung in den 1960er und 1970er Jahren, in: Sabine Mecking / Janbernd Oebbecke (Hg.), Zwischen Effizienz und Legitimität. Kommunale Gebiets- und Funktionalreformen in der Bundesrepublik Deutschland in historischer und aktueller Perspektive, Paderborn 2009, S. 35–47, hier S. 35 f.

3 Vgl. Ludwig von Friedeburg, Bildungsreform in Deutschland. Geschichte und Widersprüche, Frankfurt a. M. 1989, S. 404.

den ist und welche Probleme und Herausforderungen sich damit verbanden. Dabei soll die These geprüft werden, dass Planung im föderalen Mehrebenensystem der bundesdeutschen Bildungspolitik nicht nur als Instrument der Rationalitätssteigerung bildungspolitischen Entscheidens betrachtet wurde, sondern zudem eine kompensatorische Funktion im bildungsföderalistischen Geflecht aus Entscheidungsgremien wahrgenommen hat.[4] Planerisches Handeln sollte neue Formen der Konsensbildung und Entscheidungsfindung im Bildungsföderalismus, der im Laufe der sechziger Jahre unter starker Kritik stand, ermöglichen – ohne die Kompetenzhoheit der einzelnen Bundesländer im Bildungsbereich gänzlich infrage zu stellen. Insofern spiegelt sich in der Geschichte der bundesdeutschen Bildungsplanung auch die bis in die Gegenwart wirkende Grundspannung zwischen Bund und Ländern, zwischen Zentralismus und Föderalismus, zwischen Einheitlichkeit und Vielfalt des Bildungswesens wider. Diese Konfliktinterferenzen drückten sich dabei vor allem im Streit um den Verbindlichkeitscharakter der Arbeit der auf Bundesebene angesiedelten Planungsgremien für landespolitische Entscheidungsprozesse aus. In diesem Kontext ist auch die Einrichtung der Bund-Länder-Kommission für Bildungsplanung im Jahr 1970 zu sehen. Bevor im Folgenden auf diesen Punkt eingegangen wird, sollen aber zunächst der Aufstieg des Planungsbegriffs zu einem zentralen Paradigma der bundesrepublikanischen Politik und einige der spezifischen Charakteristika politischer Planung skizziert werden.

2. Planung auf dem Feld der Bildungspolitik: Aufkommen und Etablierung eines neuen Paradigmas

Dass politische Planung nicht nur in der ČSSR und anderen Staaten des Warschauer Pakts zum festen Repertoire der staatlichen Entscheidungsvorbereitung gehörte, sondern auch im westlichen Frontstaat des Kalten Krieges zu einer wesentlichen Ordnungskategorie politischen Handelns avancierte, war das Resultat einer diskursiven Enttabuisierung des Planungsbegriffs zu Beginn der langen sechziger Jahre.[5] Fest in das semantische Feld der realsozialistischen Wirtschafts- und Gesellschaftsformationen integriert, galt Planung in der formativen Phase der Bundesrepublik zunächst als ein »Reizwort erster Ordnung«.[6]

4 Siehe hierzu Wilfried Rudloff, Wieviel Macht den Räten? Politikberatung im bundesdeutschen Bildungswesen von den fünfziger bis zu den siebziger Jahren, in: Ders. / Stefan Fischer (Hg.), Experten und Politik. Wissenschaftliche Politikberatung in geschichtlicher Perspektive, Berlin 2004, S. 153–188, hier S. 160 f.

5 Vgl. Michael Ruck, Ein kurzer Sommer der konkreten Utopie – Zur westdeutschen Planungsgeschichte der langen 60er Jahre, in: Axel Schildt u. a. (Hg.), Dynamische Zeiten. Die 60er Jahre in den beiden deutschen Gesellschaften, Hamburg 2003, S. 362–401, hier S. 364 ff.

6 Hermann Lübbe, Herrschaft und Planung. Die veränderte Rolle der Zukunft in der Gegenwart, in: Ders. (Hg.), Theorie und Entscheidung. Studien zum Primat der praktischen Vernunft, Freiburg 1971, S. 62–84, hier S. 69.

Allen voran der christdemokratische Bundeswirtschaftsminister Ludwig Erhard polemisierte aufgrund der Systemkonkurrenz zwischen Plan- und Marktwirtschaft gegen den Planungsbegriff und betonte dessen freiheitsgefährdenden und kollektivistischen Charakter.[7] Erst die in den sechziger Jahren einsetzende Phase der Entspannung im Kalten Krieg und planungspolitische Vorstöße aus dem EWG-Raum schufen ein Klima, in dem man sich schrittweise von der »Anti-Planungsstimmung«[8] des ersten Nachkriegsjahrzehnts distanzieren und positiv auf planungstheoretische Konzepte Bezug nehmen konnte. Flankiert von unzähligen publizistischen und wissenschaftlichen Beiträgen entwickelte sich Planung schließlich binnen weniger Jahre zu einem zentralen Thema des öffentlichen Diskurses, das ausgehend von der Wirtschaftspolitik, in der Planungskonzepte besonders skeptisch beäugt wurden, seinen politischen Siegeszug antrat und auf andere Politikfelder übergriff.[9] Dies gilt in besonderer Weise für die bundesdeutsche Bildungspolitik der sechziger und frühen siebziger Jahre, in der Elemente der Reformära insgesamt gebündelt auftraten.[10] Bildungsreform und Bildungsplanung bildeten in dieser Zeitspanne ein untrennbares Wortpaar, mit dem sich in nahezu allen Teilen des politischen Spektrums die Hoffnung auf eine rationale, zukunftsgewandte und antizipatorische Konzeption politischen Handelns verband.[11]

Doch auch wenn sich die temporalen Koordinaten politischen Entscheidens in den sechziger Jahren deutlich verschoben und die Zukunft als gestaltbarer Raum in das Blickfeld der Politik rückte, verband man mit Planung zunächst weniger die Umsetzung elaborierter Zukunftsvorstellungen als die Bekämpfung von konkreten Missständen in der bundesrepublikanischen Politik.[12] Gerade auf dem Feld der Bildungspolitik hatte sich nach nahezu zwei Dekaden der bildungspoli-

7 Vgl. Hans Günter Hockerts, Einführung: Planung als Reformprinzip, in: Matthias Frese u.a. (Hg.), Demokratisierung und gesellschaftlicher Aufbruch. Die sechziger Jahre als Wendezeit der Bundesrepublik, Paderborn ²2005, S. 249–257, hier S. 250f.

8 Leo Brandt, Die 2. Industrielle Revolution, Bonn 1956, S. 13. Siehe auch Anselm Doering-Manteuffel / Lutz Raphael, Nach dem Boom. Perspektiven auf die Zeitgeschichte seit 1970, Göttingen 2008, S. 21ff.

9 Vgl. Winfried Süß, »Wer aber denkt für das Ganze?«. Aufstieg und Fall der ressortübergreifenden Planung im Bundeskanzleramt, in: Frese u.a., Demokratisierung (wie Anm. 7), S. 349–377, hier S. 349f.

10 Vgl. Paul Nolte, Riskante Moderne. Die Deutschen und der neue Kapitalismus, Bonn 2006, S. 39. (= Kap.: Die letzte Euphorie der Moderne. Die Reformzeit der alten Bundesrepublik in den 1960er und 1970er Jahren, S. 27–46).

11 Vgl. Süß, Ressortübergreifende Planung (wie Anm. 9), S. 350. Siehe auch Hans-G. Rolff, Bildungsplanung als rollende Reform. Eine soziologische Analyse der Zwecke, Mittel und Durchführungsformen einer reformbezogenen Planung des Bildungswesens, Frankfurt a.M. 1970, S. 8ff.

12 Vgl. Wilfried Rudloff, Bildungsplanung in den Jahren des Booms, in: Frese u.a., Demokratisierung (wie Anm. 7), S. 259–282, hier S. 267; s. auch Gabriele Metzler, Konzeptionen politischen Handelns von Adenauer bis Brandt. Politische Planung in der pluralistischen Gesellschaft, Paderborn 2005, S. 31.

tischen Restauration und Stagnation ein Modernitätsrückstand herausgebildet, den man im Wesentlichen auf die bis dahin praktizierten Modi bildungspolitischen Entscheidens zurückführte.[13] Dabei galt insbesondere die »Soziologielosigkeit«[14] der Bildungspolitik in den Augen von reformorientierten Sachverständigen wie Hellmut Becker, Ralf Dahrendorf und Georg Picht als ein Problem, das durch den Ausbau der Forschung, die Intensivierung der Zusammenarbeit von Politik und Wissenschaft und die Einführung planerischer Instrumente behoben werden sollte. Becker, der in wenigen Jahren zum Taktgeber der bundesdeutschen Bildungsreform aufstieg, sah darin die einzige Möglichkeit, um »im Zeitalter der Massenbildung die Freiheit der Bildung«[15] zu bewahren. Ein Stück weiter ging Picht mit seinem publizistischen Weckruf des Jahres 1964, der einen maßgeblichen Anteil daran hatte, dass bildungspolitische Fragestellungen in den Fokus der medialen Aufmerksamkeit rückten und letztlich an die Spitze der sozialliberalen Politik der inneren Reformen gestellt wurden: Unter dem Titel »Die deutsche Bildungskatastrophe« bemängelte der oftmals als Kassandra der bundesdeutschen Bildungspolitik Bezeichnete die Konstruktionsfehler des bildungspolitischen Entscheidungssystems und rief zu einer radikalen Abkehr »vom unaufdringlichen Instrumentarium der politischen Alltagsroutine«[16] auf. Seiner Meinung nach war eine grundlegende Neuordnung des gesamten Kulturverwaltungssystems und der Aufbau eines entsprechenden Planungsapparats notwendig, wenn man nicht »aus dumpfer Lethargie oder […] blinder Selbstgefälligkeit«[17] den Abbruch des bundesrepublikanischen Aufschwungs, einen »wirtschaftliche[n] Notstand«,[18] ja letztlich »den dritten großen Zusammenbruch der deutschen Geschichte«[19] riskieren wollte. Galt Planung in den fünf-

13 Vgl. Rainer Mathes, Gesamtstaatliche Bildungsplanung in der Bundesrepublik Deutschland. Entstehung, Realisierung und Funktion. Eine empirische Analyse der Implementation des Bildungsgesamtplans in Hessen und Rheinland-Pfalz, Frankfurt a. M. 1987, S. 11; s. auch Caspar Kuhlmann, Versäumte Chancen in der Neuordnung des westdeutschen Schulwesens nach 1945, in: Josef Speck (Hg.), Probleme der Curriculum-Forschung. Bericht über den 5. Kongreß des Deutschen Instituts für wissenschaftliche Pädagogik Münster (30.3. bis 2.4.1969), Münster 1969, S. 43–58; ders. / Saul B. Robinsohn, Two Decades of Non-Reform in West-German Education, in: Comparativ Education Review 11 (1967), S. 311–330.

14 Hellmut Becker, Sozialforschung und Bildungspolitik, in: Deutsche Gesellschaft für Soziologie (Hg.), Soziologie und moderne Gesellschaft. Verhandlungen des 14. Deutschen Soziologentags vom 20. bis 24. Mai in Berlin, Stuttgart 1959, S. 191–206, hier S. 193.

15 Ebd., S. 200.

16 Georg Picht, Die deutsche Bildungskatastrophe. Analyse und Dokumentation, Olten 1964, S. 83; s. auch Teresa Löwe, Georg Picht – Vom Birklehof zur Bildungsoffensive, in: Neue Sammlung. Vierteljahres-Zeitschrift für Erziehung und Gesellschaft 44 (2004), S. 517–528, Wilfried Rudloff, Georg Picht. Die Verantwortung der Wissenschaften und die »aufgeklärte Utopie«, in: Theresia Bauer u. a. (Hg.), Gesichter der Zeitgeschichte. Deutsche Lebensläufe im 20. Jahrhundert, München 2009, S. 279–296.

17 Ebd., S. 17.

18 Ebd.

19 Ebd., S. 86.

ziger Jahren wegen seiner ideologischen Nähe zum Totalitarismus sowjetischer Prägung noch als Gefahr für die freiheitliche Ordnung der Bundesrepublik, wurde sie im Laufe der Sechziger also geradezu zu einer *conditio sine qua non* für die Bewahrung freiheitlicher Werte beziehungsweise die Aufrechterhaltung der staatlichen Ordnung und Handlungsfähigkeit.

Diese Ansicht zirkulierte nicht nur in publizistischen und wissenschaftlichen Kreisen, sondern stieß auch im politischen Raum auf Resonanz. Angesichts des breit geteilten Gefühls, in einer Zeit zu leben, »in der die Überschaubarkeit der komplexen Lebenssituation, der soziologischen Verästelungen und Abhängigkeiten in der modernen Industriegesellschaft immer geringer wird, in der aber auch das Anwachsen staatlicher Aufgaben die Verantwortlichkeit der politisch Handelnden erhöht«,[20] verbreitete sich im Bonner Politikbetrieb die Meinung, dass »bloßes Fingerspitzengefühl und politischer Instinkt [...] bei weitem nicht aus[reichen], wenn man konsequent Politik betreiben will.«[21] Wer Gesellschaft gestalten und gute beziehungsweise rationale Entscheidungen treffen wollte, musste die gesellschaftlichen Zusammenhänge und Abhängigkeiten kennen und mittels wissenschaftsgestützter Planung, wie der nordrhein-westfälische Kultusminister Paul Mikat betonte, »die Voraussetzung künftiger Wirklichkeit«[22] schaffen. Als Grundlage dafür galt die Integration wissenschaftlicher Experten in die politische Entscheidungsfindung.[23] Die am deutlichsten vom Soziologen Helmut Schelsky formulierte Sorge, dass die eigentlichen Entscheidungsträger im politisch-administrativen System durch die Verwissenschaftlichung von politischen Prozessen zu Erfüllungsgehilfen technisch-wissenschaftlicher Sachzwänge werden könnten, wurde zwar auch in der Politik rezipiert und diskutiert, lief aber dem zeitgenössischen Mainstream entgegen, Planung gleichermaßen als das heilsbringende Mittel zur Bewältigung der immer komplexer werdenden Gegenwart sowie als Instrument zur rationalen Gestaltung der Zukunft zu verstehen.[24]

20 Stellungnahme des Bundestagsabgeordneten und späteren Bundesfinanzministers Alex Möller (SPD), in: Klaus Lompe/Heiner Flohr, Wissenschaftler und Politik – Partner oder Gegner. Gespräch und Dokumentation. Überarbeiteter und erweiterter Text einer Sendung des Westdeutschen Rundfunks vom 21. bis 22. November 1964, Göttingen 1967, S. 36; s. auch Uwe Schimank, Die Entscheidungsgesellschaft. Komplexität und Rationalität der Moderne. Wiesbaden 2005, S. 11 ff.

21 Ebd., S. 15.

22 Paul Mikat, Von der Kritik zum Dialog. Bemerkungen zu Ralf Dahrendorfs Buch »Bildung ist Bürgerrecht«, in: Die Zeit 10 (1966).

23 Vgl. Gabriele Metzler, »Geborgenheit im gesicherten Fortschritt«. Das Jahrzehnt von Planbarkeit und Machbarkeit, in: Frese u. a., Demokratisierung (wie Anm. 7), S. 777–797, hier S. 786 f.

24 Vgl. Helmut Schelsky, Der Mensch in der wissenschaftlichen Zivilisation, Köln 1961; ders., Demokratischer Staat und moderne Technik, in: Atomzeitalter 5 (1961), S. 99–102; s. auch Gabriele Metzler, Demokratisierung durch Experten? Aspekte politischer Planung in der Bundesrepublik, in: Heinz Gerhard Haupt/Jörg Requate (Hg.), Aufbruch in die Zukunft. Die 1960er Jahre zwischen Planungseuphorie und kulturellem Wandel. DDR, CSSR und Bundesrepublik Deutschland im Vergleich, Weilerswist 2004, S. 267–287, hier S. 271.

Gerade dieser doppelte Charakter des Planungsbegriffs war es auch, der ihn für Politikentwürfe unterschiedlicher Provenienzen anschlussfähig machte.

Sichtbarster Ausdruck des aufkeimenden planungspolitischen Konsenses zwischen den Parteien war, dass man im Laufe der langen sechziger Jahre eine Vielzahl von Experten- beziehungsweise Planungsgremien (unter anderem den Wissenschaftsrat und Deutschen Bildungsrat) einrichtete und ihnen die Aufgabe zuwies, die politischen Entscheidungsträger auf Bundes- und Landesebene mit Entscheidungshilfen und -optionen zu versorgen.[25] Im 1965 geschlossenen Verwaltungsabkommen über die Einrichtung des Deutschen Bildungsrates hieß es zum Beispiel, dass dieser Bedarfs- und Entwicklungspläne für das deutsche Bildungswesen entwickeln, Vorschläge für die Struktur des Bildungswesens machen und deren Finanzbedarf berechnen sowie Empfehlungen für eine langfristige Planung auf den verschiedenen Stufen des Bildungswesens aussprechen soll.[26] Auf dieser Grundlage wollte man das in die Krise geratene Bildungssystem an die Erfordernisse der Industriegesellschaft anpassen – wobei die Aktivitäten der planenden Gremien mit dem nahezu aufklärerischen Anspruch überfrachtet wurden, die ideologischen Frontstellungen des bildungspolitischen Nachkriegsdiskurses zu lösen und den »Schleier [zu] zerreißen, der sich in Deutschland mit dem Wort Bildung verbindet und der den Elementarvorgang der Bildung, nämlich die Zusammenführung von Mensch und Sache, zu verhüllen geeignet ist.«[27] Nicht nur an dieser Stelle, aber ganz besonders mit Blick auf die zeitgenössischen Erwartungen an die verschiedenen Experten- und Planungsgremien zeigt sich, dass mit Planung die Vorstellung der Rationalisierung und Entideologisierung von Politik verbunden wurde.

3. Die Gründung der Bund-Länder-Kommission für Bildungsplanung: Bestimmung des Verhältnisses von Planung und Entscheidung

Die Entstehungskontexte des Wissenschaftsrates und des Deutschen Bildungsrates weisen darauf hin, dass bei ihrer Gründung aber nicht allein die politische Absicht im Vordergrund stand, das Entscheidungshandeln der Amts- und Mandatsträger durch wissenschaftlich fundierte Aussagen über aktuelle Problemlagen und künftige Entwicklungen auf ein solideres Fundament zu stellen.[28] Zum Wunsch der Rationalisierung politischen Entscheidens gesellte sich nämlich das Motiv, die diversen Strukturdefizite des föderalen Mehrebenensystems – Wil-

25 Vgl. Rudloff, Macht den Räten (wie Anm. 4), S. 156.

26 Vgl. Abkommen über die Errichtung eines Deutschen Bildungsrates vom 15. Juli 1965, in: Winfried Böhm/Heinz-Elmar Tenorth (Hg.), Deutsche Pädagogische Zeitgeschichte 1960–1973. Von der Diskussion um den Rahmenplan zum Bildungsgesamtplan, Kastellaun 1977, S. 95–97, hier S. 96.

27 Becker, Sozialforschung und Bildungspolitik (wie Anm. 14), S. 202.

28 Vgl. Metzler, Konzeptionen politischen Handelns (wie Anm. 12), S. 183.

fried Rudloff spricht von den »Leer- und Schwachstellen im komplizierten Gefüge der Bundes- und Länderzuständigkeiten«[29] – durch die Einrichtung planerischer Gremien zu kompensieren. Dabei bestanden zwischen Bund und Ländern jedoch unterschiedliche Auffassungen darüber, wie groß der Verbindlichkeitscharakter der Arbeit der eingesetzten Planungsorgane für bildungspolitisches Entscheiden auf Länderebene sein sollte. Diese Frage verweist auf ein sehr grundsätzliches Problem der fortschreitenden Verwissenschaftlichung politischen Handelns, nämlich auf die Schwierigkeiten bei der Bestimmung des Verhältnisses von Planung und Entscheidung. Sie zieht sich wie ein roter Faden durch die Diskussionen der sechziger und siebziger Jahre, die mit Blick auf die Konstruktionsprinzipien und Wirksamkeitsbedingungen des bildungspolitischen Planungs- und Entscheidungssystems geführt wurden, und ist letztlich auch der Ausgangspunkt für die Einrichtung der Bund-Länder-Kommission für Bildungsplanung im Jahr 1970.[30] Deren Gründung reflektierte im Wesentlichen zeitgenössische Vorstellungen davon, wie im Bildungsföderalismus gewährleistet werden sollte, dass die im Zuge von komplexen Verfahren aufgestellten Pläne in Entscheidungen überführt und in einem nächsten Schritt einheitlich verwirklicht würden. Bereits im Sommer 1967, also zwei Jahre nach Gründung des Deutschen Bildungsrates, setzten im exekutiven Viereck aus Bundeskanzleramt, Bundesinnen-, Bundeswissenschafts- und Bundesratsministerium Diskussionen über eine grundlegende Neuordnung des bildungspolitischen Planungs- und Entscheidungssystems ein, in denen vorrangig der unverbindliche Charakter der Pläne des Deutschen Bildungsrates für das politische Handeln der Länder bemängelt wurde.

Eine wesentliche Ursache für das identifizierte Problem machte man in den strukturellen und organisatorischen Voraussetzungen für die Zusammenarbeit von Politik und Experten bei der politischen Planung im Bildungsrat aus. Diese orientierten sich am 1957 gegründeten Wissenschaftsrat, entsprachen ihrem Vorbild aber nur in wenigen Punkten.[31] Gemeinsam war den Sachverständigen- beziehungsweise Planungsgremien, dass sie den Dialog zwischen Experten und politischen Entscheidungsträgern durch die Einrichtung von miteinander kooperierenden Kommissionen institutionalisierten. Während dem Zwei-Kammer-System des Wissenschaftsrates aber eine beschlussfassende Vollversammlung aus Mitgliedern der Verwaltungs- und wissenschaftlichen Kommission übergeordnet wurde, entschied im Bildungsrat allein die aus Sachverständigen bestehende Bildungskommission. Die aus Bundes- und Ländervertretern zusammengesetzte Regierungsbank musste lediglich vor der Veröffentlichung von Empfehlungen, Plänen und Gutachten angehört werden – an der eigentlichen Willensbildung des Bildungsrates hatten Bund und Länder also keinen Anteil.[32]

29 Rudloff, Macht den Räten (wie Anm. 4), S. 161.

30 Vgl. Ebd.

31 Vgl. Ebd., S. 177.

32 Vgl. Stichpunktsammlung des Kulturreferats im Bundesinnenministerium zur Zusammenarbeit zwischen Bund und Ländern vom 3.11.1967, Bundesarchiv B138/12251.

Aus der Perspektive der Bundesregierung erwies sich diese strukturelle Differenz zwischen dem Wissenschaftsrat und seinem bildungspolitischen Ableger als besondere Erschwernis bei der einheitlichen Reform des Bildungswesens: Die fehlende Selbstbindung der politischen Seite durch eine gemeinsame Beschlussfassung eröffnete den Ländern nämlich die Möglichkeit, die Beschlüsse der Bildungskommission »als unverbindliche Meinungsäußerungen eines neutralen Sachverständigengremiums zu betrachten, deren Verwirklichung in das Belieben des einzelnen Landes gestellt ist.«[33]

Für den Bund resultierte hieraus die handfeste Gefahr divergierender Entwicklungen im Schulwesen, die auch vom Vorsitzenden der Bildungskommission des Deutschen Bildungsrates, dem Historiker Karl Dietrich Erdmann, wahrgenommen wurde.[34] In einem Hearing des Bundestagsausschusses für Wissenschaft, Kulturpolitik und Publizistik am 9. Mai 1968 bezog er Stellung zur Frage, ob die Formen des Zusammenwirkens zwischen den Einrichtungen von Bildung, Wissenschaft und Politik noch adäquat seien, und skizzierte die Problemlage auf Grundlage seiner bisherigen Erfahrungen wie folgt:

»Der Bildungsrat trat vor zwei Jahren ins Leben, in einem Augenblick, als man sich im Kreise der bildungspolitischen Entscheidungsträger, also der Kultusminister und der Länder, noch nicht klar war, welche Strukturentscheidungen einmal gefällt oder vereinbart werden könnten. Daß der Bildungsrat geschaffen worden ist mit einem klaren, deutlichen Auftrag, einen Bildungsplan zu entwickeln für das deutsche Bildungswesen, entsprang der Vorstellung, daß innerhalb der verschiedenen deutschen Länder die Umwandlung der deutschen Bildungsstruktur doch einigermaßen einheitlich zu vollziehen sein würden [sic!]. Im Augenblick, glaube ich, ist die Gefahr nicht ganz von der Hand zu weisen, daß man von dieser Konzeption hier und da sich abzuwenden im Begriff steht, und daß einzelne Länder nun alleine vorsprechen und diesen oder jenen Plan vortragen mit dem offensichtlichen Willen, ihn auch in dieser oder jener Weise zu realisieren mit dem Ergebnis – und ich glaube, das ist wirklich eine ganz ernste Gefahr –, daß das Bildungswesen der Bundesrepublik nicht in einem einheitlichen Rhythmus und nach einheitlichen Grundgedanken weiterentwickelt wird, sondern daß es auseinander geht. Und ich glaube, man sollte es mit aller Deutlichkeit sagen, daß das eine verhängnisvolle Sache wäre, und man sollte sehr deutlich den Appell an die bildungspolitischen Entscheidungsträger richten, sich gleichsam an ihre eigene Vorentscheidung zu halten, unter allen Umständen dafür zu sorgen, daß die notwendigen Veränderungen doch gleichmäßig für das [sic!] Gesamtbereich der Bundesrepublik getroffen werden.«[35]

33 Vorlage des Bundeswissenschaftsministeriums zur Sitzung des Arbeitskreises zur Beratung des nationalen Bildungswesens am 30.4.1969 vom 22.4.1969, Bundesarchiv B138/3014.

34 Vgl. Vorlage zur »Engeren Zusammenarbeit von Bund und Ländern bei Reformen des Bildungswesens« vom 18.2.1969 für die Sitzung des Arbeitskreises zur Beratung des nationalen Bildungswesens am 19.2.1969, Bundesarchiv B136/5810.

35 Kurzprotokoll und überarbeitete Bandaufnahme der 60. Sitzung des Ausschusses für Wissenschaft, Kulturpolitik und Publizistik am 9. Mai 1968, hier: Fortsetzung der Anhörung von Sachverständigen, Parlamentsarchiv PA-DBT 3117 A5/8, Bd. 1/2.

Das Bundeskabinett wollte es allerdings nicht bei einem Appell belassen und beauftragte den Bundesminister des Inneren, Konzepte für eine wirksamere Bildungsplanung im Bundesstaat zu entwickeln. So legte Bundesinnenminister Ernst Benda Mitte 1968 eine umfassende »Aufzeichnung über Möglichkeiten einer engeren Zusammenarbeit zwischen Bund und Ländern auf dem Gebiet der Bildungsplanung« vor, bei deren Entwicklung das kulturpolitische Referat seines Ministeriums federführend gewesen war.[36] Ausgehend von der dort festgehaltenen Einschätzung, dass die Hemmnisse für die Effektivität des Bildungsrates struktureller Natur seien und diese kurzfristig nicht durch politische Eingriffe in die Arbeitsweise und interne Organisation des Gremiums beseitigt werden könnten, wurde vom Innenministerium ein ergänzender Ansatz für den Zeitpunkt vorgestellt, zu dem Empfehlungen der Bildungskommission vorliegen und anschließend in die Realität umgesetzt werden sollten.[37] Der Planungsphase des Bildungsrates sollte folglich eine Phase nachgegliedert werden, in der Bund und Länder die beschlossenen Pläne und Empfehlungen der Bildungskommission gemeinsam prüften, abstimmten und verwirklichten. Der Bund sollte dabei nicht nur als Vermittler zwischen den konträren bildungspolitischen Vorstellungen der CDU- und SPD-geführten Länder fungieren, sondern durch eine stärkere finanzielle Beteiligung an den Kosten der Bildungsexpansion zugleich einen stärkeren Zugriff auf die inhaltlichen Grundsätze der Bildungsreform erhalten.

Institutionell schlugen sich diese Vorstellungen im Vorschlag des Bundesinnenministeriums nieder, mittels eines neuen Verwaltungsabkommens eine gemeinschaftliche Bund-Länder-Kommission einzurichten, deren Besonderheit darin bestehen sollte, dass der Bund auch bei geschlossener Haltung der Länder nicht überstimmt werden konnte. Dieser Modus der Beschlussfassung war nicht nur für die Frage der Mitfinanzierung bildungspolitischer Maßnahmen wichtig, sondern hatte auch zum Ziel, qualifizierte Mehrheiten von Bund und Ländern gegen eine kleine Minderheit abweichender Länder zu ermöglichen.[38] Nach diesem Konzept kam dem Bund also eine entscheidende Rolle im bildungspolitischen Planungs- und Entscheidungssystem zu – obschon man im Bundesinnenministerium beteuerte, dass das vorgeschlagene Verwaltungsabkommen die Kompetenzen zwischen Bund und Ländern unangetastet lassen und vor

36 Vgl. Kabinettsvorlage des Bundesinnenministeriums über Möglichkeiten einer engeren Zusammenarbeit zwischen Bund und Ländern auf dem Gebiet der Bildungsplanung vom 15. Juli 1968, Bundesarchiv B138/12251. Die Vorlage wurde über ein Jahr hinweg erarbeitet und mit anderen Ressorts – vor allem dem Bundeswissenschaftsministerium und Bundesministeriums für Angelegenheiten der Länder und des Bundesrates – abgestimmt.

37 Vgl. Stichpunktsammlung des Kulturreferats im Bundesinnenministerium zur Zusammenarbeit zwischen Bund und Ländern vom 3.11.1967, Bundesarchiv B138/12251.

38 Vgl. Inhaltliche Grundsätze für ein mögliches Verwaltungsabkommen zwischen Bund und Ländern über eine engere Kooperation im Bereich der Bildungsplanung vom 10.11.1967, Bundesarchiv B138/12251. Dieser Modus war auch insofern neu, als in der Konferenz der Kultusminister (KMK) – dem bis dahin wichtigsten Koordinierungsgremium bildungspolitischer Maßnahmen – Entscheidungen nur einstimmig getroffen wurden.

allem Letzteren ermöglichen sollte, früher vertretenen Zielvorstellungen im Sinne der einheitlichen Reform des Bildungswesens durch eine länderübergreifende Planung gerecht zu werden.[39] Was den bildungspolitischen Verantwortlichen im Innenministerium unausgesprochen vorschwebte, war letztlich jedoch eine vom Bund vorangetriebene ›Bildungsreform der zwei Geschwindigkeiten‹, die mehr Einheitlichkeit versprach als der Status Quo des unkoordinierten Vorgehens der Länder.

Dem Vorschlag des Bundesinnenministeriums entsprach schließlich auch weitestgehend die 1970 etablierte Organisationsstruktur und Arbeitsweise der Bund-Länder-Kommission für Bildungsplanung und ihre Verortung im bildungspolitischen Planungs- und Entscheidungssystem. Anstatt den strukturellen Problemen durch eine innere Reform der Organisation des Deutschen Bildungsrates zu begegnen, setzte man auf die Entflechtung des rudimentär angelegten Wechselverhältnisses von Politik und Sachverständigen innerhalb des bildungspolitischen Beratungs- und Planungsorgans. Mit der Bund-Länder-Kommission wurde diesem nämlich ein beschlussfassendes und rein staatliches Gremium aus Bundes- und Landesvertretern übergeordnet, das als Adressat für die auf Bundesebene arbeitenden Experten- und Planungsgremien dienen und in dieser Rolle für die Realisierung ihrer Pläne Sorge tragen sollte. Als das »ständige Gesprächsforum für alle Bund und Länder gemeinsam berührenden Fragen des Bildungswesens«[40] stieg die Bund-Länder-Kommission in der ersten Hälfte der siebziger Jahre schließlich sogar zum wichtigsten Ort bildungspolitischen Planens und der koordinierenden Entscheidungsvorbereitung auf. Ihre zentrale und alle bisherigen Planungsbemühungen übertreffende Aufgabe bestand in der Vorlage eines bundesweit geltenden Rahmenplans für die Entwicklung des gesamten Bildungswesens sowie der Sondierung seiner finanziellen Realisierungsmöglichkeiten. Verfassungsrechtliche Grundlage ihrer Arbeit war die grundgesetzliche Erweiterung der bildungspolitischen Kompetenzen des Bundes durch das Rechtsinstitut der Gemeinschaftsaufgaben nach Art. 91b GG.[41] Bundeskanzler Brandt und der erste Bundesbildungsminister in der deutschen Nachkriegsgeschichte Hans Leussink erkannten eben darin eine »neue Form der Planung im Bundesstaat«[42] und machten deutlich,

39 Vgl. Handzettel des Bundesinnenministers zur Kabinettsvorlage über Möglichkeiten einer engeren Zusammenarbeit zwischen Bund und Ländern auf dem Gebiet der Bildungsplanung vom 1.Oktober 1968, Bundesarchiv B138/12250.

40 Verwaltungsabkommen zwischen Bund und Ländern über die Errichtung einer gemeinsamen Kommission für Bildungsplanung, Bundesarchiv B106/65707.

41 Siehe hierzu Karin Poeppelt, Zum Bildungsgesamtplan der Bund-Länder-Kommission. Die Einfügung des Artikels 91b in das Grundgesetz und der Prozeß der Bildungsplanung für den Elementar-, Primar- und Sekundarbereich in der Bund-Länder-Kommission für Bildungsplanung, Frankfurt a. M. 1978.

42 Ansprache des Bundeskanzlers Brandt anläßlich der Unterzeichnung des Verwaltungsabkommens über die Einrichtung einer gemeinsamen Kommission für Bildungsplanung am 25.6.1970, Bundesarchiv B106/65707.

dass sich in dieser letztlich auch die Einsicht widerspiegle, »daß in einer Zeit rascher Veränderungen [...] in einem föderalen System das Bildungswesen eine Gemeinschaftsaufgabe ist, die die Zusammenarbeit aller verlangt, und daß sich der Bund, der für die gesellschaftliche Entwicklung die Hauptverantwortung trägt, von der bildungspolitischen Verantwortung nicht ausschließen kann und darf.«[43]

Mit der Gründung der Bund-Länder-Kommission wurden darüber hinaus erstmals in der Geschichte der Bundesrepublik die unverbindlichen Planungskonzepte der bildungspolitischen Sachverständigengremien »durch eine politisch verantwortete und von den Regierungschefs aus Bund und Ländern beschlossene Bildungsplanung«[44] erweitert. Insofern kann mit Blick auf das Ende der sechziger beziehungsweise den Anfang der siebziger Jahre vom Anbruch einer neuen Phase der Bildungsplanung gesprochen werden, mit der sich auf politischer Seite die Hoffnung verband, die Störungen des gesamten Bildungssystems, die sich daraus ergeben hatten, »daß es bisher nicht gelungen ist, die vier Hauptbereiche unseres Bildungswesens – Schule, Hochschule, Berufsausbildung und Erwachsenenbildung – nach einer durchsichtigen und rationalen Konzeption zu koordinieren«,[45] zu überwinden. Hier zeigt sich außerdem, dass sich das bildungspolitische System in den sechziger Jahren als ein lernfähiges und wandelbares Gefüge präsentierte, in dem veränderte Konstellationen und Problemstellungen, unter anderem bei der Bestimmung des Verhältnisses von Planung und Entscheidung, durch organisationspolitische Korrekturen am komplizierten Geflecht aus bildungspolitischen Planungs- und Entscheidungsgremien behoben werden sollten. Diese Praxis zeugt zudem von einem durchaus technokratischen Politikverständnis, das ideologisch begründete und machtpolitische Hemmnisse bei der Reform des Bildungswesens durch Veränderungen am ›Apparat‹ oder der ›Regierungsmaschine‹ beheben wollte.

Die grundlegenden Hürden für eine einheitliche Reform des Bildungswesens nach rationalen Kriterien wurden damit im Kern aber nicht berührt. Für zeitgenössische Beobachter des bildungspolitischen Geschehens stand Ende der Sechziger vielmehr fest, dass es genug Räte und Pläne gab; was fehlte, waren ihres Erachtens politische Entscheidungen. Die Frage nach dem Erfolg oder Misserfolg der Bildungsplanung machten sie weniger an den organisatorischen Rahmenbedingungen bildungspolitischen Entscheidens oder den Konstruktionsprinzipien der Experten- und Planungsgremien fest als an »dem Willen der Beteiligten [...], ob sie wirklich miteinander an einer gemeinsamen Aufgabe

43 Ansprache des Bundesbildungsministers und Vorsitzenden der Bund-Länder-Kommission für Bildungsplanung Leussink zur Eröffnung der konstituierenden Sitzung am 29.7.1970, Bundesarchiv B106/65707.

44 Mathes, Gesamtstaatliche Bildungsplanung (wie Anm. 13), S. 1.

45 »Aus der Regierungserklärung des Bundeskanzlers, Brandt, vor dem Deutschen Bundestag am 28. Oktober 1969«, abgedruckt in: Willy Brandt, Mehr Demokratie wagen. Innen- und Gesellschaftspolitik 1966–1974, Bd. 7, Bonn 2001, S. 222.

zusammen arbeiten wollen.«[46] Während gesamtstaatliche Planungsmöglichkeiten für den Bund ein Einfallstor in den Bildungsföderalismus boten und den Versuch darstellten, trotz mangelnder Kompetenzen konkreten Einfluss auf landespolitische Entscheidungen zu nehmen, nutzten gerade reformunwillige Kräfte in den Landesregierungen Planung vor allem seit Anfang / Mitte der siebziger Jahre als Mittel dilatorischen Handelns. Wissenschaftsgestützte Planung sollte – so die Erwartungshaltung in den langen Sechzigern – zwar die Zumutung des Entscheidens durch eine prospektive Vorwegnahme der Zukunft und die Abwägung unterschiedlicher Entscheidungsfolgen mindern. Doch wird vor allem anhand des hier untersuchten Feldes der Bildungspolitik deutlich, dass Planung allein noch kein Garant für das Treffen von Entscheidungen und somit die Reform des Bildungswesens war.

Will man nun eine Bilanz zur Rolle der Planung auf dem Feld der Bildungspolitik in den sechziger und frühen siebziger Jahren ziehen, so wird dies nicht allein anhand der Frage möglich sein, wie viele der veröffentlichten Gutachten, Empfehlungen und Pläne tatsächlich zur Grundlage staatlichen Entscheidens genommen und anschließend implementiert wurden. Eine solche Bilanzierung würde der Rolle planerischer Maßnahmen im Kontext der ersten bundesdeutschen Bildungsreform nämlich kaum gerecht werden. Vor allem das Kerndokument der staatlich verantworteten Bildungsplanung, der von der Bund-Länder-Kommission für Bildungsplanung ausgearbeitete Bildungsgesamtplan, wurde nur von wenigen Bundesländern zum Ausgangspunkt bildungsreformistischen Handelns genommen und selbst dort nicht in Gänze verwirklicht. Ein Grund hierfür war sicherlich der geringe Verpflichtungscharakter der Pläne für die politischen Entscheidungsträger auf Landesebene, an dem auch die permanente Reform des Planungs- und Entscheidungssystems nichts ändern konnte. Erschwerend kam die bei der Erstellung des Bildungsgesamtplans eröffnete Möglichkeit zur Abgabe von Minderheitenvoten hinzu, die vor allem von christdemokratisch geführten Bundesländern in Anspruch genommen wurde. Der Bildungsgesamtplan kann vor diesem Hintergrund sowohl als das Produkt eines festen Glaubens in die Planbarkeit gesellschaftlich-politischer Prozesse als auch als Ausdruck der Grenzen politischer Planung in einem pluralistisch-föderalistischen System betrachtet werden. Darüber hinaus wird deutlich, dass Planung Entscheidungen nicht überflüssig machte beziehungsweise sich des ideologischen Kerns politischen Entscheidens nicht entledigen konnte, sondern auf allen Stufen durch das Setzen politischer Prämissen und die Notwendigkeit des Entscheidens bestimmt war. Die Bildungsreform der Sechziger und frühen Siebziger begann deshalb in jenem Augenblick zu stocken, als der Konsens der Parteien aufbrach und die Unterschiede in den Zielvorstellungen der anzugehenden Maßnahmen an den Tag traten. Damit wurde bildungspolitische Planung in der Bundesrepublik auf

46 Kurzprotokoll und überarbeitete Bandaufnahme der 60. Sitzung des Ausschusses für Wissenschaft, Kulturpolitik und Publizistik am 9. Mai 1968, hier: Fortsetzung der Anhörung von Sachverständigen, Parlamentsarchiv PA-DBT 3117 A5/8, Bd. 1/2.

tönerne Füße gestellt. Gleichwohl kann trotz der geringen direkten Implementationswirkung der Bildungsplanung konstatiert werden, dass die Arbeit der Beratungs- und Planungsgremien maßgeblich die bildungspolitischen Debatten jener Jahre prägten und in manchen Fällen auf Umwegen in die Entscheidungsfindung der entsprechenden Akteure einflossen.[47]

4. Fazit

Planung war, wie im vorliegenden Aufsatz aufgezeigt wurde, nicht nur eine zentrale Chiffre der politischen Kultur der sechziger und siebziger Jahre, sondern nahm auch im politischen Alltag der Bonner Republik einen besonderen Stellenwert ein. Von der Enttabuisierung des Planungsbegriffs über die Einrichtung von Planungsorganen auf den verschiedenen Ebenen des politischen Systems in der Bundesrepublik bis hin zur Entzauberung der Ordnungskategorie seit Mitte der siebziger Jahre durchlief Planung als Bestandteil einer spezifischen Vorstellung des politischen Handelns und Entscheidens unterschiedliche Phasen. In diesen mussten sich die Verantwortlichen in Politik und Gesellschaft mit verschiedenen Problemen und Herausforderungen auseinandersetzen, die sich mit Blick auf die Integration planerischer Prozesse in die etablierten Strukturen der politischen Entscheidungsfindung stellten. Der Begriff der Integration verweist dabei auf einen zentralen Umstand, der unter anderem am Beispiel des Wissenschaftsrates und Deutschen Bildungsrates deutlich wurde: Planung fand nicht in den bislang vorhandenen Entscheidungsgremien statt, sondern wurde neuen Organen als Aufgabe zugewiesen. Ihre Einbettung in das politische System und dessen Reaktion auf die veränderten Ansprüche an politisches Entscheiden führten vor allem auf dem Feld der Bildungspolitik zu einer Situation, in der vor dem Hintergrund stetig neuer Erfahrungen ununterbrochen an der Organisation des Planungs- und Entscheidungssystems gearbeitet wurde. Parallel zur inhaltlichen Dimension der Bildungsreform etablierte sich deshalb eine organisationspolitische Diskussion, die anhand der Einrichtung der Bund-Länder-Kommission für Bildungsplanung in groben Zügen vorgestellt wurde und in deren Mittelpunkt die Frage der Verbindlichkeit von Planungsmaßnahmen für bildungspolitisches Entscheiden stand.

Die Bund-Länder-Kommission stellte in diesem Zusammenhang den Versuch einer kompensatorischen Antwort auf die verschiedenen Dysfunktionalitäten des bildungspolitischen Planungs- und Entscheidungssystems dar und sollte dessen neue institutionelle Spitze bilden. Ihre Einrichtung brach dabei zugleich mit den bislang praktizierten Modi der Zusammenarbeit von Sachverständigen und bildungspolitischen Entscheidungsträgern, indem die Planungskommission das im Bildungsrat rudimentär angelegte Wechselverhältnis von ›Geist‹ und ›Macht‹ aufbrach und durch eine neue Kommunikations- und Zuständigkeitsstruktur

47 Vgl. Rudloff, Bildungsplanung in den Jahren des Booms (wie Anm. 12), S. 282.

ersetzte. Insofern handelt es sich bei der Gründung der Bund-Länder-Kommission um einen Einschnitt in die bundesdeutsche Geschichte bildungspolitischen Entscheidens, mit der eine neue Phase der gesamtstaatlichen Bildungsplanung begann. Darüber hinaus konnte aber auch herausgestellt werden, dass hinter dem Aufwand, der mit der Einrichtung und Weiterentwicklung planerischer Gremien verbunden war, nicht allein die Absicht steckte, Politik zu rationalisieren und zu entideologisieren. Zweifelsohne handelte es sich hierbei um zwei wichtige Anliegen beziehungsweise wirkmächtige Narrative, die vor allem zur Begründung der entsprechenden Änderungen am Geflecht aus Planungs- und Entscheidungsorganen herangezogen wurden. Im politischen Alltag fungierten diese Gremien aber häufig als Orte, an denen der Konflikt zwischen Bund und Ländern um die Zuständigkeit in Bildungsfragen reflektiert, ausgetragen und geschlichtet wurde. Zugespitzt lässt sich festhalten, dass die unterschiedlichen bildungspolitischen Beratungs- und Planungsgremien der sechziger und siebziger Jahre Ausdruck eines Kompromisses zwischen Bund und Ländern waren, der Ersterem in einer Phase der massiven Expansion des Bildungswesens bei gleichzeitiger Reform seiner Strukturen Beteiligungs- und Mitsprachemöglichkeiten gewähren sollte, ohne dass die Zuständigkeit der Länder auf dem Feld der Bildungspolitik verwässert würde. Dass die zur Verfügung stehenden Instrumente nicht immer im Sinne des Bundes waren und man sich eine sukzessive Ausweitung der Einflussmöglichkeiten wünschte, reflektiert unter anderem der Entstehungshintergrund der Bund-Länder-Kommission für Bildungsplanung. Zugleich zeugt das Beispiel eben jener Kommission davon, dass die Wahrscheinlichkeit des Entscheidens keinesfalls mit der institutionellen Einrichtung weiterer Planungsorgane stieg. Die zeitgenössische Erwartung, dass Planung als Instrument der Rationalisierung und Entideologisierung die Zumutung des Entscheidens verringern könnte, erfüllte sich somit nicht.

Schlusskommentar

Uwe Schimank

Kulturelles am Entscheiden

Ein Kommentar aus soziologischer Perspektive

1. Einleitung

Die Erforschung dessen, was wir Entscheiden nennen, ist lange Zeit eine Domäne bestimmter sozialwissenschaftlicher Disziplinen und interdisziplinärer Forschungsfelder gewesen. Zuallererst die Wirtschaftswissenschaften, sodann die Politikwissenschaften und die Organisationsforschung haben sich mit Entscheiden beschäftigt – was dem gängigen Bild entsprach, dass Wirtschaft und Politik diejenigen Gesellschaftsbereiche sind, wo am meisten entschieden wird, und Organisationen auf das Treffen von Entscheidungen hin ausgerichtete soziale Gebilde darstellen. Hinzu kam noch die Psychologie, die sich sowohl mit der kognitiven als auch mit der sozialen Seite des Entscheidens, etwa mit Entscheidungen in Kleingruppen, befasst. In anderen Disziplinen gab und gibt es Spezialdiskurse über Entscheiden – etwa über rechtliches Entscheiden in den Rechtswissenschaften. In den meisten Kulturwissenschaften ist Entscheiden hingegen bislang kaum ein Thema gewesen – jedenfalls kein explizites. Implizit haben sich natürlich wichtige Teile der Geschichtswissenschaften schon immer um Entscheiden gekümmert – etwa die Politik- und Militärgeschichte. Und auch Disziplinen und Subdisziplinen wie die Literaturwissenschaften – siehe den Beitrag von Martina Wagner-Egelhaaf – oder die praktische Philosophie stoßen auf das Phänomen des Entscheidens, wenn Romanhelden an schicksalhafte Wegscheiden kommen oder Ärzte vor moralischen Dilemmata stehen und die Medizinethik um Rat fragen. Dass allerdings Entscheiden der zentrale Begriff des Titels einer breiten kulturwissenschaftlichen Forschungsinitiative ist, hat es noch nicht so oft gegeben.

Ein simpler Test genügt, um zu zeigen, dass den Kulturwissenschaften erst einmal keine große Zuständigkeit für das Entscheidungsthema zugesprochen wird: In welchen fachlichen Kontexten würde man recherchieren, wenn man sich auf den aktuellen Stand der Entscheidungsforschung bringen möchte? Nicht einmal Kulturwissenschaftler würden hier als Erstes oder überhaupt an Kulturwissenschaften denken. Es ist umso erfreulicher, dass nun ein kulturwissenschaftlicher Forschungsverbund »Kulturen des Entscheidens« erforscht – und zwar aus einer dezidiert anderen Perspektive, als sie von den genannten sozialwissenschaftlichen und psychologischen Herangehensweisen benutzt wird. Man bekommt deutlich andere Dinge in den Blick – oder dieselben Dinge in einen deutlich anderen Blick. Teils ergänzt das, was man da sieht, die Erkenntnisse der bisher vorherrschenden Perspektive; teils wird diese Perspektive auch durch kulturwissenschaftliche Befunde herausgefordert, was in manchen Fällen – wenngleich längst nicht immer – zu einer konfrontativen Konkurrenz von Sichtweisen führt. Auf die eine oder andere Weise ertragreich ist das Hinzukommen einer kulturwissenschaftlichen Perspektive allemal: So viel ist jetzt schon sicher.

In den Beiträgen dieses Bandes werden durchgängig richtige und wichtige Fragen aufgeworfen, und – was ich weitgehend übergehen muss – auch bereits zahlreiche überzeugende, weiterführende Antworten gegeben. Mehr noch: Die Beiträge regen zum weiteren Nachdenken an. Das möchte ich in fünf kurzen Rubriken verdeutlichen. Drei davon sind an den zentralen Themen des vorliegenden Bandes aufgehängt: Praktiken, Narrative und Ressourcen des Entscheidens. Voranstellen werde ich eine methodologische Reflexion, und am Ende frage ich nach einem Desiderat der bisherigen konzeptionellen Überlegungen und empirischen Fragestellungen des Forschungsverbunds.

2. Sensibilität für analytische ›Standortgebundenheit‹

Die methodologische Problematik, die ich zunächst ansprechen will, ist nicht gegenstandsspezifisch, wird aber doch am Gegenstand des Entscheidens besonders augenfällig. Nicht nur sozial-, auch kulturwissenschaftlich ist vielfältig reflektiert worden, dass den eigenen Begrifflichkeiten ebenso wie den argumentativen Bezügen zwischen bestimmten Begriffen – etwa behaupteten Konstitutions- oder Kausalzusammenhängen – eine unüberwindbare ›Standortgebundenheit‹ innewohnt, um es mit der bekannten Formulierung Karl Mannheims zu sagen. Was als rein sachlich gehaltenes wissenschaftliches Sprechen über die Welt daherkommt, muss sowohl auf seine zeitlichen als auch auf seine sozialen Bedingtheiten hin geprüft werden – wobei weniger in Frage steht, *ob* solche Bedingtheiten vorliegen, sondern man sich am besten gleich der Frage zuwendet, *wie* diese aussehen. Paradox zugespitzt erscheint einer heutigen kultur- und sozialwissenschaftlichen Betrachtung – um die ›Standortgebundenheit‹ des Folgenden gleich mit anzusprechen – als so ziemlich einzige zeitlich und sozial unbedingte Feststellung über die Welt, dass es keine weiteren solchen Feststellungen gibt. Das ist für sehr grundlegende Begriffe wie ›Handeln‹, ›Sinn‹ oder auch ›Entscheiden‹ ebenso aufgewiesen worden wie für viel speziellere Konzepte wie zum Beispiel den ›homo oeconomicus‹ oder die Vorstellung von Personen als Individuen. Egal, ob man in frühere Epochen wie etwa das Mittelalter oder das antike Griechenland zurückgeht oder sich in andere »Kulturen der Moderne«,[1] etwa die japanische oder indische, begibt: Man redet dann in der Sprache der westlichen Moderne über sie – um es bei dieser noch sehr groben Umschreibung der sozialen und zeitlichen Bedingtheiten zu belassen. Historiker waren sich dessen vor allem in zeitlicher Hinsicht immer schon bewusst; und die anderen Kultur-

1 Richard Münch, Die Kultur der Moderne, 2 Bde., Frankfurt a. M. 1986.

ebenso wie die Sozialwissenschaften sind auch nicht erst durch die ›postcolonial studies‹ sowohl auf die sozialen als auch auf die zeitlichen Bedingtheiten ihrer Aussagen gestoßen worden.

Eigentlich ist es ja schon definitorisch klar: Eine Perspektive muss einen bestimmten Standort einnehmen und dadurch zwangsläufig andere Standorte ausschließen. Die Naturwissenschaften, die sich mit Phänomenen beschäftigen, die nicht durch sinnhafte Selbsterfahrung konstituiert sind, sodass man sie nicht verstehen kann und auch nicht muss, haben mit der ›Standortgebundenheit‹ ihres Denkens nicht das Problem, das sich den Kultur- und Sozialwissenschaften stellt. Die Verwendung eines physikalischen Gesetzes bei der Beschreibung und Erklärung eines Naturvorgangs braucht nicht nachzuvollziehen, wie sich der Schnee fühlt, wenn er als Lawine ins Tal hinunter rutscht; denn es gibt daran nichts sinnhaft zu verstehen. Die Kultur- und Sozialwissenschaften hingegen müssen verstehen, was ihre jeweiligen Akteure sich bei dem, was sie tun, denken und was sie dabei empfinden – jedenfalls, wenn mehr gefragt ist als die Analyse von äußerlichem Verhalten und dessen Wirkungen, nämlich – in den Worten von Michael Quante und Tim Rojek – »eine sich hermeneutisch verstehende Teilnehmerperspektive«.[2]

Je höher kultur- und sozialwissenschaftliche Analysen die Ansprüche an Verstehen schrauben, also im Extremfall einen Einzelfall – etwa die vielschichtigen Beweggründe von Adolf Hitlers Judenhass als Miterklärungen von Schlüsselentscheidungen der nationalsozialistischen Judenverfolgung – umfassend und tiefenscharf in seinem Entscheiden verstehend nachvollziehen wollen, desto eher und desto mehr kann die zeitliche und soziale Bedingtheit des Begriffsinstrumentariums, das man heranzieht, zum Problem werden. Das äußert sich dann in Gestalt eines inadäquaten und, als Zuspitzung, ideologisch verfälschenden Fremdverstehens. Beispiele für beides ließen sich finden: Wenn etwa spieltheoretisches strategisches Denken fraglos Kriegsherren der Antike zugeschrieben oder ein modernes westliches Planungsverständnis biographischem Entscheiden von Angehörigen brasilianischer Unterschichten oder dem Hofadel im absolutistischen Frankreich unterlegt wird.

Die sozial- wie kulturwissenschaftliche Begriffsbildungsstrategie gerät hier in ein Dilemma: Auf der einen Seite ist vielfach ein feinfühliges Verstehen, dass nahe an den Einzelfall herankommt, ein erstrebenswertes Erkenntnisziel; legt man seine Begrifflichkeiten aber daraufhin aus, verstärkt das deren ›Standortgebundenheit‹ – hier an die soziale und zeitliche Positioniertheit der untersuchten Entscheider – und engt somit die Nutzungsbreite als Erklärungsinstrument ein. Auf der anderen Seite sind entscheidungstheoretische Konzepte, die in sozialontologischen Denkweisen der westlichen Moderne verankert sind, für ein anspruchsvolles Verstehen etwa des Entscheidens heutiger Kleinanleger – siehe den Beitrag von Helene Basu – oder der von Michael Grünbart betrachteten byzantinischen Kaiser oft kaum geeignet, bleiben entweder oberflächlich und

2 Oben S. 45.

damit trivial oder aber konstruieren Pappkameraden, die höchstens Unkundige überzeugen können. Doch selbst wenn es – was höchst unwahrscheinlich ist – gelänge, ein kulturell neutrales Begriffsinstrumentarium zu konzipieren, das keinerlei zeitliche und soziale Standortgebundenheit aufwiese, also gleich weit entfernt von allen ›Standorten‹ wäre, wäre der Preis dafür mit großer Wahrscheinlichkeit wiederum Oberflächlichkeit. Zeitweise gingen ja manche begrifflichen Bemühungen der Analytischen Philosophie um eine Idealsprache in eine solche Richtung.

Für die Begriffsbildung ergibt sich aus dem Dilemma, dass es keinen Königsweg gibt. Man sollte weiter darüber nachdenken und Erfahrungen sammeln, welche der beiden möglichen Begriffsbildungsstrategien bei welchen Untersuchungsinteressen die bessere ist:

- Man kann entweder versuchen, Begriffe ›mittlerer Reichweite‹ – hier nicht in der Sach-,[3] sondern in der Zeit- und Sozialdimension gemeint – zu konzipieren, die relativ nahe an der ›Standortgebundenheit‹ der Untersuchten bleiben. Dann nimmt man dafür in Kauf, dass man viele – mehr oder weniger stark variierende – Begriffsarsenale benötigt, um größere zeitliche und soziale Dimensionen abzudecken, und es nur eine begrenzte Übersetzbarkeit der Arsenale ineinander und damit eine entsprechend begrenzte Anschlussfähigkeit der mit ihnen jeweils erzielten Erkenntnisse untereinander, etwa als Vergleiche oder Kumulation, gibt.
- Oder man geht in die entgegengesetzte Richtung der begrifflichen Generalisierung und versucht, das dadurch in Kauf genommene Risiko der unerkannten ›Standortgebundenheit‹ der Forscher durch daraufhin kontrollierende Reflexion in Grenzen zu halten. Am besten wird dies dadurch gewährleistet, dass man sich diesbezüglich der Kontrolle durch solche anderen aussetzt, die möglichst andersartigen sozialen und zeitlichen Bedingtheiten unterliegen. Kontrolle heißt hier wohlgemerkt nicht einfach, einen ›Modernismus‹- oder ›Eurozentrismus‹-Generalverdacht gegenüber jedem Begriffsinstrumentarium zu erheben, das von den notorischen alten weißen Männern, deren Vorfahren schon seit Generationen den besseren Kreisen angehören, konzipiert worden ist; sondern der Verdacht muss so spezifisch formuliert werden, dass er widerlegbar ist[4] – etwa als Befürchtung, dass ein bestimmtes Entscheidungsverständnis einen westlichen »bombastischen Heroismus der Aktion«[5] und des planvollen Vorgehens mit transportiert und deshalb auf klassische chinesische Praktiken des Entscheidens von vornherein abfällig blickt.

3 Wie bei den bekannten »Theorien mittlerer Reichweite« Robert K. Mertons; s. ders., Einleitung, in: Ders., Soziologische Theorie und soziale Struktur, Berlin 1995 (engl. Originalausg. 1949), S. 1–13, hier S. 3–8.

4 Im Sinne von Nicholas Rescher, Scepticism, Oxford 1980.

5 Francois Jullien, Über die Wirksamkeit, Berlin 1999, S. 191.

3. Praktiken des Entscheidens

Ein erster Kandidat für eine solche Prüfung hinsichtlich ›standortgebundener‹ Implikationen könnte der Begriff der ›Praktiken‹ des Entscheidens sein. Das möchte ich aber nun – auch, weil andere dafür kompetenter sind – gar nicht tun; sondern ich will diesen zentralen Begriff einer soziologischen Praxistheorie, der von Robert Schmidt in seinem Beitrag ›individualistischen‹ Konzeptionen des Entscheidens als bessere Alternative gegenübergestellt wird, daraufhin prüfen, ob dieser Anspruch gerechtfertigt ist oder ob die Dinge nicht etwas komplizierter als ein einfacher Besser / Schlechter-Schlagabtausch sind. Es geht dabei nicht darum, dass Viele – mich inbegriffen – oftmals in lockerer Redeweise von Handlungen oder Praktiken synonym sprechen, sondern um die Implikationen, die eine von Schmidt konzis präsentierte strenger gefasste praxistheoretische Begriffsverwendung in dezidierter Abgrenzung gegen eine handlungstheoretische Perspektive mit sich bringt. Für ein Verständnis von Entscheiden sind vor allem zweierlei Unterschiede bedeutsam, die Praxistheorie gegenüber konventioneller Handlungstheorie für sich reklamiert: erstens ein »methodologischer Situationalismus«[6] – wie Schmidt es in Anlehnung an Erving Goffman benennt – und zweitens ein Einbezug von Materialitäten in die Betrachtung des Entscheidungsgeschehens.

Dem ersten Punkt liegt, wie ich hier nur thesenartig in den Raum stellen kann, ein Missverständnis von Handlungstheorie zugrunde, das freilich durch ein Selbstmissverständnis mancher Handlungstheoretiker befördert wird. Die Selbstcharakterisierung vieler Handlungstheoretiker als methodologische Individualisten ist in der Hinsicht irreführend, dass sie ein mentalistisches Handlungs- und damit auch Entscheidungsverständnis suggeriert, demzufolge eine ›einsam‹ vorgefasste Intention im zweiten Schritt umgesetzt wird und dabei dann gegebenenfalls auf das Handeln oder Entscheiden anderer trifft. Als ›Situationalismus‹ wird demgegenüber reklamiert, dass Handeln und Entscheiden von Anfang an als »überindividuell gemeinsames«[7] Geschehen zu verstehen ist. Genau das ist freilich schon in Max Webers Begriff des ›sozialen‹ Handelns mit seiner Orientierung an anderen ebenso wie etwa in den spieltheoretischen Modellen der Rational-Choice-Perspektive vorgesehen. ›Einsames‹ Handeln ohne von vornherein bedachte Intentionsinterferenzen mit anderen kommt zwar vor, ist aber eher selten. Wenn ein Single abends von der Arbeit nach Hause kommt und sich sein Abendessen zubereitet, wäre das ein Beispiel dafür, dass er sozusagen auf niemanden Rücksicht nehmen und seinerseits mit niemandes Einmischung rechnen muss; doch schon wenn er – in einem Mehrfamilienhaus wohnend – Musik dabei hört, muss er bedenken, wie laut er die Stereoanlage aufdreht, um nicht den Protest der Nachbarn zu provozieren. Dass Peter Berger

6 Oben S. 58.
7 Oben S. 59

und Thomas Luckmann ihre sozialtheoretische Perspektive als Robinsonade beginnen lassen, hat bestimmte darstellungstechnische Vorteile, aber den eminenten Nachteil, dass der falsche Eindruck aufkommen kann, erst sei der Handelnde mit seinem Handeln da, und dann erst komme eventuell handelndes Zusammenwirken in die Welt.[8] Anders gesagt: Am Anfang jedes Handelns sei nur die Sach- und die Zeitdimension, und die Sozialdimension trete später hinzu. Es mag sein, dass manche Wirtschaftswissenschaftler nutzenmaximierendes Entscheiden als Umgang mit Knappheit so konzipieren, dass der nicht immer, aber meistens zumindest mit bestehende soziale Ursprung von Knappheit – andere wollen auch das, was ich haben will – ausgeblendet wird; bei Soziologen findet sich solch ein Denken eigentlich nicht, weshalb auch der vor einiger Zeit proklamierte »Relationismus«[9] als angebliche Korrektur des methodologischen Individualismus offene Türen einrennt.

Soziologisch korrekt wäre es in den allermeisten Fällen, davon zu sprechen, dass nicht Einzelne, sondern Konstellationen handeln oder auch entscheiden – ganz im Sinne der von Schmidt zitierten eleganten Wendung Goffmans.[10] Das als Ausgangspunkt zu nehmen schließt allerdings nicht aus, dass es Sinn machen kann, sich die Konstellation aus dem Blickwinkel eines bestimmten Akteurs vor Augen zu führen, der in sie verstrickt ist – weil einen dieser Akteur besonders interessiert oder weil man nacheinander die Blickwinkel aller beteiligten Akteure nachvollzieht, um sich so ein vertieftes Konstellationsverständnis zu erarbeiten. Auch dann lässt sich die von Schmidt vermisste Distanz handlungstheoretischen Denkens von der Teilnehmerperspektive wahren. Man kann durch Perspektivenübernahme Akteure durchaus als solche, also hinsichtlich der eigenen ›agency‹, ernst nehmen, anstatt immer gleich mit Entlarvungsgestus von retrospektiven Rationalisierungen eines Entscheidens, das stets und ausschließlich »retroaktives Regelfolgen«[11] sei, zu reden. Dass es solche Fälle gibt, lässt ohne empirische Prüfung nicht den Schluss zu, dass sie ubiquitär verbreitet sind oder auch nur die Mehrzahl aller Entscheidungssituationen ausmachen. Schmidt läuft hier Gefahr, in einen uneingestandenen methodologischen Kollektivismus abzugleiten, in dem die Praktiken sich der Akteure als Erfüllungsgehilfen bemächtigen, um ›accomplished‹ zu werden.

Noch ein Wort zum Mentalismus: Die empirische interdisziplinäre Entscheidungsforschung, die sich insbesondere mit Entscheiden in Organisationskontexten befasst hat[12] geht schon lange nicht mehr von einem »mentalen ›Planungs-

8 Peter L. Berger / Thomas Luckmann, The Social Construction of Reality. A Treatise in the Sociology of Knowledge, Harmondsworth 1972, S. 70–85.

9 Mustafa Emirbayer, Manifesto for a Relational Sociology, in: American Journal of Sociology 103 (1997), S. 281–317.

10 Oben S. 59.

11 Oben S. 65 f.

12 Als Überblick nur: Gerard P. Hodgkinson / William H. Starbuck (Hg.), The Oxford Handbook of Organizational Decision Making, Oxford 2008.

büro«[13] aus. Das ist nur eine Strohpuppe aus dem Museum für Frühgeschichte handlungs- und vor allem entscheidungstheoretischen Denkens. Das Phasenschema des Entscheidens, das sich einen Entscheidungsvorgang als geordnete mentale Sequenz vom Erkennen und Diagnostizieren eines Problems über die Formulierung von Kriterien und die Identifizierung verfügbarer Alternativen bis zu deren vergleichender Bewertung und daraus folgenden Auswahl einer – der bestgeeigneten – Option vorstellt, um erst dann in die handlungsförmige Umsetzung überzugehen, ist seit spätestens fünfzig Jahren empirisch widerlegt.[14] Was ursprünglich als Phasen gedacht wurde, sind Komponenten, deren Wechselspiel in ziemlich kontingenter Sequentialität oder Simultanität Entscheiden hervorbringt – und zwar nicht erst bewusstseins- und dann handlungsförmig, sondern zumeist als ein permanentes Hin und Her zwischen Denken und Tun. Die Forschungen über ›bounded rationality‹ sind schnell darauf gestoßen, wie man bereits einer Überblicksdarstellung aus den 1970er Jahren entnehmen kann.[15] Nicht zuletzt diese reichen empirischen Befunde zwingen im Übrigen dazu, Entscheiden einer Konstellation und nicht einem Akteur zu attribuieren.

Diese Konstellation kann aber noch mehr als Akteure, so wie die gängige Handlungstheorie sie sich vorstellt, enthalten. Das fängt schon mit den Körpern der menschlichen Akteure an; weiterhin sind alle Arten von Dingen – Naturobjekte oder technische Artefakte – anzuführen; und spätestens an diesem Punkt kann auch das räumliche Arrangement von Körpern und Dingen bedeutsam sein. Dass Praxistheorie ein solcherart erweitertes Verständnis von Sozialität bereitstellt, ist der zweite von ihr reklamierte Vorzug – was Schmidt nur eher beiläufig mit erwähnt, aber insbesondere André Krischer stark macht und vielfältig an der englischen Gerichtspraxis illustriert. Krischer geht so weit, beispielsweise von Notizbüchern oder der Architektur von Gerichtssälen als »Co-Produzenten der Entscheidungen«[16] zu sprechen.

Ich kann mich hierzu viel kürzer fassen, weil ich die Hinweise auf diese von der Handlungstheorie bislang ausgeklammerten weiteren Wirkgrößen des Entscheidens richtig und wichtig finde. Dem Insistieren der praxistheoretischen Perspektive, aber auch anderer Herangehensweisen wie etwa der »actor-network theory«[17] auf dem Einbezug von Materialitäten im weitesten Sinne in das sozial- und kulturwissenschaftliche Begriffsinstrumentarium stehen bei mir dennoch drei Vorbehalte gegenüber, die alle im weiteren Verlauf des ›material turn‹ ausräumbar sind, aber auch ausgeräumt werden sollten:

13 Oben S. 52.

14 Etwa: Eberhard Witte, Phasen-Theorem und Organisation komplexer Entscheidungsverläufe, in: Zeitschrift für betriebswirtschaftliche Forschung 20 (1968), S. 625–641; weiterhin: Henry Mintzberg u. a., The Structure of Unstructured Decision Processes, in: Administrative Science Quarterly 21 (1976), S. 246–275.

15 Werner Kirsch, Einführung in die Theorie der Entscheidungsprozesse, Wiesbaden 1977.

16 Oben S. 142 (Titel).

17 Bruno Latour, On Actor-Network Theory. A few Clarifications, in: Soziale Welt 47 (1996), S. 369–382.

- Ich sehe nach wie vor keinen vernünftigen Grund, von Windstößen, Türklinken oder auch Computern oder Algorithmen als Akteuren oder – auch nicht besser – ›Aktanten‹ zu sprechen. Man kann dies nur mit einem schwachen Handlungsbegriff tun, der sich auf Etwas-bewirken reduziert, allenfalls noch Kontingenz im Sinne situativer Anpassung wie zum Beispiel bei einer ›intelligenten Bremse‹ einbezieht, aber keine Intentionalität oder höherstufige Reflexivität als Definitionsmerkmal vorsehen darf, was beides selbst beim intelligentesten maschinellen Lernen nicht vorkommt.[18] Man sollte demgegenüber allgemein von Wirkkräften reden und dann einen starken Handlungsbegriff auf diejenige Teilmenge beschränken, die durch Intentionalität und höherstufige Reflexivität gekennzeichnet ist. Dass inzwischen in der Tat in einigen Fällen nicht mehr klar unterschieden werden kann, ob ein Gegenüber in diesem Sinne ein Handelnder oder ein intelligenter Agent ist,[19] lässt sich durch diese Sprachregelung als neuartige Ungewissheit im Untersuchungsgegenstand gerade gut benennen.
- Ich sehe auch keinen Grund dafür, dass solche nicht-sozialen Wirkkräfte, nachdem man ihrer gewahr geworden ist, nunmehr in jeglicher Beschreibung und Erklärung von Konstellationen des Handelns oder Entscheidens vorkommen müssen – im Gegenteil: Man braucht sie nur dort anzusprechen, wo sie hinreichend wirkmächtig sind, es also einen Unterschied für die Plausibilität der Beschreibung und Erklärung macht, ob man sie einbezieht. Wenn sich die Sitzordnung oder das Wetter oder die Müdigkeit eines Beteiligten nur unwesentlich oder gar nicht darauf auswirkt, wie sich das Entscheiden vollzieht, oder wenn man sich mit einer Partialbeschreibung und -erklärung zufriedengibt, die diese Faktoren bewusst ausblendet, kann man weiterhin die sparsame gängige Handlungstheorie heranziehen. Allein schon aus Gründen der Beschreibungs- und Erklärungsökonomie wird man sich oftmals damit begnügen oder begnügen müssen – wenn etwa die Zeit dafür fehlt, diese Faktoren auch noch zu ermitteln. Ganz zu schweigen davon, dass für vieles Entscheidungsgeschehen die entsprechenden Daten gar nicht verfügbar sind, weil sie aus den Datenquellen nicht hervorgehen: Wie waren die Raumtemparatur, die körperliche Nähe des Zusammensitzens, die Lautstärke und das Durcheinanderreden der Stimmen, die Essensversorgung etc., als John F. Kennedy und seine Mitarbeiter in der Kuba-Krise entschieden? Selbst wenn einer dieser Faktoren entscheidungsrelevant war, ist er vermutlich kaum noch verlässlich

18 Der »gradualisierte Handlungsbegriff« von Werner Rammert und Ingo Schulz-Schaeffer trifft diese Unterscheidungen anhand technischer Artefakte sehr klar; leider sprechen beide dann dennoch vom Handeln der Technik; vgl. dies., Technik und Handeln. Wenn soziales Handeln sich auf menschliches Verhalten und technische Abläufe verteilt, in: Dies. (Hg.), Können Maschinen handeln? Soziologische Beiträge zum Verhältnis von Mensch und Technik, Frankfurt a.M. 2002, S. 11–64, hier S. 43–50.

19 Elena Esposito, Artificial Communication? The Production of Contingency by Algorithms, in: Zeitschrift für Soziologie 46 (2017), S. 249–265.

rekonstruierbar. Man muss also ohne sie eine plausible Deutung des Geschehens vorlegen – was ja auch schon passiert ist.[20]

- Bisher gibt es zum einen Studien, die für den einen oder anderen Aspekt von Materialität für den je untersuchten Fall plausibel gemacht haben, *dass* dieser Aspekt dort einen nennenswerten Unterschied für das Entscheidungsgeschehen gemacht hat. Aussagen oder zumindest Vermutungen, die stärker generalisierte, also von Einzelfällen abstrahierende, aber gleichwohl spezifizierte Wirkungszusammenhänge – *welche* Unterschiede? – benennen, hat man noch kaum – außer auch schon ohne sozial- oder kulturwissenschaftliche Expertise bekannte Alltagsweisheiten der Art, dass zum Beispiel ein Rektorat oder ein Kabinett in schwierigen Fragen lockerer und vielleicht auch kreativer Entscheidungsalternativen findet und diskutiert, wenn es die gewohnten Räumlichkeiten verlässt und sich etwa in einem Wellness-Hotel trifft. Noch unverbindlicher sind zum anderen Studien, die erst einmal im Duktus einer bloßen Wirkungsvermutung auf bestimmte Materialitätsaspekte hinweisen, also lediglich besagen, dass es lohnend sein *könnte*, sich diesen Aspekten zuzuwenden. In Krischers Beitrag finden sich Beispiele für alle drei Arten von Aussagen. Damit wirbt er durchaus überzeugend für weitere Forschung zu ›materiellen Ressourcen‹ des Entscheidens, kommt aber über anekdotische Deskriptionen des Wirkens der von ihm betrachteten Materialitäten noch kaum hinaus – was nicht als Kritik gemeint ist, sondern den noch ganz in den Anfängen steckenden *state of the art* zu diesen Forschungsfragen festhält.

Zusammengefasst: Die Beschäftigung mit Praktiken des Entscheidens kann von einer dezidierten praxistheoretischen Perspektive durchaus profitieren – wenn eine Totalisierung dieser Perspektive vermieden wird. Weder ist sie bisherigen handlungstheoretischen Zugangsweisen überlegen, noch sind die von ihr aufgewiesenen Materialitätsaspekte des Entscheidens immer und überall bedeutsam.

4. Narrative des Entscheidens

Wie jedes andere Handeln auch, benötigt Entscheiden nicht nur Anweisungen des Wie-etwas-tuns, sondern auch Legitimationen des Warum-etwas-tuns. Ersteres sind die institutionalisierten Praktiken, etwa die sechs Devisen des Entscheidens, auf die man den Inkrementalismus bringen kann.[21] Aber gerade das Beispiel des Inkrementalismus macht deutlich, dass rechtfertigungsbedürftig ist, warum man unter anderem Probleme nicht etwa frühzeitig antizipativ angehen, sondern solange auf sich zukommen lassen soll, bis man sie nicht länger igno-

20 Graham T. Allison, Essence of Decision. Explaining the Cuban Missile Crisis, Boston 1971.

21 Uwe Schimank, Die Entscheidungsgesellschaft. Komplexität und Rationalität der Moderne, Wiesbaden 2005, S. 237–306.

rieren kann. Ist das nicht Entscheidungsfaulheit, die an den Pranger gestellt gehört?! Gegen solche Vorhaltungen kommt dann eine legitimatorische Erzählung ins Spiel, die vor allem darauf hinweist, dass Entscheider – gerade heutzutage – oft ganz viele schwierige Entscheidungen gleichzeitig zu treffen haben, sodass sie sich klugerweise nur um solche Entscheidungen kümmern, die unabweisbar drängen. Damit sind sie bereits voll ausgelastet.

»Sensemaking«[22] dieser Art gehört also zu jedem Entscheiden dazu. Aber solange die Entscheidungsforschung im Banne eines nicht hinterfragten, sondern verdinglichten Rational-Choice-Verständnisses stand, erübrigte sich das als Untersuchungsgegenstand: Man wusste ja als wissenschaftlicher Beobachter, wie ›gutes‹ Entscheiden auszusehen hat; man musste es nur noch den Versuchskaninchen beibringen. Seitdem die empirische Entscheidungsforschung die Welt der ›bounded rationality‹ entdeckt hat, sieht das anders aus. Auf einmal geraten die Legitimationen dessen, was gemessen am Ideal perfekt rationalen Entscheidens defizitär ist, in den Blick – zunächst noch mit der moralisierenden Nachfrage, ob es für das jeweilige Herunterschrauben der Rationalitätsansprüche irgendeine Entschuldigung gibt.

Eine Art solcher Legitimationssemantiken, die keineswegs nur *ex post* dann zum Einsatz kommen, wenn sich eine Entscheidung als falsch herausstellt, sondern die auch *ex ante* orientieren, wie und wofür man sich entscheidet, sind Narrative. Man kann diesen Begriff sehr locker handhaben, was einige der Beiträge dieses Bandes tun. Man kann ihn aber auch strenger fassen – als Darlegungsform eines Geschehens in Gestalt einer »story« oder Geschichte,[23] die mindestens folgende Ingredienzien hat:

- einen Anfang, ein Ende und Zwischenschritte, die von Ersterem zu Letzterem führen – darunter können Entscheidungen sein;
- Protagonisten, oft ›Helden‹ genannt und gegebenenfalls als Entscheidungsträger aktiv, in einer Konstellation mit anderen Wirkmächten, die sowohl andere Akteure als auch Dinge sein können;
- Veränderungen der Protagonisten oder der Welt, in der sie agieren, infolge des Konstellationsgeschehens.

Wenn man Narrative in diesem Sinne als ›stories‹ fasst, kann man zum einen danach fragen, welche Narrative des ›guten‹ Entscheidens zu bestimmten Zeiten in bestimmten gesellschaftlichen Sphären oder Milieus verbreitet waren oder sind; zum anderen kann man sich den gesellschaftlichen Effekten dieser Narrative zuwenden. Man stellt dann fest, dass es zumindest zwei Unterscheidungen gibt, anhand derer Typen solcher Narrative näher charakterisiert werden können.

22 Karl E. Weick, Sensemaking in Organizations, Thousand Oaks 1995.

23 Siehe zur »sociology of storytelling« Francesca Polletta u. a., The Sociology of Storytelling, in: Annual Review of Sociology 37 (2011), S. 109–130; früh schon aus phänomenologischer Perspektive Wilhelm Schapp, In Geschichten verstrickt. Zum Sein von Mensch und Ding, Hamburg 1953.

Die eine Unterscheidung weist darauf hin, dass es auf der einen Seite relativ kurzfristig, *ad hoc* und eher journalistisch generierte Geschichten darüber gibt, warum bestimmte Entscheidungen angesagt sind. Ein Beispiel stellt die Ende der 1990er Jahre aufgekommene ›story‹ des ›neuen Marktes‹ dar, die viele Kleinanleger für ein paar Jahre in ihren Bann geschlagen hat: Unternehmen der IT-, Telekommunikations- und Medienbranche galten als sichere hochprofitable Geldanlagen, weil sie die ›Zukunftstechnologien‹ und damit sagenhaftes Wachstum verkörperten – bis, in Deutschland, die Telekom-Aktie abschmierte. Auf der anderen Seite stehen längerfristig und zum Teil formell institutionalisierte Geschichten wie etwa die »Standardbiographie«,[24] die den typischen Lebenslauf mit bestimmten Statuspassagen und den damit verknüpften Entscheidungen umreißt: von der Geburt über Einschulung, Kommunion beziehungsweise Konfirmation, Schulabgang, Lehre oder Studium, Berufseinmündung, Heirat, Kinderkriegen, Hausbau, beruflichen Aufstieg bis zur Verrentung – die drei mit genannten ›Familienentscheidungen‹ werden im Beitrag von Isabel Heinemann et al. in wichtigen Aspekten vorgeführt.

Die zweite, quer zur ersten gelagerte Unterscheidung positioniert am einen Pol Narrative, die Entscheidungen enthalten – es gibt ja auch welche ohne entscheidungsförmiges Handeln. Die Erzählung der ›Standardbiografie‹ wäre solch ein entscheidungshaltiges Narrativ. Am anderen Pol stehen Narrative, die eine spezifische Abfolge zusammengehöriger Entscheidungspraktiken erzählen – oft im präskriptiven Duktus, teilweise sogar als Rezeptur von Schritten des Entscheidens. Hier sind etwa das Rational-Choice-Entscheidungsmodell, aber auch festgelegte Verfahren des organisationalen Entscheidens zu nennen. Wie in einem Kochrezept wird instruiert, was nacheinander zu geschehen hat, damit das gewünschte Ergebnis – eine nutzenmaximierende Handlungswahl oder ein regelgerecht zustande gekommener Verwaltungsakt – resultiert.

Auch die drei von mir unterschiedenen Familien von Praktiken des Entscheidens – je nach Komplexitätsgrad der Entscheidungssituationen – können als solche Narrative verstanden werden: Wie läuft Planung, Inkrementalismus und sub-inkrementalistisches Coping ab?[25] Das ist nicht nur ein How-to-do-Wissen; sondern eingewoben in die Rezepturen ist eine sinnstiftende Begründung dafür, warum das jeweilige Vorgehen unter den spezifischen Umständen ›gutes‹ Entscheiden darstellt. Bei Planung ist das leicht getan, ist die moderne Kultur des Entscheidens doch eine Planungskultur, die ungeachtet der Tatsache, dass die Komplexität der Entscheidungssituationen Planung meistens gar nicht erlaubt, eine antizipative, umfassende, allen Seiten gerecht werdende und lang-

24 Martin Kohli, Die Institutionalisierung des Lebenslaufs. Historische Befunde und theoretische Argumente, in: Kölner Zeitschrift für Soziologie und Sozialpsychologie 37 (1985), S. 1–29.

25 Schimank, Entscheidungsgesellschaft (wie Anm. 21), S. 237–427; ders., Lebensplanung!? Biografische Entscheidungspraktiken irritierter Mittelschichten, in: Berliner Journal für Soziologie 25 (2015), S. 7–31, hier S. 23–28.

fristig angelegte Problembearbeitung hochhält. Planung und der damit korrespondierende ›homo oeconomicus‹ der Rational-Choice-Perspektive sind das hegemoniale Narrativ der Moderne, das sich als Anspruch, der an Entscheiden gerichtet ist, als eine sich selbst erfüllende Prophezeiung in immer mehr Feldern des Entscheidens ausbreitet. Demgegenüber sind der Inkrementalismus, und erst recht sub-inkrementalistisches Coping, anti-hegemoniale, planungskritische Kulturen des Entscheidens, die sich gegen den von oben herab formulierten Vorwurf der »inertia«[26] zur Wehr setzen müssen und dabei höchstens auf den klammheimlichen Zuspruch derer rechnen können, die im wirklichen Leben Entscheidungen treffen müssen – siehe dazu etwa auch das Entscheidungsverständnis, das Wagner-Egelhaaf für eine Schicksalsstunde Johann Wolfgang von Goethes und an dessen Schauspiel »Egmont« herausarbeitet.

Hegemoniale und anti-hegemoniale Kulturen des Entscheidens koexistieren – in konflikthafter Gleichzeitigkeit. Es kann darüber hinaus nicht-hegemoniale und sub-hegemoniale gleichzeitig existierende Entscheidungskulturen geben.[27] Sub-hegemonial – also untergeordnet – könnte heutzutage das Losen sein, dessen legitime, wiewohl ständig umstrittene Anwendung nur noch sehr eingegrenzte und spezielle Entscheidungsfragen betrifft. Nicht-hegemonial, also geduldete Alternative zur hegemonialen Planungskultur, sind Sphären des emotional geprägten Entscheidens, etwa beim Sich-verlieben oder Kinderkriegen:[28] Hier darf man seit der Romantik im Westen – aber bis heute nicht in Indien, wie Heinemann et al. zeigen – nicht nur ›anders‹ entscheiden, man soll es sogar, damit die getroffene Wahl, im expliziten Gegensatz zum Rationalismus der sonstigen Lebensführung, als ›authentisch‹ gelten kann. Diese Koexistenz verschiedener Kulturen des Entscheidens gewinnt überhaupt erst dann klare Konturen, wenn man kulturtheoretisch auf Entscheiden blickt; der nächste Schritt müsste darin bestehen, vielfältige Überlagerungen und Konflikte solcher Kulturen und deren daraus hervorgehende Wandlungsdynamiken näher zu untersuchen.

26 Yehezkel Dror, Muddling Through – »Science« or Inertia?, in: Amitai Etzioni (Hg.), Readings on Modern Organizations, Englewood Cliffs, NJ 1969, S. 166–171.

27 Zu diesen Unterscheidungen s. Andreas Reckwitz, Das hybride Subjekt. Eine Theorie der Subjektkulturen von der bürgerlichen Moderne zur Postmoderne, Weilerswist 2006.

28 Zu Letzterem, auch als Gegensatz zu Rational Choice stilisiert, s. Günter Burkart, Entscheidung zur Elternschaft revisited. Was leistet der Entscheidungsbegriff für die Erklärung biographischer Übergänge?, in: Norbert F. Schneider / Heike Matthias-Bleck (Hg.), Elternschaft heute. Gesellschaftliche Rahmenbedingungen und individuelle Gestaltungsaufgaben, Opladen 2002, S. 23–48. sowie Birgit Heimerl / Peter Hofmann, Wie konzipieren wir Kinderkriegen? Normativer Rationalismus versus empirische Praxisforschung, in: Zeitschrift für Soziologie 45 (2006), S. 410–430.

5. Ressourcen des Entscheidens

Die Frage nach den Ressourcen des Entscheidens ist ersichtlich sehr fruchtbar in dem Sinne, dass sie mannigfaltige Suchrichtungen und Antworten stimuliert. Die Mehrzahl der Beiträge dieses Bandes widmet sich dieser Frage und legt einander ergänzende Antworten vor. Der Gesamteindruck, der sich einstellt, ist aber, gerade angesichts der empirischen Fülle, der einer theoretisch noch ziemlich unsortierten Sammlung. Ich möchte daher einen Vorschlag zur besseren Sortierung zur Diskussion stellen – der keineswegs als einzig richtiger missverstanden werden sollte.

Mein Sortiervorschlag legt die drei Dimensionen der Komplexität von Entscheidungssituationen zugrunde.[29] Wenn Entscheiden in der Bewältigung von Komplexität besteht, braucht es Ressourcen, die in sachlicher Hinsicht Informationsverarbeitung, in sozialer Hinsicht den Umgang mit Konflikten und dem ungewissen Handeln anderer sowie in zeitlicher Hinsicht die Handhabung von Zeitknappheit ermöglichen.

Dass Entscheiden informationsbasiert ist, liegt auf der Hand und spielt daher in fast allen Beiträgen eine mehr oder weniger große Rolle. Eine Reihe von Beiträgen widmet sich speziellen Ressourcen der Verarbeitung – Beschaffung, Sortierung, Auswertung und Speicherung – von Informationen. Constanze Sieger und Felix Gräfenberg schildern, wie zentrale Verwaltungsebenen es verfahrensförmig organisierten, sich ihre Informationen über die lokale Ebene zu beschaffen. Wie schon erwähnt geht Krischer auf Akten und Notizbücher von Richtern und Rechtsanwälten ein, und Alexander Durben et al. betrachten noch grundsätzlicher, welchen Unterschied Schriftlichkeit als Informationsressource macht. Stephan Lehr macht deutlich, an welchen Informationsproblemen zentralistische Wirtschaftsplanung im Staatssozialismus gescheitert ist, und dass dies keineswegs nur an der mangelnden Rechenkapazität der damaligen elektronischen Datenverarbeitung lag. Mit Blick auf Lebensentscheidungen wird von Heinemann et al. unter anderem eine ›fundierte Ausbildung‹ auch von Frauen – als im 19. Jahrhundert noch Minderheitsmeinung – herausgearbeitet.[30] Mehrere Beiträge beleuchten schließlich die Rolle von Experten als Informanten der Entscheider, wobei es erstaunliche Übereinstimmungen dieser Nutzung der Sozialdimension zur Bearbeitung sachlicher Komplexität über die Zeiten und verschiedenste Entscheidungsfelder hinweg gibt: von den byzantinischen Kaisern (Grünbart) über mittelalterliche politische und religiöse Entscheidungsprozesse (Stefanos Dimitriadis et al.) bis zur Bildungs- (Matthias Glomb) und Familienplanung (Claudia Roesch) in den Nachkriegsjahrzehnten. Fast immer geht bei Beratung Informationsverarbeitung mit Legitimitätsbeschaffung in der Sozialdimension einher, was so weit gehen kann, dass Ersteres nur Fassade für

29 Schimank, Entscheidungsgesellschaft (wie Anm. 21), S. 121–172.
30 Oben S. 92.

Letzteres ist. In manchen Entscheidungskonflikten zieht man bekanntlich nur deshalb Berater heran, damit deren Expertise diejenige Option, zu der man auf der eigenen Informationsgrundlage längst gekommen ist, gegenüber Zweiflern beglaubigt.

In der Sozialdimension werden in den Beiträgen vor allem solche Ressourcen thematisiert, die in tatsächlich oder potentiell konflikthaften Entscheidungssituationen als Einflusspotentiale zur Durchsetzung eigener Vorstellungen eingesetzt werden können. Dazu gehört Macht, die unmittelbar gewaltbasiert wie in den von Birgit Enzmann et al. untersuchten lateinamerikanischen politischen Auseinandersetzungen sein, aber auch auf verfahrensförmig formalisierten Befugnissen beruhen kann, etwa von Richtern, Verwaltungsbeamten oder ganz generell Organisationsmitgliedern. Eine spezielle Form von Macht speist sich aus der Befugnis zur Interpretation von Normen, vor allem Gesetzen oder religiösen Vorschriften. Maximiliane Berger et al. zeigen hier unter anderem eine doppelte Bindung zum Beispiel richterlicher Macht auf: Sie muss bei Anrufung tätig werden, kann sich also nicht zum Nicht-Einsatz im Sinne dilatorischen Entscheidens entscheiden, auch wenn das oft einfacher wäre, und hat sich sodann an den durch die jeweiligen Normen gesetzten Rahmen zu halten, der freilich vielerlei Ambiguitäten und andere Arten von Flexibilitäten aufweisen kann.

Geld ist ein anderes, immer wichtiger gewordenes Medium der Beeinflussung anderer – nicht zuletzt dergestalt, dass der Kauf von etwas mit Geld fortan andere davon abhält, auf dieses Etwas Zugriff zu beanspruchen,[31] solange jedenfalls das Eigentumsrecht durchsetzbar ist. Letzteres verweist darauf, dass hier der durch Geld ausgeübte Einfluss durch rechtliche Macht rückversichert wird, also zwei Einflusspotentiale zusammenwirken. Es gibt auch ein umgekehrtes Zusammenwirken: Rechtliche Macht funktioniert nur, solange der Staat Geld zum Bezahlen von Polizisten und Richtern, also diese Macht ausübendem Personal, hat. Was gerade für diese beiden Einflusspotentiale aufgezeigt wurde, gilt allgemein: Dass ein bestimmtes Einflusspotential seine Wirkung fast nie allein entfaltet, sondern auf die eine oder andere Weise im manifesten oder latenten Zusammenspiel mit anderen. Betrachtet man etwa die im Beitrag von Barbara Stollberg-Rillinger behandelte Gunst als ein weiteres Einflusspotential in Gestalt von sozialem Kapital, mit dessen dosierter und selektiver Zuwendung die Fügsamkeit der Günstlinge produziert und reproduziert wird, wird schnell klar, dass Gunsterweise auf Machtüberlegenheit beruhen und sich oft in Gestalt von Geld oder geldwerten Vorteilen manifestieren. Eine symmetrische und reziproke Form von Gunst, die in vielen organisationalen Entscheidungskontexten sehr wichtig ist, kommt im Übrigen in keinem der Beiträge näher zur Sprache: Kollegialität, die als Minimum einen unausgesprochenen wechselseitigen Nichtangriffspakt

31 So Niklas Luhmanns Explikation des Geldmediums; s. ders., Einführende Bemerkungen zu einer Theorie symbolisch generalisierter Kommunikationsmedien, in: Ders., Soziologische Aufklärung, Bd. 2: Aufsätze zur Theorie der Gesellschaft, Opladen 1975, S. 170–192, hier S. 223 f.

beinhaltet und sich am anderen Ende des Spektrums bis zu weitreichenden Ansprüchen auf Unterstützung durch das Gegenüber erstrecken kann.[32]

Im Beitrag von Basu wird die zweite Art sozialer Komplexität neben Konflikten ins Zentrum der Aufmerksamkeit gerückt: Ungewissheit darüber, wie relevante andere handeln werden – hier die je anderen auf dem Finanzmarkt tätigen Akteure, deren zukünftiges Handeln ich korrekt antizipieren muss, um meinerseits die richtigen Anlageentscheidungen treffen zu können. Geht es auf dem Finanzmarkt darum, dass jeder Akteur zahllose andere in ihrem handelnden Zusammenwirken beachten muss, gibt es andere Entscheidungssituationen etwa in militärischen oder politischen Kontexten, wo zumeist nur wenige Gegenüber – manchmal, wie beim Schachspiel, nur ein einziges – im Auge behalten werden müssen. Dafür kommt in solchen Kontexten strategische Täuschung ins Spiel, also die Erzeugung einer irreführenden Gewissheit des Gegenübers darüber, was ich tun werde, um ihn über mein wahres Handeln in der äußersten Ungewissheit des »unknown unknown« – um Donald Rumsfeld zu zitieren – zu halten. Diesen Ressourcen des Bluffens und des Durchschauens von Bluffs sowie – am anderen Ende des Spektrums – der Vertrauensbildung sollte sich die Forschung über Entscheidungskulturen noch stärker zuwenden.

Schaut man schließlich auf Ressourcen zur Bearbeitung zeitlicher Komplexität, die sich ja vor allem als Zeitknappheit äußert, gibt es hierzu in den Beiträgen eher wenig und höchstens am Rande. Grünbart erinnnert daran, dass schon in der Antike »der richtige Zeitpunkt […] des Entscheidens« eine wesentliche »Voraussetzung für eine geglückte Umsetzung« war[33] – was man heute das »window of opportunity« nennt. Wenn dieser Zeitpunkt nahe oder ganz plötzlich da ist, ist die Zeitknappheit enorm; doch zugleich weiß der Entscheider, dass in diesem Moment, der nicht verpasst werden darf, die sachliche und soziale Komplexität bewältigbar ist: Genau deshalb ist es ja der richtige. In gewisser Weise ein modernes funktionales Äquivalent für das Glück des richtigen Zeitpunkts behandeln die Beiträge von Lehr und Glomb, ohne expliziten Bezug zur Zeitknappheit herzustellen, mit der sozialistischen Wirtschaftsplanung beziehungsweise der westdeutschen Bildungsplanung: Bemühungen, zukünftige Unwägbarkeiten, die dann immer wieder schnelles Entscheiden erfordern würden, sozusagen ›wegzuplanen‹. Wenn Zukunft auf lange Sicht verlässlich festgeschrieben werden kann, entschleunigt man das Geschehen durch Überraschungsfreiheit – was sich aber eben für einen gesamten Gesellschaftsbereich wie die Wirtschaft oder das Bildungssystem auf einen Zeithorizont von fünf oder noch mehr Jahren als eine völlig illusorische Überforderung der Ressource Planung herausstellte.

Auf weitere Ressourcen, die insbesondere organisationalem Entscheiden beim Umgang mit Zeitknappheit zur Verfügung stehen, gehen die Beiträge nicht ein: etwa auf die Fähigkeit von Organisationen zum ›multitasking‹, also zur Parallelbearbeitung mehrerer Entscheidungen oder zur Parallelbearbeitung

32 Ders., Funktionen und Folgen formaler Organisation, Berlin 1964, S. 314–331.
33 Oben S. 282.

verschiedener Aspekte einer Entscheidung mittels horizontaler Entscheidungsdekomposition;[34] oder auf die durch Festlegung des Procedere zeitsparenden Sequentialitätsvorgaben von Verfahren.[35] Ebenso bleibt auch die vielleicht wichtigste, nicht nur in organisationalen Kontexten zum Einsatz kommende Ressource zum Umgang mit zeitlicher Komplexität ganz unbeachtet: Fristsetzungen. Niklas Luhmanns Überlegungen zur »Knappheit der Zeit«,[36] auf die mit einer »Vordringlichkeit des Befristeten« reagiert wird, arbeiten das zunächst paradox anmutende Wirken von Fristen klar heraus: Diese steigern selektiv für einige der anstehenden Entscheidungen die Zeitknappheit, um dadurch die Zeitknappheiten anderer Entscheidungsanlässe nicht mehr so wichtig erscheinen zu lassen, was wiederum mehr Zeit für die befristeten Anlässe freischaufelt, also dort trotz – nein: wegen! – Befristung Zeitknappheit entschärft. Fristsetzungen ersparen dem Entscheider also langwierige Überlegungen zur Prioritätensetzung. Dies geschieht freilich um den Preis, dass die Befristungseignung eines Entscheidungsanlasses – nicht zuletzt auch sozial bedingt: Wie mächtig ist der Fristsetzer? – nicht immer mit dessen sachlicher Wichtigkeit einhergeht: Die kurzfristigen deadlines von Prüfungsämtern oder Calls for Papers können ein ums andere Mal dafür sorgen, dass die Arbeit am viel wichtigeren Buchmanuskript aufgeschoben wird.

Man kann komplementär andere Sortierungen von Ressourcen des Entscheidens als die hier zur Diskussion gestellte vornehmen. Es sollten nur solche sein, in denen sich klar konturierte Forschungsfragen widerspiegeln – wie etwa hier die Frage danach, für welche beim Entscheiden auftretenden Arten von Komplexität welche Ressourcen taugen. Andersherum gesagt: Was man nicht braucht, sind Sortierungen, die zwar vielleicht präzise und trennscharf sind, hinter denen aber keine weiterführenden Fragen stehen.

6. Rationalität des Entscheidens?

Zum Schluss möchte ich noch eine Beobachtung und daran anschließende Frage ansprechen: Offenbar hält sich eine kulturwissenschaftliche Perspektive auf Entscheiden sehr dabei zurück, den Begriff der Rationalität zu verwenden. Nur wenige Beiträge des vorliegenden Bandes benutzen diesen Begriff – und wenn, dann zumeist in Abgrenzung von ihm. Wird die Rationalitätsfrage gescheut – oder dezidiert verabschiedet?

34 James G. March/Herbert A. Simon, Organizations, New York 1958, S. 190–193; Schimank, Entscheidungsgesellschaft (wie Anm. 21), S. 260–264.

35 Verfahren waren freilich Gegenstand früherer Forschungen einiger BeiträgerInnen (Stollberg- Barbara Rilinger / André Krischer (Hg.), Herstellung und Darstellung von Entscheidungen. Verfahren, Verwalten und Verhandeln in der Vormoderne, Berlin 2010).

36 Niklas Luhmann, Die Knappheit der Zeit und die Vordringlichkeit des Befristeten, in: Die Verwaltung 1 (1968), S. 3–30.

Die Erforschung des Entscheidens entstand aus einem klaren Interesse an Ergebnisrationalität. Man wollte wissen, wie ›gute‹ Entscheidungen – etwa von Unternehmern, Politikern oder Organisationsleitungen – *aussehen*. Man erkannte schnell, dass verallgemeinerungsfähige Antworten nur hinsichtlich prozeduraler Rationalität zu geben sind: wie man ›gute‹ Entscheidungen *herbeiführen* kann. Noch genauer: wie man die Wahrscheinlichkeit, ›gute‹ Entscheidungen herbeizuführen, steigern kann – ohne Erfolgsgarantie.[37] Der kulturwissenschaftliche Akzent auf Entscheiden als Prozess statt auf Entscheidung als Ergebnis lenkt ebenfalls den Blick auf prozedurale Rationalität; aber dabei könnte er Gefahr laufen, Ergebnisrationalität ganz aus dem Blick zu verlieren. An diesem Punkt geht es nicht darum, dass man sich anmaßen sollte, Ergebnisrationalität wissenschaftlich zu beurteilen oder Wege zu weisen, wie bessere Ergebnisrationalität erzielbar wäre. Diese evaluativen oder präskriptiven Aufgaben kann man getrost den betriebswirtschaftlichen Herangehensweisen überlassen, die damit glücklich werden – sprich: Beraterhonorare kassieren – mögen. Falls als Kollateralnutzen einer kulturwissenschaftlichen Betrachtung Beobachtungen und Einschätzungen abfallen, die Entscheidungsträger zum Nachdenken über ihre Praxis bringen können, ist das in Ordnung – aber das ist nicht Zweck der Übung.

Dennoch muss – so auch der Beitrag von Quante und Rojek – eine kultur- ebenso wie eine sozialwissenschaftliche Perspektive auf Entscheiden Ergebnisrationalität insofern im Blick behalten, dass ein verstehendes Erklären dessen, was Entscheider tun, nachvollziehen muss, worin für diese Ergebnisrationalität besteht. Gerade weil Entscheiden im Vergleich zu anderem Handeln – insbesondere Routinehandeln – aufwendig ist, muss der Mehrwert in den Augen der Akteure herausgearbeitet werden. Diesbezüglich leuchtet ein, dass dieser Mehrwert längst nicht immer in Kategorien von Effizienz und Effektivität benannt werden kann. Das sind die beiden üblichen, wirtschaftswissenschaftlich vorgestanzten Rationalitätsverständnisse, die im Übrigen sehr spannungsreich zueinander stehen: Das Beste an Zielerreichung aus vorhandenen knappen Mitteln herausholen oder einen bestimmten Grad an Zielerreichung realisieren, was immer das an Mitteleinsatz erfordert. Ich würde hier – wie auch Quante und Rojek[38] – ein offeneres und als solches realitätsgerechteres Rationalitätsverständnis vorschlagen, in dem Effizienz und Effektivität Spezialfälle sind, die unter jeweils ganz besonderen Bedingungen anwendbar sind. Dieses Verständnis lautet: Eine Entscheidung ist umso rationaler, je besser sie sich gegen vorgebrachte spezifische Zweifel zu verteidigen vermag.[39] Es geht somit erstens nicht um irgendwie denkbare Zweifel, die aber niemand äußert, und zweitens nicht um pauschale Zweifel, die wohlfeil, weil unwiderlegbar sind – sondern um tatsächlich von jemandem vorgebrachte

37 Zur Unterscheidung von Ergebnisrationalität und prozeduraler Rationalität s. Herbert A. Simon, From Substantive to Procedural Rationality, in: Ders. (Hg.), Models of Bounded Rationality, Bd. 2, Cambridge, MA 1982, S. 424–443.

38 Oben S. 40, Anm. 10.

39 Schimank, Entscheidungsgesellschaft (wie Anm. 21), S. 64–68.

Zweifel, die sich auf ganz bestimmte Aspekte der Problemdiagnose, der Entscheidungskriterien, der Alternativenauswahl, der Alternativenbewertung und der Implementation der ausgewählten Alternative richten. Rationalität heißt hier also: möglichst gut begründet. Das bedeutet nicht, dass sämtliche Zweifler verstummen – aber doch, dass man genügend kompetente Zustimmung findet.

Dieses nicht urteilende und nicht vorschreibende, sondern feststellende und verstehende Rationalitätsverständnis findet sich implizit in den Beiträgen dieses Bandes wieder und könnte ruhig expliziert werden – nicht zuletzt, um die vermutlich kontroverse Diskussion mit einem evaluativ-präskriptiven Rationalitätsverständnis auf den Weg zu bringen.

Autorinnen und Autoren

Helene Basu ist Professorin für Ethnologie an der Westfälischen Wilhelms-Universität in Münster. Sie promovierte 1993 und habilitierte sich 2001 an der Freien Universität Berlin. Gegenwärtig forscht sie zu Kulturen des Entscheidens in Indien und im globalen Setting des Finanzmarkts.

Maximiliane Berger studierte Geschichte, Lateinische Philologie, Public Policy und Management in München, Oxford und London. Seit 2015 ist sie wissenschaftliche Mitarbeiterin am SFB »Kulturen des Entscheidens«, wo sie spätmittelalterliche Herrschaft diesseits der Entscheidung untersucht.

Stefanos Dimitriadis studierte Geschichte, Archäologie und Byzantinistik in Athen. Als wissenschaftlicher Mitarbeiter im SFB »Kulturen des Entscheidens« erforscht er die byzantinische Innenpolitik am Ende des 12. Jahrhundert im Hinblick auf kaiserliches Entscheiden und Elitenverflechtungen.

Alexander Georg Durben ist wissenschaftlicher Mitarbeiter im SFB »Kulturen des Entscheidens« und arbeitet aus kulturhistorischer, mikrohistorischer und praxeologischer Perspektive zu gerichtlichen Entscheidungspraktiken an englischen Common-Law-Gerichtshöfen um 1800.

Birgit Enzmann studierte Journalistik und Politikwissenschaft an der KU Eichstätt-Ingolstadt und der LMU München. Sie ist seit 2012 außerplanmäßige Professorin für Politikwissenschaft an der KU sowie seit 2017 Leiterin eines Qualitätspakt-Lehre-Projektes an der HAW Coburg.

Florin Filimon studierte Klassische Philologie und Mittelalterliche Geschichte in Bukarest und Budapest. Als wissenschaftlicher Mitarbeiter im SFB »Kulturen des Entscheidens« erforscht er die Rolle von Prophezeiungen in den Entscheidungsnarrativen der mittelbyzantinischen Quellen (9. bis 12. Jahrhundert).

Matthias Friedmann ist wissenschaftlicher Mitarbeiter im SFB »Kulturen des Entscheidens« und erforscht politisches Entscheiden über Sicherheit im britischen Parlament im 19. Jahrhundert.

Matthias Glomb hat Germanistik und Geschichtswissenschaft in Münster studiert. Er ist wissenschaftlicher Mitarbeiter im SFB »Kulturen des Entscheidens« und arbeitet dort zum Wandel der Modi bildungspolitischen Entscheidens in der BRD zwischen 1960 und 1980.

Felix Gräfenberg ist wissenschaftlicher Mitarbeiter im SFB 1150 »Kulturen des Entscheidens«. Er forscht zur Entstehung moderner Politikgestaltung anhand einer Fallstudie zum preußischen Chausseewesen im ausgehenden 18. und 19. Jahrhundert.

Michael Grünbart studierte Byzantinistik, Klassische Philologie und Numismatik an der Universität Wien und habilitierte sich an der LMU München. Seit 2008 ist er Professor für Byzantinistik an der Westfälischen Wilhelms-Universität Münster. Er beschäftigt sich mit byzantinischer Kulturgeschichte, Geschichte, Literatur und Textüberlieferung.

Clara Günzl studierte Rechtswissenschaften in Münster und Paris. Seit 2016 arbeitet sie als wissenschaftliche Mitarbeiterin im SFB »Kulturen des Entscheidens« zu dem rechtshistorischen Dissertationsthema »Richterliche Entscheidungsbegründungen im frühen 19. Jahrhundert« bei Prof. Dr. Peter Oestmann.

Silke Hensel ist Professorin für außereuropäische Geschichte an der WWU Münster. Sie forscht vor allem zu Lateinamerika, thematische Schwerpunkte ihrer Arbeit liegen in der Unabhängigkeit und der Staats- und Nationsbildung. Sie ist Schriftleiterin der Zeitschrift Jahrbuch für Geschichte Lateinamerikas.

Isabel Heinemann ist Juniorprofessorin für Neuere und Neueste Geschichte an der Universität Münster und Teilprojektleiterin im SFB »Kulturen des Entscheidens«. Von 2009 bis 2016 leitete sie die Emmy Noether-Nachwuchsgruppe der DFG »Familienwerte im gesellschaftlichen Wandel: Die US-amerikanische Familie im 20. Jahrhundert« an der Universität Münster.

Laura-Marie Krampe studierte Erziehungswissenschaft und Geschichte in Münster. Sie war von Juli 2016 bis August 2018 wissenschaftliche Mitarbeiterin im SFB »Kulturen des Entscheidens« und forschte dort zum Thema »Wahrheitsentscheidung und Zwang zur Positionierung in der frühen Reformation«.

Nicola Kramp-Seidel studierte Jüdische Studien und Geschichte in Düsseldorf. Zurzeit forscht sie als Post-Doc-Mitarbeiterin im SFB »Kulturen des Entscheidens« zu mittelalterlichen Responsa als Praxis des religiösen Entscheidens. Ihr Forschungsschwerpunkt umfasst die hebräische Literatur im Mittelalter und die Halakha.

André Krischer lehrt Geschichte Großbritanniens an der WWU Münster und ist Teilprojektleiter am SFB »Kulturen des Entscheidens«. Er forscht zur Geschichte politischer und rechtlicher Entscheidungsverfahren, zu politischer Delinquenz und zur Stadtgeschichte.

Stefan Lehr studierte Osteuropäische und Neuere Geschichte, Russland- und Osteuropastudien in Düsseldorf, Prag, Krakau und Moskau; 2006 promovierte er an der HHU Düsseldorf. Zurzeit ist er wissenschaftlicher Mitarbeiter im SFB »Kulturen des Entscheidens«, wo er politisches Entscheiden in der sozialistischen Tschechoslowakei untersucht.

Konstantin Maier studierte Geschichte und Anglistik an der Universität Regensburg und der University of Reading. Seit 2015 ist er als wissenschaftlicher Mitarbeiter im SFB »Kulturen des Entscheidens« tätig, wo er zu dilatorischem Handeln als Herrschaftstechnik Friedrich Barbarossas forscht.

Sarah Nienhaus studierte Literaturwissenschaft in Tübingen, Berlin (FU) und Freiburg. Seit 2015 ist sie wissenschaftliche Mitarbeiterin im SFB »Kulturen des Entscheidens«. Arbeitsschwerpunkte: Autobiographie, Literaturarchive, Editionspraktiken und poetische Zeichensetzung.

Benedikt Nientied ist seit Mitte 2015 wissenschaftlicher Mitarbeiter im SFB »Kulturen des Entscheidens« und bearbeitet dort ein Projekt zum Entscheiden im englischen Parlament in der Frühen Neuzeit.

Dr. des. Mrinal Pande ist wissenschaftliche Mitarbeiterin im SFB »Kulturen des Entscheidens«. Sie untersucht aus einer anthropologischen Perspektive die in gelebten Praktiken und medialen Repräsentationen manifesten kulturellen Narrative des Heiratens in Indien als Situationen des Entscheidens.

Ulrich Pfister ist seit 1996 Professor für Sozial- und Wirtschaftsgeschichte an der Westfälischen Wilhelms-Universität Münster. Seine neueren Forschungen beziehen sich auf die ländliche Sozial- und Wirtschaftsgeschichte und die wirtschaftliche Entwicklung Deutschlands vom 16. zum 19. Jahrhundert.

Michael Quante ist Professor für Philosophie mit dem Schwerpunkt Praktische Philosophie an der Westfälischen Wilhelms-Universität Münster. Seine Arbeitsschwerpunkte sind der Deutsche Idealismus, Philosophie der Person, Handlungstheorie, Sozialphilosophie sowie Ethik und biomedizinische Ethik.

Claudia Roesch ist wissenschaftliche Mitarbeiterin am Deutschen Historischen Institut Washington. Sie hat an der Universität Münster promoviert und war Mitarbeiterin im SFB »Kulturen des Entscheidens«. Ihre Forschung beschäftigt sich mit Reproduktionsentscheidungen in Deutschland und den USA.

Tim Rojek, Dr. phil., hat Philosophie, Soziologie und Klassische Literaturwissenschaft an der Universität zu Köln studiert. Derzeit ist er wissenschaftlicher Mitarbeiter im SFB »Kulturen des Entscheidens«. Forschungsschwerpunkte: Deutscher Idealismus, Philosophie der Geistes- und Sozialwissenschaften, Persönlichkeitsbegriff und Geschichtsphilosophie.

Sebastian Rothe studierte Geschichte, Lateinische Philologie und Katholische Theologie an der Universität Münster und der Universidad Complutense de Madrid. Als wissenschaftlicher Mitarbeiter im SFB »Kulturen des Entscheidens« forscht er zur Inquisition in Kastilien unter den Katholischen Königen.

Stephan Ruderer hat an der Universität Heidelberg über Vergangenheitspolitik in Chile promoviert. Derzeit ist er wissenschaftlicher Mitarbeiter im SFB »Kulturen des Entscheidens«, wo er zu politischem Entscheiden im Staatsbildungsprozess im postkolonialen Argentinien forscht.

Uwe Schimank ist Professor für Soziologie an der Universität Bremen. Seine Forschungsschwerpunkte beziehen sich auf soziologische Gesellschaftstheorien, Organisationssoziologie, Hochschul- und Wissenschafts-, Mittelschichten- und Entscheidungsforschung.

Robert Schmidt ist Professor für prozessorientierte Soziologie an der KU Eichstätt-Ingolstadt. Seine Forschungsschwerpunkte beziehen sich auf Theorien und Soziologien sozialer Praktiken, qualitative und prozessorientierte sozialwissenschaftliche Epistemologien, Methodologien und Methoden.

Constanze Sieger studierte Geschichte, katholische Theologie und Philosophie in Freiburg und Münster, wo sie im Fach Geschichte promovierte. Sie ist seit 2015 wissenschaftliche Mitarbeiterin im SFB »Kulturen des Entscheidens«, wo sie zum Entscheiden auf kommunaler Ebene im 19. und frühen 20. Jahrhundert forscht.

André Stappert studierte Geschichte und Germanistik an der WWU Münster. Seit 2015 ist er Mitarbeiter im SFB »Kulturen des Entscheidens« und verfolgt ein Dissertationsprojekt zur verfahrensmäßigen Rolle und Funktion des Losens in städtischen Ratswahlen der Frühen Neuzeit.

Sita Steckel ist Juniorprofessorin für die Geschichte des Hoch- und Spätmittelalters. Sie arbeitet zu mittelalterlichen gelehrten Wissenskulturen und kirchlicher Konfliktkultur, im Rahmen des SFB »Kulturen des Entscheidens« insbesondere zu Kritik und Widerstand gegen die Entscheidungspraxis mittelalterlicher Inquisitoren.

Barbara Stollberg-Rilinger, Rektorin des Wissenschaftskollegs zu Berlin, seit 1997 Professorin für Geschichte der Frühen Neuzeit an der Universität Münster. Forschungsschwerpunkte: Kulturgeschichte des Politischen: politische Symbole, Metaphern, Rituale und Verfahren im frühneuzeitlichen Europa, vor allem im Römisch-deutschen Reich.

Katherin Wagenknecht ist wissenschaftliche Mitarbeiterin im Verbundprojekt »Der Lauf der Dinge« am Seminar für Volkskunde/Europäische Ethnologie,

Universität Münster. Ihr Promotionsprojekt widmet sich der populären Sozialontologie des Einfamilienhauses.

Martina Wagner-Egelhaaf ist Professorin für Neuere deutsche Literatur an der Westfälischen Wilhelms-Universität Münster. Forschungsschwerpunkte: deutsche Literatur vom 18. bis zum 21. Jahrhundert, Literaturtheorie/Allgemeine Literaturwissenschaft, Rhetorik, Autobiographik, das Verhältnis von Literatur, Religion und Politik.